中财传媒版 2022年注册会计师全国统一考试辅导系列丛书·注定会赢®

U1012436

税法通关题库

财政部中国财经出版传媒集团 组编

中国财经出版传媒集团
中国财政经济出版社

图书在版编目（CIP）数据

税法通关题库/财政部中国财经出版传媒集团组编 .
-- 北京：中国财政经济出版社，2022. 2（2022. 3 重印）
（中财传媒版 2022 年注册会计师全国统一考试辅导系
列丛书 . 注定会赢）
ISBN 978 - 7 - 5223 - 1167 - 8

Ⅰ. ①税…　Ⅱ. ①财…　Ⅲ. ①税法 - 中国 - 资格考试
- 习题集　Ⅳ. ①D922. 22 - 44

中国版本图书馆 CIP 数据核字（2022）第 024071 号

责任编辑：庞丽佳　汪娟娟　　　责任校对：张　凡
封面设计：王　颖　　　　　　　责任印制：党　辉

税法通关题库
SHUIFA TONGGUAN TIKU

中国财政经济出版社 出版
URL：http：//www. cfeph. cn
E - mail：cfeph@ cfeph. cn

社址：北京市海淀区阜成路甲 28 号　邮政编码：100142
营销中心电话：010 - 88191522
天猫网店：中国财政经济出版社旗舰店
网址：https：//zgczjjcbs. tmall. com
固安华明印业有限公司印刷　各地新华书店经销
成品尺寸：185mm × 260mm　16 开　35. 75 印张　772 000 字
2022 年 2 月第 1 版　2022 年 3 月河北第 2 次印刷
定价：88. 00 元
ISBN 978 - 7 - 5223 - 1167 - 8
（图书出现印装问题，本社负责调换，电话：010 - 88190548）
本社图书质量投诉电话：010 - 88190744
打击盗版举报热线：010 - 88191661　QQ：2242791300

前言

Preface

为帮助广大考生全面理解2022年注册会计师考试大纲和考试教材内容，在有限的复习时间内掌握教材的知识和考点，顺利通过考试，中国财经出版传媒集团组织多年从事注册会计师考试辅导的名师、专家编写了“中财传媒版2022年注册会计师全国统一考试辅导系列丛书”。该系列丛书包括“应试指导”“重难点点拨”“要点随身记”“通关题库”“全真模拟试题”五个系列，涵盖了专业阶段考试的六个科目，即会计、审计、财务成本管理、经济法、税法和公司战略与风险管理。

本书为“通关题库”系列中的一本，全书紧扣2022年考试大纲和考试教材内容，由“考点列示及通关演练”“跨章节主观题演练”“模拟试题”三部分组成。

“考点列示及通关演练”部分，按照大纲及教材的章节顺序，逐章精炼历年考试中的高频考点和考试难点，并结合历年真题或经典例题进行深入讲解和剖析。通过这些典型题目，让考生精准把握考试重点和难点，力求达到举一反三的效果，学以致用。同时，该部分还提供了大量针对性极强的练习题和对应的答案及解析，帮助考生以练促学，巩固强化对知识点的理解并增强考试的实战运用能力。

“跨章节主观题演练”部分，在前面分章节学习的基础上，根据所涉知识点对历年跨章节考题进行了分类并提供了答案及详细的解析，帮助考生对所学知识点进行综合把握、融会贯通，从而更全面地理解大纲及教材的知识体系，把握各章知识点之间的钩稽关系，掌握通过考试所要求的综合分析问题和解决问题的能力。

本书最后一个部分为**“模拟试题”**，该部分配有两套模拟试题，由多年从事注册会计师考试辅导的专家精心设计。考生可以在充分复习教材内容的基础上，按照模拟考试时间及要求，进行热身训练，积累实战经验，同时也是对自己掌握知识点程度的检验。

本书结构精练，注重实战，对考试有很强的指导性。本书作者团队始终秉承“应试”“精练”的核心思想，力求帮助考生以最少的精力取得最大的效果，实现高效学习、顺利通关。

最后，衷心祝愿各位考生顺利通过2022年注册会计师考试。

目 录

Contents

第一部分
考点列示及通关演练

第二部分
跨章节主观题演练

第三部分
模拟试题

第一部分

考点列示及通关演练

第一章　税法总论

本章考情分析

本章是《税法》课程的基础，主要介绍税收与税法的基本原理。从历年考试情况来分析，本章内容不作为考试的重点，平均每年的分值为2.5～3分。考试中以单项选择题、多项选择题客观题形式出现，题量为2题左右。虽然本章考试所占分值不高，但是考生仍然不能忽视对本章的学习，因为这一章是后续学习各个实体税种以及税收程序法的基础。所以，在学习本章内容时，与其说是为了应付考试，更不如说是为了更好地学习和理解以后章节的内容。

本章教材主要变化

2022年本章教材无实质性变化，只是在一些法律依据和个别文字方面上做了修改，对考试不会产生影响。

本章高频考点

考点1 税法的概念

税收是政府为了满足社会公共需要，凭借政治权力，按照法律的规定，强制、无偿地取得财政收入的一种形式。

税收的概念，包含着丰富的内涵：

（1）税收是国家取得财政收入的一种重要工具，其本质是一种分配关系；

（2）国家征税的依据是政治权力，它有别于按生产要素进行的分配；

（3）国家课征税款的目的是满足社会公共需要。

税法是国家制定的用以调整国家与纳税人之间在征纳税方面的权利及义务关系的法律规范的总称。税法具有义务性法规和综合性法规的特点。

【例题·单选题】（2016年）下列权力中，作为国家征税依据的是（　　）。

A. 财产权力

B. 管理权力

C. 政治权力

D. 社会权力

【答案】 C

【解析】 依据我国《宪法》，税收是政府为了满足社会公共需要，凭借政治权力，强制、无偿地取得财政收入的一种形式。税收是凭政治权力进行的分配，是马克思主义经典作家的基本观点，也是我国税收理论界长期以来的主流认识。

考点2 税法的基本原则

	内容	含义
基本原则（4项）	税收法定原则（法）	（1）国家对其开征的任何税种都必须由法律对其进行专门确定才能实施。 （2）国家对任何税种征税要素的变动都应当按相关法律的规定进行。 （3）征税的各个要素不仅应当由法律作出专门的规定，这种规定还应当尽量明确。 税务合法性原则是指税务机关按法定程序依法征税，不得随意减征、停征或免征，无法律依据不征税
	税收公平原则（公）	税收公平原则是指税收负担必须根据纳税人的负担能力分配，包括税收横向公平和纵向公平： 横向公平——纳税人负担能力相等，税负相同； 纵向公平——纳税人负担能力不等，税负不同
	税收效率原则（效）	税收效率原则包含两方面：一是经济效率；二是行政效率
	实质课税原则（实）	实质课税原则是指应根据客观事实确定是否符合课税要件，并根据纳税人的真实负担能力决定纳税人的税负，而不能仅考虑相关外观和形式。实质课税原则的意义在于防止纳税人的避税与偷税，增强税法适用的公正性

【例题·单选题】（2014年）下列各项税法原则中，属于税法基本原则核心的是（　）。

A. 税收公平原则

B. 税收效率原则

C. 实质课税原则

D. 税收法定原则

【答案】 D

【解析】 税法基本原则是统领所有税收规范的根本准则，为包括税收立法、执法、司法在内的一切税收活动所必须遵守的，其中税收法定原则是税法基本原则中的核心。税收法定原则包括税收要件法定原则和税务合法性原则。

考点3 税法的适用原则

	内容	含义
适用原则（6项）	法律优位原则	（1）法律高于行政法规、行政法规高于规章。 （2）效力低税法的与效力高税法的冲突时，效力低税法的无效
	法律不溯及既往原则	（1）一部新法实施后，对新法实施之前人们的行为不得适用新法，而只能沿用旧法。 （2）在税法领域内坚持这一原则，目的在于维护税法的稳定性和可预测性
	新法优于旧法原则	新法、旧法对同一事项有不同规定时，新法的效力优于旧法。

续表

	内容	含义
适用原则（6 项）	特别法优于普通法的原则	（1）对同一事项两部法律分别订有一般和特别规定时，特别规定的效力高于一般规定的效力。 （2）特别法优于普通法原则打破了税法效力等级的限制，即居于特别法地位的级别较低的税法，其效力可以高于作为普通法的级别较高的税法
	实体从旧，程序从新原则	（1）实体税法不具备溯及力，即在纳税义务的确定上，以纳税义务发生时的税法规定为准，实体性的税法规则不具有向前的溯及力。 （2）程序性税法在特定条件下具备一定的溯及力。对于新税法公布实施之前发生、却在新税法公布实施之后进入税款征收程序的纳税义务，原则上新税法具有约束力
	程序优于实体原则	（1）在诉讼发生时税收程序法优于税收实体法。 （2）程序优于实体原则，是为了确保国家课税权的实现，不因争议的发生而影响税款的及时、足额入库

【例题·单选题】（2019 年）某税务稽查局 2019 年 6 月对辖区内一家企业进行纳税检查时，发现该企业 2018 年 6 月新增的注册资金按万分之五的税率缴纳了印花税，检查结束后检查人员告知该企业可去申请退还印花税已缴纳金额的 50%。该检查人员的这一做法遵循的税法适用原则是（　　）。

A. 税收公平原则

B. 税收效率原则

C. 实质重于形式原则

D. 新法优于旧法原则

【答案】 D

【解析】 自 2018 年 5 月 1 日起，我国税法规定对按万分之五税率贴花的资金账簿减半征收印花税。因此本题中该检查人员的这一做法遵循的税法适用原则是新法优于旧法，即新法、旧法对同一事项有不同规定时，新法的效力优于旧法。

【例题·多选题】（2018 年）下列各项中，属于税法适用原则的有（　　）。

A. 实体法从旧，程序法从新

B. 层次高的法律优于层次低的法律

C. 国内法优于国际法

D. 同一层次的法律中，特别法优于普通法

【答案】 ABD

【解析】 税法适用原则包括法律优位原则，法律不溯及既往原则，新法优于旧法原则，特别法优于普通法原则，实体从旧、程序从新原则以及程序优于实体原则等。

【例题·多选题】（2010 年）下列关于税法原则的表述中，正确的有（　　）。

A. 新法优于旧法原则属于税法的适用原则

B. 税法主体的权利义务必须由法律加以规定，这体现了税收法定原则

C. 税法的原则反映税收活动的根本属性，包括税法基本原则和税法适用原则

D. 税法适用原则中的法律优位原则明确了税收法律的效力高于税收行政法规的效力

【答案】 ABCD

【解析】 本题主要考核“税法原则”，题中选项均正确。

考点4 税法要素

税法要素	含义	相关概念	备注
纳税义务人	简称纳税人，又称纳税主体，是税法规定的直接负有纳税义务的单位和个人，包括自然人、法人和其他组织。 自然人可划分为居民个人和非居民个人；法人可划分为居民企业和非居民企业	(1) 代扣代缴义务人：有义务从持有的纳税人收入中扣除其应纳税款并代为缴纳的企业、单位或个人。 (2) 代收代缴义务人：法律规定应该协助税务机关收取应纳税款并代为缴纳的义务人。 (3) 负税人与纳税义务人。 负税人是税款的实际负担者。纳税人是纳税的法律主体	纳税人的规定解决了“对谁征税”，或者“谁应该纳税”的问题
征税对象和税目	征税对象又称课税对象，是征纳双方权利与义务所共同指向的客体或标的物，是国家据以征税的依据。是一种税与另一种税区别的重要标志	(1) 税目是在税法中对征税对象分类规定的具体的征税项目，反映具体的征税范围，是对课税对象质的界定，体现征税的广度。 (2) 并非所有税种都需要规定税目。 (3) 税基又称计税依据，是据以计算征税对象应纳税款的直接数量依据，它解决对征税对象课税的计算问题，是对课税对象的量的规定。计税依据有两种基本形态：价值形态和物理形态。以价值形态作为税基，称为从价计征。以物理形态的作为税基，称为从量计征	通过规定课税对象，解决“对什么征税”这一问题
税率	税率是对征税对象的征收比例或征收额度。税率是计算税额的尺度，也是衡量税负轻重与否的重要标志。反映征税的深度	税率的三种形式：比例税率、定额税率和累进税率。 (1) 比例税率，包括： ①单一比例税率（车辆购置税）。 ②差别比例税率，具体有： A. 产品差别比例税率（消费税）。 B. 行业差别比例税率（增值税）。 C. 地区差别比例税率（城市维护建设税）。 ③幅度比例税率（契税）。 (2) 定额税率（城镇土地使用税、车船税）。 (3) 累进税率，具体有： ①超额累进税率，如我国个人所得税中的综合所得、经营所得。 ②超率累进税率，目前我国税收体系中采用这种税率的是土地增值税	税率的规定解决了“征多少税”的问题
纳税环节	纳税环节主要指税法规定的征税对象在从生产到消费的流转过程中应当缴纳税款的环节	按照某税种征税环节的多少，可以将税种划分为一次课征制或多次课征制	—
纳税期限	纳税期限是指税法规定的关于税款缴纳时间即纳税时间方面的限定	(1) 纳税义务发生时间，即应税行为发生的时间。 (2) 纳税期限，即每隔固定时间汇总一次纳税义务的时间。 (3) 缴库期限，即税法规定的纳税期满后，纳税人将应纳税款缴入国库的期限	—

续表

税法要素	含义	相关概念	备注
减税免税	—	减税免税包括三种形式： （1）税率式减免； （2）税基式减免； （3）税额式减免	—

【例题·单选题】（2017年）下列税法中，规定具体征税范围、体现征税广度的是（　）。

A. 税率　　B. 纳税环节

C. 税目　　D. 纳税对象

【答案】 C

【解析】 税目反映具体的征税范围，代表征税的广度。

【例题·单选题】（2016年）下列税法要素中，能够区别一种税与另一种税的重要标志是（　）。

A. 征税对象　　B. 纳税地点

C. 纳税环节　　D. 纳税义务人

【答案】 A

【解析】 征税对象是一种税与另一种税的重要标志。

考点5 立法权划分和立法程序

税收立法权是制定、修改、解释或废止税收法律、法规、规章和规范性文件的权力。

税收立法权划分	中央税、中央与地方共享税以及全国统一实行的地方税的立法权集中在中央
	依法赋予地方适当的地方税收立法权
税收立法程序	提议阶段——审议阶段——通过和公布阶段

【例题·多选题】（2016年）税收立法程序是税收立法活动中必须遵循的法定步骤，目前我国税收立法程序经过的主要阶段有（　）。

A. 提议阶段

B. 审议阶段

C. 通过阶段

D. 公布阶段

【答案】 ABCD

【解析】 目前我国税收立法在程序上需要经过提议、审议、通过和公布等几个主要阶段。

考点6 税法的立法机关及法律级次

种类		立法机关	举例
法律	正式立法	全国人大及其常委会	（1）《税收征收管理法》。 （2）截至2021年6月30日我国18个税种中已有12个由全国人民代表大会或其常务委员会通过，以国家法律形式发布实施，具体包括：企业所得税、个人所得税、车船税、环境保护税、烟叶税、船舶吨税、车辆购置税、耕地占用税、资源税、契税、城市维护建设税、印花税

续表

种类		立法机关	举例
法规	授权立法	全国人大及其常委会授权国务院	《中华人民共和国增值税暂行条例》《中华人民共和国消费税暂行条例》、《中华人民共和国土地增值税暂行条例》等
	行政法规	国务院	《中华人民共和国企业所得税法实施条例》《中华人民共和国税收征收管理法实施细则》等
	地方法规	地方人大及其常委会	——
规章	部门规章	财政部 国家税务总局 海关总署	财政部颁发：《中华人民共和国增值税暂行条例实施细则》。 国家税务总局：《税务代理试行办法》
	地方规章	经授权的地方政府（省级）	国务院发布实施的房产税等地方性税种暂行条例，规定了省、自治区、直辖市人民政府可根据条例制定实施细则

【例题·多选题】（2020年）下列税种中，由全国人民代表大会或其常务委员会通过，以国家法律形式发布实施的有（　　）。

A. 资源税　　B. 增值税

C. 车辆购置税　　D. 环境保护税

【答案】 ACD

【解析】 截至2021年6月30日，我国18个税种中已有12个由全国人民代表大会或其常务委员会通过，以国家法律形式发布实施，具体包括：企业所得税、个人所得税、车船税、环境保护税、烟叶税、船舶吨税、车辆购置税、耕地占用税、资源税、契税、城市维护建设税、印花税。除此之外的其他税种都是经全国人民代表大会授权、由国务院以暂行条例的形式发布实施，例如增值税、消费税、城镇土地使用税、土地增值税、房产税和关税。

【例题·单选题】（2013年）下列各项税收法律法规中，属于国务院制定的行政法规是（　　）。

A.《中华人民共和国个人所得税法》

B.《中华人民共和国税收征收管理法》

C.《中华人民共和国企业所得税法实施条例》

D.《中华人民共和国增值税暂行条例实施细则》

【答案】 C

【解析】 选项A、B属于全国人大及其常委会制定的税收法律；选项D属于国务院税务主管部门制定的税收部门规章。

【例题·单选题】（2011年）下列各项税收法律法规中，属于部门规章的是（　　）。

A.《中华人民共和国个人所得税法》

B.《中华人民共和国消费税暂行条例》

C.《中华人民共和国企业所得税法实行条例》

D.《中华人民共和国消费税暂行条例实施细则》

【答案】 D

【解析】 选项A属于全国人大及其常委会制定的税收法律；选项B属于全国人大或人大常委会授权立法；选项C属于国务院制定的税收行政法规。

考点7 税收执法税收征管范围划分

机关	负责征管税种
税务机关	增值税、消费税、车辆购置税、企业所得税、个人所得税、资源税、城镇土地使用税、耕地占用税、土地增值税、房产税、车船税、印花税、契税、城市维护建设税、环境保护税、烟叶税
海关	关税、船舶吨税、进出口环节的增值税和消费税

【例题·多选题】（2011年）某房地产开发企业需要缴纳的下列税种中，应向该市主管税务机关申报缴纳的有（　　）。

A. 增值税

B. 关税

C. 印花税

D. 土地增值税

【答案】 ACD

【解析】 选项A、C、D：增值税、印花税和土地增值税等属于税务系统负责征收和管理的税种；而选项B关税属于海关系统负责征收和管理的税种。

考点8 税收收入划分

收入归属	具体税种
中央政府固定收入	消费税（含进口环节海关代征的部分）、车辆购置税、关税、海关代征的进口环节增值税等
地方政府固定收入	城镇土地使用税、耕地占用税、土地增值税、房产税、车船税、契税、环境保护税、烟叶税等
中央政府与地方政府共享收入	1. 增值税（不含进口海关代征部分）中央分享50%，地方分享50%。 2. 企业所得税（中国铁路总公司、各银行总行、海洋石油企业缴纳的部分归中央，其余部分中央分享60%，地方分享40%）。 3. 个人所得税（除储蓄存款利息个人所得税外，其余部分中央分享60%，地方分享40%）。 4. 资源税（海洋石油企业缴纳部分归中央，其余归地方）。 5. 城市维护建设税（中国铁路总公司、各银行总行、各保险总公司集中缴纳部分归中央，其余归地方）。 6. 印花税（证券交易印花税归中央，其余归地方）

【例题·单选题】（2021年）下列关于中央政府与地方政府分享税收收入的表述中，正确的是（　　）。

A. 印花税收入3%归中央，97%归地方

B. 资源税收入3%归中央，97%归地方

C. 国内增值税收入50%归中央，50%归地方

D. 企业所得税收入50%归中央，50%归地方

【答案】 C

【解析】 选项A：从2016年1月1日起，将证券交易印花税由现行按中央97%、地方3%的比例分享全部调整为中央收入，其他印花税收入归地方政府。选项B：海洋石油企业缴纳的资源税部分归中央政府，其余部分归地方政府。选项C：国

内增值税中央政府分享50%，地方政府分享50%。进口环节由海关代征的增值税和铁路建设基金营业税改征增值税为中央收入。选项D：中国国家铁路集团（原铁道部）、各银行总行及海洋石油企业缴纳的企业所得税部分归中央政府，其余部分中央与地方政府按60%与40%的比例分享。

【例题·单选题】（2020年）现行证券交易印花税收入在中央政府和地方政府间划分的比例是（　　）。

A. 100%归中央政府

B. 中央政府和地方政府各分享50%

C. 100%归地方政府

D. 中央政府分享97%，地方政府分享3%

【答案】A

【解析】为妥善处理中央与地方的财政分配关系，国务院决定，从2016年1月1日起，将证券交易印花税由现行按中央97%、地方3%比例分享全部调整为中央收入。

【例题·多选题】（2020年）下列各项中，属于中央政府与地方政府的共享收入的有（　　）。

A. 土地增值税

B. 资源税

C. 企业所得税

D. 个人所得税

【答案】BCD

【解析】选项B、C、D均属于中央政府与地方政府共享收入。选项A：土地增值税属于地方政府固定收入。

【例题·单选题】（2018年）下列税种中，其收入全部作为中央政府固定收入的是（　　）。

A. 耕地占用税

B. 个人所得税

C. 车辆购置税

D. 企业所得税

【答案】C

【解析】选项C：车辆购置税收入属于中央政府固定收入。选项A：耕地占用税属于地方政府固定收入。选项B、D：个人所得税和企业所得税属于中央政府与地方政府共享收入。

【例题·单选题】（2015年）下列税种中，属于中央政府与地方政府共享收入的是（　　）。

A. 关税

B. 消费税

C. 个人所得税

D. 土地增值税

【答案】C

【解析】关税（选项A）和消费税（含进口环节海关代征的部分）属于中央政府固定收入。土地增值税（选项D）属于地方政府固定收入。

考点9 发展涉税专业服务促进税法遵从

涉税专业服务机构是指税务师事务所和从事涉税专业服务的会计师事务所、律师事务所、代理记账机构、税务代理公司、财税类咨询公司等机构。

涉税专业服务机构涉税业务内容包括纳税申报代理、一般税务咨询、专业税务顾问、税收策划、涉税鉴证、纳税情况审查、其他税务事项代理（代理建账记账、发票领用、减免退税申请等）、其他涉税服务。

【例题·多选题】（2019年）下列涉税服务内容，会计师事务所可以从事的有（　　）。

A. 税务咨询　　B. 纳税审查

C. 税收策划　　D. 税务顾问

【答案】ABCD

【解析】选项A、B、C、D均正确。

通关演练

一、单项选择题

1. 下列关于税收概念，理解不正确的是（ ）。

A. 税收是我国目前取得财政收入的最重要工具

B. 国家征税依据的是财产权力

C. 国家征税的目的是满足社会公共需要

D. 国家征税要受到所提供公共产品的规模和质量制约

2. 下列关于税收法律关系的表述，正确的是（ ）。

A. 税收法律关系的保护对权利主体双方是不平等的

B. 对于权利主体纳税义务人一方的确定，我国采用的是属人原则

C. 税收法律关系中最实质的东西是税收法律事实

D. 税收法律关系的产生、变更和消灭是由税收法律事实决定的

3. 下列关于税收法律关系的描述正确的是（ ）。

A. 在税收法律关系中，代表国家行使征税职权的税务机关是权利主体

B. 在税收法律关系中，履行纳税义务的法人、自然人是义务主体，或称为权利客体

C. 在税收法律关系中，征纳双方法律地位的平等主要体现为双方权利与义务的对等

D. 税法是国家制定用以调整税务机关与纳税人之间在征纳方面权利及义务关系的法律规范的总称

4. 在税收法律关系中权利主体双方法律地位平等，只是因为主体双方是行政管理者与被管理者的关系，所以双方的权利与义务不对等。这句话（ ）。

A. 是税收法律关系的一个重要特征

B. 是对税收法律关系的曲解

C. 是税收法律关系的重要内容

D. 是税收法律关系的核心

5. 我国税收法律关系权利主体中，纳税义务人的确定原则是（ ）。

A. 国籍原则

B. 属地原则

C. 属人原则

D. 属地兼属人原则

6. 下列关于民法和税法关系的说法，错误的是（ ）。

A. 民法调整方法的主要特点是平等、等价和有偿

B. 税法的调整要采用命令和服从的方法

C. 税法和民法调整的都是财产关系和人身关系

D. 税法借用了民法的概念、原则和规则

7. （ ）是统领所有税收规范的根本准则，为包括税收立法、执法、司法在内的一切税收活动所必须遵守。

A. 税收公平原则

B. 税收法定原则

C. 税收效率原则

D. 实质课税原则

8. 如果纳税人通过转让定价或其他方法减少计税依据，税务机关有权重新核定计税依据，以防止纳税人避税与偷税，这样处理体现了税法基本原则中的（ ）。

A. 税收法定原则

B. 税法公平原则

C. 税收效率原则

D. 实质课税原则

9. 根据国税函〔2000〕687 号的规定，

对于企业以转让股权名义转让房地产的行为征收土地增值税，这样处理体现了税法原则中的（　　）。

A. 税法法定原则

B. 税收公平原则

C. 税收效率原则

D. 实质课税原则

10. 税收实质课税原则的意义是（　　）。

A. 防止税务机关滥用权力、增加纳税人的负担

B. 有利于体现特别法优于普通法

C. 有利于税务机关执行新法

D. 防止纳税人避税和偷税，增强税法适用的公正性

11. 下列各项中，属于税法适用原则的是（　　）。

A. 实体法从旧，程序法从新

B. 层次高的法律优于层次低的法律

C. 国内法优于国际法

D. 同一层次的法律中，特别法优于普通法

12. 2018 年 1 月 1 日，国家开征环境保护税，对 2018 年之前发生的向环境排放应税污染物的，不征收环境保护税。这体现了税法适用原则中的（　　）。

A. 法律优位原则

B. 法律不溯及既往原则

C. 程序优于实体原则

D. 特别法优于普通法原则

13. 税务机关在税务检查过程中发现某企业在新所得税法实施前的某项偷税行为，在计算该企业应当补缴的税金时按原税法执行，该处理遵循了（　　）原则。

A. 新法优于旧法

B. 特别法优于普通法

C. 法律不溯及既往原则

D. 实体从旧程序从新

14. 下列各项中，表述正确的是（　　）。

A. 税目是区分不同税种的主要标志

B. 税率是衡量税负轻重的重要标志

C. 纳税人就是履行纳税义务的法人和自然人

D. 征税对象就是税收法律关系中征纳双方权利义务所指的物品

15. 区别一种税与另一种税的最主要标志是（　　）。

A. 纳税义务人

B. 课税对象

C. 税目

D. 计税依据

16. 下列关于税目的说法中，正确的是（　　）。

A. 税目是据以计算征税对象应纳税款的直接数量依据

B. 税目是征纳税双方权利义务共同指向的客体或标的物

C. 税目是区别一种税与另一种税的重要标志

D. 税目反映具体的征税范围，代表征税的广度

17. 一般来说，所得课税采取（　　）的形式。

A. 按期纳税

B. 按次纳税

C. 按年计征，分期预缴

D. 按次计征，汇总缴纳

18. 下列不属于税收法律的是（　　）。

A.《中华人民共和国企业所得税法》

B.《中华人民共和国环境保护税法》

C.《中华人民共和国增值税暂行条例》

D.《中华人民共和国税收征收管理法》

19. 下列文件中，属于税收规章的是（　　）。

A.《中华人民共和国增值税暂行条例》

B.《中华人民共和国个人所得税法》

C.《中华人民共和国企业所得税法实施条例》

D.《中华人民共和国增值税暂行条例实施细则》

20. 税法体系中，各税法按照基本内容和效力的不同，可以分为（　　）。

A. 税收实体法和税收程序法

B. 国内法和国际法

C. 税收基本法和税收普通法

D. 所得税法和财产行为税法

21. 下列税种中，主要由海关系统征收管理的是（　　）。

A. 增值税

B. 消费税

C. 个人所得税

D. 船舶吨税

22. 下列税种中，属于中央政府与地方政府共享税的是（　　）。

A. 耕地占用税

B. 个人所得税

C. 车辆购置税

D. 土地增值税

23. 下列税种中，属于中央与地方共享税的是（　　）。

A. 环境保护税

B. 消费税

C. 关税

D. 增值税

24. 国际税收的本质是（　　）。

A. 国家之间的税收关系

B. 对外国居民征税

C. 涉外税收

D. 国际组织对各国居民征税

25. 国际避税行为形成的客观原因是（　　）。

A. 各国的税法与国家间税收协定的漏洞、特例和缺陷

B. 国别的差异

C. 经济体制的差异

D. 收入来源地的差异

26. 国际税收中所指的国际重复征税一般属于（　　）。

A. 法律性国际重复征税

B. 经济性国际重复征税

C. 政治性国际重复征税

D. 税制性国际重复征税

27. 被各国公认为是一种较为合适的税收管辖权，并被绝大多数国家所接受的是（　　）。

A. 居民管辖权

B. 公民管辖权

C. 国籍管辖权

D. 地域管辖权

28. 税收协定处理重复征税问题的重点项目是（　　）。

A. 经营所得　　B. 劳务所得

C. 投资所得　　D. 财产所得

29. 国际重复征税类型不包括（　　）。

A. 法律性国际重复征税

B. 经济性国际重复征税

C. 间接性国际重复征税

D. 税制性国际重复征税

30. 不同的征税主体（即不同国家）对不同纳税人的同一税源进行的重复征税，称为（　　）。

A. 经济性国际重复征税

B. 政治性国际重复征税

C. 税制性国际重复征税

D. 法律性国际重复征税

31. 截至2017年6月7日，我国已与（　　）个国家或地区签署了《实施税收协定相关措施以防止税基侵蚀和利润转移（BEPS）的多边公约》。

A. 64　　B. 65

C. 66　　D. 67

32.（　　）是全球首个对所得税税收

协定进行多边协调的法律文件，为在经济全球化进一步深入的世界大环境下，以多边税收合作法律框架的形式增强国际社会相互合作，携手打击和防范跨境逃避税提供了基础设施条件。

A.《多边税收征管互助公约》

B.《金融账户涉税信息自动交换多边主管当局间协议》

C.《金融账户涉税信息自动交换标准》

D.《实施税收协定相关措施以防止税基侵蚀和利润转移（BEPS）的多边公约》

二、多项选择题

1. 下列关于税收和税法的说法中，正确的有（　　）。

A. 国家征税的依据是财产权力

B. 税收具有强制性、无偿性和固定性的特点

C. 税收的本质是一种分配关系

D. 税法属于综合性法规

2. 税法是国家制定的用以调整国家与纳税人在征纳税方面的权利及义务关系的法律规范的总称，税法的特点包括（　　）。

A. 授权性法规

B. 义务性法规

C. 单一性法规

D. 综合性法规

3. 下列各项中，属于我国税收法律关系主体的有（　　）。

A. 各级人民政府

B. 各级税务机关

C. 各级财政机关

D. 海关

4. 关于税收法律关系的特点，下列表述中，正确的有（　　）。

A. 作为纳税主体的一方只能是征税机关

B. 税收法律关系的产生以引起纳税义务成立的法律事实为标志

C. 权利义务关系具有对等性

D. 税收法律关系的客体就是征税对象

5. 下列关于税收法律关系的说法中，正确的有（　　）。

A. 税收法律关系是主体所享有的权利和所应承担的义务

B. 税收法律关系的内容是税收法律关系中最实质的东西，是税法的灵魂

C. 税收法律关系的产生、变革和消灭由税收法律事实决定

D. 税法是引起税收法律关系的前提条件，税法可以产生具体的税收法律关系

6. 下列关于税法和民法的关系的说法中，正确的有（　　）。

A. 民法和税法中权利义务关系都是对等的

B. 税法中大量借用了民法的概念、规则和原则

C. 民法原则总体上不适用税收法律关系的建立和调整

D. 当涉及税收征纳关系的问题时，一般应以税法的规范为准则

7. 下列关于税法和其他法律关系的说法中，正确的有（　　）。

A. 宪法是国家的根本大法，税法要依据《宪法》的原则制定

B. 违反了税法，并不一定就是刑事犯罪

C. 行政法大多为授权性法规，而税法则是一种义务性法规

D. 税收法律关系中争议的解决一般按照行政复议程序和行政诉讼程序进行

8. 关于税法的基本原则，下列表述正确的有（　　）。

A. 税收法定主义的功能偏重于保持税法的稳定性和可预测性

B. 经济上的税收公平不具备强制约束力，仅作为制定税法的参考

C. 实质课税原则的意义在于防止纳税人偷税和避税

D. 税法公平原则赋予纳税人既可以要求实体利益上的税收公平，也可以要求程序上税收公平的权力

9. 下列关于税法原则的表述中，正确的有（　　）。

A. 税收法定原则是税法基本原则中的核心

B. 税收效率原则要求税法的制定要有利于节约税收征管成本

C. 制定税法时禁止在没有正当理由的情况下给予特定纳税人特别优惠这一做法体现了税收公平原则

D. 税收行政法规的效力优于税收行政规章的效力体现了法律优位原则

10. 税法的适用原则包含（　　）。

A. 法律优位原则

B. 法律不溯及过往原则

C. 新法优于旧法原则

D. 实体从新、程序从旧原则

11. 税法要素是指各种单行税法具有的共同的基本要素的总称，下列（　　）属于税法要素。

A. 纳税地点

B. 纳税环节

C. 减税免税

D. 税率

12. 下列关于税法原则的表述中，正确的有（　　）。

A. 税收法定原则是税法基本原则中的核心

B. 税收效率原则要求税法的制定要有利于节约税收征管成本

C. 制定税法时禁止在没有正当理由的情况下给予特定纳税人特别优惠这一做法体现了税收公平原则

D. 税收行政法规的效力优于税收行政规章的效力体现了法律优位原则

13. 下列各项中，属于税收法定原则具体内容的有（　　）。

A. 国家开征的任何税种都必须由法律对其进行专门确定才能实施

B. 国家对任何税种征税要素的变动都应当按相关法律的规定进行

C. 征税的各个要素不仅应当由法律作出专门规定，这种规定还应当尽量明确

D. 税务机关应按法定程序依法征税，不得随意减征、停征或免征税款

14. 下列关于税法要素的表述中，正确的有（　　）。

A. 征税对象是征纳税双方权利义务共同指向的客体或标的物，是区别一种税与另一种税的重要标志

B. 税率是计算税额的尺度，也是衡量税负轻重与否的重要标志

C. 计税依据解决了对征税对象课税的计算问题，是对课税对象的质的规定

D. 纳税期限是指税法规定的纳税期满后，纳税人将应纳税款缴入国库的期限

15. 下列关于纳税义务人的表述中，错误的有（　　）。

A. 纳税人是指直接负有纳税义务的单位和个人

B. 纳税人是指直接负担税款的单位和个人

C. 扣缴义务人也是纳税人

D. 纳税人既可以是自然人，也可以是法人

16. 下列税种中，采用比例税率征收的有（　　）。

A. 消费税

B. 资源税

C. 城镇土地使用税

D. 城市维护建设税

17. 关于税收实体法要素，下列说法中正确的有（　　）。

A. 课税对象体现各税种的征税范围

B. 税率是以课税对象为基础确定的

C. 课税对象和计税依据在价值形态上一般是不一致的

D. 课税对象和计税依据在物理形态上一般是一致的

18. 下列税种中，同时适用比例税率和定额税率的有（　　）。

A. 个人所得税

B. 印花税

C. 消费税

D. 房产税

19. 下列关于我国税收法律级次表述中，正确的有（　　）。

A. 《中华人民共和国城市维护建设税暂行条例》属于税收规章

B. 《中华人民共和国企业所得税法实施条例》属于税收行政法规

C. 《中华人民共和国企业所得税法》属于全国人大制定的税收法律

D. 《中华人民共和国增值税暂行条例》属于全国人大常委会制定的税收法律

20. 下列各项中，有权制定税收部门规章的税务主管机关有（　　）。

A. 国家税务总局

B. 财政部

C. 国务院办公厅

D. 海关总署

21. 将我国税法按征收对象不同划分后，下列税种属于特定目的税类的有（　　）。

A. 土地增值税

B. 城市维护建设税

C. 城镇土地使用税

D. 耕地占用税

22. 税收执法权是指税务机关依法征收税款，依法进行税收管理活动的权力，具体包括（　　）。

A. 税收减免权

B. 税收征收管理权

C. 税务检查权

D. 税务行政处罚权

23. 下列税种中，由税务机关负责征管的有（　　）。

A. 企业所得税

B. 车辆购置税

C. 烟叶税

D. 船舶吨税

24. 下列税种中，属于海关负责征管的有（　　）。

A. 关税

B. 房产税

C. 土地增值税

D. 进口消费税

25. 下列税种中，属于中央政府和地方政府共享收入的有（　　）。

A. 个人所得税

B. 印花税

C. 车船税

D. 环境保护税

26. 纳税人的权利主要有（　　）。

A. 申请退还多缴税款权

B. 延期纳税权

C. 申请减免税权

D. 申请复议和提起诉讼权

27. 下列各项中，税务机关和税务人员做法正确的有（　　）。

A. 普及纳税知识，有偿地为纳税人提供纳税咨询服务

B. 建立、健全内部制约和监督管理制度

C. 上级税务机关对下级税务机关的执法活动依法进行监督

D. 为检举人保密，并按照规定给予

奖励

28. 下列各项中，属于国际重复征税产生原因的有（　　）。

A. 地域管辖权与地域管辖权的重叠

B. 居民（公民）管辖权与收入管辖权的重叠

C. 居民（公民）管辖权与地域管辖权的重叠

D. 居民（公民）管辖权与居民（公民）管辖权的重叠

29. 国际重复征税产生的形式有（　　）。

A. 居民（公民）管辖权同地域管辖权的重叠

B. 居民管辖权与居民管辖权的冲突

C. 地域管辖权与地域管辖权的重叠

D. 公民管辖权与居民管辖权的冲突

30. 下列各项中，按照属人原则确立的税收管辖权的有（　　）。

A. 地域管辖权

B. 居民管辖权

C. 公民管辖权

D. 收入来源地管辖权

31. 下列关于国际重复征税的说法中，错误的有（　　）。

A. 经济性国际重复征税指不同的征税主体对不同的纳税人的不同税源进行的重复征税

B. 复合税制所造成的国际重复征税属于法律性国际重复征税

C. 法律性国际重复征税指不同的征税主体对相同的纳税人的同一税源进行的重复征税

D. 税制性国际重复征税是指不同的征税主体对不同的纳税人的同一税源进行的重复征税

32. 在国际税收协定中，国际认可的所得主要有（　　）。

A. 经营所得

B. 劳务所得

C. 投资所得

D. 财产所得

33. 国际税收协定按涉及的缔约国数量分类可分为（　　）。

A. 双边税收协定

B. 多边税收协定

C. 综合性税收协定

D. 特定税收协定

34. 下列行为属于国际避税的表现形式的有（　　）。

A. 采取人员流动避税

B. 通过资金或货物流动避税

C. 运用国际重复征税的免除方法避税

D. 利用避税地避税

35. 目前世界上的税收管辖权大致可以分为（　　）。

A. 居民管辖权

B. 地域管辖权

C. 公民管辖权

D. 收入管辖权

36. 国际避税的主要方法有（　　）。

A. 采取人员流动避税

B. 通过资金或货物流动避税

C. 选择有利的企业组织形式避税

D. 利用避税地避税

答案及解析

一、单项选择题

1. **【答案】** B

【解析】 国家征税依据的是政治权力，而不是财产权力。

2. **【答案】** D

【解析】 选项 A：税收法律关系的保护对权利主体双方是平等的。选项 B：针对权利主体纳税义务人一方的确定，我国采用的是属地兼属人原则。选项 C：税收法律关系的内容是主体所享有的权利和承担的义务，是税收法律关系最实质的东西，也是税法的灵魂。

3. 【答案】A

【解析】选项 B：法人、自然人也属于权利的主体。选项 C：征纳双方的权利与义务不对等。选项 D：税收法律关系的客体为调整国家和纳税人之间在征纳方面权利及义务关系的法律规范。

4. 【答案】A

【解析】在税收法律关系中权利主体双方法律地位平等，只是因为主体双方是行政管理者与被管理者的关系，所以双方的权利与义务不对等，因此，与一般民事法律关系中主体双方权利与义务平等是不一样的。这是税收法律关系的一个重要特征。

5. 【答案】D

【解析】我国税收法律关系权利主体中，纳税义务人的确定原则是属地兼属人原则。

6. 【答案】C

【解析】民法调整的是平等主体之间的财产关系和人身关系。税法调整的是国家与纳税人之间的税收征纳关系。

7. 【答案】B

【解析】税收法定原则是统领所有税收规范的根本准则，为包括税收立法、执法、司法在内的一切税收活动所必须遵守。

8. 【答案】D

【解析】如果纳税人通过转让定价或其他方法减少计税依据，税务机关有权重新核定计税依据，以防止纳税人避税与偷税，这样处理体现了税法基本原则中的实质课税原则。

9. 【答案】D

【解析】实质课税原则是指应该根据客观事实确定是否符合课税要件，并根据纳税人的真实负担能力决定纳税人的税负，而不能仅考虑相关外观和形式。

10. 【答案】D

【解析】税务机关根据实质课税原则，有权重新核定纳税人的计税依据，并据以计算应纳税额。因此实质课税原则的意义在于防止纳税人的避税与偷税，增强税法适用的公正性。

11. 【答案】D

【解析】税法适用原则包括法律优位原则，法律不溯及既往原则，新法优于旧法原则，特别法优于普通法的原则，实体从旧、程序从新原则以及程序优于实体原则等。

12. 【答案】B

【解析】本题体现了税法法律不溯及既往原则，法律不溯及既往原则是指一部新法实施后，对新法实施之前人们的行为不得适用新法，而只能沿用旧法。

13. 【答案】D

【解析】本题遵循了实体从旧、程序从新的原则，实体税法不具备溯及力，纳税义务的确定以纳税义务发生时的税法规定为准，不具备向前的溯及力。

14. 【答案】B

【解析】选项 A：征税对象是区分不同税种的主要标志。选项 C：纳税人就是履行纳税义务的法人和自然人，还包括组织。选项 D：征税对象就是税收法律关系中征纳双方权利义务所指向的物品或行为。

15. 【答案】B

【解析】选项 B：课税对象是一个税种区别于另一种税种的重要标志，一般来说，不同的税种有着不同的课税对象。选项 C：税目是在税法中对征税对象分类规定的具体的征税项目，反映具体的征税范围，是对课税对象质的界定。选项 D：计税依据，是据以计算征税对象应纳税款的直接数量依据，它解决对征税对象课税的计算问题，是对课税对象的量的规定。

16.【答案】D

【解析】选项A：计税依据是据以计算征税对象应纳税款的直接数量依据。选项B：征税对象是征纳税双方权利义务共同指向的客体或标的物。选项C：征税对象是区别一种税与另一种税的重要标志。

17.【答案】C

【解析】一般来说，商品课税大都采取“按期纳税”形式；所得课税采取“按年计征，分期预缴”形式。

18.【答案】C

【解析】考生应重点了解全国人大常委会通过的法律。《中华人民共和国增值税暂行条例》由全国人大授权国务院制定，属于行政法规，不属于税收法律。

19.【答案】D

【解析】选项A属于全国人大或常委会授权立法，选项B属于正式立法的法律，选项C属于国务院制定的税收行政法规。

20.【答案】C

【解析】税法体系中各税法按照基本内容和效力的不同，可以分为税收基本法和税收普通法。

21.【答案】D

【解析】增值税、消费税和个人所得税由税务局系统负责征收管理。

22.【答案】B

【解析】选项A、D属于地方政府固定收入，选项C属于中央政府固定收入。

23.【答案】D

【解析】消费税和关税属于中央税，环境保护税属于地方税。

24.【答案】A

【解析】国际税收是指两个或两个以上的主权国家或地区，各自基于其课税主权，在对跨国纳税人进行分别课税而形成的征纳关系中，所发生的国家或地区之间的税收分配关系。

25.【答案】A

【解析】国际避税是指纳税人利用两个或者两个以上国家的税法和国家间的税收协定的漏洞、特例和缺陷，规避或减轻其全球总纳税义务的行为。

26.【答案】A

【解析】国际税收中所指的国际重复征税一般属于法律性国际重复征税。

27.【答案】D

【解析】地域管辖权是被各国公认为一种较为合适的税收管辖权，并被绝大多数国家所接受。

28.【答案】A

【解析】经营所得（营业利润）是税收协定处理重复征税问题的重点项目。

29.【答案】C

【解析】国际重复征税一般包括法律性、经济性、税制性重复征税三种类型。

30.【答案】A

【解析】经济性国际重复征税是指不同的征税主体（即不同国家）对不同纳税人的同一税源进行的重复征税。经济性国际重复征税一般是由于股份公司经济组织形式所引起的。股份公司的利润和股息、红利所得属于同源所得，在对子公司的利润和母公司的股息、红利所得二者同时征税的情况下，必然会带来重复征税的问题。

31.【答案】C

【解析】截止到2017年6月7日，我国已与66个国家或地区签署了《实施税收协定相关措施以防止税基侵蚀和利润转移（BEPS）的多边公约》。

32.【答案】D

【解析】《实施税收协定相关措施以防止税基侵蚀和利润转移（BEPS）的多边公

约》是全球首个对所得税税收协定进行多边协调的法律文件，为在经济全球化进一步深入的世界大环境下，以多边税收合作法律框架的形式增强国际社会相互合作，携手打击和防范跨境逃避税提供了基础设施条件。

二、多项选择题

1.【答案】BCD

【解析】选项A：国家征税的依据是政治权力而非财产权力。选项B：税收具有强制性、无偿性和固定性的特点。选项C：税收是政府为了满足社会公共需要，凭借政治权力，按照法律的规定，强制、无偿地取得财政收入的一种形式。税收是经济学方面的概念，其本质是一种分配关系。选项D：税法是由一系列单行税收法律法规及行政规章制度组成的体系，其内容具有综合性。

2.【答案】AD

【解析】选项B、D：税法是国家制定的用以调整国家与纳税人在征纳税方面的权利及义务关系的法律规范的总称，税法是义务性法规，内容具有综合性。

3.【答案】BD

【解析】在我国，税收法律关系的主体包括征纳双方，一方是代表国家行使征税职责的国家行政机关，包括国家各级税务机关和海关；另一方是履行纳税义务的人，包括法人、自然人和其他组织等。

4.【答案】BD

【解析】选项A：在我国，税收法律关系的主体包括征纳双方。选项C：税收法律关系中主体的法律地位平等，但权利与义务不对等。

5.【答案】ABC

【解析】选项D：税法是引起税收法律关系的前提条件，但税法本身并不能产生具体的税收法律关系。

6.【答案】BCD

【解析】选项A：税收法律关系体现国家单方面的意志，征纳双方权利义务关系不对等。

7.【答案】ABCD

【解析】选项B：刑法是关于犯罪、刑事责任与刑罚的法律规范的总和。税法是调整税收征纳关系的法律规范，其调整的范围不同。税法和刑法对于违反税法都规定了处罚条款。但应该指出，违反了税法，并不一定就是刑事犯罪，区别就在于情节是否严重，轻者给予行政处罚，重者则要承担刑事责任，给予刑事处罚。

8.【答案】ABCD

【解析】经济上的税收公平不具备强制约束力，仅作为制定税法的参考；实质课税原则的意义在于防止纳税人的偷税和避税。经济上的税收公平主要是从税收负担带来的经济后果上考虑的，而法律上的税收公平不仅要考虑税收负担的合理分配，而且要从税收立法、执法、司法等各个方面考虑。纳税人既可以要求实体利益上的税收公平，也可以要求程序上的税收公平。

9.【答案】ABCD

【解析】选项B：税收效率原则包括两个方面，一是指经济效率，二是指行政效率。前者要求税法的制定要有利于资源的有效配置和经济体制的有效运行，后者要求提高税收行政效率，节约税收征管成本。选项C：税收公平原则要求禁止对特定纳税人给予歧视性待遇，也禁止在没有正当理由的情况下给予特定纳税人特别优惠。选项D：法律优位原则，其基本含义为法律的效力高于行政法规的效力，还可进一步推论为税收行政法规的效力优于税收行政规章的效力。

10.【答案】ABC

【解析】税法应遵循实体从旧、程序

从新原则，所以选项 D 不正确。选项 A、B、C 均正确。

11.【答案】ABCD

【解析】选项表述均正确。

12.【答案】ABCD

【解析】选项表述均正确。

13.【答案】ABCD

【解析】税收法定原则的内容包括税收要件法定原则和税务合法性原则，选项 A、B、C 属于税收要件法定原则，选项 D 属于税务合法性原则。

14.【答案】AB

【解析】选项 C：计税依据是据以计算征税对象应纳税款的直接数量依据，它解决对征税对象课税的计算问题，是对课税对象的量的规定。选项 D：缴库期限是指税法规定的纳税期满后，纳税人将应纳税款缴入国库的期限。纳税期限是指每隔固定时间汇总一次纳税义务的时间。

15.【答案】BC

【解析】选项 A：直接负担税款的单位和个人是负税人。选项 C：扣缴义务人不是纳税人，只是负有代扣代缴、代收代缴税款义务的人。

16.【答案】ABD

【解析】城镇土地使用税采用的是定额税率。

17.【答案】AB

【解析】课税对象和计税依据在价值形态上一般是一致的；课税对象和计税依据在物理形态上一般是不一致的；税率是应纳税金与课税对象间的比例关系，从这个角度说，税率是以课税对象为基础确定的。

18.【答案】BC

【解析】个人所得税采用比例税率和超额累进税率，房产税采用比例税率。

19.【答案】BC

【解析】选项 A 属于税收行政法规，选项 D 属于授权法，是由国务院制定的。

20.【答案】ABD

【解析】选项 A、B、D 均为有权制定税收部门规章的税务主管机关。选项 C：国务院制定的是税收行政法规。

21.【答案】BD

【解析】选项 A：土地增值税属于所得税类。选项 B、D 属于特定目的税类。选项 C：城镇土地使用税属于资源税和环保税类。

22.【答案】BCD

【解析】税收执法权包括税款征收管理权、税务稽查权、税务检查权、税务行政复议裁决权及其他税务管理权。

23.【答案】ABC

【解析】选项 D：船舶吨税由海关负责征收。

24.【答案】AD

【解析】选项 A、D：海关负责征管关税、船舶吨税，代征进出口环节的增值税和消费税。选项 B、C 属于税务机关征管的税种。

25.【答案】AB

【解析】选项 A、B：属于中央政府和地方政府共享收入，选项 C、D：属于地方政府固定收入。

26.【答案】ABCD

【解析】纳税义务人的权利主要有多缴税款申请退回权、延期纳税权、申请减免税权、申请复议和提起诉讼权，主要义务是按税法规定办理税务登记、进行纳税申报、接受税务检查、依法缴纳税款等。

27.【答案】BCD

【解析】选项 A：税务机关应当广泛宣传税收法律、行政法规，普及纳税知识，无偿地为纳税人提供纳税咨询服务，而不能是有偿地为纳税人提供纳税咨询服务。

选项 B、C、D 均为税务机关和税务人员的义务。

28.【答案】ACD

【解析】国际重复征税产生的原因可以分为：居民（公民）管辖权同地域管辖权的重叠；居民（公民）管辖权同居民（公民）管辖权的重叠；地域管辖权同地域管辖权的重叠。

29.【答案】ABCD

【解析】四个选项均是国际重复征税产生的形式。

30.【答案】BC

【解析】居民管辖权和公民管辖权是按照属人原则确立的税收管辖权。地域管辖权又称收入来源地管辖权，是按照属地原则确立的税收管辖权。

31.【答案】ABD

【解析】选项 A：经济性国际重复征税指不同的征税主体对不同的纳税人的同一税源进行的重复征税。选项 B：复合税制所造成的国际重复征税属于税制性国际重复征税。选项 D：税制性国际重复征税是指不同的征税主体对相同的纳税人的同一税源进行的重复征税。

32.【答案】ABCD

【解析】在国际税收协定中，国际认可的所得主要有经营所得、劳务所得、投资所得和财产所得四大类。

33.【答案】AB

【解析】国际税收协定按所涉及的缔约国数量来划分，可分为双边税收协定、多边税收协定。

34.【答案】ABCD

【解析】国际避税的表现形式多种多样，例如：通过迁出或虚假迁出或不迁出高税国，进行人员流动，以避免税收管辖，实现国际避税；通过对资金、货物或劳务转移或不转移出高税国，进行课税客体的流动，以实现国际避税；利用有关国家或国际税收协定关于避免国际重复征税的方法进行避税；利用国际避税地进行避税等。

35.【答案】ABC

【解析】目前世界上的税收管辖权大致可以分为居民管辖权、地域管辖权和公民管辖权三类。

36.【答案】ABCD

【解析】国际避税的方法主要有：采取人员流动避税；通过资金或货物流动避税；选择有利的企业组织形式避税；利用转让定价避税；不合理保留利润避税；不合理借款避税；利用税境差异避税；运用国际重复征税的免除方法避税；利用避税地避税；利用税收优惠避税。

第二章 增值税法

本章考情分析

增值税是商品劳务税中的最重要的税种，是我国现行主体税种之一，也是注册会计师执业过程中必须掌握的一个重要税种。本章是税法教材中篇幅最长、重点与难点最多的章节之一。

本章每年考试各种题型均有出现，包括单项选择题、多项选择题、计算问答题和综合题。其中单项选择题为 2 ~3 个左右，多项选择题为 1 个左右，计算问答题以 1 ~2 个小问的方式出现，综合题则是近五年考试中 2 道综合题中年年必考的一道。本章在历年考试中所占分值较大，一般为 14 ~18 分左右，与增值税相关的一道综合题分值为 11 ~14 分左右。

本章教材主要变化

本章教材主要变化包括：

1. 调整适用 9% 税率的适用范围。
2. 删除增值税加计抵减政策。
3. 删除免抵退税的会计处理。
4. 调整了关于一般纳税人适用简易计税办法适用情形的教材顺序。
5. 调整了简易计税方法下差额计税的教材顺序。
6. 调整了特定应税行为增值税计征方法的教材顺序。
7. 新增金融机构开展个人实物黄金交易业务增值税计征方法。
8. 新增综合利用资源税申请享受增值税即征即退政策符合的条件。
9. 对于小规模纳税人享受免征增值税处理优惠政策按照最新的政策进行了调整。
10. 调整了其他个人，采取一次性收取租金形式出租不动产取得的租金收入，免征增值税的金额。

本章高频考点

考点 1 征税范围的一般规定

（一）征税范围的一般规定

征税范围	项目	说明
一般规定	1. 销售货物或者进口货物	货物是指有形动产，包括电力、热力、气体在内。销售货物是指有偿转让货物的所有权
	2. 销售劳务	销售劳务是指纳税人有偿提供的加工、修理修配劳务。 加工是指受托加工货物，即委托方提供原料及主要材料，受托方按照委托方的要求制造货物并收取加工费的业务；修理修配是指受托对损伤和丧失功能的货物进行修复，使其恢复原状和功能的业务

续表

征税范围	项目	说明
一般规定	3. 销售服务	服务包括交通运输服务、邮政服务、电信服务、建筑服务、金融服务、现代服务、生活服务
	4. 销售无形资产	销售无形资产是指转让无形资产所有权或者使用权的业务活动。 无形资产包括技术、商标、著作权、商誉、自然资源使用权和其他权益性无形资产。 其他权益性无形资产包括基础设施资产经营权、公共事业特许权、配额、经营权（包括特许经营权、连锁经营权、其他经营权）、经销权、分销权、代理权、会员权、席位权、网络游戏虚拟道具、域名、名称权、肖像权、冠名权、转会费等
	5. 销售不动产	销售不动产是指转让不动产所有权的业务活动。不动产包括建筑物、构筑物等。 转让建筑物有限产权或者永久使用权的，转让在建的建筑物或者构筑物所有权的，以及在转让建筑物或者构筑物时一并转让其所占土地的使用权的，按照“销售不动产”缴纳增值税

（二）销售服务的具体分类

总分类	进一步分类	具体内容
1. 交通运输服务（9%）	（1）陆路运输服务	包括铁路运输、其他陆路运输服务（公路运输、缆车运输、索道运输等）。 **【提示】** 出租车公司向使用本公司自有出租车的司机收取的管理费用，按陆路运输服务征税
	（2）水路运输服务	水路运输程租、期租业务，属于水路运输服务
	（3）航空运输服务	航空运输的湿租业务，属于航空运输服务。航天运输服务按照“航空运输服务”缴纳增值税
	（4）管道运输服务	通过管道设施输送气体、液体、固体物质的运输服务
	【提示1】 纳税人已售票但客户逾期未消费取得的运输逾期票证收入，按照“交通运输服务”缴纳增值税。 **【提示2】** 在运输工具舱位承包业务中，发包方以其向承包方收取的全部价款和价外费用为销售额，按照“交通运输服务”缴纳增值税。承包方以其向托运人收取的全部价款和价外费用为销售额，按照“交通运输服务”缴纳增值税。 **【提示3】** 在运输工具舱位互换业务中，互换运输工具舱位的双方均以各自换出运输工具舱位确认的全部价款和价外费用为销售额，按照“交通运输服务”缴纳增值税。 **【提示4】** 无运输工具承运业务，按“交通运输服务”征税	
2. 邮政服务（9%）	（1）邮政普遍服务	包括函件、包裹等邮件寄递，以及邮票发行、报刊发行和邮政汇兑等业务活动
	（2）邮政特殊服务	包括义务兵平常信函、机要通信、盲人读物和革命烈士遗物的寄递等业务活动
	（3）其他邮政服务	包括邮册等邮品销售、邮政代理等业务活动

续表

总分类	进一步分类	具体内容
3. 电信服务（9%、6%）	（1）基础电信服务（9%）	基础电信服务是指利用固网、移动网、卫星、互联网提供语音通话服务的业务活动，以及出租或者出售带宽、波长等网络元素的业务活动
	（2）增值电信服务（6%）	提供短信和彩信服务、电子数据和信息的传输及应用服务、互联网接入服务、卫星电视信号落地转接服务等业务活动
4. 建筑服务（9%）	（1）工程服务	新建、改建各种建筑物、构筑物的工程作业
	（2）安装服务	固话、有线电视、宽带、水、电、燃气、暖气等经营者向用户收取的安装费、初装费、开户费、扩容费以及类似收费，按照安装服务征税
	（3）修缮服务	对建筑物、构筑物进行修补、加固、养护、改善，使之恢复原来的使用价值或延长其使用期限的工程作业
	（4）装饰服务	对建筑物、构筑物进行修饰装修，使之美观或者具有特定用途的工程作业
	（5）其他建筑服务	如钻井（打井）、拆除建筑物或者构筑物、平整土地、园林绿化、疏浚（不包括航道疏浚）、建筑物平移、搭脚手架、爆破、矿山穿孔、表面附着物（包括岩层、土层、沙层等）剥离和清理等工程作业。 **【提示1】**“航道疏浚”按现代服务中的“物流辅助服务”征收增值税
	【提示2】物业服务企业为业主提供的装修服务，按照建筑服务征税	
	【提示3】将建筑施工设备出租给他人使用并配备操作人员的，按照建筑服务征税	
5. 金融服务（6%）（注意：结合不征税的规定）	（1）贷款服务	各种占用、拆借资金取得的收入，包括买入返售金融商品利息收入、融资融券收取的利息收入以及融资性售后回租、罚息、票据贴现、转贷等业务取得的利息及利息性质的收入。 **【提示1】**以货币资金投资收取的固定利润或者保底利润按照“贷款服务”纳税
		【提示2】金融商品持有期间（含到期）取得的非保本的上述收益，不属于利息或利息性质的收入，不征收增值税（不属于增值税的征税范围）
		【提示3】存款利息、被保险人获得的保险赔付，不征收增值税
	（2）直接收费金融服务	包括提供信用卡、基金管理、金融交易场所（平台）管理、资金结算、资金清算等服务
	（3）保险服务	包括人身保险服务和财产保险服务
	（4）金融商品转让	包括转让外汇、有价证券、非货物期货和其他金融商品所有权的业务活动。 **【提示】**纳税人购入基金、信托、理财产品等各类资产管理产品持有至到期，不属于金融商品转让

续表

总分类	进一步分类	具体内容
6. 现代服务（13%、9%、6%）	(1) 研发和技术服务（6%）	包括研发服务、合同能源管理服务、工程勘察勘探服务、专业技术服务
	(2) 信息技术服务（6%）	包括软件服务、电路设计及测试服务、信息系统服务、业务流程管理服务、信息系统增值服务
	(3) 文化创意服务（6%）	包括设计服务、知识产权服务、广告服务和会议展览服务。 【提示】宾馆、旅馆、旅社、度假村和其他经营性住宿场所提供会议场地及配套服务的活动，按照“会议展览服务”缴纳增值税
	(4) 物流辅助服务（6%）	包括航空服务、港口码头服务、货运客运场站服务、打捞救助服务、装卸搬运服务、仓储服务、收派服务
	(5) 租赁服务（13%、9%）	形式包括融资租赁和经营租赁；范围包括动产、不动产租赁。 【提示1】将建筑物、构筑物等不动产或者飞机、车辆等有形动产的广告位出租给其他单位或者个人用于发布广告，按经营租赁服务征税。 【提示2】车辆停放服务、道路通行服务（包括过路费、过桥费、过闸费等）等，按不动产经营租赁服务征税。 【提示3】水路运输的光租业务、航空运输的干租业务，按有形动产经营租赁服务征税
	(6) 签证咨询服务（6%）	包括认证服务、鉴证服务和咨询服务。 【提示】翻译服务和市场调查服务，按咨询服务征税
	(7) 广播影视服务（6%）	包括广播影视节目（作品）的制作服务、发行服务、播映（含放映）服务
	(8) 商务辅助服务（6%）	包括企业管理服务、经纪代理服务、人力资源服务、安全保护服务（例如武装守护押运服务）。 【提示】拍卖行受托拍卖取得的手续费或佣金收入，按照“经纪代理服务”缴纳增值税
	(9) 其他现代服务（6%）	①纳税人为客户办理退票而向客户收取的退票费、手续费，按照“其他现代服务”纳税。 ②纳税人对安装运行后的机器设备提供的维护保养服务，按照“其他现代服务”纳税
7. 生活服务（6%）	(1) 文化体育服务	纳税人在游览场所经营索道、摆渡车、电瓶车、游船等取得的收入按照“文化体育服务”缴纳增值税
	(2) 教育医疗服务	
	(3) 旅游娱乐服务	
	(4) 餐饮住宿服务	【提示1】提供餐饮服务的纳税人销售的外卖食品，按照“餐饮服务”缴纳增值税。 【提示2】纳税人现场制作食品并直接销售给消费者，按照“餐饮服务”缴纳增值税
	(5) 居民日常服务	
	(6) 其他生活服务	纳税人提供植物养护服务，按照“其他生活服务”缴纳增值税

【例题·单选题】(2021年)纳税人提供的下列应税服务中,应按照“其他现代服务”计征增值税的是( )。

A. 安全保护服务

B. 车辆停放服务

C. 武装守护押运服务

D. 对安装运行后的机器设备提供的维护保养服务

【答案】D

【解析】选项A:按照“现代服务——商务辅助服务”缴纳增值税。选项B:按照“现代服务——租赁服务——车辆停放服务”缴纳增值税。选项C:按照“现代服务——商务辅助服务”缴纳增值税。选项D:纳税人对安装运行后的机器设备提供的维护保养服务,按照“其他现代服务”缴纳增值税。

【例题·单选题】(2021年)纳税人在境内向境内企业或个人提供的下列服务中,免征增值税的是( )。

A. 科技公司转让域名

B. 邮政部门提供邮政代理服务

C. 电信公司提供卫星电视信号落地转接

D. 证券投资基金管理人运用基金买卖股票

【答案】D

【解析】选项A:按照销售无形资产征收增值税。选项B:按照提供邮政服务征收增值税。选项C:按照提供增值电信服务征收增值税。选项D:免征增值税(见增值税的税收优惠)。

【例题·单选题】(2020年)下列增值税应税服务项目中,应按照“租赁服务”计征增值税的是( )。

A. 飞机干租

B. 融资性售后回租

C. 船舶期租

D. 宾馆的住宿服务

【答案】A

【解析】选项B:融资性售后回租业务按照“贷款服务”缴纳增值税。选项C:水路运输的程租、期租业务,按照“交通运输服务”缴纳增值税。选项D:按照“生活服务——餐饮住宿服务”缴纳增值税。

【例题·单选题】(2020年)下列增值税应税服务项目中,应按照“租赁服务”计征增值税的是( )。

A. 融资性售后回租

B. 提供会议场地及配套服务

C. 航空运输的湿租业务

D. 写字楼广告位出租

【答案】D

【解析】选项A:融资性售后回租业务按照“贷款服务”缴纳增值税。选项B:宾馆、旅馆、旅社、度假村和其他经营性住宿场所提供会议场地及配套服务的活动,按照“会议展览服务”缴纳增值税。选项C:航空运输的湿租业务,属于航空运输服务。

【例题·单选题】(2019年)出租车公司向使用本公司自有出租车的司机收取管理费用,应缴纳增值税。该业务属于增值税征税范围中的( )。

A. 交通运输服务

B. 居民日常服务

C. 物流辅助服务

D. 商务辅助服务

【答案】A

【解析】出租车公司向使用本公司自有出租车的司机收取管理费用应按照“交通运输服务——陆路运输服务”缴纳增值税。

【例题·多选题】(2018年)金融企业提供金融服务取得的下列收入中,按“贷款服务”缴纳增值税的有（　　）。

A. 以货币资金投资收取的保底利润

B. 融资性售后回租业务取得的利息收入

C. 买入返售金融商品利息收入

D. 金融商品持有期间取得的非保本收益

【答案】ABC

【解析】选项D：金融商品持有期间（含到期）取得的非保本收益，不属于利息或利息性质的收入，不征收增值税。

考点2 增值税征税范围的条件

（一）应税行为同时具备的四个条件

根据《营改增通知》，除另有规定外，一般应同时具备4个条件：

1. 应税行为发生在中华人民共和国境内——境内。

2. 应税行为是属于《销售服务、无形资产、不动产注释》范围内的业务活动——列举范围。

3. 应税服务是为他人提供的——经营性活动。

4. 应税行为是有偿的——有偿。

（二）不需要缴纳增值税的项目

1. 根据国家指令无偿提供的铁路运输服务、航空运输服务，属于用于公益事业的服务。

2. 存款利息。

3. 被保险人获得的保险赔付。

4. 房地产主管部门或者其指定机构、公积金管理中心、开发企业以及物业管理单位代收的住宅专项维修资金。

5. 在资产重组过程中，通过合并、分立、出售、置换等方式，将全部或者部分实物资产以及与其相关联的债权、负债和劳动力一并转让给其他单位和个人。

（三）下列非经营活动不缴纳增值税

1. 行政单位收取的同时满足规定条件的政府性基金或者行政事业性收费。

2. 单位或者个体工商户聘用的员工为本单位或者雇主提供取得工资的服务。

3. 单位或者个体工商户为聘用的员工提供服务。

（四）应税行为

应税行为发生在中华人民共和国境内，具体是指：

1. 服务（租赁不动产除外）或者无形资产（自然资源使用权除外）的销售方或者购买方在境内。

2. 所销售或者租赁的不动产在境内。

3. 所销售自然资源使用权的自然资源在境内。

（五）下列情形不属于在境内销售服务或者无形资产

1. 境外单位或者个人向境内单位或者个人销售完全在境外发生的服务。

2. 境外单位或者个人向境内单位或者个人销售完全在境外使用的无形资产。

3. 境外单位或者个人向境内单位或者个人出租完全在境外使用的有形动产。

4. 财政部和国家税务总局规定的其他情形，即境外单位或个人发生的下列行为不属于在境内销售服务：

①为出境的函件、包裹在境外提供的邮政服务、收派服务。

②向境内单位或者个人提供的工程施工地点在境外的建筑服务、工程监理服务。

③向境内单位或者个人提供的工程、矿产资源在境外的工程勘察勘探服务。

④向境内单位或者个人提供的会议展览地点在境外的会议展览服务。

提示 不动产和自然资源使用权的境内的判断规则：不动产和自然资源使用权看其位置是否位于我国境内，即属地原则。在我国境内即为境内，不在我国境内即为境外，无须考虑买卖的主体。例如，美国某公司将其在深圳拥有的一处办公楼销售给另一家美国公司属于在境内销售。我国甲公司销售在美国的一幢办公楼给我国乙公司则不属于境内销售。例如，法国某公司将其拥有的我国境内的一处矿产的探矿权转让给某家境内公司属于境内销售。我国丙公司将其拥有的巴西一处矿产探矿权转让给我国丁公司则不属于境内销售。

【例题·多选题】（2021 年）下列行为中，属于增值税征收范围的有（　　）。

A. 汽车销售公司销售其代销的某品牌小汽车

B. 电脑生产企业将自产新型电脑无偿赠送给客户

C. 航空公司根据国家指令无偿提供航空运输服务

D. 房产公司购入执罚部门拍卖的罚没房产再销售

【答案】 ABD

【解析】 根据国家指令无偿提供的铁路运输服务、航空运输服务，属于用于公益事业的服务。因此选项 C 不属于增值税的征税范围。

考点 3 征税范围的特殊项目

1. 罚没物品征与不征增值税的处理。

商品种类	税务处理
执罚部门和单位查处的属于一般商业部门经营的商品	（1）具备拍卖条件的，由执罚部门或单位商同级财政部门同意后，公开拍卖。其拍卖收入作为罚没收入由执罚部门和单位如数上缴财政，不予征税。对经营单位购入拍卖物品再销售的应照章征收增值税
	（2）不具备拍卖条件的，由执罚部门、财政部门、国家指定销售单位会同有关部门按质论价，交由国家指定销售单位纳入正常销售渠道变价处理。执罚部门按商定价格所取得的变价收入作为罚没收入如数上缴财政，不予征税。国家指定销售单位将罚没物品纳入正常销售渠道销售的，应照章征收增值税
执罚部门和单位查处的属于专管机关管理或专管企业经营的财物，如金银（不包括金银首饰）、外币、有价证券、非禁止出口文物	应交由专管机关或专营企业收兑或收购。执罚部门和单位按收兑或收购价所取得的收入作为罚没收入如数上缴财政，不予征税。专管机关或专营企业经营上述物品中属于应征增值税的货物，应照章征收增值税

2. 纳税人取得的财政补贴收入，与其销售货物、劳务、服务、无形资产、不动产的收入或者数量直接挂钩的，应按规定计算缴纳增值税。纳税人取得的其他情形的财政补贴收入，不属于增值税应税收入，不征收增值税。

3. 融资性售后回租业务中，承租方出售资产的行为不属于增值税的征税范围，不征收增值税。

4. 药品生产企业销售自产创新药的销售额，为向购买方收取的全部价款和价外费用，其提供给患者后续免费使用的相同创新药不按视同销售处理，不征收增值税。

5. 单用途卡和多用途卡。

【例题·单选题】（2017 年）企业发生的下列行为中，需要计算缴纳增值税的是（　　）。

A. 取得存款利息

B. 获得保险赔偿

C. 取得的与销售收入或者数量无关的财政补贴收入

D. 收取包装物租金

【答案】D

【解析】选项C：收取包装物租金要计算缴纳增值税。选项A、B、C均不属于增值税征税范围。

【例题·单选题】(2015年) 下列收入中，应当征收增值税的是（　　）。

A. 增值税纳税人收取的会员费收入

B. 电力公司向发电企业收取的过网费收入

C. 燃油电厂从政府财政专户取得的发电补贴收入

D. 融资性售后回租业务中承租方出售资产取得的收入

【答案】B

【解析】选项A：对增值税纳税人收取的会员费收入，不征收增值税。选项B：电力公司向发电企业收取的过网费，应当征收增值税。选项C：按照目前的增值税政策，纳税人取得的财政补贴收入，与其销售货物、劳务、服务、无形资产、不动产的收入或者数量直接挂钩的，应按规定计算缴纳增值税。选项D：融资性售后回租业务中，承租方出售资产的行为，不属于增值税的征税范围，不征收增值税。

考点4 征税范围的特殊行为——视同发生应税销售行为

单位或者个体工商户的下列行为，视同发生应税销售行为：

1. 将货物交付其他单位或个人代销——代销中的委托方。

提示 纳税义务发生时间：收到代销清单和全部或部分代销款二者之中的较早者。若均未收到，则于发货后满180天的当天发生纳税义务（但先开发票的，为开具发票的当天）。

2. 销售代销货物——代销中的受托方。

(1) 售出时按结算方式确定增值税纳税义务发生时间。

(2) 按实际售价计算销项税额。

(3) 取得委托方开具的增值税专用发票，可以抵扣进项税额。

(4) 收取的与销售额、销售数量无关的代销手续费，应按“现代服务—经纪代理服务”税目的税率6%计算增值税销项税额。

3. 设有两个以上机构并实行统一核算的纳税人，将货物从一个机构移送到其他机构用于销售，但相关机构设在同一县（市）的除外。

提示 即实行统一核算的总分机构（不在同一县、市）之间移送货物用于销售，要视同销售。

4. 将自产或者委托加工的货物用于非应税项目。

5. 将自产、委托加工的货物用于集体福利或者个人消费。

6. 将自产、委托加工或者购进的货物作为投资，提供给其他单位或者个体工商户。

7. 将自产、委托加工或者购进的货物分配给股东或者投资者。

8. 将自产、委托加工或者购进的货物无偿赠送其他单位或者个人。

9. 单位或者个体工商户向其他单位或者个人无偿提供服务，但用于公益事业或者以社会公众为对象的除外。

10. 单位或者个人向其他单位或者个人无偿转让无形资产或者不动产，但用于公益事业或者以社会公众为对象的除外。

11. 财政部和国家税务总局规定的其他情形。

【总结】

来源	用途	税务处理	进项抵扣
自产、委托加工	集体福利或者个人消费	视同销售	可以抵扣
自产、委托加工	投资、分配、无偿赠送	视同销售	可以抵扣
外购	集体福利或者个人消费	不视同销售	不得抵扣； 已经抵扣的，进项转出
外购	投资、分配、无偿赠送	视同销售	可以抵扣

【例题·多选题】（2015 年）下列行为中，应当视同销售货物缴纳增值税的有（　　）。

A. 将购进的货物用于集体福利

B. 将购进的货物用于个人消费

C. 将购进的货物用于对外投资

D. 将购进的货物用于分配

【答案】 CD

【解析】 将自产、委托加工的货物用于集体福利或者个人消费的，属于增值税视同销售行为，将购进的货物用于集体福利或者个人消费的，不属于增值税视同销售行为，所以选项 A、B 不正确。

考点 5 征税范围的特殊行为——混合销售和兼营

混合销售	定义	一项销售行为如果既涉及销售货物又涉及应税劳务或应税服务，为混合销售
	特点	销售货物与提供服务之间存在因果关系和内在联系
	税务处理	按企业主营项目的性质划分适用的项目来缴纳增值税。 （1）从事货物的生产、批发或者零售的单位和个体工商户（包括以从事货物的生产、批发或者零售为主，并兼营销售服务的单位和个体工商户在内）的混合销售行为，按照销售货物缴纳增值税。 （2）其他单位和个体工商户的混合销售行为，按照销售服务缴纳增值税
	举例	（1）生产货物的单位，在销售货物的同时提供运输，其销售货物同时提供运输的行为属于混合销售行为，所收取的货物款项及运输费用一并应按销售货物计算缴纳增值税。 （2）建筑施工企业中标承接某项建筑工程，按合同采用包工包料形式，则该企业在销售建筑服务的同时又销售建筑材料，属于混合销售行为。由于该施工企业不属于生产、批发和零售货物的企业，因此其包料收入和包工收入一并应按建筑服务税率计算缴纳增值税
	特殊情形不适用混合销售	（1）纳税人销售活动板房、机器设备、钢结构件等自产货物的同时提供建筑、安装服务，不属于《营业税改征增值税试点实施办法》第四十条规定的混合销售，应分别核算货物和建筑服务的销售额，分别适用不同的税率或者征收率。 （2）一般纳税人销售电梯的同时提供安装服务，其安装服务可以按照甲供工程选择适用简易计税方法计税
兼营行为	定义	纳税人兼有销售货物、提供加工修理修配劳务、销售服务、无形资产或者不动产适用不同税率或者征收率
	特点	各行为之间相互独立，不存在因果关系和内在联系
	税务处理	计税规则：分别核算，分别计税；不分别核算，从高计税

【例题·单选题】（2019 年）下列经营行为中，属于增值税混合销售行为的是（　　）。

A. 商场销售相机及存储卡

B. 商场销售办公设备并提供送货服务

C. 康养中心提供住宿并举办健康讲座

D. 健身房提供健身场所并提供停车服务

【答案】B

【解析】选项 B：一项销售行为如果既涉及货物又涉及服务，为混合销售行为。选项 C、D 均为兼营行为。

考点 6 纳税义务人和扣缴义务人

（一）纳税义务人

在中华人民共和国境内销售货物、销售劳务、销售服务、销售无形资产或者销售不动产以及进口货物的单位和个人。

（二）增值税纳税人特殊情况

1. 单位以承包、承租、挂靠方式经营的：

承包人、承租人、挂靠人（以下统称“承包人”）以发包人、出租人、被挂靠人（以下统称“发包人”）名义对外经营并由发包人承担相关法律责任的，以该发包人为纳税人；否则以承包人为纳税人。

2. 资管产品运营过程中发生的增值税应税行为，以资管产品管理人（银行等）为增值税纳税人。

3. 纳税人应当按照国家统一的会计制度进行增值税会计核算。

（三）扣缴义务人

境外单位或者个人在境内发生应税行为，在境内未设有经营机构的，以购买方为增值税扣缴义务人。财政部和国家税务总局另有规定的除外。扣缴义务人按照下列公式计算应扣缴税额：

应扣缴税额 = 接受方支付的价款 ÷（1 + 税率）× 税率

【例题·单选题】（2018 年）下列承包经营的情形中，应以发包人为增值税纳税人的是（　　）。

A. 以承包人名义对外经营，由承包人承担法律责任的

B. 以发包人名义对外经营，由发包人承担法律责任的

C. 以发包人名义对外经营，由承包人承担法律责任的

D. 以承包人名义对外经营，由发包人承担法律责任的

【答案】B

【解析】选项 A：以承包人名义对外经营，由承包人承担法律责任的，应以承包人为增值税纳税人。选项 C、D 均错误。

考点 7 一般纳税人和小规模纳税人的划分

一般纳税人和小规模纳税人的划分标准为经营规模即年应税销售额。年应税销售额是指纳税人在连续不超过 12 个月或 4 个季度的经营期内累计应征增值税销售额，包括纳税申报销售额、稽查查补销售额、纳税评估调整销售额。

提示 销售服务、无形资产或者不动产（以下简称应税行为）有扣除项目的纳税人，其应税行为年应税销售额按未扣除之前的销售额计算。纳税人偶然发生的销售无形资产、转让不动产的销售额，不计入应税行为年应税销售额。

纳税人	小规模纳税人认定标准	一般纳税人认定标准
各行各业的纳税人	年应税销售额 500 万元及以下（含）	年应税销售额超过 500 万元

【例题·多选题】（2012年）以下各项中，应计入增值税一般纳税人认定标准的“年应税销售额”的有（　　）。

A. 免税销售额

B. 稽查查补销售额

C. 纳税评估调整销售额

D. 税务机关代开发票销售额

【答案】ABCD

【解析】根据规定，一般纳税人认定标准的年应税销售额，是指纳税人在连续不超过12个月的经营期内累计应征增值税销售额，包括纳税申报销售额、稽查查补销售额、纳税评估调整销售额、税务机关代开发票销售额和免税销售额。

考点8 税率与征收率

增值税的税率分别为13%、9%、6%和零税率。

税率	适用范围
13%	1. 销售或进口货物（适用低税率、零税率的除外）。 2. 提供应税劳务。 【提示】纳税人受托对垃圾、污泥、污水、废气等废弃物进行专业化处理，采取填埋、焚烧等方式进行专业化处理后产生货物，且货物归属委托方的，受托方属于提供“加工劳务”，其收取的处理费用适用13%的增值税税率。（新增） 3. 提供有形动产租赁服务（包括经营性租赁与融资性租赁）
9%	1. 粮食等农产品、食用植物油、食用盐。 （1）农产品。 农产品是指种植业、养殖业、林业、牧业、水产业生产的各种植物、动物的初级产品，包括挂面、干姜、姜黄、玉米胚芽、动物骨粒等。 【提示1】麦芽、复合胶、人发不属于《农业产品征税范围注释》中规定的农业产品范围，适用13%的增值税税率。 【提示2】按照《食品安全国家标准——调制乳》生产的调制乳，不属于初级农业产品，应按照13%的税率征收增值税。 【提示3】淀粉不属于农业产品的范围，应按照13%的税率征收增值税。 （2）食用植物油。 【提示1】棕榈油、棉籽油、茴油、毛椰子油、核桃油、橄榄油、花椒油、杏仁油、葡萄籽油和牡丹籽油按照食用植物油9%的税率征收增值税。 【提示2】环氧大豆油、氢化植物油、肉桂油、桉油、香茅油不属于《农业产品征税范围注释》中规定的农业产品范围，其增值税适用税率为13%。 2. 自来水、暖气、冷气、热水、煤气、石油液化气、天然气、二甲醚、沼气、居民用煤炭制品。 3. 图书、报纸、杂志、音像制品、电子出版物。 国内印刷企业承印的经新闻出版主管部门批准印刷且采用国际标准书号编序的境外图书，属于《增值税暂行条例》第二条规定的“图书”，适用9%的增值税税率。 4. 饲料、化肥、农药、农机、农膜
	交通运输服务、邮政服务、基础电信服务、建筑服务、不动产租赁服务、销售不动产、转让土地使用权
6%	增值电信服务、金融服务、现代服务（租赁服务除外）、生活服务、转让无形资产（土地使用权除外）

续表

税率	适用范围
零税率	1. 出口货物（另有规定除外）。 2. 境内单位和个人提供的国际运输服务。 国际运输服务是指： （1）在境内载运旅客或者货物出境。 （2）在境外载运旅客或者货物入境。 （3）在境外载运旅客或者货物。 3. 航天运输服务。 4. 向境外单位提供的完全在境外消费的下列服务： （1）研发服务。 （2）合同能源管理服务。 （3）设计服务。 （4）广播影视节目（作品）的制作和发行服务。 （5）软件服务。 （6）电路设计及测试服务。 （7）信息系统服务。 （8）业务流程管理服务。 （9）离岸服务外包业务。 （10）转让技术。 5. 其他零税率政策： （1）按照国家有关规定应取得相关资质的国际运输服务项目，纳税人取得相关资质的，适用增值税零税率政策，未取得的，适用增值税免税政策。 （2）境内的单位或个人提供程租服务，如果租赁的交通工具用于国际运输服务和港澳台运输服务，由出租方按规定申请适用增值税零税率。 （3）境内的单位或个人向境内单位或个人提供期租、湿租服务，如果承租方利用租赁的交通工具向其他单位或个人提供国际运输服务和港澳台运输服务，由承租方适用增值税零税率。境内的单位或个人向境外单位或个人提供期租、湿租服务，由出租方适用增值税零税率。 （4）境内单位和个人以无运输工具承运方式提供的国际运输服务，由境内实际承运人适用增值税零税率；无运输工具承运业务的经营者适用增值税免税政策

【例题·单选题】（2020年）增值税一般纳税人发生的下列应税行为中，适用6%税率计征增值税的是（　　）。

A. 提供建筑施工服务

B. 通过省级土地行政主管部门设立的交易平台转让补充耕地指标

C. 出租2020年新购入的房产

D. 销售非现场制作食品

【答案】B

【解析】选项A：属于提供建筑服务，适用9%的税率；选项B：纳税人通过省级土地行政主管部门设立的交易平台转让补充耕地指标，按照“销售无形资产”缴纳增值税，税率为6%；选项C：属于不动产租赁服务，适用9%的税率；选项D：纳税人现场制作食品并直接销售给消费者属于餐饮服务，销售非现场制作食品属于正常的销售货物行为，适用13%或9%的税率。

【例题·单选题】（2018年）境内单位和个人发生的下列跨境应税行为中，适用增值税零税率的是（　　）。

A. 向境外单位转让的完全在境外使用的技术

B. 向境外单位提供的完全在境外消费的电信服务

C. 在境外提供的广播影视节目播映

服务

D. 无运输工具承运业务的经营者提供的国际运输服务

【答案】 A

【解析】 选项B、C、D：适用增值税免税政策。

【例题·单选题】（2014年改编）某航空公司为增值税一般纳税人并具有国际运输经营资质，2020年6月购进飞机配件取得的增值税专用发票上注明价款650万元、税额110.5万元；开展航空服务开具普通发票取得的含税收入包括国内运输收入1 387.5万元、国际运输收入288.6万元、飞机清洗消毒收入127.2万元。该公司6月应缴纳的增值税为（　　）万元。

A. 11.26　　B. 50.54

C. 62.8　　D. 68.21

【答案】 A

【解析】 航空公司从事国内运输业务，按"交通运输业"税目适用9%税率；国际运输业务，适用零税率；飞机清洗消毒业务按"物流辅助服务"适用6%税率。该公司6月应纳增值税：$1\ 387.5 \div (1+9\%) \times 9\% + 288.6 \times 0 + 127.2 \div (1+6\%) \times 6\% - 110.5 = 11.26$（万元）。

【例题·多选题】（2014年改编）某船运公司为增值税一般纳税人并具有国际运输经营资质，2020年7月取得的含税收入包括货物保管收入40.28万元、装卸搬运收入97.52万元、国内运输收入748万元；取得国际运输收入355.2万元。该公司计算的下列增值税销项税额，正确的有（　　）。

A. 货物保管收入的销项税额2.28万元

B. 装卸搬运收入的销项税额8.05万元

C. 国际运输收入的销项税额29.33万元

D. 国内运输收入的销项税额61.76万元

【答案】 AD

【解析】 货物保管收入和装卸搬运收入按照"现代服务——物流辅助服务"计算增值税。选项A：货物保管收入的销项税额$=40.28 \div (1+6\%) \times 6\% = 2.28$（万元）。选项B：装卸搬运收入的销项税额$=97.52 \div (1+6\%) \times 6\% = 5.52$（万元）。选项C：国际运输收入适用零税率不需要计算销项税额。选项D：国内运输收入应按"交通运输服务"计算增值税，销项税额$=748 \div (1+9\%) \times 9\% = 61.76$（万元）。

考点9　增值税征收率

（一）征收率的一般规定

征收率	适用情况	
3%	小规模纳税人	除5%以外的应税销售行为
	一般纳税人可选择适用简易计税办法的情形	（1）县级及县级以下小型水力发电单位生产的电力
		（2）自产建筑用和生产建筑材料所用的砂、土、石料
		（3）以自己采掘的砂、土、石料或其他矿物连续生产的砖、瓦、石灰（不含粘土实心砖、瓦）
		（4）自己用微生物、微生物代谢产物、动物毒素、人或动物的血液或组织制成的生物制品

续表

征收率	适用情况	
3%	一般纳税人可选择适用简易计税办法的情形	(5) 自产的自来水
		(6) 自来水公司销售自来水（必须选择简易计税）
		(7) 自产的商品混凝土（仅限于以水泥为原料生产的水泥混凝土）
		(8) 单采血浆站销售非临床用人体血液
		(9) 寄售商店代销寄售物品（包括个人寄售的物品）（必须选择简易计税）
		(10) 典当业销售死当物品（必须选择简易计税）
		(11) 药品经营企业销售生物制品
		(12) 生产销售和批发、零售抗癌药品、罕见病药品
		(13) 公共交通运输服务，包括：轮客（不含铁路客运）渡、公交客运、地铁、城市轻轨、出租车、长途客运、班车
		(14) 经认定的动漫企业为开发动漫产品提供的动漫脚本编撰、形象设计、背景设计、动画设计、分镜、动画制作、摄制、描线、上色、画面合成、配音、配乐、音效合成、剪辑、字幕制作、压缩转码（面向网络动漫、手机动漫格式适配）服务，以及在境内转让动漫版权（包括动漫品牌、形象或者内容的授权及再授权）
		(15) 电影放映服务、仓储服务、装卸搬运服务、收派服务和文化体育服务
		(16) 以纳入“营改增”试点之日前取得的有形动产为标的物提供的经营租赁服务
		(17) 在纳入“营改增”试点之日前签订的尚未执行完毕的有形动产租赁合同
		(18) 建筑业中为老项目、清包工、甲供工程提供的建筑服务
		(19) 提供非学历教育服务、教育辅助服务
		(20) 非企业性单位中的一般纳税人提供的研发和技术服务、信息技术服务、鉴证咨询服务，以及销售技术、著作权等无形资产
		(21) 提供物业管理服务的纳税人，向服务接受方收取的自来水费，以扣除其对外支付的自来水费后的余额为销售额，按照简易计税方法依3%的征收率计算缴纳增值税（必须选择简易计税）
		(22) 销售自产机器设备的同时提供安装服务，应分别核算机器设备和安装服务的销售额，安装服务可以按照甲供工程选择适用简易计税方法计税
		(23) 销售外购机器设备的同时提供安装服务，如果已经按照兼营的有关规定，分别核算机器设备和安装服务的销售额，安装服务可以按照甲供工程选择适用简易计税方法计税（新增）
		(24) 从事再生资源回收的一般纳税人销售其收购的再生资源

续表

征收率	适用情形	
5%	房地产开发企业自行开发的房地产项目	（1）房地产开发企业中的一般纳税人销售自行开发的房地产老项目，选择适用简易计税方法的。 **【提示】**房地产开发企业中的一般纳税人购入未完工的房地产老项目继续开发后，以自己名义立项销售的不动产，属于房地产老项目，可以选择适用简易计税方法按照5%的征收率计算缴纳增值税（新增）
		（2）房地产开发企业中的一般纳税人以围填海方式取得土地并开发的房地产项目，围填海工程《建筑工程施工许可证》或建筑工程承包合同注明的围填海开工日期在2016年4月30日前的，属于房地产老项目，可以选择适用简易计税方法按照5%的征收率计算缴纳增值税
		（3）房地产开发企业中的小规模纳税人，销售自行开发的房地产项目
	不动产、土地使用权出售	（1）一般纳税人选择简易计税方法计税的不动产销售
		（2）小规模纳税人销售自建或者取得的不动产
		（3）其他个人销售其取得的不动产（住房可能涉及免税）
		（4）纳税人转让2016年4月30日前取得的土地使用权，选择适用简易计税方法的
	不动产租赁	（1）一般纳税人选择简易计税方法计税的不动产经营租赁（出租2016年4月30日前取得的不动产）
		（2）小规模纳税人出租（经营租赁）其取得的不动产（不含个人出租住房）
		（3）其他个人出租（经营租赁）其取得的不动产（不含住房）
		（4）个人（包括个体户与自然人）出租住房，按照5%的征收率减按1.5%计算应纳税额
		（5）一般纳税人2016年4月30日前签订的不动产融资租赁合同，或以2016年4月30日前取得的不动产提供的融资租赁服务，选择适用简易计税方法的
		（6）一般纳税人收取试点前开工的一级公路、二级公路、桥、闸通行费（高速公路不适用）选择适用简易计税方法的
		（1）一般纳税人提供人力资源外包服务，选择适用简易计税方法的。 **【提示1】**一般纳税人提供人力资源外包服务，按照一般计税方法，适用6%的税率计算缴纳增值税，可以抵扣进项税额。 **【提示2】**小规模纳税人提供人力资源外包服务，适用3%的征收率
		（2）一般纳税人提供劳务派遣服务，选择差额纳税的，按照简易计税方法依5%的征收率计算缴纳增值税。 **【提示】**一般纳税人提供劳务派遣服务，以取得的全部价款和价外费用为销售额，按照一般计税方法依6%的税率计算缴纳增值税，可以抵扣进项税额
		（3）小规模纳税人提供劳务派遣服务选择差额纳税，按照简易计税方法依5%的征收率计算缴纳增值税。 **【提示】**小规模纳税人提供劳务派遣服务，以取得的全部价款和价外费用为销售额，按照简易计税方法依3%的征收率计算缴纳增值税

【例题·单选题】（2020年）增值税一般纳税人发生的下列行为中，可以采用简

易计税方法计征增值税的是（　　）。

A. 销售矿泉水

B. 销售沥青混凝土

C. 以清包工方式提供建筑服务

D. 出租 2016 年 5 月 1 日后取得的不动产

【答案】 C

【解析】 选项 A、B：一般纳税人发生特定的应税销售行为，可选择按照简易计税办法依照 3% 的征收率计算缴纳增值税，如自产的自来水；自产的商品混凝土（仅限于以水泥为原料生产的水泥混凝土）。选项 D：增值税一般纳税人出租 2016 年 4 月 30 日前取得的不动产，可以选择适用简易计税方法计征增值税。

【例题·多选题】（2017 年改编）下列应税货物或应税服务中，一般纳税人可以选择适用增值税简易计税方法计税的有（　　）。

A. 提供电影放映服务

B. 为甲供工程提供的建筑服务

C. 自来水厂销售自产自来水

D. 商业银行提供贷款服务

【答案】 ABC

【解析】 选项 D：商业银行提供贷款服务没有可以选择适用简易计税方法的规定。

【例题·多选题】（2017 年）增值税一般纳税人可以选择简易计税的有（　　）。

A. 提供文化体育服务

B. 装卸搬运服务

C. 公共交通运输服务

D. 税务咨询服务

【答案】 ABC

【解析】 选项 A、B、C：一般纳税人可以选择简易计税方法计税。

【例题·多选题】（2016 年）增值税一般纳税人销售自产的下列货物中，可选择按照简易办法计算缴纳增值税的有（　　）。

A. 生产建筑材料所用的砂土

B. 用微生物制成的生物制品

C. 以水泥为原料生产的水泥混凝土

D. 县级以下小型火力发电单位生产的电力

【答案】 ABC

【解析】 选项 D：县级及县级以下小型水力发电单位生产的电力，可选择按照简易办法依照 3% 征税率计算缴纳增值税。

（二）征收率的特殊政策

1. 关于销售旧货、自己使用过的固定资产的规定。

纳税人类型	销售情况	税务处理	计算公式
一般纳税人	销售旧货，所称旧货，是指进入二次流通的具有部分使用价值的货物（含旧摩托车和旧游艇），但不包括自己使用过的物品	依照 3% 征收率减按 2% 征收	含税售价 ÷（1 + 3%）×2%
	销售自己使用过的不得抵扣且未抵扣进项税额的固定资产		
	销售自己使用过的已抵扣进项税额的固定资产	按正常销售货物适用税率征收	含税售价 ÷（1 + 适用税率）× 适用税率
小规模纳税人（除其他个人外）	销售旧货	依照 3% 征收率减按 2% 征收	含税售价 ÷（1 + 3%）×2%
	销售自己使用过的固定资产		

提示 纳税人销售自己使用过的固定资产，适用简易办法依照3%征收率减按2%征收增值税政策的，可以放弃减税，按照简易办法依照3%征收率缴纳增值税，并可以开具增值税专用发票。

2. 自2020年5月1日至2023年12月31日，从事二手车经销业务的纳税人销售其收购的二手车，由原按照简易办法依3%征收率减按2%征收增值税，改为减按0.5%征收增值税。

应纳税额 = 含税销售额 ÷（1 + 0.5%）× 0.5%

【例题·单选题】（2021年）某公司2021年5月处置一台使用过的机器设备，开具了增值税专用发票，价税合计100.5万元。购入该设备时按规定不得抵扣且未抵扣进项税额。该公司处置设备应缴纳增值税（　　）万元。

A. 0.49　　B. 0.50

C. 1.95　　D. 2.93

【答案】 D

【解析】 一般纳税人销售自己使用过的不得抵扣且未抵扣进项税额的固定资产，适用简易办法依照3%征收率减按2%征收增值税政策的，可以放弃减税，按照简易办法依照3%征收率缴纳增值税，并可以开具增值税专用发票。因此该公司处置设备应缴纳增值税 = 100.5 ÷（1 + 3%）× 3% = 2.93（万元）。

考点10 销项税额的计算

一般计税方法下的计算公式：当期应纳增值税税额 = 当期销项税额 − 当期进项税额

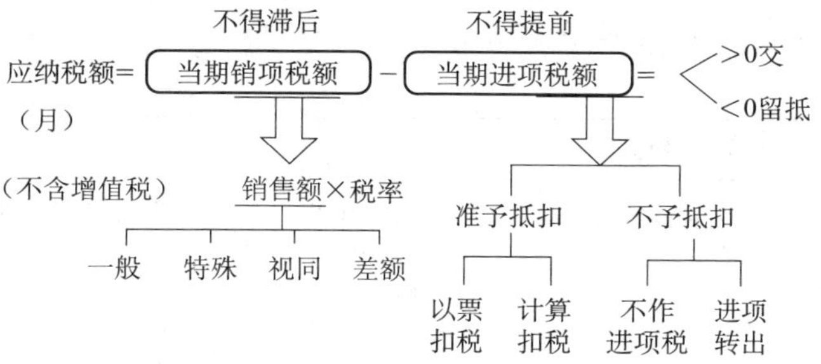

在确定当期销项税额时，主要考虑以下两个问题：

1. 定性：当期销项税要不要计算，即按照税法规定视其纳税义务是否产生。

2. 定量：业务中所涉及的销项税额如何计算，包括销售额的确定和税率的选择。

在确定当期进项税额时，也要考虑以下两个问题：

1. 定性：首先判断业务中所涉及的进项税额按照规定能否抵扣，主要根据业务性质和发票种类。

2. 定量：业务中所涉及的进项税额在当期能抵扣多少。

销项税额 = 销售额 × 适用税率

销售额是指纳税人发生应税销售行为时收取的不含增值税的全部价款和价外费用（即价外收费，例如违约金、滞纳金、赔偿金、延期付款利息、包装费、包装物租金等）。

提示1 除税法另有规定外，各种性质的价外费用都要并入销售额计算征税，目的是防止纳税人刻意分解销售额，以各种名目的收费减少销售额逃避纳税的现象。

提示2 关于含税与否的判定。以下几种情况为含税收入，应换算为不含税收入：

普通发票上注明的金额、价外费用、计税的包装物押金、零售价格。

（一）一般销售方式下的销售额确认

1. 销售额：收取的全部价款和价外费用。

2. 销售额中不包括：

（1）受托加工应征消费税的消费品所代收代缴的消费税；

（2）同时符合以下条件的代垫运输费用：

①承运部门的运输费用发票开具给购买方的。

②纳税人将该项发票转交给购买方的。

（3）符合条件的代收政府性基金或者行政事业性收费；

（4）以委托方名义开具发票代委托方收取的款项；

（5）销售货物的同时代办保险等而向购买方收取的保险费，以及向购买方收取的代购买方缴纳的车辆购置税、车辆牌照费。

【例题·单选题】（2013年）汽车销售公司销售小轿车时一并向购买方收取的下列款项中，应作为价外费用计算增值税销项税额的是（　　）。

A. 收取的小轿车改装费

B. 因代办保险收取的保险费

C. 因代办牌照收取的车辆牌照费

D. 因代办缴税收取的车辆购置税税款

【答案】A

【解析】销售货物的同时代办保险等而向购买方收取的保险费，以及向购买方收取的代购买方缴纳的车辆购置税、车辆牌照费。不作为价外费用不并入销售额计税。

（二）特殊销售方式下的销售额确认

1. 折扣方式销售。

销售方式	税务处理	说明
折扣销售（商业折扣）	折扣额可以从销售额中扣减（要求在同一张发票“金额”栏上分别注明）	折扣销售仅限于货物价格的折扣，实物折扣应按视同销售中“赠送他人”处理，实物价款不能从销售额中减除
销售折扣（现金折扣）	折扣额不得从销售额中减除	现金折扣是一种融资行为
销售折让	折让额可以从销售额中减除	——

2. 以旧换新销售。

（1）一般货物：按新货同期不含税销售价格确定销售额，不得扣减旧货收购价格；

（2）金银首饰：按实际收到的不含税销售价格确定销售额（扣减旧货收购价格）。

提示 金银首饰在零售环节以旧换新业务缴纳的消费税的计税依据同增值税，即都按实际收到的不含税销售价格确定销售额。

3. 还本销售。销售额就是货物销售价格，不得扣减还本支出。

4. 以物易物销售。

双方均作购、销处理，以各自发出的应税销售行为核算销售额并计算销项税额，以各自收到的货物、劳务、服务、无形资产、不动产核算购货额并计算进项税额。

5. 包装物押金处理。

（1）包装物押金与包装物租金不是等同概念，有不同的涉税处理。包装物租金在销货时作为价外费用并入销售额计算销项税额。

（2）销售货物收取的包装物押金，单

独记账核算且未逾期的，不并入销售额征税；因逾期未收回包装物不再退还的押金，应并入销售额征税（啤酒、黄酒及非酒类货物适用）。

提示1 “逾期”是指按合同约定实际逾期或超过1年。即合同约定期限在1年以内的，合同逾期即逾期；合同约定期限在1年以上的，超过1年即逾期，以1年作为逾期。

提示2 逾期包装物押金为含税收入，需换算成不含税价再并入销售额；税率为所包装货物适用的税率。

（3）酒类产品的包装物押金。

【总结】 包装物押金

所包货物的品种	税务处理
销售啤酒、黄酒以外的酒	无论是否返还以及会计上如何核算，均应并入当期销售额征税。（即收到时并入征税，逾期不征税）
啤酒、黄酒和其他非酒类产品	按一般押金的规定处理：收到时不征税，逾期时并入征税

【例题·单选题】 2021年3月，某酒厂销售粮食白酒和啤酒给副食品公司，其中白酒开具增值税专用发票，收取不含税价款50 000元，另外收取包装物押金3 000元；啤酒开具普通发票，收取的价税合计款23 200元，另外收取包装物押金1 500元。副食品公司按合同约定，于2021年6月将白酒、啤酒包装物全部退还给酒厂，并取回全部押金。就此项业务，该酒厂2021年3月计算的增值税销项税额应为（　　）元。

A. 9 514.16　　B. 12 117.9

C. 11 613.79　　D. 12 553.85

【答案】 A

【解析】 增值税销项税 =（50 000 + 3 000 ÷ 1.13 + 23 200 ÷ 1.13）× 13% = 9 514.16（元）

6. 直销企业增值税销售额确定。

（1）直销企业先将货物销售给直销员，直销员再将货物销售给消费者的，直销企业的销售额为其向直销员收取的全部价款和价外费用。直销员将货物销售给消费者时，应按照现行规定缴纳增值税。

（2）直销企业通过直销员向消费者销售货物，直接向消费者收取货款，直销企业的销售额为其向消费者收取的全部价款和价外费用。

7. 贷款服务。

以提供贷款服务取得的全部利息及利息性质的收入为销售额。

提示 不得扣减利息支出。

8. 直接收费金融服务。

以提供直接收费金融服务收取的手续费、佣金、酬金、管理费、服务费、经手费、开户费、过户费、结算费、转托管费等各类费用为销售额。

（三）按差额确定销售额

应税项目	关于销售额的具体规定
1. 金融商品转让	金融商品转让，按照卖出价扣除买入价后的余额为销售额。 （1）不得扣除买卖交易中的其他税费。 （2）转让金融商品出现的正负差，按盈亏相抵后的余额为销售额。若相抵后出现负差，可结转下一纳税期与下期转让金融商品销售额相抵，但年末时仍出现负差的，不得转入下一个会计年度。

续表

应税项目	关于销售额的具体规定
1. 金融商品转让	(3) 金融商品的买入价，可以选择按照加权平均法或者移动加权平均法进行核算，选择后36个月内不得变更。 **【提示】**纳税人无偿转让股票时，转出方以该股票的买入价为卖出价，按照"金融商品转让"计算缴纳增值税；在转入方将上述股票再转让时，以原转出方的卖出价为买入价，按照"金融商品转让"计算缴纳增值税。(新增) (4) 金融商品转让，不得开具增值税专用发票。 (5) 单位将其持有的限售股在解禁流通后对外转让的，按照规定确定买入价。 **【提示】**个人从事金融商品转让业务免征增值税。
2. 经纪代理服务	销售额=取得的全部价款和价外费用-向委托方收取并代为支付的政府性基金或者行政事业性收费
3. 融资租赁和融资性售后回租	**【提示】** 融资租赁属于"现代服务——租赁服务"(13%、9%)； 融资性售后回租属于"金融服务——贷款服务"(6%)
	经中国人民银行、商务部、银保监会批准从事融资租赁业务的试点纳税人(包括备案从事融资租赁业务的)： (1) 提供融资租赁服务： 销售额=取得的全部价款和价外费用-支付的借款利息(包括外汇借款和人民币借款利息)-发行债券利息-车辆购置税(租赁标的物为车辆时) (2) 提供融资性售后回租服务： 销售额=取得的全部价款和价外费用(不含本金)-支付的借款利息(包括外汇借款和人民币借款利息)-发行债券利息 (3) 2016年4月30日前签订的有形动产融资性售后回租合同，在合同到期前提供的有形动产融资性售后回租服务，可继续按照有形动产融资租赁服务缴纳增值税
4. 航空运输企业	(1) 航空运输企业的销售额，不包括代收的机场建设费和代售其他航空运输企业客票而代收转付的价款。 (2) 航空运输销售代理企业提供境外航段机票代理服务，以取得的全部价款和价外费用，扣除向客户收取并支付给其他单位或者个人的境外航段机票结算款和相关费用后的余额为销售额
5. 客运场站服务(一般纳税人)	一般纳税人提供的客运场站服务，以其取得的全部价款和价外费用，扣除支付给承运方运费后的余额为销售额
6. 旅游服务	销售额，可以选择以取得的全部价款和价外费用，扣除向旅游服务购买方收取并支付给其他单位或者个人的住宿费、餐饮费、交通费、签证费、门票费和支付给其他接团旅游企业的旅游费用
7. 建筑服务	纳税人提供建筑服务适用简易计税方法的，以取得的全部价款和价外费用扣除支付的分包款后的余额为销售额，按照3%的征收率计算应纳税额
8. 销售房地产项目	房地产开发企业中的一般纳税人销售其开发的房地产项目采用一般计税方法的，以取得的全部价款和价外费用，扣除受让土地时向政府部门支付的土地价款后的余额为销售额。(选择简易计税方法的房地产老项目除外)： 受让土地时向政府部门支付的土地价款： (1) 土地受让人向政府部门支付的征地和拆迁补偿费用、土地前期开发费用和土地出让收益； (2) 在取得土地时向其他单位或个人支付的拆迁补偿费也允许扣除

续表

应税项目	关于销售额的具体规定
9. 转让不动产	(1) 一般纳税人转让其2016年4月30日前取得（不含自建）的不动产，选择适用简易计税方法计税、小规模纳税人转让其取得（不含自建）的不动产。 销售额=取得的全部价款和价外费用－该项不动产购置原价或取得不动产时的作价。 (2) 确定差额的依据为发票。 (3) 无发票，以契税计税金额进行差额扣除。 ①2016年4月30日及以前缴纳契税的： 增值税应纳税额=［全部交易价格（含增值税）－契税计税金额（含营业税）］÷(1+5%)×5% ②2016年5月1日及以后缴纳契税的： 增值税应纳税额=［全部交易价格（含增值税）÷(1+5%)－契税计税金额（不含增值税）］×5%
10. 提供劳务派遣服务	纳税人提供劳务派遣服务选择差额纳税的

提示

纳税人从全部价款和价外费用中扣除的价款，应当取得符合法律、行政法规和国家税务总局规定的有效凭证。否则，不得扣除。

【例题·单选题】（2018年）下列行为在计算增值税销项税额时，应按照差额确定销售额的是（　　）。

A. 商业银行提供贷款服务

B. 企业逾期未收回包装物不再退还押金

C. 转让金融商品

D. 直销员将从直销企业购买的货物销售给消费者

【答案】 C

【解析】 选项A、B、D：在计算增值税销项税额时，应按照全额确定销售额。

【例题·单选题】（2018年改编）下列行为在计算增值税销项税额时，应按照差额确定销售额的是（　　）。

A. 金融机构提供直接收费金融服务

B. 商业银行提供贷款服务

C. 企业以现金折扣方式销售货物

D. 一般纳税人提供客运场站服务

【答案】 D

【解析】 选项D：一般纳税人提供的客运场站服务，以其取得的全部价款和价外费用，扣除支付给承运方运费后的余额为销售额。

【例题·单选题】（2017年）对下列增值税应税行为计算销项税额时，按照全额确定销售额的是（　　）。

A. 贷款服务

B. 金融商品转让

C. 一般纳税人提供客运场站服务

D. 经纪代理服务

【答案】 A

【解析】 选项B：金融商品转让，按照卖出价扣除买入价后的余额为销售额。选项C：一般纳税人提供的客运场站服务，以其取得的全部价款和价外费用，扣除支付给承运方运费后的余额为销售额。选项D：经纪代理服务的销售额为全部价款和价外费用扣除向委托方收取并代为支付的政府性基金或行政事业性收费后的余额。

（四）视同发生应税销售行为的销售额的确定

纳税人发生应税销售行为的情形，价格明显偏低并无正当理由的，或者视同发生应税销售行为而无销售额的，由主管税务机关按照下列顺序核定销售额：

1. 按照纳税人最近时期发生同类应税销售行为的平均价格确定。

2. 按照其他纳税人最近时期发生同类应税销售行为的平均价格确定。

3. 按照组成计税价格确定。

组成计税价格 = 成本 ×（1 + 成本利润率）

成本利润率由国家税务总局确定。

（五）含税销售额的换算

对于一般纳税人发生的应税销售行为，采用销售额和销项税额合并定价（含增值税价格）方法的，按下列公式计算销售额：

不含税销售额 = 含税销售额 ÷（1 + 适用税率）

考点 11 进项税额的确认和计算

（一）准予从销项税额中抵扣的进项税额

1. 从销售方取得的增值税专用发票（含税控机动车销售统一发票）上注明的增值税额。

2. 从海关取得的海关进口增值税专用缴款书上注明的增值税额。

3. 自境外单位或者个人购进劳务、服务、无形资产或者境内的不动产，从税务机关或者扣缴义务人取得的代扣代缴税款的完税凭证上注明的增值税额。

4. 纳税人购进农产品的进项税额抵扣。

（1）凭票抵扣与计算抵扣。

项目	内容
凭票抵扣	取得一般纳税人开具的增值税专用发票或海关进口增值税专用缴款书的，以增值税专用发票或海关进口增值税专用缴款书上注明的增值税额为进项税额
计算抵扣	购进农产品，取得（开具）农产品销售发票或收购发票的，按照农产品收购发票或者销售发票上注明的农产品买价和的扣除率 9% 计算进项税额
	从按照简易计税方法依照 3% 征收率计算缴纳增值税的小规模纳税人取得增值税专用发票的，以增值税专用发票上注明的金额和 9% 的扣除率计算进项税额
升级抵扣	纳税人购进用于生产销售或委托加工 13% 税率货物的农产品，按照 10% 的扣除率计算进项税额。计算公式为：进项税额 = 买价 × 10%
分别核算	纳税人购进农产品既用于生产销售或委托加工 13% 税率货物又用于生产销售其他货物服务的，应当分别核算用于生产销售或委托加工 13% 税率货物和其他货物服务的农产品进项税额。未分别核算的，统一以增值税专用发票或海关进口增值税专用缴款书上注明的增值税额为进项税额，或以农产品收购发票或销售发票上注明的农产品买价和 9% 的扣除率计算进项税额
不得抵扣	纳税人从批发、零售环节购进适用免征增值税政策的蔬菜、部分鲜活肉蛋而取得的普通发票，不得抵扣作为计算进项税额的凭证
烟叶进项税额	对烟叶税纳税人按规定缴纳的烟叶税，准予并入烟叶产品的买价计算增值税的进项税额，并在计算缴纳增值税时予以抵扣。 购进烟叶准予抵扣的增值税进项税额，按收购烟叶实际支付的价款总额和烟叶税及法定扣除率计算： 准予抵扣的进项税额 =（收购烟叶实际支付的价款总额 + 烟叶税应纳税额）× 扣除率 烟叶税应纳税额 = 收购烟叶实际支付的价款总额 × 税率（20%）

(2) 核定抵扣。

①适用范围。

自2012年7月1日起，以购进农产品为原料生产销售液体乳及乳制品、酒及酒精、植物油的增值税一般纳税人，纳入农产品增值税进项税额核定扣除试点范围，其购进农产品无论是否用于生产上述产品，增值税进项税额均按照《农产品增值税进项税额核定扣除试点实施办法》（财税〔2012〕38号）的规定抵扣。

②试点纳税人购进农产品直接销售的，农产品增值税进项税额按照以下方法核定扣除：

当期允许抵扣农产品增值税进项税额 = 当期销售农产品数量 ÷ (1 − 损耗率) × 农产品平均购买单价 ÷ (1 + 9%) × 9%

损耗率 = 损耗数量 ÷ 购进数量 × 100%

③试点纳税人购进农产品用于生产经营且不构成货物实体的（包括包装物、辅助材料、燃料、低值易耗品等），增值税进项税额按照以下方法核定扣除：

当期允许抵扣农产品增值税进项税额 = 当期耗用农产品数量 × 农产品平均购买单价 ÷ (1 + 扣除率) × 扣除率

扣除率为9%。

5. 纳税人支付的道路、桥、闸通行费，按照以下规定抵扣进项税额：

(1) 纳税人支付的道路通行费，按照收费公路通行费增值税电子普通发票上注明的增值税额抵扣进项税额。

(2) 纳税人支付的桥、闸通行费，暂凭取得的通行费发票计算抵扣进项税额。

进项税额 = 桥、闸通行费发票上注明的金额 ÷ (1 + 5%) × 5%

6. 按照规定不得抵扣且未抵扣进项税额的固定资产、无形资产、不动产，发生用途改变，用于允许抵扣进项税额的应税项目，可在用途改变的次月按照下列公式计算可以抵扣的进项税额：

可以抵扣的进项税额 = 固定资产、无形资产、不动产净值 ÷ (1 + 适用税率) × 适用税率

7. 保险服务进项税额抵扣。

提供保险服务的纳税人以实物赔付方式承担机动车辆保险责任的，自行向车辆修理劳务提供方购进的车辆修理劳务，其进项税额可以按规定从保险公司销项税额中抵扣。

8. 国内旅客运输服务进项税额的抵扣规定。

自2019年4月1日起，增值税一般纳税人购进国内旅客运输服务，其进项税额允许从销项税额中抵扣。

纳税人取得增值税专用发票的，以发票上注明的税额为进项税额。纳税人未取得增值税专用发票的，暂按照以下规定确定进项税额：

(1) 取得增值税电子普通发票的，为发票上注明的税额。

(2) 取得注明旅客身份信息的航空运输电子客票行程单的，为按照下列公式计算的进项税额：

航空旅客运输进项税额 = (票价 + 燃油附加费) ÷ (1 + 9%) × 9%

(3) 取得注明旅客身份信息的铁路车票的，为按照下列公式计算的进项税额：

铁路旅客运输进项税额 = 票面金额 ÷ (1 + 9%) × 9%

(4) 取得注明旅客身份信息公路、水路等的其他客票的，按照下列公式计算进项税额：

公路、水路等其他旅客运输进项税额 = 票面金额 ÷ (1 + 3%) × 3%

（二）不得从销项税额中抵扣的进项税额

按增值税法律法规的规定，下列项目的进项税额不得从销项税额中抵扣：

<table>
<tr><th>情形</th><th>不得抵扣项目</th><th>解释</th></tr>
<tr><td rowspan="8">链条不完整</td><td>1. 购进的货物、劳务、服务、无形资产和不动产用于简易计税方法计税项目、免征增值税项目、集体福利或者个人消费的</td><td>（1）个人消费包括纳税人的交际应酬消费。
（2）购进的专用于简易计税方法计税项目、免征增值税项目、集体福利或者个人消费的固定资产、无形资产、不动产的进项税额不得从销项税额中抵扣，但发生兼用于这些项目的进项税额准予从销项税额中全额抵扣。
（3）纳税人租入固定资产、不动产，既用于一般计税方法计税项目，又用于简易计税方法计税项目、免征增值税项目、集体福利或者个人消费的，其进项税额准予从销项税额中全额抵扣</td></tr>
<tr><td>2. 非正常损失的购进货物，以及相关的加工、修理、修配劳务和交通运输服务</td><td rowspan="4">非正常损失：
（1）因管理不善造成货物被盗、丢失、霉烂变质；
（2）因违反法律法规造成货物被依法没收、销毁、拆除的情形。
非正常损失货物对应的进项税额在销项税额中不得扣除（已抵扣的，需作进项税额转出处理）。
【提示】在企业所得税中，不得抵扣的进项税额准予作为财产损失扣除</td></tr>
<tr><td>3. 非正常损失的在产品、产成品所耗用的购进货物（不包括固定资产）、加工、修理、修配劳务和交通运输服务</td></tr>
<tr><td>4. 非正常损失的不动产，以及该不动产所耗用的购进货物、设计服务和建筑服务</td></tr>
<tr><td>5. 非正常损失的不动产在建工程所耗用的购进货物、设计服务和建筑服务</td></tr>
<tr><td>6. 购进的贷款服务、餐饮服务、居民日常服务、娱乐服务</td><td>（1）主要接受对象是自然人，属于最终消费。
（2）住宿服务和旅游服务未列入到不抵扣的进项税额项目中，是可以抵扣进项税额的</td></tr>
<tr><td>7. 纳税人接受贷款服务向贷款方支付的与该笔贷款直接相关的投融资顾问费、手续费、咨询费等费用</td><td>企业发生的直接收费金融服务的费用，如账户函证费、资信证明费用、账户管理费、支票等相关手续费，取得相应的扣税凭证（增值税专用发票）且和贷款服务无关的，可以抵扣进项税额</td></tr>
<tr><td colspan="2">8. 提供保险服务的纳税人以现金赔付方式承担机动车辆保险责任的，将应付给被保险人的赔偿金直接支付给车辆修理劳务提供方，不属于保险公司购进车辆修理劳务，其进项税额不得从保险公司销项税额中抵扣</td></tr>
</table>

【例题·单选题】（2020年）增值税一般纳税人发生的下列行为中，不得抵扣进项税额的是（　　）。

A. 将外购货物对外投资

B. 将外购货物用于免税项目

C. 将外购货物无偿赠送给客户

D. 将外购货物用于抵偿债务

【答案】 B

【解析】 用于简易计税方法计税项目、免征增值税项目、集体福利或者个人消费的购进货物，不得抵扣进项税额。

（三）异常增值税扣税凭证的管理

符合下列情形之一的增值税专用发票，列入异常凭证范围：

（1）纳税人丢失、被盗税控专用设备中未开具或已开具未上传的增值税专用发票。

（2）非正常户纳税人未向税务机关申报或未按规定缴纳税款的增值税专用发票。

（3）增值税发票管理系统稽核比对发现“比对不符”“缺联”“作废”的增值税专用发票。

（4）经国家税务总局、省税务局大数据分析发现，纳税人开具的增值税专用发票存在涉嫌虚开、未按规定缴纳消费税等情形的。

（5）属于《国家税务总局关于走逃（失联）企业开具增值税专用发票认定处理有关问题的公告》规定情形的增值税专用发票。即商贸企业购进、销售货物名称严重背离的；生产企业无实际生产加工能力且无委托加工，或生产能耗与销售情况严重不符，或购进货物并不能直接生产其销售的货物且无委托加工的；以及直接走逃失踪不纳税申报，或虽然申报但通过填列增值税纳税申报表相关栏次，规避税务机关审核比对，进行虚假申报的。

【例题·多选题】（2020 年）下列情形中的增值税专用发票，应列入异常凭证范围的有（　　）。

A. 纳税人丢失的税控设备中已开具并上传的增值税专用发票

B. 经国家税务总局大数据分析发现纳税人未按规定缴纳消费税的增值税专用发票

C. 非正常户纳税人未向税务机关申报缴纳税款的增值税专用发票

D. 经国家税务总局大数据分析发现纳税人涉嫌虚开的增值税专用发票

【答案】 BCD

【解析】 选项 A：纳税人丢失的税控设备中已开具未上传的增值税专用发票，应列入异常凭证范围。

【例题·多选题】（2020 年）下列情形中的增值税专用发票，应列入异常凭证范围的有（　　）。

A. 纳税人被盗的税控设备中未开具的增值税专用发票

B. 非正常户纳税人未向税务机关申报缴纳税款的增值税专用发票

C. 自取得发票之日起 90 日内尚未申报抵扣的增值税专用发票

D. 经省税务局大数据分析发现纳税人未按规定缴纳消费税的增值税专用发票

【答案】 ABD

【解析】《国家税务总局关于取消增值税扣税凭证认证确认期限等增值税征管问题的公告》（国家税务总局公告 2019 年第 45 号），增值税一般纳税人取得的 2017 年 1 月 1 日及以后开具的增值税专用发票、海关进口增值税专用缴款书、机动车销售统一发票、收费公路通行费增值税电子普通发票，不再需要在 360 日内认证确认等，已经超期的，也可以自 2020 年 3 月 1 日后，通过本省（自治区、直辖市和计划单列市）增值税发票综合服务平台进行用途确认。

考点 12　应纳税额的计算

（一）计算应纳税额的时间限定

1. 计算销项税额的时间限定——结合增值税纳税义务发生时间。

2. 取消增值税发票认证期限。

（二）扣减发生期进项税额的规定

当期购进的货物、劳务、服务、无形资产、不动产如果事先并未确定将用于不得抵扣进项税额项目，其进项税额会在当期销项税额中予以抵扣。但已抵扣进项税额的购进货物、劳务、服务、无形资产、不动产如果事后改变用途，用于不得抵扣进项税额项目，应当将该项购进货物、劳务、服务、无形资产、不动产的进项税额从当期的进项税额中扣减；无法确定该项进项税额的，按当期实际成本计算应扣减的进项税额。

实际成本 = 进价 + 运费 + 保险费 + 其他有关费用

（三）计算应纳税额时销项税额不足抵扣进项税额的处理

计算应纳税额时进项税额不足抵扣，有两种处理方式：

1. 结转抵扣。

由于增值税实行购进扣税法，有时企业当期购进的货物、劳务、服务、无形资产、不动产很多，在计算应纳税额时会出现当期销项税额小于当期进项税额而不足抵扣的情况。根据税法规定，当期销项税额不足抵扣进项税额的部分可以结转下期继续抵扣。

2. 退还增量留抵税额。

行业	所有行业（2019 年 4 月 1 日起）	部分先进制造业（2019 年 6 月 1 日起）
需同时符合的条件	（1）自 2019 年 4 月税款所属期起，连续六个月（按季纳税的，连续两个季度）增量留抵税额均大于零，且第六个月增量留抵税额不低于 50 万元	（1）增量留抵税额大于零
	（2）纳税信用等级为 A 级或者 B 级； （3）申请退税前 36 个月未发生骗取留抵退税、出口退税或虚开增值税专用发票情形的； （4）申请退税前 36 个月未因逃避缴纳税款被税务机关处罚两次及以上的； （5）自 2019 年 4 月 1 日起未享受即征即退、先征后返（退）政策的	
相关计算	允许退还的增量留抵税额 = 增量留抵税额 × 进项构成比例 × 60%	允许退还的增量留抵税额 = 增量留抵税额 × 进项构成比例
申请退还	纳税人应在增值税纳税申报期内，向主管税务机关申请退还留抵税额。 纳税人既申报免抵退税又申请办理留抵退税的，税务机关应先办理免抵退税。办理免抵退税后，纳税人仍符合留抵退税条件的，再办理留抵退税	

【例题】 某服装生产企业 2016 年成立，同年登记为增值税一般纳税人。增值税按月申报，纳税信用等级为 A 级，无出口业务。2019 年 3 月期末留抵税额为 22 万元。2019 年 4～9 月增值税留抵税额分别为 222 万元、198 万元、184 万元、158 万元、120 万元、80 万元。

2019 年 4～9 月已抵扣的增值税专用发票（含税控机动车销售统一发票）、海关进口增值税专用缴款书、解缴税款完税凭证注明的增值税税额为 756 万元，同期全部已抵扣进项税额为 840 万元。

【答案】 由于纳税人连续 6 个月增量留抵税额均大于 0 且第 6 个月（9 月）增量留抵税额为 58 万元（80 - 22）大于 50 万元。信用等级为 A 级，符合前两项条件，如果也同时符合后三项条件，则可以向主管税务机关申请退还增量留抵税额。

9 月期末增量留抵税额 = 58（万元）

进项构成比例 = 756 ÷ 840 × 100% = 80%

允许退还的增量留抵税额 = 58 × 80% × 60% = 27.84（万元）

取得退还的留抵税额后，应相应调减当期留抵税额，2019 年 9 月的期末留抵税额由 80 万元变为 52.16 万元（80 - 27.84）。

（四）销售折让、中止或者退回涉及销项税额和进项税额的税务处理

销售方冲减销项税额，购货方冲减进项税额。

（五）向供货方取得返还收入的税务处理

对商业企业向供货方收取的与商品销售量、销售额挂钩（如以一定比例、金额、数量计算）的各种返还收入，均应按照平销返利行为的有关规定冲减当期增值税进项税额。应冲减进项税额的计算公式调整为：

当期应冲减进项税额 = 当期取得的返还资金 ÷（1 + 所购货物适用增值税税率）× 所购货物适用增值税税率

商业企业向供货方收取的各种返还收入，一律不得开具增值税专用发票。

【例题·多选题】某商场为增值税一般纳税人，与其供货企业甲服装厂达成协议，按销售量的一定比例进行平销返利。2021 年 2 月从甲服装厂购进商品取得增值税专用发票，注明价款 200 万元、增值税 26 万元，当月按平价全部销售，月末甲服装厂按照协议支付给商场返利 5 万元。下列该项业务的处理中，符合增值税有关规定的有（　　）。

A. 商场应以 200 万元作为计税销售额计算销项税额

B. 商场该项业务的销项税额为 25.42 万元

C. 商场应缴纳的增值税为 0.58 万元

D. 商场向甲服装厂收取的各种返还收入，可以开具增值税专用发票

【答案】AC

【解析】准予抵扣的进项税额 = 26 - 5 ÷（1 + 13%）× 13% = 25.42（万元）。增值税的销项税额 = 200 × 13% = 26（万元）。应纳的增值税 = 26 - 25.42 = 0.58（万元）。

（六）一般纳税人注销时进项税额的处理

一般纳税人注销或被取消辅导期一般纳税人资格，转为小规模纳税人时，其存货不作进项税额转出处理，其留抵税额也不予以退税。

【例题·计算问答题】某大型家具生产企业为增值税一般纳税人，适用增值税税率 13%，2021 年 3 月的有关生产经营业务如下：

（1）销售甲产品给某大型商场，开具增值税专用发票，取得不含税销售额 1 700 万元；另外开具普通发票，收取延期付款利息 12.9 万元。

（2）销售乙产品给个人，开具普通发票，取得含税销售额 58.5 万元。

（3）将自产的一批应税新产品用于对外投资，成本价为 100 万元，成本利润率为 10%，该新产品无同类产品市场销售价格。

（4）购进一批生产用原材料取得增值税专用发票，注明支付的货款 200 万元、进项税额 26 万元；另外支付购货的运输费用取得运输公司（一般纳税人）开具的增值税专用发票，注明的金额为 16.4 万元。（以上相关票据均符合税法的规定）

要求：根据上述资料，按照下列序号回答问题，如有计算需计算出合计数。

（1）业务（1）销售甲产品的销项税额。

（2）业务（2）销售乙产品的销项税额。

（3）业务（3）对外投资的新产品的销项税额。

（4）业务（4）外购货物及运费应抵扣的进项税额。

（5）该企业3月份合计应缴纳的增值税额。

【答案】

（1）业务（1）销售甲产品的销项税额 = 1 700 × 13% + 12.9 ÷（1 + 13%）× 13% = 222.48（万元）

（2）业务（2）销售乙产品的销项税额 = 58.5 ÷（1 + 13%）× 13% = 6.73（万元）

（3）业务（3）对外投资新产品的销项税额 = 100 ×（1 + 10%）× 13% = 14.3（万元）

（4）业务（4）外购货物及运费应抵扣的进项税额 = 26 + 16.4 × 9% = 28.13（万元）

（5）该企业3月份应缴纳的增值税额 = 222.48 + 6.73 + 14.3 − 128.13 = 115.38（万元）。

【例题·计算问答题】某市甲电视机厂为增值税一般纳税人，2021年5月发生下列经济业务：

（1）向该市某大型商场销售A型号彩电200台，每台含税售价0.452万元，货款已收到。

（2）“五一”期间，为表彰本厂的20位劳动模范，每人奖励A型号彩电1台。

（3）发货给外省分支机构A型号彩电400台用于销售，每台含税售价0.452万元。另支付运费，取得运输单位（一般纳税人）开具的增值税专用发票注明金额12万元。

（4）以折扣方式销售B型号彩电100台，实际取得不含税销售额52万元，折扣额和销售额在同一张发票的金额栏中分别注明。

（5）购入电子元件一批，取得的增值税专用发票上注明的价款为60万元，货已验收入库。

（6）购进一批吊灯用于本厂正在修建的职工活动中心，取得的增值税专用发票上注明税额为0.3万元。

（7）购进一台专用检测设备，取得增值税专用发票上注明的税额为0.78万元。（假设上期无增值税的留抵税额）

要求：根据上述资料，按照下列序号回答问题，如有计算需计算出合计数。

（1）业务（1）的增值税的销项税额。

（2）业务（2）的增值税的销项税额。

（3）业务（3）的增值税的销项税额。

（4）业务（4）的增值税的销项税额。

（5）该电视机厂5月增值税额的进项税额合计数。

（6）该电视机厂5月应纳的增值税额。

【答案】

（1）业务（1）销项税额 = 200 × 0.452 ÷（1 + 13%）× 13% = 10.4（万元）

（2）业务（2）销项税额 = 20 × 0.452 ÷（1 + 13%）× 13% = 1.04（万元）

（3）业务（3）销项税额 = 400 × 0.452 ÷（1 + 13%）× 13% = 20.8（万元）

进项税额 = 12 × 9% = 1.08（万元）

（4）业务（4）销项税额 = 52 × 13% = 6.76（万元）

（5）业务（5）购入电子元件的进项税额 = 60 × 13% = 7.80（万元）

业务（6）购进一批吊灯用于本厂正在修建的职工活动中心属于购进货物用于集体福利，进项税额不得抵扣。

业务（7）购进检测设备的进项税额0.78万元允许抵扣。

该电视机厂5月增值税额的进项税额合计 = 1.08 + 7.8 + 0.78 = 9.66（万元）

（6）该电视机厂5月应纳增值税 =（10.4 + 1.04 + 20.8 + 6.76）−（1.08 + 7.8 + 0.78）= 29.34（万元）。

考点13 简易征税方法应纳税额的计算

纳税人发生应税销售行为适用简易计税方法的，应该按照销售额和征收率计算应纳增值税税额，并且不得抵扣进项税额。其应纳税额的计算公式是：

应纳税额 = 销售额（不含增值税）× 征收率（5%、3%）

除另有规定外，小规模纳税人一律采用简易计税方法计税，但是一般纳税人发生应税销售行为可以选择适用简易计税方法。

按简易计税方法计税的销售额不包括其应纳的增值税税额，纳税人采用销售额和应纳增值税税额合并定价方法的，按照下列公式计算销售额：

销售额 = 含税销售额 ÷（1 + 征收率），征收率为3%或5%

考点14 进口环节增值税的征收

（一）进口环节增值税的征税范围

1. 根据《增值税暂行条例》的规定，申报进入中华人民共和国海关境内的货物，均应缴纳增值税。

2. 从其他国家或地区进口《跨境电子商务零售进口商品清单》范围内的特定商品适用于跨境电子商务零售进口增值税税收政策。

（二）进口环节增值税的纳税人

1. 一般规定：进口货物的收货人（承受人）或办理报关手续的单位和个人为增值税纳税人。

2. 对代理进口货物，以海关开具的完税凭证上的纳税人为增值税纳税人。

3. 购买跨境电子商务零售进口商品：

（1）纳税义务人：购买的个人。

（2）代收代缴义务人：电子商务企业、电子商务交易平台企业或物流企业。

（三）进口环节增值税的适用税率

1. 同国内货物税率：13%、9%。

提示1 进口货物的小规模纳税人、非企业单位、个人均适用。

提示2 对进口抗癌药品，自2018年5月1日起，减按3%征收进口环节增值税。对进口罕见病药品，自2019年3月1日起，减按3%征收进口环节增值税。

2. 对跨境电子商务零售进口商品：13%、9%。

（四）进口环节增值税应纳税额计算

1. 进口环节增值税计税依据——组成计税价格

组成计税价格 = 关税完税价格 + 关税（+ 消费税）

应纳税额 = 组成计税价格 × 税率

（1）进口货物增值税的组成计税价格中包括已纳关税税额，如果进口货物属于消费税应税消费品，其组成计税价格中还要包括进口环节已纳消费税税额。

（2）在计算进口环节的应纳增值税税额时，不得抵扣发生在我国境外的各种税金。

2. 一般贸易下进口货物：

关税完税价格以海关审定的成交价格为基础的到岸价格作为完税价格。具体要求见第七章关税法和船舶吨税法。

3. 跨境电子商务零售进口商品：实际交易价格（包括货物零售价格、运费和保险费）作为完税价格。

跨境电子商务零售进口商品的单次交易限值为人民币5 000元，个人年度交易限值为人民币26 000元。在限值以内进口的跨境电子商务零售进口商品，关税税率暂设为0%，进口环节增值税、消费税按应纳税额的70%征收。完税价格超过5 000元单次交易限值但低于26 000元年度交易限值，且订单下仅一件商品时，可以自跨境电商零售渠道进口，按照货物税率全额征收关税和进口环节增值税、消费税，交易额计入年度交易总额，但年度交易总额超过年度交易限值的，应按一般贸易管理。

（四）进口环节增值税的管理

进口货物的增值税由海关代征，相关规定如下：

1. 纳税义务发生时间：为报关进口当天。

2. 纳税地点：为进口货物报关地海关。

3. 纳税期限：为海关填发海关进口增值税专用缴款书之日起15日内。

【例题·计算问答题】甲商贸公司（有进出口经营权）为增值税一般纳税人，9月进口一批高档化妆品。该批货物在国外的买价为170万元，另货物运抵我国海关前发生包装费、运费和保险费共计40万元。货物报关后，甲公司按规定缴纳了增值税和消费税并取得相关缴款书。假定该批进口货物在国内全部销售，取得不含税销售额600万元。

相关资料：关税税率为20%，消费税税率为30%，增值税税率为13%。请按下列顺序回答问题：

（1）计算该批化妆品的关税完税价格。

（2）计算进口环节应缴纳的关税。

（3）计算该批化妆品进口环节应纳增值税的组成计税价格。

（4）计算该批化妆品进口环节应缴纳的增值税。

（5）计算该批化妆品进口环节应缴纳的消费税。

（6）计算该批化妆品国内销售环节的销项税额。

（7）计算该批化妆品国内销售环节应缴纳的增值税。

【答案】（1）关税完税价格 = 170 + 40 = 210（万元）

（2）进口环节应缴纳的关税 = 210 × 20% = 42（万元）

（3）进口环节应纳增值税的组成计税价格 = （210 + 42）÷（1 − 30%）= 360（万元）

（4）进口环节应缴纳增值税税额 = 360 × 13% = 46.8（万元）

（5）进口环节应缴纳消费税税额 = 360 × 30% = 108（万元）

（6）国内销售环节的增值税销项税额 = 600 × 13% = 78（万元）

（7）国内销售环节应缴纳增值税税额 = 78 − 46.8 = 31.2（万元）

考点15 出口货物、劳务和跨境应税行为增值税退（免）税政策

项目	基本政策
出口货物、劳务和跨境应税行为	（一）退（免）税政策——出口免税并退税 （二）免税政策——出口免税但不退税 （三）征税政策——出口不免税也不退税

增值税退（免）税政策：是指出口货物、劳务以及跨境应税行为实行零税率，即：出口环节免征销项税额，同时退还在出口前实际承担的进项税额。

（一）适用增值税退（免）税政策的范围

1. 出口企业出口货物。

2. 出口企业或其他单位视同出口的货

物。例如，出口企业对外援助、对外承包、境外投资的出口货物。

3. 出口企业对外提供加工修理修配劳务。

对外提供加工修理修配劳务，是指对进境复出口货物或从事国际运输的运输工具进行的加工修理修配。

（二）增值税退（免）税办法

1. “免、抵、退”税办法。即：免征出口销项税额，并且相应的进项税额抵减境内销售应纳增值税额，未抵减完的部分予以退还。

适用范围：

（1）生产企业出口自产货物和视同自产货物，以及列名的生产企业出口非自产货物。

（2）对外提供加工修理修配劳务。

（3）适用零税率跨境应税行为：包括零税率的服务和无形资产。

2. “免、退”税办法。即：免征销项税额，相应的进项税额予以退还。

适用范围：

（1）不具有生产能力的出口企业（外贸企业）或其他单位出口货物、劳务。

（2）外贸企业外购服务或无形资产出口。

（三）增值税出口退税率

一般规定：除单独规定外，出口货物、服务、无形资产的退税率为其适用征税率。

目前我国增值税出口退税率分为5档，即13%、10%、9%、6%和零税率。

（四）增值税退（免）税的计税依据

出口企业类型	出口项目	退（免）税计税依据
1. 生产企业	（1）出口货物、劳务（进料加工复出口货物除外）	为出口货物、劳务的实际离岸价（FOB）实际离岸价应以出口发票上的离岸价为准，但如果出口发票不能反映实际离岸价，主管税务机关有权予以核定
	（2）进料加工复出口的货物	为出口货物的离岸价（FOB）扣除出口货物耗用的保税进口料件金额
	（3）国内购进无进项税额且不计提进项税额的免税原材料加工后出口的货物	为出口货物的离岸价（FOB）扣除出口货物所含的国内购进免税原材料的金额
2. 外贸企业	（1）出口货物（委托加工修理修配货物除外）	为购进出口货物的增值税专用发票注明的金额或海关进口增值税专用缴款书注明的完税价格
	（2）出口委托加工修理修配货物	为加工修理修配费用增值税专用发票注明的金额
3. 免税品经营企业	销售的货物	为购进货物的增值税专用发票注明的金额或海关进口增值税专用缴款书注明的完税价格

（五）增值税“免、抵、退”税和“免、退”税计算

1. 生产企业出口货物、劳务、服务和无形资产的增值税“免、抵、退”税

<table>
<tr><th colspan="3">“免、抵、退”税方法</th></tr>
<tr><td>免与抵</td><td colspan="2">当期应纳税额 = 当期销项税额 -（当期进项税额 - 当期“免、抵、退”税不得免征和抵扣税额）- 上期留抵税额</td></tr>
<tr><td rowspan="3">剔</td><td colspan="2">当期不得免征和抵扣税额 = 当期出口货物离岸价格 × 外汇人民币折合率 ×（出口货物适用税率 - 出口货物退税率）- 当期不得免征和抵扣税额抵减额</td></tr>
<tr><td colspan="2">当期“免、抵、退”税不得免征和抵扣税额抵减额 = 当期免税购进原材料的价格 ×（出口货物适用税率 - 出口货物退税率）</td></tr>
<tr><td colspan="2">当期免税购进原材料的价格，包括当期国内购进的无进项税额且不计提进项税额的免税原材料的价格和当期进料加工保税进口料件的价格</td></tr>
<tr><td>免抵退税额</td><td colspan="2">当期免抵退税额 = 当期出口货物离岸价格 × 外汇人民币折合率 × 出口货物退税率 - 当期免抵退税额抵减额
当期“免、抵、退”税额抵减额 = 当期免税购进原材料价格 × 出口货物退税率</td></tr>
<tr><td rowspan="2">退税与免抵税额</td><td>情况一：有免抵，没留抵</td><td>当期期末留抵税额 ≤ 当期免抵退税额，则当期应退税额 = 当期期末留抵税额
当期免抵税额 = 当期“免、抵、退”税额 - 当期应退税额</td></tr>
<tr><td>情况二：有留抵，没免抵</td><td>当期期末留抵税额 > 当期免抵退税额，则当期应退税额 = 当期“免、抵、退”税额
当期免抵税额 = 0
当期有留抵税额</td></tr>
</table>

【例题·计算问答题】某自营出口的生产企业为增值税一般纳税人，出口货物的征税税率为 13%，退税税率为 9%。2020 年 6 月有关经营业务为：购原材料一批，取得的增值税专用发票注明的价款 400 万元，外购货物准予抵扣的进项税额 52 万元（该发票已经确认）。上期末留抵税款 5 万元。本月内销货物不含税销售额 100 万元，收款 113 万元存入银行。本月出口货物的销售额折合人民币 200 万元。

要求：试计算该企业当期的应退税额、免抵税额以及留抵税额。

【答案】

（1）当期“免、抵、退”税不得免征和抵扣税额 = 200 ×（13% - 9%）= 8（万元）

（2）当期应纳税额 = 100 × 13% -（52 - 8）- 5 = - 44（万元）

（3）出口货物“免、抵、退”税额 = 200 × 9% = 18（万元）

（4）当期应退税额 = 18（万元）

（5）当期免抵税额 = 18 - 18 = 0（万元）

（6）6 月期末留抵结转下期继续抵扣税额为 18 万元（44 - 26）。

【例题·计算问答题】某自营出口的生产企业为增值税一般纳税人，出口货物的征税税率为 13%，退税税率为 9%。2020 年 5 月的有关经营业务为：购进原材料一批，取得的增值税专用发票注明的价款 300 万元、税额 39 万元（该发票已经确认）。上月末留抵税额 5 万元，本月内销货物不含税销售额 100 万元，收款 113 万元存入银行，本月出口货物的销售额折合人民币 300 万元。计算该企业当期的“免、抵、退”税额。

【答案】

（1）当期“免、抵、退”税不得免征和抵扣税额 = 300 ×（13% − 9%）= 12（万元）

（2）当期应纳税额 = 100 × 13% −（39 − 12）− 5 = −19（万元）

（3）出口货物“免、抵、退”税额 = 300 × 9% = 27（万元）

（4）当期应退税额 = 19（万元）

（5）当期免抵税额 = 当期免抵退税额 − 当期应退税额 = 27 − 19 = 8（万元）

【例题·计算问答题】某自营出口生产企业是增值税一般纳税人，出口货物的征税税率为 13%，退税税率为 9%。2020 年 8 月有关经营业务为：购原材料一批，取得的增值税专用发票注明的价款 200 万元，外购货物准予抵扣进项税额 26 万元（该发票已经确认）。当月进料加工出口货物耗用的保税进口料件金额 100 万元。上期末留抵税款 6 万元。本月内销货物不含税销售额 100 万元，收款 113 万元存入银行。本月出口货物销售额折合人民币 200 万元。

要求：计算该企业当期的“免、抵、退”税额、免抵税额和留抵税额。

【答案】

（1）“免、抵、退”税不得免征和抵扣税额 =（200 − 100）×（13% − 9%）= 4（万元）

（2）当期应纳税额 = 100 × 13% −（26 − 4）− 6 = −15（万元）

（3）出口货物“免、抵、退”税额 =（200 − 100）× 13% = 13（万元）

（4）应退税额 = 13（万元）

（5）当期免抵税额 = 0（万元）

（6）8 月期末留抵结转下期继续抵扣税额为 2 万元（15 − 13）。

【例题·单选题】生产企业（具有出口经营权）为增值税一般纳税人，2021 年 6 月从国内采购生产用原材料一批，取得增值税专用发票，注明价款 810 万元、增值税税额 105.3 万元；当月国内销售货物取得不含税销售额 150 万元，出口自产货物取得收入折合人民币 690 万元。已知，适用的增值税税率为 13%，出口退税率为 10%，月初无留抵税额，相关发票均已在当月抵扣。下列关于该企业增值税的税务处理中，说法正确的是（　　）。

A. 应缴纳增值税 19.5 万元，免抵增值税额为 69 万元

B. 应退增值税 69 万元，免抵增值税额为 0

C. 应退增值税 65.1 万元，免抵增值税额为 0

D. 应退增值税 65.1 万元，免抵增值税额为 3.9 万元

【答案】D

【解析】当期“免、抵、退”税不得免征和抵扣税额 = 690 ×（13% − 10%）= 20.7（万元），当期应纳增值税 = 150 × 13% −（105.3 − 20.7）= −65.1（万元），当期“免、抵、退”税额 = 690 × 10% = 69（万元），69 万元 > 65.1 万元，则当期应退税额为 65.1 万元，当期免抵税额 = 69 − 65.1 = 3.9（万元）。

【例题·单选题】（2016 年改编）某自营出口的生产企业为增值税一般纳税人，出口货物的征税率为 13%，退税率为 9%。2020 年 6 月购进原材料一批，取得的增值税专用发票注明金额 500 万元，税额 65 万元。6 月内销货物取得不含税销售额 150 万元，出口货物取得销售额折合人民币 200 万元，上月增值税留抵税额 10 万元，该企业当期“免、抵、退”税不得免征和抵扣

税额为（　　）万元。

A. 8　　B. 20

C. 6　　D. 26

【答案】A

【解析】"免、抵、退"税不得免征和抵扣税额 =（FOB－免税原材料价格）×（征税率－退税率）= 200 ×（13% －9%）= 8（万元）。公式中的免税原材料价格由两部分构成：当期出口货物耗用的境内购进的免税原材料价格和进料加工复出口保税进口原料金额。

2. 当期进料加工保税进口料件的价格为进料加工出口货物耗用的保税进口料件金额——实耗法。

进料加工出口货物耗用的保税进口料件金额 = 进料加工出口货物人民币离岸价×进料加工计划分配率

计划分配率 = 计划进口总值/计划出口总值×100%

【例题·计算问答题】某自营出口生产企业是增值税一般纳税人，出口货物的征税税率为13%，退税税率为9%。2020年11月有关经营业务为：购进原材料一批，取得的增值税专用发票注明的价款400万元、税额52万元。当月进料加工出口货物耗用了保税进口货物，计划分配率为50%。上期末留抵税额9万元。本月内销货物不含税销售额90万元，实际收款101.7万元存入银行。本月出口货物销售额折合人民币300万元。试计算该企业当期的"免、抵、退"税额。

【答案】

（1）"免、抵、退"税不得免征和抵扣税额 = 300 ×（13% －9%）－300 ×50% ×（13% －9%）= 150 ×（13% －9%）= 6（万元）

（2）当期应纳税额 = 90 ×13% －（52 －6）－9 = －43.3（万元）

（3）出口货物"免、抵、退"税额 =（300 －300 ×50%）×9% =13.5（万元）

（4）应退税额 =13.5（万元）

（5）当期免抵税额 =0

（6）期末留抵结转下期继续抵扣税额为29.8万元（43.3 －13.5）。

3. 零税率应税行为增值税退（免）税计算——适用"免、抵、退"税办法。

【例题·计算问答题】某国际运输企业，已登记为一般纳税人，该企业实行"免、抵、退"税管理办法。该企业2020年11月承接了10个国际运输业务，取得收入1 000万元人民币。该企业进行增值税纳税申报时，期末留抵税额为250万元人民币。计算该企业当月的退税额。

【答案】

（1）当期零税率应税服务"免、抵、退"税额 =1 000 ×9% =90（万元）

（2）当期应纳税额 = 当期期末留抵税额 = －250（万元）

当期应纳税额250万元 > 当期"免、抵、退"税额90万元

（3）当期应退税额 = 当期"免、抵、退"税额 =90（万元）

（4）退税申报后，结转下期留抵税额为160万元（250 －90）。

4. 外贸企业出口货物、劳务和应税行为增值税免退税。

（1）外贸企业出口委托加工修理修配货物以外的货物：

增值税应退税额 = 增值税退（免）税计税依据×出口货物退税率

（2）外贸企业出口委托加工修理修配货物：

增值税应退税额 = 委托加工修理修配的增值税退（免）税计税依据×出口货物退税率

【例题】某进出口公司2020年6月购

进布料委托加工成西服出口，取得增值税专用发票一张，注明金额10 000元；支付西服加工费5 000元，受托方将原料成本并入加工修理修配费用并开具了增值税专用发票，出口该批西服离岸价折合人民币20 000元。假设增值税出口退税率为13%，计算该企业应退税额。

【答案】 应退税额 =（10 000 + 5 000）×13% = 1 950（元）

考点16 出口货物、劳务和跨境应税行为增值税免税政策

（一）适用增值税免税政策的范围

适用增值税免税政策的出口货物、劳务和应税行为是指：

1. 出口企业或其他单位出口规定的货物：

（1）增值税小规模纳税人出口货物。

（2）避孕药品和用具，古旧图书。

（3）软件产品。

（4）含黄金、铂金成分的货物，钻石及其饰品。

（5）国家计划内出口的卷烟。

（6）非出口企业委托出口的货物。

（7）非列名生产企业出口的非视同自产货物。

（8）农业生产者自产农产品。

（9）规定的出口免税的货物，如油画、花生果仁、黑大豆等。

（10）外贸企业取得普通发票、农产品收购发票、政府非税收入票据的货物。

（11）来料加工复出口货物。

（12）特殊区域内的企业出口的特殊区域内的货物。

（13）以人民币现金作为结算方式的边境地区出口企业从所在省（自治区）的边境口岸出口到接壤国家的一般贸易和边境小额贸易出口货物。

（14）以旅游购物贸易方式报关出口的货物。

2. 境内的单位和个人提供的下列应税行为免征增值税，但适用零税率的除外：

（1）工程项目在境外的建筑服务。

（2）工程项目在境外的工程监理服务。

（3）工程、矿产资源在境外的工程勘察勘探服务。

（4）会议展览地点在境外的会议展览服务。

（5）存储地点在境外的仓储服务。

（6）标的物在境外使用的有形动产租赁服务。

（7）在境外提供的广播影视节目（作品）的播映服务。

（8）在境外提供的文化体育服务、教育医疗服务、旅游服务。

（9）为出口货物提供的邮政服务、收派服务、保险服务。

（10）向境外单位提供的完全在境外消费的下列服务和无形资产：

①电信服务。

②知识产权服务。

③物流辅助服务（仓储服务、收派服务除外）。

④鉴证咨询服务。

⑤专业技术服务。

⑥商务辅助服务。

⑦广告投放地在境外的广告服务。

⑧无形资产（技术除外）。

（11）为境外单位之间的货币资金融通及其他金融业务提供的直接收费金融服务，且该服务与境内的货物、无形资产和不动产无关。

（12）按照国家有关规定应取得相关资质的国际运输服务项目，纳税人未取得相关资质的，适用增值税免税政策。

（13）以无运输工具承运方式提供的国际运输服务，无运输工具承运业务的经营

者适用增值税免税政策。

（二）进项税额的处理和计算

适用增值税免税政策的出口货物和劳务，其进项税额不得抵扣和退税，应当转入成本。

考点17 跨县（市、区）提供建筑服务增值税征管

1. 适用范围：单位和个体工商户在其机构所在地以外的县（市、区）提供建筑服务。

向建筑服务发生地税务机关——预缴税款。

向机构所在地税务机关——申报纳税。

2. 预缴税款和申报纳税（缴纳税款）。

纳税人	计税方法	预缴税款	申报纳税
一般纳税人	一般计税方法	差额÷(1+9%)×2%	增值税=含税销售额全额÷(1+9%)×9%－进项税额－预缴税款
	简易计税方法	差额÷(1+3%)×3%	增值税=差额÷(1+3%)×3%－预缴税款
小规模纳税人	简易计税方法	差额÷(1+3%)×3%	增值税=差额÷(1+3%)×3%－预缴税款

提示1 计税差额=全部价款和价外费用－支付的分包款

提示2 一般纳税人提供：

（1）建筑工程承包合同注明的开工日期在2016年4月30日前的建筑工程项目，即老项目，可以选择简易计税方法。

（2）以清包工、甲供工程方式提供的建筑服务可以选择简易计税方法。

提示3 其他个人跨县（市、区）提供建筑服务，不适用本规定。

3. 纳税人差额计税应取得下列凭证：

（1）从分包方取得的2016年4月30日前开具的建筑业营业税发票，在2016年4月30日前可作为预缴税款的扣除凭证。

（2）从分包方取得的2016年5月1日后开具的，备注栏注明建筑服务发生地所在县（市、区）、项目名称的增值税发票。

（3）国家税务总局规定的其他凭证。

4. 关于发票。

小规模纳税人跨县（市、区）提供建筑服务，不能自行开具增值税发票的，可向建筑服务发生地主管税务机关按照其取得的全部价款和价外费用申请代开增值税发票。

5. 其他问题。

（1）纳税人跨县（市、区）提供建筑服务，向建筑服务发生地主管税务机关预缴的增值税税款，可以在当期增值税应纳税额中抵减，抵减不完的，结转下期继续抵减。

（2）自应当预缴之月起超过6个月没有预缴税款的，由机构所在地主管税务机关按照《税收征收管理法》及相关规定进行处理。

（3）提供建筑服务的一般纳税人按规定适用或选择适用简易计税方法计税的，不再实行备案制。以下证明材料无须向税务机关报送，改为自行留存备查：

①为建筑工程老项目提供的建筑服务，留存《建筑工程施工许可证》或建筑工程

承包合同；

②为甲供工程提供的建筑服务、以清包工方式提供的建筑服务，留存建筑工程承包合同。

【例题·计算问答题】 A省某建筑企业（增值税一般纳税人）2021年5月分别在B省和C省提供建筑服务（非简易计税项目），当月分别取得建筑服务收入（含税）1 645万元和2 963万元，分别支付分包款545万元（取得增值税专用发票上注明的增值税税额为45万元）和763万元（取得增值税专用发票上注明的增值税税额为63万元），支付不动产租赁费用100万元（取得增值税专用发票上注明的增值税税额为9万元），购入建筑材料1 130万元（取得增值税专用发票上注明的增值税税额为130万元）。该建筑企业在5月纳税申报期如何申报缴纳增值税？

【答案】 该建筑公司应当在B省和C省就两项建筑服务分别计算并预缴增值税税款：

（1）就B省的建筑服务计算并向建筑服务发生地主管税务机关预缴增值税：

当期预缴税款 =（1 645 − 545）÷（1 + 9%）×2% = 20.18（万元）

（2）就C省的建筑服务计算并向建筑服务发生地主管税务机关预缴增值税：

当期预缴税款 =（2 963 − 763）÷（1 + 9%）×2% = 40.37（万元）

（3）分项目预缴后，需要回到机构所在地A省向主管税务机关申报纳税：

当期应纳税额 =（1 645 + 2 963）÷（1 + 9%）×9% − 9 − 130 − 20.18 − 40.37 = 180.93（万元）

【例题·计算问答题】 A省某建筑企业（增值税一般纳税人）2021年5月分别在B省和C省提供建筑服务（均为简易计税项目），当月分别取得建筑服务收入（含税）1 645万元和2 970万元，分别支付分包款545万元（取得增值税专用发票上注明的增值税税额为45万元）和763万元（取得增值税专用发票上注明的增值税税额为63万元），支付不动产租赁费用100万元（取得增值税专用发票上注明的增值税税额为9万元），购入建筑材料1 130万元（取得增值税专用发票上注明的增值税税额为130万元）。该建筑企业在5月纳税申报期如何申报缴纳增值税？

【答案】

（1）就B省的建筑服务计算并向建筑服务发生地主管税务机关预缴增值税：

当期预缴税款 =（1 645 − 545）÷（1 + 3%）×3% = 32.04（万元）

（2）就C省的建筑服务计算并向建筑服务发生地主管税务机关预缴增值税：

当期预缴税款 =（2 963 − 763）÷（1 + 3%）×3% = 64.08（万元）

（3）分项目预缴后，需要回到机构所在地A省向主管税务机关申报纳税：

当期应纳税额 =（1 645 + 2 963 − 545 − 763）÷（1 + 3%）×3% = 96.12（万元）

当期应补税额 = 96.12 − 32.04 − 64.08 = 0

如果该纳税人除了这两项建筑服务外不再发生其他增值税应税行为，那么，该纳税人回到机构所在地计算的增值税应纳税额应该为0，即所有的增值税款均已在建筑服务发生地实现了。

考点18 房地产开发企业销售自行开发的房地产项目增值税征管

1. 适用范围：房企销售自行开发的房地产项目（包括土地开发和房屋开发）。

2. 预缴税款和申报纳税（缴纳税款）：

纳税人	项目分类	计税方法	预缴税款	申报纳税
一般纳税人	新项目	一般计税方法	预收款÷(1+9%)×3%	应纳税款=(含税全价-土地价款)÷(1+9%)-进项税额-预缴税款
	老项目	一般计税方法	预收款÷(1+9%)×3%	应纳税款=(含税全价-土地价款)÷(1+9%)-进项税额-预缴税款
		简易计税方法	预收款÷(1+5%)×3%	应纳税款=含税全价÷(1+5%)×5%-预缴税款
小规模纳税人	不区分新、老项目	简易计税方法	预收款÷(1+5%)×3%	应纳税款=含税全价÷(1+5%)×5%-预缴税款

向房地产项目所在地主管税务机关预缴税款，向机构所在地主管税务机关申报纳税。

3. 关于发票。

小规模纳税人销售自行开发的房地产项目：

(1) 可以自行开具增值税普通发票或增值税专用发票。

(2) 向其他个人销售自行开发的房地产项目，不得开具或申请代开增值税专用发票。

考点19 转让不动产增值税征收管理

根据《纳税人转让不动产增值税征收管理暂行办法》(国家税务总局公告2016年第14号) 的规定：

1. 适用范围。

(1) 适用于：纳税人转让其取得的不动产，包括以直接购买、接受捐赠、接受投资入股、自建以及抵债等各种形式取得的不动产。

(2) 不适用于：房地产开发企业销售自行开发的房地产项目。

2. 一般纳税人和小规模纳税人的计税方法及应纳税额计算。

纳税人	不动产取得日期	不动产分类	计税方法	预缴税款	申报纳税
一般纳税人	2016年5月1日以后取得	非自建	一般计税方法	转让差额÷(1+5%)×5%	增值税=转让全额÷(1+9%)×9%-进项税额-预缴税款
		自建	一般计税方法	转让全额÷(1+5%)×5%	增值税=转让全额÷(1+9%)×9%-进项税额-预缴税款
	2016年4月30日以前取得	非自建	一般计税方法	转让差额÷(1+5%)×5%	增值税=转让全额÷(1+9%)×9%-进项税额-预缴税款
			简易计税方法	转让差额÷(1+5%)×5%	转让差额÷(1+5%)×5%-预缴税款
		自建	一般计税方法	转让全额÷(1+5%)×5%	增值税=转让全额÷(1+9%)×9%-进项税额-预缴税款
			简易计税方法	转让全额÷(1+5%)×5%	增值税=转让全额÷(1+5%)×5%-预缴税款

续表

<table>
<tr><th>纳税人</th><th>不动产取得日期</th><th>不动产分类</th><th>计税方法</th><th>预缴税款</th><th>申报纳税</th></tr>
<tr><td rowspan="2">小规模纳税人</td><td rowspan="2">2016 年 4 月 30 日以前取得</td><td>非自建</td><td>简易计税方法</td><td>转让差额 ÷（1 + 5%）×5%</td><td>转让差额 ÷（1 +5%）× 5% － 预缴税款</td></tr>
<tr><td>自建</td><td>简易计税方法</td><td>转让全额 ÷（1 + 5%）×5%</td><td>增值税 = 转让全额 ÷（1 + 5%）× 5% － 预缴税款</td></tr>
</table>

向不动产所在地主管税务机关预缴税款，向机构所在地主管税务机关申报纳税。

3. 个人（个体工商户和其他个人）转让其购买的住房。

<table>
<tr><th rowspan="2">住房性质</th><th rowspan="2">购买不足 2 年</th><th colspan="2">购买超过 2 年（含 2 年）</th></tr>
<tr><th>北上广深</th><th>其他地区</th></tr>
<tr><td>普通住房</td><td rowspan="2">全额征收 5% 增值税</td><td>免征增值税</td><td rowspan="2">免征增值税</td></tr>
<tr><td>非普通住房</td><td>（卖出价 － 买入价）÷（1 +5%）×5%（差额征收）</td></tr>
</table>

个体工商户向住房所在地的税务机关预缴税款，向机构所在地的税务机关申报纳税。

其他个人向住房所在地的税务机关申报纳税。

4. 差额计税的合法有效凭证。

（1）税务部门监制的发票。

（2）法院判决书、裁定书、调解书，以及仲裁裁决书、公证债权文书。

（3）国家税务总局规定的其他凭证。

5. 发票的开具。

（1）小规模纳税人转让其取得的不动产，不能自行开具增值税发票的，可向不动产所在地主管税务机关申请代开。

（2）纳税人向其他个人转让其取得的不动产，不得开具或申请代开增值税专用发票。

【例题·计算问答题】 位于北京市西城区的甲公司（增值税一般纳税人），2021 年 4 月 20 日转让其 2013 年在深圳购买的写字楼一层，取得转让收入 1 000 万元（含税，下同）。纳税人 2013 年购买时的价格为 700 万元，取得了合法有效的营业税发票《销售不动产统一发票》。如果甲公司对该笔业务选择简易计税方法，应如何在不动产所在地税务机关计算预缴增值税？应如何在机构所在地申报纳税？假设甲公司其他业务 4 月的应纳增值税税额为 70 万元。

【答案】 纳税人转让的是 2016 年 4 月 30 以前取得的非自建不动产，选择简易计税方法。因此，甲公司应在深圳预缴增值税税款 =（1 000 － 700）÷（1 +5%）×5% = 14.29（万元）。甲公司在北京市西城区申报应纳增值税税款 =（1 000 － 700）÷（1 + 5%）×5%（转让不动产）+70（其他业务）－14.29 =70（万元）。

【例题·计算问答题】 位于北京市西城区甲公司（增值税一般纳税人），2021 年 4 月 20 日转让其 2013 年在深圳购买的写字楼一层，取得转让收入 1 000 万元（含税，下同）。纳税人 2013 年购买时的价格为700万元，取得了合法有效的营业税发票《销售不动产统一发票》。如果甲公司对该笔业务选择一般计税方法，应如何在不动产所在地税务机关计算预缴增值税？应如何在机构所在地申报纳税？假设甲公司其他业务4月的应纳增值税税额为70万元。

【答案】纳税人转让的是2016年4月30以前取得的非自建不动产，纳税人选择一般计税方法。甲公司应在深圳预缴增值税税款=(1 000－700)÷(1＋5%)×5%＝14.29（万元）。甲公司在北京市西城区申报应纳增值税税款＝1 000÷(1＋9%)×9%（转让不动产）＋70（其他业务）－14.29＝138.28（万元）。

【例题·计算问答题】位于北京市西城区甲公司（增值税一般纳税人），2021年4月20日转让其2013年自己建造的厂房一间，取得转让收入1 000万元，厂房位于天津市。纳税人2013年建造厂房的成本为700万元。纳税人对该笔业务选择简易计税方法，应如何在不动产所在地税务机关计算预缴增值税？应如何在机构所在地申报纳税？假设纳税人其他业务4月的应纳增值税税额为70万元。

【答案】纳税人转让的是2016年4月30以前取得的自建不动产，纳税人选择简易计税方法。甲公司在天津市预缴税款＝1 000÷(1＋5%)×5%＝47.62（万元）。甲公司在北京市西城区申报应纳增值税税款＝1 000÷(1＋5%)×5%（转让不动产）＋70（其他业务）－47.62＝70（万元）。

【例题·计算问答题】位于北京市西城区甲公司（增值税一般纳税人），2021年4月20日转让其2013年自己建造的厂房一间，取得转让收入1 000万元，厂房位于天津市。纳税人2013年建造厂房的成本为700万元。纳税人对该笔业务选择一般计税方法，应如何在不动产所在地税务机关计算预缴增值税？应如何在机构所在地申报纳税？假设纳税人其他业务4月的应纳增值税税额为70万元。

【答案】纳税人转让的是2016年4月30以前取得的自建不动产，纳税人选择一般计税方法。甲公司在天津市预缴税款＝1 000÷(1＋5%)×5%＝47.62（万元）。甲公司在北京市西城区申报应纳增值税税款＝1 000÷(1＋9%)×9%（转让不动产）＋70（其他业务）－47.62＝104.95（万元）。

【例题·计算问答题】位于北京市西城区甲公司（增值税一般纳税人），2021年4月20日转让其2019年6月购买的写字楼一层，取得转让收入1 000万元。写字楼位于天津市。纳税人购买时价格为763万元，取得了增值税专用发票，注明税款为63万元。该纳税人2021年4月的其他业务销项税额为70万元，进项税额为30万元，上期留抵税额为33万元。纳税人对此转让不动产业务应如何在不动产所在地税务机关计算预缴增值税税额？应如何在机构所在地申报纳税？

【答案】纳税人转让的是2016年5月1后取得的非自建不动产，纳税人只能采用一般计税方法。因该房产属于外购的非自建不动产，甲公司在天津市预缴增值税税款＝(1 000－763)÷(1＋5%)×5%＝11.29（万元）。甲公司在北京市西城区申报应纳增值税税款＝1 000÷(1＋9%)×9%（转让不动产）＋70（其他业务销项税额）－30（进项税额）－33（上期留抵税额）－11.29＝78.28（万元）。

【例题·计算问答题】假设北京市东城区乙公司为增值税小规模纳税人，2021年4月20日转让其2016年6月购买的写字楼一层，取得转让收入1 000万元。写字楼位于天津市。纳税人购买时的价格为777万元，取得了增值税普通发票。该纳税人2021年4月的其他业务的销售额为5万元。

问：纳税人对此转让不动产业务应如何在不动产所在地税务机关计算预缴增值税？应如何在机构所在地申报纳税？

【答案】 该房产属于小规模纳税人外购的2016年5月1日以后取得的非自建不动产，按照规定，乙公司在天津市预缴增值税税款 = (1 000 − 777) ÷ (1 + 5%) × 5% = 10.62（万元）。乙公司在北京市东城区申报应纳增值税税额 = (1 000 − 777) ÷ (1 + 5%) × 5% + 5 ÷ (1 + 3%) × 3% − 10.62 = 0.15（万元）。

考点20 提供不动产经营租赁服务增值税征管

1. 适用范围。

（1）适用于：纳税人以经营租赁方式出租取得的不动产。

（2）不适用于：纳税人提供道路通行服务。

2. 一般纳税人和小规模纳税人计税方法和应纳增值税计算（不含住房）。

纳税人	不动产取得时间	计税方法	预缴税额	申报纳税
一般纳税人	2016年5月1日以后取得的	一般计税方法	含税销售额全额 ÷ (1 + 9%) × 3%	增值税 = 含税销售额全额 ÷ (1 + 9%) × 9% − 进项税额 − 预缴税款
	2016年4月30日以前取得的	一般计税方法	含税销售额全额 ÷ (1 + 9%) × 3%	增值税 = 含税销售额全额 ÷ (1 + 9%) × 9% − 进项税额 − 预缴税款
		简易计税方法	含税销售额全额 ÷ (1 + 5%) × 5%	增值税 = 含税销售额 ÷ (1 + 5%) × 5% − 预缴税款
小规模纳税人	—	简易计税方法	含税销售额全额 ÷ (1 + 5%) × 5%	增值税 = 含税销售额 ÷ (1 + 5%) × 5% − 预缴税款

纳税人不动产的所在地与机构所在地在同一县（市、区），纳税人应向机构所在地主管税务机关申报纳税。纳税人不动产的所在地与机构所在地不在同一县（市、区），纳税人应向不动产所在地主管税务机关预缴税款，向机构所在地主管税务机关申报纳税。

3. 其他个人出租不动产——向不动产所在地主管税务机关申报纳税。

（1）出租不动产——非住房：

应纳税款 = 含税销售额 ÷ (1 + 5%) × 5%

（2）出租住房：

应纳税款 = 含税销售额 ÷ (1 + 5%) × 1.5%

4. 发票的开具。

（1）可以开具或申请代开增值税发票。

①小规模纳税人中的单位和个体工商户出租不动产，不能自行开具增值税发票的，可向不动产所在地主管税务机关申请代开增值税发票。

②其他个人出租不动产，可向不动产所在地主管税务机关申请代开增值税发票。

（2）不得开具或申请代开增值税专用发票——纳税人向其他个人出租不动产。

【例题·计算问答题】 位于北京的甲公司为增值税一般纳税人，2018年10月购入深圳一座写字楼用于出租。2021年5月取得含税租金40 000元。分别计算该业务应预缴的增值税税款和应确认的增值税销项税额。

【答案】 甲公司应向深圳不动产所在地主管税务机关预缴增值税税款 $=40\ 000\div(1+9\%)\times3\%=1\ 100.92$（元），向机构所在地北京市主管税务机关申报增值税，确认的增值税销项税额 $=40\ 000\div(1+9\%)\times9\%=3\ 302.75$（元）。

考点21《增值税暂行条例》规定的免税项目

1. 农业生产者销售的自产农产品。

包括："公司+农户"模式的畜禽饲养。

提示1 对单位和个人销售的外购农产品，以及单位和个人外购农产品生产、加工后销售的仍属于规定范围的农业产品，不属于免税的范围，正常征税。

提示2 人工合成牛胚胎的生产过程属于农业生产，纳税人销售自产人工合成牛胚胎应免征增值税

2. 避孕药品和用具。

3. 古旧图书，是指向社会收购的古书和旧书。

4. 直接用于科学研究、科学试验和教学的进口仪器、设备。

5. 外国政府、国际组织无偿援助的进口物资和设备。

6. 由残疾人的组织直接进口供残疾人专用的物品。

7. 销售自己使用过的物品。自己使用过的物品，是指自己使用过的物品。

考点22《营改增通知》及有关部门规定的税收优惠政策

（一）下列项目免征增值税

1. 托儿所、幼儿园提供的保育和教育服务。

2. 养老机构提供的养老服务。

3. 残疾人福利机构提供的育养服务。

4. 婚姻介绍服务。

5. 殡葬服务。

6. 残疾人员本人为社会提供的服务。

7. 医疗机构提供的医疗服务。

8. 从事学历教育的学校提供的教育服务。

9. 学生勤工俭学提供的服务。

10. 农业机耕、排灌、病虫害防治、植物保护、农牧保险以及相关技术培训业务，家禽、牲畜、水生动物的配种和疾病防治。

提示 对于动物诊疗机构销售动物食品和用品，提供动物清洁、美容、代理看护等服务，应按照现行规定缴纳增值税。

11. 纪念馆、博物馆、文化馆、文物保护单位管理机构、美术馆、展览馆、书画院、图书馆在自己的场所提供文化体育服务取得的第一道门票收入。

12. 寺院、宫观、清真寺和教堂举办文化、宗教活动的门票收入。

13. 行政单位之外的其他单位收取的符合规定条件的政府性基金和行政事业性收费。

14. 个人转让著作权。

15. 个人销售自建自用住房。

16. 台湾航运公司、航空公司从事海峡两岸海上直航、空中直航业务在大陆取得的运输收入。

17. 纳税人提供的直接或者间接国际货物运输代理服务。

18. 下列利息收入免征增值税：

（1）国家助学贷款。

（2）国债、地方政府债。

（3）人民银行对金融机构的贷款。

（4）住房公积金管理中心用住房公积金在指定的委托银行发放的个人住房贷款。

（5）外汇管理部门在从事国家外汇储备经营过程中，委托金融机构发放的外汇贷款。

（6）统借统还业务中，企业集团或企业集团中的核心企业以及集团所属财务公司按不高于支付给金融机构的借款利率水平或者支付的债券票面利率水平，向企业集团或者集团内下属单位收取的利息。统借方向资金使用单位收取的利息，高于支付给金融机构借款利率水平或者支付的债券票面利率水平的，应全额缴纳增值税。

（7）自2018年11月7日起至2021年11月6日止，对境外机构投资境内债券市场取得的债券利息收入暂免征收增值税。

19. 被撤销金融机构以货物、不动产、无形资产、有价证券、票据等财产清偿债务。

20. 保险公司开办的一年期以上人身保险产品取得的保费收入。

21. 境内保险公司向境外保险公司提供的完全在境外消费的再保险服务。

22. 下列金融商品转让收入：

（1）合格境外投资者（QFII）委托境内公司在我国从事证券买卖业务。

（2）香港市场投资者（包括单位和个人）通过沪港通和深港通买卖上海证券交易所和深圳证券交易所上市A股；内地投资者（包括单位和个人）通过沪港通买卖香港联交所上市股票。

（3）对香港市场投资者（包括单位和个人）通过基金互认买卖内地基金份额。

（4）证券投资基金（封闭式证券投资基金，开放式证券投资基金）管理人运用基金买卖股票、债券。

（5）个人从事金融商品转让业务。（个人从事外汇、有价证券等金融商品买卖业务）

23. 金融同业往来利息收入，包括金融机构与中国人民银行所发生的资金往来业务、银行联行往来业务和金融机构间的资金往来业务、同业存款、同业借款、同业代付、买断式买入返售金融商品、持有金融债券和同业存单产生的利息收入。

但是，自2018年1月1日起，金融机构开展贴现、转贴现业务，以其实际持有票据期间取得的利息收入作为贷款服务销售额计算缴纳增值税。此前贴现机构已就贴现利息收入全额缴纳增值税的票据，转贴现机构转贴现利息收入继续免征增值税。

24. 同时符合规定条件的担保机构从事中小企业信用担保或者再担保业务取得的收入（不含信用评级、咨询、培训等收入）3年内免征增值税。

25. 国家商品储备管理单位及其直属企业承担商品储备任务，从中央或者地方财政取得的利息补贴收入和价差补贴收入。

26. 纳税人提供技术转让、技术开发和与之相关的技术咨询、技术服务。

27. 符合条件的合同能源管理服务。

28. 政府举办的从事学历教育的高等、中等和初等学校（不含下属单位），举办进修班、培训班取得的全部归该学校所有的收入。

29. 政府举办的职业学校设立的主要为在校学生提供实习场所、并由学校出资自办、由学校负责经营管理、经营收入归学校所有的企业，从事“现代服务”（不含融资租赁服务、广告服务和其他现代服务）、“生活服务”（不含文化体育服务、其他生活服务和桑拿、氧吧）业务活动取得的收入。

30. 家政服务企业由员工制家政服务员提供家政服务取得的收入。

31. 福利彩票、体育彩票的发行收入。

32. 军队空余房产租赁收入。

33. 企业、行政事业单位按房改成本价、标准价出售住房取得的收入。

34. 将土地使用权转让给农业生产者用于农业生产。

35. 涉及家庭财产分割的个人无偿转让不动产、土地使用权。

36. 土地所有者出让土地使用权和土地使用者将土地使用权归还给土地所有者。

37. 县级以上地方人民政府或自然资源行政主管部门出让、转让或收回自然资源使用权（不含土地使用权）。

38. 随军家属就业。

39. 军队转业干部就业。

40. 各党派、共青团、工会、妇联、中科协、青联、台联、侨联收取党费、团费、会费，以及政府间国际组织收取会费，属于非经营活动，不征收增值税。

41. 青藏铁路公司提供的铁路运输服务免征增值税。

42. 中国邮政集团公司及其所属邮政企业提供的邮政普遍服务和邮政特殊服务，免征增值税。

43. 中国邮政集团公司及其所属邮政企业为金融机构代办金融保险业务取得的代理收入，免征增值税。

44. 全国社会保障基金理事会、全国社会保障基金投资管理人运用全国社会保障基金买卖证券投资基金、股票、债券取得的金融商品转让收入，免征增值税。

45. 对国际航运保险业务免征增值税。

46. 对社保基金会、社保基金投资管理人在运用社保基金投资过程中，提供贷款服务取得的全部利息及利息性质的收入和金融商品转让收入，免征增值税。

47. 境外教育机构与境内从事学历教育的学校开展中外合作办学，提供学历教育服务取得的收入免征增值税。

【例题·多选题】（2019 年改编）下列金融业务中，免征增值税的有（　　）。

A. 个人从事金融商品转让业务

B. 融资租赁公司从事的融资性售后回租业务

C. 商业银行提供国家助学贷款业务

D. 人民银行对金融机构提供贷款业务

【答案】 ACD

【解析】 选项 C 按照贷款服务缴纳增值税。

【例题·多选题】（2015 年改编）下列行为免征增值税的有（　　）。

A. 个人转让著作权

B. 残疾人员本人为社会提供的服务

C. 纳税人提供间接国际货物运输代理服务

D. 会计师事务所提供税务咨询服务

【答案】 ABC

【解析】 选项 A、B、C 均属于免征增值税的范围。选项 D：应按照“现代服务——鉴证咨询服务”缴纳增值税。

（二）增值税即征即退

对其增值税实际税负超过 3% 的部分实行增值税即征即退政策。

1. 一般纳税人销售其自行开发生产的软件产品。

2. 一般纳税人提供管道运输服务。

3. 经批准从事融资租赁业务的一般纳税人，提供有形动产融资租赁服务和有形动产融资性售后回租服务。

4. 纳税人享受增值税即征即退政策，有纳税信用级别条件要求的，以纳税人申请退税税款所属期的纳税信用级别确定。申请退税税款所属期内纳税信用级别发生变化的，以变化后的纳税信用级别确定。

（三）金融企业发放贷款后，自结息日起 90 天内发生的应收未收利息按现行规定缴纳增值税，自结息日起 90 天后发生的应收未收利息暂不缴纳增值税，待实际收到利息时按规定缴纳增值税

考点 23 财政部、国家税务总局规定的其他部分征免税项目

1. 纳税人销售自产的综合利用产品和资源综合利用劳务，可享受增值税即征即退政策。

2. 免征蔬菜流通环节（包括批发、零售）增值税。

提示 经挑选、清洗、切分、晾晒、包装、脱水、冷藏、冷冻等工序加工的蔬菜，属于蔬菜的范围。各种蔬菜罐头不属于蔬菜的范围。

3. 豆粕属于征收增值税的饲料产品，除豆粕以外的其他粕类饲料产品，均免征增值税。

4. 制种企业在规定的生产经营模式下生产销售种子，属于农业生产者销售自产农业产品，应根据有关规定免征增值税。

5. 纳税人生产销售和批发、零售符合标准的有机肥产品免征增值税。

6. 小规模纳税人发生增值税应税销售行为，合计月销售额未超过 15 万元（以 1 个季度为 1 个纳税期的，季度销售额未超过 45 万元，下同）的，免征增值税。

7. 其他个人，采取一次性收取租金形式出租不动产取得的租金收入，可在对应的租赁期内平均分摊，分摊后的月租金收入未超过 15 万元的，免征增值税。

8. 为了鼓励科学研究和技术开发，促进科技进步，在符合条件的前提下，继续对内资研发机构和外资研发中心采购国产设备全额退还增值税。

研发机构已退税的国产设备，自增值税发票开具之日起 3 年内，设备所有权转移或移作他用的，研发机构须按照下列计算公式，向主管税务机关补缴已退税款。

应补税款 = 增值税发票上注明的金额 ×（设备折余价值 ÷ 设备原值）× 增值税适用税率

设备折余价值 = 设备原值 - 累计已提折旧

设备原值和已提折旧按照《企业所得税法》的有关规定计算。

9. 原城镇公共供水用水的水费收入的增值税处理。

原对城镇公共供水用水户在基本水价（自来水价格）外征收水资源费的试点省份，在水资源费改税试点期间，按照不增加城镇公共供水企业负担的原则，城镇公共供水企业缴纳的水资源税所对应的水费收入，不计征增值税，按“不征税自来水”项目开具增值税普通发票。

10. 纳税人采取转包、出租、互换、转让、入股等方式将承包地流转给农业生产者用于农业生产，免征增值税。

11. 社会团体收取的会费，免征增值税。

12. 对赞助企业及参与赞助的下属机构根据赞助协议及补充赞助协议向北京冬奥组委免费提供的，与北京 2022 年冬奥会、冬残奥会、测试赛有关的服务，免征增值税。

13. 创新企业境内发行存托凭证的免征增值税处理。

（1）对个人投资者转让创新企业 CDR 取得的差价收入，暂免征收增值税。

（2）对单位投资者转让创新企业 CDR 取得的差价收入，按金融商品转让政策规定征免增值税。

（3）自试点开始之日起，对公募证券投资基金（封闭式证券投资基金、开放式证券投资基金）管理人运营基金过程中转

让创新企业 CDR 取得的差价收入，3 年内暂免征收增值税。

（4）对合格境外机构投资者（QFII）、人民币合格境外机构投资者（RQFII）委托境内公司转让创新企业 CDR 取得的差价收入，暂免征收增值税。

14. 符合条件的扶贫捐赠免征增值税处理。

自 2019 年 1 月 1 日至 2022 年 12 月 31 日，对单位或者个体工商户将自产、委托加工或购买的货物通过公益性社会组织、县级及以上人民政府及其组成部门和直属机构，或直接无偿捐赠给目标脱贫地区的单位和个人，免征增值税。在政策执行期限内，目标脱贫地区实现脱贫的，可继续适用上述政策。

15. 社区养老托育家政服务收入免征增值税。

自 2019 年 6 月 1 日至 2025 年 12 月 31 日为社区提供养老、托育、家政等服务的机构，提供社区养老、托育、家政服务取得的收入免征增值税。

16. 广播影视的免征增值税处理。

17. 自 2018 年 11 月 30 日至 2023 年 11 月 29 日，对经国务院批准对外开放的货物期货品种保税交割业务，暂免征收增值税。

18. 海南离岛免税店销售离岛免税商品免征增值税和消费税的处理。

考点 24 纳税义务发生时间、纳税期限和纳税地点

（一）纳税义务发生时间

应税销售行为纳税义务发生时间的一般规定和具体规定：

类别	情形	增值税纳税义务（扣缴义务）发生时间	备注
一般规定	（1）发生应税销售行为	为收讫销售款或者取得索取销售款凭据的当天；先开具发票的，为开具发票的当天	
	（2）进口货物	为报关进口的当天	
	（3）扣缴义务发生时间	为纳税人增值税纳税义务发生的当天	
具体规定	（1）采取直接收款方式销售货物	为收到销售款或者取得索取销售款凭据的当天	不论货物是否发出
	（2）采取托收承付和委托银行收款方式销售货物	为发出货物并办妥托收手续的当天	不论货款是否收到
	（3）采取赊销和分期收款方式销售货物	为书面合同约定的收款日期的当天	
		无书面合同或者书面合同没有约定收款日期的，为货物发出的当天	
	（4）采取预收货款方式销售货物	为货物发出的当天	不是收到预收款时
		生产销售生产工期超过 12 个月的大型机械设备、船舶、飞机等货物，为收到预收款或者书面合同约定的收款日期的当天	收到预收款时或书面合同的约定

续表

类别	情形	增值税纳税义务（扣缴义务）发生时间	备注
具体规定	（5）委托其他纳税人代销货物	为收到代销单位销售的代销清单或者收到全部或者部分货款的当天；未收到代销清单及货款的，为发出代销货物满的180天当天	不是发出代销商品时，也不是只有收到代销款时
	（6）销售应税劳务	为提供劳务同时收讫销售款或取得索取销售款凭据的当天	
	（7）纳税人发生除将货物交付其他单位或者个人代销和销售代销货物以外的视同销售货物行为	为货物移送的当天	
	（8）纳税人提供租赁服务采取预收款方式的	为收到预收款的当天	
	（9）纳税人从事金融商品转让的	为金融商品所有权转移的当天	
	（10）纳税人发生视同销售服务、无形资产或者不动产情形的	为服务、无形资产转让完成的当天或者不动产权属变更的当天	

（二）纳税期限

1. 增值税的纳税期限：

（1）固定期限：分别为1日、3日、5日、10日、15日、1个月或者1个季度。

（2）不能按照固定期限纳税的，可以按次纳税。

（3）以1个季度为纳税期限的规定适用于小规模纳税人、银行、财务公司、信托投资公司、信用社，以及财政部和国家税务总局规定的其他纳税人。

提示 按固定期限纳税的小规模纳税人可以选择以1个月或1个季度为纳税期限，一经选择，1个会计年度内不得变更。

2. 税款缴库时间：

（1）纳税人以1日、3日、5日、10日或者15日为1个纳税期的，自期满之日起5日内预缴税款，于次月1日起15日内申报纳税并结清上月应纳税款。纳税人以1个月或者1个季度为1个纳税期的，自期满之日起15日内申报纳税。

（2）纳税人进口货物，应当自海关填发进口增值税专用缴款书之日起15日内缴纳税款。

（三）纳税地点

纳税人	纳税地点
固定业户	向机构所在地主管税务机关申报纳税，机构所在地是指纳税人的注册登记地。 总机构和分支机构不在同一县（市）： （1）经财政部和国家税务总局或者其授权的财政和税务机关批准，可以由总机构汇总向总机构所在地的主管税务机关申报纳税。 （2）其他：分别向各自所在地主管税务机关申报纳税
非固定业户	向销售地或劳务发生地纳税；未在销售地或劳务发生地纳税的，要在机构所在地或居住地补缴

【例题·单选题】（2017 年）下列增值税纳税人中，以 1 个月为纳税期限的是（　　）。

A. 商业银行

B. 财务公司

C. 信托投资公司

D. 保险公司

【答案】D

【解析】银行、财务公司、信托投资公司、信用社以 1 个季度为纳税期限。保险公司可以 1 个月为纳税期限。

考点 25 增值税专用发票

（一）增值税专用发票的联次

基本联次为三联：发票联（购买方）、抵扣联（购买方）和记账联（销售方）。

（二）增值税专用发票的领购

一般纳税人凭《发票领购簿》、IC 卡和经办人身份证明领购增值税专用发票。

（三）增值税专用发票的开具范围

1. 一般纳税人不得开具专用发票情形：

（1）商业企业一般纳税人零售的烟、酒、食品、服装、鞋帽（不包括劳保专用部分）、化妆品等消费品。

（2）应税销售行为的购买方为消费者个人的。

（3）除另有规定外，发生应税销售行为适用免税规定的。

2. 增值税小规模纳税人（其他个人除外）发生增值税应税行为，需要开具增值税专用发票的，可以自愿使用增值税发票管理系统自行开具。选择自行开具增值税专用发票的小规模纳税人，税务机关不再为其代开增值税专用发票。

【例题·多选题】（2021 年）下列关于增值税专用发票开具的表述中，符合税法规定的有（　　）。

A. 售卡企业销售单用途卡可以开具增值税专用发票

B. 小规模纳税人提供住宿服务可自行开具增值税专用发票

C. 商业企业一般纳税人零售化妆品不得开具增值税专用发票

D. 金融企业一般纳税人转让金融商品不得开具增值税专用发票

【答案】BCD

【解析】选项 A：售卡企业销售单用途卡时不缴纳增值税，不得开具增值税专用发票。

通关演练

一、单项选择题

1. 对于无运输工具承运业务增值税适用的税目是（　　）。

A. 物流辅助服务

B. 交通运输服务

C. 经营租赁服务

D. 商务辅助服务

2. 航道疏浚服务适用增值税的税目是（　　）。

A. 物流辅助服务

B. 其他建筑服务

C. 修缮服务

D. 建筑工程服务

3. 根据增值税法律制度的规定，下列各项业务中不属于“交通运输服务”的是（　　）。

A. 无运输工具承运业务

B. 货物运输代理服务

C. 运输工具舱位互换业务

D. 运输工具舱位承包业务

4. 全面“营改增”后，下列应按“物流辅助服务”税目计征 6% 增值税的是（　　）。

A. 居民小区下水道疏浚服务

B. 装卸搬运服务

C. 货物运输代理

D. 代理报关

5. 根据增值税法律制度的规定，下列各项说法中不正确的是（　　）。

A. 纳税人提供植物养护服务，按照“其他生活服务”缴纳增值税

B. 纳税人为客户办理退票而向客户收取的退票费收入，按照“其他现代服务”缴纳增值税

C. 纳税人提供的邮政代理服务，按照“经纪代理服务”缴纳增值税

D. 拍卖行受托拍卖取得的手续费或佣金收入，按照“经纪代理服务”缴纳增值税

6. 下列行为中，属于增值税征税范围的是（　　）。

A. 贵金属期货交易

B. 企业取得的中央财政补贴收入

C. 物业公司代收的住宅专项维修资金

D. 甲公司出售一项大型机器设备给乙公司，并进行了回租，甲公司出售资产取得的款项

7. 下列各项中，需要计算缴纳增值税的是（　　）。

A. 被保险人获得的保险赔付

B. 航空运输企业已售票但未提供航空运输服务取得的逾期票证收入

C. 纳税人在资产重组过程中，通过合并、分立、出售、置换等方式，将全部或者部分实物资产以及与其相关联的债权、负债和劳动力一并转让给其他单位和个人

D. 房地产主管部门或者其指定机构、公积金管理中心、开发企业以及物业管理单位代收的住宅专项维修资金

8. 下列收入中，应当征收增值税的是（　　）。

A. 纳税人取得的与销售收入或者数量无关的财政补贴收入

B. 航空运输企业已售票但未提供航空运输服务取得的逾期票证收入

C. 存款利息

D. 融资性售后回租业务中承租方出售资产取得的收入

9. 下列关于纳税人兼营行为的增值税处理中，错误的是（　　）。

A. 纳税人提供适用不同税率或者征税率的应税服务，应当分别核算适用不同税率或者征收率的销售额；未分别核算的，由主管税务机关核定应税服务的销售额

B. 纳税人销售货物、加工修理修配劳务、服务、无形资产或者不动产适用不同税率或者征收率的，应当分别核算适用不同税率或者征收率的销售额，未分别核算销售额的，应当从高适用税率或者征收率

C. 纳税人兼营免税、减税项目的，应当分别核算免税、减税项目的销售额；未分别核算的，不得免税、减税

D. 增值税一般纳税人兼有销售货物、提供加工修理修配劳务或者提供应税服务的，凡未规定可以选择按照简易计税方法计算缴纳增值税的，其全部销售额应一并按照一般计税方法计算缴纳增值税

10. 下列产品和服务按9%征收增值税的是（　　）。

A. 原油　　B. 农产品

C. 稀土　　D. 增值电信服务

11. 一般纳税人提供有形动产租赁服务，税率为（　　）。

A. 13%　　B. 11%

C. 9%　　D. 6%

12. 下列货物销售，适用13%基本税率的是（　　）。

A. 某自来水厂生产自来水销售

B. 某蛋禽厂加工松花蛋销售

C. 某农机厂生产农机零部件销售

D. 某石化公司生产煤气销售

13. 下列属于“现代服务”税目，应按13%适用税率计征增值税的是（　　）。

A. 研发和技术服务

B. 信息技术服务

C. 文化创意服务

D. 有形动产租赁服务

14. 中国境外的单位或者个人在境内发生应税行为，在境内未设有经营机构的，境内购买方为境外单位和个人扣缴增值税应按照（　　）。

A. 征收率

B. 零税率

C. 适用税率

D. 征收率或适用税率

15. 境内单位和个人发生的下列跨境应税行为中，适用增值税零税率的是（　　）。

A. 向境外单位转让的完全在境外使用的技术

B. 向境外单位提供的完全在境外消费的电信服务

C. 在境外提供的广播影视节目播映服务

D. 无运输工具承运业务的经营者提供的国际运输服务

16. 下列关于增值税纳税人年应税销售额的表述中，不正确的是（　　）。

A. 年应税销售额是指纳税人在连续不超过12个月或4个季度的经营期内累计应征增值税销售额

B. 年应税销售额包括纳税申报销售额、稽查查补销售额、纳税评估调整销售额

C. 销售应税服务有扣除项目的纳税人，应税行为的年应税销售额按未扣除之前的销售额计算

D. 纳税人偶然发生的转让不动产销售额，应计入应税行为年应税销售额

17. 某增值税一般纳税人将购进的一批货物分配给投资者。下列税务处理中正确的是（　　）。

A. 该批货物不计算销项税额，但可以抵扣其进项税额

B. 该批货物不计算销项税额，不得抵扣该批货物的进项税额

C. 将该批货物视同销售计算销项税额，其进项税额符合条件的可以抵扣

D. 将该批货物视同销售计算销项税额，并且下得抵扣其进项税额

18. 下列行为中，视同销售货物缴纳增值税的是（　　）。

A. 将购进的货物用于集体福利

B. 将购进的货物用于个人消费

C. 将购进的货物用于不动产在建工程

D. 将购进的货物用于对外投资

19. 下列各项中，属于视同销售行为应当计算销项税额的有（　　）。

A. 将自产的货物用于不动产在建工程

B. 将购买的货物委托外单位加工

C. 将购买的货物无偿赠送他人

D. 将购买的货物用于集体福利

20. 下列行为中，涉及的进项税额不得从销项税额中抵扣的是（　　）。

A. 将外购的货物分配给股东和投资者

B. 将外购的货物用于本单位集体福利

C. 将外购的货物无偿赠送给其他个人

D. 将外购的货物作为投资提供给其他单位

21. 下列行为中，视同销售货物缴纳增值税的是（　　）。

A. 生产企业将外购货物用于集体福利

B. 生产企业将外购钢材用于扩建厂房

C. 生产企业将外购货物分配给股东

D. 生产企业将外购货物用于免税项目

22. 下列各项中，不应视同销售货物

计算销项税的是（　　）。

A. 企业将自产的货物作为分红发给股东

B. 企业将外购的产品作为礼品赠送给客户

C. 企业将部分外购的生产用钢材用于在建工程

D. 企业将外购的货物作为投资，提供给其他单位

23. 某从事货物零售业务的小规模商业企业本月采用“买一赠一”的方式促销服装。该商场本月销售服装 1 000 套，每套销售价格为 300 元，同时赠送丝巾 100 条，每条丝巾的零售价格为 50 元。则该商场本月此项业务应缴纳的增值税额是（　　）元。

A. 8 883.5　　B. 11 538.5

C. 16 981.5　　D. 17 264.5

24. 某单位采取折扣方式销售货物，折扣额单独开发票，增值税销售额的确定是（　　）。

A. 扣除折扣额的销售额

B. 不扣除折扣额的销售额

C. 折扣额

D. 加上折扣额的销售额

25. 下列销货行为中，可以按销售差额作为增值税计税销售额的是（　　）。

A. 折扣销售并开在同一张发票上

B. 非金银首饰的以旧换新销售

C. 还本销售

D. 以物易物销售

26. 下列企业属于增值税一般纳税人，但可按 3% 的征收率征税的企业是（　　）。

A. 机械厂销售机器设备

B. 外贸公司出口一批服装

C. 物业公司销售自来水

D. 煤矿企业销售煤炭

27. 2020 年 10 月，一般纳税人甲物业公司向小区居民收取水费共计 200 000 元，同时支付给自来水公司水费 180 000 元并取得增值税专用发票，那么甲物业公司就收取水费这一事项，应缴纳增值税（　　）元。

A. 582.52　　B. 1 132.08

C. 5 825.24　　D. 11 320.75

28. 对纳税人为销售货物而出借包装物收取的押金，其增值税计税方法正确的是（　　）。

A. 对销售除啤酒、黄酒以外的其他酒类产品收取的包装物押金，均应并入当期销售额征税，其他货物包装物押金，单独记账核算的，时间在 1 年以内，又未过期的，不计算缴纳增值税

B. 单独记账核算的，不并入销售额征税，对逾期未退的包装物押金，并入销售额计税

C. 酒类包装物押金，一律并入销售额计税

D. 无论会计上如何核算，为销售货物而出借包装物收取的押金均应并入销售额计税

29. 下列关于增值税计税销售额的说法中正确的是（　　）。

A. 房地产企业一般纳税人采用一般计税方法销售其开发的房地产销售额为全部销售收入

B. 贷款服务的销售额为利息及利息性质的收入全额

C. 经纪代理服务的销售额为收入全额

D. 一般融资租赁服务的销售额为收入扣除资产购置本金、利息、保险费、安装费后的余额

30. 2020 年 8 月，一般纳税人乐福超市从洁宝公司购进一批洗发水，取得增值税专用发票注明价款 50 万元，税额 6.5 万元。同时，乐福超市向洁宝公司收取与销

量挂钩的返还款，共计5万元。假设不考虑其他业务，乐福超市当月可抵扣的进项税额为（ ）万元。

A. 7.77 B. 8.5

C. 6.5 D. 5.92

31. 某旧货经营单位（非二手车经销业务纳税人）为增值税小规模纳税人，2020年7月销售旧货共取得含税销售收入70 000元，该单位未放弃减税，则该旧货经营单位2020年7月应缴纳增值税（ ）元。

A. 1 359.22 B. 1 372.55

C. 2 038.83 D. 3 876.86

32. 根据增值税法律制度的规定，某从事二手车经销业务的甲企业（一般纳税人），2020年12月销售其收购的二手车取得价税合计收入203万元，则甲企业当月应纳增值税为（ ）万元。

A. 0.78 B. 1

C. 1.18 D. 3.94

33. 某餐馆（一般纳税人）2020年10月将2015年12月购买的一台原值为8 000元的设备出售，取得收入4 160元，其正确的税务处理是（ ）。

A. 缴纳121.16元的增值税

B. 不缴纳增值税

C. 缴纳80.78元的增值税

D. 缴纳81.57元的增值税

34. 甲服装厂提供原料为乙饭店加工一批工作服，生产成本为18万元，同类产品成本利润率为8%，按甲厂同类产品售价计算的销售价格为27万元，则甲厂对该批加工服装计算增值税销项税额的依据为（ ）万元。

A. 18 B. 19.44

C. 19.8 D. 27

35. 甲企业为增值税一般纳税人，是《农产品增值税进项税额核定扣除试点实施办法》的试点抵扣单位，2021年6月甲企业购进牛奶10吨，当月全部直接对外销售，已知牛奶平均购买单价为0.3万元/吨，损耗率为5%。则甲企业当月准予抵扣的增值税进项税额为（ ）万元。

A. 0.25 B. 0.26

C. 0.27 D. 0.28

36. 王某为甲公司（增值税一般纳税人）的员工（已签订正式的劳动合同），2021年5月因公出差，乘坐高铁从北京前往至南京，取得的注明王某身份信息的车票上注明的票面金额为556元。则甲公司可以抵扣的进项税额为（ ）元。

A. 45.91 B. 48.81

C. 50.04 D. 0

37. 某酒厂为增值税一般纳税人，2021年6月，销售白酒60吨，取得不含税销售收入240万元，同时收取包装物押金10万元；当月另销售啤酒20吨，共取得不含税销售收入160万元，同时收取包装物押金8万元，包装物均约定2个月后归还。当月没收2个月前收取的白酒包装物押金6万元、啤酒包装物押金6万元。根据上述业务该酒厂2021年6月的增值税销项税额为（ ）万元。

A. 54.53 B. 55

C. 55.22 D. 57.06

38. A市的甲建筑企业是增值税一般纳税人，2021年6月在B市取得含税建筑收入总额为1 000万元，支付分包款400万元，则甲建筑企业在建筑服务发生地B市应预缴的增值税税款（ ）万元。

A. 11.01 B. 16.52

C. 49.54 D. 54

39. 位于A市的甲企业是增值税一般纳税人，2021年6月将其位于B市的一座办公楼（于2016年3月购进）出租，取得含税租金收入300 000元，已知甲企业选择简易计税方法计税，则其应在B市预缴增值税（　　）元。

A. 24 770.64　　B. 14 285.71

C. 12 571.42　　D. 10 256.88

40. 李某2021年将个人商铺对外出租，2月1日取得当月含税房租37.8万元。则李某当月应缴纳的增值税为（　　）万元。

A. 0.54　　B. 1.34

C. 1.8　　D. 2.52

41. 某生产企业属增值税小规模纳税人，选择按月纳税，2019年6月对部分资产盘点后进行处理：销售边角废料，取得不含税收入8万元；销售使用过的小汽车1辆，取得含税收入5.2万元（原值为10万元）。该企业上述业务应缴纳增值税（　　）万元。（假设企业未放弃减税优惠）

A. 0.34　　B. 0.42

C. 0.48　　D. 0.54

42. 某饮料加工企业因管理不善将一批以往向农民收购的橙子毁损，账面成本9 100元，则该企业应作进项税额转出（　　）元。

A. 900　　B. 979

C. 1 329.89　　D. 1 157

43. 按照增值税的有关规定，某单位外购的下列货物，可以作为进项税额抵扣的是（　　）。

A. 外购的复印纸

B. 外购的汽车用于个人消费

C. 外购的钢材用于盖职工宿舍

D. 外购的水果发放给职工

44. 下列项目所包含的进项税额，不得从销项税额中抵扣的是（　　）。

A. 生产过程中出现的非正常损毁的在产品

B. 校办企业生产本校黑板擦的外购材料

C. 校办企业生产用于对外销售的教学仪器所需的外购材料

D. 生产企业购进的用于日常用的办公用品

45. 一般纳税人在计算增值税应纳税额时，可以从销项税额中抵扣进项税额的项目是（　　）。

A. 非正常损失的购进货物

B. 非正常损失的产成品所耗用的购进货物

C. 用于增值税免税项目的购进货物

D. 用于增值税应税项目向农业生产者购进的免税农业产品

46. 下列各项中，不得抵扣进项税额的是（　　）。

A. 购进燃料、动力所支付的增值税

B. 购进劳保用品所支付的增值税

C. 保管不善造成损毁材料所支付的增值税

D. 生产过程中的废品所耗材料支付的增值税

47. 生产企业（具有出口经营权）为增值税一般纳税人，2021年6月从国内采购生产用原材料一批，取得增值税专用发票，注明价款810万元、增值税税额105.3万元；当月国内销售货物取得不含税销售额150万元，出口自产货物取得收入折合人民币690万元。已知，适用的增值税税率为13%，出口退税率为9%，月初无留抵税额，相关发票均已在当月抵扣。则下列关于该企业增值税的税务处理中，说法正确的是（　　）。

A. 应缴纳增值税19.5万元，免抵税额为69万元

B. 应退增值税62.1万元，免抵税额为0

C. 应退增值税58.2万元，免抵税额为0

D. 应退增值税58.2万元，免抵税额

为3.9万元

48. 某超市为增值税一般纳税人，2020年12月零售大米和蔬菜共取得销售收入30 000元，开具普通发票，当月无法准确划分大米和蔬菜的销售额。当月外购货物取得普通发票上注明价税合计金额为3 000元，则该超市2020年12月应纳增值税（　　）元。

A. 0　　B. 2 700

C. 2 477.06　　D. 2 724.77

49. 2019年12月，某大型商场公开征集服务图标，约定首先从参赛作品中评选出3件入围作品，各支付15万元（不含税，下同）作为奖励，其著作权归设计者所有；再从中挑选出最佳作品，其著作权转归商场所有，商场支付给设计者转让费30万元。李某应征参赛并成为最终胜出者，他应就其所取得的收入缴纳增值税为（　　）万元。

A. 0.45　　B. 0

C. 1.35　　D. 2.25

50. 某管道运输企业为增值税一般纳税人，2020年11月取得不含税管道运输收入200万元，当月购进材料，取得增值税专用发票，注明税额6万元，假定当月取得的相关票据均符合税法规定并在当月抵扣进项税额，该企业当月实际缴纳增值税（　　）万元。

A. 4.2　　B. 5

C. 6　　D. 10.2

51. 天津户籍的刘某销售其拥有的位于北京的一处别墅，售价1 500万元，已知此房产购置于4年前，关于其纳税的说法中正确的是（　　）。

A. 应免税

B. 应就买卖差额按5%计税

C. 应就全额按5%计税

D. 应就全额按9%计税

52. 下列关于增值税纳税义务发生时间的表述中，不正确的是（　　）。

A. 采用预收方式销售食品，为食品发出的当天

B. 采取直接收款方式销售货物，货物发出则纳税义务发生时间为收到销售款项；货物未发出则等到货物发出时为纳税义务发生时间

C. 采用预收方式销售生产工期为13个月的大型机器设备，纳税义务发生时间为收到预收款或合同约定是收款日期

D. 委托银行收款方式销售货物，纳税义务发生时间为发出货物并办妥托收手续的当天

53. 下列各项中，符合增值税纳税人放弃免税权有关规定的是（　　）。

A. 纳税人可以根据不同的销售对象选择部分货物放弃免税权

B. 纳税人应以书面形式提出放弃免税申请，报主管税务机关审批

C. 纳税人自税务机关受理其放弃免税声明的当月起12个月内不得再申请免税

D. 符合条件但尚未登记为增值税一般纳税人的纳税人放弃免税权，应当登记为增值税一般纳税人，发生的应税销售行为可开具增值税专用发票

54. 采取预收货款方式销售货物，增值税纳税义务的发生时间一般是（　　）。

A. 销售方收到第一笔货款的当天

B. 销售方收到剩余货款的当天

C. 销售方发出货物的当天

D. 购买方收到货物的当天

55. 下列有关增值税纳税义务发生时间的表述中，不正确的是（　　）。

A. 纳税人提供应税服务先开具发票的，纳税义务发生时间为开具发票的当天

B. 纳税人从事金融商品转让的，纳税义务发生时间为金融商品所有权转移的当天

C. 增值税扣缴义务发生时间为纳税人增值税纳税义务发生的当天

D. 纳税人提供租赁服务采取预收款方式的，其纳税义务发生时间为合同约定收款的当天

二、多项选择题

1. 确定一项经济行为是否属于应征收增值税的行为，一般应具备的条件包括有(　　)。

A. 应税行为发生在中华人民共和国境内

B. 应税行为是为他人提供的

C. 应税行为是有偿的

D. 应税行为是属于《销售服务、无形资产、不动产注释》范围内的业务活动

2. 下列各项中，应计入增值税一般纳税人认定标准的“年应税销售额”的有(　　)

A. 纳税申报销售额

B. 稽查查补销售额

C. 纳税评估调整销售额

D. 纳税人偶然发生的销售无形资产、转让不动产的销售额

3. 下列销售行为，属于增值税征收范围的有(　　)。

A. 张某将自己的房屋与李某的一项无形资产互换

B. 王某找银行贷款，将房屋抵押给银行，债务到期将房屋过户给银行抵账

C. 转让土地使用权

D. 中国邮政集团提供的邮政特殊服务

4. 下列各项中，应该按照“交通运输业”税目征收增值税的有(　　)。

A. 远洋运输企业从事程租业务取得的收入

B. 远洋运输企业从事期租业务取得的收入

C. 航空运输企业从事湿租业务取得的收入

D. 航空运输企业从事干租业务取得的收入

5. 下列各项收入中，应征增值税的有(　　)。

A. 广告代理公司的广告费收入

B. 邮政部门发行报刊收入

C. 销售古旧图书

D. 某商店零售化妆品收入

6. 下列各项中，应当征收增值税的有(　　)。

A. 销售货物的同时收取的包装物的租金收入

B. 企业合并过程中转让企业全部产权和劳动力涉及的货物转让

C. 燃油电厂从政府财政专户取得的发电补贴

D. 电力公司向发电企业收取的过网费

7. 根据增值税法律制度的规定，下列各项中，不征收增值税的有(　　)。

A. 纳税人取得与其销售货物、劳务、服务、无形资产、不动产的收入或者数量直接挂钩的财政补贴收入

B. 被保险人获得的保险赔付

C. 物业管理单位代收的住宅专项维修资金

D. 存款利息

8. 根据我国现行增值税的规定，纳税人提供的下列劳务和服务，应当缴纳增值税的有(　　)。

A. 房屋维修

B. 汽车修理

C. 桥梁维修

D. 服装加工

9. 下列行为中，应征收增值税的有(　　)。

A. 房地产开发企业销售其开发的商品房

B. 银行销售金银的业务

C. 邮政储蓄业务

D. 纳税人在资产重组过程中，通过合并方式，将部分设备以及与其相关联的债权、债务和劳动力一并转让给合并企业，其中的设备转让行为

10. 下列关于纳税人销售活动板房、机器设备、钢结构件等自产货物的同时提供建筑、安装服务的增值税处理中，不正确的有（　　）。

A. 属于混合销售，应分别核算货物和建筑服务的销售额，分别适用不同的税率或者征收率

B. 属于混合销售，主体属于从事货物的生产、批发或者零售的单位和个体工商户的，按照销售货物缴纳增值税；主体属于其他单位和个体工商户的，按照销售服务缴纳增值税

C. 属于兼营行为，适用不同税率或者征收率的，应当分别核算适用不同税率或者征收率的销售额；未分别核算的，从高适用税率

D. 不属于混合销售，应分别核算货物和建筑服务的销售额，分别适用不同的税率或者征收率

11. 下列行为中，应当征收增值税的有（　　）。

A. 航空运输企业提供的旅客利用里程积分兑换的航空运输服务

B. 航空运输企业已售票但未提供航空运输服务取得的逾期票证收入

C. 提供电信服务的单位和个人以积分兑换形式赠送的电信服务

D. 企业员工利用自己的交通工具为本企业运输货物收取的运费

12. 下列有关业务的增值税处理中，正确的有（　　）。

A. 餐饮行业增值税一般纳税人购进农业生产者自产农产品，可以使用国税机关监制的农产品收购发票，按照现行规定计算抵扣进项税额

B. 提供餐饮服务的纳税人销售的外卖食品，按照“餐饮服务”缴纳增值税

C. 提供餐饮服务的纳税人销售的外卖食品，按照销售食品的适用税率缴纳增值税

D. 纳税人在游览场所经营索道、摆渡车、电瓶车、游船等取得的收入，按照“生活服务—旅游娱乐服务—旅游服务”缴纳增值税

13. 下列各项中，属于在境内销售服务、无形资产或者不动产的有（　　）。

A. 英国某公司销售位于境内的厂房

B. 德国某公司为境内某公司提供的工程地点在德国的工程勘探服务

C. 日本某公司销售给境内某公司完全在日本使用的专利权

D. 美国某公司转让位于境内的矿山开采权

14. 全面“营改增”后，需要征收增值税的在境内销售服务、无形资产或者不动产有（　　）。

A. 服务（租赁不动产除外）或者无形资产（自然资源使用权除外）的销售方在境内

B. 服务（租赁不动产除外）或者无形资产（自然资源使用权除外）的购买方在境内

C. 所销售或者租赁的不动产在境内

D. 所销售自然资源使用权的自然资源在境内

15. 根据“营改增”相关规定，下列情形属于视同提供应税行为的有（　　）。

A. 某运输企业为灾区无偿提供公路运输服务

B. 某咨询公司为个人无偿提供技术咨询服务

C. 某动画公司聘用动画人才为本公司设计动画

D. 某运输公司为其他单位无偿提供交通运输服务

16. 按照增值税的规定，下列行为中应征收增值税的有（　　）。

A. 将自产的产品分配给投资者

B. 将自产的新产品对外捐赠

C. 将外购的货物用于交换生产资料

D. 将自产的货物对外投资

17. 下列货物中，适用9%增值税税率的有（　　）。

A. 农用拖拉机

B. 人工合成牛胚胎

C. 核桃油

D. 果脯、蜜饯

18. 全面“营改增”后，发生下列应税行为适用9%税率的有（　　）。

A. 转让土地使用权

B. 提供电信服务

C. 销售不动产

D. 提供有形动产租赁服务

19. 根据增值税法律制度的有关规定，下列应税行为适用6%增值税税率的有（　　）。

A. 采取填埋、焚烧等方式进行专业化处理后产生货物，且货物归属委托方的，受托方收取的处理费用

B. 采取填埋、焚烧等方式进行专业化处理后未产生货物的，受托方收取的处理费用

C. 采取填埋、焚烧等方式进行专业化处理后产生货物，且货物归属受托方的，受托方收取的处理费用

D. 提供有形动产租赁服务

20. 根据增值税法律制度的有关规定，下列表述中，正确的有（　　）。

A. 航空运输企业已售票但未提供航空运输服务取得的逾期票证收入，按照航空运输服务缴纳增值税

B. 对进口抗癌药品减按3%征收进口环节增值税

C. 纳税人无偿转让股票不征收增值税

D. 融资性售后回租业务中，承租方出售资产的行为，不属于增值税的征收范围，不征收增值税

21. 英国甲公司于2020年4月向中国境内乙企业（一般纳税人）提供一项技术转让服务，协议转让费用50万元人民币，甲公司在中国境内未设有经营机构，也没有代理人。则下列说法中正确的有（　　）。

A. 甲公司自行申报缴纳增值税2.83万元

B. 乙企业应代扣代缴增值税2.83万元

C. 乙企业可抵扣的增值税进项税额为0万元

D. 乙企业可抵扣的增值税进项税额为2.83万元

22. 根据增值税法律制度的规定，下列各项中，适用增值税零税率的有（　　）。

A. 境内单位和个人向境外单位提供的完全在境外消费的软件服务

B. 境内单位和个人向境外单位提供的完全在境外消费的信息系统服务

C. 境内单位和个人向境外单位提供的完全在境外消费的电信服务

D. 境内单位和个人向境外单位提供的完全在境外消费的研发服务

23. 下列项目所包含的进项税额，可以从销项税额中抵扣的有（　　）。

A. 生产过程中出现的报废产品

B. 用于返修产品修理的易损零配件

C. 生产企业用于经营管理的办公用品

D. 生产企业外购自用的车间大修材料

24. 下列关于电梯相关业务的增值税处理中，正确的有（　　）。

A. 一般纳税人销售电梯的同时提供安装服务，属于混合销售行为，其安装服务应按照电梯适用税率计税

B. 一般纳税人销售电梯的同时提供安装服务，其安装服务可以按照甲供工程选择适用简易计税方法计税

C. 纳税人对安装运行后的电梯提供的维护保养服务，按照“建筑服务——其他建筑服务”税率缴纳增值税

D. 纳税人对安装运行后的电梯提供的维护保养服务，按照“现代服务——其他现代服务”缴纳增值税

25. 全面“营改增”后，下列项目的进项税额不得从销项税额中抵扣的有（　　）。

A. 共同使用于增值税免征项目和应税项目的购进固定资产

B. 专用于集体福利或者个人消费的购进固定资产

C. 非正常损失的不动产，以及该不动产所耗用的购进货物、设计服务和建筑服务

D. 纳税人新建、改建、扩建、修缮、装饰不动产等不动产在建工程所耗用的购进货物、设计服务

26. 下列各项行为中，按照有关规定，属于视同销售行为，应该按规定计算增值税销项税额的有（　　）。

A. 将自产的货物用于对外投资

B. 将自产的货物分配给股东

C. 将购买的货物无偿赠送他人

D. 将购买的货物用于非应税项目

27. 下列关于一般纳税人转让不动产增值税征收管理的做法中，正确的有（　　）。

A. 转让2016年4月30日前购买的不动产，可以选择适用简易计税方法计税，以全部取得的价款和价外费用，按照5%的征收率计算应纳税额

B. 转让2016年4月30日前自建的不动产，可以选择适用简易计税方法计税，以全部取得的价款和价外费用，按照5%的征收率计算应纳税额

C. 转让2016年5月1日后自建的不动产，适用一般计税方法，以取得的全部价款和价外费用为销售额，按照5%的预征率向不动产所在地主管地税机关预缴税款

D. 转让2016年5月1日后自建的不动产，适用一般计税方法，以取得的全部价款和价外费用为销售额，按照9%的预征率向不动产所在地主管地税机关预缴税款

28. 某木材厂将自产木材委托加工成实木地板准备对外销售，后来将其中一部分用于本企业在建工程，该在建工程建成后用于职工宿舍，增值税的正确处理包括（　　）。

A. 委托加工支付增值税不得抵扣

B. 委托加工支付增值税可以抵扣

C. 用于在建工程不必缴纳增值税

D. 用于职工宿舍的在建工程需要计征增值税

29. 甲企业销售给乙企业一批货物，乙企业因资金紧张无法支付货币资金，经双方协商，乙企业用自产的产品抵顶货款，则下列表述中不正确的有（　　）。

A. 甲企业收到乙企业的抵顶货物不应作购货处理

B. 乙企业发出抵顶货款的货物不应作销售处理，不应计算销项税额

C. 甲、乙双方发出货物都作销售处理，但收到货物所含增值税额一律不能计入进项税额

D. 甲、乙双方都应作购销处理，可对开增值税专用发票，分别核算销售额和购进额，并计算销项税额和进项税额

30. 根据“营改增”相关规定，下列进项税额准予从销项税额中抵扣的有（ ）。

A. 一般纳税人购买自用小轿车取得的税控机动车销售统一发票上注明的增值税额

B. 购买运输服务取得货运增值税专用发票注明的增值税额

C. 收购免税农产品，按照农产品销售发票上注明的农产品买价

D. 接受的餐饮服务支付的增值税

31. 进项税额核定扣除试点范围，仅限于购进农产品为原料生产销售（ ）。

A. 烟丝

B. 酒及酒精

C. 植物油

D. 液体乳及乳制品

32. “营改增”纳税人中准予以差额为计税销售额的特殊项目有（ ）。

A. 经中国人民银行、商务部、银保监会批准从事融资租赁业务的试点纳税人提供融资租赁服务

B. 经中国人民银行、商务部、银保监会批准从事融资租赁业务的试点纳税人提供融资性售后回租服务

C. 客运场站服务

D. 交通运输的联运业务

33. 根据增值税法律制度的规定，下列关于资管产品的有关规定的表述中，正确的有（ ）。

A. 资管产品管理人运营资管产品过程中发生的增值税应税行为，暂适用简易计税方法，按照3%的征收率缴纳增值税

B. 资管产品管理人应分别核算资管产品运营业务和其他业务的销售额和增值税应纳税额

C. 管理人只能分别核算资管产品运营业务销售额和增值税应纳税额

D. 资管产品管理人包括银行、信托公司、证券公司、期货公司、私募基金管理人等

34. 下列关于增值税销售额的说法中，正确的有（ ）。

A. 银行将贷款给个人的利息收入总额作为销售额

B. 某公司以3 000元的价格购入一项理财产品，5 000 元卖出，销售额为2 000元

C. 某公司以3 000元的价格购入一项理财产品，5 000 元卖出，销售额为5 000元

D. 试点纳税人提供融资租赁服务，以取得的全部价款和价外费用为销售额

35. 纳税人发生视同销售行为，主管税务机关有权核定其销售额，确定顺序及方法有（ ）。

A. 当月同类货物的平均销售价格

B. 当月同类货物的最高销售价格

C. 最近时期同类货物的平均销售价格

D. 组成计税价格

36. 下列“营改增”试点纳税人的一般纳税人中，可选择按简易计税方法缴纳增值税的有（ ）。

A. 提供公共交通运输服务

B. 有形动产租赁服务

C. 提供电影放映服务

D. 装卸搬运服务

37. 增值税的一般纳税人提供的下列服务中，可以选择按照简易计税方法计税的有（ ）。

A. 房地产开发企业购入未完工的房地产老项目继续开发后，以自己名义立项销售的不动产

B. 以清包工方式提供的建筑服务

C. 提供交通运输服务

D. 销售外购机器设备的同时提供的安装服务，能分别核算机器设备和安装服务的销售额

38. 根据增值税法律制度的有关规定，下列各项中可以作为增值税进项税额抵扣凭证的有（　　）。

A. 购进国内旅客运输服务取得的增值税电子普通发票

B. 购进国内旅客运输服务取得的注明旅客身份信息的公路车票

C. 桥、闸通行费发票

D. 农产品收购发票

39. 根据增值税法律制度的规定，下列各项中，不得抵扣进项税额的有（　　）。

A. 提供保险服务的纳税人以现金赔付方式将应付给被保险人的赔偿金直接支付给车辆修理劳务提供方以承担机动车辆保险责任的

B. 提供保险服务的纳税人以实物赔付方式自行向车辆修理劳务提供方购进的车辆修理劳务以承担机动车辆保险责任的

C. 接受贷款服务向贷款方支付的与该笔贷款直接相关的咨询费

D. 购进的居民日常服务

40. 下列关于增值税政策的表述中，错误的有（　　）。

A. 融资性售后回租业务中承租方出售资产的行为，属于增值税的征收范围，要征收增值税

B. 纳税人兼营免税、减税项目的，应当分别核算免税、减税项目的销售额；未分别核算销售额的，不得免税、减税

C. 采取还本销售方式销售货物，其销售额就是货物的销售价格，不得从销售额中减除还本支出

D. 采取以旧换新方式销售货物的都应按新货物的同期销售价格确定销售额，不得扣减旧货物的收购价格

41. 下列行为中，属于增值税征收范围的有（　　）。

A. 甲公司将房屋与乙公司土地交换

B. 丙银行将房屋出租给丁饭店，而丁饭店长期不付租金，后经双方协商，由银行在饭店就餐抵账

C. 戊房地产开发企业委托己建筑工程公司建造房屋，双方在结算价款时，房地产企业将若干套房屋给建筑公司冲抵工程款

D. 庚运输公司与辛汽车修理公司商定，庚运输公司为辛汽车修理公司免费提供运输服务，辛汽车修理公司为其免费提供汽车维修作为回报

42. 下列各项中，应当征收增值税的有（　　）。

A. 境外保险公司为境内的机器设备提供保险

B. 境内石油公司销售位于中国境外的不动产

C. 境内高科技公司将某项专利权转让给境外公司

D. 境外房地产公司转让境内某宗土地的土地使用权

43. 某境内公司发生如下业务所取得的收入中，属于增值税征税范围的有（　　）。

A. 为境外某公司提供咨询服务

B. 将一项无形资产转让给境内其他公司

C. 将位于境外的不动产转让给境内另一公司

D. 将位于境内的不动产出租给境外某公司驻京代表处

44. 非经营活动不属于销售服务，不

征增值税。下列属于非经营活动的有（　　）。

A. 行政单位收取的同时满足规定条件的政府性基金或者行政事业性收费

B. 单位聘用的员工为本单位提供取得工资的服务

C. 个体工商户聘用的员工为本雇主提供取得工资的服务

D. 单位或者个体工商户为聘用的员工提供服务

45. 下列关于不属于应税服务的增值税征收范围的自我服务的说法中，正确的有（　　）。

A. 单位或者个体工商户聘用的员工有偿提供交通运输业和部分现代服务业服务

B. 单位或者个体工商户聘用的员工为本单位或者雇主有偿提供交通运输业和部分现代服务业服务

C. 员工为本单位或者雇主提供的所有应税服务

D. 单位或者个体工商户为员工有偿提供交通运输业和部分现代服务业服务

46. 全面“营改增”后，下列应按“商务辅助服务”税目计征6%增值税的有（　　）。

A. 市场管理服务

B. 市场调查服务

C. 代理记账服务

D. 车辆停放服务

47. 全面“营改增”后，下列有关业务的增值税处理，正确的有（　　）。

A. 纳税人提供武装守护押运服务，按照“现代服务——商务辅助服务——安全保护服务”缴纳增值税

B. 纳税人提供武装守护押运服务，按照“生活服务——其他生活服务”缴纳增值税

C. 宾馆、旅馆、旅社、度假村和其他经营性住宿场所提供会议场地及配套服务的活动，按照“现代服务——租赁服务”缴纳增值税

D. 宾馆、旅馆、旅社、度假村和其他经营性住宿场所提供会议场地及配套服务的活动，按照“现代服务——文化创意服务——会议展览服务”缴纳增值税

48. 下列各项中，属于“基础电信服务”的有（　　）。

A. 利用互联网提供语音通话服务

B. 出租带宽

C. 提供短信服务

D. 互联网接入服务

49. 全面“营改增”后，下列关于纳税人销售活动板房、机器设备、钢结构件等自产货物的同时提供建筑、安装服务的增值税处理，不正确的有（　　）。

A. 属于混合销售行为，应分别核算货物和建筑服务的销售额，分别适用不同的税率或者征收率

B. 属于混合销售行为，主体属于从事货物的生产、批发或者零售的单位和个体工商户的，按照销售货物缴纳增值税；主体属于其他单位和个体工商户的，按照销售服务缴纳增值税

C. 属于混合销售行为，适用不同税率或者征收率的，应当分别核算适用不同税率或者征收率的销售额；未分别核算的，从高适用税率

D. 不属于混合销售行为，应分别核算货物和建筑服务的销售额，分别适用不同的税率或者征收率

50. 生产货物的增值税一般纳税人，在销售货物（假设适用税率13%）的同时附带运输，其销售货物及提供运输的行为属于混合销售行为，下列税务处理办法错误的有（　　）。

A. 销售货物所收取的价款按13%税率，收取的运费按9%税率分别计算增值

税销项税

B. 销售货物所收取的价款按 13% 税率，收取的运费按 6% 税率分别计算增值税销项税

C. 销售货物所收取的价款按 13% 税率，收取的运费按 3% 征收率分别计算增值税销项税

D. 销售货物所收取的价款与运费一并按销售货物 13% 税率计算增值税销项税

51. 甲公司为一般纳税人，购进的下列货物和服务，不得从销项税额中抵扣的进项税额有（　　）。

A. 甲公司从乙公司购买一批清洁设备，由于乙公司当月税控器发生故障，乙公司从法人代表名下的另一家公司丙公司处代开增值税专用发票

B. 甲公司购买一批存货并取得增值税专用发票，该批存货由于管理不善被盗

C. 甲公司取得的出差住宿费增值税专用发票

D. 甲公司接受贷款向会计师事务所支付的咨询费

52. 下列各项中，应该并入增值税一般纳税人的销售额计算征收增值税的有（　　）。

A. 纳税人为销售白酒而收取的将在 1 个月内返还的包装物押金（该包装物是单独核算的）

B. 由于购货方购货数量较大而给予购货方的销售折扣（折扣额另开发票）

C. 由于购货方提前付款而给予购货方的折扣优待

D. 受托加工应征消费税的消费品所代收代缴的消费税

53. 按照我国现行税法，下列各项中，可以享受增值税出口免税并退税的税收优惠政策的有（　　）。

A. 企业在国内采购并运往境外作为在国外投资的货物

B. 对外承包工程公司运出境外用于对外承包项目的货物

C. 来料加工复出口的货物

D. 生产企业自营出口或委托外贸企业代理出口的自产货物

54. 下列出口货物中，适用增值税免税但不予退税的有（　　）。

A. 古旧图书

B. 避孕药品和用具

C. 进料加工复出口的货物

D. 来料加工复出口的货物

55. 出口企业或其他单位出口下列货物，适用增值税免税政策的有（　　）。

A. 增值税小规模纳税人出口的货物

B. 避孕药品和用具

C. 含黄金、白银成分的货物、钻石及其饰品

D. 来料加工复出口的货物

56. 下列各项中，除另有规定外，可以享受增值税出口免税并退税优惠政策的有（　　）。

A. 来料加工复出口的货物

B. 小规模纳税人委托外贸企业出口的自产货物

C. 企业在国内采购并运往境外作为国外投资的货物

D. 对外承包工程公司运出境外用于对外承包工程项目的货物

57. 下列出口货物，适用增值税免税政策的有（　　）。

A. 加工企业来料加工复出口的货物

B. 用于境外承包工程项目的货物

C. 属于小规模纳税人的生产性企业自营出口的自产货物

D. 农业生产者自产农产品

58. 进口环节增值税纳税人包括（　　）。

A. 进口货物的收货人

B. 进口货物的承受人

C. 跨境电子商务零售进口商品的物流企业

D. 办理报关手续的个人

59. 全面“营改增”之后，下列属于增值税差额计税的有（ ）。

A. 转让金融商品

B. 融资租赁和融资性售后回租

C. 经纪代理服务

D. 一般纳税人提供劳务派遣服务，选择适用简易计税方法的

60. 下列表述中，不符合税法有关规定的有（ ）。

A. 销售折让以折让后的货款为销售额

B. 纳税人销售啤酒收取的包装物押金，应于包装物押金逾期时，并入销售额中征收增值税

C. 采取以物易物方式销售货物的，双方都不得抵扣换进货物的进项税

D. 纳税人采取以旧换新方式销售货物的，应按照新货物的同期销售价格减去旧货物作价作为计税依据

61. 下面关于增值税销售额的确定，正确的有（ ）。

A. 销售折扣可以从销售额中减除

B. 如果销货者将自产、委托加工和购买的货物用于实物折扣的，则该实物款额不能从货物销售额中减除

C. 采取以旧换新方式销售货物的，应按新货物的同期销售价格确定销售额，不得扣减旧货物的收购价格

D. 在以物易物活动中，双方都应作购销处理，分别开具合法的票据

62. 下列关于增值税兼营行为的税率选择中，说法正确的有（ ）。

A. 试点纳税人销售货物、提供应税劳务、发生应税行为适用不同税率或者征收率的，应当分别核算适用不同税率或者征收率的销售额

B. 未分别核算销售额的，兼有不同税率的销售货物、提供应税劳务、发生应税行为，从高适用税率

C. 未分别核算销售额的，兼有不同征收率的销售货物、提供应税劳务、发生应税行为，从高适用征收率

D. 未分别核算销售额的，兼有不同税率和征收率的销售货物、提供应税劳务、发生应税行为，从高适用税率

63. 下列关于进口环节增值税的说法中，正确的有（ ）。

A. 一般贸易下进口货物的关税完税价格以海关审定的成交价格为基础的离岸价格作为完税价格

B. 跨境电子商务零售进口商品的进口环节增值税、消费税的免征税额为2 000元

C. 纳税人进口货物取得的合法海关完税凭证，是计算增值税进项税额的唯一依据

D. 在计算进口环节的应纳增值税税额时，不得抵扣任何税费

64. 增值税一般纳税人销售自产的下列货物，可选择按照简易办法依照3%征收率计算缴纳增值税的有（ ）。

A. 用购买的石料生产的石灰

B. 用动物毒素制成的生物制品

C. 以水泥为原料生产的水泥混凝土

D. 县级以下小型水力发电站生产的电力

65. 以下凭证中，可以抵扣增值税进项税额的凭证有（ ）。

A. 从境外单位或者个人购进服务、无形资产或者境内的不动产，取得的解缴税款的完税凭证

B. 机动车销售统一发票

C. 农产品收购发票

D. 农产品销售发票

66. 下列项目所包含的进项税额，不得从销项税额中抵扣的有（　　）。

A. 非正常损失在产品耗用的货物和交通运输服务

B. 某为一般纳税人的公司接受一般纳税人提供的鉴证咨询服务

C. 购进的贷款服务

D. 非正常损失的不动产在建工程所耗用的购进货物、设计服务和建筑服务

67. 现行增值税法对企业发生的非正常损失涉及的进项税额不得抵扣，下列属于非正常损失的有（　　）。

A. 甲企业因管理不善造成货物被盗、丢失、霉烂、变质

B. 乙企业因违反法律法规造成货物被依法没收、销毁

C. 丙企业因地震发生厂房倒塌

D. 丁企业因房产被政府有关部门认定为违章建筑而被依法拆除

68. 下列各项中，应当计算缴纳增值税的有（　　）。

A. 旅游景区内的索道运输取得的收入

B. 农业生产者销售自产农产品

C. 航空运输企业已售票但未提供航空运输服务取得的逾期票证收入

D. 残疾人的组织直接进口供残疾人专用的物品

69. 下列各项中，应当计算缴纳增值税的有（　　）。

A. 个体工商户销售使用过的物品

B. 农业生产者销售自产农产品

C. 电力公司向发电企业收取过网费

D. 残疾人的组织直接进口供残疾人专用的物品

70. 下列各项中，可以免征增值税的有（　　）。

A. 金融企业从事受托收款业务取得手续费收入

B. 电脑福利彩票投注点代销福利彩票取得手续费收入

C. QFII 委托境内公司在我国从事证券买卖业务取得差价收入

D. 将土地使用权转让给农业生产者用于农业生产取得的转让收入

71. 下列各项中，免征增值税的有（　　）。

A. 个人出售自购 2 年以上住房

B. 个人转让金融商品

C. 医疗机构提供的医疗服务

D. 残疾人企业为社会提供的服务

72. 根据现行增值税规定，关于增值税优惠政策，下列说法中正确的有（　　）。

A. 从事蔬菜批发、零售的纳税人销售的蔬菜免税，包括蔬菜罐头

B. 纳税人提供符合规定的资源综合利用劳务，享受免税政策

C. 某小规模纳税人，选择按月纳税，2020 年 2 月收取销售款 20.6 万元，则当月的收入应缴纳增值税

D. 纳税人零售符合标准的有机化肥产品免征增值税

73. 纳税人善意取得虚开增值税专用发票，下列处理中正确的有（　　）。

A. 如能重新取得合法、有效的专用发票，准许其抵扣进项税款

B. 如不能重新取得合法、有效的专用发票，不准其抵扣进项税款

C. 不能重新取得合法、有效的专用发票，导致被依法追缴，按日加收滞纳税款万分之五的滞纳金

D. 如不能重新取得合法、有效的专用发票，追缴其已抵扣的进项税款

74. 根据增值税法律制度的规定，下

列情形的增值税专用发票，应当列入异常凭证范围的有（　　）。

A. 增值税发票管理系统稽核比对发现“缺联”的增值税专用发票

B. 经省税务局大数据分析发现纳税人开具的专用发票存在未按规定缴纳消费税的情形

C. 非正常户纳税人未向税务机关申报缴纳税款的增值税专用发票

D. 纳税人丢失、被盗税控专用设备中已开具未上传的增值税专用发票

75. 下列关于增值税纳税地点的表述中，正确的有（　　）。

A. 非固定业户在其居住地或机构所在地申报纳税

B. 固定业户在其机构所在地申报纳税

C. 进口货物向报关地海关申报纳税

D. 总机构和分支机构不在同一县（市）的，分别向各自所在地主管税务机关申报纳税

三、计算问答题

1. 某家具厂为增值税一般纳税人，2021 年 10 月发生了如下业务：

（1）购进板材一批，取得的增值税专用发票上注明的价款是 200 000 元，增值税为 26 000 元，有关单证已经经过认证。

（2）向一般纳税人购进原木一批，取得的增值税专用发票上注明的不含税价款是 80 000 元，有关单证已经经过认证。

（3）向某企业销售办公家具一批，开具的普通发票上注明的价款为 100 000 元。

（4）向某家具厂销售家具一批，开具的专用发票上注明的价款为 500 000 元。

（5）期初尚未抵扣的进项税额余额为 20 000 元。

要求：（1）计算该家具厂当月增值税的进项税额。

（2）计算该家具厂当月增值税的销项税额。

（3）计算该家具厂当月应缴纳的增值税。

2. A 公司为商品批发零售企业，为增值税一般纳税人。2021 年 9 月，A 公司的有关经济业务如下：

（1）购入商品一批，不含税价为 600 万元，增值税专用发票注明税款为 78 万元，款项已支付，有关单据已经经过认证。

（2）将本月购进的 10 个手机赠送某常年客户。此款手机账面的不含税单位售价为 3 000 元，单位不含税采购价格为 2 000 元。

（3）因经营管理不善造成展示的上月购入的 20 台电视机被盗。该款电视机的单位购进成本为 6 000 元（有关增值税已经记入进项税额）。

（4）本月购买一批装饰材料，用于装修职工食堂。增值税专用发票上注明的货款为 300 000 元，税款为 39 000 元。

（5）本月开出的普通发票上注明的销售金额合计为 1 130 万元。

要求：（1）计算业务（2）增值税的销项税额。

（2）计算业务（3）增值税进项税额转出的金额。

（3）判断业务（4）是否可以抵扣进项税额，说明理由。

（4）计算 A 公司当月实际应该缴纳的增值税。

3. 某家用电器商场为增值税小规模纳税人，2021 年 9 月发生了以下业务：

（1）购入冰箱 200 台，每台不含税购入价为 2 000 元，货已入库，但款项尚未支付。

（2）采用“以旧换新”的方式销售洗衣机 400 台，开出的普通发票表明每台销售价为 1 500 元，每台旧洗衣机的收购价

格为50元。

（3）采用“买一赠一”的方式销售冰箱300台，开出的普通发票表明每台销售价为3 000元，赠送的小家电每台售价为100元。

（4）采用分期付款方式销售空调100台，每台售价4 000元，合同约定，本月收款20%，余下的80%将在下月底收齐。

要求：（1）计算业务（2）应该缴纳增值税。

（2）计算业务（3）应该缴纳增值税。

（3）计算业务（4）应该缴纳增值税。

（4）计算该电器商场本月合计应该缴纳的增值税。

4. 某食品加工厂是增值税一般纳税义务人，2021年12月发生如下经济业务：

（1）从农民手中收购小麦20万千克，开具的经税务机关批准使用的收购凭证上注明买价为100万元，另支付运费2万元，取得运输部门开出的增值税发票，运费发票已经过确认。

（2）从小规模纳税人购进其他材料一批，取得税务机关代开的增值税专用发票，发票中注明的销售额为40万元。货款已付，有关单据已经经过验证。

（3）销售自制的面粉一批，开具增值税专用发票，发票中注明的销售额为100万元，货已发出并办妥银行托收手续。

（4）销售给小规模纳税人方便面一批，开出的普通发票中注明的销售额为50万元，该企业另外支付运输费用1万元，该厂取得运输部门开出的增值税发票。

（5）该公司期初留抵的进项税额为1万元。

要求：

（1）计算该企业本期应该缴纳的增值税销项税额。

（2）计算该企业本期应该缴纳的增值税进项税额。

（3）计算该企业本期应该缴纳的增值税。

5. 某家电生产厂商甲公司为增值税一般纳税人。2021年10月共发生下列经济业务：

（1）在本市各家电商场销售600台彩电，每台不含税销售价5 000元。由于市场价格下降，公司在销售货物开具专用发票以后，另外给予家电商场2%的销售折扣，并另开了红字发票入账。

（2）销售给外地其他商场200台彩电，每台不含税销售价格为5 000元，并另外收取了运杂费5万元。支付给运输单位运费合计4万元，并取得增值税专用发票。

（3）为扩大销售，甲公司决定，消费者可以以任何品牌的洗衣机来以旧换新。旧洗衣机的收购价为150元/台，新彩电的销售价为2 000元/台，消费者只需要支付1 850元即可，本月共销售100台。

（4）为奖励中国女足为国争光，该厂商决定给每位队员赠送一台彩电，共赠30台（每台售价5 000元）。

（5）本月购进生产用原材料一批，专用发票上注明的货款金额为300万元，有关单据已经经过认证。本月公司因管理不善，仓库进水损失原材料价值20万元，公司取得保险赔款。

（6）从国外进口一台设备，国外买价折合人民币16万元，运抵我国入关地前支付的运费折合人民币3万元、保险费折合人民币1万元。

（7）将企业6年前购置的一栋厂房以评估价格1 000万元抵偿银行欠款。该厂房原购入价为450万元。

［其他相关资料：进口机器设备关税税率为20%。涉及的相关票据均已通过主管税务机关比对认证。期初留抵税额为5.5万元。企业转让其2016年4月30日前取

得（不含自建）的不动产，选择适用简易计税方法计税］

根据以上资料，要求：

（1）计算业务（1）应该缴纳的增值税。

（2）计算业务（2）应该缴纳的增值税。

（3）计算业务（3）应该缴纳的增值税。

（4）计算业务（4）应该缴纳的增值税。

（5）计算业务（5）应转出的增值税进项税额。

（6）计算业务（6）应缴纳的海关进口环节增值税。

（7）计算业务（7）应缴纳的增值税、城市维护建设税、教育费附加和地方教育附加。

（8）计算甲公司当月应缴纳增值税的合计数。

6. 某公司为自营出口的生产企业（一般纳税人），2021 年 8 月有关资料如下：

（1）出口销售货物一批，离岸价为折合人民币 3 280 000 元。

（2）销售给国内其他企业货物一批，取得不含税销售收入 4 000 000 元人民币。

（3）购进国内原材料一批，取得增值税专用发票注明价款为 2 000 000 元，增值税额为 260 000 元。

（4）购进的原材料中，一部分用于本公司职工福利的发放，实际成本为 200 000 元。

（5）进口进料加工免税料件一批，货物组成计税价格为人民币 2 460 000 元。

（6）上月末留抵税款 20 000 元。

该公司适用 13% 的增值税率，出口退税率为 10%，适用“免、抵、退”办法办理出口货物退（免）税。

要求：

（1）计算该公司 8 月份应纳增值税额。

（2）计算该公司 8 月“免、抵、退”税额。

四、综合题

1. 甲建筑公司（一般纳税人）机构所在地为 A 地，2021 年发生如下业务：

（1）2021 年 3 月承接 B 地的工程项目（清包工方式），2021 年 5 月取得该项目的建筑服务价款 5 450 万元（含税价），当月支付给分包方乙公司分包款 1 090 万元且取得了增值税普通发票（109 万元为含税价，乙公司为一般纳税人；甲建筑公司未选择简易计税方法）。

（2）2021 年 3 月承接 C 地的一项甲供工程项目，2021 年 5 月取得该项目的建筑服务价款 2 060 万元（含税价），当月支付给分包方丙公司分包款 515 万元（含税价，丙公司为一般纳税人，甲建筑公司选择简易计税方法）。

（3）2021 年 5 月为 B 地的工程项目接受一般纳税人提供的咨询服务，取得的增值税专用发票上注明咨询费 100 万元。

（4）2021 年 5 月为 C 地的工程项目接受一般纳税人提供的咨询服务，取得的增值税专用发票上注明咨询费 50 万元。

（5）2021 年 5 月从一般纳税人处购买吊车，取得增值税专用发票上注明金额 200 万元，该吊车兼用于 B、C 两地工程项目。

（6）因自然灾害损失一批上月购入的原材料（已抵扣进项税额），账面成本 10 万元。

（其他相关资料：甲建筑公司除 B、C 两地工程项目外无其他项目，取得的增值税专用发票均合规并抵扣）

要求：根据上述资料，按照下列序号计算回答问题。

（1）甲建筑公司承接的 B 地工程项目

应向哪个税务机关预缴增值税？应预缴税额多少？

（2）甲建筑公司承接的C地工程项目应向哪个税务机关预缴增值税？应预缴税额多少？

（3）甲建筑公司扣除支付的分包款应取得的凭证有何要求？

（4）甲建筑公司2021年5月可以抵扣的进项税额是多少？

（5）甲建筑公司2021年5月应缴纳的增值税税额是多少？

（6）甲建筑公司2021年5月在机构所在地A地应补缴的税额是多少？

2. 工业生产企业甲公司为一般纳税人，具有出口经营权，出口货物实行“免、抵、退”的计算办法。2021年1月留抵增值税0.3万元，2月和3月发生以下业务：

2月：（1）在国内赊购一批原材料，已办理好入库手续，取得防伪税控系统增值税专用发票，注明价款30万元，增值税3.9万元。（2）进口原材料一批，海关认可的到岸价为10万澳元，汇率为1∶7.45，关税税率20%，海关已放行。（3）当期内销货物销售额（不含税）60万元人民币，另外发出商品一批，合同规定发出之日60天付款结账，合同货物总金额30万元。（4）出口一批货物离岸价10万美元，汇率为1∶7.27。

3月：（1）一般贸易进口原材料一批，海关认可的到岸价为6万澳元，汇率为1∶7.45，关税税率20%，海关已放行并取得海关完税凭证。（2）支付进口货物的国内运输费用，取得符合规定的增值税专用发票，注明价款3.83万元，税额0.35万元。（3）将上年直接从农民手中购入的，准备投入生产的农业产品发给职工，当时收购金额为8.7万元。（4）当期内销货物50万元人民币（不含税），出口货物离岸价7万美元，汇率为1∶7.28元人民币。

（该企业出口退税率11%，内销货物增值税税率13%，本月所取得的有关发票均通过税务机关认证并申报抵扣）。

要求：根据以上资料，计算回答以下问题：

（1）计算2月应纳增值税或出口退税税额。

（2）计算3月应纳增值税或出口退税税额。

答案及解析

一、单项选择题

1.【答案】B

【解析】无运输工具承运业务，按照交通运输服务缴纳增值税，适用税率9%。无运输工具承运业务，是指经营者以承运人身份与托运人签订运输服务合同，收取运费并承担承运人责任，然后委托实际承运人完成运输服务的经营活动。

2.【答案】A

【解析】航道疏浚服务，按照“现代服务——物流辅助服务——港口码头服务”税目缴纳增值税，适用税率6%；除了“航道疏浚”意外的其他“疏浚”服务，按照“建筑服务——其他建筑服务”税目缴纳增值税，适用税率9%。

3.【答案】B

【解析】选项B：纳税人提供的货物运输代理服务，按照“现代服务——商务辅助服务——经纪代理服务”缴纳增值税。

4.【答案】B

【解析】选项A：居民小区下水道疏浚服务应按“建筑服务——其他建筑服务”税目计征10%增值税。选项B：装卸搬运服务应按“现代服务——物流辅助服务”税目计征6%增值税。选项C：货物运输代理应按“现代服务——商务辅助服务——经纪代理服务”税目计征6%增值税。选项D：代理报关应按“现代服务——商务辅助服务——经纪代理服务”税目计征6%增值税。

5.【答案】C

【解析】选项C：纳税人提供的邮政代理服务，按照“邮政服务——其他邮政服务”缴纳增值税。

6.【答案】A

【解析】选项B、C、D：不征收增值税。

7.【答案】B

【解析】选项A、C、D：属于不征增值税的项目。

8.【答案】B

【解析】选项A：纳税人取得的与其销售货物、劳务、服务、无形资产、不动产的收入或者数量无关的财政补贴，不属于增值税应税收入，不征收增值税。选项B：纳税人已售票但客户逾期未消费取得的运输逾期票证收入，按照“交通运输服务”缴纳增值税。选项C：存款利息不征收增值税。选项D：融资性售后回租业务中，承租方出售资产的行为不属于增值税的征税范围，不征收增值税。

9.【答案】A

【解析】选项A：纳税人提供适用不同税率或者征收率的应税服务，应当分别核算适用不同税率或者征收率的销售额；未分别核算的，从高适用税率或者征收率。

10.【答案】B

【解析】原油和稀土税率为13%，增值电信服务税率为6%。

11.【答案】B

【解析】原油和稀土税率为16%，增值电信服务税率为6%。

12.【答案】C

【解析】农机零部件不同于农机，按照13%基本税率征收增值税。

13.【答案】D

【解析】研发和技术服务、信息技术服务、文化创意服务、物流辅助服务、鉴证咨询服务、广播影视服务、商务辅助服务和其他现代服务，适用6%税率。有形动产租赁服务，适用13%税率。

14.【答案】C

【解析】中国境外的单位或者个人在境内发生应税行为，在境内未设有经营机构的，以购买方为增值税扣缴义务人。境内的购买方为境外单位和个人扣缴增值税的，应按照适用税率扣缴增值税。

15.【答案】A

【解析】选项A：向境外单位转让的完全在境外使用的技术适用增值税零税率。选项BCD：适用增值税免税的规定。

16.【答案】D

【解析】纳税人偶然发生的销售无形资产、转让不动产的销售额，不计入应税行为年应税销售额。

17.【答案】C

【解析】将购买的货物分配投资者为视同销售行为。

18.【答案】D

【解析】选项A、B：将自产、委托加工的货物用于集体福利或者个人消费的，属于增值税视同销售行为，但将购进的货物用于集体福利和个人消费的，不属于增值税视同销售行为，应属于进项税不得抵扣的情形。选项C：将购进的货物用于不动产在建工程，进项税可以抵扣，不属于视同销售货物行为。

19.【答案】C

【解析】选项D：将购买的货物用于集体福利不属于视同销售行为。选项A：将自产的货物用于不动产在建工程，因为未来如果不动产在建工程产生销项税额，那么自产的货物用于不动产在建工程则无需视同销售，选项B，将购买的货物委托外单位加工，将来加工完毕收回后企业销售产生销项税额，那么将购买的货物委托外单位加工无需视同销售。

20.【答案】B

【解析】选项A、C、D：均属于视同销售。要注意区分视同销售和进项税额不得抵扣的情形。

21.【答案】C

【解析】选项A、D：属于不得抵扣进项税额的项目。选项B：进项税额可以抵扣，不视同销售征收增值税。

22.【答案】C

【解析】用于在建工程的属于应税项目，不属于视同销售行为，可以正常抵扣进项税额。

23.【答案】A

【解析】应纳增值税 =（1 000×300 + 100×50）÷（1 + 3%）×3% = 8 883.5（元）。

24.【答案】B

【解析】单独开具折扣发票的不能冲减销售额。

25.【答案】A

【解析】折扣销售并开在同一张发票上，可以按扣除折扣额后的差额作为销售额计算增值税销项税。

26.【答案】C

【解析】选项C：提供物业管理服务的纳税人，向服务接受方收取的自来水水费，以扣除其对外支付的自来水水费后的余额为销售额，按照简易计税方法依3%的征收率计算缴纳增值税。

27.【答案】A

【解析】提供物业管理服务的纳税人，向服务接受方收取的自来水水费，以扣除其对外支付的自来水水费后的余额为销售额，按照简易计税方法依3%的征收率计算缴纳增值税。甲公司应缴纳的增值税 =（200 000 − 180 000）÷（1 + 3%）×3% = 582.52（元）。

28.【答案】A

【解析】纳税人为销售货物而出借包装物收取的押金，单独记账核算的，时间在一年内，又未过期的，不并入销售额征税；但对逾期未收回包装物而不再退还的包装物押金，应按所包装货物的适用税率计算纳税。对销售除啤酒、黄酒以外的其他酒类产品收取包装物押金，无论是否返还以及会计上如何核算，均应并入收取当期的销售额征税。

29.【答案】B

【解析】选项A：房地产企业一般纳税人采用一般计税方法销售其开发的房地产销售额为全部价款和价外费用扣除土地价款后的差额。选项C：经纪代理服务的销售额为全部价款和价外费用扣除向委托方收取并代为支付的政府性基金或行政事业性收费后的余额。选项D：一般融资租赁服务销售额为全部价款和价外费用扣除借款利息、发行债券利息、车辆购置税后的余额。

30.【答案】D

【解析】乐福超市取得的返还款应按照平销返利行为的有关规定冲减当期进项税金。当月可抵扣进项税额 = 6.5 − 5 ÷（1 + 13%）×13% = 5.92（万元）。

31.【答案】A

【解析】小规模纳税人销售自己使用过的固定资产和旧货，减按2%征收率计算缴纳增值税，应纳税额 =（50 000 + 20 000）÷（1 + 3%）×2% = 1 359.22（元）。

32.【答案】B

【解析】对从事二手车经销业务的纳税人销售其收购的二手车，自 2020 年 5 月 1 日至 2023 年 12 月 31 日减按 0.5% 的征收率征收增值税，甲企业当月应纳增值税 = 含税销售额 ÷（1 + 0.5%）× 0.5% = 203 ÷（1 + 0.5%）× 0.5% = 1（万元）。

33. 【答案】C

【解析】"营改增"纳税人销售试点之前购进的固定资产，按照 3% 的征收率减按 2% 征收增值税。该餐厅应缴纳的增值税 = 4 160 ÷（1 + 3%）× 2% = 80.78（元）。

34. 【答案】D

【解析】有同类产品售价按同类产品销售价格作为计税依据，不得按组成计税价格计算。

35. 【答案】B

【解析】试点纳税人购进农产品（牛奶）直接销售时，当期允许抵扣农产品（牛奶）增值税进项税额 = 当期销售农产品（牛奶）数量 ÷（1 − 损耗率）× 农产品（牛奶）平均购买单价 ÷（1 + 9%）× 9% = 10 ÷（1 − 5%）× 0.3 × ÷（1 + 9%） 9% = 0.26（万元）。

36. 【答案】A

【解析】纳税人购进国内旅客运输服务，取得注明旅客身份信息的铁路车票的，按照下列公式计算可抵扣的进项税额：铁路旅客运输进项税额 = 票面金额 ÷（1 + 9%）× 9% = 556 ÷（1 + 9%）× 9% = 45.91（元）。

37. 【答案】A

【解析】对销售除啤酒、黄酒以外的其他酒类产品而收取的包装物押金，无论是否返还以及会计上如何核算，均应并入当期销售额征税，逾期时不再重复计税。啤酒、黄酒的包装物押金收取时不计税，逾期时才计税。该酒厂 2021 年 6 月增值税销项税额 =（240 + 160）× 13% +（10 + 12）/（1 + 13%）× 13% = 54.53（万元）。

38. 【答案】A

【解析】应预缴的增值税税款 =（全部价款和价外费用 − 支付的分包款）÷（1 + 9%）× 2% =（1000 − 400）÷（1 + 9%）× 2% = 11.01（万元）。

39. 【答案】B

【解析】应预缴增值税税款 = 含税销售额 ÷（1 + 5%）× 5% = 300 000 ÷（1 + 5%）× 5% = 14 285.71（元）。

40. 【答案】A

【解析】不含税销售额 = 37.8 ÷（1 + 5%）= 36（万元）；月销售额超过 10 万元，应当缴纳增值税。应纳增值税 = 36 × 5% = 1.8（万元）。注意个人出租住房减按 1.5% 征收增值税，本题是商铺，不享受减税优惠。

41. 【答案】A

【解析】该企业上述业务应缴纳增值税 8 × 3% + 5.2 ÷（1 + 3%）× 2% = 0.34（万元）。

42. 【答案】A

【解析】进项税额转出 = 账面成本 ÷（1 − 9%）× 9% = 9100 ÷ 91% × 9% = 900（元）。公式推导：购进农产品进项税额 = 买价 × 9%，农产品的账面成本 = 买价 ×（1 − 9%），所以，买价 = 账面成本 ÷（1 − 9%），进项税额转出 = 买价 × 9% = 账面成本 ÷（1 − 9%）× 9%。

【提示】农产品在购进当期按照 9% 扣除率计算进项税额，之后用于生产 13% 税率货物，再加计抵扣。本题还未用于生产，所以扣除率是 9%。

43. 【答案】A

【解析】选项 B、C、D：外购的货物或劳务用于集体福利和个人消费，其进项税额不得抵扣。

44. 【答案】A

【解析】选项 A：非正常损失的在产品、产成品所耗用的购进货物（不包括固定资产）、加工、修理、修配劳务和交通运输服务所包含的进项税额，不得从销项税额中抵扣。

45. 【答案】D

【解析】一般纳税人向农业生产者购买的免税农业产品，或者向小规模纳税人购买的农业产品，准予按照规定的扣除率计算进项税额，从当期销项税额中扣除。

46. 【答案】C

【解析】非正常损失的外购货物不得抵扣进项税额。非正常损失是指生产经营过程中正常损耗之外的损失，包括因管理不善造成货物被盗窃、发生霉烂变质等损失和因违反法律法规造成货物被依法没收、销毁、拆除的损失。纳税人应在发生损毁的当期的进项税额中扣减，但对于生产过程中发生的正常损失不作进项税额转出。

47. 【答案】D

【解析】当期不得免征和抵扣税额 = 690 ×（13% − 9%）= 27.6（万元），当期应纳增值税 = 150 × 13% −（105.3 − 27.6）= −58.2（万元），当期免抵退税额 = 690 × 9% = 62.1（万元），62.1 万元 > 58.2 万元，则当期应退税额为 58.2 万元，当期免抵税额 = 62.1 − 58.2 = 3.9（万元）。

48. 【答案】C

【解析】超市零售蔬菜是免征增值税的，但是因为未分别核算大米和蔬菜的销售额，所以不得享受蔬菜增值税免税政策。蔬菜和大米属于农产品，适用 9% 的低税率，零售收入是含税的，所以要换算为不含税的金额计算应纳增值税税额。外购货物取得增值税专用发票的可以作为进项税额抵扣凭证，取得普通发票的不得抵扣进项税额。所以该超市 2020 年 12 月应纳税额 = 30 000 ÷（1 + 9%）× 9% = 2 477.06（元）。

49. 【答案】A

【解析】李某获得的 15 万元奖励按照现代服务中的“文化创意服务”缴纳增值税，应纳增值税额 = 15 × 3% = 0.45（万元），个人转让著作权免征增值税。

50. 【答案】B

【解析】管道运输服务享受即征即退政策，应纳增值税 = 200 × 9% − 6 = 12（万元），实际税负 = 12 ÷ 200 = 6% 超过 3%，对于超过部分即征即退，所以该企业当月实际缴纳增值税 = 200 ×（6% − 3%）= 6（万元）。

51. 【答案】B

【解析】销售其购买 2 年以上位于北京、上海、广州、深圳的普通住房免税，非普通住房差额按 5% 计征增值税。

52. 【答案】B

【解析】采取直接收款方式销售货物，不论货物是否发出，均为收到销售款或者取得销售款凭据的当天。

53. 【答案】D

【解析】选项 A：纳税人一经放弃免税权，其生产销售的全部增值税的应税销售行为均应按照适用税率征税。选项 B：以书面形式提交放弃免税权声明，只需报主管税务机关备案即可（不是审批）。选项 C：纳税人自税务机关受理其放弃免税声明后，36 个月内不得再申请免税。

54. 【答案】C

【解析】采取预收货款方式销售货物，增值税纳税义务的发生时间一般是货物发出的当天。

55. 【答案】D

【解析】选项 D：纳税人提供租赁服务采取预收款方式的，其纳税义务发生时间为收到预收款的当天。

二、多项选择题

1. 【答案】ABCD

【解析】上述四个选项是确定一项经济行为是否缴纳增值税必备的四个条件。

2.【答案】ABC

【解析】年应税销售额，是指纳税人在连续不超过12个月或4个季度的经营期内累计应征增值税销售额，包括纳税申报销售额、稽查查补销售额、纳税评估调整销售额。销售服务、无形资产或者不动产（以下简称应税行为）有扣除项目的纳税人，其应税行为年应税销售额按未扣除之前的销售额计算。纳税人偶然发生的销售无形资产、转让不动产的销售额，不计入应税行为年应税销售额。

3.【答案】ABC

【解析】选项A：张某与李某各自获得经济利益，属于增值税征收范围中的转让不动产和转让无形资产。选项B：王某获得的是资金收益，属于增值税征收范围中的转让不动产。选项C：应缴纳增值税。选项D：中国邮政集团公司及其所属邮政企业提供的邮政普遍服务和邮政特殊服务，免征增值税。

4.【答案】ABC

【解析】现行“营改增”规定，航空运输企业从事湿租业务取得的收入，远洋运输企业的程租、湿租业务取得的收入按交通运输业征收增值税。

5.【答案】ABD

【解析】选项C：销售古旧图书免征增值税。

6.【答案】AD

【解析】选项B：纳税人在资产重组过程中，通过合并、分立、出售、置换等方式，将全部或者部分实物资产以及与其相关联的债权、负债和劳动力一并转让给其他单位和个人，不属于增值税的征税范围，其中涉及的货物转让，不征收增值税。转让企业全部产权涉及的货物转让不征收增值税。选项C：燃油电厂从政府财政专户取得的发电补贴，不征收增值税。

7.【答案】BCD

【解析】选项A：纳税人取得的财政补贴收入，与其销售货物、劳务、服务、无形资产、不动产的收入或者数量直接挂钩的，应按规定计算缴纳增值税。纳税人取得的其他情形的财政补贴收入，不属于增值税应税收入，不征收增值税。

8.【答案】ABCD

【解析】在全面“营改增”之后，房屋和桥梁属于不动产，维修服务属于建筑服务，属于增值税征税范围。

9.【答案】ABC

【解析】选项A：房地产开发企业销售其开发的商品房，在全面“营改增”之后，属于销售的不动产，应征收增值税。选项C：邮政储蓄业务，按照金融保险业税目征收增值税。选项D：纳税人在资产重组过程中，通过合并、分立、出售、置换等方式，将全部或者部分实物资产以及与其相关联的债权、债务和劳动力一并转让给其他单位和个人的行为，不属于增值税征收范围，其中涉及的货物转让，不征收增值税。

10.【答案】ABC

【解析】根据国家税务总局公告〔2017〕第11号文规定，纳税人销售活动板房、机器设备、钢结构件等自产货物的同时提供建筑、安装服务，不属于《营业税改征增值税试点实施办法》（财税〔2016〕36号）第四十条规定的混合销售，应分别核算货物和建筑服务的销售额，分别适用不同的税率或者征收率。

11.【答案】ABCD

【解析】选项A：航空运输企业提供的旅客利用里程积分兑换的航空运输服务，应视同销售征收增值税。选项B：航空运输企业已售票但未提供航空运输服务取得的逾期票证收入，按航空运输服务征收增值税。选项C：提供电信服务的单位和个人以积分兑换形式赠送的电信服务，应视同销售征收增值税。单位或个体工商户聘用的员工为本单位或雇主提供服务，不属于增值税征收范围的应税服务，仅限定为提供的职务性服务，即取得工资的服务，选项D：企业员工利用自己的交通工具为本企业运输货物收取的运费，应征增值税。

12.【答案】AB

【解析】选项C：根据财税〔2016〕140号文的规定，提供餐饮服务的纳税人销售的外卖食品，按照“餐饮服务”缴纳增值税。选项D：纳税人在游览场所经营索道、摆渡车、电瓶车、游船等取得的收入，按照“文化体育服务”缴纳增值税。

13.【答案】AD

【解析】在境内销售服务、无形资产或者不动产，是指：(1) 服务（租赁不动产除外）或者无形资产（自然资源使用权除外）的销售方或者购买方在境内；(2) 所销售或者租赁的不动产在境内（选项A）；(3) 所销售自然资源使用权的自然资源在境内（选项D）；(4) 财政部和国家税务总局规定的其他情形。

14.【答案】ABCD

【解析】在境内销售服务、无形资产或者不动产，是指：(1) 服务（租赁不动产除外）或者无形资产（自然资源使用权除外）的销售方或者购买方在境内；(2) 所销售或者租赁的不动产在境内；(3) 所销售自然资源使用权的自然资源在境内；(4) 财政部和国家税务总局规定的其他情形。

15.【答案】BD

【解析】选项A、C：不征收增值税。

16.【答案】ABCD

【解析】选项A、B、D：属于增值税视同销售的范围，应征收增值税。选项C：外购的货物用于交换生产资料需按销售处理，应当缴纳增值税。

17.【答案】AC

【解析】人工合成牛胚胎免征增值税。各种罐头、果脯、蜜饯、炒制的果仁、坚果、速冻食品、方便面、副食品和各种熟食品及淀粉均适用13%的增值税税率。

18.【答案】AC

【解析】选项B：提供的电信服务中基础电信适用9%税率，增值电信服务适用6%税率。选项D：提供有形动产租赁服务，税率为13%。

19.【答案】BC

【解析】选项A：采取填埋、焚烧等方式进行专业化处理后产生货物，且货物归属委托方的，受托方属于提供“加工劳务”，其收取的处理费用适用13%的增值税税率。选项D：提供有形动产租赁服务，适用13%的增值税税率；提供不动产租赁服务，适用9%的增值税税率。

20.【答案】ABD

【解析】选项C：纳税人无偿转让股票时，转出方以该股票的买入价为卖出价，按照“金融商品转让”征收增值税。

21.【答案】BD

【解析】境外的单位或个人在境内提供应税服务，在境内未设有经营机构的，以购买方为扣缴义务人。应代扣代缴增值税 $=50\div(1+6\%)\times6\%=2.83$（万元）。

22.【答案】ABD

【解析】选项A、B、D：适用增值税零税率政策。选项C：适用增值税免税政策。

23.【答案】ABCD

【解析】纳税人外购的材料用于车间大修，属于外购货物用于不动产在建工程，进项税额可以按规定抵扣。

24. 【答案】BD

【解析】选项A：一般纳税人销售电梯的同时提供安装服务，其安装服务可以按照甲供工程选择适用简易计税方法计税。选项C：纳税人对安装运行后的电梯提供的维护保养服务，按照“其他现代服务”缴纳增值税。

25. 【答案】BC

【解析】选项A：不得从销项税额中抵扣的用于简易计税方法计税项目、免征增值税项目、集体福利或者个人消费的购进货物、加工修理修配劳务、应税服务、无形资产和不动产，这里的“购进货物”，不包括既用于增值税应税项目（不含免征增值税项目）也用于免征增值税项目、集体福利或者个人消费的固定资产、不动产和无形资产。选项D：纳税人新建、改建、扩建、修缮、装饰不动产，属于不动产在建工程，其进项税额可以从销项税额中抵扣。

26. 【答案】ABC

【解析】将购买的货物用于非应税项目，在计算缴纳增值税时，其进项税额不允许抵扣，但是不属于增值税视同销售的行为。

27. 【答案】BC

【解析】选项A：以取得的全部价款和价外费用扣除不动产购置原价为销售额。选项D：应以5%的预征率在不动产所在地主管税务机关预缴税款。

28. 【答案】BD

【解析】该厂上述行为属于将委托加工收回的货物用于集体福利，需要视同销售计征增值税。

29. 【答案】ABC

【解析】以物易物双方都应作购销处理，分别核算销售额和购进额，并计算销项税额和进项税额。

30. 【答案】AB

【解析】选项C：购进农产品，取得（开具）农产品销售发票或收购发票的，按照农产品收购发票或者销售发票上注明的农产品买价和的扣除率9%计算进项税额。纳税人购进用于生产销售或委托加工13%税率货物的农产品，按照10%的扣除率计算进项税额（升级抵扣）。计算公式为：进项税额 = 买价 × 扣除率。选项D：接受的餐饮服务，其进项税额不得从销项税额中抵扣。

31. 【答案】BCD

【解析】进项税额核定扣除试点范围，仅限于购进农产品为原料生产销售液体乳及乳制品、酒及酒精、植物油，不包括烟丝。

32. 【答案】ABC

【解析】选项D：交通运输的联运服务未在列举范围，不允许差额征税。

33. 【答案】ABD

【解析】选项C：管理人可选择分别或汇总核算资管产品运营业务销售额和增值税应纳税额。

34. 【答案】AB

【解析】选项C：金融商品转让，按照卖出价扣除买入价后的余额为销售额。选项D：试点纳税人提供融资租赁服务，以取得的全部价款和价外费用扣除支付的借款利息、发行债券利息和车辆购置税后的余额为销售额。

35. 【答案】ACD

【解析】对视同销售征税而无销售额的按下列顺序确定其销售额：（1）当月同类货物的平均销售价格；（2）最近时期同类货物的平均销售价格；（3）组成计税价格。

36. 【答案】ACD

【解析】选项B：以2016年4月30日之前购进或自制的有形动产为标的物提供的经营租赁服务，可选择按简易办法征收增值税，而不是所有的有形动产租赁服务。

37.【答案】ABD

【解析】选项A：房地产开发企业中的一般纳税人购入未完工的房地产老项目(2016年4月30日之前的建筑工程项目)继续开发后，以自己名义立项销售的不动产，属于房地产老项目，可以选择适用简易计税方法按照5%的征收率计算缴纳增值税。选项B：可以选择按照简易计税方法计税。选项C：公共交通运输服务才可以选择按照简易计税办法计税，一般纳税人销售的其他交通运输服务只能采用一般计税方法计税。选项D：一般纳税人销售外购机器设备的同时提供安装服务，如果已经按照兼营的有关规定，分别核算机器设备和安装服务的销售额，安装服务可以按照甲供工程选择适用简易计税方法计税。

38.【答案】ABCD

【解析】选项A、B、C、D均正确。

39.【答案】ACD

【解析】选项B：提供保险服务的纳税人以实物赔付方式承担机动车辆保险责任的，自行向车辆修理劳务提供方购进的车辆修理劳务，其进项税额可以按规定从保险公司销项税额中抵扣。

40.【答案】AD

【解析】选项A：融资性售后回租业务中承租方出售资产的行为，不属于增值税的征收范围，不征收增值税。选项D：以旧换新并非都按新货物同期价格确定销售额，金银首饰以旧换新业务例外。

41.【答案】ABCD

【解析】选项A、B、C、D均属于增值税征收范围。

42.【答案】ACD

【解析】选项B：转让的不动产所在地在境外，所以其取得的收入不属于增值税的应税收入。

43.【答案】ABD

【解析】选项C：转让的不动产所在地在境外，所以其取得的收入不属于增值税的应税收入。

44.【答案】ABCD

【解析】销售服务、无形资产或者不动产，是指有偿提供服务、有偿转让无形资产或者不动产，但属于下列非经营活动的情形除外：1. 行政单位收取的同时满足以下条件的政府性基金或者行政事业性收费。(1)由国务院或者财政部批准设立的政府性基金，由国务院或者省级人民政府及其财政、价格主管部门批准设立的行政事业性收费；(2)收取时开具省级以上(含省级)财政部门监(印)制的财政票据；(3)所收款项全额上缴财政。2. 单位或者个体工商户聘用的员工为本单位或者雇主提供取得工资的服务。3. 单位或者个体工商户为聘用的员工提供服务。4. 财政部和国家税务总局规定的其他情形。

45.【答案】BD

【解析】只有单位或个体工商户聘用的员工为本单位或者雇主提供服务才不缴纳应税服务的增值税。员工为本单位或者雇主提供的应税服务不需要缴纳增值税，应限定为其提供的职务性劳务。单位或者个体工商户为员工提供交通运输业和部分现代服务业服务，即使发生有偿行为，也不属于应征增值税的劳务范围。

46.【答案】AC

【解析】选项A：市场管理服务，属于“商务辅助服务”中的“企业管理服务”。选项B：市场调查服务，属于“鉴证咨询服务”中的“咨询服务”。选项C代理记账服务，属于“商务辅助服务”中的“经纪代理服务”。选项D：车辆停放服务、道路通行服务（包括过路费、过桥费、过闸费等）等按照不动产经营租赁服务缴纳增值税。

47.【答案】AD

【解析】选项B：纳税人提供武装守护押运服务，按照“现代服务——商务辅助服务——安全保护服务”缴纳增值税。选项C错误，宾馆、旅馆、旅社、度假村和其他经营性住宿场所提供会议场地及配套服务的活动，按照“现代服务——文化创意服务——会议展览服务”缴纳增值税。

48.【答案】AB

【解析】选项C、D：属于增值电信服务。

49.【答案】ABC

【解析】选项A、B、C错误，纳税人销售活动板房、机器设备、钢结构件等自产货物的同时提供建筑、安装服务，不属于《营业税改征增值税试点实施办法》（财税〔2016〕36号）第四十条规定的混合销售，应分别核算货物和建筑服务的销售额，分别适用不同的税率或者征收率。

50.【答案】ABC

【解析】选项A、B、C：生产货物的单位，在销售货物的同时附带运输，其销售货物及提供运输的行为属于混合销售行为，所收取的货物款项及运输费用应一律按销售货物计算缴纳增值税。

51.【答案】AB

【解析】选项A：属于虚开增值税专用发票，不得抵扣进项税额。选项B：管理不善造成非正常损失，进项税额不得抵扣。选项C：住宿服务业发票未列入不得抵扣项目，因公出差取得住宿费专用发票，可以抵扣。选项D：接受贷款服务向贷款方支付的与该笔贷款直接相关的咨询费不得抵扣进项税，但是从会计师事务所取得的咨询费增值税专用发票，可以抵扣进项税额。

52.【答案】ABC

【解析】选项A：纳税人为销售货物而出租、出借包装物收取的押金，单独记账核算的，且时间在1年以内，又未过期的，不并入销售额征税，但对销售除啤酒黄酒外的其他酒类，无论是否返还以及会计上如何核算，均应并入当期销售额计征增值税。选项C：销售折扣即现金折扣不得从销售额中减除。选项D：受托加工应税消费品时，仅就加工劳务收入缴纳增值税。

53.【答案】ABD

【解析】来料加工复出口的货物实行出口免税但不退税的政策。

54.【答案】ABD

【解析】适用增值税免税但不予退税的出口货物的特征之一是在国内流通环节未交过增值税，从而不存在退税的问题，把握到这一点，该题就比较容易解决了。首先古旧图书、避孕药品和用具是免交增值税的，而来料加工复出口的货物在进口环节不缴纳增值税因此也不予以退税。所以选项A、B、D符合题目的要求，而对进料加工复出口的货物，我们是给予免税并退税的。所以选项C不正确。

55.【答案】ABD

【解析】选项C：含黄金、铂金成分的货物、钻石及其饰品适用增值税免税政策。

56.【答案】CD

【解析】选项A、B：均为免税但不予退税的项目。

57.【答案】ACD

【解析】选项B：适用增值税免退税政策。

58.【答案】ABD

【解析】跨境电子商务零售进口商品，购买跨境电子商务零售进口商品的个人作为纳税义务人。电子商务企业电子商务交易平台企业或物流企业可作为代收代缴义务人。

59.【答案】ABCD

【解析】选项 A：金融商品转让，按照卖出价扣除买入价后的余额为销售额。选项 B：融资租赁和融资性售后回租属于增值税差额计税项目。选项 C：经纪代理服务销售额为取得的全部价款和价外费用减去向委托方收取并代为支付的政府性基金或者行政事业性收费作为销售额。选项 D：一般纳税人提供劳务派遣服务，选择差额纳税的，以取得的全部价款和价外费用，扣除代用工单位支付给劳务派遣员工的工资、福利和为其办理社会保险及住房公积金后的余额为销售额，按照简易计税方法依 5% 的征收率计算缴纳增值税。

60.【答案】CD

【解析】销售折让可以以折让后的货款为销售额；采取以物易物方式销售货物的，双方都应该作购销业务处理，如果自对方取得增值税专用发票或税务机关代开的增值税专用发票的，可以抵扣换进货物的进项税；纳税人采取以旧换新方式销售货物的，应按照新货物的同期销售价格确定销售额，但是金银首饰除外。

61.【答案】BCD

【解析】选项 A：销售折扣不得从销售额中减除。

62.【答案】ABCD

【解析】选项 A、B、C、D 均正确。

63.【答案】CD

【解析】选项 A：一般贸易下进口货物的关税完税价格以海关审定的成交价格为基础的到岸价格作为完税价格。选项 B：跨境电子商务零售进口商品的进口环节增值税、消费税取消免征额，暂按法定应纳税额的 70% 征收。

64.【答案】BCD

【解析】选项 A：用购买的石料生产的石灰不能依照 3% 的征收率计征增值税。

65.【答案】ABCD

【解析】选项 C：收购方开具。选项 D：销售方开具。

66.【答案】ACD

【解析】选项 B：购入鉴证咨询服务，取得增值税专用发票，可以抵扣进项税额。

67.【答案】ABD

【解析】选项 C：地震不属于非正常损失，其进项税额可以抵扣。

68.【答案】AC

【解析】选项 B、D：属于增值税的免税项目，不计算缴纳增值税。

69.【答案】AC

【解析】选项 B、D：属于增值税的免税项目，不计算缴纳增值税。选项 A、C：属于增值税的征收范围，个体工商户不属于其他个人，所以不能免增值税。

70.【答案】CD

【解析】选项 A、B：属于征收增值税的范围。

71.【答案】BC

【解析】选项 A：北上广深四地个人出售自购 2 年以上普通住房，免税；非普通住房差额纳税。选项 D：残疾人本人为社会提供服务免征增值税。

72.【答案】CD

【解析】选项 A：不包括蔬菜罐头。选项 B：享受即征即退政策。选项 C：不含税月度销售额 = 20.6 ÷（1 + 3%）= 20（万元），超过 10 万元，应缴纳增值税。

73.【答案】ABD

【解析】不能重新取得合法、有效的专用发票，导致被依法追缴，不适用“按日加收滞纳税款万分之五的滞纳金”的规定。

74. 【答案】ABCD

【解析】符合下列情形之一的增值税专用发票，列入异常凭证范围：（1）纳税人丢失、被盗税控专用设备中未开具或已开具未上传的增值税专用发票（选项 D）；（2）非正常户纳税人未向税务机关申报或未按规定缴纳税款的增值税专用发票（选项 C）；（3）增值税发票管理系统稽核比对发现“比对不符”“缺联”“作废”的增值税专用发票（选项 A）；（4）经国家税务总局、省税务局大数据分析发现，纳税人开具的增值税专用发票存在涉嫌虚开、未按规定缴纳消费税等情形的（选项 B）。

75. 【答案】BCD

【解析】选项 A：非固定业户在其销售地或劳务发生地申报纳税，未在销售地或劳务发生地纳税的，由机构所在地或居住地主管税务机关补征税款。

三、计算问答题

1. 【答案】

（1）该家具厂当月增值税的进项税额 $=26\ 000+80\ 000\times9\%=33\ 200$（元）

（2）该家具厂当月增值税的销项税额 $=100\ 000\div(1+13\%)\times13\%+500\ 000\times13\%=76\ 504.42$（元）

（3）该家具厂当月应缴纳的增值税 $=76\ 504.42-33\ 200-20\ 000=23\ 304.42$（元）

2. 【答案】

（1）业务（2）外购手机赠送客户应视同销售，销项税额 $=3\ 000\times10\times13\%=3\ 900$（元）

（2）业务（3）管理不善造成被盗的非正常损失，应将其确认为进项税额转出。

进项税额转出 $=20\times6\ 000\times13\%=15\ 600$（元）

（3）业务（4）装饰材料用于职工食堂，不能抵扣其进项税额 39 000 元。

（4）本期销项税额合计 $=1\ 130\div(1+13\%)\times13\%=130+0.39=130.39$（万元）

本期进项税额合计 $=78+0.2\times10\times13\%-1.56=76.2$（万元）

本期应交增值税 $=130.39-76.7=53.69$（万元）

3. 【答案】

（1）以旧换新销售洗衣机应该缴纳增值税 $=(1\ 500+50)\times400\div(1+3\%)\times3\%=18\ 058.25$（元）

（2）买一赠一销售冰箱应纳增值税 $=3\ 000\times300\div(1+3\%)\times3\%+100\times300\div(1+3\%)\times3\%=27\ 087.38$（元）

（3）分期付款销售空调应纳增值税 $=100\times4\ 000\times20\%\div(1+3\%)\times3\%=2\ 330.1$（元）

（4）合计应纳增值税 $=18\ 058.25+27\ 087.38+2\ 330.1=47\ 475.73$（元）

4. 【答案】

（1）当期销项税额 $=100\times9\%+50\div(1+13\%)\times13\%=15.89$（万元）

（2）进项税额 $=100\times9\%+40\times3\%+(2+1)\div(1+9\%)\times9\%=10.45$（万元）

（3）当期应纳税额 $=16.90-11.47-1=4.43$（万元）

【解析】从运输部门取得的发票是允许抵扣销项税额的合法凭证；加工后仍属于农业产品的粮食的增值税税率为 9%，但是方便面不是。

5. 【答案】

（1）业务（1）应缴纳增值税 $=5\ 000\times600\div10\ 000\times(1-2\%)\times13\%=38.22$（万元）

（2）业务（2）应缴纳的增值税 $=5\ 000\times200\div10\ 000\times13\%+5\div(1+13\%)\times13\%-4\div(1+9\%)\times9\%=13.25$（万元）

（3）业务（3）应缴纳增值税 $=2\ 000\times100\div10\ 000\times13\%=2.6$（万元）

(4) 业务(4)应缴纳增值税 = 5 000 × 30 ÷ 10 000 × 13% = 1.95(万元)

(5) 业务(5)管理不善导致原材料非正常损失的部分应作进项税额转出,转出金额 = 20 × 13% = 2.6(万元)

(6) 业务(6)应缴纳的海关进口环节增值税 = (16 + 3 + 1) × (1 + 20%) × 13% = 3.12(万元)

(7) 业务(7)应缴纳的增值税 = (1 000 - 450) ÷ (1 + 5%) × 5% = 26.19(万元);应缴纳城建税和教育费附加、地方教育附加 = 26.19 × (7% + 3% + 2%) = 3.14(万元)。

(8) 甲公司当月应缴纳增值税的合计数 = 38.22 + 13.25 + 2.6 + 1.95 - (5.5 + 3.12 - 2.6) + 26.19 = 76.19(万元)

6. **【答案】**

(1) 当期内销货物的销项税额 = 4 000 000 × 13% = 520 000(元)

免抵退税不得免征和抵扣税额的抵减额 = 免税购进原材料价格 × (出口货物征税率 - 出口货物退税率) = 2 460 000 × (13% - 11%) = 49 200(元)

当期购买原材料中部分用于职工福利,不得抵扣进行税额,进项税额转出 = 200 000 × 13% = 26 000(元)

当期进项税额 = 260 000 - 26 000 = 234 000(元)

当期免抵退税不得免征和抵扣税额 = 当期出口货物离岸价 × 外汇人民币牌价 × (出口货物征税税率 - 出口货物退税税率) - "免抵退税不得免征和抵扣税额的抵减额" = 3 280 000 × (13% - 11%) - 49 200 = 16 400(元)

当期应纳税额 = 当期销项税额 - (当期进项税额 - 当期不得免征和抵扣税额) - 上期留抵税额 = 520 000 - (234 000 - 16 400) - 20 000 = 282 400(元)

(2) "免、抵、退"税额抵减额 = 免税购进原材料价格 × 出口货物退税率 = 2 460 000 × 11% = 270 600(元)

当期"免、抵、退"税额 = 出口货物离岸价 × 外汇人民币牌价 × 出口货物退税率 - 免抵退税额抵减额 = 3 280 000 × 11% - 270 600 = 90 200(元)

四、综合题

1. **【答案】**

(1) 甲建筑公司应在B地主管税务机关预缴增值税。

应预缴税款 = (5 450 - 1 090) ÷ (1 + 9%) × 2% = 80(万元)

(2) 甲建筑公司应在C地主管税务机关预缴增值税。

应预缴税款 = (2 060 - 515) ÷ (1 + 3%) × 3% = 45(万元)

(3) ①从分包方取得的2016年4月30日前开具的建筑业营业税发票,该发票在2016年6月30日前可作为预缴税款的扣除凭证。②从分包方取得的2016年5月1日后开具的,备注栏注明建筑服务发生地所在县(市、区)、项目名称的增值税发票。③国家税务总局规定的其他凭证。

(4) 购进服务用于简易计税项目的,不得抵扣进项税额;购进的固定资产兼用于一般计税项目、简易计税项目,进项税额可以全额抵扣;因自然灾害导致的损失,属于正常损失,进项税额可以抵扣,不作进项税额转出处理。

可以抵扣的进项税额 = 100 × 6% + 200 × 13% = 32(万元)

(5) 应纳税款 = [5 450 ÷ (1 + 9%) × 9% - 32] + [(2 060 - 515) ÷ (1 + 3%) × 3%] = 463(万元)

(6) 应补税款 = 应纳税款 - 已预缴税款 = 463 - (80 + 45) = 338(万元)

2. **【答案】**

2 月：

（1）销项税额的计算：

①内销收入销项税 = 60 × 13% = 7.8（万元）

②赊销商品未到合同规定期限，不计算销项税额。

【提示】 采取赊销和分期收款方式销售货物为书面合同约定的收款日期的当天，无书面合同或者书面合同没有约定收款日期的，为货物发出的当天。

③出口货物销售额 = 10 × 7.27 = 72.7（万元）

出口货物免增值税。

（2）进项税额的计算：

①购入国内原材料的进项税 3.9 万元可抵扣。

②一般贸易进口原材料，海关征收关税及代征增值税，取得海关完税凭证：

组成计税价格 = 10 × 7.45 ×（1 + 20%）= 89.4（万元）

增值税额 = 89.4 × 13% = 11.62（万元）

③出口货物不可免征和抵扣税额 = 72.7 ×（13% − 11%）= 1.45（万元）

④当月应纳增值税：7.8 −（3.9 + 11.62 − 1.45）− 0.3 = −6.57（万元）

当期出口货物“免、抵、退”税额：72.7 × 11% = 8（万元），当月应退增值税额 6.57 万元，当月免抵税额 = 8 − 6.57 = 1.43（万元），无留抵税额。

3 月：

（1）销项税额的计算：

①内销收入销项税 = 50 × 13% = 6.5（万元）

②出口货物销售额 = 7 × 7.28 = 50.96（万元）

外销收入免增值税。

（2）进项税额的计算：

①进口货物，可抵扣进项税额 = 6 × 7.45 ×（1 + 20%）× 13% = 6.97（万元）

②进口货物，境内运费可计算抵扣的进项税额 0.35 万元。

③将上年从农民购入的农业产品发给职工，当期进项税转出 = 8.7 × 9% = 0.78（万元）

④出口货物不可免征和抵扣税额 = 7 × 7.28 ×（13% − 11%）= 1.02（万元）

⑤当月应纳增值税 = 6.5 −（6.97 + 0.35 − 0.78 − 1.02）= 0.98（万元）

第三章 消费税法

本章考情分析

消费税是我国现行商品劳务税法中的一个重要税种，消费税与增值税存在交叉征收关系。

消费税是注册会计师考试中比较重要的一章，每年计算分析题必有一道消费税的题目。最近三年平均分值10分左右。消费税与增值税、关税的混合计算是本章命题的常见考点。本章题型主要为单项选择题、多项选择题、计算问答题，可与其他税种如增值税、城市维护建设税、关税、税收征收管理结合出计算问答题和综合题。其中单项选择题2题左右，多项选择题2题左右，计算问答题1~2题左右，综合题中的小问。本章主要内容包括：消费税与增值税的交叉关系、消费税的征税范围与纳税环节、已纳税款的扣除、应纳税额的计算、消费税的纳税义务发生时间、消费税的征收管理。重点掌握消费税与增值税的关系以及消费税应纳税额的计算。

本章教材主要变化

本章教材未有实质性的变化。

本章高频考点

考点1 纳税义务人与税目、税率

（一）纳税义务人

1. 在中华人民共和国境内生产（并销售）、委托加工和进口《消费税暂行条例》规定的消费品的单位和个人为消费税的纳税人。

2. 国务院确定的销售《消费税暂行条例》规定的消费品的其他单位和个人为消费税的纳税人。具体为：

（1）卷烟的批发企业。

（2）超豪华小汽车的零售企业。

（3）金银首饰、钻石及钻石饰品和铂金首饰的零售企业。

（二）税目（15个税目）

1. 烟。

（1）包括卷烟、雪茄烟和烟丝三个子目。

（2）卷烟的分类。

类别	标准	税率
甲类卷烟	每标准条（200支）不含增值税调拨价格≥70元	56%比例税率+0.003元每支定额税率（0.06元每条，150元每箱，每标准箱250条）
乙类卷烟	每标准条（200支）不含增值税调拨价格<70元	36%比例税率+0.003元每支定额税率（0.06元每条，150元每箱，每标准箱250条）

提示 卷烟生产销售环节从量计税相当于0.6元/条，150元/箱。

卷烟批发环节比例税率11% + 从量计税0.005元每支定额税率（相当于1元/条；250元/箱）。

2. 酒。

（1）包括白酒、黄酒、啤酒和其他酒。

（2）对饮食业、商业、娱乐业举办的啤酒屋（啤酒坊）利用啤酒生产设备生产的啤酒应当征收消费税；果啤属于啤酒，按啤酒征收消费税。

（3）葡萄酒按“其他酒”征收消费税。

（4）啤酒的分类。

类别	标准	税率
甲类啤酒	每吨不含增值税出厂价格（含包装物及包装物押金）≥3 000元	250元/吨
乙类啤酒	每吨不含增值税出厂价格（含包装物及包装物押金）<3 000元	220元/吨
【提示】包装物押金不包括重复使用的塑料周转箱的押金		

（5）配制酒的规定。

（1）以蒸馏酒或食用酒精为酒基，具有国家相关部门批准的国食健字或卫食健字文号并且酒精度≤38度的配制酒	按“其他酒”适用税率10%征收消费税
（2）以发酵酒为酒基，酒精度≤38度的配制酒	
（3）其他配制酒	按“白酒”适用税率［20% + 0.5元/500克（毫升）］征收消费税

3. 高档化妆品（15%）。

包括：高档美容、修饰类化妆品、高档护肤类化妆品和成套化妆品——生产（进口）环节不含增值税销售（完税）价格≥10元/毫升（克）或15元/片（张）。

提示 普通化妆品（普通护肤护发品），舞台、戏剧、影视演员化妆用的上妆油、卸妆油、油彩都不属于本税目的征收范围。

4. 贵重首饰及珠宝玉石。

包括以金、银、白金、宝石、珍珠、钻石、翡翠、珊瑚、玛瑙等高贵稀有物质以及其他金属、人造宝石等制作的各种纯金银首饰及镶嵌首饰和经采掘、打磨、加工的各种珠宝玉石。

提示 对出国人员免税商店销售的金银首饰征收消费税。

5. 鞭炮、焰火（15%）。

体育上用的发令纸，鞭炮药引线，不按本税目征收。

6. 变压器油、导热类油等绝缘油类产品不属于润滑油，不征收消费税。

7. 小汽车。

包括	（1）乘用车：最多不超过9座（含）。 （2）中轻型商用客车：10～23座（含23座）。 （3）超豪华小汽车：每辆零售价格130万元（不含增值税）及以上的乘用车和中轻型商用客车。 用排气量小于1.5升（含）的乘用车底盘（车架）改装、改制的车辆属于乘用车征收范围。用排气量大于1.5升的乘用车底盘（车架）或用中轻型商用客车底盘（车架）改装、改制的车辆属于中轻型商用客车征收范围

续表

不包括	（1）电动汽车。 （2）车身长度≥7 米，并且座位在 10～23 座以下的商用客车。 （3）沙滩车、雪地车、卡丁车、高尔夫车。 （4）大货车、大卡车

8. 摩托车。

包括轻便摩托车和摩托车两种。

提示 对气缸容量 250 毫升以下（不含）的小排量摩托车不征收消费税。

9. 高尔夫球及球具（10%）。

包括高尔夫球、高尔夫球杆及高尔夫球包（袋）等。高尔夫球杆的杆头、杆身和握把属于本税目的征收范围。

10. 高档手表（20%）。

每只不含增值税销售价格≥10 000 元的各类手表。

11. 游艇（机动艇）（20%）。

12. 木制一次性筷子（5%）。

含未经打磨、倒角的木制一次性筷子。

13. 实木地板（5%）。

实木地板以木材为原料。包括各类规格的实木地板、实木指接地板、实木复合地板及用于装饰墙壁、天棚的侧端面为榫、槽的实木装饰板。未经涂饰的素板也属于本税目征税范围。

14. 电池（4%）。

范围包括：原电池、蓄电池、燃料电池、太阳能电池和其他电池。

自 2015 年 2 月 1 日起对电池（铅蓄电池除外）征收消费税。2015 年 12 月 31 日前对铅蓄电池缓征消费税；自 2016 年 1 月 1 日起，对铅蓄电池按 4% 税率征收消费税。

对无汞原电池、金属氢化物镍蓄电池（又称“氢镍蓄电池”或“镍氢蓄电池”）、锂原电池、锂离子蓄电池、太阳能电池、燃料电池和全钒液流电池免征消费税。

15. 涂料（4%）。

自 2015 年 2 月 1 日起对涂料征收消费税，对施工状态下挥发性有机物（VOC）含量低于 420 克/升（含）的涂料征收消费税。

（三）税率——两种税率形式，三种征税方式

应税消费品	征税方式
黄酒、啤酒、成品油	从量计税（定额税率）
卷烟（包括批发环节）、白酒	复合计税（比例税率＋定额税率）
其他应税消费品	从价计税（比例税率）

1. 烟。

<table>
<tr><th colspan="2" rowspan="2">税目</th><th colspan="2">税率</th></tr>
<tr><th>生产销售环节
（含委托加工、进口环节）</th><th>批发环节</th></tr>
<tr><td rowspan="2">卷烟</td><td>甲类卷烟</td><td>56% +0.003 元/支</td><td rowspan="2">11% +0.005 元/支</td></tr>
<tr><td>乙类卷烟</td><td>36% +0.003 元/支</td></tr>
</table>

续表

税目	税率	
	生产销售环节（含委托加工、进口环节）	批发环节
雪茄烟	36%	—
烟丝	30%	—

2. 啤酒。

类型	税额
甲类啤酒	250 元/吨
乙类啤酒	220 元/吨

提示 纳税人兼营不同税率的应税消费品，应当分别核算不同税率应税消费品的销售额、销售数量。未分别核算销售额、销售数量，或者将不同税率的应税消费品组成成套消费品销售的，从高适用税率。

【例题·单选题】（2020 年）下列产品中，属于消费税征税范围的是（　　）。

A. 卡丁车

B. 电动汽车

C. 医用酒精

D. 铅蓄电池

【答案】 D

【解析】 选项 A、B：电动汽车以及沙滩车、雪地车、卡丁车、高尔夫车等均不属于消费税征税范围，不征消费税。选项 C：自 2014 年 12 月 1 日起，取消酒精消费税。

【例题·单选题】（2020 年）下列产品中，属于消费税征税范围的是（　　）。

A. 果啤

B. 洗发香波

C. 变压器油

D. 高尔夫车

【答案】 A

【解析】 选项 A：果啤属于啤酒，按啤酒征收消费税。选项 B：高档化妆品的征税范围包括高档美容、修饰类化妆品、高档护肤类化妆品和成套化妆品，不包括洗发香波。选项 C：变压器油、导热类油等绝缘油类产品不属于润滑油，不征收消费税。选项 D：电动汽车以及沙滩车、雪地车、卡丁车、高尔夫车等均不属于消费税征税范围，不征消费税。

【例题·单选题】（2020 年）纳税人生产销售下列产品，应缴纳消费税的是（　　）。

A. 船用重油

B. 燃料电池

C. 航空煤油

D. 导热类油

【答案】 A

【解析】 选项 A：燃料油包括船用重油，纳税人生产销售船用重油应计算缴纳消费税。选项 B：免征消费税。选项 C：暂缓征收消费税。选项 D：变压器油、导热类油等绝缘油类产品不属于润滑油，不征收消费税。

【例题·单选题】（2019 年）下列商品属于消费税征收范围的是（　　）。

A. 酒精

B. 溶剂油原料

C. 高尔夫车

D. 鞭炮药引线

【答案】B

【解析】溶剂油原料属于溶剂油征收范围。

【例题·多选题】（2018年）下列商品中，目前属于消费税征税范围的有（　　）。

A. 变压器油

B. 高尔夫车

C. 铅蓄电池

D. 翡翠首饰

【答案】CD

【解析】选项A：变压器油、导热类油等绝缘油类产品不属于润滑油，不征收消费税。选项B：电动汽车以及沙滩车、雪地车、卡丁车、高尔夫车均不属于消费税征税范围，不征收消费税。

【例题·单选题】（2016年）企业生产销售的下列产品中，属于消费税征税范围的是（　　）。

A. 铅蓄电池

B. 电动汽车

C. 体育用鞭炮药引线

D. 销售价格为9 000元的手表

【答案】A

【解析】选项A：2015年12月31日前对铅蓄电池缓征消费税；自2016年1月1日起，对铅蓄电池按4%税率征收消费税。选项B、C：电动汽车、体育用鞭炮药引线，不征收消费税。选项D：消费税税目中的"高档手表"，是指销售价格（不含增值税）每只在10 000元（含）以上的各类手表。对于销售价格为9 000元的手表不征收消费税。

考点2 从价计征——销售额的确定

1. 基本规定。

销售额为纳税人销售应税消费品向购买方收取的全部价款和价外费用，含消费税（价内税），但不含增值税（价外税）。价外费用的内容与增值税规定相同。

提示 （1）增值税是价外税，消费税是价内税，计算增值税和消费税的应税销售额应当是不含增值税但含消费税的销售额。

（2）通常所说的"不含税价格"指的是不含增值税的价格，但有可能含着消费税——取决于是否为应税消费品。

2. 包装物的规定。

（1）应税消费品连同包装物销售的，包装物价款应并入应税消费品的销售额中征收消费税。

（2）包装物不作价随同产品销售，而是收取押金，且单独核算的，分情况确定是否计入销售额。

对销售啤酒、黄酒外的其他酒类产品而收取的包装物押金，无论是否返还以及会计上如何核算，均应并入当期销售额征税。

包装物押金	增值税		消费税	
	取得时	逾期时	取得时	逾期时
酒及成品油以外的应税消费品	不缴纳	缴纳	不缴纳	缴纳
啤酒、黄酒、成品油	不缴纳	缴纳	不缴纳	
其他酒类产品（如白酒、红酒）	不缴纳	缴纳	缴纳	不缴纳

3. 品牌使用费的规定。

白酒生产企业向商业销售单位收取的“品牌使用费”应并入白酒的销售额中缴纳消费税。

4. 含增值税销售额的换算。

应税消费品的销售额 = 含增值税的销售额 ÷ (1 + 增值税税率或征收率)

(1) 销售方采用一般计税方法计税，换算时用增值税税率。

(2) 销售方采用简易计税方法计税，换算时用增值税征收率。

【例题·多选题】（2020年）消费税纳税人销售货物一并收取的下列款项中，应计入消费税计税依据的有（　　）。

A. 增值税税款

B. 运输发票开给购货方收回的代垫运费

C. 销售白酒收取的包装物押金

D. 价外收取的返还利润

【答案】 CD

【解析】 选项A：销售额为纳税人销售应税消费品向购买方收取的全部价款和价外费用，不包括增值税。选项B：价外费用是指价外向购买方收取的基金、集资费、返还利润、补贴、违约金、延期付款利息、手续费、包装费、优质费、代收款项、代垫款项以及其他各种性质的价外收费。但同时符合以下条件的代垫运输费用不包括在内：（1）承运部门的运输费用发票开具给购买方的；（2）纳税人将该项发票转交给购买方的。

考点3 从量计征——销售数量的确定（增值税没有）

情形	计税依据
销售应税消费品的	应税消费品的销售数量
自产自用应税消费品的	应税消费品的移送使用数量
委托加工应税消费品的	纳税人收回的应税消费品数量
进口应税消费品的	海关核定的应税消费品进口征税数量

【例题·多选题】（2021年）从量定额计征消费税时，下列关于确定应税消费品销售数量的表述中，符合税法规定的有（　　）。

A. 销售应税消费品的，为应税消费品的销售数量

B. 自产自用应税消费品的，为应税消费品的移送使用数量

C. 委托加工应税消费品的，为纳税人收回的应税消费品数量

D. 进口应税消费品的，为海关核定的应税消费品进口征税数量

【答案】 ABCD

【解析】 以上选项表述均正确。

考点4 计税依据的特殊规定

生产销售卷烟、白酒从量定额计税依据为实际销售数量。

进口、委托加工、自产自用卷烟、白酒从量定额计税依据分别为海关核定的进口征税数量、委托方收回数量、移送使用数量。

1. 自设非独立核算门市部销售应税消费品的计税规定。

纳税人通过自设非独立核算门市部销售的自产应税消费品，应当按照门市部对外销售额或者销售数量征收消费税。

2. 应税消费品用于换取生产资料和消费资料，投资入股和抵偿债务的计税规定。

纳税人用于换取生产资料和消费资料，投资入股和抵偿债务等方面的应税消费品，应当以纳税人同类应税消费品的最高销售价格作为计税依据计算消费税。

纳税人用于换取生产资料和消费资料，投资入股和抵偿债务等方面的应税消费品，应当以纳税人同类应税消费品的平均销售价格（没有平均销售价格的，按照组成计税价格）作为计税依据计算增值税。

提示 同一环节既征收消费税又征收增值税的，消费税和增值税的计税销售额一般情况下是相同的（上述第2种情况除外）。

3. 卷烟计税价格的核定。

自2012年1月1日起，卷烟消费税最低计税价格（以下简称“计税价格”）核定范围为卷烟生产企业在生产环节销售的所有牌号、规格的卷烟。

计税价格由国家税务总局按照卷烟批发环节销售价格扣除卷烟批发环节批发毛利核定并发布。

计税价格的核定公式为：某牌号、规格卷烟计税价格 = 批发环节销售价格 ×（1 – 适用批发毛利率）

已经国家税务总局核定计税价格的卷烟，生产企业实际销售价格高于计税价格的，按实际销售价格确定适用税率，计算应纳税款并申报纳税；实际销售价格低于计税价格的，按计税价格确定适用税率，计算应纳税款并申报纳税。

4. 白酒最低计税价格的核定。

核定范围	白酒生产企业销售给销售单位的白酒，生产企业消费税计税价格低于销售单位对外销售价格（不含增值税，下同）70%以下的，税务机关应核定消费税最低计税价格。 自2015年6月1日起，纳税人将委托加工收回的白酒销售给销售单位，消费税计税价格低于销售单位对外销售价格70%以下的，也应核定消费税最低计税价格
	白酒生产企业销售给销售单位的白酒，生产企业消费税计税价格高于销售单位对外销售价格70%（含）以上70%的，税务机关暂不核定消费税最低计税价格
	消费税最低计税价格由税务机关根据生产规模、白酒品牌、利润水平等情况在销售单位对外销售价格50%至70%范围内自行核定。其中生产规模较大，利润水平较高的企业生产的需要核定消费税最低计税价格的白酒，税务机关核价幅度原则上应选择在销售单位对外销售价格60%至70%范围内
重新核定	已核定最低计税价格的白酒，销售单位对外销售价格持续上涨或下降时间达到3个月以上、累计上涨或下降幅度在20%（含）以上的，税务机关重新核定最低计税价格
计税价格的适用	已核定最低计税价格的白酒，生产企业实际销售价格高于消费税最低计税价格的，按实际销售价格申报纳税；实际销售价格低于消费税最低计税价格的，按最低计税价格申报纳税

5. 金银首饰销售额的确定。

情形	计税依据
金银首饰与其他产品组成成套消费品销售	销售额全额
金银首饰连同包装物销售	包装物并入金银首饰的销售额
带料加工的金银首饰	受托方销售同类金银首饰的销售价格，没有同类金银首饰销售价格的，为组成计税价格
以旧换新（含翻新改制）销售金银首饰	实际收取的不含增值税的全部价款

【例题·多选题】（2020年）纳税人用于下列情形的自产应税消费品，应以同类应税消费品的最高销售价格作为计税依据计征消费税的有（　　）。

A. 用于赞助的应税消费品

B. 用于投资入股的应税消费品

C. 用于抵偿债务的应税消费品

D. 用于换取消费资料的应税消费品

【答案】BCD

【解析】选项B、C、D：纳税人用于换取生产资料、消费资料、投资入股、抵偿债务等方面的应税消费品，以纳税人同类应税消费品的最高销售价格作为计税依据计算消费税。

【例题·多选题】（2016年）下列关于缴纳消费税适用计税依据的表述中，正确的有（　　）。

A. 委托加工应税消费品应当首先以受托人同类消费品销售价格作为计税依据

B. 换取生产资料的自产应税消费品应以纳税人同类消费品平均价格作为计税依据

C. 作为福利发放的自产应税消费品应以纳税人同类消费品最高价格作为计税依据

D. 投资入股的自产应税消费品应以纳税人同类应税消费品最高售价作为计税依据

【答案】AD

【解析】选项B：换取生产资料的自产应税消费品应以纳税人同类消费品最高销售价格作为计税依据计征消费税。选项C：作为福利发放的自产应税消费品应以纳税人同类消费品平均销售价格作为计税依据计征消费税。

考点5 应纳消费税的计算

1. 直接对外销售应纳消费税的计算。

（1）从价定率计算。

在从价定率计算方法下，应纳税额等于销售额乘以适用税率。

基本计算公式为：应纳税额 = 应税消费品的销售额 × 比例税率

【例题·计算问答题】某实木地板生产企业为增值税一般纳税人。2021年5月15日向某商场销售实木地板一批，开具增值税专用发票，取得不含增值税销售额100万元、增值税额13万元；5月20日向某企业销售实木地板一批，开具普通发票，取得含增值税销售额5.65万元。计算该实木地板生产企业上述业务应缴纳的消费税额（实木地板适用的消费税税率为5%）。

【答案】实木地板的应税销售额 = 100 + 5.65 ÷（1 + 13%）= 105（万元）

应缴纳的消费税额 = 105 × 5% = 5.25（万元）

（2）从量定额计算。

在从量定额计算方法下，应纳税额等于应税消费品的销售数量乘以单位税额。基本计算公式为：应纳税额 = 应税消费品的销售数量 × 定额税率

【例题·计算问答题】某黄酒厂2021年6月销售黄酒8 000吨，取得不含增值税销售额560万元，增值税税额72.8万元，另收取包装物押金60万元。计算该黄酒厂当月应纳消费税税额（黄酒消费税税率为每吨240元）。

【答案】应纳消费税额 = 8 000 × 240 = 1 920 000（元）

（3）从价定率和从量定额复合计算。

现行消费税的征税范围中，只有卷烟、白酒采用复合计算方法。基本计算公式为：

应纳税额 = 应税消费品的销售数量 × 定额税率 + 应税消费品的销售额（或组价）× 比例税率

【例题·计算问答题】某卷烟生产企业为增值税一般纳税人，2021年5月销售

甲类卷烟100箱，取得不含增值税的销售额300万元（甲类卷烟适用消费税的比例税率56%，定额税率每支0.003元，每条0.6元，每箱150元）。计算该卷烟生产企业应缴纳的消费税额。

【答案】应纳消费税额 = 300 × 56% + 150 × 100 ÷ 10 000 = 169.5（万元）

2. 自产自用应纳消费税的计算。

（1）用于本企业连续生产应税消费品：移送时不缴纳消费税。

（2）用于其他方面：于移送使用时缴纳消费税。

用于其他方面是指：

①用于生产非应税消费品、在建工程。

②用于管理部门、非生产机构。

③用于提供劳务。

④用于馈赠、赞助、集资、广告、样品、职工福利、奖励等方面。

（3）组成计税价格及税额计算。

纳税人自产自用的应税消费品，凡用于生产非应税消费品、在建工程、管理部门、非生产机构、提供劳务、馈赠、赞助、集资、广告、样品、职工福利、奖励等方面的，应当纳税。具体分以下两种情况：

①按纳税人生产的同类消费品的售价计税。

②无同类消费品售价的，按组成计税价格计税。

组成计税价格 = 成本 + 利润 + 消费税税额

组成计税价格规定如下：

消费税征税方式	增值税	消费税	成本利润率
从价定率	（成本 + 利润）÷（1 − 消费税比例税率）		按消费税中应税消费品的成本利润率确定
从量定额（黄酒、啤酒、成品油）	成本 + 利润 + 消费税税额	—	10%
复合计税（卷烟、白酒）	（成本 + 利润 + 自产自用数量 × 消费税定额税率）÷（消费税比例税率）		按消费税中应税消费品的成本利润率确定

【例题·计算问答题】2021年5月，某日化企业生产了一批成套化妆品发放给本企业职工作为节日福利。该企业无同类产品销售价格，生产成本为7万元。核定的成本利润率为5%，高档化妆品消费税税率为15%。要求：计算该笔业务应纳消费税。

【答案】纳税人自产自用的应税消费品，没有同类消费品销售价格的，按照组成计税价格计算纳税。

组成计税价格 = 7 ×（1 + 5%）÷（1 − 15%）= 8.65（万元）

应纳消费税税额 = 8.65 × 15% = 1.30（万元）

【例题·计算问答题】某白酒生产企业2021年6月举办展销会，将特制1 000斤新品白酒赠送给来宾，该批白酒生产成本80 000元，无同类售价，白酒的成本利润率为10%。计算赠送给来宾特制新品白酒应缴纳的消费税、增值税额。

【答案】

（1）赠送给来宾特制新品白酒应纳消费税 = [80 000 ×（1 + 10%）+ 1 000 × 0.5] ÷（1 − 20%）× 20% + 1 000 × 0.5 = 22 625（元）

（2）赠送给来宾特制新品白酒应纳增

值税 =［80 000 ×（1 + 10%）+ 100 × 0.5］÷（1 − 20%）× 13% = 14 381.25（元）

考点 6 委托加工环节应纳消费税的计算

1. 委托加工应税消费品的确定。

含义：委托方提供原料和主要材料，受托方只收取加工费和代垫部分辅助材料加工的应税消费品。

以下情形不属于委托加工应税消费品：

（1）由受托方提供原材料生产的应税消费品。

（2）受托方先将原材料卖给委托方，再接受加工的应税消费品。

（3）由受托方以委托方名义购进原材料生产的应税消费品。

2. 受托方（除个人外）代收代缴税款的规定。

委托加工应税消费品，首先按受托方同类应税消费品的售价计税，受托方无同类的应税消费品售价，按照组成计税价格计税。

<table>
<tr><th></th><th>委托方</th><th>受托方</th></tr>
<tr><td>增值税</td><td>增值税的负税人</td><td>增值税的纳税人（提供加工劳务）</td></tr>
<tr><td rowspan="2">消费税</td><td>消费税的纳税人</td><td>除个人（含个体工商户）外，消费税的代收代缴义务人</td></tr>
<tr><td colspan="2">（1）如果受托方是个人（含个体工商户），委托方需在收回加工应税消费品后向机构所在地或居住地的主管税务机关缴纳消费税。
（2）如果受托方（个人除外）没有代收代缴消费税，委托方应补缴税款</td></tr>
</table>

3. 委托方将收回的应税消费品（受托方已代收代缴消费税）销售的税务处理。

情形	税务处理
以不高于受托方的计税价格出售的，为直接出售	不再缴纳消费税
以高于受托方的计税价格出售的，不属于直接出售	按规定缴纳消费税，在计税时准予扣除受托方已代收代缴的消费税

4. 受托方（除个人外）没有代收代缴消费税，委托方补缴税款的计税依据。

<table>
<tr><th>情形</th><th>计税依据</th></tr>
<tr><td>委托方已直接销售的</td><td>销售额</td></tr>
<tr><td>未销售或不能直接销售的</td><td>组成计税价格（委托加工业务的组价）</td></tr>
<tr><td colspan="2">对受托方处以应代收代缴税款 50% 以上 3 倍以下的罚款</td></tr>
</table>

5. 组成计税价格及应纳税额计算。

<table>
<tr><td>第一顺序</td><td colspan="2">受托方同类应税消费品的售价</td></tr>
<tr><td rowspan="2">第二顺序</td><td>从价定率</td><td>组价 =（材料成本 + 加工费）÷（1 − 消费税比例税率）</td></tr>
<tr><td>复合计税</td><td>组价 =（材料成本 + 加工费 + 委托加工收回数量 × 消费税定额税率）÷（1 − 消费税比例税率）</td></tr>
</table>

【例题·计算问答题】某化妆品企业2021年5月受托为某单位加工一批高档化妆品，委托单位提供的原材料成本为180万元，收取委托单位不含增值税的加工费36万元，化妆品企业无同类产品市场价格。高档化妆品的消费税税率为15%。计算化妆品企业应代收代缴的消费税。

【答案】

（1）组成计税价格 =（180 + 36）÷（1 − 15%）= 263.14（万元）

（2）应代收代缴消费税 = 263.14 × 15% = 39.47（万元）

【例题·计算问答题】某市烟草公司属增值税一般纳税人，2021年5月购进已税烟丝800万元（不含增值税），委托甲企业加工甲类卷烟500箱（250条/箱，200支/条），甲企业按每箱0.1万元收取加工费（不含税），当月甲企业按正常进度投料加工生产卷烟200箱交由烟草公司收回，甲企业无同类应税消费品。（烟丝消费税率为30%，甲类卷烟消费税为56%加0.003元/支）

要求：计算甲企业当月应当代收代缴的消费税。

【答案】甲企业当月应代收代缴的消费税：从量税 + 从价税 = 从量税 + 组价 × 消费税税率 = 200 × 0.015 +（800 × 200 ÷ 500 + 0.1 × 200 + 200 × 0.015）/（1 − 0.56）× 0.56 = 439.55（万元）

【例题·计算问答题】甲化妆品厂（一般纳税人）2021年3月购进原材料一批，取得的增值税专用发票上注明价款300 000元、增值税款39 000元；当月将该批材料全部发往乙企业委托其加工一批化妆品，本月加工完毕，全部收回，其消费税已由乙企业代收代缴。支付加工费，取得乙企业开具的增值税专用发票上注明不含税加工费8 000元、辅助材料4 800元；乙企业无同类产品销售价格。本月收回委托乙企业加工的化妆品中，80%直接对外销售，取得不含税销售额400 000元；剩余20%作为福利发给本厂职工。该化妆品消费税适用税率15%。

要求：计算乙企业应代收代缴的消费税和甲厂当月应纳的消费税。

【答案】

（1）乙企业应代收代缴消费税款 =（300 000 + 8 000 + 4 800）÷（1 − 15%）× 15% = 368 000 × 15% = 55 200（元）

（2）甲厂当月委托加工收回的化妆品销售应纳的消费税：

售价400 000 > 受托方计税价格368 000 × 80% = 294 400（元），根据规定，委托方以高于受托方的计税价格出售的，不属于直接出售，需按照规定申报缴纳消费税，在计税时准予扣除受托方已代收代缴的消费税。

应纳消费税 = 400 000 × 15% − 55 200 × 80% = 15 840（元）

【提示】委托加工收回的化妆品发放给职工，因受托方已代收代缴消费税，故不再缴纳消费税。

考点7 进口环节应纳消费税的计算

征税方式	增值税计税依据	消费税计税依据
从价定率	组价 =（关税完税价格 + 关税）÷（1 − 消费税比例税率）	
从量定额（啤酒、黄酒、成品油）	组价 = 关税完税价格 + 关税 + 消费税税额	海关核定的进口数量

续表

征税方式	增值税计税依据	消费税计税依据
复合计税（卷烟、白酒）	组价 =（关税完税价格 + 关税 + 进口征税数量 × 消费税定额税率）÷（1 − 消费税比例税率） 消费税 = 从量税 + 从价税 = 从量税 + 组价 × 消费税税率 增值税 = 组价 × 增值税率	

【例题·计算问答题】 某贸易公司，2021 年 5 月从国外进口一批应税消费品，已知该批应税消费品的关税完税价格为 380 万元，按规定应缴纳关税 57 万元，假定进口的应税消费品的消费税税率为 5%。请计算该批消费品进口环节应缴纳的消费税税额。

【答案】

（1）组成计税价格 =（380 + 57）÷（1 − 5%）= 460（万元）

（2）应纳消费税 = 460 × 5% = 23（万元）

【例题·计算问答题】 2021 年 6 月某企业进口一批烟丝，关税完税价格为 170.51 万元（关税税率为 10%，烟丝的消费税率为 30%）。要求：计算进口环节缴纳税金合计。

【答案】

（1）进口时缴纳的关税 = 170.51 × 10% = 17.05（万元）

（2）进口时缴纳的增值税 =（170.51 + 17.05）÷（1 − 30%）× 13% = 34.83（万元）

（3）进口时缴纳的消费税 =（170.51 + 17.05）÷（1 − 30%）× 30% = 80.38（万元）

（4）当月进口环节缴纳税金合计：17.05 + 34.83 + 80.38 = 132.26（万元）

【例题·多选题】（2016 年）甲企业从境外进口一批化妆品，下列关于该业务征缴消费税的表述中，正确的有（　　）。

A. 甲企业应向报关地海关申报缴纳消费税

B. 海关代征的消费税应分别入中央库和地方库

C. 甲企业应当自海关填发进口消费税专用缴款书之日起 15 日内缴纳税款

D. 甲企业使用该进口已税化妆品生产化妆品准许扣除进口环节已缴纳的消费税

【答案】 ACD

【解析】 选项 B：海关代征的消费税属于中央税，税款入中央库。

考点 8 已纳消费税扣除的计算

1. 准予扣除的范围。

外购或委托加工收回的应税消费品已纳税款扣除的范围包括：

（1）外购或委托加工收回的已税烟丝生产的卷烟。

（2）外购或委托加工收回的已税高档化妆品生产的高档化妆品。

（3）外购或委托加工收回的已税珠宝玉石生产的贵重首饰及珠宝玉石。

（4）外购或委托加工收回的已税鞭炮、焰火生产的鞭炮、焰火。

（5）外购或委托加工收回的已税杆头、杆身和握把为原料生产的高尔夫球杆。

（6）外购或委托加工收回的已税木制一次性筷子为原料生产的木制一次性筷子。

（7）外购或委托加工收回的已税实木地板为原料生产的实木地板。

（8）外购或委托加工收回的已税汽油、柴油、石脑油、燃料油、润滑油用于连续生产应税成品油。

提示 1 自 2015 年 5 月 1 日起，从葡萄酒生产企业购进、进口葡萄酒连续生产应税萄酒的，准予从葡萄酒消费税应纳税额中扣除所耗用应税葡萄酒已纳消费税税款。如本期消费税应纳税额不足抵扣的，余额留待下期抵扣。

提示2 上述可扣除的项目都是同一税目而且还是连续生产，零售环节不允许扣除。

扣除范围不包括：酒（外购、进口葡萄酒可扣除）；小汽车；摩托车；高档手表；游艇；电池；涂料。

提示3 对于在零售环节缴纳消费税的金银首饰（含镶嵌首饰）、铂金首饰、钻石及钻石饰品，在计税时一律不得扣除外购、委托加工收回的珠宝玉石的已纳消费税。

对自己不生产应税消费品，而只是购进后再销售应税消费品的工业企业，其销售的高档化妆品、鞭炮焰火和珠宝玉石，凡不能构成最终消费品直接进入消费品市场，而需进一步生产加工的，应当征收消费税，同时允许扣除上述外购应税消费品的已纳税款。

2. 已纳税款扣除的计算。

（1）按生产领用数量扣除已纳消费税——外购已税消费品。

当期准予扣除的外购应税消费品买价＝期初库存的外购应税消费品买价＋当期购进的应税消费品买价－期末库存的外购应税消费品买价

当期准予扣除的外购应税消费品已纳税款＝当期准予扣除的外购应税消费品买价×外购应税消费品适用税率

提示 外购已税消费品的买价是指购货发票上注明的销售额（不包括增值税税款）。

（2）按生产领用数量扣除已纳消费税——委托加工收回已税消费品。

当期准予扣除的委托加工应税消费品已纳税款＝期初库存的委托加工应税消费品已纳税款＋当期收回的委托加工应税消费品已纳税款－期末库存的委托加工应税消费品已纳税款

【例题·单选题】（2020年）下列产品中，在计算缴纳消费税时准许扣除外购应税消费品已纳消费税的是（　　）。

A. 外购已税烟丝连续生产的卷烟

B. 外购已税摩托车生产的应税摩托车

C. 外购已税溶剂油生产的应税涂料

D. 外购已税游艇生产的应税游艇

【答案】 A

【解析】 选项B、C、D：不得扣除外购应税消费品的已纳消费税。

【例题】 2021年3月，某日化厂用外购已税高档香水为原料加工生产高档香水“梦影香水”，当月外购已税高档香水60万元（不含增值税），当月期初库存外购高档香水15万元，月末库存外购高档香水20万元。该厂当月销售“梦影香水”取得销售额合计100万元（不含增值税）。高档化妆品消费税税率为15%。要求：计算该厂当月应纳消费税。

【答案】

当月准予扣除的外购高档香水的买价$=60+15-20=55$（万元）

当月准予扣除的外购高档香水的已纳消费税税款$=55\times15\%=8.25$（万元）

应纳消费税$=100\times15\%-8.25=6.75$（万元）

考点9 特殊环节应纳消费税的计算

1. 卷烟批发环节应纳消费税的计算。

纳税义务人	在中华人民共和国境内从事卷烟批发业务的单位和个人。 【提示】纳税人销售给纳税人以外的单位和个人的卷烟于销售时纳税。纳税人之间销售的卷烟不缴纳消费税

续表

征收范围	纳税人批发销售的所有牌号规格的卷烟
适用税率	从价税税率11%，从量税税率0.005元/支
计税依据	纳税人批发卷烟的销售额（不含增值税）、销售数量。 【提示1】纳税人应将卷烟销售额与其他商品销售额分开核算，未分开核算的，一并征收消费税。 【提示2】纳税人兼营卷烟批发和零售业务的，应当分别核算批发和零售环节的销售额、销售数量；未分别核算批发和零售环节销售额、销售数量的，按照全部销售额、销售数量计征批发环节消费税
纳税义务发生时间	纳税人收讫销售款或者取得索取销售款凭据的当天
纳税地点	卷烟批发企业的机构所在地，总机构与分支机构不在同一地区的，由总机构申报纳税

2. 超豪华小汽车零售环节应纳消费税的计算。

征税范围	自2016年12月1日起，“小汽车”税目下增设“超豪华小汽车”子税目。征收范围为每辆零售价格130万元（不含增值税）及以上的乘用车和中轻型商用客车。对超豪华小汽车，在生产（进口）环节按现行税率征收消费税基础上，在零售环节加征一道消费税
纳税人	将超豪华小汽车销售给消费者的单位和个人
税率	10%
应纳税额的计算	应纳税额＝零售环节销售额（不含增值税）×零售环节税率
国内汽车生产企业直接销售给消费者的超豪华小汽车，消费税税率按照生产环节税率和零售环节税率加总计算。其消费税应纳税额计算公式为： 应纳税额＝销售额（不含增值税）×（生产环节税率＋零售环节税率）	

【例题·计算问答题】 国内甲汽车制造厂，下设独立核算的乙销售公司，2021年2月甲厂和乙公司发生以下销售业务：

（1）甲厂移送至乙销售公司A小轿车200辆，每辆不含税售价120万元，开具的机动车销售统一发票上注明价款24 000万元。乙销售公司当月向汽车4S店售出160辆，每辆不含税售价140万元，开具的机动车销售统一发票上注明价款22 400万元、增值税款2 912万元；乙公司直接向消费者销售30辆，每辆含税售价158.2万元，开具机动车销售统一发票。

（2）甲厂销售给汽车4S店A小轿车2 000辆，每辆不含税售价132万元，开具的机动车销售统一发票上注明价款264 000万元。

（3）甲厂直接向消费者销售300辆，每辆含税售价158.2万元，开具机动车销售统一发票。

（其他相关资料：A小轿车消费税税率为25%；增值税税率13%）

要求：根据上述资料，按照下列序号回答问题，如有计算需计算出合计数。

（1）计算业务（3）应纳消费税。

（2）计算甲厂当月生产销售环节应缴纳的消费税（不含零售环节）。

（3）计算甲厂当月零售环节应缴纳的消费税。

(4) 计算甲厂当月应申报缴纳的消费税。

【答案】

(1) 业务 (3) 应纳消费税:

业务 (3) 甲厂直接向消费者销售 300 辆 A 小轿车, 因含税售价每辆 158.2 万元即不含税售价每辆 140 万元, 超过 130 万元, 属于超豪华小汽车, 消费税税率按照生产环节税率和零售环节税率加总计算。

应纳消费税 = 销售额 ×(生产环节税率 + 零售环节税率) = 158.2 ÷ (1 + 13%) × 300 × (25% + 10%) = 14 700 (万元)

(2) 甲厂当月生产销售环节应缴纳的消费税 (不含零售环节):

应纳消费税 = 24 000 × 25% + 264 000 × 25% + 158.2 ÷ (1 + 13%) × 300 × 25% = 82 500 (万元)

(3) 甲厂当月零售环节应缴纳的消费税:

甲厂移送至乙销售公司 200 辆 A 小轿车以及销售给汽车 4S 店 2 000 辆 A 小轿车, 不需要缴纳零售环节消费税, 但直接向消费者销售 300 辆 A 小轿车, 因含税售价每辆 158.2 万元即不含税售价每辆 140 万元, 超过 130 万元, 应征零售环节消费税:

应纳消费税 = 158.2 ÷ (1 + 13%) × 300 × 10% = 4 200 (万元)

(4) 甲厂当月应申报缴纳的消费税:

应纳消费税合计 = 82 500 + 4 200 = 86 700 (万元)

3. 对零售特定应税消费品仅在零售环节征税: 金银首饰、钻石及钻石饰品、铂金首饰

金银首饰零售环节征税范围: 仅限于金、银、金基、银基合金首饰以及金、银和金基、银基合金的镶嵌首饰; 钻石及钻石饰品、铂金首饰。

【例题·单选题】(2021 年) 企业发生的下列经营行为中, 应当同时缴纳增值税和消费税的是 (　　)。

A. 汽修厂从境外进口轮胎

B. 4S 店销售大型商用客车

C. 贸易公司批发卷烟给零售商

D. 金饰加工厂生产批发金基首饰

【答案】C

【解析】选项 A: 轮胎不属于消费税的征税范围, 汽修厂从境外进口轮胎只缴纳增值税。选项 B: 大型商用课程不属于消费税的征税范围, 4S 店销售大型商用客车只缴纳增值税。选项 C: 卷烟在批发环节加征一道消费税, 贸易公司批发卷烟给零售商应当同时缴纳增值税和消费税, 选项 D: 金基首饰在零售环节征收消费税, 金饰加工厂生产批发金基首饰应当缴纳增值税。

【例题·多选题】(2020 年) 下列商品中, 在零售环节需要缴纳消费税的有 (　　)。

A. 金银首饰　　B. 高档化妆品

C. 甲类卷烟　　D. 超豪华小汽车

【答案】AD

【解析】选项 A: 金银首饰、铂金首饰、钻石及钻石饰品改在零售环节征收消费税。选项 D: 自 2016 年 12 月 1 日起对超豪华小汽车, 在生产 (进口) 环节按现行税率征收消费税基础上, 在零售环节加征一道消费税。

【例题·单选题】(2018 年) 下列应税消费品中, 除了在生产销售环节征收消费税外, 还应在批发环节征收消费税的是 (　　)。

A. 高档手表　　B. 高档化妆品

C. 卷烟　　D. 超豪华小汽车

【答案】C

【解析】自 2009 年 5 月 1 日起, 在卷烟批发环节加征一道消费税。

考点 10 消费税出口退税的计算

情形	适用政策
（1）有出口经营权的外贸企业购进应税消费品直接出口 （2）外贸企业受其他外贸企业委托代理出口应税消费品	免税并退税
（1）有出口经营权的生产性企业自营出口 （2）生产企业委托外贸企业代理出口自产的应税消费品	免税但不退税
除生产企业、外贸企业外的其他企业（具体是指一般商贸企业），委托外贸企业代理出口应税消费品	不免税也不退税

【例题·单选题】（2019 年）下列出口应税消费品的行为中，适用消费税免税不退税政策的是（　　）。

A. 有出口经营权的酒厂出口自产白酒

B. 有出口经营权的外贸企业购进高档化妆品直接出口

C. 商业批发企业委托外贸企业代理出口卷烟

D. 外贸企业受其他外贸企业委托代理出口实木地板

【答案】 A

【解析】 选项 A：生产企业自营或委托出口应税消费品，适用消费税免税不退税政策。选项 B、D：适用免税并退税政策。选项 C：适用不免税也不退税政策。

【例题·多选题】（2018 年）下列各项中，适用消费税出口免税并退税政策的有（　　）。

A. 有出口经营权的外贸企业购进应税消费品直接出口

B. 生产企业委托外贸企业代理出口自产的应税消费品

C. 有出口经营权的生产性企业自营出口自产的应税消费品

D. 外贸企业受其他外贸企业委托代理出口应税消费品

【答案】 AD

【解析】 选项 B、C 适用免税但不退税政策。

考点 11 纳税环节

应税消费品	生产销售、委托加工、进口环节	批发环节	零售环节
金银首饰、钻石及钻石饰品、铂金首饰	不征收	不征收	征收
超豪华小汽车	征收	不征收	征收（加征）
卷烟	征收	征收（加征）	不征收
其他应税消费品	征收	不征收	不征收

1. 对生产应税消费品在生产销售环节征税。

2. 对委托加工应税消费品在委托加工环节征税。

3. 对进口应税消费品在进口环节征税——由海关代征。

4. 对零售特定应税消费品在零售环节征税：金银首饰、钻石及钻石饰品、铂金首饰。

5. 对移送使用应税消费品在移送使用环节征税。

6. 对批发卷烟在卷烟的批发环节征税。

【例题·多选题】（2019 年）某商场 2019 年 5 月零售的下列首饰中，应缴纳消费税的有（　　）。

A. 钻石戒指　　B. 金银镶嵌首饰

C. 金银首饰　　D. 翡翠项链

【答案】 ABC

【解析】 选项 A、B、C：金银首饰（金基、银基合金首饰，以及金、银和金基、银基合金的镶嵌首饰）、钻石及钻石饰品、铂金首饰在零售环节缴纳消费税。选项 D：翡翠项链在生产销售、委托加工或者进口环节缴纳消费税。

【例题·多选题】（2019 年）某商场 2019 年 5 月零售的下列首饰中，应缴纳消费税的有（　　）。

A. 翡翠项链　　B. 钻石戒指

C. 玉石手镯　　D. 金银首饰

【答案】 BD

【解析】 选项 B、D：金银首饰、铂金首饰、钻石及钻石饰品在零售环节缴纳消费税。选项 A、C：在生产销售、委托加工或者进口环节缴纳消费税。

【例题·单选题】（2018 年）下列应税消费品中，除了在生产销售环节征收消费税外，还应在批发环节征收消费税的是（　　）。

A. 高档手表

B. 高档化妆品

C. 卷烟

D. 超豪华小汽车

【答案】 C

【解析】 选项 C：除在生产销售环节征收消费税外，还应在批发环节征收消费税。

考点 12 纳税义务发生时间和纳税地点

（一）消费税纳税义务发生时间

1. 纳税人销售的应税消费品，其纳税义务的发生时间为：

（1）纳税人采取赊销和分期收款结算方式的，为书面合同约定的收款日期的当天，书面合同没有约定收款日期或者无书面合同的，为发出应税消费品的当天。

（2）纳税人采取预收货款结算方式的，为发出应税消费品的当天。

（3）纳税人采取托收承付和委托银行收款方式销售的应税消费品，为发出应税消费品并办妥托收手续的当天。

（4）纳税人采取其他结算方式的，为收讫销售款或者取得索取销售款凭据的当天

2. 纳税人自产自用的应税消费品，其纳税义务的发生时间，为移送使用的当天。

3. 纳税人委托加工的应税消费品，其纳税义务的发生时间，为纳税人提货的当天。

4. 纳税人进口的应税消费品，其纳税义务的发生时间，为报关进口的当天。

（二）纳税地点

情形	纳税地点
纳税人销售的应税消费品，以及自产自用的应税消费品	除国务院财政、税务主管部门另有规定外，应当向纳税人机构所在地或者居住地的主管税务机关申报纳税

续表

情形	纳税地点
委托加工的应税消费品	除委托个人（包含个体工商户和其他个人）加工外，由受托方向机构所在地或者居住地的主管税务机关解缴消费税税款
进口的应税消费品	由进口人或者其代理人向报关地海关申报纳税
纳税人到外县（市）销售或委托外县（市）代销自产应税消费品的	于应税消费品销售后，向纳税人机构所在地或居住地主管税务机关申报纳税
纳税人的总机构与分支机构不在同一县（市），但在同一省（自治区、直辖市）范围内	经省（自治区、直辖市）财政厅（局）、税务局审批同意，可以由总机构汇总向总机构所在地主管税务机关申报缴纳消费税。 **【提示】**卷烟批发企业的机构所在地，总机构与分支机构不在同一地区的，由总机构申报纳税

【例题·单选题】（2021年）某化妆品生产企业发生的下列业务，其消费税纳税义务发生时间的表述中，正确的是（　　）。

A. 将自产香水用于市场推广，纳税义务发生时间为移送使用的当天

B. 进口一批香水精，纳税义务发生时间为海关审定进口价格的当天

C. 委托加工厂加工一批香粉，纳税义务发生时间为合同约定支付加工费的当天

D. 采用预收货款方式销售成套化妆品，纳税义务发生时间为收到预收款的当天

【答案】A

【解析】选项A：纳税人自产自用（含视同销售）的应税消费品，其纳税义务的发生时间，为移送使用的当天。选项B：纳税人进口的应税消费品，其纳税义务的发生时间，为报关进口的当天。选项C：纳税人委托加工的应税消费品，其纳税义务的发生时间，为纳税人提货的当天。选项D：纳税人采取预收货款结算方式的，为发出应税消费品的当天。

【例题·单选题】（2016年）某市高尔夫球具生产企业（一般纳税人）2020年9月1日以分期收款方式销售一批球杆，价税合计为135.6万元，合同约定于9月5日、11月5日各支付50%价款，9月5日按照约定收到50%的价款，但并未给客户开具发票，已知高尔夫球具的消费税税率为10%，该企业9月就该项业务应缴纳的消费税为（　　）万元。

A. 6　　B. 12

C. 14.04　　D. 0

【答案】A

【解析】纳税人采取分期收款方式销售货物，以合同约定的收款日期为纳税义务发生时间，合同约定9月5日收取50%价款，所以相应款项发生纳税义务。

应纳税额 $=135.6\div(1+13\%)\times50\%\times10\%=6$（万元）。

【例题·单选题】（2016年）下列关于消费税征收管理的表述中，正确的是（　　）。

A. 消费税收入分别入中央库和地方库

B. 委托个体工商户加工应税消费品应纳的消费税由受托方代收并向其所在地主管税务机关申报缴纳

C. 内销环节消费税由税务局负责征收

D. 消费税纳税人总分支机构在同一地级市但不同县的，由市级税务机关审批同意后汇总缴纳消费税

【答案】C

【解析】选项A、C：消费税是由税务局征收（进口环节的消费税由海关代征）并纳入中央库（属于中央政府固定收入）的税金。选项B：在委托加工过程中，如果受托方是个人，由委托方将应税消费品收回后在委托方所在地的税务机关申报纳税；如果受托方是非个人，则由受托方代收消费税并向受托方机构所在地或居住地主管税务机关代缴。选项D：消费税纳税人的总机构与分支机构不在同一县（市），但在同一省（自治区、直辖市）范围内，经省（自治区、直辖市）财政厅（局）、税务局审批同意，可以由总机构汇总向总机构所在地的主管税务机关申报缴纳消费税。

【例题·多选题】（2016年）甲企业从境外进口一批高档化妆品，下列关于该业务征缴消费税的表述中，正确的有（　　）。

A. 海关代征的消费税应分别入中央库和地方库

B. 甲企业应当自海关填发进口消费税专用缴款书之日起15日内缴纳税款

C. 甲企业应向报关地海关申报缴纳消费税

D. 甲企业使用该进口已税高档化妆品生产高档化妆品准许扣除进口环节已缴纳的消费税

【答案】BCD

【解析】选项A：无论是境内税务机关征收的消费税还是海关代征的进口环节消费税，都属于中央政府固定收入，要入中央库。

通关演练

一、单项选择题

1. 我国现行消费税是选择部分消费品列举品目征收的，目前共列举征税的税目为（　　）个。

A. 15　　B. 11

C. 9　　D. 8

2. 下列选项中，应征收消费税的是（　　）。

A. 涂料　　B. 电动汽车

C. 子午线轮胎　　D. 高尔夫车

3. 下列消费品不征消费税的是（　　）。

A. 智能手机　　B. 高尔夫球

C. 橡胶填充油　　D. 木制一次性筷子

4. 根据我国现行消费税的规定，下列选项中应当缴纳消费税的是（　　）。

A. 商店零售化妆品

B. 个人销售使用过的电动自行车

C. 酒厂非独立核算门市部销售白酒

D. 金银首饰零售店报关进口的金银首饰

5. 根据税法规定，下列表述中，不正确的是（　　）。

A. 应税消费品征收消费税的，其税基不含有增值税

B. 凡是征收增值税的货物都征收消费税

C. 应税消费品征收增值税的，其税基含有消费税

D. 增值税属于价外税，消费税属于价内税

6. 按照现行消费税制度规定，下列说法正确的是（　　）。

A. 白包卷烟及手工卷烟不属于消费税的征税范围

B. 娱乐业举办的啤酒屋生产的啤酒，不征消费税

C. 影视演员化妆用的油彩，不属于化妆品的征税范围

D. 卷烟批发企业之间销售卷烟也要缴纳5%的从价消费税

7. 某金店采取翻新改制方式销售的金耳环，其征收消费税的计税依据是（　　）。

A. 同类新金耳环的销售价格

B. 实际收取的含增值税的全部价款

C. 实际收取不含增值税的全部价款

D. 同期新金耳环的含税销售价格

8. 下列各项应税消费品中，应在零售环节缴纳消费税的是（　　）。

A. 化妆品

B. 玉石首饰

C. 镀金、包金饰品

D. 钻石饰品

9. 根据消费税法规定，下列纳税人自产自用应税消费品不缴纳消费税的是（　　）。

A. 炼油厂用于基建单位车辆的自产汽油

B. 汽车厂用于管理部门的自产汽车

C. 日化厂用于交易会样品的自产化妆品

D. 卷烟厂用于生产卷烟的自产烟丝

10. 除了在生产销售环节征收消费税外，还在批发环节征收一次的商品是（　　）。

A. 烟丝　　B. 白酒

C. 卷烟　　D. 啤酒

11. 某外贸进出口公司当月从境外某国进口140辆小轿车，每辆车的关税完税价格为8万元，已知小轿车关税税率为110%，消费税为5%，进口上述轿车应缴纳的消费税为（　　）万元。

A. 56　　B. 61.6

C. 80　　D. 123.79

12. 进口的应税消费品，实行从价定率办法计算应纳税额，计算纳税时是以（　　）为依据。

A. 完税价格

B. 消费品价格

C. 组成计税价格

D. 同类商品价格

13. 金银首饰与其他产品组成成套消费品销售的，征收消费税时应按（　　）。

A. 分别核算销售额

B. 销售额全额，从高适用税率

C. 组成计税价格计算

D. 同类商品价格计算

14. 下列应税消费品中应纳消费税的是（　　）。

A. 委托加工的应税消费品（受托方已代收代缴消费税），委托方收回后用于直接销售的

B. 自产自用的应税消费品，用于连续生产应税消费品的

C. 委托非个体经营者加工的应税消费品（受托方已代收代缴消费税），委托方收回后用于连续加工生产应税消费品的

D. 自产自用消费品，用于在建工程的

15. 下列货物中，不征收消费税的是（　　）。

A. 香水精

B. 润滑油

C. 体育用鞭炮药引线

D. 柴油

16. 下列货物中，不缴纳消费税的是（　　）。

A. 成套化妆品

B. 影视演员化妆用的上妆油和卸妆油

C. 每标准条价格低于70元的卷烟

D. 以发酵酒为酒基，酒精度低于10度的配制酒

17. 某烟厂受托加工一批烟丝，烟丝由委托方提供，委托方支付加工费8 000元，消费税由（　　）缴纳。

A. 烟厂

B. 委托方

C. 烟厂代收代缴

D. 委托方代扣代缴

18. 下列货物中，进口环节不征收消费税改由零售环节征收的是（　　）。

A. 金镶钻首饰　　B. 红宝石

C. 高档化妆品　　D. 石脑油

19. 下列消费品中，实行从量计征消费税的是（　　）。

A. 黄酒　　B. 酒精

C. 小汽车　　D. 卷烟

20. 下列各项中属于消费税纳税人的是（　　）。

A. 受托加工高档化妆品的企业

B. 销售啤酒的百货商场

C. 进口普通化妆品的外贸公司

D. 委托加工卷烟的企业

21. 某化妆品生产企业 2021 年 2 月销售给商场高档化妆品取得含税销售额 226 万元，则该月应缴纳消费税（　　）万元（高档化妆品的消费税税率为 15%）。

A. 13　　B. 30

C. 60　　D. 100

22. 2021 年 4 月某汽车厂将自产的 5 辆小轿车、10 辆货车用于对外投资，小轿车出厂平均价格为 24 万元/台，最高售价 25.5 万元/台，货车平均售价 8 万元/辆，最高售价 8.6 万元/辆。该汽车厂上述业务应纳消费税（　　）万元（以上价格均为不含增值税的价格，小轿车消费税税率为 12%）。

A. 14.10　　B. 15.30

C. 23.70　　D. 25.62

23. 2021 年 5 月，某酒厂将自产的一种新型粮食白酒 3 吨用于赠送客户，该批粮食白酒的成本共计 8 000 元，该批粮食白酒无同类产品市场销售价格，但已知其成本利润率为 10%，计算该批粮食白酒应缴纳的消费税税额（　　）元。

A. 2 950　　B. 4 290

C. 5 950　　D. 7 200

24. 下列关于消费税的计税依据的表述中，不正确的是（　　）。

A. 非标准条包装卷烟应当折算成标准条包装卷烟的数量，依其实际销售收入计算确定其折算成标准条包装后的实际销售价格，并确定适用的比例税率

B. 对酒类产品生产企业销售酒类产品（黄酒、啤酒除外）而收取的包装物押金，无论押金是否返还及会计上如何核算，均需并入酒类产品销售额中，依酒类产品的适用税率征收消费税

C. 纳税人将自产的应税消费品与外购或自产的非应税消费品组成套装销售的，以套装产品的销售额（不含增值税）为计税依据

D. 用于抵债的应税消费品应作视同销售处理，发出货物的一方按应税消费品的最高售价计征增值税、消费税

25. 甲卷烟厂 2021 年 1 月委托乙卷烟厂加工一批雪茄烟，委托方提供原材料成本 80 000 元，支付加工费 10 000 元（不含增值税），雪茄烟消费税税率为 36%，雪茄烟无同类产品市场价格。受托方应代收代缴的消费税为（　　）元。

A. 32 400　　B. 32 750

C. 45 600　　D. 50 625

26. 甲公司 2021 年 5 月受托加工一批鞭炮，委托单位提供原材料的金额为 80 万元，甲公司收取委托单位不含增值税的加工费为 10 万元，鞭炮类企业无同类产品市场价格。鞭炮的适用消费税的税率为 15%，甲公司应代收代缴的消费税为（　　）万元。

A. 11.74　　B. 13.5

C. 13.83　　D. 15.89

27. 乙公司为一般纳税人，2021 年 4

月从生产企业（一般纳税人）购入一批高档化妆品，取得增值税专用发票，支付价款60万元、增值税7.8万元，当月将该批高档化妆品全部出口，取得销售收入90万元。乙公司出口高档化妆品应退消费税和增值税为（　　）万元（增值税出口退税率13%，高档化妆品消费税的税率为15%）。

A. 16.8　　B. 15.8

C. 13.4　　D. 12.2

28. 某酒厂2021年4月销售粮食白酒20吨，开出的增值税专用发票上注明的销售价款为100 000元，则该酒厂该笔业务应该缴纳的消费税为（　　）元（白酒的消费适用税率是20%，定额税率为500克0.5元）。

A. 30 000　　B. 40 000

C. 44 000　　D. 50 000

29. 某商贸公司2021年2月从国外进口一批粮食白酒（合计5 000千克），已知该批应税消费品的关税完税价格为900 000元，按规定应缴纳关税180 000元，粮食白酒的消费税税率为20%，定额消费税为0.5元/斤。该批消费品进口环节应缴纳的消费税税额为（　　）元。

A. 271 250　　B. 339 062.5

C. 273 750　　D. 276 250

30. 我国现行税法规定，纳税人委托个体经营者加工应税消费品，在计算缴纳消费税时，应该（　　）。

A. 由受托方在向委托方交货时代收代缴

B. 由受托方在加工完毕以后代收代缴

C. 由委托方收回后在受托方所在地缴纳

D. 由委托方收回后在委托方所在地缴纳

31. 某日化厂（一般纳税人）2021年4月外购一批高档化妆品，取得增值税专用发票上注明税款为6.5万元，本月生产高档化妆品领用80%；本期销售高档化妆品取得不含税收入197万元，该日化厂本月应纳消费税为（　　）万元。（高档化妆品的消费税的税率为15%）

A. 23.55　　B. 25.5

C. 33.6　　D. 59.1

32. 某酒厂2021年6月销售粮食白酒12 000斤，售价为5元/斤，随同销售的包装物价格6 200元；本月销售礼品盒6 000套，售价为300元/套，每套包括粮食白酒2斤、单价80元，干红酒2斤、单价70元。该企业6月应纳消费税（　　）元（题中的价格均为不含增值税价格，白酒的消费税比例税率为20%，定额税率为0.5元/500克）。

A. 379 240　　B. 391 240

C. 399 240　　D. 484 550

33. 自2009年5月1日开始，下列关于卷烟的消费税政策，说法不正确的是（　　）。

A. 卷烟在批发环节加征一道从价税

B. 白酒生产企业向商业销售单位收取的“品牌使用费”应并入白酒的销售额中缴纳消费税

C. 组成成套的消费品不需分别核算销售额，而是一律从高适用税率

D. 卷烟消费税在生产和批发两个环节征收后，批发企业在计算纳税时可以扣除已含的生产环节的消费税税款

34. 某出国人员免税商店销售金银首饰取得不含税收入40万元，应缴纳的消费税为（　　）万元（金银首饰消费税税率为5%）。

A. 0　　B. 1

C. 2　　D. 4

35. 企业生产销售的下列货物中，应

免征消费税的是（　　）。

A. 香皂　　B. 素板

C. 电动汽车　　D. 太阳能电池

36. 某化妆品厂为增值税一般纳税人，2021年3月发生以下业务：8日销售高档化妆品400箱，每箱不含税价600元；15日销售同类化妆品500箱，每箱不含税价650元；以300箱同类化妆品与某公司换取精油。该厂当月应纳消费税（　　）元（已知：高档化妆品消费税税率为15%）。

A. 847 50　　B. 102 750

C. 111 750　　D. 114 000

37. 甲企业为增值税一般纳税人，2021年5月外购一批木材，取得增值税专用发票注明价款100万元、税额13万元；将该批木材运往乙企业委托其加工木制一次性筷子，取得增值税专用发票注明运费2万元、税额0.06万元，支付不含税委托加工费10万元。假定乙企业无同类产品对外销售价格，木制一次性筷子消费税税率为5%。乙企业应代收代缴的消费税为（　　）万元。

A. 5.24　　B. 5.34

C. 5.78　　D. 5.89

38. 税务机关在税务检查中发现，张某委托本地个体户李某加工实木地板。张某已将实木地板收回并销售，但未入账，也不能出示消费税完税证明。下列关于税务机关征管行为的表述中，正确的是（　　）。

A. 要求李某补缴税款

B. 要求张某补缴税款

C. 应对张某处以未缴消费税额0.5倍至3倍的罚款

D. 应对李某处以未代收代缴消费税额0.5倍至3倍的罚款

39. 下列业务中，委托方为消费税纳税义务人的是（　　）。

A. 委托加工卷烟，由委托方提供原材料，受托方只收取加工费

B. 委托加工鞭炮焰火，由受托方以委托方名义购进主要材料并生产应税消费品

C. 委托加工高档化妆品，受托方先将原材料卖给委托方，然后再提供加工劳务收取加工费

D. 委托加工实木地板，受托方提供主要材料并收取加工费，委托方提供部分辅助材料

40. 下列各项中，属于消费税纳税义务人的是（　　）。

A. 生产销售钻石首饰的工业企业

B. 零售卷烟的超市

C. 生产销售酒精的工业企业

D. 零售超豪华小汽车的4S店

41. 下列行为中，既不征收增值税也不征收消费税的是（　　）。

A. 高档化妆品生产企业将生产的高档化妆品作为福利发放给职工

B. 高档化妆品生产企业将自产的高档香水精用于继续生产高档香水

C. 高档化妆品生产企业将自产的高档香水精用于继续生产普通洗发水

D. 高档化妆品生产企业进口一辆超豪华小汽车自用

42. 甲卷烟生产企业的N牌卷烟出厂价格为每标准条60元（不含增值税，下同），税务机关采集N牌卷烟批发环节价格为每标准条100元，国家税务总局核定的同类卷烟的批发环节毛利率为30%。该企业当期出厂销售N牌卷烟300标准箱，则该企业当期应纳的消费税为（　　）元。

A. 2 985 000　　B. 2 565 000

C. 2 355 000　　D. 1 935 000

43. 某卷烟厂2021年3月从甲烟丝厂购进其自制烟丝，取得增值税专用发票，注明价50万元；当月领用70%用于生产A

牌卷烟（甲类卷烟）；本月销售A牌卷烟80标准箱，取得不含税销售额400万元。已知：甲类卷烟消费税税率为56%加150元/标准箱、烟丝消费税税率为30%。当月该卷烟厂应纳消费税税额（ ）万元。

A. 210.2 B. 214.7

C. 216.2 D. 225.2

44. 某化妆品厂受托加工一批高档化妆品，委托方提供原材料成本30 000元，该厂收取加工费20 000元、代垫辅助材料款6 000元，该厂该批同类高档化妆品销售价格为60 000元。该厂应代收代缴消费税（ ）元（以上款项均不含增值税，高档化妆品的消费税税率为15%）。

A. 7 058.82 B. 7 941.18

C. 9 000 D. 9 882.35

45. 甲卷烟生产企业为增值税一般纳税人，2021年6月从烟农手中购进烟叶，支付买价100万元，并且按照规定支付了10%的价外补贴，同时按照实际支付的价款总额的20%缴纳了烟叶税。将其运往乙企业（增值税一般纳税人）委托加工成烟丝，支付不含税运费7万元，取得增值税专用发票，向乙企业支付加工费，取得增值税专用发票注明加工费12万元、增值税1.56万元。已知烟丝消费税税率为30%，乙企业应代收代缴消费税（ ）万元。

A. 51.19 B. 59.25

C. 59.05 D. 64.90

46. 某地板厂提供成本为40万元的原材料委托乙企业加工素板，收回时向乙企业支付不含增值税的加工费4万元，乙企业已代收代缴消费税（乙企业无同类素板销售价格）。该地板厂将收回素板的60%用于继续加工高档实木地板，本月销售高档实木地板取得不含税销售额360万元；实木地板消费税税率为5%。该地板厂上述业务应自行向税务机关申报缴纳消费税（ ）万元。

A. 16.61 B. 17.48

C. 18 D. 18.3

47. 甲汽车生产企业2021年3月将自产的小汽车以每辆170万元（不含增值税）的价格直接销售给消费者，当月共销售5辆。已知小汽车的生产环节消费税税率为25%，则当月甲汽车生产企业应纳消费税（ ）万元。

A. 82.5 B. 41.25

C. 212.5 D. 297.5

48. 某外贸企业为增值税一般纳税人，具有进出口经营权，2021年3月从甲生产企业购进一批高档手表，取得的增值税专用发票上注明价款40万元，增值税5.2万元。当月外贸企业将这批高档手表全部出口，离岸价格折合人民币为60万元。已知高档手表增值税退税率为13%，适用的消费税税率为20%，则该外贸企业出口高档手表应退还的增值税和消费税合计为（ ）万元。

A. 5.2 B. 10

C. 13.2 D. 19.8

49. 2021年6月，甲公司进口10箱卷烟（5万支/箱），经海关审定，关税完税价格22万元/箱，关税税率50%，消费税税率56%，定额税率150元/箱。2020年9月甲公司进口环节应纳消费税（ ）万元。

A. 100.80 B. 288.88

C. 420.34 D. 1 183.64

50. 下列关于消费税的纳税地点，说法不正确的是（ ）。

A. 自产自用的应税消费品，除另有规定外，应向纳税人核算地主管税务机关申报纳税

B. 进口的应税消费品，由进口人或由其代理人向报关地海关申报纳税

C. 纳税人到外市销售自产应税消费品的，于消费品销售后向机构所在地或居住地主管税务机关申报纳税

D. 委托加工的应税消费品，除受托方为个人外，由受托方向其机构所在地或者居住地主管税务机关解缴消费税税款

51. 下列各项中，符合消费税纳税义务发生时间规定的是（ ）。

A. 采取分期收款方式销售的应税消费品，纳税义务发生时间为实际收到销售款的当天

B. 采取预收货款结算方式的，其纳税义务发生时间为收到预收款的当天

C. 采取赊销方式销售高档化妆品，合同规定收款日为3月20日，实际收到货款为4月20日，其纳税义务发生时间为4月20日

D. 进口的应税消费品，纳税义务发生时间为报关进口的当天

二、多项选择题

1. 消费税是对我国境内从事生产、委托加工应税消费品的单位和个人，就其（ ）在特定环节征收的一种税。

A. 销售额　　B. 所得额

C. 生产额　　D. 销售数量

2. 下列各项中，应当征收消费税的有（ ）。

A. 化妆品厂作为样品赠送给客户的香水

B. 用于产品质量检验耗费的高尔夫球杆

C. 白酒生产企业向百货公司销售的试制药酒

D. 涂料厂移送非独立核算门市部待销售的涂料

3. 依据消费税的有关规定，下列消费品中属于化妆品税目的有（ ）。

A. 香水、香精

B. 高档护肤类化妆品

C. 指甲油、蓝眼油

D. 演员化妆用的上妆油、卸妆油

4. 下列行为中，既缴纳增值税又缴纳消费税的有（ ）。

A. 酒厂将自产的白酒赠送给协作单位

B. 卷烟厂将自产的烟丝移送用于生产卷烟

C. 日化厂将自产的香精移送用于生产普通护肤品

D. 汽车厂将自产的应税小汽车赞助给某艺术节组委会

5. 下列各项中，属于消费税的应税范围的有（ ）。

A. 以食用酒精为酒基生产的酒精浓度低于38度的配制酒

B. 委托加工卷烟

C. 商贸企业将外购的沥青以燃料油的名义对外销售

D. 出国人员免税商店销售的金银首饰

6. 下列消费品中，既征消费税又征增值税的有（ ）。

A. 卷烟的生产和批发环节

B. 金银饰品的生产和零售环节

C. 金银饰品的零售环节

D. 化妆品的生产环节

7. 下列情况中，属于自制应税消费品的有（ ）。

A. 由受托方提供原材料生产的应税消费品

B. 受托方先将原材料卖给委托方，然后再接受加工的应税消费品

C. 由委托方提供原料和主要材料，受托方只收取加工费和代垫部分辅助材料加工的应税消费品

D. 由受托方以委托方名义购进原材料生产的应税消费品

8. 我国消费税分别采用（ ）的计

征方法。

A. 从价定率

B. 从量定额

C. 从价定额

D. 从量定额和从价定率相结合

9. 下列货物中，采用从量定额方法计征消费税的有（　　）。

A. 黄酒　　B. 游艇

C. 润滑油　　D. 雪茄烟

10. 下列应税消费品中，实行从量定额和从价定率相结合计算应纳消费税的有（　　）。

A. 啤酒　　B. 黄酒

C. 白酒　　D. 卷烟

11. 实行从量定额与从价定率相结合征税办法的产品有（　　）。

A. 卷烟　　B. 啤酒

C. 粮食白酒　　D. 薯类白酒

12. 下列消费品中，属于消费税征税范围的有（　　）。

A. 啤酒　　B. 葡萄酒

C. 调味料酒　　D. 果啤

13. 下列情况中，可按委托加工应税消费品的规定征收消费税的有（　　）。

A. 由委托方提供原料、主要材料和全部辅助材料加工的应税消费品

B. 由受托方代垫原料，委托方提供辅助材料加工的应税消费品

C. 受托方先将原材料卖给委托方，然后再接受加工的应税消费品

D. 由委托方提供原料和主要材料，受托方代垫部分辅助材料加工的应税消费品

14. 按消费税暂行条例的规定，下列情形的应税消费品，以纳税人同类应税消费品的最高销售价格作为计税依据计算消费税的有（　　）。

A. 用于抵债的自产应税消费品

B. 用于对外投资入股的外购应税消费品

C. 用于换取生产资料的自产应税消费品

D. 用于换取消费资料的外购应税消费品

15. 关于应税消费品销售额的确定，下列表述正确的有（　　）。

A. 应税消费品的销售额包括向购买方收取的增值税款

B. 随同应税消费品出售的包装物，无论是否单独计价，也无论会计上如何核算，均应并入销售额中征收消费税

C. 自产自用的应税消费品，按照本企业同类产品的销售价格确定销售额

D. 随同应税消费品出售的包装物，其适用的消费税税率和应税消费品的消费税税率相同

16. 按照我国现行税法，下列各项中，应该计入应税消费品的销售额的项目有（　　）。

A. 企业收到的代垫运费（运费发票开给购货方，且由企业转交）

B. 企业销售白酒收到的包装物押金，尚未到期

C. 企业销售应税消费品应该缴纳的增值税销项税额

D. 企业销售应税消费品应该缴纳的消费税

17. 下列各项中，应视同销售缴纳消费税的有（　　）。

A. 外购润滑油分装销售

B. 将自产越野汽车用于赞助汽车拉力赛

C. 将自制应税消费品用于广告

D. 将自产小轿车用于碰撞实验

18. 下列各项中，按照我国现行税法，应征消费税的有（　　）。

A. 纳税人进口应税消费品

B. 纳税人将生产的应税消费品投资入股

C. 纳税人将生产的应税消费品用于继续生产应税消费品

D. 纳税人将生产的应税消费品出口

19. 下列各项中，符合消费税纳税时间规定的有（　　）。

A. 采取赊销方式结算的，为发出应税消费品的当天

B. 采取预收货款方式结算的，为收取货款的当天

C. 进口应税消费品，为报关进口的当天

D. 采用托收承付方式结算的，为发出应税消费品并办妥托收手续的当天

20. 下列各项中，按照有关规定，应当在产品发出时征收消费税的有（　　）。

A. 卷烟厂生产的用于连续生产应税卷烟的烟丝

B. 酒厂作为职工福利发放给职工的滋补药酒

C. 原油加工厂生产的用于加工溶剂油的石油

D. 汽车制造厂把生产出的小汽车提供给上级主管部门使用

21. 下列关于消费税计税依据的特殊规定，表述正确的有（　　）。

A. 纳税人用于换取生产资料和消费资料，应当以纳税人同类应税消费品的最高销售价格作为计税依据计算消费税

B. 金银首饰连同包装物销售的，不论包装是否单独计价，也不论会计上如何核算，均应并入金银首饰的销售额，计征消费税

C. 纳税人采用以旧换新方式销售的金银首饰，应按实际收取的全部价款确定计税依据征收消费税

D. 白酒生产企业向商业销售单位收取的“品牌使用费”是随着应税白酒的销售而向购货单位收取的，属于应税白酒销售价款的组成部分，应并入白酒的销售额中缴纳消费税

22. 下列货物中，属于消费税征收范围的有（　　）。

A. 未经打磨、倒角的木制一次性筷子

B. 实木复合地板

C. 未经涂饰的素板

D. 装饰墙壁的实木装饰板

23. 根据消费税的现行规定，下列货物属于消费税征税范围的有（　　）。

A. 体育上用的发令纸

B. 变压器油

C. 木制一次性筷子

D. 高尔夫球杆

24. 下列项目中，不能直接作为消费税计税依据的有（　　）。

A. 销售应税消费品开具的普通发票上的价款

B. 白酒的包装物押金

C. 销售货物收取的运费

D. 用于换取消费资料的应税消费品的加权平均价格

25. 根据现行政策规定，下列关于白酒消费税最低计税价格核定管理办法的规定，正确的有（　　）。

A. 白酒生产企业销售给销售单位的白酒，生产企业消费税计税价格低于销售单位对外销售价格（不含增值税）70%以下的，税务机关应核定消费税最低计税价格

B. 白酒消费税最低计税价格由白酒生产企业自行申报，税务机关核定

C. 已核定最低计税价格的白酒，生产企业实际销售价格高于消费税最低计税价格的，按最低计税价格申报纳税

D. 已核定最低计税价格的白酒，销售单位对外销售价格持续上涨或下降时间达

到 3 个月以上、累计上涨或下降幅度在 20%（含）以上的白酒，税务机关重新核定最低计税价格

26. 企业销售白酒取得的下列款项中，应并入销售额计征消费税的有（　　）。

A. 优质费

B. 包装物租金

C. 品牌使用费

D. 包装物押金

27. 下列关于从量计征消费税计税依据确定方法的表述中，正确的有（　　）。

A. 销售应税消费品的，为应税消费品的销售数量

B. 进口应税消费品的，为海关核定的应税消费品进口征税数量

C. 以应税消费品投资入股的，为应税消费品移送使用数量

D. 委托加工应税消费品的，为加工完成的应税消费品数量

28. 某汽车制造厂生产的小汽车用于下列各项中，应于移送使用时缴纳消费税的有（　　）。

A. 用于本厂研究所作碰撞试验

B. 赠送给贫困地区

C. 移送改装分厂改装加长型豪华小汽车

D. 为了交际应酬，将其转为自用

29. 下列各项中，应同时征收增值税和消费税的有（　　）。

A. 批发环节销售的卷烟

B. 零售环节销售的金基合金首饰

C. 生产环节销售的普通化妆品

D. 进口环节取得外国政府捐赠的小汽车

30. 下列各项中，符合消费税纳税地点规定的有（　　）。

A. 进口应税消费品的，由进口人或其代理人向报关地海关申报纳税

B. 纳税人总机构与分支机构不在同一县的，分支机构应回总机构申报纳税

C. 委托加工应税消费品的，由委托方向受托方所在地主管税务机关申报纳税

D. 纳税人到外县销售自产应税消费品的，应回纳税人机构所在地或居住地申报纳税

31. 下列各项中，属于消费税纳税义务人的有（　　）。

A. 零售钻石及钻石饰品的商场

B. 零售高档手表的企业

C. 委托加工木制一次性筷子的委托方

D. 生产实木地板用于装饰本企业办公室的地板生产企业

32. 根据消费税的现行规定，下列说法符合规定的有（　　）。

A. 生产销售应税消费品的，为应税消费品的生产数量

B. 自产自用应税消费品的，为应税消费品的移送使用数量

C. 委托加工应税消费品的，为纳税人收回的应税消费品数量

D. 进口应税消费品的，为海关核定的应税消费品进口征税数量

33. 下列关于零售环节征收消费税的表述中，正确的有（　　）。

A. 纳税人销售金银首饰、钻石及钻石饰品，其计税依据是不含增值税的销售额

B. 镀金、包金首饰在零售环节征收消费税

C. 金银首饰与其他产品组成成套消费品销售的，应按销售额全额征收消费税

D. 金银首饰连同包装物销售的，无论包装物是否单独计价，也无论会计上如何核算，均应并入金银首饰的销售额，计征消费税

34. 下列关于卷烟消费税的税务处理，说法正确的有（　　）。

A. 在卷烟批发环节，纳税人应将卷烟销售额与其他商品销售额分开核算，未分开核算的，一并征收消费税

B. 卷烟批发企业销售卷烟给卷烟批发企业以外的单位和个人于销售时纳税，卷烟批发企业之间销售的卷烟不缴纳消费税

C. 卷烟批发企业的机构所在地，总机构与分支机构不在同一地区的，由总机构申报纳税

D. 卷烟消费税在生产和批发两个环节征收后，卷烟批发企业在计算纳税时不得扣除已含的生产环节的消费税税款

35. 下列关于啤酒计征消费税的有关规定，说法正确的有（　　）。

A. 纳税人生产销售啤酒收取的包装物押金，应在包装物逾期未退、没收押金时，将押金并入当期销售额计征消费税

B. 在确定啤酒适用的消费税定额税率时，计算的啤酒每吨出厂价格含包装物及包装物押金

C. 啤酒适用从量定额办法计征消费税

D. 对饮食业、商业、娱乐业举办的啤酒屋（啤酒坊）利用啤酒生产设备生产的啤酒，应当征收消费税

36. 下列各项中，符合委托加工应税消费品应纳消费税规定的有（　　）。

A. 受托方（除个人外）应在向委托方交货时代收代缴消费税税款

B. 受托方未代收代缴消费税的，委托方收回的应税消费品未销售时不缴纳消费税

C. 受托方已代收代缴消费税的，委托方将收回的应税消费品以不高于受托方的计税价格销售的，不再缴纳消费税

D. 委托加工业务的消费税的计税依据是委托方销售同类应税消费品的平均价格

37. 纳税人销售的应税消费品，以外汇结算销售额的，其销售额的人民币折合率可以选择结算（　　）的国家外汇牌价。

A. 当天

B. 当月1日

C. 当月最后一日

D. 当年1日

38. 下列项目中，可以扣除外购应税消费品已纳消费税税款的有（　　）。

A. 外购已税高档化妆品生产的高档化妆品

B. 外购已税杆头、杆身和握把生产的高尔夫球杆

C. 外购已税珠宝玉石生产的金银镶嵌首饰

D. 外购已税实木地板生产的实木地板

39. 下列各项中，符合我国现行出口应税消费品的退（免）消费税政策的有（　　）。

A. 免税但不退税

B. 不免税也不退税

C. 不免税但退税

D. 免税并退税

40. 根据消费税法律制度的规定，下列关于消费税纳税义务发生时间的表述中，正确的有（　　）。

A. 销售应税消费品采取赊销和分期收款结算方式的，为书面合同约定的收款日期的当天；书面合同没有约定收款日期或者无书面合同的，为发出应税消费品的当天

B. 销售应税消费品采取预收货款结算方式的，为收到货款的当天

C. 销售应税消费品采取托收承付和委托银行收款方式的，为发出应税消费品并办妥托收手续的当天

D. 纳税人委托加工应税消费品的，为受托人加工完毕的当天

三、计算问答题

1. 某企业为增值税一般纳税人，2021

年3月经营状况如下：

（1）生产食用酒精一批，将其中的50%用于销售，开具的增值税专用发票注明金额10万元、税额1.3万元。

（2）将剩余50%的食用酒精作为酒基，加入食品添加剂调制成38度的配制酒，当月全部销售，开具的增值税专用发票注明金额18万元、税额2.34万元。

（3）酿制葡萄酒一批，将10%的葡萄酒用于生产酒心巧克力，采用赊销方式销售，不含税总价为20万元，货已经交付，合同约定10月31日付款。

（4）将剩余90%的葡萄酒装瓶对外销售，开具的增值税专用发票注明金额36万元、税额4.68万元。

（其他相关资料：企业当期通过认证可抵扣的进项税额为8万元：消费税税率为10%。）

要求：根据上述资料，按照下列序号回答问题，如有计算需计算出合计数。

（1）计算业务（1）应缴纳的消费税。

（2）计算业务（2）应缴纳的消费税。

（3）计算业务（3）应缴纳的消费税。

（4）计算业务（4）应缴纳的消费税。

（5）计算该企业3月应缴纳的增值税。

2. 某礼花厂2021年5月发生以下业务：

（1）月初库存外购已税鞭炮的金额为12 000元，当月购进已税鞭炮300箱，增值税专用发票上注明的每箱购进金额为300元。月末库存外购已税鞭炮的金额为8 000元。其余为当月生产领用。

（2）当月生产甲鞭炮120箱，销售给A商贸公司100箱，每箱不含税销售价格为800元；其余20箱通过该企业自设非独立核算门市部销售，每箱不含税销售价格为850元。

（3）当月生产乙鞭炮500箱，销售给B商贸公司250箱，每箱销售价格为1 100元；将200箱换取火药厂的火药，双方按易货价格开具了增值税专用发票；剩余的50箱作为福利发给职工。

（其他相关资料：上述增值税专用发票的抵扣联均已经过认证；鞭炮的消费税税率为15%。）

要求：根据上述资料，按照下列序号回答问题，如有计算需计算出合计数。

（1）计算礼花厂销售给A商贸公司鞭炮应缴纳的消费税。

（2）计算礼花厂销售给B商贸公司鞭炮应缴纳的消费税。

（3）计算礼花厂门市部销售鞭炮应缴纳的消费税。

（4）计算礼花厂用鞭炮换取原材料应缴纳的消费税。

（5）计算礼花厂将鞭炮作为福利发放应缴纳的消费税。

（6）计算礼花厂当月允许扣除的已纳消费税。

（7）计算礼花厂当月实际应缴纳的消费税。

3. 某卷烟厂为增值税一般纳税人。2021年5月，发生如下业务：

（1）月初进口一批烟丝，支付货价300万元、卖方佣金10万元，该批烟丝运抵我国输入地点起卸前，发生运费及保险费共计12万元；起卸后发生运费2万元。以上业务已取得海关进口完税凭证、海关进口增值税专用缴款书、运输企业开具的增值税专用发票。

（2）购进其他原材料、水、电等，取得的增值税专用发票上注明的增值税税额合计为40万元，其中2万元为税务机关代开增值税专用发票所载税额。

（3）领用月初进口烟丝的80%用于本厂生产M牌卷烟。

（4）按 60 元/条的调拨价格（不含增值税）销售 600 标准箱 M 牌卷烟给某卷烟批发公司。

（其他相关资料：假定烟丝的关税税率为 10%；烟丝的消费税税率为 30%；甲类卷烟的消费税税率为 56% 加 0.003 元/支；乙类卷烟的消费税税率为 36% 加 0.003 元/支；卷烟每标准箱 = 250 标准条，每标准条 = 200 支；假定该卷烟厂期初无增值税留抵税额，所取得的增值税进项税额扣除凭证均在当月认证并通过。）

要求：根据上述资料，按照下列序号回答问题，如有计算需计算出合计数。

（1）计算 5 月该卷烟厂进口烟丝应缴纳的增值税。

（2）计算 5 月该卷烟厂进口烟丝应缴纳的消费税。

（3）计算 5 月该卷烟厂国内环节应缴纳的增值税。

（4）计算 5 月该卷烟厂国内环节应缴纳的消费税。

4. 某首饰制造企业（增值税一般纳税人），主要生产加工金银首饰、钻石饰品和其他非金银首饰，2021 年 6 月发生以下业务：

（1）销售玉石首饰取得不含税收入 129.8 万元，镀金首饰不含税收入 28 万元。

（2）采取"以旧换新"方式向消费者销售金项链 1 批，旧项链抵顶 12 万元，该批项链取得差价款（含税）合计 56.5 万元。

（3）为某企业定制特定款式的工艺玛瑙首饰和部分金银首饰（共 10 条），该企业作为礼品赠送使用，取得含税收入 113 万元（由于定价时，未明确分开计算，金银首饰没有专门价格）。

（4）用若干金项链向某工业企业抵偿债务，该批项链账面成本为 39 万元，零售价 67.8 万元。

（其他相关资料：金银首饰、铂金饰品和钻石及钻石饰品消费税税率 5%，其他贵重首饰和珠宝玉石的消费税税率为 10%。）

要求：根据上述资料，按照下列序号回答问题，如有计算需计算出合计数。

（1）计算销售玉石首饰和镀金首饰应纳的消费税。

（2）计算以旧换新方式下销售项链应纳的消费税。

（3）计算定制特定款式的首饰应纳的消费税。

（4）计算金项链抵偿债务应纳的消费税。

5. 甲地板厂系增值税一般纳税人，2021 年 5 月发生如下业务：

（1）进口实木地板 A 一批，海关审定的关税完税价格为 16 万元。

（2）从乙实木地板厂购进未经涂饰的素板，取得的增值税专用发票上注明价款 10 万元，增值税 1.3 万元。当月领用进口实木地板 A 的 20% 和未经涂饰素板的 70% 用于继续生产实木地板 B，生产完成后以直接收款方式将部分实木地板 B 对外出售，取得不含税销售收入 64 万元。

（3）采取赊销方式向某商场销售剩余的实木地板 B，不含税销售额 300 万元，合同约定当月 15 日付款，由于商场资金周转不开，实际于下月 20 日支付该笔货款。

（4）将自产的一批实木地板 C 作价 400 万元投资给某商店，该批实木地板的最低不含增值税销售价格为 320 万元，平均不含增值税销售价格为 360 万元，最高不含增值税销售价格为 400 万元。

（5）将新生产的豪华实木地板赠送给重要客户，该批实木地板成本为 180 万元，市场上无同类产品的销售价格。

（其他相关资料：实木地板消费税税率为5%、成本利润率为5%、进口关税税率为30%；上述相关票据均已经过比对认证。）

要求：根据上述资料，按照下列序号回答问题，如有计算需计算出合计数（答案以万元为单位，保留小数点后两位）。

（1）计算甲地板厂应缴纳的进口环节增值税和消费税。

（2）计算甲地板厂应向税务机关缴纳的消费税。

四、综合题

1. 位于县城的某筷子生产企业是增值税一般纳税人，2021年6月发生以下业务：

（1）月初进口一批优质红木用于生产红木工艺筷子，成交价折合人民币20万元，另向境外支付包装材料和包装劳务费用合计折合人民币1万元，支付运抵我国海关前的运杂费和保险费折合人民币2万元。企业按规定缴纳了关税、进口增值税并取得了海关开具的完税凭证。为将货物从海关运往企业所在地，企业支付不含税运费5万元，取得运输企业开具的增值税专用发票。

（2）委托某商场代销红木工艺筷子5 000套，双方约定，待5 000套全部售出并取得代销清单后，企业再开具增值税专用发票给商场。本月底尚未收到代销清单，但已收到其中的3 000套的不含税货款30万元。

（3）将红木工艺筷子4 000套按100元/套的不含税价格赊销给某代理商，双方约定，下个月的25日付款，届时再开具增值税专用发票。

（4）将自产红木工艺筷子1 000套在展销会上作为样品，在展销会结束后无偿赠送给参展的其他客商。

（5）向林业生产者收购一批白桦木原木用以生产木制一次性筷子，给林业生产者开具了经主管税收机关批准使用的农产品收购发票，收购发票上注明的价款合计为50万元，收购款已支付。该批原木通过铁路运往企业所在地，本企业支付运输费2万元，取得铁路部门开具的增值税专用发票。

（6）将成本为20万元的原木移送给位于某市市区的一加工企业，委托其加工成木制一次性筷子，本月全部收回并取得增值税专用发票，专用发票上注明的加工费及辅料费金额共计5万元，受托方已按规定代收代缴相关税款。本月将其全部直接用于销售，取得不含税销售额40万元。

（7）外购低值易耗品、自来水、电力，支付含税价款合计6万元，取得增值税普通发票。

（8）转让本企业于2008年6月购入的某台机器设备，开具普通发票取得含税销售额12万元。购买该设备时取得的增值税专用发票上注明的金额为20万元，本月账面净值为11万元。

（其他相关资料：红木进口关税税率为35%；木制一次性筷子的消费税税率为5%；月初增值税上期留抵进项税额为0；本月取得的合法票据均在本月认证并申报抵扣。）

要求：根据上述资料，按照下列序号回答问题，如有计算需计算出合计数。

（1）计算该企业应缴纳的进口关税。

（2）计算该企业应缴纳的进口增值税。

（3）针对该企业委托商场代销红木工艺筷子的事项，计算本月的增值税销项税额。

（4）针对该企业向代理商赊销红木工艺筷子的事项，计算本月的增值税销项税额。

（5）计算该企业将展销会样品无偿赠

送给参展客商的增值税销项税额。

（6）计算位于某市市区的加工企业应代收代缴的消费税。

（7）计算位于某市市区的加工企业应代收代缴的城建税、教育费附加和地方教育附加。

（8）计算该企业销售使用过的机器设备应缴纳的增值税。

（9）计算该企业本月应缴纳的消费税额（不含受托方代收代缴部分）。

2. 甲卷烟厂为增值税一般纳税人，主要生产甲类卷烟和雪茄烟，2021 年 5 月，生产经营如下：

（1）从烟农手中收购烟叶，支付买价 300 000 元，并且按照规定支付了 30 000 元的价外补贴，同时按照实际支付价款总额的 20% 缴纳了烟叶税。将其运往丙企业委托加工成烟丝，支付运输企业（增值税一般纳税人）不含税运费 100 000 元，取得增值税专用发票，向丙企业支付加工费，取得增值税专用发票注明加工费 100 000 元，增值税 13 000 元，该批烟丝已经验收入库，但本月尚未领用生产，丙企业无同类烟丝的销售价格。

（2）从乙企业（增值税小规模纳税人）购进已税烟丝，取得增值税专用发票，注明价款 200 000 元。

（3）进口一批烟丝，海关审定的关税完税价格为 300 000 元，缴纳进口环节相关税金后，海关放行，并取得海关进口增值税专用缴款书，该批烟丝已经验收入库，但本月尚未领用生产。

（4）领用从乙企业购进烟丝的 80% 用于继续生产甲类卷烟，销售甲类卷烟 3 000 箱，取得不含税销售收入 1 200 000 元；本月销售雪茄烟取得不含税销售收入 5 200 000 元。

（5）本月因管理不善导致上月从增值税一般纳税人处购进的烟丝（已抵扣进项税额）霉烂变质，成本 200 000 元。

（其他相关资料：烟丝的消费税税率为 30%，烟丝的关税税率为 50%；甲类卷烟生产环节消费税税率为 56% 加 0.003 元/支；雪茄烟的消费税税率 36%；上述业务涉及的相关票据均已申报抵扣）

要求：根据上述资料，按照下列序号回答问题，如有计算需计算出合计数。

（1）计算丙企业应代收代缴的消费税。

（2）计算甲卷烟厂当期应缴纳的进口环节消费税和增值税。

（3）计算甲卷烟厂应向主管税务机关缴纳的增值税。

（4）计算甲卷烟厂应自行向主管税务机关缴纳的消费税。

答案及解析

一、单项选择题

1. **【答案】** A

【解析】 目前我国的消费税共列举 15 个税目的征税范围。

2. **【答案】** A

【解析】 该题目主要考核消费税税目。电动汽车、子午线轮胎、高尔夫车，不属于消费税征收范围，不征收消费税。

3. **【答案】** A

【解析】 选项 B、C、D：均属于应税消费品。

4. **【答案】** C

【解析】 选项 A：为生产环节缴纳消费税。选项 B：不缴纳消费税。选项 D：金银首饰在零售环节缴纳消费税。

5. **【答案】** B

【解析】 消费税是对特定货物征收的，不具有普遍性。

6. **【答案】** C

【解析】选项A：属于卷烟的征税范围。选项B：属于酒及酒精的征税范围，需要征收消费税。选项D：卷烟批发企业之间销售卷烟不需要缴纳消费税。

7.【答案】C

【解析】翻新改制（以旧换新）方式销售的金银首饰应按实际收取的不含增值税的全部价款作为计税依据。

8.【答案】D

【解析】化妆品、玉石首饰、镀金、包金首饰在生产环节纳税。

9.【答案】D

【解析】选项A、B、C：视同销售需要缴纳消费税。

10.【答案】C

【解析】与其他消费品不同的是，卷烟除了在生产销售环节征收消费税外，还在批发环节征收一次。

11.【答案】D

【解析】应缴纳消费税 $=140\times8\times(1+110\%)\div(1-5\%)\times5\%=123.79$（万元）。

12.【答案】C

【解析】纳税人进口应税消费品，按照组成计税价格和规定的税率计算应纳税额。

13.【答案】B

【解析】将不同税率的应税消费品组成成套消费品销售的，从高适用税率。

14.【答案】D

【解析】选项A、B、C：不需要缴纳消费税。

15.【答案】C

【解析】体育上用的发令纸、鞭炮药引线，不缴纳消费税。

16.【答案】B

【解析】选项B不用缴纳消费税。

17.【答案】C

【解析】按照规定委托加工的应税消费品，由受托方在向委托方交货时代收代缴税款。

18.【答案】A

【解析】改在零售环节征收消费税的金银首饰仅限于金基、银基合金首饰以及金、银和金基、银基合金的镶嵌首饰，进口环节暂不征收。

19.【答案】A

【解析】选项B、C：酒精与小汽车从价计征。选项D：卷烟为复合计征消费税。

20.【答案】D

【解析】受托加工高档化妆品的企业代收代缴消费税，是消费税的代收代缴义务人，不是消费税的纳税人。

21.【答案】B

【解析】应纳消费税 $=2\ 260\ 000\div(1+13\%)\times15\%=30$（万元）。

22.【答案】B

【解析】纳税人自产的应税消费品用于换取生产资料和消费资料、投资入股和抵偿债务等方面，应当按照纳税人同类应税消费品的最高销售价格作为计税依据。该汽车厂应纳消费税 $=5\times25.5\times12\%=15.30$（万元）。

23.【答案】C

【解析】应纳消费税额＝［成本×（1＋成本利润率）＋定额消费税］÷（1－消费税税率）×消费税税率＋定额消费税 $=[8\ 000\times(1+10\%)+3\times2\ 000\times0.5]\div(1-20\%)\times20\%+3\times2\ 000\times0.5=5\ 950$（元）。

24.【答案】D

【解析】用于抵债的应税消费品应作视同销售处理，发出货物的一方按最高售价计算消费税，按平均售价计算增值税。

25.【答案】D

【解析】对于委托加工雪茄烟，应由受托方代收代缴消费税。受托方应代收代

缴的消费税 =（80 000 + 10 000）÷（1 - 36%）×36% =50 625（元）。

26. 【答案】D

【解析】根据消费税相关规定，委托加工消费品无参考价格的，按照组成价格计算消费税，组成价格 =（材料成本 + 加工费）÷（1 - 比例税率），甲公司应代收代缴的消费税 =（80 + 10）÷（1 - 15%）×15% = 15.89（万元）。

27. 【答案】A

【解析】外贸公司出口货物，增值税先征后退，按专用发票价款依据法定退税率计算应退增值税，按原生产企业缴纳的消费税退还消费税。该外贸公司出口化妆品应退流转税 = 60 × 13% + 60 × 15% = 16.8（万元）。

28. 【答案】B

【解析】酒厂该笔业务应该缴纳的消费税 = 0.5 × 20 × 2 000 + 100 000 × 20% = 40 000（元）。

29. 【答案】D

【解析】（1）组成计税价格 =（900 000 + 180 000 + 5 000 × 0.5 × 2）÷（1 - 20%）= 1 356 250（元）。（2）应缴纳消费税税额 = 1 356 250 × 20% + 5 000 × 0.5 × 2 = 276 250（元）。

30. 【答案】D

【解析】现行税法规定，对于委托加工应税消费品，由受托方在向委托方交货时代收代缴消费税，但是对委托个人（包括个体工商户）加工应税消费品，由委托方收回后在委托方所在地缴纳消费税。

31. 【答案】A

【解析】本月应纳消费税 = 197 × 15% - 6.5 ÷ 13% × 15% × 80% = 23.55（万元）。

32. 【答案】B

【解析】纳税人将不同税率应税消费品组成成套消费品销售的，即使分别核算销售额也从高税率计算应纳消费税。该企业 6 月应纳消费税 =（12 000 × 5 + 6 200）× 20% + 12 000 × 0.5 + 6 000 × 300 × 20% + 6 000 × 4 × 0.5 = 391 240（元）

33. 【答案】D

【解析】卷烟消费税在生产和批发两个环节征收后，批发企业在计算纳税时不得扣除已含的生产环节的消费税税款。

34. 【答案】C

【解析】免税商店零售金银首饰按 5% 税率缴纳消费税，所以应缴纳的消费税 = 40 × 5% = 2（万元）。

35. 【答案】D

【解析】选项 A：香皂不属于消费税征收范围，不征收消费税。选项 B：素板属于消费税征收范围，不享受免征优惠，应当征收消费税。选项 C：电动汽车不属于消费税征收范围，不征收消费税。

36. 【答案】D

【解析】应纳消费税 =（600 × 400 + 650 × 500 + 650 × 300）× 15% = 114 000（元）。

37. 【答案】D

【解析】委托加工的应税消费品，受托方没有同类消费品销售价格的，按照组成计税价格计算代收代缴的消费税，实行从价定率办法计算纳税的组成计税价格计算公式：组成计税价格 =（材料成本 + 加工费）÷（1 - 消费税比例税率），本题支付的运费应计入材料成本中，乙企业应代收代缴的消费税 =（100 + 2 + 10）÷（1 - 5%）× 5% = 5.89（万元）。

38. 【答案】B

【解析】委托加工应税消费品的受托方是个体户的，不负扣缴义务，由委托方收回后缴纳消费税，税务机关应向张某追缴税款。

39. 【答案】A

【解析】委托加工的应税消费品是指由委托方提供原料和主要材料，受托方只收取加工费和代垫部分辅助材料加工的应税消费品；对于由受托方提供原材料生产的应税消费品，或者受托方先将原材料卖给委托方，然后再接受加工的应税消费品，以及由受托方以委托方名义购进原材料生产的应税消费品，不论纳税人在财务上是否作销售处理，都不得作为委托加工应税消费品，而应当按照销售自制应税消费品缴纳消费税。所以，选项 A 的消费税纳税人是委托方，而选项 B、C、D 的消费税纳税人是受托方。

40.【答案】D

【解析】选项 A："金银铂钻"在零售环节征收消费税，生产销售环节不征收消费税。选项 B：卷烟在生产销售、委托加工或进口环节征收消费税，在批发环节加征一道消费税，在零售环节不征收消费税。选项 C：酒精不属于消费税的征税范围。选项 D：自 2016 年 12 月 1 日起，在生产（进口）环节按现行税率征收消费税基础上，超豪华小汽车在零售环节加征一道消费税。将超豪华小汽车销售给消费者的单位和个人为超豪华小汽车零售环节纳税人。

41.【答案】B

【解析】选项 A、D：既征收增值税，也征收消费税。选项 C：征收消费税，不征收增值税。

42.【答案】A

【解析】N 牌卷烟计税价格 $=100\times(1-30\%)=70$（元/条），属于甲类卷烟。该企业当期应纳消费税 $=70\times300\times250\times56\%+300\times150=2\,940\,000+45\,000=2\,985\,000$（元）。

43.【答案】B

【解析】卷烟的消费税实行复合计征，领用外购已税烟丝连续生产卷烟的，已纳消费税可以扣除。当月该卷烟厂应纳消费税税额 $=400\times56\%+150\times80\div10\,000-50\times30\%\times70\%=214.7$（万元）。

44.【答案】C

【解析】该厂应代收代缴消费税 $=60\,000\times15\%=9\,000$（元）。

45.【答案】C

【解析】乙企业应代收代缴消费税 $=[(100+100\times10\%)\times(1+20\%)\times(1-10\%)+7+12]\div(1-30\%)\times30\%=59.05$（万元）。

46.【答案】A

【解析】乙企业应代收代缴消费税 $=(40+4)\div(1-5\%)\times5\%=2.32$（万元）。以委托加工收回的素板继续生产高档实木地板，准予按照当期生产领用数量扣除已纳消费税。该地板厂应自行向税务机关申报缴纳消费税 $=360\times5\%-2.32\times60\%=16.61$（万元）。

47.【答案】D

【解析】国内汽车生产企业直接销售给消费者的超豪华小汽车，消费税税率按照生产环节税率和零售环节税率加总计算。甲汽车生产企业当月应纳消费税 $=170\times5\times(25\%+10\%)=297.5$（万元）。

48.【答案】C

【解析】外贸企业出口高档手表，增值税和消费税的退税依据均为购进高档手表时取得的增值税专用发票上注明的不含增值税价款，与离岸价格无关。该外贸企业出口高档手表应退还的增值税和消费税合计 $=40\times(13\%+20\%)=13.2$（万元）。

49.【答案】C

【解析】进口环节应纳消费税 $=[10\times22\times(1+50\%)+10\times150\div10\,000]\div(1-56\%)\times56\%+10\times150\div10\,000=420.34$（万元）。

50.【答案】A

【解析】纳税人自产自用的应税消费品，除另有规定外，应向纳税人机构所在地或者居住地主管税务机关申报纳税。

51.【答案】D

【解析】选项A：采取分期收款方式销售的应税消费品，纳税义务发生时间为书面合同规定的收款日期的当天，书面合同没有约定收款日期或者无书面合同的，为发出应税消费品的当天。选项B：采取预收货款结算方式的，其纳税义务发生时间为发出应税消费品的当天。选项C：其纳税义务发生时间为3月20日。

二、多项选择题

1.【答案】AD

【解析】消费税就应税消费品的销售额和销售数量征税。

2.【答案】AC

【解析】选项B：用于产品质量检验耗费的高尔夫球杆属于必要的生产经营过程，不征消费税。选项D：如果门市部已经对外销售了，应当按销售额计征消费税。

3.【答案】ABC

【解析】选项D：舞台、戏剧、影视演员化妆用的上妆油、卸妆油、油彩，不征收消费税。

4.【答案】AD

【解析】选项B：卷烟厂将自产的烟丝移送用于生产卷烟，不缴纳增值税也消费税。选项C：日化厂将自产的香精移送用于生产普通护肤品，在移送环节缴纳消费税，在销售环节缴纳增值税。

5.【答案】ABCD

【解析】选项A：以食用酒精为酒基生产的酒精浓度低于38度的配制酒，按消费税税目税率表“其他酒”10%适用税率征收消费税。选项B：委托加工卷烟，委托方为消费税纳税人，受托方为消费税代收代缴义务人。选项C：工业企业以外的单位和个人的下列行为视为应税消费品的生产行为，按规定征收消费税：（1）将外购的消费税非应税产品以消费税应税产品对外销售的；（2）将外购的消费税低税率应税产品以高税率应税产品对外销售的。选项D：对出国人员免税商店销售的金银首饰征收消费税。

6.【答案】ACD

【解析】选项B：金银饰品在生产环节不缴消费税。

7.【答案】ABD

【解析】选项C：为委托加工消费品。

8.【答案】ABD

【解析】我国消费税实行从价计征、从量计征和从价从量复合计征三种方法。

9.【答案】AC

【解析】消费税税目中，只有啤酒、黄酒、成品油采用从量定额方法计征消费税。

10.【答案】CD

【解析】选项A、B：啤酒、黄酒从量定额征收消费税。

11.【答案】ACD

【解析】选项B：为从量定额征收。

12.【答案】ABD

【解析】调味料酒不征消费税。

13.【答案】AD

【解析】选项B、C：视为自产自销应税消费品。

14.【答案】ABCD

【解析】纳税人用于换取生产资料和消费资料，投资入股和抵偿债务等方面的应税消费品，应当以纳税人同类应税消费品的最高销售价作为计税依据。

15.【答案】BCD

【解析】选项A：应税消费品的销售额不包括向购买方收取的增值税款。

16.【答案】BD

【解析】现行税法规定，对酒类生产企业销售酒类产品（啤酒、黄酒除外）而收取的包装物押金，无论押金是否返还以及会计上如何核算，均须并入酒类产品销售额中。增值税是价外税、消费税是价内税，所以应税销售额中含有消费税，不含增值税。

17. 【答案】BC

【解析】选项A：外购润滑油分装视同应税消费品的生产行为缴纳消费税，准予扣除外购润滑油已纳的消费税款。选项D：将自产小轿车用于碰撞实验不纳消费税。

18. 【答案】AB

【解析】现行税法规定，纳税人将生产的应税消费品换取生产资料、消费资料、投资入股、偿还债务，以及继续生产应税消费品以外的其他方面都应缴纳消费税。

19. 【答案】CD

【解析】采取预收货款结算方式的，为发出应税消费品的当天。赊销方式纳税义务的发生时间为销售合同规定的收款日期的当天，托收承付方式为发出应税消费品并办妥托收手续的当天。

20. 【答案】BD

【解析】现行税法规定，纳税人自产自用的应税消费品，用于连续生产应税消费品的，不纳税。

21. 【答案】ABD

【解析】选项A：纳税人用于换取生产资料、消费资料和抵偿债务，计算消费税是以纳税人同类应税消费品的最高销售价格为计税依据，计算增值税是以纳税人最近时期同类货物的平均销售价格为计税依据。选项C：纳税人采用以旧换新方式销售的金银首饰，应按实际收取的不含增值税的全部价款确定计税依据征收消费税。

22. 【答案】ABCD

【解析】选项A、B、C、D均属于消费税征收范围。

23. 【答案】CD

【解析】选项A、B：不属于消费税的征税范围。

24. 【答案】ABCD

【解析】用于换取消费资料的应税消费品应按最高价格，其余价格应换算成不含税。

25. 【答案】ABD

【解析】选项C：已核定最低计税价格的白酒，生产企业实际销售价格高于消费税最低计税价格的，按实际销售价格申报纳税。

26. 【答案】ABCD

【解析】选项A、B、C、D均属于应当计入白酒销售额计征消费税的项目。

27. 【答案】ABC

【解析】选项D：委托加工应税消费品的，为纳税人收回的应税消费品数量。

28. 【答案】BD

【解析】选项A：将小汽车用于碰撞试验不缴纳消费税。选项C：属于用于生产应税消费品，在改装后的加长型豪华小汽车销售时，缴纳消费税。

29. 【答案】AB

【解析】选项C：征收增值税不征收消费税。选项D：外国政府、国际组织无偿援助的进口物资属于增值税免税项目，同时也免征消费税。

30. 【答案】AD

【解析】选项B：纳税人的总机构与分支机构不在同一县（市）的，应在生产应税消费品的分支机构所在地缴纳消费税，经省（自治区、直辖市）财政厅（局）、税务局审批同意，可以由总机构汇总向总机构所在地主管税务机关申报缴纳消费税。选项C：委托加工的应税消费品，除受托方为个人外，由受托方向机构所在地或居住地主管税务机关解缴消费税税款。

31. 【答案】ACD

【解析】高档手表在生产销售、委托加工或进口环节征收消费税，在零售环节不缴纳消费税

32. 【答案】BCD

【解析】生产销售应税消费品的，为应税消费品的销售数量。

33. 【答案】ACD

【解析】选项 B：镀金（银）、包金（银）首饰，以及镀金（银）、包金（银）的镶嵌首饰，在生产销售环节、委托加工环节或进口环节征收消费税，零售环节不征收消费税。

34. 【答案】ABCD

【解析】以上选项均正确。

35. 【答案】BCD

【解析】选项 A：啤酒适用从量定额办法计征消费税，所以包装物押金不影响其消费税的计算。

36. 【答案】AC

【解析】选项 B：对委托加工业务，受托方未代收代缴消费税的，委托方收回后不管是否已经销售均应补缴委托加工环节应纳的消费税。选项 D：委托加工业务的消费税的计税依据以受托方同类应税消费品的销售价格或组成计税价格确定。

37. 【答案】AB

【解析】纳税人销售的应税消费品，以外汇结算销售额的，其销售额的人民币折合率可以选择结算的当天或当月 1 日的国家外汇牌价。

38. 【答案】ABD

【解析】选项 C：不准扣除外购应税消费品已纳消费税税额。

39. 【答案】ABD

【解析】出口消费税的政策只有免税并退税、免税但不退税、不免税也不退税。

40. 【答案】AC

【解析】选项 B：纳税人采取预收货款结算方式的，为发出应税消费品的当天。选项 D：纳税人委托加工应税消费品的，为纳税人提货的当天。

三、计算分析题

1. 【答案】

（1）酒精不属于消费税征税范围，不用缴纳消费税。

（2）业务（2）应缴纳的消费税 = 18 × 10% = 1.8（万元）

（3）业务（3）应缴纳的消费税 = 36 ÷ 90% × 10% × 10% = 0.4（万元）

（4）业务（4）应缴纳的消费税 = 36 × 10% = 3.6（万元）

（5）该企业 9 月应缴纳的增值税 = (1.3 + 2.34 + 4.68) − 8 = 0.32（万元）

2. 【答案】

（1）销售给 A 商贸公司鞭炮应缴纳的消费税 = 800 × 100 × 15% = 80 000 × 15% = 12 000（元）

（2）销售给 B 商贸公司鞭炮应缴纳的消费 = 1 100 × 250 × 15% = 275 000 × 15% = 41 250（元）

（3）门市部销售鞭炮应缴纳的消费税 = 850 × 20 × 15% = 17 000 × 15% = 2 550（元）

（4）用鞭炮换取原材料应缴纳的消费税 = 1 100 × 200 × 15% = 220 000 × 15% = 33 000（元）

（5）将鞭炮作为福利发放应缴纳的消费税 = 1 100 × 50 × 15% = 55 000 × 15% = 8 250（元）

（6）当月允许扣除的已缴纳消费税 = （12 000 + 300 × 300 − 8 000）× 15% = 14 100（元）

（7）当月实际应缴纳消费税 = 12 000 + 41 250 + 2 550 + 33 000 + 8 250 − 14 100 =

82 950（元）

3.【答案】

（1）进口烟丝组成计税价格 =（300 + 10 + 12）×（1 + 10%）÷（1 − 30%）= 506（万元）

进口烟丝应缴纳的增值税 = 506 × 13% = 65.78（万元）

（2）进口烟丝应缴纳的消费税 = 506 × 30% = 151.8（万元）

（3）增值税进项税额合计 = 65.78 + 2 × 9% + 40 = 105.96（万元）

销项税额合计 = 60 × 600 × 250 × 13% ÷ 10 000 = 117（万元）

该卷烟厂国内环节应缴纳的增值税 = 117 − 105.96 = 11.04（万元）

（4）本月可扣除的进口烟丝消费税 = 151.8 × 80% = 121.44（万元）

国内环节应纳消费税 = 60 × 600 × 250 × 36% ÷ 10 000 + 600 × 150 ÷ 10 000 − 121.44 = 324 + 9 − 121.44 = 333 − 121.44 = 211.56（万元）

4.【答案】

（1）销售玉石首饰和镀金首饰应缴纳消费税。

应缴纳的消费税 =（129.8 + 28）× 10% = 15.78（万元）

（2）"以旧换新"销售金项链应缴纳的消费税 = 56.5 ÷（1 + 13%）× 5% = 2.5（万元）

（3）定制加工金银首饰应缴纳的消费税 = 113 ÷（1 + 13%）× 10% = 10（万元）

（4）抵偿债务应缴纳的消费税 = 67.8 ÷（1 + 13%）× 5% = 3（万元）

该首饰制造企业应该缴纳的消费税 = 15.78 + 2.5 + 10 + 3 = 31.28（万元）

5.【答案】

（1）应缴纳进口环节增值税 =（16 + 16 × 30%）÷（1 − 5%）× 13% = 2.85（万元）

应缴纳进口环节消费税 =（16 + 16 × 30%）÷（1 − 5%）× 5% = 1.10（万元）

甲地板厂应缴纳的进口环节增值税和消费税合计 = 2.85 + 1.10 = 3.95（万元）。

（2）准予抵扣的实木地板已纳消费税 =（16 + 16 × 30%）÷（1 − 5%）× 5% × 20% + 10 × 5% × 70% = 0.57（万元）。

采取赊销方式销售应税消费品的，消费税纳税义务发生时间为销售合同约定的收款日期的当天；业务（2）、业务（3）应缴纳实木地板 B 的消费税 = 64 × 5% + 300 × 5% − 0.57 = 17.63（万元）。

业务（4）：自产应税消费品对外投资的，按照最高销售价格计征消费税，应缴纳实木地板 C 的消费税 = 400 × 5% = 20（万元）。

业务（5）：应缴纳消费税 = 180 ×（1 + 5%）÷（1 − 5%）× 5% = 9.95（万元）

甲地板厂应向税务机关缴纳的消费税 = 17.63 + 20 + 9.95 = 47.58（万元）。

四、综合题

1.【答案】

（1）应缴纳的进口关税 =（20 + 1 + 2）× 35% = 8.05（万元）

（2）应缴纳的进口环节的增值税 =（23 + 8.05）× 9% = 2.79（万元）

（3）本月委托商场代销红木工艺筷子增值税销项税额 = 30 × 13% = 3.9（万元）

（4）本月向代理商赊销红木工艺筷子增值税的销项税额 = 0（万元）

（5）展销会样品无偿赠送给参展客商的增值税销项税额 = 1 000 × 0.01 × 13% = 1.3（万元）

（6）代收代缴消费税 =（20 + 5）÷（1 − 5%）× 5% = 26.32 × 5% = 1.32（万元）

（7）代收代缴城建税、教育费附加和地方教育附加 = 1.32 ×（7% + 3% + 2%）=

0.16（万元）

（8）应纳增值税 = 12 ÷（1 + 3%）× 2% = 0.23（万元）

（9）红木工艺筷子非木制一次性筷子，不属于消费税征收范围。

委托加工收回的木制一次性筷子，不含税售价40万元 > 受托方计税价格26.32万元，不属于直接销售，应缴纳消费税。应纳消费税 = 40 × 5% − 1.32 = 0.68（万元）。

2.【答案】

（1）丙企业应代收代缴的消费税 = [（300 000 + 30 000）×（1 + 20%）×（1 − 10%）+ 100 000 + 100 000] ÷（1 − 30%）× 30% = 238 457.14（元）

（2）应缴纳进口环节增值税 =（300 000 + 300 000 × 50%）÷（1 − 30%）× 13% = 83 571.43（元）

应缴纳进口环节消费税 =（30 000 + 30 000 × 50%）÷（1 − 30%）× 30% = 192 857.14（元）

应缴纳的进口环节消费税和增值税合计 = 83 571.43 + 192 857.14 = 276 428.57（元）。

（3）业务（1）：准予抵扣的进项税额 =（300 000 + 30 000）×（1 + 20%）× 10% + 100 000 × 9% + 13 000 = 61 600（元）

业务（2）：准予抵扣的进项税额 = 200 000 × 3% = 6 000（元）

业务（4）：应确认的增值税销项税额 = 1 200 000 × 13% + 5 200 000 × 13% = 832 000（元）

业务（5）：应转出的进项税额 = 200 000 × 13% = 26 000（元）

甲企业应向主管税务机关缴纳的增值税 = 832 000 −（61 600 + 6 000 + 83 571.43 − 26 000）= 706 828.57（元）

（4）应自行缴纳的消费税 = 1 200 000 × 56% + 3 000 × 150 − 200 000 × 30% × 80% + 5 200 000 × 36% = 2 946 000（元）

第四章　企业所得税法

本章考情分析

本章是《税法》课程中的最为重要的一章，从历年考试情况来分析，平均每年分值为 18 ~ 22 分，综合题试题难度较大，考生应全面掌握本章内容。在实务中企业所得税是注册会计师执业活动涉及较多的税种，这就使得成本费用的扣除规定、纳税调整事项、应纳税所得额的确定、应纳税额的计算（包含与其他税种的混合计算）以及税收优惠政策等内容，在历年考试中都曾以不同题型出现，单项选择题、多项选择题和综合题。其中单项选择题 2 ~ 3 题，多项选择题 2 题，每年综合题都有一道关于企业所得税应纳税额的计算。企业所得税应纳税额的计算既可以单独命题，也可以与商品劳务税、财产行为税和《税收征收管理法》、国际税收等进行跨章节的结合综合命题。

本章教材主要变化

1. 新增境外投资者在境内从事混合性投资业务企业所得税处理。

2. 新增企业取得政府财政资金的收入时间确认。

3. 新增企业通过公益性群众团体用于符合法律规定的公益慈善事业捐赠支出，准予按税法规定在计算应纳税所得额时扣除的规定。

4. 新增支持新型冠状病毒感染的肺炎疫情捐赠税收政策。

5. 新增可转换债券转换为股权投资的税务处理。

6. 新增受疫情影响较大的困难行业企业 2020 年度发生的亏损，最长结转年限由 5 年延长至 8 年。

7. 新增企业所得税核定征收改为查账征收后有关资产的税务处理。

8. 新增文物、艺术品资产的税务处理。

9. 修改小型微利企业的认定标准。

10. 新增小型微利企业 2021 年 1 月 1 日至 2022 年 12 月 31 日优惠政策。（重要）

11. 删除高科技型中小企业研究开发费用加计扣除政策。

12. 新增制造业企业研究开发费用加计扣除政策。（重要）

13. 新增对疫情防控重点保障物资生产企业为扩大产能新购置的相关设备，允许一次性计入当期成本费用在企业所得税税前扣除。

14. 删除地方政府债券利息所得免征企业所得税的优惠。

15. 删除房地产开发企业所得税预缴税款的处理。

本章高频考点

考点 1 所得来源的确定

所得类型		所得来源的确定
销售货物所得		按照交易活动发生地确定
提供劳务所得		按照劳务发生地确定
转让财产所得	不动产	按照不动产所在地确定
	动产	按照转让动产的企业或者机构、场所所在地确定
	权益性投资资产	按照被投资企业所在地确定
股息、红利等权益性投资所得		按照分配所得的企业所在地确定
利息、租金、特许权使用费所得		按照负担、支付所得的企业或者机构、场所所在地，或者按照负担、支付所得的个人的住所地确定
其他所得		由国务院财政、税务主管部门确定

【例题·多选题】（2019年）下列关于所得来源地确定方法的表述中，符合企业所得税法规定的有（　　）。

A. 股权转让所得按照转出方所在地确定

B. 销售货物所得按照交易活动发生地确定

C. 不动产转让所得按照不动产所在地确定

D. 特许权使用费所得按照收取特许权使用费所得的企业所在地确定

【答案】BC

【解析】选项A：股权转让所得属于转让权益性投资资产，应该按照被投资企业所在地确定。选项D：特许权使用费所得，按照负担、支付所得的企业或者机构、场所所在地确定，或者按照负担、支付所得的个人的住所地确定。

考点2 收入总额

企业的收入总额包括以货币形式和非货币形式从各种来源取得的收入，具体包括：销售货物收入，提供劳务收入，转让财产收入，股息、红利等权益性投资收益，利息收入，租金收入，特许权使用费收入，接受捐赠收入，其他收入。

（一）一般收入的确认

1. 销售货物收入。

2. 提供劳务收入。

3. 转让财产收入。

（1）企业转让股权收入，应于转让协议生效且完成股权变更手续时，确认收入的实现。转让股权收入扣除为取得该股权所发生的成本后，为股权转让所得。企业在计算股权转让所得时，不得扣除被投资企业未分配利润等股东留存收益中按该项股权所可能分配的金额。

（2）被清算企业的股东分得的剩余资产的金额，其中相当于被清算企业累计未分配利润和累计盈余公积中按该股东所占股份比例计算的部分，应确认为股息所得；剩余资产减除股息所得后的余额，超过或低于股东投资成本的部分，应确认为股东的投资转让所得或损失。

4. 股息、红利等权益性投资收益。

（1）除另有规定外，按被投资方作出利润分配决定的日期确认收入的实现。

（2）被投资企业将股权（票）溢价所形成的资本公积转为股本的，不作为投资方企业的股息、红利收入，投资方企业也不得增加该项长期投资的计税基础。

5. 利息收入。

（1）按合同约定的债务人应付利息的日期确认收入的实现。在应付利息当天，无论款项是否收到，都需要确认收入。

（2）混合性投资业务，是指兼具权益和债权双重特性的投资业务，其按下列规定进行企业所得税处理：

①被投资企业接受投资后，需要按投资合同或协议约定的利率定期支付利息（或定期支付保底利息、固定利润、固定股息，下同）。

②有明确的投资期限或特定的投资条件，并在投资期满或者满足特定投资条件后，被投资企业需要赎回投资或偿还本金。

③投资企业对被投资企业净资产不拥有所有权。

④投资企业不具有选举权和被选举权。

⑤投资企业不参与被投资企业日常生产经营活动。

利息	投资企业：应于被投资企业应付利息的日期，确认收入的实现并计入当期应纳税所得额
	被投资企业：应于应付利息的日期，确认利息支出，并按规定进行税前扣除
赎回投资	投资双方应于赎回时将赎价与投资成本之间的差额确认为债务重组损益，分别计入当期应纳税所得额

6. 租金收入。

（1）按照合同约定的承租人应付租金的日期确认收入的实现；

（2）一次收取跨年度租金的，可在租赁期内分期均匀计入相关年度收入。

提示 租金收入增值税纳税义务发生时间和企业所得税确认时点的不同。

【案例】 某公司将设备租赁给他人使用，合同约定租期从 2020 年 7 月 1 日至年 2023 年 6 月 30 日，每年不含税租金 500 万元，2020 年 7 月 1 日按合同约定一次性收取 3 年租金 1 500 万元，请分别从增值税和企业所得税的角度确认租赁业务 2020 年的计税销售额或收入。

【解析】（1）纳税人提供租赁服务采取预收款方式的，增值税纳税义务发生时间为收到预收款的当天。故 2020 年 7 月增值税的计税销售额为 1 500 万元；

（2）一次收取跨年度租金的，企业所得税可在租赁期内分期均匀计入相关年度收入。故 2020 年度企业所得税确认的收入 = 500 ÷ 2 = 250（万元）。

7. 特许权使用费收入。

按照合同约定的特许权使用人应付特许权使用费的日期确认收入的实现。

8. 接受捐赠收入。

按照实际收到捐赠资产的日期确认收入的实现。

9. 其他收入。

其他收入包括企业资产溢余收入、逾期未退包装物押金收入、确实无法偿付的应付款项、已作坏账损失处理后又收回的应收款项、债务重组收入、补贴收入、违约金收入、汇兑收益等。

【例题·单选题】（2021 年）甲公司 2017 年 8 月以 800 万元直接投资于乙公司，占有乙公司 30% 的股权。2020 年 12 月将全部股权转让取得收入 1 200 万元，并完成股权变更手续。转让时乙公司账面累计未分配利润为 200 万元，甲公司应确认股权转让的应纳税所得额是（　　）万元。

A. 200　　B. 340

C. 400　　D. 900

【答案】 C

【解析】 企业转让股权收入，应于转让协议生效且完成股权变更手续时，确认收入的实现。转让股权收入扣除为取得该股权所发生的成本后，为股权转让所得。企业在计算股权转让所得时，不得扣除被投资企业未分配利润等股东留存收益中按该项股权所可能分配的金额。

甲公司应确认股权转让的应纳税所得额 = 1 200 - 800 = 400（万元）。

【例题·多选题】（2020 年）企业取得的下列各项收入中，应缴纳企业所得税的有（　　）。

A. 接受捐赠收入

B. 企业资产溢余收入

C. 逾期未退包装物押金收入

D. 确实无法偿付的应付账款

【答案】 ABCD

【解析】（1）企业以货币形式和非货币形式从各种来源取得的收入，为收入总额。包括：销售货物收入；提供劳务收入；转让财产收入；股息、红利等权益性投资收益；利息收入；租金收入；特许权使用费收入；接受捐赠收入和其他收入。因此选项 A 正确。（2）其他收入包括企业资产溢余收入、逾期未退包装物押金收入、确实无法偿付的应付款项、已作坏账损失处理后又收回的应收款项、债务重组收入、补贴收入、违约金收入、汇兑收益等。因此选项 B、C、D 正确。

【例题·多选题】（2020 年）企业取得的下列各项收入中，应缴纳企业所得税的有（　　）。

A. 债务重组收入

B. 逾期未退包装物押金收入

C. 企业转让股权收入

D. 已作坏账损失处理后又收回的应收账款

【答案】 ABCD

【解析】 选项 A、B、C、D 均应缴纳企业所得税。

（二）特殊收入的确认

1. 以分期收款方式销售货物的，按照合同约定的收款日期确认收入的实现。

2. 企业受托加工制造大型机械设备、船舶、飞机，以及从事建筑、安装、装配工程业务或者提供其他劳务等，持续时间超过 12 个月的，按照纳税年度内完工进度或者完成的工作量确认收入的实现。

3. 采取产品分成方式取得收入的，按照企业分得产品的日期确认收入的实现，其收入额按照产品的公允价值确定。

4. 企业发生非货币性资产交换，以及将货物、财产、劳务用于捐赠、偿债、赞助、集资、广告、样品、职工福利或者利润分配等用途的，应当视同销售货物、转让财产或者提供劳务，但国务院财政、税务主管部门另有规定的除外。

（三）处置资产收入的确认

类别	项目	企业所得税处理
内部处置资产	（1）将资产用于生产、制造、加工另一产品。 （2）改变资产形状、结构或性能。 （3）改变资产用途（如自建商品房转为自用或经营）。 （4）将资产在总机构及其分支机构之间转移（移至境外的除外）。 （5）上述两种或两种以上情形的混合。 （6）其他不改变资产所有权属的用途	由于资产所有权属在形式和实质上均不发生改变，可作为内部处置资产，不视同销售确认收入，相关资产的计税基础延续计算

续表

类别	项目	企业所得税处理
外部处置资产	(1) 用于市场推广或销售。 (2) 用于交际应酬。 (3) 用于职工奖励或福利。 (4) 用于股息分配。 (5) 用于对外捐赠。 (6) 其他改变资产所有权属的用途	应视同销售计征企业所得税。 销售收入按照被移送资产的公允价值确定。其中属于企业自制的资产,应按同类资产同期对外销售价格确定销售收入;属于外购的资产,可按购入时的价格确定销售收入

【例题·单选题】(2020年)企业发生下列处置资产的情形中,应当视同销售确认企业所得税收入的是( )。

A. 将自产货物用于职工福利

B. 将开发产品转为固定资产

C. 将自产货物用于企业设备更新

D. 将自产货物在境内总、分支机构之间调拨

【答案】A

【解析】企业将资产移送他人的下列情形,因资产所有权属已发生改变而不属于内部处置资产,应按规定视同销售确定收入。具体包括:(1)用于市场推广或销售;(2)用于交际应酬;(3)用于职工奖励或福利;(4)用于股息分配;(5)用于对外捐赠;(6)其他改变资产所有权属的用途。因此选项A正确。

【例题·单选题】(2016年)企业在境内发生处置资产的下列情形中,应视同销售确认企业所得税应税收入的是( )。

A. 将资产用于职工奖励或福利

B. 将资产用于加工另一种产品

C. 将资产在总分支机构之间转移

D. 将资产结构或性能改变

【答案】A

【解析】企业在境内处置资产时,当资产所有权属发生改变就不属于内部处置资产,应按照规定视同销售确定收入。选项A中行为使资产所有权发生了改变,因此应视同销售计征企业所得税。

【归纳】视同销售在增值税和企业所得税的处理:

情形		增值税是否视同销售	企业所得税是否视同销售
总分机构之间为了销售移送货物(境内非同一县市)		是	否
职工福利	自产、委托加工收回的货物	是	是
	外购的货物	否	是
投资(自产、委托加工、外购)		是	是
分配(自产、委托加工、外购)		是	是
无偿赠送(自产、委托加工、外购)		是	是

(四)销售货物收入实现的确认

销售商品的方式	企业所得税中收入的确认时间及金额
托收承付	在办妥托收手续时确认收入

续表

销售商品的方式		企业所得税中收入的确认时间及金额
预收款		在发出商品时确认收入
销售商品需要安装和检验的		在购买方接受商品以及安装和检验完毕时确认收入；如果安装程序比较简单，可在发出商品时确认收入
采用支付手续费方式委托代销的		在收到代销清单时确认收入
售后回购方式销售商品的	回购价格不固定	销售的商品按售价确认收入，回购的商品作为购进商品处理
	以销售商品方式进行融资（回购价格固定）	收到的款项应确认为负债，回购价格大于原售价的，差额应在回购期间确认为利息费用
折扣、折让、销货退回	商业折扣	按扣除商业折扣后的金额确定销售商品收入金额（商业折扣对销售收入的确认没有影响）
	现金折扣	按扣除现金折扣前的金额确定销售商品收入金额，现金折扣在实际发生时作为财务费用扣除
	销售折让和退回	企业已经确认销售收入的售出商品发生销售折让和销售退回，应在发生当期冲减当期销售商品收入
以旧换新		应当按照销售商品收入确认条件确认收入，回收的商品作为购进商品处理（注意和增值税、消费税比较，其中增值税、消费税中的金银首饰的以旧换新的规定与企业所得税的规定不一致）
买一赠一		不属于捐赠，应将总的销售金额按各项商品的公允价值的比例来分摊确认各项的销售收入。例如买西服（不含税价3 000元）送领带（不含税价300元）：西服应确认收入2 727.27元［3 000 ×（3 000 ÷ 3 300）］；领带应确认收入272.73元［3 000 ×（300 ÷3 300）］

【例题·单选题】（2021年）下列关于企业商品销售收入确认的税务处理中，符合《企业所得税法》规定的是（　　）。

A. 为促进商品销售提供商业折扣的，按扣除商业折扣前的金额确认销售收入

B. 为鼓励债务人在规定期限内付款提供现金折扣的，按扣除现金折扣后的金额确认销售收入

C. 因售出商品品种不符合要求发生销售退回的，在发生销售退回的下一期冲减当期销售商品收入

D. 因售出商品质量原因提供销售折让并已确认销售收入的，在发生销售折让当期冲减当期销售商品收入

【答案】 D

【解析】 选项A：为促进商品销售提供商业折扣的，按扣除商业折扣后的金额确认销售收入。选项B：为鼓励债务人在规定期限内付款提供现金折扣的，按扣除现金折扣前的金额确认销售收入。选项C：因售出商品品种不符合要求发生销售退回的，在发生销售退回的当期冲减当期销售商品收入。

（五）企业转让上市公司限售股有关所得税处理

情形	税务处理	
企业转让代个人持有的限售股	应作为企业应税收入计算纳税	限售股转让所得 = 限售股转让收入 -（限售股原值 + 合理税费） 企业未能提供完整、真实的限售股原值凭证，不能准确计算该限售股原值的，按该限售股转让收入的15%，核定为该限售股原值和合理税费依规定完成纳税义务后的限售股转让收入余额转付给实际所有人时不再纳税
	依法院判决、裁定等原因，通过证券登记结算公司，企业将其代持的个人限售股直接变更到实际所有人名下的，不视同转让限售股	
企业在限售股解禁前转让限售股	企业应按减持在证券登记结算机构登记的限售股取得的全部收入，计入企业当年度应税收入计算纳税	
	企业持有的限售股在解禁前，已签订协议转让给受让方，但未变更股权登记、仍由企业持有的，企业实际减持该限售股取得的收入，按规定纳税后，其余额转付给受让方的，受让方不再纳税	

【例题·单选题】（2016年）某企业转让代个人持有的限售股，取得转让收入68万元，但不能提供真实的限售股原值凭证。该企业就限售股转让应缴纳的企业所得税是（　　）万元。

A. 13.6　　B. 14.45

C. 15.3　　D. 12.75

【答案】 B

【解析】 该企业应纳税额 = 68 ×（1 - 15%）× 25% = 14.45（万元）

考点3 不征税收入和免税收入

（一）不征税收入和免税收入的联系与区别

项目	不征税收入	免税收入
联系	不征税收入和免税收入均并入企业所得税所称的“收入总额”，在计算企业所得税应纳税所得额时可以扣除	
区别	（1）不征税收入不属于企业所得税征税范围的收入。 （2）不征税收入对应的费用、折旧、摊销不得在计算应纳税所得额时扣除	（1）免税收入属于企业所得税的征税范围的收入。 （2）免税收入对应的费用、折旧、摊销可以在计算应纳税所得额时扣除

（二）符合条件的非营利组织的收入

符合条件的非营利组织是指：

（1）依法履行非营利组织登记手续。

（2）从事公益性或者非营利性活动。

（3）取得的收入除用于与该组织有关的、合理的支出外，全部用于登记核定或者章程规定的公益性或者非营利性事业。

（4）财产及其孳生息不用于分配。

（5）按照登记核定或者章程规定，该组织注销后的剩余财产用于公益性或者非营利性目的，或者由登记管理机关转赠给予该组织性质、宗旨相同的组织，并向社会公告。

（6）投入人对投入该组织的财产不保留或者享有任何财产权利。

（7）工作人员工资福利开支控制在规定的比例内，不变相分配该组织的财产。

（8）国务院财政、税务主管部门规定

的其他条件。

非营利组织的下列收入为免税收入：

（1）接受其他单位或者个人捐赠的收入。

（2）除《企业所得税法》第七条规定的财政拨款以外的其他政府补助收入，但不包括因政府购买服务取得的收入。

（3）按照省级以上民政、财政部门规定收取的会费。

（4）不征税收入和免税收入孳生的银行存款利息收入。

（5）财政部、国家税务总局规定的其他收入。

提示 非营利组织从事营利性活动取得的收入，为非免税收入。

【例题·多选题】（2018年）某民办学校计划按照非营利组织的免税收入认定条件，申请学费收入免征企业所得税。下列各项中，属于非营利组织认定条件的有（　　）。

A. 工作人员工资福利开支控制在规定的比例内

B. 投入人对投入该学校的财产不保留或者享有任何财产权利

C. 依法履行非营利组织登记手续

D. 财产及孳生息可以在合理范围内根据确定的标准用于分配

【答案】ABC

【解析】符合条件的非营利组织是指：（1）依法履行非营利组织登记手续。（2）从事公益性或者非营利性活动。（3）取得的收入除用于与该组织有关的、合理的支出外，全部用于登记核定或者章程规定的公益性或者非营利性事业。（4）财产及其孳生息不用于分配。

（5）按照登记核定或者章程规定，该组织注销后的剩余财产用于公益性或者非营利性目的，或者由登记管理机关转赠给予该组织性质、宗旨相同的组织，并向社会公告。（6）投入人对投入该组织的财产不保留或者享有任何财产权利。（7）工作人员工资福利开支控制在规定的比例内，不变相分配该组织的财产。（8）国务院财政、税务主管部门规定的其他条件。

考点4 税前扣除的范围

（一）扣除项目及其标准

1. 工资、薪金支出。

（1）企业发生的合理的工资、薪金支出准予据实扣除。

（2）企业因雇用季节工、临时工、实习生、返聘离退休人员所实际发生的费用，应区分为工资、薪金支出和职工福利费支出，并按《企业所得税法》规定在税前扣除。其中属于工资、薪金支出的，准予计入企业工资、薪金总额的基数，作为计算其他各项相关费用扣除的依据。

（3）居民企业实行股权激励计划有关企业所得税处理问题如下：

对股权激励计划实行后立即可以行权的	可根据实际行权时该股票的公允价格与激励对象实际行权支付价格的差额和数量，计算确定作为当年上市公司工资、薪金支出，依税法规定进行税前扣除
需等待一定服务年限或者达到规定业绩条件方可行权的	等待期内会计上计算确认的相关成本费用，不得在对应年度计算缴纳企业所得税时扣除
	在股权激励计划可行权后，可根据该股票实际行权时的公允价格与当年激励对象实际行权支付价格的差额及数量，计算确定作为当年上市公司工资、薪金支出，依照税法规定进行税前扣除

（4）企业接受外部劳务派遣用工所实际发生的费用，应分两种情况按规定在税前扣除：

按照协议（合同）约定直接支付给劳务派遣公司的费用，应作为劳务费支出；直接支付给员工个人的费用，应作为工资、薪金支出和职工福利费支出。其中属于工资、薪金支出的费用，准予计入企业工资、薪金总额的基数，作为计算其他各项相关费用扣除的依据。

2. 职工福利费、工会经费和职工教育经费。

（1）企业发生的职工福利费支出，不超过工资、薪金总额14%的部分，准予扣除。

（2）企业拨缴的工会经费支出，不超过工资、薪金总额2%的部分，准予扣除。

（3）企业发生的职工教育经费支出，不超过工资、薪金总额8%的部分，准予在计算企业所得税应纳税所得额时扣除；超过部分，准予在以后纳税年度结转扣除。

提示 软件生产企业发生的职工教育经费中的职工培训费用，可以全额在企业所得税税前扣除。

【三项经费总结】

项目	准予扣除的限度	超过部分处理
职工福利费	不超过工资、薪金总额14%	不得扣除
工会经费	不超过工资、薪金总额2%	不得扣除
职工教育经费	不超过工资、薪金总额8%	准予结转扣除

3. 社会保险费。

类型		能否扣除
财产保险		可以扣除
企业为职工购买的保险	基本保险	企业依照国务院有关主管部门或者省级人民政府规定的范围和标准为职工缴纳的五险一金，准予扣除
	补充保险	企业为投资者或者职工支付的补充养老保险费、补充医疗保险费，准予扣除
	商业保险	（1）依照国家有关规定为支付特殊工种职工的人身安全保险费和国务院财政、税务主管部门规定可以扣除的商业保险费可以扣除。 （2）其他商业保险费不得扣除

4. 利息费用。

资金来源	非金融企业向金融企业借款（据实扣除）	非金融企业向金融企业借款的利息支出可据实扣除

续表

资金来源	非金融企业向非金融企业借款（限额扣除）	向无关联企业借款（利率制约）	不超过按照金融企业同期同类贷款利率计算的数额部分可据实扣除，超过部分不许扣除	
		向关联企业借款（本金制约＋利率制约）	利率制约	处理原则同无关联企业借款
			债资比例制约（防资本弱化）	接受关联方债权性投资与其权益性投资比例：金融企业为5∶1；其他企业为2∶1 【特例】满足以下任意条件之一的关联方企业不受本金制约： ①能够证明相关交易活动符合独立交易原则的； ②该企业的实际税负不高于境内关联方的，其实际支付给境内关联方的利息支出，在计算应纳税所得额时准予扣除
	自然人借款	向股东或关联自然人借款	向处理原则同关联企业	
		向内部职工或其他人员借款	符合条件且只受利率制约：①借贷是真实、合法、有效的，并且不具有非法集资目的或其他违反法律、法规的行为；②签订借款合同	

5. 借款费用——资本化和费用化。

费用化	企业在生产经营活动中发生的合理的不需要资本化的借款费用，准予扣除
资本化	企业为购置、建造固定资产、无形资产和经过12个月以上的建造才能达到预定可销售状态的存货发生借款的，在有关资产购置、建造期间发生的合理的借款费用，作为资本性支出计入有关资产的成本

6. 汇兑损失。

除已经计入有关资产成本以及与向所有者进行利润分配有关的部分外，汇兑损失准予扣除。

7. 业务招待费。

（1）按孰小原则扣除，即按实际发生额的60%与当年销售（营业）收入的5‰中较小者扣除。（双限额）

（2）“销售（营业）收入”包括主营业务收入、其他业务收入和视同销售收入，但不包括营业外收入和投资收益等。

（3）企业在筹建期间，发生的与筹办活动有关的业务招待费支出，可按实际发生额的60%计入企业筹办费，并按有关规定在税前扣除。（单限额）

（4）对从事股权投资业务的企业（包括集团公司总部、创业投资企业等），其从被投资企业所分配的股息、红利以及股权转让收入，可以按规定的比例计算业务招待费扣除限额。

8. 广告费和业务宣传费。

（1）除另有规定外，不超过当年销售（营业）收入15%的部分，准予扣除；超过部分，准予结转以后纳税年度扣除。

（2）计算扣除限额的基数：销售（营业）收入，与业务招待费计算税前扣除限额的基数是相同的。

（3）企业在筹建期间，发生的广告费

和业务宣传费，可按实际发生额计入企业筹办费，并按有关规定在税前扣除。

（4）对化妆品制造或销售、医药制造和饮料制造（不含酒类制造）企业发生的广告费和业务宣传费支出，不超过当年销售（营业）收入30%的部分，准予扣除；超过部分，准予在以后纳税年度结转扣除。

（5）对签订广告费和业务宣传费分摊协议（以下简称“分摊协议”）的关联企业，其中一方发生的不超过当年销售（营业）收入税前扣除限额比例内的广告费和业务宣传费支出可以在本企业扣除，也可以将其中的部分或全部按照分摊协议归集至另一方扣除。另一方在计算本企业广告费和业务宣传费支出企业所得税税前扣除限额时，可将按照上述办法归集至本企业的广告费和业务宣传费不计算在内。

（6）烟草企业的烟草广告费和业务宣传费支出，一律不得在计算应纳税所得额时扣除。

9. 环境保护专项资金。

企业依法提取的用于环境保护、生态恢复等方面的专项资金准予扣除；上述专项资金提取后改变用途的，不得扣除。

10. 保险费。

企业参加财产保险，按照规定缴纳的保险费，准予扣除。

11. 租赁费。

经营租赁	以经营租赁方式租入固定资产发生的租赁费支出：按照租赁期限均匀扣除。出租方提折旧，承租方扣租赁费支出。
融资租赁	以融资租赁方式租入固定资产发生的租赁费支出：按规定构成融资租入固定资产价值的部分应当提取折旧费用，分期扣除；租赁费支出不得直接扣除承租方提折旧，不得直接扣除租赁费支出。

12. 劳动保护费。

企业发生的合理的劳动保护支出，准予扣除。

13. 公益性捐赠支出。

提示 如果不属于公益性捐赠，除另有规定外，不能税前扣除。

（1）税前扣除标准。

不超过年度利润总额12%的部分，准予扣除。超标准的公益性捐赠，准予以后3年内在计算应纳税所得额时结转扣除。

年度利润总额是指：企业依国家统一会计制度的规定计算的年度会计利润。

提示 企业发生的公益性捐赠支出未在当年税前扣除的部分，准予向以后年度结转扣除，但结转年限自捐赠发生年度的次年起计算最长不得超过三年。企业在对公益性捐赠支出计算扣除时，应先扣除以前年度结转的捐赠支出，再扣除当年发生的捐赠支出。（先捐先扣）

（2）自2019年1月1日至2022年12月31日，企业通过公益性社会组织或者县级（含县级）以上人民政府及其组成部门和直属机构，用于目标脱贫地区的扶贫捐赠支出，准予在计算企业所得税应纳税所得额时据实扣除。在政策执行期限内，目标脱贫地区实现脱贫的，可继续适用本政策。

（3）支持对新型冠状病毒感染的肺炎疫情捐赠税收政策。

①企业通过公益性社会组织或者县级以上人民政府及其部门等国家机关，捐赠用于应对新型冠状病毒感染的肺炎疫情的现金和物品，允许在计算应纳税所得额时全额扣除。

②企业直接向承担疫情防治任务的医院捐赠用于应对新型冠状病毒感染的肺炎疫情的物品，允许在计算应纳税所得额时全额扣除。

14. 有关资产的费用。

企业转让各类固定资产发生的费用，允许扣除。企业按规定计算的固定资产折旧费、无形资产和长期待摊费用的摊销费等，准予扣除。

15. 总机构分摊的费用。

非居民企业在中国境内设立的机构、场所，就其中国境外总机构发生的与该机构、场所生产经营有关的费用，能够提供总机构出具的费用汇集范围、定额、分配依据和方法等证明文件，并合理分摊的，准予扣除。

16. 资产损失。

企业当期发生的固定资产和流动资产盘亏、毁损净损失，准予扣除。

17. 依照有关法律、行政法规和国家有关税法规定准予扣除的其他项目。

例如，会员费、合理的会议费、差旅费、违约金、诉讼费用等。

18. 手续费及佣金支出。

提示1 允许税前扣除的支付比例有限制：非保险企业为5%；保险企业为18%。

提示2 从事代理服务，主营业务收入为手续费、佣金的企业（如证券、期货、保险代理等企业），其为取得该类收入而实际发生的营业成本（包括手续费及佣金支出），准予在税前据实扣除。

提示3 除委托个人代理外，企业以现金等非转账方式支付的手续费及佣金不得在税前扣除。

提示4 企业为发行权益性证券支付给有关证券承销机构的手续费及佣金不得在税前扣除。

提示5 企业支付的手续费及佣金不得直接冲减服务协议或者合同金额，并如实入账。企业不得将手续费及佣金支出计入回扣、业务提成、进场费等费用。

解释6 企业已计入固定资产、无形资产等相关资产的手续费及佣金支出，应当通过折旧、摊销等方式分期扣除，不得在发生当期直接扣除。

19. 企业维简费支出。

企业实际发生的维简费支出，属于收益性支出的，可作为当期费用税前扣除；属于资本性支出的，应计入有关资产成本，并按规定计提折旧或摊销费用在税前扣除。

20. 企业参与政府统一组织的棚户区改造支出。

企业参与政府统一组织的工矿（含中央下放煤矿）棚户区改造、林区棚户区改造、垦区危房改造并同时符合一定条件的棚户区改造支出，准予在企业所得税税前扣除。

考点5 不得税前扣除的项目

1. 向投资者支付的股息、红利等权益性投资收益款项；

2. 企业所得税税款；

3. 税收滞纳金；

4. 罚金、罚款和被没收财物的损失（银行罚息、合同违约金、赔偿金等允许扣除）；

5. 超过规定标准的捐赠支出（当年不得扣除）；

6. 赞助支出，是指与生产经营活动无关的各种非广告性质支出；

7. 未经核定的准备金支出；

8. 企业之间支付的管理费、企业内营业机构之间支付的租金和特许权使用费，以及非银行企业内营业机构之间支付的利息；

9. 与取得收入无关的其他支出（例如企业为高管承担的个人所得税等）。

【例题·单选题】（2019 年）企业发生的下列支出中，在计算企业所得税应纳税所得额时准予扣除的是（　　）。

A. 缴纳的增值税税款

B. 违反消防规定被处以的行政罚款

C. 向投资者分配的红利

D. 按规定缴纳的财产保险费

【答案】 D

【解析】 选项 A、B、C 不得税前扣除；选项 D：企业参加财产保险，按照规定缴纳的保险费，准予扣除。

【例题·单选题】（2017 年）下列支出在计算企业所得税应纳税所得额时，准予按规定扣除的是（　　）。

A. 企业之间发生的管理费支出

B. 企业筹建期间发生的广告费支出

C. 企业内营业机构之间发生的特许权使用费支出

D. 企业内营业机构之间发生的租金支出

【答案】 B

【解析】 选项 A、C、D：企业之间支付的管理费、企业内营业机构之间支付的租金和特许权使用费，以及非银行企业内营业税机构之间支付的利息，不得在企业所得税税前扣除。

【例题·单选题】（2015 年）企业发生的下列支出中，按照《企业所得税法》的规定可在税前扣除的是（　　）。

A. 税收滞纳金

B. 非广告性赞助支出

C. 企业所得税税款

D. 按规定缴纳的财产保险费

【答案】 D

【解析】 选项 A、B、C 不得税前扣除；选项 D：企业参加财产保险，按照规定缴纳的保险费，准予扣除。

【例题·多选题】（2015 年）居民企业发生的下列支出中，可在企业所得税税前扣除的有（　　）。

A. 逾期归还银行贷款的罚息

B. 以经营租赁方式租入固定资产的租金

C. 企业内营业机构之间支付的租金

D. 未能形成无形资产的研究开发费用

【答案】 ABD

【解析】 选项 C 不得在计算企业所得税税前扣除。

考点 6 亏损弥补

1. 亏损，是指企业依照《企业所得税法》及其《实施条例》的规定，将每一纳税年度的收入总额减除不征税收入、免税收入和各项扣除后小于零的数额。

提示 亏损不是企业财务报表中的亏损额，是税法调整后的金额；

（1）弥补期：一般情况下，最长不得超过 5 年。

（2）企业在汇总计算缴纳企业所得税时，其境外营业机构的亏损不得抵减境内营业机构的盈利。

提示 1 五年弥补期是以亏损年度的第一年度算起，连续五年内作为实际弥补年限计算。

提示 2 连续发生年度亏损，必须从第一个亏损年度算起，先亏先补，后亏后补。

2. 自 2018 年 1 月 1 日起，当年具备高新技术企业或科技型中小企业资格（以下统称“资格”）的企业，其具备资格年度之前 5 个年度发生的尚未弥补完的亏损，准予结转以后年度弥补，最长结转年限由 5 年延长至 10 年。

3. 受疫情影响较大的困难行业企业 2020 年度发生的亏损，最长结转年限由 5

年延长至8年。

困难行业企业，包括交通运输、餐饮、住宿、旅游（指旅行社及相关服务、游览景区管理两类）四大类。困难行业企业2020年度主营业务收入须占收入总额（剔除不征税收入和投资收益）的50%以上。

4. 企业筹办期间不计算为亏损年度，企业自开始生产经营的年度，为开始计算企业损益的年度。

考点7 资产的税务处理

一、固定资产的税务处理

（一）固定资产计税基础

取得方式	计税基础
外购的固定资产	购买价款和支付的相关税费以及直接归属于使该资产达到预定用途发生的其他支出
自行建造的固定资产	竣工结算前发生的支出
融资租入的固定资产	（1）租赁合同约定的付款总额和承租人在签订租赁合同过程中发生的相关费用
	（2）租赁合同未约定付款总额的，为该资产的公允价值和承租人在签订租赁合同过程中发生的相关费用
盘盈的固定资产	同类固定资产的重置完全价值
通过捐赠、投资、非货币性资产交换、债务重组等方式取得的固定资产	该资产的公允价值和支付的相关税费
改建的固定资产	除已足额提取折旧的固定资产和租入的固定资产以外的其他固定资产，以改建过程中发生的改建支出增加计税基础

（二）固定资产折旧的范围

下列固定资产不得计算折旧扣除：

1. 房屋、建筑物以外未投入使用的固定资产。

2. 以经营租赁方式租入的固定资产——出租方计提折旧。

3. 以融资租赁方式租出的固定资产——承租方计提折旧。

4. 已足额提取折旧仍继续使用的固定资产。

5. 与经营活动无关的固定资产。

6. 单独估价作为固定资产入账的土地。

7. 其他不得计算折旧扣除的固定资产。

（三）固定资产折旧的计提方法

1. 企业应当自固定资产投入使用月份的次月起计算折旧；停止使用的固定资产，应当自停止使用次月起停止计算折旧。

2. 企业应当根据固定资产的性质和使用情况，合理确定固定资产的预计净残值。固定资产的预计净残值一经确定，不得变更。

3. 固定资产按照直线法计算的折旧，准予扣除。

（四）固定资产折旧的计提年限

固定资产类型	最低折旧年限（年）
房屋、建筑物	20
飞机、火车、轮船、机器、机械和其他生产设备	10
与生产经营活动有关的器具、工具、家具等	5
飞机、火车、轮船以外的运输工具（中轻型商用客车、乘用车、大卡车等）	4
电子设备	3

二、生物资产的税务处理

生产性生物资产，是指为产出农产品、提供劳务或出租等目的而持有的生物资产，包括经济林、薪炭林、产畜和役畜等。

（一）生物资产的计税基础

生产性生物资产按照以下方法确定计税基础：

1. 外购的生产性生物资产，以购买价款和支付的相关税费为计税基础。

2. 通过捐赠、投资、非货币性资产交换、债务重组等方式取得的生产性生物资产，以该资产的公允价值和支付的相关税费为计税基础

（二）生物资产的折旧方法和折旧年限

1. 生产性生物资产按照直线法计算的折旧，准予扣除。

2. 最低折旧年限。

（1）林木类生产性生物资产，最低折旧年限为 10 年。

（2）畜类生产性生物资产，最低折旧年限为 3 年。

三、无形资产的税务处理

（一）无形资产的计税基础

取得方式	计税基础
外购的无形资产	购买价款和支付的相关税费以及直接归属于使该资产达到预定用途发生的其他支出
自行开发的无形资产	开发过程中该资产符合资本化条件后至达到预定用途前发生的支出
通过捐赠、投资、非货币性资产交换、债务重组等方式取得的无形资产	该资产的公允价值和支付的相关税费

（二）无形资产摊销的范围

下列无形资产不得计算摊销费用扣除：

1. 自行开发的支出已在计算应纳税所得额时扣除的无形资产。

2. 自创商誉。

3. 与经营活动无关的无形资产。

4. 其他不得计算摊销费用扣除的无形资产。

（三）无形资产的摊销方法及年限

1. 无形资产的摊销采取直线法计算——当月摊销。

2. 无形资产的摊销年限不得低于 10 年。作为投资或者受让的无形资产，在有关法律或合同中规定使用年限的，可依其规定使用年限分期计算摊销。

3. 外购商誉的支出，在企业整体转让

或者清算时准予扣除。

四、长期待摊费用的税务处理

企业发生的下列支出作为长期待摊费用，按照规定摊销的，准予扣除。

1. 已足额提取折旧的固定资产的改建支出。

2. 租入固定资产的改建支出。

3. 固定资产的大修理支出。

4. 其他应当作为长期待摊费用的支出。

类别		税务处理
企业的固定资产日常修理支出		可在发生当期直接扣除
改良支出	如果固定资产尚未提足折旧	可增加固定资产价值
	如果固定资产已经提足折旧	可作为长期待摊费用，在规定的期间内平均摊销
改建支出	如果固定资产已经提足折旧	可作为长期待摊费用，按照固定资产预计尚可使用年限分期摊销
	租入固定资产的改建支出	可作为长期待摊费用，按照合同约定的剩余租赁期限分期摊销
	其他	应适当延长折旧年限
大修理支出	同时符合下列条件的支出可作为大修理支出： (1) 修理支出达到取得固定资产时的计税基础50%以上 (2) 修理后固定资产的使用年限延长2年以上	可作为长期待摊费用，按照固定资产尚可使用年限分期摊销
其他应当作为长期待摊费用的支出		自支出发生月份的次月起，分期摊销，摊销年限不得低于3年

五、存货的税务处理

(一) 存货的计税基础

取得方式	计税基础
支付现金方式取得的存货	以购买价款和支付的相关税费为成本
支付现金以外的方式取得的存货	以该存货的公允价值和支付的相关税费为成本
生产性生物资产收获的农产品	以产出或者采收过程中发生的材料费、人工费和分摊的间接费用等必要支出为成本

(二) 存货的成本计算方法

企业使用或者销售的存货的成本计算方法，可以在先进先出法、加权平均法、个别计价法中选用一种。计价方法一经选用，不得随意变更。

六、投资资产的税务处理

(一) 投资资产的成本

取得方式	计税基础
支付现金方式取得的投资资产	以购买价款为成本
付现金以外的方式取得的投资资产	以该资产的公允价值和支付的相关税费为成本
生产性生物资产收获的农产品	以产出或者采收过程中发生的材料费、人工费和分摊的间接费用等必要支出为成本

（二）投资资产成本的扣除方法

企业对外投资期间，投资资产的成本在计算应纳税所得额时不得扣除，企业在转让或者处置投资资产时，投资资产的成本准予扣除。

（三）投资企业撤回或减少投资的税务处理

类型	税务处理	
相当于初始出资的部分	投资收回	不征企业所得税
相当于被投资企业累计未分配利润和累计盈余公积按减少实收资本比例计算的部分	股息所得	符合条件的居民企业之间的股息、红利等权益性投资收益，免征企业所得税
其余部分	投资资产转让所得	征企业所得税

企业购买的文物、艺术品用于收藏、展示、保值增值的，作为投资资产进行税务处理。文物、艺术品资产在持有期间，计提的折旧、摊销费用，不得税前扣除。

【例题·单选题】（2018 年）某居民企业以其持有的一处房产投资设立一家公司，如不考虑特殊性税务处理，下列关于该投资行为涉及企业所得税处理正确的是（　　）。

A. 以房产的账面价值作为被投资方的计税基础

B. 以房产对外投资确认的转让所得，按 6 年分期均匀计入相应年度的应纳税所得额

C. 以签订投资协议的当天为纳税申报时间

D. 对房产进行评估，并按评估后的公允价值扣除计税基础后的余额确认房产的转让所得

【答案】 D

【解析】 选项 A：应以房产的公允价值作为被投资方的计税基础。选项 B：以房产对外投资确认的转让所得在不超过 5 年期限内，分期均匀计入相应年度的应纳税所得额。选项 C：应于投资协议生效并办理股权登记手续时，确认非货币性资产转让收入的实现。

【例题·多选题】（2017 年）下列支出中，可作为长期待摊费用核算的有（　　）。

A. 固定资产的大修理支出

B. 租入固定资产的改建支出

C. 接受捐赠固定资产的改建支出

D. 已足额提取折旧的固定资产的改建支出

【答案】 ABD

【解析】 企业发生的下列支出作为长期待摊费用，按照规定摊销的，准予扣除。(1) 已足额提取折旧的固定资产的改建支出；

(2) 租入固定资产的改建支出；(3) 固定资产的大修理支出；(4) 其他应当作为长期待摊费用的支出。

【例题·单选题】(2015 年) 企业发生的下列支出中，可在发生当期直接在企业所得税税前扣除的是（　　）。

A. 固定资产的大修理支出

B. 租入固定资产的改建支出

C. 固定资产的日常修理支出

D. 已足额提取折旧的固定资产的改建支出

【答案】C

【解析】选项 A、B、D 均可作为长期待摊费用，按规定摊销在企业所得税前扣除。

【例题·单选题】(2012 年) 甲投资公司 2009 年 10 月将 2 400 万元投资于未公开上市的乙公司，取得乙公司 40% 的股权。2012 年 5 月，甲公司撤回其在乙公司的全部投资，共计从乙公司收回 4 000 万元。撤资时乙公司的累计未分配利润为 600 万元，累计盈余公积为 400 万元。则甲公司撤资应确认的投资资产转让所得为（　　）万元。

A. 0　　B. 400

C. 1 200　　D. 1 600

【答案】C

【解析】投资企业从被投资企业撤回或减少投资，其取得的资产中，相当于初始出资的部分，应确认为投资收回；相当于被投资企业累计未分配利润和累计盈余公积按减少实收资本比例计算的部分，应确认为股息所得；其余部分确认为投资资产转让所得。甲公司撤资应确认的投资资产转让所得 =4 000 －2 400 － （600 ＋400）×40% =1 200（万元）。

考点 8 资产损失扣除政策——注意是净损失

1. 企业清查出的现金短缺减除责任人赔偿后的余额，作为现金损失在计算应纳税所得额时扣除。

2. 企业将货币性资金存入法定具有吸收存款职能的机构，因该机构依法破产、清算，或者政府责令停业、关闭等原因，确实不能收回的部分，作为存款损失在计算应纳税所得额时扣除。

3. 企业除贷款类债权外的应收、预付账款符合下列条件之一的，减除可收回金额后确认的无法收回的应收、预付款项，可以作为坏账损失在计算应纳税所得额时扣除：

（1）债务人依法宣告破产、关闭、解散、被撤销，或者被依法注销、吊销营业执照，其清算财产不足清偿的。

（2）债务人死亡，或者依法被宣告失踪、死亡，其财产或者遗产不足清偿的。

（3）债务人逾期 3 年以上未清偿，且有确凿证据证明已无力清偿债务的。

（4）与债务人达成债务重组协议或法院批准破产重整计划后，无法追偿的。

（5）因自然灾害、战争等不可抗力导致无法收回的。

（6）国务院财政、税务主管部门规定的其他条件。

4. 企业的股权投资符合下列条件之一的，减除可收回金额后确认的无法收回的股权投资，可以作为股权投资损失在计算应纳税所得额时扣除：

（1）被投资方依法宣告破产、关闭、解散、被撤销，或者被依法注销、吊销营业执照的。

（2）被投资方财务状况严重恶化，累计发生巨额亏损，已连续停止经营 3 年以上，且无重新恢复经营改组计划的。

（3）对被投资方不具有控制权，投资期限届满或者投资期限已超过 10 年，且被投资单位因连续 3 年经营亏损导致资不抵债的。

（4）被投资方财务状况严重恶化，累计发生巨额亏损，已完成清算或清算期超过3年以上的。

（5）国务院财政、税务主管部门规定的其他条件。

5. 盘亏、毁损、报废、被盗的固定资产或存货的处理。

（1）对企业盘亏的固定资产或存货，以该固定资产的账面净值或存货的成本减除责任人赔偿后的余额，作为固定资产或存货盘亏损失在计算应纳税所得额时扣除。

（2）对企业毁损、报废的固定资产或存货，以该固定资产的账面净值或存货的成本减除残值、保险赔款和责任人赔偿后的余额，作为固定资产或存货毁损、报废损失在计算应纳税所得额时扣除。

（3）对企业被盗的固定资产或存货，以该固定资产的账面净值或存货的成本减除保险赔款和责任人赔偿后的余额，作为固定资产或存货被盗损失在计算应纳税所得额时扣除。

（4）企业因存货盘亏、毁损、报废、被盗等原因不得从增值税销项税额中抵扣的进项税额，可以与存货损失一起在计算应纳税所得额时扣除。

6. 企业在计算应纳税所得额时已经扣除的资产损失，在以后纳税年度全部或者部分收回时，其收回部分应当作为收入计入收回当期的应纳税所得额。

7. 企业境内、境外营业机构发生的资产损失应分开核算，对境外营业机构由于发生资产损失而产生的亏损，不得在计算境内应纳税所得额时扣除。

【例题·多选题】（2021年）下列在会计上已作损失处理的除贷款债权外的应收账款损失中，可在计算企业所得税应纳税所得额时扣除的有（　　）。

A. 债务人死亡后其财产或遗产不足清偿的应收账款损失

B. 债务人逾期1年未清偿预计难以收回的应收账款损失

C. 与债务人达成债务重组协议后无法追偿的应收账款损失

D. 债务人被依法吊销营业执照其清算财产不足清偿的应收账款损失

【答案】 ACD

【解析】 企业除贷款类债权外的应收、预付账款符合下列条件之一的，减除可收回金额后确认的无法收回的应收、预付款项，可以作为坏账损失在计算应纳税所得额时扣除：

（1）债务人依法宣告破产、关闭、解散、被撤销，或者被依法注销、吊销营业执照，其清算财产不足清偿的（选项D）。

（2）债务人死亡，或者依法被宣告失踪、死亡，其财产或者遗产不足清偿的（选项A）。

（3）债务人逾期3年以上未清偿，且有确凿证据证明已无力清偿债务的。

（4）与债务人达成债务重组协议或法院批准破产重整计划后，无法追偿的（选项C）。

（5）因自然灾害、战争等不可抗力导致无法收回的。

（6）国务院财政、税务主管部门规定的其他条件。

考点9　企业重组的一般性税务处理方法

企业重组是指企业在日常经营活动以外发生的法律结构或经济结构重大改变的交易，包括企业法律形式改变、债务重组、股权收购、资产收购、合并、分立等。

1. 企业债务重组，相关交易的处理。

（1）以非货币资产清偿债务，应当分解为转让相关非货币性资产、按非货币性资产公允价值清偿债务两项业务，确认相关资产的所得或损失。

（2）发生债权转股权的，应当分解为债务清偿和股权投资两项业务，确认有关债务清偿所得或损失。

（3）债务人应当按照支付的债务清偿额低于债务计税基础的差额，确认债务重组所得；债权人应当按照收到的债务清偿额低于债权计税基础的差额，确认债务重组损失。

（4）债务人的相关所得税纳税事项原则上保持不变。

2. 企业股权收购、资产收购重组交易，相关交易的处理。

（1）被收购方应确认股权、资产转让所得或损失。

（2）收购方取得的股权或资产的计税基础应以公允价值为基础确定。

（3）被收购企业的相关所得税事项原则上保持不变。

3. 企业合并，当事各方的税务处理。

（1）合并企业应按公允价值确定接受被合并企业各项资产和负债的计税基础。

（2）被合并企业及其股东都应按清算进行所得税处理。

（3）被合并企业的亏损不得在合并企业结转弥补。

4. 企业分立，当事各方的税务处理。

（1）被分立企业对分立出去的资产应按公允价值确认资产转让所得或损失。

（2）分立企业应按公允价值确认接受资产的计税基础。

（3）被分立企业继续存在时，其股东取得的对价应视同被分立企业分配进行处理。

（4）被分立企业不再继续存在时，被分立企业及其股东都应按清算进行所得税处理。

（5）企业分立相关企业的亏损不得相互结转弥补。

【例题·多选题】（2021年）企业合并采用一般性税务处理时，下列处理符合税法规定的有（　　）。

A. 被合并企业应按清算进行所得税处理

B. 被合并企业的亏损可以在合并企业结转弥补

C. 合并企业应按公允价值确定接受被合并企业资产的计税基础

D. 被合并企业股东取得合并企业股权的计税基础，以其原持有的被合并企业股权的计税基础确定

【答案】 AC

【解析】 选项B、D不正确。企业合并，当事各方的税务处理如下：

（1）合并企业应按公允价值确定接受被合并企业各项资产和负债的计税基础（选项C）。

（2）被合并企业及其股东都应按清算进行所得税处理（选项A）。

（3）被合并企业的亏损不得在合并企业结转弥补。

【例题·多选题】（2017年）下列关于企业股权收购重组的一般性税务处理的表述中，正确的有（　　）。

A. 被收购方应确认股权的转让所得或损失

B. 被收购企业的相关所得税事项原则上保持不变

C. 收购方取得股权的计税基础应以公允价值为基础确定

D. 收购方取得被收购方股权的计税基础以被收购股权的原有计税基础确定

【答案】 ABC

【解析】 企业股权收购重组交易，相关交易的处理为：（1）被收购方应确认股

权、资产转让所得或损失。（2）收购方取得的股权或资产的计税基础应以公允价值为基础确定。（3）被收购企业的相关所得税事项原则上保持不变。

【例题·多选题】（2016年）企业实施合并重组，适用企业所得税一般性税务处理方法时，下列处理正确的有（ ）。

A. 被合并企业的亏损不得在合并企业结转弥补

B. 被合并企业及其股东都应按清算进行所得税处理

C. 合并企业应按账面价值确定接受被合并企业负债的计税基础

D. 合并企业应按公允价值确定接受被合并企业各项资产的计税基础

【答案】 ABD

【解析】 选项C：企业合并重组适用企业所得税一般性税务处理方法时，合并企业应按公允价值确定接受被合并企业各项资产和负债的计税基础。

考点10 企业重组的特殊性税务处理方法

（一）适用特殊性税务处理的条件（同时满足）

1. 具有合理的商业目的，且不以减少、免除或者推迟缴纳税款为主要目的。

2. 被收购、合并或分立部分的资产或股权比例符合规定的比例（50%）。

3. 企业重组后的连续12个月内不改变重组资产原来的实质性经营活动。

4. 重组交易对价中涉及股权支付金额符合规定比例（85%）。

5. 企业重组中取得股权支付的原主要股东，在重组后连续，不得转让所取得的股权。

（二）企业重组的特殊性税务处理办法

1. 债务重组的特殊性税务处理。

（1）企业债务重组确认的应纳税所得额占该企业当年应纳税所得额50%以上，可以在5个纳税年度的期间内，均匀计入各年度的应纳税所得额。

注意：债务重组确认的应纳税所得额包括两部分：相关资产所得和债务重组所得。

（2）企业发生债权转股权业务，对债务清偿和股权投资两项业务暂不确认有关债务清偿所得或损失，股权投资的计税基础以原债权的计税基础确定。企业的其他相关所得税事项保持不变。

2. 资产收购的特殊性税务处理。

资产收购享受特殊性税收处理的比例要求为：

（1）受让企业购买的资产不低于转让企业全部资产的50%。

（2）受让企业在该资产收购发生时的股权支付金额不低于其交易支付总额的85%。

同时满足特殊性税务处理的条件的，可以选择按以下规定处理：

（1）转让企业取得受让企业股权的计税基础，以被转让资产的原有计税基础确定。

（2）受让企业取得转让企业资产的计税基础，以被转让资产的原有计税基础确定。

根据规定，非股权支付额仍应在交易当期确认相应的资产转让所得或损失，并调整相应资产的计税基础。

非股权支付对应的资产转让所得或损失＝（被转让资产的公允价值－被转让资产的计税基础）×（非股权支付金额÷被转让资产的公允价值）

【案例】 A公司是一家大型纺织品生产企业。为扩展生产经营规模，A公司决定收购B公司。由于B公司已经负债累累，为避免A公司整体合并B公司后承担过高债务的风险，A公司决定仅收购B公司从事纺织品生产的所有资产。2021年5月1日，双方达成如下收购协议，A公司收购B公司涉及纺织品生产的所有资产，具体清单如下：

B公司所有资产在2021年4月15日，经评估后的资产总额为1 750万元。

A公司以2021年4月15日B公司经评估后的资产总价值为准，向B公司支付了1 730万元对价购买涉及纺织品生产的所有资产，具体支付手段如下：

(1) 支付现金130万元。

(2) A公司将其持有的其全资子公司20%的股权合计800万股，支付给B公司。该项长期股权投资的公允价值为1 600万元，计税基础为800万元。

B公司转让资产的价值构成如下：

项目	评估价值（万元）	计税基础（万元）
设备	560	500
生产厂房	800	600
存货	220	220
应收账款	150	150
合计	1 730	1 470

假设，A公司收购该项资产是为了扩大生产经营，具有合理的商业目的，且A公司承诺收购B公司纺织品生产的资产后，除进行必要的设备更新后，在连续12个月内仍用该项资产从事纺织品生产。

【分析】

A公司收购B公司的资产总额为1 730万元，B公司全部资产总额经评估为1 750万元，A公司收购B公司的资产占B公司总资产的比例为98.86%（1 730万元÷1 750万元=98.86%），超过了50%。

A公司在资产收购中，股权支付金额为1 600万元，非股权支付金额为130万元，股权支付金额占交易总额的92.48%（1 600万元÷1 730万元=92.48%），超过85%。

假设A公司对B公司的此项资产收购交易满足其他三条特殊性税务处理条件，因此可以适用特殊性税务处理。

根据企业重组符合规定条件的，交易各方对其交易中的股权支付部分，可以选择按特殊性税务规定处理，即：

(1) 转让方取得收购方股权的计税基础，以被转让资产的原有计税基础确定。

(2) 收购方取得转让方资产的计税基础，以被转让资产的原有计税基础确定。

收购方A公司的税务处理：

A公司取得转让方资产的计税基础，以被转让资产的原有计税基础确定。1 470×1 600÷1 730+130=1 489.54（万元）。

转让方B公司的税务处理：

B公司转让资产，取得的对价包括股权支付1 600万元和130万现金的非股权支付，对于非股权支付部分应确认对应的资产转让所得或损失。

非股权支付对应的资产转让所得或损失=(被转让资产的公允价值－被转让资产的计税基础)×(非股权支付金额÷被转让资产的公允价值)

因此转让方B公司非股权支付对应的资产转让所得或损失=(1 730－1 470)×130÷1 730=19.54（万元），B公司需要就其非股权支付对应的资产转让所得19.54万元缴纳企业所得税。

B公司取得现金的计税基础为130万元。

B公司取得A公司给予的其持有的全资子公司800万股股权的计税基础 = 1 470 × 1 600 ÷ 17 30 = 1 359.54（万元）

3. 企业合并的特殊性税务处理

企业股东在该企业合并发生时取得的股权支付金额不低于其交易支付总额的85%，以及同一控制下且不需要支付对价的企业合并，可以选择按以下规定处理：

（1）合并企业接受被合并企业资产和负债的计税基础，以被合并企业的原有计税基础确定。

（2）被合并企业合并前的相关所得税事项由合并企业承继。

（3）可由合并企业弥补的被合并企业亏损的限额 = 被合并企业净资产公允价值 × 截至合并业务发生当年年末国家发行的最长期限的国债利率

（4）被合并企业股东取得合并企业股权的计税基础，以其原持有的被合并企业股权的计税基础确定。

（5）非股权支付额仍应在交易当期确认相应的资产转让所得或损失，并调整相应资产的计税基础。

【例题·计算问答题】甲摩托车生产企业2021年10月合并一家小型股份公司，股份公司全部资产的公允价值为5 700万元，全部负债公允价值为3 200万元，未超过弥补期限的亏损额为620万元。合并时摩托车生产企业给股份公司的股权支付额为2 300万元、银行存款200万元。由于2 300 ÷（2 300 + 200）= 92% > 85%，因此该合并业务符合企业重组特殊性税务处理的条件，且企业选择此方法执行（假定截至合并业务发生当年年末国家发行的最长期限的国债利率为6%）。

要求：计算可由合并企业弥补被合并企业的亏损。

【答案】可由合并企业弥补被合并企业的亏损限额 =（5 700 − 3 200）× 6% = 150（万元），由于150万元小于620万元，因此可由合并企业弥补被合并企业的亏损为150万元。

4. 资产划转的特殊性税务处理。

（1）关于“股权、资产划转”问题，财税〔2014〕109号文规定如下：对100%直接控制的居民企业之间，以及受同一或相同多家居民企业100%直接控制的居民企业之间按账面净值划转股权或资产，凡具有合理商业目的、不以减少、免除或者推迟缴纳税款为主要目的，股权或资产划转后连续12个月内不改变被划转股权或资产原来实质性经营活动，且划出方企业和划入方企业均未在会计上确认损益的，可以选择按以下规定进行特殊性税务处理：

①划出方企业和划入方企业均不确认所得。

②划入方企业取得被划转股权或资产的计税基础，以被划转股权或资产的原账面净值确定。

③划入方企业取得的被划转资产，应按其原账面净值计算折旧扣除。

（2）所称“100%直接控制的居民企业之间，以及受同一或相同多家居民企业100%直接控制的居民企业之间按账面净值划转股权或资产”，限于以下情形：

①100%直接控制的母子公司之间，母公司向子公司按账面净值划转其持有的股权或资产，母公司获得子公司100%的股权支付。母公司按增加长期股权投资处理，子公司按接受投资（包括资本公积，下同）处理。母公司获得子公司股权的计税基础以划转股权或资产的原计税基础确定。

②100%直接控制的母子公司之间，母公司向子公司按账面净值划转其持有的股权或资产，母公司没有获得任何股权或非股权支付。母公司按冲减实收资本（包括资本公积，下同）处理，子公司按接受投资处理。

③100%直接控制的母子公司之间，子公司向母公司按账面净值划转其持有的股权或资产，子公司没有获得任何股权或非股权支付。母公司按收回投资处理，或按接受投资处理，子公司按冲减实收资本处理。母公司应按被划转股权或资产的原计税基础，相应调减持有子公司股权的计税基础。

④受同一或相同多家母公司100%直接控制的子公司之间，在母公司主导下，一家子公司向另一家子公司按账面净值划转其持有的股权或资产，划出方没有获得任何股权或非股权支付。划出方按冲减所有者权益处理，划入方按接受投资处理。

【案例】母公司向子公司无偿划拨股权

B公司100%控股C公司，同时B公司持有A上市公司64%的股权。A上市公司收到其控股股东B《关于A公司国有股份无偿划转意向协议》，B公司拟将其持有的A公司30 000万股（占总股本30%）无偿划转给C公司。B公司原先持有C公司股权的计税基础是6 200万元。B公司持有A上市公司30%股权的计税基础是5 200万元，无偿划转时点的公允价值是13 200万元。请分析B公司和C公司的财税处理，B公司和C公司均为境内居民企业。

【分析】首先，B公司持有C公司100%的股权，满足100%直接控制的居民企业之间。其次，假设该股权划转具有合理商业目的，不以减少、免除或者推迟缴纳税款为主要目的，且股权划转后连续12个月内不改变A公司原来实质性经营活动。假设划出方B公司和划入方C公司均未在会计上确认损益的。这就符合了财税〔2014〕109号文的全部条件，可以适用特殊性税务处理。

税务处理如下：

第一，B公司将其持有的A公司30%的股权划转到C公司不确认损失，C公司取得A公司30%的股权不确认所得；

第二，C公司取得B公司划转的A公司30%股权的计税基础，以被划转股权原账面净值5 200万元确认。

第三，B公司将其持有A公司股权划转给C公司，在税务上，B公司减少对A公司的投资5 200万元，增加对C公司长期股权投资的计税基础。即在划转后，B公司持有C公司股权的计税基础从原来的6 200万元增加到11 400万元（6 200 + 5 200）。

【案例】子公司向母公司无偿划转股权

A公司100%持有B公司的股权（A是母公司，B是子公司），B公司持有C公司30%的股权，其持有该股权的计税基础是600万元，公允价值是1 500万元。根据A公司董事会决议，B公司将其持有的C公司股权划转给A公司。A公司从间接持有C公司30%的股权变为A公司直接持有C公司30%的股权。假设该股权划转具有合理商业目的，不以减少、免除或者推迟缴纳税款为主要目的，且股权划转后连续12个月内不改变C公司原来实质性经营活动。请分析A公司和B公司的财税处理。A公司和B公司均为境内居民企业。

【分析】本案例属于子公司B向母公司A无偿划出股权的情况。该划转发生100%持股的居民企业之间，假设符合财税〔2014〕109号文的其他全部条件，适用特殊性税务处理。该项划转的税务处理如下：

第一，B公司将其持有的C公司30%的股权划转给A公司，A公司和B公司均未在会计上确认损益。

第二，A公司取得C公司股权的计税基础应按该股权的原计税基础确定，即为600万元。

考点11 企业所得税的税收优惠

（一）从事农、林、牧、渔业项目的所得

类型	具体项目
免税	蔬菜、谷物、薯类、油料、豆类、棉花、麻类、糖料、水果、坚果的种植
	农作物新品种的选育
	中药材的种植
	林木的培育和种植
免税	牲畜、家禽的饲养
	林产品的采集
	灌溉、农产品初加工、兽医、农技推广、农机作业和维修等农、林、牧、渔服务业项目
	远洋捕捞
减半征收	花卉、茶以及其他饮料作物和香料作物的种植
	海水养殖、内陆养殖

【例题·单选题】（2014年）企业从事下列项目取得的所得中，免征企业所得税的是（　　）。

A. 花卉种植

B. 蔬菜种植

C. 海水养殖

D. 内陆养殖

【答案】 B

【解析】 本题核心考点在于企业从事农、林、牧、渔业的所得，免征与减征项目的准确区分。选项A（花卉、茶以及其他饮料作物和香料作物的种植）、选项C（海水养殖）、选项D（内陆养殖），均减半征收企业所得税；选项B：蔬菜、谷物、薯类、油料、豆类、棉花、麻类、糖料、水果、坚果的种植，免征企业所得税。

【例题·单选题】（2013年）企业从事下列项目取得的所得中，减半征收企业所得税的是（　　）。

A. 饲养家禽

B. 远洋捕捞

C. 海水养殖

D. 种植中药材

【答案】 C

【解析】 选项A、B、D均属于企业所得税免征项目；选项C：企业从事下列项目的所得，减半征收企业所得税：（1）花卉、茶以及其他饮料作物和香料作物的种植；（2）海水养殖、内陆养殖。

（二）从事国家重点扶持的公共基础设施项目投资经营的所得

企业从事国家重点扶持的公共基础设施项目的投资经营所得，自项目取得第一笔生产经营收入所属纳税年度起，第1～3年免征企业所得税，第4～6年减半征收企业所得税（三免三减半）。

企业承包经营、承包建设和内部自建自用上述规定的项目，不得享受“三免三

减半”的企业所得税优惠。

【例题·单选题】（2021 年）企业从事国家重点扶持的公共基础设施项目的投资经营所得，可享受“三免三减半”的税收优惠。该税收优惠的起始时间是（　　）。

A. 项目开工所属纳税年度

B. 项目竣工所属纳税年度

C. 项目盈利所属纳税年度

D. 项目取得第一笔生产经营收入所属纳税年度

【答案】 D

【解析】 企业从事国家重点扶持的公共基础设施项目的投资经营所得，自项目取得第一笔生产经营收入所属纳税年度起，可享受“三免三减半”的税收优惠。

（三）从事符合条件的环境保护、节能节水项目的所得

企业从事符合条件的环境保护、节能节水项目的所得，自项目取得第一笔生产经营收入所属纳税年度起，第 1～3 年免征企业所得税，第 4～6 年减半征收企业所得税。（三免三减半）

符合条件的环境保护、节能节水项目，包括公共污水处理、公共垃圾处理、沼气综合开发利用、节能减排技术改造、海水淡化等。

企业在减免税期限内转让所享受减免税优惠的项目，受让方承续经营该项目的，可自受让之日起，在剩余优惠期限内享受规定的减免税优惠；减免税期限届满后转让的，受让方不得就该项目重复享受减免税优惠。

【例题·单选题】（2020 年）企业从事国家重点扶持的公共基础设施项目取得的投资经营所得，享受企业所得税“三免三减半”优惠政策的起始时间是（　　）。

A. 项目投资的当年

B. 项目投资开始实现会计利润的当年

C. 项目投资开始缴纳企业所得税的当年

D. 项目投资获得第一笔经营收入的当年

【答案】 D

【解析】 企业从事国家重点扶持的公共基础设施项目的投资经营的所得，自项目取得第一笔生产经营收入所属年度起，第 1 年至第 3 年免征企业所得税，第 4 年至第 6 年减半征收企业所得税。

（四）小型微利企业优惠

小型微利企业减按 20% 的税率征收企业所得税。小型微利企业的条件如下：

小型微利企业判定标准为：（1）年度应纳税所得额≤300 万元，从业人数≤300 人，资产总额≤5 000 万元，且从事国家非限制和非禁止行业的居民企业。

从业人数，包括与企业建立劳动关系的职工人数和企业接受的劳务派遣用工人数。

所称从业人数和资产总额指标，应按企业全年的季度平均值确定。

具体计算公式如下：

季度平均值 =（季初值 + 季末值）÷2

全年季度平均值 = 全年各季度平均值之和 ÷4

年度中间开业或者终止经营活动的，以其实际经营期作为一个纳税年度确定上述相关指标。

提示 上述标准仅适用于 2019 年（含）后的小型微利企业。

2019 年 1 月 1 日至 2021 年 12 月 31 日，对小型微利企业年应纳税所得额不超过 100 万元的部分，减按 25% 计入应纳税所得额，按 20% 的税率缴纳企业所得税（实际税负为 5%）。对年应纳税所得额超过 100 万元但不超过 300 万元的部分减按 50%，计入应纳税所得额，按 20% 的税率

缴纳企业所得税（实际税负为10%）。

提示 小型微利企业2021年1月1日至2022年12月31日优惠政策。

对小型微利企业年应纳税所得额不超过100万元的部分，在《财政部　税务总局关于实施小微企业普惠性税收减免政策的通知》（财税〔2019〕13号）第二条规定的优惠政策基础上，再减半征收企业所得税。即减按12.5%计入应纳税所得额，按20%的税率缴纳企业所得税。

【例题·单选题】（2020年）某企业成立于2019年5月，其财务人员于2020年4月向聘请的注册会计师咨询可享受企业所得税优惠政策的小型微利企业认定标准。财务人员的下列表述中，符合税法规定的是（　　）。

A. 小型微利企业优惠政策可适用于限制性行业

B. 年度中间开业的小型微利企业从下一实际经营期开始确定相关指标

C. 计算小型微利企业从业人数指标时不包括企业接受的劳务派遣人数

D. 小型微利企业资产总额指标按企业全年的季度平均值确定

【答案】 D

【解析】 选项A：符合条件的小微企业是指全部生产经营活动产生的所得均负有我国企业所得税纳税义务且从事国家非限制和禁止行业的企业（包括采取查账征收方式和核定征收方式的企业）；选项B：年度中间开业或者终止经营活动的，以其实际经营期作为一个纳税年度确定相关指标；选项C：从业人数包括与企业建立劳动关系的职工人数和企业接受劳务派遣用工人数；选项D：从业人数和资产总额指标，应按企业全年的季度平均值确定。

【例题·单选题】（2020年）某公司从事国家非限制和禁止行业，2019年从业人数130人，资产总额为2 000万元，年度应纳税所得额为210万元，则该公司当年应纳企业所得税为（　　）万元。

A. 10.5

B. 52.5

C. 42

D. 16

【答案】 D

【解析】 该公司符合小型微利企业的认定标准，应纳税额 = 100 × 25% × 20% + (210 − 100) × 50% × 20% = 16（万元）。

（五）研发费用加计扣除

企业开展研发活动中实际发生的研发费用，未形成无形资产计入当期损益的，在2023年12月31日前，在按规定据实扣除的基础上，再按照实际发生额的75%在税前加计扣除；形成无形资产的，在上述期间按照无形资产成本的175%在税前摊销。

提示1 除烟草制造业、住宿和餐饮业、批发和零售业、房地产业、租赁和商务服务业、娱乐业以外，其他企业均可享受。

提示2 制造业企业开展研发活动中实际发生的研发费用，未形成无形资产计入当期损益的，在按规定据实扣除的基础上，自2021年1月1日起，再按照实际发生额的100%在税前加计扣除；形成无形资产的，自2021年1月1日起，按照无形资产成本的200%在税前摊销。

提示3 企业委托外部机构或个人进行研发活动所发生的费用，按照费用实际发生额的80%计入委托方研发费用并计算加计扣除，受托方不得再进行加计扣除。委托境外进行研发活动所发生的费用，按照费用实际发生额的80%计入委托方的委托境外研发费用。委托境外研发费用不超过境内符合条件的研发费用2/3的部分，可以按规定在税前加计扣除。委托境外进行研发活动不包括委托境外个人进行的研发活动。

【例题·多选题】(2020年)下列关于研发费用加计扣除政策的表述中，符合《企业所得税法》规定的有(　　)。

A. 企业委托境外机构的研发费用可全额加计扣除

B. 按规定对研发人员进行股权激励的支出可作为人员人工费用全额加计扣除

C. 委托关联企业开展研发活动发生的费用可按照实际发生额70%加计扣除

D. 临时聘用且直接参与研发活动临时工的劳务费用可全额加计扣除

【答案】BD

【解析】选项A：委托境外进行研发活动所发生的费用，按照费用实际发生额的80%计入委托方的委托境外研发费用，委托境外研发费用不超过境内符合条件的研发费用2/3的部分，可以按规定在企业所得税前加计扣除。选项C：企业委托境内外部机构或个人进行研发活动所发生的费用，按照费用实际发生额的80%计入委托方研发费用并计算加计扣除，受托方不得再进行加计扣除。

【例题·多选题】(2020年)下列关于研发费用加计扣除政策的表述中，符合企业所得税法规定的有(　　)。

A. 企业委托境外机构的研发费用2/3可加计扣除

B. 适用加速折旧政策的研发活动仪器可就税前扣除折旧部分加计扣除

C. 对研发人员发放的职工福利费可全额加计扣除

D. 按规定对研发人员进行股权激励的支出可作为人员人工费用全额加计扣除

【答案】BD

【解析】选项A：委托境外进行研发活动所发生的费用，按照费用实际发生额的80%计入委托方的委托境外研发费用，委托境外研发费用不超过境内符合条件的研发费用2/3的部分，可以按规定在税前加计扣除。选项C：研发人员的职工福利费属于研发费用加计扣除中规定的其他相关费用，但是此类费用总额不得超过可加计扣除研发费用总额的10%。

【例题·单选题】(2018年)科技型中小企业开展研发活动中实际发生的研发费用，在企业所得税税前加计扣除的比例为(　　)。

A. 50%　　B. 75%

C. 25%　　D. 100%

【答案】B

【解析】科技型中小企业开展研发活动中实际发生的研发费用，未形成无形资产计入当期损益的，在按规定据实扣除的基础上，在2017年1月1日至2019年12月31日期间，再按照实际发生额的75%在税前加计扣除；形成无形资产的，在上述期间按照无形资产成本的175%在税前摊销。

(六)加速折旧优惠

1. 可以加速折旧的固定资产

(1)由于技术进步，产品更新换代较快的固定资产。

(2)常年处于强震动、高腐蚀状态的固定资产。

加速折旧的方法如下：

缩短折旧年限	最低折旧年限规定折旧年限的不得低于60%
加速折旧方法	双倍余额递减法或年数总和法

2. 设备、器具等固定资产一次性扣除规定

财税〔2018〕54号文规定，企业在2018年1月1日至2020年12月31日期间新购进的设备、器具，单位价值不超过500万元的，允许一次性计入当期成本费用在计算应纳税所得额时扣除，不再分年度计算折旧；单位价值超过500万元的，仍按相关规定执行。

提示1 财税〔2018〕54号文等16个文件规定的税收优惠政策凡已经到期的，执行期限延长至2023年12月3日。

提示2《财政部 税务总局关于扩大固定资产加速折旧优惠政策适用范围的公告财政部 税务总局公告》（2019年第66号）规定固定资产加速折旧优惠的行业范围，扩大至全部制造业领域。

提示3 对疫情防控重点保障物资生产企业为扩大产能新购置的相关设备，允许一次性计入当期成本费用在企业所得税税前扣除。

【例题·多选题】（2020年）新购进设备的下列企业中，可以享受企业所得税加速折旧优惠的有（　　）。

A. 无纺布制造厂

B. 仪器仪表制造厂

C. 财务咨询公司

D. 信息技术服务公司

【答案】 AB

【解析】 自2019年1月1日起，适用固定资产加速折旧优惠的行业范围，扩大至全部制造业领域。

（七）非居民企业优惠

非居民企业减按10%的税率征收企业所得税。这里的非居民企业，是指在中国境内未设立机构、场所的，或者虽设立机构、场所但取得的所得与其所设机构、场所没有实际联系的企业。该类非居民企业取得下列所得免征企业所得税。

1. 外国政府向中国政府提供贷款取得的利息所得。

2. 国际金融组织向中国政府和居民企业提供优惠贷款取得的利息所得。

3. 经国务院批准的其他所得。

【例题·单选题】（2018年）在我国境内未设立机构、场所的非居民企业取得的下列所得中，应当计算缴纳企业所得税的是（　　）。

A. 国际金融组织向中国政府提供优惠贷款取得的利息所得

B. 国际金融组织向中国居民企业提供优惠贷款取得的利息所得

C. 外国政府向中国政府提供贷款取得的利息所得

D. 外国金融机构向中国居民企业提供商业贷款取得的利息所得

【答案】 D

【解析】 非居民企业减按10%的税率征收企业所得税。这里的非居民企业，是指在中国境内未设立机构、场所的，或者虽设立机构、场所但取得的所得与其所设机构、场所没有实际联系的企业。该类非居民企业取得下列所得免征企业所得税。（1）外国政府向中国政府提供贷款取得的利息所得。（2）国际金融组织向中国政府和居民企业提供优惠贷款取得的利息所得。（3）经国务院批准的其他所得。

考点12 居民企业应纳税额的计算

【例题·综合题】（2019年改编）位于市区的医药制造企业上市公司甲为增值税一般纳税人。2021年甲企业实现营业收入100 000万元、投资收益5 100万元；发生营业成本55 000万元、税金及附加4 200万元、管理费用5 600万元、销售费用26 000万元、财务费用2 200万元、营业

外支出800万元。甲企业自行计算会计利润为11 300万元。

2021年2月甲企业进行2020年所得税汇算清缴时聘请了某会计师事务所进行审核，发现如下事项：

（1）5月接受母公司捐赠的原材料用于生产应税药品，取得增值税专用发票，注明价款1 000万元、税款130万元，进项税额已抵扣，企业将1 130万元计入资本公积，赠与双方无协议约定。

（2）6月采用支付手续费方式委托乙公司销售药品，不含税价格为3 000万元，成本为2 500万元，药品已经发出；截至2020年12月31日未收到代销清单，甲企业未对该业务进行增值税和企业所得税相应处理。

（3）投资收益中包含直接投资居民企业分回的股息4 000万元、转让成本法核算的非上市公司股权的收益1 100万元。

（4）9月份对甲企业50名高管授予限制性股票，约定服务期满1年后每人可按6元/股购买1 000股股票，授予日股票公允价格为10元/股。12月31日甲企业根据企业会计准则进行如下会计处理：

借：管理费用 500 000

贷：资本公积 500 000

（5）成本费用中含实际发放员工工资25 000万元；另根据合同约定支付给劳务派遣公司800万元，由其发放派遣人员工资。

（6）成本费用中含发生职工福利费1 000万元、职工教育经费2 200万元、拨缴工会经费400万元，工会经费取得相关收据。

（7）境内自行研发产生的研发费用为2 400万元；委托关联企业进行研发，受托方归集的研发费用2 000万元，已经收到关联企业关于研发费用支出明细报告。

（8）发生广告费和业务宣传费22 000万元，业务招待费600万元。

（其他相关资料：2020年各月月末“应交税费——应交增值税”科目均无借方余额。）

要求：根据上述资料，按照下列顺序回答问题，如有计算需计算出合计数。

（1）回答业务（1）中计入资本公积的处理是否正确并说明理由。

（2）业务（2）中企业增值税和所得税处理是否正确并说明理由。

（3）计算业务（2）应调整的增值税应纳税额、城市维护建设税额、教育费附加及地方教育附加。

（4）计算业务（3）应调整的企业所得税应纳税所得额。

（5）计算业务（4）应调整的企业所得税应纳税所得额。

（6）回答支付给劳务派遣公司的费用能否计入企业的工资、薪金总额基数并说明理由。

（7）计算职工福利费、职工教育经费、工会经费应调整的企业所得税应纳税所得额。

（8）回答委托研发产生的研发费用能否加计扣除，并计算研发费用应调整的企业所得税应纳税所得额。

（9）计算广告和业务宣传费应调整的企业所得税应纳税所得额。

（10）计算业务招待费应调整的企业所得税应纳税所得额。

（11）计算调整后的会计利润（不考虑税收滞纳金）。

（12）计算应缴纳的企业所得税额。

【答案】

（1）业务（1）中计入资本公积的处理错误，因双方无协议约定为投资，不应计入资本公积，应计入营业外收入。

（2）企业增值税处理错误，所得税处

理正确，委托他人代销货物，增值税的纳税义务发生时间为收到代销单位的代销清单或者收到全部或者部分货款的当天。未收到代销清单及货款的，为发出代销货物满 180 天的当天；销售商品采用支付手续费方式委托代销的，在收到代销清单时确认企业所得税收入。

(3) 应调整的增值税应纳税额 =3 000 × 13% =390（万元），应调整的城市维护建设税额、教育费附加及地方教育附加 =390 ×(7% +3% +2%) =46.8（万元）。

(4) 居民企业分回的投资收益属于免税收入，调减应纳税所得额 4 000 万元。

【提示】 符合条件的居民企业之间的股息、红利等权益性投资收益指居民企业直接投资于其他居民企业取得的投资收益。《企业所得税法》中所称股息、红利等权益性投资收益，不包括连续持有居民企业公开发行并上市流通的股票不足 12 个月取得的投资收益。

(5) 未到行权日计入管理费用的股权激励不允许在企业所得税税前扣除，应调增应纳税所得额为 50 万元。

(6) 企业按照合同约定直接支付给劳务派遣公司的费用，应作为劳务费支出，不能计入企业工资、薪金总额的基数。

(7) 职工福利费限额 =25 000 ×14% = 3 500（万元），实际发生额为 1 000 万元，未超过限额，可以据实扣除，不需要纳税调整。

职工教育经费 =25 000 ×8% =2 000（万元），实际发生额为 2 200 万元，超过限额，应纳税调增应纳税所得额 200 万元。

工会经费 =25 000 ×2% =500（万元），实际发生额为 400 万元，未超过限额，可以据实扣除，不需要调整。

合计需要调增应纳税所得额 =200 万元

(8) 企业委托外部机构或个人进行研发活动所发生的费用，按照费用实际发生额的 80% 计入委托方研发费用并计算加计扣除，受托方不得再进行加计扣除。

应纳税调减的应纳税所得额 =(2 400 + 2 000 ×80%) ×100% =4 000（万元）

(9) 广告费限额 =100 000 ×30% = 30 000（万元），实际发生额为 22 000 万元，未超过限额，可以据实扣除，不需要调整。

(10) 业务招待费限额 1 =100 000 × 5‰ =500（万元）

业务招待费限额 2 =600 ×60% =360（万元）

可以税前扣除的业务招待费限额为 360 万元。

业务招待费应纳税调增 =600 −360 = 240（万元）。

(11) 会计利润 =11 300 +1 130 −46.8 = 12 383.2（万元）

(12) 应纳税所得额 =12 383.2 −4 000 + 50 +200 −4 000 +240 =4 873.2（万元）

应纳税额 =4 873.2 ×25% =1 218.3（万元）

考点 13 非居民企业应纳税额的计算

1. 对于在中国境内未设立机构、场所的，或者虽设立机构、场所但取得的所得与其所设机构、场所没有实际联系的非居民企业的境内所得，按照下列方法计算应纳税所得额：

股息、红利等权益性投资收益和利息、租金、特许权使用费所得	“营改增”后的非居民企业以不含增值税的收入全额作为应纳税所得额

续表

转让财产所得	以收入全额减除财产净值后的余额为应纳税所得额。财产净值是指财产的计税基础减除已经按照规定扣除的折旧、折耗、摊销、准备金等后的余额

2. 扣缴企业所得税应纳税额计算

扣缴企业所得税应纳税额 = 应纳税所得额 × 实际征收率

【例题·单选题】（2019 年）在中国境内未设立机构、场所的非居民企业，计算企业所得税应纳税所得额所用的下列方法中，符合税法规定的是（　　）。

A. 股息所得以收入全额为应纳税所得额

B. 特许权使用费所得以收入减去特许权摊销费用为应纳税所得额

C. 租金所得以租金收入减去房屋折旧为应纳税所得额

D. 财产转让所得以转让收入减去财产原值为应纳税所得额

【答案】 A

【解析】 对于在中国境内未设立机构、场所的，或者虽设立机构、场所但取得的所得与其所设机构、场所没有实际联系的非居民企业的境内所得，股息、红利等权益性投资收益和利息、租金、特许权使用费所得以收入全额作为应纳税所得额；转让财产所得以收入全额减除财产净值后的余额为应纳税所得额。

通关演练

一、单项选择题

1. 注册地与实际管理机构所在地均在美国的某银行，取得的下列各项所得中，按规定不需要在我国缴纳企业所得税的是（　　）。

A. 转让位于我国上海的一处不动产取得的财产转让所得

B. 在香港证券交易所购入我国某公司股票后取得分红所得

C. 在我国的分行为我国某公司提供理财咨询服务取得的收入

D. 为位于日本的某电站提供流动资金贷款取得的利息收入

2. 我国企业所得税适用的税率属于（　　）。

A. 比例税率　　B. 超额累进税率

C. 定额税率　　D. 超率累进税率

3. 依据《企业所得税法》的规定，下列各项中，按负担、支付所得的企业或者机构、场所所在地确定所得来源地的是（　　）。

A. 销售货物所得

B. 权益性投资所得

C. 动产转让所得

D. 特许权使用费所得

4. 依据《企业所得税法》的规定，下列各项中确定所得来源地正确的是（　　）。

A. 股息、红利等权益性投资收益，按照实际收到投资收益的日期确认收入的实现

B. 接受捐赠收入，按照实际收到捐赠资产的日期确认收入的实现

C. 特许权使用费收入，按照实际收到特许权使用费的日期确认收入的实现

D. 租金收入，按照实际收到租金的日期确认收入的实现

5. 下列关于企业所得税所得来源的确定，不正确的是（　　）。

A. 销售货物，按照交易活动发生地确定

B. 提供劳务所得，按照劳务发生地

确定

C. 股息所得，按照分配股息的企业所在地确定

D. 房屋租金所得，按照房屋所在地确定

6. 依据《企业所得税法》中对于企业取得的各项收入确认时间的规定，下列表述中，不正确的是（　　）。

A. 除国务院财政、税务主管部门另有规定外，股息、红利等权益性投资收益，按照被投资方作出利润分配决定的日期确认收入的实现

B. 企业将资金提供他人使用而收取的利息收入，按照债务人实际支付利息的日期确认收入的实现

C. 企业取得的固定资产租金收入，按照合同约定的承租人应付租金的日期确认收入的实现

D. 接受捐赠收入，按照实际收到捐赠资产的日期确认收入的实现

7. 下列各项中，符合企业收入实现有关规定的是（　　）。

A. 属于提供设备的特许权费，在交付资产或转移资产所有权时确认收入

B. 广告制作费，应在相关广告出现在公众面前时确认收入

C. 利息收入，应在实际收到利息时确认收入

D. 特许权使用费，在交付资产或转移资产所有权时确认收入

8. 企业处置资产的下列情形中，应视同销售确定企业所得税应税收入的是（　　）。

A. 将资产用于股息分配

B. 将资产用于生产另一产品

C. 将资产从总机构转移至境内分支机构

D. 将资产用途由自用转为经营性租赁

9. 下列资产处置，应按照规定视同销售计算企业所得税的是（　　）。

A. 将资产由总机构转移至分支机构

B. 将完工产品移送用于科学研究

C. 将产品用于股息分配

D. 将自建商品房转为经营用房

10. 根据企业所得税法律制度的规定，下列收入中，属于企业所得税应税收入的是（　　）。

A. 财政拨款

B. 非营利组织的受赠收入

C. 确实无法偿付的应付款项

D. 依法收取并上缴财政的政府性基金

11. 按照我国现行《企业所得税法》，下列各项中，属于免交企业所得税的项目是（　　）。

A. 国有企业直接投资于其他企业取得的投资收益

B. 国有企业购买上市公司股票取得的股利收入

C. 国有企业转让上市公司股票取得的转让所得

D. 国有企业取得的税费转让

12. 2021 年 8 月，某居民企业转让代个人持有的解禁后的限售股，取得转让收入 600 万元，企业不能提供完整、真实的限售股原值凭证，无法准确计算该限售股原值。按照《企业所得税法》的相关规定，该企业转让代个人持有的限售股应缴纳企业所得税（　　）万元。

A. 119　　B. 127.5

C. 135.5　　D. 150

13. 根据企业所得税法律制度的规定，下列不属于企业所得税税前扣除项目的原则的是（　　）。

A. 权责发生制原则

B. 相关性原则

C. 客观性原则

D. 配比性原则

14. 甲企业 2021 年实际发生并支付给员工的合理的工资、薪金支出共计 1 200 万元；另因接受外部劳务派遣用工，直接向劳务派遣公司支付费用 50 万元；直接向劳务派遣的员工支付费用 80 万元，其中属于福利费性质的支出为 10 万元。甲企业 2020 年可以在企业所得税税前扣除的职工福利费的限额为（　　）万元。

A. 168　　B. 177.8

C. 184.8　　D. 186.2

15. 甲公司 2021 年度支出合理的工资、薪金总额为 800 万元，按规定标准为职工缴纳基本社会保险费 100 万元、补充养老保险费 35 万元、补充医疗保险费 50 万元。甲公司为职工缴纳的各项保险费用在计算 2020 年企业所得税应纳税所得额时可以扣除的数额为（　　）万元。

A. 145　　B. 175

C. 180　　D. 190

16. 某公司向银行借入生产用资金 500 万元，借款期限 6 个月，支付借款利息 15 万元；向其他企业借入生产用资金 300 万元，借款期限 10 个月，支付借款利息 24 万元。假设银行同期同类贷款年利率为 6%，该公司计算应纳税所得额时允许扣除的利息为（　　）万元。

A. 9　　B. 15

C. 30　　D. 39

17. 甲创业投资企业，2021 年从其直接投资的企业分回股息收益 1 500 万元，转让股权取得收入 2 000 万元，转让专利所有权取得收入 1 000 万元，发生业务招待费 50 万元。甲创业投资企业本年度发生的业务招待费在计算企业所得税应纳税所得额时准予扣除（　　）万元。

A. 0　　B. 17.5

C. 22.5　　D. 30

18. 下列各项中，能作为业务招待费税前扣除限额计提依据的是（　　）。

A. 转让无形资产使用权的收入

B. 因债权人原因确实无法支付的应付款项

C. 转让无形资产所有权的收入

D. 盘盈固定资产收入

19. 2021 年某电器生产企业取得商品销售收入 1 800 万元，出租房屋取得租金收入 200 万元，接受捐赠收入 100 万元，国债利息收入 30 万元。该企业当年实际发生的与生产经营活动有关的业务招待费 30 万元，广告费 240 万元，业务宣传费 80 万元。2020 年度该企业可税前扣除的业务招待费、广告费和业务宣传费合计为（　　）万元。

A. 294.5　　B. 310

C. 325.5　　D. 330

20. 某化妆品制造企业 2021 年销售货物取得收入 9 000 万元（不含增值税，下同），出租房屋取得收入 200 万元，将市价为 100 万元的外购货物用于对外捐赠，将市价为 300 万元的货物移送至境内的分支机构；当年实际发生广告费支出 2 700 万元，上年未扣除结转至本年的广告费支出 100 万元。则该企业 2021 年针对该业务（　　）。

A. 无须纳税调整

B. 调减应纳税所得额 90 万元

C. 调减应纳税所得额 100 万元

D. 调增应纳税所得额 90 万元

21. 根据税法规定，纳税人的下列各项中，计算应纳税所得额时准予按一定比例扣除的公益性捐赠是（　　）。

A. 纳税人直接向某学校的捐赠

B. 纳税人通过企业向自然灾害地区的捐赠

C. 纳税人通过电视台向灾区的捐赠

D. 纳税人通过县级以上民政部门向贫困地区的捐赠

22. 根据《企业所得税法》的规定，纳税义务人发生的公益性捐赠支出，在其（　　）以内的部分，准予在计算应纳税所得额时扣除。

A. 年度应纳税所得额 3%

B. 年度应纳税所得额 12%

C. 年度利润总额 3%

D. 年度利润总额 12%

23. 下列各项支出中，可以在计算企业所得税应纳税所得额时扣除的是（　　）。

A. 向投资者支付的股息

B. 合理的劳动保护支出

C. 为投资者支付的商业保险费

D. 内设营业机构之间支付的租金

24. 下列各项中，在计算企业所得税应纳税所得额时准予按规定扣除的是（　　）。

A. 企业之间支付的管理费用

B. 企业之间支付的利息费用

C. 企业之间支付的股息红利

D. 企业内营业机构之间支付的租金

25. 下列各项支出中，可以在计算企业所得税应纳税所得额时扣除的是（　　）。

A. 支付给母公司的管理费

B. 按规定缴纳的财产保险费

C. 以现金方式支付给某中介公司的佣金

D. 赴灾区慰问时直接向灾民发放的慰问金

26. 下列项目中，在计算企业所得税应纳税所得额时，准予从收入总额中扣除的项目是（　　）。

A. 向投资者支付的股息、红利等权益性投资收益款项

B. 纳税人逾期归还银行贷款，银行按规定加收的罚息

C. 纳税人因违反税法规定，被处以的滞纳金

D. 企业所得税税款

27. 根据税法规定，纳税人发生的下列支出中，在计算应纳税所得额时准予扣除的是（　　）。

A. 工商机关所处罚款

B. 银行加收的罚息

C. 司法机关所处罚金

D. 税务机关加收的税收滞纳金

28. 在计算应纳税所得额时，下列支出可以税前扣除的是（　　）。

A. 向投资者支付的股息、红利

B. 企业之间支付的管理费

C. 母公司为其子公司提供各种服务而发生的费用

D. 未经核定的准备金支出

29. 根据《企业所得税法》的相关规定，下列说法中正确的是（　　）。

A. 企业以前年度发生的法定资产损失未能在当年税前扣除的，应追补至该项损失发生年度扣除

B. 企业筹办期间不计算为亏损年度，企业自开始生产经营的年度，为开始计算企业损益的年度

C. 企业因以前年度实际资产损失未在税前扣除而多缴纳的企业所得税税款，可在追补确认年度企业所得税应纳税款中予以抵扣，不足抵扣的，不得在以后年度递延抵扣

D. 企业从事生产经营之前进行筹办活动期间发生筹办费用支出，直接计算为当期的亏损

30. 某公司 2020 年经税务机关核实亏损 20 万元，2021 年度该公司利润总额为 120 万元，无其他纳税调整事项。该公司

适用的所得税税率为25%。则该公司2021年应纳所得税额为（　　）万元。

A. 25　　B. 30

C. 50　　D. 75

31. 某公司2018年度发生的亏损，按税法规定可以用以后年度的所得弥补，不足弥补可延续弥补，但延续弥补的期限一般最长不得超过（　　）年。

A. 2020　　B. 2021

C. 2022　　D. 2023

32. 企业所得税纳税人在计算应纳税所得额时，其财务、会计处理办法与税收法律、行政法规的规定不一致的，应当执行（　　）。

A. 国家有关财务规定

B. 税收法律、行政法规的规定

C. 国家有关会计规定

D. 国家有关财务、会计规定

33. A公司和B公司共同投资成立M公司，A公司出资4 000万元，占M公司股份的40%，B公司出资6 000万元，占M公司股份的60%，由于双方持股比例接近，公司治理屡屡引发矛盾，因此A公司准备将其持有股份全部转让给B公司。截至股权转让前，M公司的未分配利润为5 000万元，盈余公积为5 000万元。2021年A公司直接将其股份作价12 000万元全部转让给B公司，股权转让完成后，M公司成为B公司的全资子公司。A公司转让股权取得的所得应缴纳企业所得税（　　）万元。

A. 1 500　　B. 2 000

C. 2 500　　D. 3 000

34. 境内居民企业A公司2018年10月以1 000万元投资于境内另一居民企业M上市公司，取得M公司30%的股权。2021年11月经M公司股东会批准，A公司将其持有的全部股份撤资，撤资时M公司累计未分配利润与累计盈余公积合计数为3 000万元，A公司撤资分得银行存款2 000万元。则A公司该业务应缴纳企业所得税（　　）万元。

A. 25　　B. 225

C. 250　　D. 500

35. 依据《企业所得税法》的相关规定，下列表述中，正确的是（　　）。

A. 企业未使用的房屋和建筑物，不得计提折旧

B. 企业以经营租赁方式租入的固定资产，应当计提折旧

C. 企业盘盈的固定资产，以该固定资产的原值为计税基础

D. 企业自行建造的固定资产，以竣工结算前发生的支出为计税基础

36. 下列关于企业资产的税务处理办法，正确的是（　　）。

A. 已足额提取折旧的固定资产的改建支出不得作为长期待摊费用进行摊销在税前扣除

B. 租入固定资产的改建支出可作为长期待摊费用按照规定摊销，准予在税前扣除

C. 企业对外投资期间，投资资产的成本在计算应纳税所得额时可以在税前扣除

D. 企业转让资产，该项资产的净值，不得在计算应纳税所得额时扣除

37. 下列各项中，依据《企业所得税法》相关规定可计提折旧的生物资产是（　　）。

A. 经济林

B. 防风固沙林

C. 用材林

D. 存栏待售牲畜

38. 某林场外购一批果树树苗，支付价款20万元，依据《企业所得税法》相关规定，税前扣除方法为（　　）。

A. 一次性在税前扣除

B. 按果树寿命在税前分期扣除

C. 按直线法以不低于3年折旧年限计算折旧税前扣除

D. 按直线法以不低于10年折旧年限计算折旧税前扣除

39. 下列关于资产损失扣除政策的陈述，不正确的是（　　）。

A. 企业清查现金短缺以减除责任人赔偿后的余额，作为现金损失在税前扣除

B. 因自然灾害、战争等不可抗力导致无法收回的应收账款，可作为坏账损失在税前扣除

C. 债务人逾期3年以上未清偿，且有确凿证据证明为无力清偿的应收账款，可作为坏账损失在税前扣除

D. 对企业被盗的固定资产或存货，以该固定资产的账面净值或存货的成本，作为固定资产或存货被盗损失在税前扣除

40. 企业股东在企业合并发生时取得的股权支付金额不低于其交易支付总额的（　　）的，以及同一控制下且不需要支付对价的企业合并，可以适用特殊规定处理。

A. 60%　　B. 75%

C. 85%　　D. 90%

41. 下列关于企业重组业务中企业所得税处理的陈述，不正确的是（　　）。

A. 税法上的企业重组，是指企业在日常经营活动以外发生的法律结构或经济结构重大改变的交易，包括企业法律形式改变、债务重组、股权收购、资产收购、合并、分立等

B. 资产收购中，受让企业收购的资产不低于转让企业全部资产的85%，且受让企业在该资产收购发生时的股权支付金额不低于其交易支付总额的75%，转让企业取得受让企业股权的计税基础，以被转让资产的原有计税基础确定

C. 企业债务重组中，以非货币资产清偿债务，应当分解为转让相关非货币性资产、按非货币性资产公允价值清偿债务两项业务，确认相关资产的所得或损失

D. 企业重组的税务处理区分不同条件，分别适用一般性税务处理规定和特殊性税务处理规定

42. A公司拟采取用股权收购的方式，收购B公司60%的股权，已知B公司全部股权计税基础为7 000万元，公允价值为9 000万元，A企业拟用公允价值4 860万元的股权和540万元的现金收购，如果选择采用特殊重组处理方法，则下列说法中正确的是（　　）。

A. B公司股东取得A公司支付的股权的计税基础为5 400万元

B. B公司股东取得A公司支付的股权的计税基础为4 200万元

C. B公司股东取得A公司支付的股权的计税基础为3 780万元

D. B公司股东应确认的股权转让所得为1 200万元

43. 2015年12月，A企业吸收合并B企业，B企业全部资产公允价值为3 700万元、全部负债公允价值为1 200万元、未超过弥补年限的亏损额为620万元。合并时，A企业支付给B企业的股权支付额为2 300万元、银行存款为200万元。该合并业务符合企业重组特殊性税务处理的条件，且A企业选择按照特殊性税务处理的规定处理。假定当年国家发行的最长期限的国债年利率为6%。则可由A企业弥补的B企业的亏损额为（　　）万元。

A. 0　　B. 150

C. 570.40　　D. 620

44. 企业的下列项目在计算应纳税所得额时，根据《企业所得税法》的规定适用加计扣除优惠政策的是（　　）。

A. 开发新技术、新产品、新工艺发生的研究开发费用

B. 进行符合国家产业政策的技术改造采购国产设备的投资额

C. 创业投资企业从事国家需要重点扶持和鼓励的创业投资的投资额

D. 企业购置用于环境保护、节能节水、安全生产等专用设备的投资额

45. 创业投资企业采取股权投资方式，直接投资于初创科技型企业 2 年以上的，可按其投资额的一定比例抵扣该创业投资企业的企业所得税应纳税所得额。这一比例是（　　）。

A. 50%　　B. 60%

C. 70%　　D. 80%

46. 某企业 2021 年 3 月转让技术所有权，取得收入 900 万元，成本费用为 300 万元，该企业本项业务应纳企业所得税（　　）万元。

A. 37.5　　B. 25

C. 12.5　　D. 0

47. 根据《企业所得税法》的规定，下列各项中，关于企业所得税的税收优惠的规定正确的是（　　）。

A. 企业综合利用资源，生产符合国家产业政策规定的产品取得的收入可以减按 10% 计入收入总额

B. 一个纳税年度内居民企业转让技术所有权所得不超过 500 万元的部分免征企业所得税，超过 500 万元的部分不能享受减免企业所得税的优惠

C. 对民族自治地方内国家限制和禁止行业的企业，可以由地方决定减征或者免征

D. 企业从事符合条件的环境保护、节能节水项目的所得，自项目取得第一笔生产经营收入所属纳税年度起，第 1 年至第 3 年免征企业所得税，第 4 年至第 6 年减半征收企业所得税

48. 依据企业所得税的相关规定，采取缩短折旧年限方法进行加速折旧时，最低折旧年限不得低于规定折旧年限的（　　）。

A. 40%　　B. 50%

C. 60%　　D. 70%

49. 根据企业所得税的相关规定，下列关于小型微利企业税收优惠的表述中，正确的是（　　）。

A. 非居民企业可以享受小型微利企业的优惠政策

B. 跨境电子商务综合试验区内实行核定征收的跨境电商企业符合小型微利企业优惠政策条件的，不得享受小型微利企业的优惠政策

C. 小型微利企业从业人数不能超过 300 人

D. 小型微利企业的从业人数不包括企业接受的劳务派遣用工人数

50. 某居民企业为小型微利企业，2021 年应纳税所得额为 280 万元，则该企业当年应纳企业所得税为（　　）万元。

A. 20.5　　B. 23

C. 28　　D. 56

51. 根据企业所得税的相关规定，下列表述中，正确的是（　　）。

A. 在我国设立机构场所的非居民企业，取得的与机构场所有实际联系的所得，实际减按 10% 征收企业所得税

B. 企业的高新技术企业资格期满当年，在通过重新认定前，其企业所得税暂按 15% 的税率预缴，在年底前仍未取得高新技术企业资格的，应按规定补缴相应期间的税款

C. 符合条件的从事污染防治的第三方企业，适用20%的企业所得税税率

D. 跨境电子商务综合试验区内核定征收的跨境电商企业采用应税所得率方式核定征收企业所得税，应税所得率统一按照10%确定

52. 某批发兼零售的居民企业，2021年度自行申报营业收入总额350万元、成本费用总额370万元，当年亏损20万元。经税务机关审核，该企业申报的收入总额无法核实，成本费用核算正确。假定对该企业核定征收企业所得税，应税所得率为10%，该居民企业2021年度应缴纳企业所得税（　　）万元。

A. 0　　B. 7.4

C. 8.75　　D. 10.28

53. 2021年度在我国境内未设立机构场所的某外国企业将一项商标使用权提供给境内甲公司使用，甲公司支付特许权使用费80万元（不含增值税）。甲公司2021年应代扣代缴预提所得税（　　）万元。

A. 7.6　　B. 8

C. 20　　D. 27.6

54. 2021年某居民企业实现产品销售收入1 200万元，视同销售收入400万元，债务重组收益100万元，发生成本费用总额1 400万元，其中业务招待费支出20万元。假定不存在其他纳税调整事项，2021年度该企业应缴纳企业所得税（　　）万元。

A. 16.2　　B. 16.8

C. 72　　D. 78

55. 某国家重点扶持的高新技术企业2021年利润总额为150万元，其中产品销售收入为1 800万元，发生业务招待费支出12万元，假定不存在其他纳税调整事项，该企业2021年应缴纳的企业所得税为（　　）万元。

A. 23.22　　B. 38.7

C. 25.41　　D. 25.79

56. 某公司2021年度实现的会计利润总额为25.36万元。经审核，“财务费用”科目中列支有两笔利息费用：向银行借入生产用资金200万元，当年借用期限6个月，支付借款利息3万元；经过批准向本企业职工借入生产用资金60万元，当年借用期限10个月，支付借款利息3.5万元。如果无其他涉税调整事项，该公司2021年度计算的应纳税所得额为（　　）万元。

A. 21.86　　B. 26.36

C. 30.36　　D. 33.36

57. 某制药企业2021年取得销售收入2 000万元，当年的广告费支出为700万元，则按照有关规定，该企业2021年在计算企业所得税时，对广告费支出进行的处理方法是（　　）。

A. 只允许抵扣600万元，剩余的可以向以后纳税年度无限期结转

B. 只允许抵扣300万元，剩余的可以向以后纳税年度结转，但最长不得超过5年

C. 只允许抵扣500万元，剩余的可以向以后纳税年度无限期结转

D. 只允许抵扣500万元，剩余的可以向以后纳税年度结转，但最长不得超过5年

58. 除税收法律、行政法规另有规定外，居民企业所得税的纳税地点为（　　）。

A. 纳税人的核算所在地

B. 纳税人的实际经营管理所在地

C. 纳税人的货物销售所在地

D. 纳税人的登记注册地

59. 企业在年度中间终止经营活动的，应当自实际经营终止之日起（　　）日内，向税务机关办理当期企业所得税汇算清缴。

A. 30　　B. 45

C. 60　　D. 90

60. 纳税人在一个纳税年度中间开业，或者终止经营活动，使该纳税年度的实际经营期不足12个月的，应当（　　）为一个纳税年度。

A. 以6个月

B. 以12个月

C. 以实际经营期

D. 换算成全年

61. 纳税人所属跨地区的非独立核算的分支机构，除由其总机构申报办理税务登记外，也应自（　　），向所在地税务机关申请办理注册税务登记。

A. 设立之日起30日内

B. 纳税义务发生之日起30日内

C. 营业之日起15日内

D. 营业之日起30日内

62. 根据税法规定，企业所得税的征收办法是（　　）。

A. 按月征收

B. 按季计征，分月预缴

C. 按季征收

D. 按年计征，分月或分季预缴

63. 非居民企业的扣缴义务人每次代扣的税款，应当自代扣之日起（　　）日内缴入国库，并向所在地的税务机关报送扣缴企业所得税报告表。

A. 5　　B. 6

C. 7　　D. 10

64. 企业应当自月份或者季度终了之日起（　　）日内，向税务机关报送预缴企业所得税纳税申报表，预缴税款。

A. 10　　B. 15

C. 30　　D. 60

二、多项选择题

1. 企业所得税的纳税义务人是在中国境内的企业和其他取得收入的组织，但不包括（　　）。

A. 股份制企业

B. 集体企业

C. 个体工商户

D. 个人独资企业

2. 依据《企业所得税法》的规定，判定居民企业的标准有（　　）。

A. 登记注册地标准

B. 所得来源地标准

C. 经营行为实际发生地标准

D. 实际管理机构所在地标准

3. 下列关于所得来源地确定方法的表述中，符合《企业所得税法》规定的有（　　）。

A. 提供劳务所得按照劳务发生地确定

B. 特许权使用费所得按照收取特许权使用费所得的企业所在地确定

C. 股息所得按照分配股息的企业所在地确定

D. 动产转让所得按照转让动产的企业所在地确定

4. 依据《企业所得税法》，下列各项中适用20%比例税率的有（　　）。

A. 依法在中国境内设立的居民企业来源于中国境外的所得

B. 在中国境内设立机构、场所的非居民企业来源于中国境内的所得

C. 在中国境内未设立机构、场所的非居民企业来源于中国境内的所得

D. 在中国境内设立机构、场所的非居民企业来源于中国境内的与其所设立的机构、场所没有实际联系的所得

5. 下列收入项目中，属于企业所得税应税收入项目的有（　　）。

A. 企业资产溢余收入

B. 逾期未退包装物押金收入

C. 补贴收入

D. 违约金收入

6. 下列关于提供劳务的收入确认条件的说法中，不正确的有（　　）。

A. 安装费根据安装完工进度确认收入

B. 宣传媒介收费应在相关的广告或商业行为出现于公众面前时确认收入

C. 广告的制作费应在广告出现于公众面前时确认收入

D. 软件费应该在软件完成时一次确认收入

7. 下列情况中，满足收入确认条件的有（　　）。

A. 某报社 2021 年 6 月 1 日收取一房地产开发公司广告费 100 万元，约定以半年时间大版面宣传其所开发的楼盘，6 月 20 日将广告刊登在报纸上，该报社应于 6 月 1 日确认收入

B. 某软件公司为特定客户开发软件收取的费用，预计需要 2 年完成，应根据开发的完工进度确认收入

C. 申请入会或加入会员后，会员在会员期内不再付费就可得到各种服务或商品，该会员费应在整个受益期内分期确认收入

D. “买一赠一”方式销售商品，应将总的销售金额按各项商品的公允价值的比例来分摊确认各项的销售收入

8. 下列关于企业所得税收入的确认，说法不正确的是（　　）。

A. 以分期收款方式销售货物的，按实际收到货款的日期确认收入的实现

B. 销售商品涉及现金折扣的，应当按扣除现金折扣后的余额确定销售商品收入金额

C. 企业购买永续债取得的收入，一律确认为利息收入依法纳税

D. 企业转让股权收入，应于转让协议生效且完成股权变更手续时，确认收入的实现

9. 某纳入预算管理的事业单位在进行企业所得税纳税申报，下列项目中，属于该单位准予从收入总额中扣除的不征税收入的有（　　）。

A. 财政拨款

B. 国债利息收入

C. 依法收取并上缴财政的行政事业性收费

D. 依法收取并上缴财政的政府性基金

10. 依据企业所得税的优惠政策，下列收入中，属于免税收入的有（　　）。

A. 非营利组织从事营利性活动取得的收入

B. 企业购买国债取得的利息收入

C. 在境内设立机构的非居民企业从未上市居民企业取得的与该机构有实际联系的红利收入

D. 在中国境内设立机构的非居民企业连续持有上市公司股票不足 12 个月取得的投资收益

11. 下列各项中，应该按照有关规定计入企业所得税应纳税所得额的收入有（　　）。

A. 汇兑收益

B. 接受的办公用品捐赠

C. 逾期未退包装物押金

D. 教育费附加返还款

12. 下列关于企业接收政府和股东划入资产的企业所得税处理中，说法正确的有（　　）。

A. 企业接收股东划入资产，凡合同、协议约定作为资本金（包括资本公积）且在会计上已作实际处理的，不计入企业的收入总额，企业应按公允价值确定该项资产的计税基础

B. 企业接收股东划入资产，凡作为收入处理的，应按公允价值计入收入总额，计算缴纳企业所得税，同时按公允价值确定该项资产的计税基础

C. 县级以上人民政府将国有资产明确以股权投资方式投入企业，企业应作为国家资本金（包括资本公积）处理

D. 县级以上人民政府将国有资产无偿划入企业，凡指定专门用途并按相关规定进行管理的，企业可作为不征税收入进行企业所得税处理

13. 根据企业所得税处置资产确认收入的相关规定，下列各项行为中，应视同销售的有（　　）。

A. 将生产的产品用于市场推广

B. 将生产的产品用于职工福利

C. 将资产用于境外分支机构加工另一产品

D. 将资产在总机构及其境内分支机构之间转移

14. 下列项目中，应计入企业所得税应纳税所得额的有（　　）。

A. 在中国境内设立机构、场所的非居民企业连续持有居民企业公开发行并上市流通的股票不足12个月取得的投资收益

B. 将自产货物用于办公楼的建造

C. 因债权人原因确实无法支付的应付款项

D. 将自产货物用于职工福利

15. 有关企业筹建期间发生的业务招待费、广告费和业务宣传费支出，下列表述正确的有（　　）。

A. 企业在筹建期间，发生的与筹办活动有关的业务招待费支出，可按实际发生额计入企业筹办费，并按有关规定在税前扣除

B. 企业在筹建期间，发生的与筹办活动有关的业务招待费支出，可按实际发生额的60%计入企业筹办费，并按有关规定在税前扣除

C. 企业在筹建期间，发生的广告费和业务宣传费，可按实际发生额计入企业筹办费，并按有关规定在税前扣除

D. 企业在筹建期间，发生的广告费和业务宣传费，可按实际发生额的60%计入企业筹办费，并按有关规定在税前扣除

16. 下列企业中，发生的广告费和业务宣传费支出以当年销售（营业）收入30%为限额扣除的有（　　）。

A. 化妆品销售企业

B. 酒类制造企业

C. 医药制造企业

D. 烟草企业

17. 下列项目中，不得在企业所得税税前扣除的有（　　）。

A. 向投资者支付的股息、红利等权益性投资收益款项

B. 企业从其关联方接受的债权性投资与权益性投资的比例超过规定标准而发生的利息支出

C. 企业对外投资期间，投资资产的成本

D. 企业转让资产，该项资产的净值

18. 企业发生的下列支出，可以在企业所得税税前扣除的有（　　）。

A. 纳税人的生产、经营因违反国家法律、法规和规章，被有关部门处以的罚金、罚款

B. 纳税人的生产、经营因违反国家法律、法规和规章，被没收财物的损失

C. 纳税人逾期归还银行贷款，银行按规定加收的罚息

D. 纳税人因未履行合同而支付的违约金

19. 根据手续费及佣金的扣除规定，下列说法正确的有（　　）。

A. 财产保险企业按当年全部保费收入扣除退保金等后余额的18%计算手续费及佣金的扣除限额

B. 企业不得将手续费及佣金支出计入

回扣、业务提成、返利、进场费等费用

C. 除委托个人代理外，企业以现金等非转账方式支付的手续费及佣金不得在税前扣除

D. 企业已计入固定资产、无形资产等相关资产的手续费及佣金支出，可在发生当期直接扣除

20. 下列各项中，不得在企业所得税前扣除的项目有（　　）。

A. 没有获得赔偿的意外灾害损失

B. 关税的税收滞纳金

C. 违反销售合同的有关规定而支付的合同违约金

D. 企业内营业机构之间支付的特许权使用费

21. 在计算企业所得税时，企业投资资产成本的扣除方法有（　　）。

A. 对外投资期间不得扣除

B. 对外投资期间可以平均扣除

C. 对外投资时，可以一次性扣除

D. 转让或处置时准予扣除

22. 企业的下列项目中，可以在计算应纳税所得额时享受加计扣除优惠政策的有（　　）。

A. 创业投资企业从事国家需要重点扶持和鼓励的创业投资的投资额

B. 企业购置用于环境保护、节能节水、安全生产等专用设备的投资额

C. 开发新技术、新产品、新工艺发生的研究开发费用

D. 安置残疾人员及国家鼓励安置的其他就业人员所支付的工资

23. 某企业拟向某受灾地区进行捐款，下列各项中，可以在税前按照规定比例扣除的有（　　）。

A. 通过国家的民政部门进行捐款

B. 通过减灾委员会进行捐款

C. 通过中国红十字会进行捐款

D. 通过当地的电视台进行捐款

24. 某公司2020年、2021年的会计利润分别为2 000万元和3 000万元，2020年实际发生公益性捐赠支出为向非目标脱贫地区的捐赠400万元，2021年实际发生公益性捐赠支出500万元，其中100万元为向目标脱贫地区的捐赠，假设当年无其他纳税调整事项，则该公司2021年应纳税所得额是（　　）万元。

A. 3 640　　B. 3 480

C. 3 500　　D. 3 040

25. 根据《企业所得税法》的规定，下列保险费可以税前扣除的有（　　）。

A. 企业参加财产保险，按规定缴纳的保险费

B. 企业为投资者支付的商业保险费

C. 企业为职工支付的商业保险费

D. 企业依照有关规定为特殊工种职工支付的人身安全保险费

26. 下列各项费用中，允许在计算企业所得税时据实全额扣除的有（　　）。

A. 企业按国家有关规定为职工缴纳的基本社会保险费

B. 企业为投资者支付的在国家有关规定范围内的补充养老保险费

C. 企业参加财产保险按规定缴纳的保险费

D. 企业按国家有关规定为特殊工种职工支付的人身安全保险费

27. 在计算企业所得税时，企业可以扣除的税金包含（　　）。

A. 增值税

B. 消费税

C. 企业所得税

D. 车船税

28. 根据企业所得税法律制度的规定，企业缴纳的下列税金中，在发生当期不得直接在税前扣除的是（　　）。

A. 车辆购置税

B. 土地增值税

C. 契税

D. 房产税

29. 企业发生的下列支出中，可以在计算企业应纳税所得额时全额扣除的项目有（ ）。

A. 通过公益性社会团体用于规定的公益事业的捐赠支出

B. 资助给非关联的科研机构的研究费

C. 当期发生的固定资产盘亏净损失，清查盘存资料已经主管税务机关审核

D. 向非金融企业借款的利息支出（不超过金融企业的同期同类贷款利率）

30. 下列各项中，在计算企业所得税应纳税所得额时不得扣除的有（ ）。

A. 企业之间支付的管理费

B. 企业内营业机构之间支付的租金

C. 企业向投资者支付的股息

D. 银行企业内营业机构之间支付的利息

31. 企业发生的与生产经营有关的手续费及佣金支出，不超过（ ）规定计算限额以内的部分，准予扣除；超过部分，不得扣除。

A. 财产保险企业当年全部保费收入扣除退保金等余额后的18%

B. 人身保险企业当年全部保费收入扣除退保金等余额后的18%

C. 其他企业与具有合法经营中介服务机构或个人所签订服务协议或合同确认的收入金额的10%

D. 电信企业在发展客户、拓展业务等过程中，需向经纪人、代办商支付的不超过企业当年收入的5%的手续费及佣金

32. 下列利息支出中，在企业所得税税前可以据实扣除的有（ ）。

A. 非金融企业向金融企业借款的利息支出

B. 金融企业的各项存款利息支出和同业拆借利息支出

C. 非金融企业向非金融企业按照不高于金融企业同类贷款利率计算的借款利息支出

D. 企业经批准发行债券的利息支出

33. 根据《企业所得税法》的规定，下列固定资产中，不得计算折旧扣除的有（ ）。

A. 单独估价作为固定资产入账的土地

B. 未投入使用的房屋、建筑物

C. 未投入使用的机器、设备

D. 以经营租赁方式租入的固定资产

34. 根据《企业所得税法》的规定，下列不得提取折旧的固定资产有（ ）。

A. 以经营租赁方式租出的固定资产

B. 以融资租赁方式租出的固定资产

C. 以经营租赁方式租入的固定资产

D. 已足额提取折旧仍继续使用的固定资产

35. 根据《企业所得税法》的规定，下列可以计提折旧的固定资产有（ ）。

A. 房屋、建筑物

B. 在用的机器设备、运输车辆、器具、工具

C. 季节性停用和大修理停用的机器设备

D. 已在成本中一次性列支而形成的固定资产

36. 下列无形资产中，不得计算摊销费用在企业所得税税前扣除的有（ ）。

A. 自行开发的支出已在计算应纳税所得额时扣除的无形资产

B. 自创商誉

C. 与经营活动无关的无形资产

D. 单独估价作为固定资产入账的土地

37. 下列关于无形资产企业所得税计

税基础说法正确的有（　　）。

A. 外购的无形资产以购买价款和支付的相关税费以及直接归属于使该资产达到预定用途发生的其他支出为计税基础

B. 自行开发的无形资产，以开发过程中发生的费用为计税基础

C. 通过捐赠取得的无形资产，以捐赠方和受赠方协议价格为计税基础

D. 通过债务重组取得的无形资产，以该资产的公允价值和支付的相关税费为计税基础

38. 根据企业所得税相关规定，固定资产大修理支出需要同时符合的条件有（　　）。

A. 修理后固定资产被用于新的或不同的用途

B. 修理后固定资产的使用年限延长2年以上

C. 修理后固定资产的使用年限延长3年以上

D. 修理支出达到取得固定资产时计税基础的50%以上

39. 下列关于资产损失的说法中，正确的有（　　）。

A. 企业发生的资产损失，应按规定的程序和要求向主管税务机关申报后方能在税前扣除；未经申报的损失，不得在税前扣除

B. 企业的实际资产损失应当在其实际发生且会计上已作损失处理的年度申报扣除

C. 法定资产损失应当在企业向主管税务机关提供证据资料证明该项资产已符合法定资产损失确认条件，且会计上已作损失处理的年度申报扣除

D. 企业以前年度发生的资产损失未能在当年税前扣除的，可以按照规定，向税务机关说明并进行专项申报扣除

40. 下列关于投资资产的税务处理的说法中，正确的有（　　）。

A. 企业对外投资期间，投资资产的成本在计算应纳税所得额时不得扣除

B. 被投资企业发生的经营亏损，由被投资企业按规定结转弥补，投资企业不得调整减低其投资成本，也不得将其确认为投资损失

C. 通过支付现金方式取得的投资资产，以购买价款为成本

D. 被投资企业发生的经营亏损，由被投资企业按规定结转弥补，投资企业相应地调整减低其投资成本，并将其确认为投资损失

41. 下列处理方法中，符合企业股权收购、资产收购重组的一般性税务处理规定的有（　　）。

A. 被收购方不需要确认股权、资产转让所得或损失

B. 被收购方应确认股权、资产转让所得或损失

C. 收购方取得的股权或资产的计税基础以公允价值为基础确定

D. 收购方取得股权或资产的计税基础以被收购方的原有计税基础确定

42. 根据《企业所得税法》的规定，下列所得可以享受免征、减征企业所得税的有（　　）。

A. 从事农、林、牧、渔业项目的所得

B. 从事国家重点扶持的公共基础设施项目投资经营的所得

C. 从事符合条件的环境保护、节能节水项目的所得

D. 符合条件的技术转让所得

43. 根据企业所得税法律制度的规定，下列说法中，符合规定的是（　　）。

A. 居民企业以非货币性资产对外投资确认的非货币性资产转让所得，可在不超

过5年期限内，分期均匀计入相关年度的应纳税所得额

B. 居民企业以非货币性资产对外投资，应对非货币性资产进行评估，并按照评估的公允价值扣除计税基础后的余额，计算确认非货币性资产的转让所得

C. 居民企业以非货币性资产对外投资，应于投资协议生效并办理股权登记手续时，确认非货币性资产转让收入的实现

D. 非货币性资产投资分期纳税的政策的适用对象既可以是居民企业，也可以是非居民企业

44. 依据企业所得税的相关规定，下列资产中，可采用加速折旧方法的有（　　）。

A. 常年处于强震动状态的固定资产

B. 常年处于高腐蚀状态的固定资产

C. 单独估价作为固定资产入账的土地

D. 由于技术进步原因产品更新换代较快的固定资产

45. 企业的下列项目中，可以在计算应纳税所得额时享受“加计扣除”优惠政策的有（　　）。

A. 开发新技术、新产品、新工艺发生的研究开发费用

B. 安置残疾人员及国家鼓励安置的其他就业人员所支付的工资

C. 创业投资企业从事国家需要重点扶持和鼓励的创业投资的投资额

D. 企业购置用于环境保护、节能节水、安全生产等专用设备的投资额

46. 下列企业中，适用15%企业所得税税率的有（　　）

A. 经认定的技术先进型服务企业

B. 注册在海南自由贸易港并实质性运营的鼓励类产业企业

C. 国家需要重点扶持的高新技术企业

D. 符合条件的从事污染防治的第三方企业

47. 下列项目中在会计利润的基础上应调减企业所得税应纳税所得额的项目有（　　）。

A. 查补的消费税

B. 新产品研究开发费用

C. 国库券利息收入

D. 房屋、建筑物以外未投入使用的固定资产提取的折旧

48. 企业于2021年1月1日购进的下列固定资产中，在计算企业所得税应纳税所得额时，可以一次性计入成本费用扣除的有（　　）。

A. 商场购进的价值为4 500元的二维码打码器

B. 小型微利饮料厂购进的价值为20万元生产用的榨汁机

C. 集成电路生产企业购进的价值为400万元的办公楼

D. 小型微利信息技术服务公司为研发用购进的价值为800万元的服务器群组

49. 下列企业中，适用15%的企业所得税税率的有（　　）。

A. 全国范围内经认定的技术先进型服务企业

B. 国家需要重点扶持的高新技术企业

C. 从事环境保护、节能节水项目的企业

D. 从事污染防治的第三方企业

50. 根据企业所得税的相关规定，下列关于企业亏损弥补的说法中，正确的有（　　）。

A. 境外营业机构的亏损可以用境内营业机构的盈利弥补

B. 企业重组的一般性税务处理中，被合并企业的亏损可以在合并企业弥补

C. 国家鼓励的线宽小于130纳米（含）的集成电路生产企业，属于国家鼓

励的集成电路生产企业清单年度之前5个纳税年度发生的尚未弥补完的亏损，准予向以后年度结转，总结转年限最长不得超过10年

D. 自2018年1月1日起，当年具备高新技术企业或科技型中小企业资格（以下统称“资格”）的企业，其具备资格年度之前5个年度发生的尚未弥补完的亏损，准予结转以后年度弥补，最长结转年限由5年延长至10年

51. 下列关于软件产业和集成电路产业企业所得税税收优惠政策的表述中，正确的有（　　）。

A. 国家鼓励的集成电路线宽小于28纳米（含），且经营期在15年以上的集成电路生产企业或项目，第1年至第10年免征企业所得税

B. 国家鼓励的集成电路线宽小于65纳米（含），且经营期在15年以上的集成电路生产企业或项目，第1年至第5年免征企业所得税，第6年至第10年按照25%的法定税率减半征收企业所得税

C. 国家鼓励的集成电路线宽小于130纳米（含），且经营期在10年以上的集成电路生产企业或项目，第1年至第3年免征企业所得税，第4年至第6年按照25%的法定税率减半征收企业所得税

D. 国家鼓励的集成电路设计、装备、材料、封装、测试企业和软件企业，自取得第一笔生产经营收入所属纳税年度起，第1年至第2年免征企业所得税，第3年至第5年按照25%的法定税率减半征收企业所得税

52. 下列关于研发费用加计扣除政策的表述中，符合《企业所得税法》规定的有（　　）。

A. 企业委托境外机构进行研发的费用，其2/3可加计扣除

B. 对研发人员发放的补充养老保险费、补充医疗保险费可全额加计扣除

C. 适用加速折旧政策的研发活动仪器可就税前扣除的折旧部分加计扣除

D. 按规定对研发人员进行股权激励的支出可作为人员人工费用全额加计扣除

53. 根据《企业所得税法》的规定，下列关于企业所得税征收管理的说法，正确的有（　　）。

A. 非居民企业在中国境内设立两个或者两个以上机构、场所的，经税务机关审核批准，可以选择由其主要机构、场所汇总缴纳企业所得税

B. 企业清算时，应当以清算期间作为一个纳税年度

C. 居民企业在中国境内设立不具有法人资格的营业机构的，可以不缴纳企业所得税

D. 按季预缴所得税的，应当自季度终了之日起15日内，向税务机关报送预缴企业所得税纳税申报表，预缴税款

54. 下列关于企业所得税的征收管理的表述，正确的有（　　）。

A. 合伙企业缴纳企业所得税

B. 合伙企业的合伙人以合伙企业的生产经营所得和其他所得，按照合伙企业约定的分配比例确定应纳税所得额

C. 合伙协议未约定或者约定不明确的，以全部生产经营所得，按照合伙人协商决定的分配比例确定应纳税所得额

D. 协商不成的，以全部生产经营所得和其他所得，按照合伙人数量平均计算每个合伙人的应纳税所得额

55. 根据企业所得税法律制度的规定，下列选项中，属于跨地区经营汇总纳税企业所得税征收管理的基本原则有（　　）

A. 统一计算

B. 分级管理

C. 就地预缴

D. 汇总清算

三、计算问答题

1. 某制造业工业企业为居民企业，假定2020年经营业务如下：

（1）产品销售收入为640万元，其他业务收入为180万元。

（2）产品销售成本为400万元，其他业务成本为80万元。

（3）税金及附加为28.6万元。

（4）当期发生管理费用86万元，其中新技术的研究开发费用35万元、业务招待费10万元。

（5）财务费用为20万元。

（6）权益性投资收益为15万元（被投资方位于深圳，当年适用税率为20%）。

（7）营业外收入为10万元（其中处置固定资产净收益6万元），营业外支出为30万元（其中包含公益性捐赠25万元）。

（8）当年12月购进安全生产设备一台，投资额为30万元。

要求：根据上述资料和税法有关规定，回答下列问题：

（1）计算企业2020年管理费用纳税调整金额（包括加计扣除部分）；

（2）计算企业2020年营业外支出的纳税调整金额；

（3）计算企业2020年应纳所得税额。

2. 黄河公司为在西部地区新办的从事国家鼓励类产业的内资企业，是增值税一般纳税人，其主营业务收入占企业总收入的80%。该公司2021年度有关涉税资料如下：

（1）2021年发生产品销售收入2 800万元，销售成本1 300万元。

（2）本年度发生销售费用700万元（其中广告费500万元）；管理费用600万元（其中业务招待费30万元）；财务费用90万元。

（3）发生产品销售税金180万元（其中增值税120万元）。

（4）计入成本、费用中的实发工资总额180万元，拨缴职工工会经费5万元（已经取得工会专用缴款收据），支出职工福利费30万元，教育经费6万元。

（5）本年度受让符合条件的环境保护项目，该项目取得收入800万元，成本为600万元（不包括在前述的产品销售收入和销售成本中），该项目的转让方从2014年开始取得第一笔项目的生产经营收入，已经成功地运转了5年。

（6）本年度新投资一项符合国家规定的节能节水专用设备，投资额为100万元，设备折旧已经计入管理费用。

（7）本年度发生其他业务收入100万元，营业外收入50万元。

（8）本年度发生营业外支出90万元（含通过公益性社会团体向贫困山区捐赠的40万元）。

要求：计算黄河公司2021年度的应纳企业所得税。

3. 某科技型中小企业（非制造业企业），职工90人，资产总额2 800万元。2021年度生产经营业务如下：

（1）取得产品销售收入3 000万元、国债利息收入20万元；

（2）与产品销售收入配比的成本为2 200万元；

（3）发生销售费用252万元、管理费用390万元（其中业务招待费28万元、新产品研发费用120万元）；

（4）向非金融企业借款200万元，支付年利息费用18万元（注：金融企业同期同类借款年利息率为6%）；

（5）企业所得税税前准许扣除的税金及附加32万元；

（6）10月购进符合《环境保护专用设备企业所得税优惠目录》的专用设备，取得增值税专用发票注明金额30万元、增值税进项税额3.9万元，该设备当月投入使用；

（7）计入成本、费用中的实发工资总额为200万元、拨缴职工工会经费4万元、发生职工福利费35万元、发生职工教育经费21万元。

要求：计算该企业2021年度应纳的企业所得税。

四、综合题

1. 某市属化妆品厂（制造业企业）是增值税一般纳税人（非小型微利企业）。2021年度，企业实现产品销售收入2 000万元，会计利润为88万元，企业以此为基础向其主管税务机关申报缴纳企业所得税22万元。

注册会计师对企业进行年终审查，发现与应纳税所得额有关的业务内容如下：

（1）企业管理费用中包括新产品的研究开发费用，金额为20万元；

（2）企业全年发生的合理的职工工资总额为160万元，发生的职工福利支出为25万元，拨付的工会经费为3.2万元（已经取得工会专用缴款收据），职工教育支出为18.8万元；

（3）应纳税所得额中含国库券利息收入4万元，国家发行的金融债券利息收入5万元；

（4）"营业外支出"账户中，列支有上交的税收滞纳金1万元，向其关联企业的赞助支出3万元；

（5）2021年10月销售化妆品（消费税税率为30%）收取产品服务费2.26万元，并开具了普通发票。企业将此项收入冲减了应付福利费；

（6）"管理费用"账户中，列支了全年与生产经营有关的业务招待费15万元；

（7）"其他应付款——包装物押金"为销售化妆品时向客户收取的包装物押金。年底的贷方余额为50 000元，其中20 000元为逾期包装物押金。

要求：

（1）根据该企业上述资料，分别分析企业2021年度申报的应纳税所得额是否正确？如果不正确，错在何处？

（2）核定该企业2021年应该缴纳的企业所得税。

2. 长江公司于为增值税一般纳税人，2021年度相关经营情况如下：

（1）外购原材料，取得增值税专用发票，注明价款5 000万元、增值税进项税额650万元，另支付购货运输费用，取得增值税专用发票，注明价款200万元、增值税进项税额18万元。

（2）对外销售A产品1 000个，每个含税金额16.95万元，共计取得含税金额16 950万元；支付销售货物的运输费用300万元，保险费用和装卸费用160万元，取得普通发票。

（3）销售A产品40个给本公司职工，以成本价核算，取得销售金额400万元；该公司新设计生产B产品5个，每个成本价12万元，转为集体福利使用。市场上无B产品销售价格（成本利润率10%）。

（4）为促进产品销售，该企业决定成立顾客会员俱乐部，每位会员收取会费2 000元/年，共招收会员100个，如需提供服务需单收费。

（5）转让10年前自建的旧生产车间，取得收入1 200万元，该车间的原值为1 000万元，已提取折旧400万元。经有权机构评估，目前建造同样的生产车间需要1 500万元；为取得土地使用权所支付的金额为100万元。

(6) 发生业务招待费 130 万元、技术开发费 280 万元、其他管理费用 1 100 万元。

(7) 发生广告费用 700 万元、业务宣传费用 140 万元、展览费用 90 万元。

(8) 发生财务费用 900 万元，其中向其他企业借款支付的利息费用 600 万元，年利息率为 6%，金融机构同期贷款利率为 5%。

(其他相关资料：该企业选择简易计税方法计算增值税，成新度折扣率 30%，产权转移书据适用的印花税税率 0.5‰)

要求：按下列顺序回答问题。

(1) 分别计算该企业 2021 年应缴纳的增值税、城市维护建设税、教育费附加和地方教育费附加、土地增值税；

(2) 计算该企业 2021 年实现的应税收入总和；

(3) 计算企业所得税税前准予扣除的销售成本总和；

(4) 计算企业所得税税前准予扣除的税金及附加总和；

(5) 计算企业所得税税前准予扣除的销售费用总和；

(6) 计算企业所得税税前准予扣除的管理费用总和；

(7) 计算企业所得税税前准予扣除的财务费用总和；

(8) 计算该企业 2021 年应缴纳的企业所得税。

答案及解析

一、单项选择题

1. 【答案】D

【解析】不动产转让所得，按照不动产所在地确定所得来源地，所以选项 A 属于来源于我国的所得，需要在我国纳税。选项 B：取得股息、红利等权益性投资所得，按照分配所得的企业所在地确定所得来源地，因为股票来自于我国某公司，属于来源于我国的所得，需要在我国纳税。选项 C：提供劳务所得，按照劳务发生地确定所得来源地，该分行在我国，所以劳务发生地在我国，属于来源于我国的所得，需要在我国纳税。选项 D：利息、租金、特许权使用费所得，按照负担、支付所得的企业或者机构、场所所在地，或者按照负担、支付所得的个人的住所地确定，选项不属于来源于我国的所得，不需要在我国纳税。

2. 【答案】A

【解析】企业所得税的税率为 25%。非居民企业在中国境内未设立机构、场所的，或者虽设立机构、场所但取得的所得与其所设机构、场所没有实际联系的，应当就其来源于中国境内的所得缴纳企业所得税，适用税率为 20%。

3. 【答案】D

【解析】利息所得、租金所得、特许权使用费所得，按照负担、支付所得的企业或者机构、场所所在地确定，或者按照负担、支付所得的个人的住所地确定。

4. 【答案】B

【解析】选项 A：除国务院财政、税务主管部门另有规定外，股息、红利等权益性投资收益按照被投资方作出利润分配决定的日期确认收入的实现。选项 C：特许权使用费收入按照“合同约定”的特许权使用人应付特许权使用费的日期确认收入的实现。选项 D：租金收入，按照“合同约定”的承租人应付租金的日期确认收入的实现；如果交易合同或协议中规定的租赁期限跨年度，且租金提前一次性支付的，出租人可对上述已确认的收入，在租赁期内，分期均匀计入相关年度收入。

5. 【答案】D

【解析】租金所得，按照负担、支付所得的企业或者机构所在地确定。

6. 【答案】B

【解析】企业将资金提供他人使用而收取的利息收入，按照合同约定的债务人应付利息的日期确认收入的实现。

7. 【答案】A

【解析】选项B：广告制作费，应按制作广告的完工进度确认收入。选项C：利息收入，应按照合同约定的债务人应付利息的日期确认收入的实现。选项D：特许权使用费，应按照合同约定的特许权使用人应付特许权使用费的日期确认收入的实现。

8. 【答案】A

【解析】企业将资产移送他人的下列情形，因资产所有权属已发生改变而不属于内部处置资产，应按规定视同销售确定收入。具体包括（1）用于市场推广或销售；（2）用于交际应酬；（3）用于职工奖励或福利；（4）用于股息分配；（5）用于对外捐赠；（6）其他改变资产所有权属的用途。因此选项A正确。

9. 【答案】C

【解析】选项A、B、D均属于资产的内部处置，不作为企业所得税的视同销售。

10. 【答案】C

【解析】选项C：确实无法偿付的应付款项为其他收入，应缴纳企业所得税。选项A：财政拨款为不征税收入。选项B：非营利组织的受赠收入为免税收入。选项D：依法收取并上缴财政的政府性基金为不征税收入。

11. 【答案】A

【解析】现行税法规定，符合条件的居民企业之间的股息、红利等权益性收益，免征企业所得税。

12. 【答案】B

【解析】企业未能提供完整、真实的限售股原值凭证，不能准确计算该限售股原值的，主管税务机关一律按该限售股转让收入的15%，核定为该限售股原值和合理税费，该企业转让代个人持有的限售股应缴纳的企业所得税 $=600\times(1-15\%)\times25\%=127.5$（万元）。

13. 【答案】C

【解析】企业所得税税前扣除原则包括：（1）权责发生制原则；（2）配比原则；（3）相关性原则；（4）确定性原则；（5）合理性原则。

14. 【答案】B

【解析】甲企业2021年计入工资、薪金支出的金额 $=1\,200+70=1\,270$（万元），可以在企业所得税税前扣除的职工福利费的限额 $=1\,270\times14\%=177.8$（万元）。

15. 【答案】B

【解析】（1）按规定标准缴纳的基本社会保险费100万元准予据实扣除；（2）补充养老保险费的扣除限额 $=800\times5\%=40$（万元），实际发生额35万元未超过限额，可以扣除35万元；（3）补充医疗保险费的扣除限额 $=800\times5\%=40$（万元），实际发生额50万元超过了税法扣除限额，只能按限额扣除40万元；（4）合计可以扣除的保险费金额 $=100+35+40=175$（万元）。

16. 【答案】C

【解析】该公司向其他企业借款的利息支出的税前扣除限额 $=300\times6\%\div12\times10=15$（万元）；由于实际支付的利息超过限额，因此只能按照限额扣除。允许扣除的利息支出 $=15+15=30$（万元）。

17. 【答案】B

【解析】对从事股权投资业务的企业

(包括集团公司总部、创业投资企业等),其从被投资企业所分配的股息、红利以及股权转让收入,可以按规定的比例计算业务招待费扣除限额。因此业务招待费的扣除限额1=销售(营业)收入的5‰=(1 500+2 000)×5‰=17.5(万元),业务招待费的扣除限额2=实际发生额的60%=50×60%=30(万元)。税前准予扣除的业务招待费取双限额中的较低者,因此为17.5万元。

18.【答案】A

【解析】选项B、C应该计入营业外收入。选项D:固定资产盘盈应作为前期差错记入“以前年度损益调整”科目。

19.【答案】B

【解析】接受捐赠收入计入营业外收入、国债利息收入计入投资收益,均不作为销售(营业)收入。业务招待费按实际发生额的60%扣除,但最高不得超过当年销售(营业)收入的5‰;一般企业的广告费和业务宣传费支出,不超过当年销售(营业)收入15%的部分,准予扣除。业务招待费的扣除限额1=(1 800+200)×5‰=10(万元)<业务招待费的扣除限额2=30×60%=18(万元),业务招待费支出按照10万元在税前扣除;广告费和业务宣传费扣除限额=(1 800+200)×15%=300(万元)<240+80=320(万元),按照300万元在税前扣除。2021年度该企业可在企业所得税税前扣除的业务招待费、广告费和业务宣传费合计=10+300=310(万元)。

20.【答案】B

【解析】对化妆品制造企业发生的广告费和业务宣传费支出,不超过当年销售(营业)收入30%的部分,准予扣除。广告费税前扣除限额=(9 000+200+100)×30%=2 790(万元);广告费和业务宣传费的超标准部分可无限期向以后纳税年度结转扣除,上年结转的100万元可以在本年扣除90万元,剩余10万元继续结转下一年扣除。

21.【答案】D

【解析】企业发生的公益性捐赠支出,在年度利润总额12%以内的部分,准予在计算应纳税所得额时扣除。所称公益性捐赠,是指企业通过公益性社会团体或者县级以上人民政府及其部门,用于《中华人民共和国公益事业捐赠法》规定的公益事业的捐赠。

22.【答案】D

【解析】企业发生的公益性捐赠支出,在年度利润总额12%以内的部分,准予在计算应纳税所得额时扣除。

23.【答案】B

【解析】选项A:向投资者支付的股息、红利等权益性投资收益款项不得在税前扣除。选项C:为投资者支付的商业保险费不得税前扣除。选项D:企业之间支付的管理费、企业内营业机构之间支付的租金和特许权使用费,以及非银行企业内营业机构之间支付的利息均不得在税前扣除。

24.【答案】B

【解析】本题考核企业所得税税前可以扣除的项目。企业之间支付的管理费用不可以扣除,因此选项A不正确;企业之间支付的股息、红利属于税后支付的,不能税前扣除,因此选项C不正确;企业内营业机构之间支付的租金,不可以扣除。因此本题正确答案为选项B。

25.【答案】B

【解析】选项A:企业之间支付的管理费不得在计算企业所得税应纳税所得额时扣除。选项C:除委托个人代理外,企业以现金等非转账方式支付的手续费及佣金不得在税前扣除。选项D：纳税人的直接捐赠支出，除另有规定外，不得在税前扣除。

26.【答案】B

【解析】在计算应纳税所得额时，下列支出不得扣除：向投资者支付的股息、红利等权益性投资收益款项；企业所得税税款；税收滞纳金；罚金、罚款和被没收财物的损失；《企业所得税法》规定以外的捐赠支出；赞助支出；未经核定的准备金支出；与取得收入无关的其他支出。纳税人逾期归还银行贷款，银行按规定加收的罚息，不属于行政性罚款，允许在税前扣除。

27.【答案】B

【解析】在计算应纳税所得额时，下列支出不得扣除：向投资者支付的股息、红利等权益性投资收益款项；企业所得税税款；税收滞纳金；罚金、罚款和被没收财物的损失；《企业所得税法》规定以外的捐赠支出；赞助支出；未经核定的准备金支出；与取得收入无关的其他支出。

28.【答案】C

【解析】选项A、B、D不得在税前扣除。

29.【答案】B

【解析】选项A：企业以前年度发生的资产损失未能在当年税前扣除的，可以按照规定向税务机关说明并申报扣除，其中属于实际资产损失的，准予追补至该项损失发生年度扣除；属于法定资产损失的，应在申报年度扣除。选项C：企业因以前年度实际资产损失未在税前扣除而多缴纳的企业所得税税款，可在追补确认年度的企业所得税应纳税款中予以抵扣，不足抵扣的，向以后年度递延抵扣或申请退税。选项D：企业从事生产经营之前进行筹办活动期间发生的筹办费用支出，不得计算为当期的亏损。

30.【答案】A

【解析】2021年该企业弥补亏损后应纳税所得额为100万元，因此应纳企业所得税额为25万元。

31.【答案】D

【解析】《企业所得税法》规定的弥补亏损一般最长不得超过5年。自2018年1月1日起，当年具备高新技术企业或科技型中小企业资格（以下统称“资格”）的企业，其具备资格年度之前5个年度发生的尚未弥补完的亏损，准予结转以后年度弥补，最长结转年限由5年延长至10年。

32.【答案】B

【解析】在计算应纳税所得额时，企业财务、会计处理办法与税收法律、行政法规的规定不一致的，应当依照税收法律、行政法规的规定计算。

33.【答案】B

【解析】企业在计算股权转让所得时，不得扣除被投资企业未分配利润等股东留存收益中按该项股权所可能分配的金额。A公司股权转让所得 $= 12\ 000 - 4\ 000 = 8\ 000$（万元），应缴纳的企业所得税 $= 8\ 000 \times 25\% = 2\ 000$（万元），注意A公司在M公司享有的未分配利润、盈余公积份额不能直接扣减。

34.【答案】A

【解析】A公司取得的银行存款2 000万元中，1 000万元应确认为投资收回；$3\ 000 \times 30\% = 900$（万元），应确认为股息所得，居民企业直接投资于其他居民企业取得的股息、红利等权益性投资收益属于免税收入；$2\ 000 - 1\ 000 - 900 = 100$（万元），剩余的100万元应确认为投资资产转让所得。A公司该业务应缴纳的企业所得税 $= 100 \times 25\% = 25$（万元）。

35.【答案】D

【解析】选项A：房屋和建筑物无论是否使用，都要计提折旧。选项B：企业以经营租赁方式租入的固定资产，不得计算折旧扣除。选项C：企业盘盈的固定资产，以同类固定资产的重置完全价值为计税基础。

36.【答案】B

【解析】企业发生的已足额提取折旧的固定资产的改建支出，作为长期待摊费用，按照规定摊销的，准予扣除。企业对外投资期间，投资资产的成本在计算应纳税所得额时不得扣除。企业转让资产，该项资产的净值，准予在计算应纳税所得额时扣除。所以选项B正确。

37.【答案】A

【解析】生物资产分为消耗性生物资产、生产性生物资产和公益性生物资产。其中生产性生物资产可计提折旧。生产性生物资产，是指为产出农产品、提供劳务或出租等目的而持有的生物资产，包括经济林、薪炭林、产畜和役畜等。

38.【答案】D

【解析】果树属于林木类生产性生物资产，最低不得低于10年计提折旧。

39.【答案】D

【解析】对企业被盗的固定资产或存货，以该固定资产的账面净值或存货的成本减除保险赔款和责任人赔偿后的余额，作为固定资产或存货被盗损失，在计算应纳税所得额时扣除。

40.【答案】C

【解析】企业股东在该企业合并发生时取得的股权支付金额不低于其交易支付总额的85%的，以及同一控制下且不需要支付对价的企业合并，可以选择按特殊规定处理。

41.【答案】B

【解析】资产收购，受让企业收购的资产不低于转让企业全部资产的75%，且受让企业在该资产收购发生时的股权支付金额不低于其交易支付总额的85%，转让企业取得受让企业股权的计税基础，可以以被转让资产的原有计税基础确定。

42.【答案】C

【解析】选项A、B：被收购企业的股东取得收购企业股权的计税基础，以被收购股权的原有计税基础确定，但仅适用于股权支付的部分，所以股权的计税基础 = 7 000 × 60% × 4 860 ÷ 5 400 = 3 780（万元）；选项D：对于特殊重组非股权支付的部分，应确认所得或者损失，非股权支付对应的资产转让所得或损失 =（被转让资产的公允价值 - 被转让资产的计税基础）×（非股权支付的金额 ÷ 被转让资产的公允价值），则该项业务的所得 =（9 000 ×60% - 7 000 × 60%）×（540 ÷ 5 400）= 120（万元）。

43.【答案】B

【解析】可由合并企业弥补的被合并企业亏损的限额 = 被合并企业净资产公允价值 × 截至合并业务发生当年年末国家发行的最长期限的国债利率 =（3 700 - 1 200）× 6% = 150（万元）< 620万元，因此可由A企业弥补的B企业的亏损额为150万元。

44.【答案】A

【解析】企业的下列支出，可以在计算应纳税所得额时加计扣除：开发新技术、新产品、新工艺发生的研究开发费用；安置残疾人员及国家鼓励安置的其他就业人员所支付的工资。创业投资企业从事国家需要重点扶持和鼓励的创业投资，可以按投资额的一定比例抵扣应纳税所得额。企业购置用于环境保护、节能节水、安全生产等专用设备的投资额，可以按一定比例实行税额抵免。

45. 【答案】C

【解析】创业投资企业优惠，是指创业投资企业采取股权投资方式直接投资于初创科技型企业满2年的，可以按照其投资额的70%在股权持有满2年的当年抵扣该创业投企业的应纳税所得额；当年不足抵扣的，可以在以后纳税年度结转抵扣。

46. 【答案】C

【解析】居民企业转让技术所有权所得，不超过500万元的部分，免征企业所得税；超过500万元的部分，减半征收企业所得税。该企业本项业务应缴纳的企业所得税＝(900－300－500)×50%×25%＝12.5（万元）。

47. 【答案】D

【解析】选项A：企业综合利用资源生产符合国家产业政策规定的产品取得的收入可以减按90%计入收入总额。选项B：一个纳税年度内居民企业转让技术所有权所得不超过500万元的部分免征企业所得税，超过500万元的部分减半征收企业所得税的优惠。选项C：对民族自治地方内国家限制和禁止行业的企业，不得减征或免征企业所得税。

48. 【答案】C

【解析】采取缩短折旧年限方法的，最低折旧年限不得低于规定折旧年限的60%。

49. 【答案】C

【解析】选项A：小型微利企业是指全部生产经营活动产生的所得均负有我国企业所得税纳税义务的企业，不包含非居民企业。选项B：跨境电子商务综合试验区内实行核定征收的跨境电商企业符合小型微利企业优惠政策条件的，可以享受小型微利企业的优惠政策。选项C：小型微利企业判定标准——年度应纳税所得额≤300万元，从业人数≤300人，资产总额≤5 000万元，且从事国家非限制和非禁止行业的居民企业。选项D：小型微利企业的从业人数包括与企业建立劳动关系的职工人数和企业接受的劳务派遣用工人数。

50. 【答案】A

【解析】小型微利企业2021年1月1日至2022年12月31日，年应纳税所得额不超过100万元的部分，在《财政部 税务总局关于实施小微企业普惠性税收减免政策的通知》（财税〔2019〕13号）第二条规定的优惠政策基础上，再减半征收企业所得税。即减按12.5%计入应纳税所得额，按20%的税率缴纳企业所得税。该企业应缴纳的企业所得税＝100×12.5%×20%＋(280－100)×50%×20%＝20.5（万元）。

51. 【答案】B

【解析】选项A：在中国境内设立机构、场所且取得的所得与机构、场所有实际联系的非居民企业，按25%的税率征收企业所得税。选项C：符合条件的从事污染防治的第三方企业，适用15%的企业所得税税率。选项C：跨境电子商务综合试验区内核定征收的跨境电商企业采用应税所得率方式核定征收企业所得税，应税所得率统一按照4%确定。

52. 【答案】D

【解析】应缴纳的企业所得税＝370÷(1－10%)×10%×25%＝10.28（万元）

53. 【答案】B

【解析】股息、红利等权益性投资收益和利息、租金、特许权使用费所得，以收入全额为应纳税所得额。甲公司应代扣代缴的预提所得税＝80×10%＝8（万元）。

54. 【答案】D

【解析】(1 200＋400)×0.5%＝8（万元），20×60%＝12（万元），因此业务招待费按照8万元在税前扣除，应纳税调增

12 万元。应缴纳的企业所得税 =（1 200 + 400 + 100 − 1 400 + 12）× 25% = 78（万元）。

55.【答案】A

【解析】业务招待费的扣除限额 = 1 800 × 5‰ = 9（万元）> 12 × 60% = 7.2（万元），准予扣除 7.2 万元。该企业 2021 年应缴纳的企业所得税 =（150 + 12 − 7.2）× 15% = 23.22（万元）。

56.【答案】B

【解析】银行的年利息率 =（5 × 2）÷ 200 × 100% = 5%，可以税前扣除的职工借款利息 = 60 × 5% ÷ 12 × 10 = 2.5（万元），超标准的利息 = 3.5 − 2.5 = 1（万元），应纳税所得额 = 25.36 + 1 = 26.36（万元）。

57.【答案】A

【解析】自 2021 年 1 月 1 日起至 2025 年 12 月 31 日止，对化妆品制造或销售、医药制造和饮料制造（不含酒类制造）企业发生的广告费和业务宣传费支出，不超过当年销售（营业）收入 30% 的部分，准予扣除；超过部分，准予在以后纳税年度结转扣除。

58.【答案】D

【解析】除税收法律、行政法规另有规定外，居民企业以企业登记注册地为纳税地点；但登记注册地在境外的，以实际管理机构所在地为纳税地点。

59.【答案】C

【解析】企业在年度中间终止经营活动的，应当自实际经营终止之日起 60 日内，向税务机关办理当期企业所得税汇算清缴。

60.【答案】C

【解析】企业在一个纳税年度中间开业，或者终止经营活动，使该纳税年度的实际经营期不足 12 个月的，应当以其实际经营期为一个纳税年度。

61.【答案】A

【解析】现行税法规定，跨地区的非独立核算分支机构应当自设立之日起 30 日内，向所在地税务机关办理注册税务登记。

62.【答案】D

【解析】企业所得税按纳税年度计算，分月或者分季预缴。

63.【答案】C

【解析】扣缴义务人每次代扣的税款，应当自代扣之日起 7 日内缴入国库，并向所在地的税务机关报送扣缴企业所得税报告表。

64.【答案】B

【解析】企业应当自月份或者季度终了之日起 15 日内，向税务机关报送预缴企业所得税纳税申报表，预缴税款。

二、多项选择题

1.【答案】CD

【解析】个人独资企业、合伙企业不适用《企业所得税法》，与个体工商户一起适用《个人所得税法》。

2.【答案】AD

【解析】居民企业的判定标准有登记注册地或实际管理机构所在地标准，没有所得来源地和经营行为实际发生地标准。

3.【答案】ACD

【解析】选项 B：特许权使用费所得，按照负担、支付所得的企业或者机构、场所所在地确定，或者按照负担、支付所得的个人的住所地确定。

4.【答案】CD

【解析】选项 A、B：适用 25% 的企业所得税的税率。在中国境内未设立机构、场所的非居民企业，或者虽设立机构、场所但取得的所得与其所设机构、场所没有实际联系的非居民企业，来源于中国境内的所得，适用税率为 20%。

5.【答案】ABCD

【解析】税法所称其他收入，是指企业取得的除《企业所得税法》规定的收入外的其他收入，包括企业资产溢余收入、逾期未退包装物押金收入、确实无法偿付的应付款项、已作坏账损失处理后又收回的应收款项、债务重组收入、补贴收入、违约金收入、汇兑收益等。

6. 【答案】CD

【解析】广告的制作费，应根据制作广告的完工进度确认收入。软件费，为特定客户开发软件的收费，应根据开发的完工进度确认收入。

7. 【答案】BCD

【解析】选项A：广告费应在相关的广告或商业行为出现于公众面前时确认收入，也就是6月20日确认收入的实现。

8. 【答案】ABC

【解析】选项A：采取分期收款方式销售货物的，按照合同约定的收款日期确认收入的实现。选项B：销售商品涉及现金折扣的，应当按扣除现金折扣前的金额确定销售商品收入金额，现金折扣在实际发生时作为财务费用扣除。选项C：自2019年1月1日起，企业发行的永续债，可以适用股息、红利企业所得税政策，投资方取得的永续债利息收入属于股息、红利性质，按照现行企业所得税政策进行处理；企业发行符合规定条件的永续债，可以按照债券利息适用企业所得税政策，投资方取得的永续债利息收入应当依法纳税。

9. 【答案】ACD

【解析】选项B属于免税收入。

10. 【答案】BC

【解析】选项A：免税收入不包括非营利组织从事营利性活动取得的收入。选项D：在中国境内设立机构的非居民企业连续持有上市公司股票不足12个月取得的投资收益为非免税收入，应缴纳企业所得税。

11. 【答案】ABCD

【解析】四个选项均应该按照企业所得税法的规定计入应纳税所得额的收入中，其中选项A、B、D属于收入总额中的其他收入，选项B属于接受捐赠的收入。

12. 【答案】ABCD

【解析】选项表述均正确。

13. 【答案】ABC

【解析】选项D：资产的权属未发生改变的，不视同销售确认收入。

14. 【答案】ACD

【解析】选项A：在中国境内设立机构、场所的非居民企业连续持有居民企业公开发行并上市流通的股票不足12个月取得的投资收益，为非免税收入。选项B：将自产货物用于办公楼的建造，应作为内部处置资产，不计入企业所得税的应纳税所得额。选项C：因债权人原因确实无法支付的应付款项为收入总额中的其他收入，应计入企业所得税的应纳税所得额。选项D：自产货物用于职工福利为视同销售，应计入企业所得税的应纳税所得额。

15. 【答案】BC

【解析】选项B：由于没有销售（营业）收入，因此业务招待费支出只能选择单限额扣除，即可按实际发生额的60%计入企业筹办费，并按有关规定在税前扣除。选项C：企业在筹建期间，发生的广告费和业务宣传费，由于没有销售（营业）收入，因此可按实际发生额计入企业筹办费，并按有关规定在税前扣除。

16. 【答案】AC

【解析】对化妆品制造或销售、医药制造和饮料制造（不含酒类制造）企业发生的广告费和业务宣传费支出，不超过当年销售（营业）收入30%的部分，准予扣除；超过部分，准予在以后纳税年度结转扣除。烟草企业的烟草广告费和业务宣传费支出，一律不得在计算应纳税所得额时扣除。

17.【答案】ABC

【解析】企业转让资产，该项资产的净值，准予在计算应纳税所得额时扣除。企业向投资者支付的股息、红利等权益性投资收益款项和对外投资期间投资资产的成本在计算应纳税所得额时不得扣除。企业从其关联方接受的债权性投资与权益性投资的比例超过规定标准而发生的利息支出，不得在计算应纳税所得额时扣除。

18.【答案】CD

【解析】税收滞纳金，罚金、罚款和被没收财物的损失不得在税前扣除。但纳税人逾期归还银行贷款，银行按规定加收的罚息及纳税人因未履行合同而支付的违约金不属于行政性罚款，可以在税前扣除。

19.【答案】ABC

【解析】企业已计入固定资产、无形资产等相关资产的手续费及佣金支出，应当通过折旧、摊销等方式分期扣除，不得在发生当期直接扣除。

20.【答案】BD

【解析】没有获得赔偿的意外灾害损失可以在税前扣除；企业内营业机构之间支付的租金和特许权使用费，不得扣除；支付的税收滞纳金、罚金、罚款和被没收财物的损失，不得扣除，但是支付的违约金，可以在税前扣除。

21.【答案】AD

【解析】企业对外投资期间，投资资产的成本在计算应纳税所得额时不得扣除，企业在转让或者处置投资资产时，投资资产的成本准予扣除。

22.【答案】CD

【解析】企业的下列支出，可以在计算应纳税所得额时加计扣除：开发新技术、新产品、新工艺发生的研究开发费用；安置残疾人员及国家鼓励安置的其他就业人员所支付的工资。

23.【答案】ABC

【解析】企业发生的公益性捐赠支出，在年度利润总额12%以内的部分，准予在计算应纳税所得额时扣除。所称公益性捐赠，是指企业通过公益性社会团体或者县级以上人民政府及其部门，用于《中华人民共和国公益事业捐赠法》规定的公益事业的捐赠。

24.【答案】D

【解析】2020年公益性捐赠的税前扣除限额 $=2\,000\times12\%=240$（万元），超过限额的部分 $=400-240=160$（万元），准予结转以后3个纳税年度内扣除；2021年公益性捐赠的税前扣除限额 $=3\,000\times12\%=360$（万元），先扣除2020年结转的160万元公益性捐赠之后（调减应纳税所得额160万元），剩余可以扣除的限额 $=360-160=200$（万元），2021年发生的公益性捐赠支出中，用于目标脱贫地区的捐赠支出100万元，可以直接在税前据实扣除，剩余的400万元大于限额200万元，当年只能扣除200万元，应纳税调增200万元，则结转以后年度扣除的捐赠支出为200万元。2021年的应纳税所得额 $=3\,000-160+200=3\,040$（万元）。

25.【答案】AD

【解析】企业为投资者或者职工支付的商业保险费，不得扣除。

26.【答案】ABCD

【解析】现行税法规定，企业按国家有关规定为职工缴纳的基本社会保险费和住房公积金，为投资者和职工支付的补充养老保险和补充医疗保险，在国务院财政、税务主管部门规定的范围和标准内，准予扣除。按有关规定为特殊工种职工支付的人身安全保险费，也可扣除。企业参加财产保险按规定缴纳的保险费也可以扣除。

27. 【答案】BD

【解析】企业发生的除企业所得税和允许抵扣的增值税以外的各项税金及附加，可以在税前扣除。

28. 【答案】AC

【解析】选项 A、C：车辆购置税、契税在发生当期计入相关资产的成本，在以后各期分摊扣除。

29. 【答案】CD

【解析】非金融企业向非金融企业借款的利息支出，不超过按照金融企业同期同类贷款利率计算的数额的部分可据实扣除，超过部分不可扣除。通过公益性社会团体用于规定的公益事业的捐赠支出，在利润总额 12% 以内的部分，准予扣除。

30. 【答案】ABC

【解析】按照《企业所得税法》相关规定：企业之间支付的管理费、企业内营业机构之间支付的租金和特许权使用费，以及非银行企业内营业机构之间支付的利息，不得扣除。因此，银行企业内营业机构之间支付的利息可以在企业所得税税前扣除。

31. 【答案】ABD

【解析】保险企业按当年全部保费收入扣除退保金等余额后的 18% 的部分计算扣除限额；其他企业与具有合法经营中介服务机构或个人所签订服务协议或合同确认的收入金额的 5% 计算扣除限额。

32. 【答案】ABCD

【解析】非金融企业向非金融企业借款的利息支出，不超过按照金融企业同期同类贷款利率计算的数额的部分可以据实扣除。

33. 【答案】ACD

【解析】房屋、建筑物以及以融资租赁方式租入的固定资产可以计提折旧。

34. 【答案】BCD

【解析】下列固定资产不得计算折旧扣除：房屋、建筑物以外未投入使用的固定资产；以经营租赁方式租入的固定资产；以融资租赁方式租出的固定资产；已足额提取折旧仍继续使用的固定资产；与经营活动无关的固定资产；单独估价作为固定资产入账的土地；其他不得计算折旧扣除的固定资产。

35. 【答案】ABC

【解析】选项 D：已在成本中一次性列支而形成的固定资产不可以再计提折旧在税前扣除。

36. 【答案】ABC

【解析】下列无形资产不得计算摊销费用扣除：自行开发的支出已在计算应纳税所得额时扣除的无形资产；自创商誉；与经营活动无关的无形资产；其他不得计算摊销费用扣除的无形资产。单独估价作为固定资产入账的土地不属于无形资产范畴。

37. 【答案】AD

【解析】自行开发的无形资产，以开发过程中该支出符合资本化条件后至达到预定用途前发生的支出为计税基础。通过捐赠取得的无形资产，以该资产的公允价值和支付的相关税费为计税基础。

38. 【答案】BD

【解析】《企业所得税法》所指固定资产的大修理支出，是指同时符合下列条件的支出：（1）修理支出达到取得固定资产时的计税基础的 50% 以上；（2）修理后固定资产的使用年限延长 2 年以上。

39. 【答案】ABCD

【解析】选项 A、B、C、D 表述均正确。

40. 【答案】ABC

【解析】选项 D：被投资企业发生的经营亏损，由被投资企业按规定结转弥补，投资企业不得调整减低其投资成本，也不得将其确认为投资损失。

41.【答案】BC

【解析】选项 B：企业重组的一般性税务处理中，企业股权收购、资产收购重组交易，被收购方应确认股权、资产转让所得或损失。选项 C：收购方取得股权或资产的计税基础应以公允价值为基础确定。

42.【答案】ABCD

【解析】企业的下列所得，可以免征、减征企业所得税：从事农、林、牧、渔业项目的所得；从事国家重点扶持的公共基础设施项目投资经营的所得；从事符合条件的环境保护、节能节水项目的所得；符合条件的技术转让所得；《企业所得税法》第三条第三款规定的所得。

43.【答案】ABC

【解析】选项 D：非货币性资产投资分期纳税的政策的适用对象仅为居民企业。

44.【答案】ABD

【解析】可以采取加速折旧方法的固定资产包括：(1) 由于技术进步，产品更新换代较快的固定资产；(2) 常年处于强震动、高腐蚀状态的固定资产。

45.【答案】A、B

【解析】选项 A、B 属于可享受“加计扣除”的项目。企业综合利用资源，生产符合国家产业政策规定的产品所取得的收入，可以在计算应纳税所得额时减计收入。企业购置用于环境保护、节能节水、安全生产等专用设备的投资额，可以按一定比例实行税额抵免。因此，选项 C、D 均不属于“加计扣除”的范围。

46.【答案】ABCD

【解析】选项 A、B、C、D 表述均正确。

47.【答案】ABC

【解析】查补的消费税可以在税前扣除；新产品研究开发费用可以在税前加计扣除；国库券利息收入免税；房屋、建筑物以外未投入使用的固定资产不得计提折旧，对于其计提的折旧不得在税前扣除，应调增应纳税所得额。

48.【答案】AB

【解析】企业在 2018 年 1 月 1 日至 2023 年 12 月 31 日期间新购进的设备、器具，单位价值不超过 500 万元的，允许一次性计入当期成本费用在计算应纳税所得额时扣除，不再分年度计算折旧；单位价值超过 500 万元的，仍按相关规定执行。选项 C：虽然办公楼价值未超过 500 万元，但不符合“允许一次性计入当期成本费用在计算应纳税所得额时扣除”的条件。选项 D：服务器群组的价值超过 500 万元，不符合“允许一次性计入当期成本费用在计算应纳税所得额时扣除”的条件。

49.【答案】ABD

【解析】选项 A：自 2017 年 1 月 1 日起，在全国范围内对经认定的技术先进型服务企业，减按 15% 的税率征收企业所得税。选项 B：国家需要重点扶持的高新技术企业减按 15% 的税率征收企业所得税。选项 C：从事环境保护、节能节水项目的企业，自取得第一笔生产经营收入所属纳税年度起，第一年至第三年免征企业所得税，第四年至第六年减半征收企业所得税。选项 D：自 2019 年 1 月 1 日起至 2021 年 12 月 31 日，对符合条件的从事污染防治的第三方企业减按 15% 的税率征收企业所得税。

50.【答案】CD

【解析】选项 A：境外营业机构的亏损不得抵减境内营业机构的盈利。选项 B：企业重组一般性税务处理下，被合并企业的亏损不得在合并企业结转弥补。

51.【答案】AB

【解析】选项 C：国家鼓励的集成电路线宽小于 130 纳米（含），且经营期在 10

年以上的集成电路生产企业或项目，第1年至第2年免征企业所得税，第3年至第5年按照25%的法定税率减半征收企业所得税。选项D：国家鼓励的集成电路设计、装备、材料、封装、测试企业和软件企业，自“获利年度”起，第1年至第2年免征企业所得税，第3年至第5年按照25%的法定税率减半征收企业所得税。

52. **【答案】** CD

【解析】 选项A：委托境外进行研发活动所发生的费用，按照费用实际发生额的80%计入委托方的委托境外研发费用，委托境外研发费用不超过境内符合条件的研发费用2/3的部分，可以按规定在税前加计扣除。选项B：研发人员的补充养老保险费、补充医疗保险费属于研发费用加计扣除规定中的其他相关费用，但是此类费用总额不得超过可加计扣除研发费用总额的10%。

53. **【答案】** ABD

【解析】 居民企业在中国境内设立不具有法人资格的营业机构的，应当汇总计算并缴纳企业所得税。

54. **【答案】** BC

【解析】 选项A：合伙人是自然人的，缴纳个人所得税，合伙人是法人和其他组织的，缴纳企业所得税。选项D：协商不成的，以全部生产经营所得和其他所得，按照合伙人实缴出资比例确定应纳税所得额。

55. **【答案】** ABCD

【解析】 选项A、B、C、D表述均正确。

三、计算问答题

1. **【答案】**

（1）研究开发费用加计扣除额 = 35 × 100% = 35（万元）

销售（营业）收入 = 640 + 180 = 820（万元），业务招待费扣除限额1 = 820 × 5‰ = 4.1（万元），业务招待费扣除限额2 = 实际发生额的60% = 10 × 60% = 6（万元），纳税调增额 = 10 − 4.1 = 5.9（万元）。

合计调减应纳税所得额 = 35 − 5.9 = 29.1（万元）

【提示】 制造业企业开展研发活动中实际发生的研发费用，未形成无形资产计入当期损益的，在按规定据实扣除的基础上，自2021年1月1日起，再按照实际发生额的100%在税前加计扣除；形成无形资产的，自2021年1月1日起，按照无形资产成本的200%在税前摊销。

（2）会计利润 = 640 + 180 + 15 + 10 − 400 − 80 − 28.6 − 86 − 20 − 30 = 200.4（万元）

捐赠限额 = 200.4 × 12% = 24.05（万元），实际捐赠额为25万元，纳税调增额 = 25 − 24.05 = 0.95（万元）。

（3）符合条件的居民企业之间的股息、红利等权益性收益为免税收入，所以应纳税调减应纳税所得额15万元。

该企业2021年度应缴纳的企业所得税 =（200.4 − 29.1 + 0.95 − 15）× 25% − 30 × 10% = 39.01（万元）

【提示】 企业购置并实际使用符合规定的安全生产专用设备，该专用设备投资额的10%可以从企业当年应纳税额中抵免，当年不足抵免的可以在以后5个纳税年度结转抵免。

2. **【答案】**

黄河公司2021年的销售收入 = 2 800 + 800 + 100 = 3 700（万元）

会计利润总额 = 3 700 + 50 − 1 300 − 700 − 600 − 90 −（180 − 120）− 600 − 90 = 310（万元）

广告费扣除限额 = 3 700 × 15% = 555（万元），广告费无须调整。

业务招待费调增的所得额 = 30 - 30 × 60% = 12（万元）[3 700 × 5‰ = 18.5 > 30 × 60%]

职工工会经费超支额 = 5 - 180 × 2% = 1.4（万元）

职工福利费超支额 = 30 - 180 × 14% = 4.8（万元）；教育经费超支额 = 6 - 180 × 2.5% = 1.5（万元）；

受让的环境保护项目本年度减半征收企业所得税，调减所得额 100 万元；

【提示】企业从事符合条件的环境保护、节能节水项目的所得，自项目取得第一笔生产经营收入所属纳税年度起，第 1 ~ 3 年免征企业所得税，第 4 ~ 6 年减半征收企业所得税（“三免三减半”）。符合条件的环境保护、节能节水项目，包括公共污水处理、公共垃圾处理、沼气综合开发利用、节能减排技术改造、海水淡化等。

会计利润经过纳税事项调整之后，应纳税所得额 = 310 + 12 + 1.4 + 4.8 + 1.5 - 100 + 2.8 = 232.5（万元）

公益救济性捐赠应调增的所得额 = 40 - 310 × 12% = 2.8（万元）

由于投资节能节水项目可以减免的应纳税额 = 100 × 10% = 10（万元），因此黄河公司 2021 年应缴纳的企业所得税额 = 232.5 × 15% - 10 = 24.88（万元）。

【提示】企业购置并实际使用符合规定的环境保护、节能节水、安全生产专用设备，该专用设备投资额的 10% 可以从企业当年应纳税额中抵免，当年不足抵免的可以在以后 5 个纳税年度结转抵免；对设在西部地区的国家鼓励类产业企业，在 2021 年 1 月 1 日至 2030 年 12 月 31 日期间，减按 15% 的税率征收企业所得税。

3. **【答案】**

（1）会计利润总额 = 3 000 + 20 - 2 200 - 252 - 390 - 18 - 32 = 128（万元）

（2）国债利息收入免征企业所得税，应调减所得额 20 万元。

（3）业务招待费应调增的所得额 = 28 - 15 = 13（万元）

28 × 60% = 16.8（万元）> 3 000 × 5‰ = 15（万元）

（4）新产品研发费用应调减的所得额 = 120 × 75% = 90（万元）

（5）利息费用支出应调增的所得额 = 18 - 200 × 6% = 6（万元）

（6）工会经费应调增的所得额 = 4 - 200 × 2% = 0（万元）

（7）职工福利费应调增的所得额 = 35 - 200 × 14% = 7（万元）

（8）职工教育经费应调增的所得额 = 21 - 200 × 8% = 5（万元）

（9）应纳税所得额 = 128 - 20 + 13 - 90 + 6 + 7 + 5 = 49（万元）

（10）该企业 2021 年度应缴纳的企业所得税税额 = 49 × 12.5% × 20% = 1.23（万元）

【提示 1】工业企业从业人数不超过 300 人（含 300 人），资产总额不超过 3 000 万元的为小型微利企业。对年应纳税所得额低于 300 万元（含 300 万元）的小型微利企业，2019 年 1 月 1 日至 2021 年 12 月 31 日，对小型微利企业年应纳税所得额不超过 100 万元的部分，减按 25% 计入应纳税所得额，按 20% 的税率缴纳企业所得税（实际税负为 5%）。对年应纳税所得额超过 100 万元但不超过 300 万元的部分减按 50%，计入应纳税所得额，按 20% 的税率缴纳企业所得税（实际税负为 10%）；小型微利企业 2021 年 1 月 1 日至 2022 年 12 月 31 日期间，年应纳税所得额不超过 100 万元的部分，在《财政部 税务总局关于实施小微企业普惠性税收减免政策的通知》（财税〔2019〕13 号）第二条规定的优惠政策基础上，再减半征收企业所得税。即减按12.5%计入应纳税所得额，按20%的税率缴纳企业所得税。

【提示2】 科技型中小企业开展研发活动中实际发生的研发费用，未形成无形资产计入当期损益的，在按规定据实扣除的基础上，再按照实际发生额的75%在税前加计扣除；形成无形资产的，在上述期间按照无形资产成本的175%在税前摊销。

【提示3】 符合《环境保护专用设备企业所得税优惠目录》的专用设备，该专用设备的投资额的10%可以从企业当年的应纳税额中抵免；当年不足抵免的，可以在以后5个纳税年度结转抵免。

四、综合题

1. **【答案】**

（1）企业自行申报的应纳税所得额错误。

①新产品的研究开发费用可以加计扣除100%：

加计扣除费用 = 200 000 × 100% = 200 000（元）

②职工福利支出超标准额 = 250 000 − 1 600 000 × 14% = 26 000（元）

工会经费没有超过标准，按实际发生额扣除。

职工教育支出超标准额 = 188 000 − 1 600 000 × 8% = 60 000（元）

③按照规定，国债利息40 000元免征企业所得税，应从所得额中扣除；国家发行的金融债券利息收入应缴纳所得税。

④“营业外支出”账户中支出的税收滞纳金10 000元和支付关联企业的赞助30 000元不能在税前扣除，应调增应纳税所得额。

⑤收取的产品服务费应作收入处理，按规定缴纳有关税费。

应补缴的增值税 = 22 600 ÷（1 + 13%）× 13% = 2 600（元）

应补缴的消费税 = 22 600 ÷（1 + 13%）× 30% = 6 000（元）

应补缴的城市维护建设税、教育费附加 =（2 600 + 6 000）×（7% + 3%）= 860（元）

应调增的所得额 = 22 600 ÷（1 + 13%）− 6 000 − 860 = 13 140（元）

⑥按照税法规定，与生产经营有关的业务招待费，按照发生额的60%扣除，但最高不得超过当年销售收入的5‰，超标准的部分不能在税前扣除。

可以扣除的业务招待费 = 150 000 × 60% = 90 000（元）

业务招待费最高扣除额 = [20 000 000 + 20 000 + 20 000 ÷（1 + 13%）] × 5‰ = 100 188.50（元）

因此，可以税前扣除的业务招待费为9万元，应调增应纳税所得额6万元。

⑦逾期包装物押金应计入收入总额，并补缴增值税、消费税、城市维护建设税和教育费附加。

应补缴的增值税 = 20 000 ÷（1 + 13%）× 13% = 2 300.88（元）

应补缴的消费税 = 20 000 ÷（1 + 13%）× 30% = 5 309.73（元）

应补缴的城市维护建设税、教育费附加 =（2 300.88 + 5 309.73）×（7% + 3%）= 761.06（元）

应调增的所得额 = 20 000 ÷（1 + 13%）− 5 309.73 − 761.06 = 11 628.33（元）

（2）

①应纳税所得额 = 880 000 − 200 000 + 26 000 + 60 000 − 40 000 + 10 000 + 30 000 + 13 140 + 60 000 + 11 628.33 = 850 768.33（元）

②应缴纳的企业所得税 = 850 768.33 × 25% = 212 692.08（元）

2.【答案】

(1) 应缴纳的各项税金如下：

①增值税：

销项税额 = 1 000 × 16.95 ÷ (1 + 13%) × 13% + 40 × 16.95 ÷ (1 + 13%) × 13% + 5 × 12 × (1 + 10%) × 13% + 1 200 ÷ (1 + 5%) × 5% = 1 950 + 78 + 8.58 + 57.14 = 2 093.72 (万元)

进项税额 = 650 + 18 = 668 (万元)

应缴纳的增值税 = 2 093.72 − 668 = 1 425.72 (万元)

②应缴纳的城市维护建设税和教育费附加 = 1 425.72 × (7% + 3% + 2%) = 313.66 (万元)

③土地增值税：

转让旧生产车间的土地增值额 = 1 200 ÷ (1 + 5%) − [100 + 1 500 × 30% + 1 200 ÷ (1 + 5%) × 5% × (7% + 3% + 2%) + 1 200 × 0.5‰] = 1 142.86 − (100 + 450 + 6.85 + 0.60) = 1 142.86 − 557.45 = 585.41 (万元)

增值率 = 585.41 ÷ 557.45 × 100% = 105.02% (适用税率 50%，速算扣除系数 15%)

应缴纳的土地增值税 = 585.41 × 50% − 557.45 × 15% = 209.09 (万元)

(2) 实现的收入 = 1 000 × 16.95 ÷ (1 + 13%) + 40 × 16.95 ÷ (1 + 13%) + 5 × 12 × (1 + 10%) + 1 200 ÷ (1 + 5%) = 15 000 + 600 + 66 + 1 142.85 = 16 808.85 (万元)

(3) 应扣除的销售成本 = (1 000 + 40) × (400 ÷ 40) + 5 × 12 + (1 000 − 400) = 11 060 (万元)

(4) 应扣除的税金及附加 = 313.66 + 209.09 = 522.75 (万元)

(5) 广告费和业务宣传费扣除标准：16 808.85 × 15% = 2 521.32 (万元)，实际发生额 840 万元 (700 + 140) 小于扣除标准，准予扣除。

应扣除的销售费用 = 300 + 160 + 700 + 140 + 90 = 1 390 (万元)

(6) 业务招待费扣除标准：130 × 60% = 78 (万元)，而 16 808.85 × 5‰ = 84.04 (万元)，只能扣除 78 万元。

应扣除的管理费用 = 1 100 + 78 + 280 × 175% = 1 668 (万元)

(7) 应扣除的财务费用 = (900 − 600) + 600 ÷ 6% × 5% = 800 (万元)

(8) 2021 年应缴纳的企业所得税 = (16 808.85 − 11 060 − 522.75 − 1 390 − 1 668 − 800) × 25% = 1 368.1 × 25% = 342.03 (万元)

第五章　个人所得税法

本章考情分析

个人所得税是我国现行主体税种之一，也是税法考试的重点税种之一。历年考试各种题型均出现过，单项选择题、多项选择题、计算问答题和综合题中均属于经典考点，对本章既可以单独命题，也可以与其他税种综合命题，综合题常常与《税收征收管理法》结合命题。从历年考试情况看，题量一般为 3 ~ 5 题，分值在 9.5 ~ 10.5 分，每年平均分值在 10 分左右，特别是近几年，每年计算问答题必有一题出在本章。其中 5 分左右的题目集中在个人所得税应纳税额计算的一般性处理，另外 5 分左右的题目集中在应纳税额中的特殊问题处理，该部分内容相对比较零散，需要各个击破。个人所得税的试题综合性不强，考生应结合个人所得税的税收优惠全面掌握应纳税额的计算。本章的主要内容有：综合所得、经营所得的确定方法、专项附加扣除项目、一些特殊所得的应纳税额计算、所得来源地的判定、按次征收的所得税的确定、境外扣除的计算、减免税的规定以及个人所得税的征收管理。

本章教材主要变化

1. 调整应纳税额的计算和全员全额扣缴申报纳税的教材顺序。

2. 新增对个体工商户年应纳税所得额不超过 100 万元的部分，在现行优惠政策基础上，减半征收个人所得税的税收优惠政策。

3. 调整全年一次性奖金个人所得税的税收优惠期限，将其延长至 2023 年 12 月 31 日。

4. 纳税人年度汇算需补税但年度综合所得收入不超过 12 万元，或者年度汇算清缴需补税金额不超过 400 元的，无须办理年度汇算清缴，该项优惠政策延长至 2023 年 12 月 31 日。

5. 新增新三板精选层公司转为北交所上市公司，以及创新层挂牌公司通过公开发行股票进入北交所上市后，投资北交所上市公司涉及的个人所得税、印花税相关政策，暂按照现行新三板适用的税收规定执行。

本章高频考点

考点 1　征税范围

（一）工资、薪金所得

1. 工资、薪金所得涵盖范围。

一般来说，工资、薪金所得属于个人劳动所得。劳动者除了取得工资和薪金之外的其他非独立收入形式，比如基本奖金、双薪制奖金、年薪制奖金、年终加薪、实物奖金、劳动分红、津贴、补贴也被确定为工资、薪金范畴。其中，年终加薪、劳动分红不分种类和取得情况，一律按工资、薪金所得课税。奖金是指所有具有工资性质的奖金，免税奖金的范围在税法中另有规定。

提示 公司职工取得的用于购买企业国有股权的劳动分红，按“工资、薪金所得”项目计征个人所得税。

2. 个人取得特定的津贴、补贴，不计入工资、薪金所得的项目。

（1）独生子女补贴。

（2）执行公务员工资制度未纳入基本工资总额的补贴、津贴差额和家属成员的副食品补贴。

（3）托儿补助费。

（4）差旅费津贴、误餐补助。

提示 单位以误餐补助名义发给职工的补助、津贴不能包括在内。

（5）外国来华留学生，领取的生活津贴费、奖学金，不属于工资、薪金范畴，不征个人所得税。

3. 关于个人取得公务交通、通信补贴收入的征税问题。

个人因公务用车和通信制度改革而取得的公务用车、通信补贴收入，扣除一定标准的公务费用后，按照“工资、薪金所得”项目计征个人所得税。按月发放的，并入当月“工资、薪金所得”计征个人所得税；不按月发放的，分解到所属月份并与该月份“工资、薪金所得”合并后计征个人所得税。

（二）劳务报酬所得

劳务报酬所得，指个人独立从事的各种非雇用劳务所取得的所得。内容包括：设计、装潢、安装、化验、咨询、讲学、翻译、审稿、影视、录音、演出、表演、展览、技术服务、介绍服务、经纪服务、其他劳务等。

情形	收入来源	项目
董事费、监事费	从任职公司（包括关联公司）取得收入	工资、薪金所得
	从非任职受雇单位取得收入	劳务报酬所得
营销业绩奖励	雇员取得	工资、薪金所得
	非雇员取得	劳务报酬所得

（三）稿酬所得

稿酬所得，是指个人因其作品以图书、报刊形式 出版、发表而取得的所得。

提示 不以图书、报刊形式出版、发表的翻译、审稿、书画所得属于“劳务报酬所得”。

（四）特许权使用费所得

特许权使用费所得，是指个人提供专利权、商标权、著作权、非专利技术以及其他特许权的使用权取得的所得。提供著作权的使用权取得的所得，不包括稿酬所得。

提示 作者将自己的文字作品手稿原件或复印件公开拍卖（竞价）取得的所得，按“特许权使用费所得”项目计税。

（五）经营所得

经营所得是指：

1. 个体工商户从事生产、经营活动取得的所得，个人独资企业投资人、合伙企业的个人合伙人来源于境内注册的个人独资企业、合伙企业生产、经营的所得。

个体工商户以业主为个人所得税纳税义务人。

2. 个人依法从事办学、医疗、咨询以

及其他有偿服务活动取得的所得。

3. 个人对企业、事业单位承包经营、承租经营以及转包、转租取得的所得。

4. 个人从事其他生产、经营活动取得的所得。

提示1 个人因从事彩票代销业务而取得的所得，应按照“经营所得”项目计征个人所得税。

提示2 出租车运营收入适用税目辨析。

情形	出租车归属	税目
出租汽车经营单位对出租驾驶员采取单车承包或承租方式运营，出租车驾驶员从事客货营运取得的收入	出租汽车经营单位	工资、薪金所得
从事个体出租车运营的出租车驾驶员取得的收入： （1）出租车属于个人所有，但挂靠出租汽车经营单位或企事业单位，驾驶员向挂靠单位缴纳管理费的； （2）出租汽车经营单位将出租车所有权转移给驾驶员的	个人	经营所得

（六）利息、股息、红利所得

利息、股息、红利所得，是指个人拥有债权、股权等而取得的利息、股息、红利所得。

提示1 除个人独资企业、合伙企业以外的其他企业的个人投资者，以企业资金为本人、家庭成员及其相关人员支付的与生产经营无关的消费性支出及购买汽车、住房等财产性支出，视为对个人投资者的分配，依照“利息、股息、红利所得”项目缴纳个人所得税。

提示2 纳税年度内个人投资者从其投资企业（个人独资企业、合伙企业除外）借款，在该纳税年度终了后既不归还又未用于企业生产经营的，其未归还的借款可视为企业对个人投资者的红利分配，依照“利息、股息、红利所得”项目计征个人所得税。

提示3 企业为股东购买车辆并将车辆所有权办到股东个人名下，其实质为企业对股东进行了红利性质的实物分配，应按照“利息、股息、红利所得”项目征收个人所得税。考虑到该股东个人名下的车辆同时也为企业经营使用的实际情况，允许合理减除部分所得；减除的具体数额由主管税务机关根据车辆的实际使用情况合理确定。

（七）财产租赁所得

财产租赁所得，是指个人出租不动产、机器设备、车船以及其他财产取得的所得。

提示 个人取得的财产转租收入，属于“财产租赁所得”的征税范围，由财产转租人缴纳个人所得税。

（八）财产转让所得

财产转让所得，是指个人转让有价证券、股权、合伙企业中的财产份额、不动产、机器设备、车船以及其他财产取得的所得。

提示 对个人转让境内上市公司股票取得的所得继续暂免征收个人所得税。

（九）偶然所得

偶然所得，是指个人得奖、中奖、中彩以及其他偶然性质的所得。得奖是指参加各种有奖竞赛活动，取得名次得到的奖金。

提示1 个人为单位或他人提供担保获得收入，按照“偶然所得”项目计算缴纳个人所得税。

【例题·单选题】（2020年）下列收入应按“劳务报酬所得”项目纳入综合所得缴纳个人所得税的是（　　）。

A. 退休后再受雇取得的收入

B. 在就职单位取得的加班收入

C. 证券经纪人取得的佣金收入

D. 个人购买彩票取得的中奖收入

【答案】 C

【解析】 选项A、B属于工资、薪金所得，选项D属于“偶然所得”。

【例题·多选题】（2020年）从事生产、经营的个人取得的下列所得中，应按照“经营所得”项目计征个人所得税的有（　　）。

A. 提供有偿办学服务的所得

B. 从事个体出租车运营的所得

C. 从事彩票代销业务的所得

D. 投资上市公司的股息所得

【答案】 ABC

【解析】 选项D应按照“利息、股息、红利所得”项目计征个人所得税。

【例题·单选题】（2017年）对个人代销彩票取得的所得计征个人所得税时，适用的所得项目是（　　）。

A. 劳务报酬所得

B. 工资、薪金所得

C. 偶然所得

D. 经营所得

【答案】 D

【解析】 个人因从事彩票代销业务而取得的所得，应按照“经营所得”项目计征个人所得税。

提示2 个体工商户和从事生产、经营的个人，取得与生产、经营活动无关的其他各项应税所得，应分别按照其他应税项目的有关规定，计算征收个人所得税。如对外投资取得的股息所得，应按“利息、股息、红利所得”项目的规定单独计征个人所得税。

提示3 个人独资企业、合伙企业的个人投资者以企业资金为本人、家庭成员及其相关人员支付的与生产经营无关的消费性支出及购买汽车、住房等财产性支出，视为企业对个人投资者利润分配，并入投资者个人的生产经营所得，依照“经营所得”项目计征个人所得税。

考点2 所得来源地的确定

除另有规定外，下列所得，不论支付地点是否在中国境内，均为来源于中国境内的所得：

1. 因任职、受雇、履约等而在中国境内提供劳务取得的所得；

2. 将财产出租给承租人在中国境内使用而取得的所得；

3. 转让中国境内的不动产等财产或者在中国境内转让其他财产取得的所得；

4. 许可各种特许权在中国境内使用而取得的所得；

5. 从中国境内企业、事业单位、其他组织以及居民个人取得的利息、股息、红利所得。

【例题·单选题】（2018年）个人取得的下列所得中，应确定为来源于中国境内所得的是（　　）。

A. 在境外开办教育培训取得的所得

B. 拥有的专利在境外使用而取得的所得

C. 从境外上市公司取得的股息所得

D. 将境内房产转让给外国人取得的所得

【答案】 D

【解析】 选项A：在境外开办教育培训取得的所得，履约地不在中国境内，因此为来源于中国境外所得。选项B：拥有的专利在境外使用而取得的所得，为来源于中国境外所得；许可各种特许权在中国境内使用而取得的所得，为来源于中国境内所得。选项C：从境外上市公司取得的股息所得，为来源于中国境外所得；中国境内企业、事业单位、其他组织以及居民个人取得的利息、股息、红利所得，为来源于中国境内所得。选项D：因房产位于境内，为转让中国境内的不动产，属于来源于中国境内所得。

考点3 应纳税所得额的规定

（一）每次收入的确定

1.《个人所得税法》对纳税义务人的征税方法有三种：

（1）按年计征，如居民个人取得的综合所得、经营所得；

（2）按月计征，如非居民个人取得的工资、薪金所得；

（3）按次计征，如利息、股息、红利所得，财产租赁所得，财产转让所得，偶然所得和非居民个人取得的劳务报酬所得，稿酬所得，特许权使用费所得等所得。其中财产租赁所得以1个月内取得的收入为一次。

2.“次”的确定。

（1）非居民个人取得劳务报酬所得、稿酬所得、特许权使用费所得，根据不同所得项目的特点，分别规定为：

①属于一次性收入的，以取得该项收入为一次。

②属于同一项目连续性收入的，以一个月内取得的收入为一次。

（2）利息、股息、红利所得，以支付时取得的收入为一次。

（3）财产租赁所得，以一个月内取得的收入为一次。

（4）偶然所得，以每次取得该项收入为一次。

（二）应纳税所得额和费用减除标准

（1）子女教育专项附加扣除。

扣除范围		扣除标准	扣除方式	扣除时间	备查资料
学前教育	年满3周岁至小学入学前教育	每个子女每月1 000元（每年12 000元）	父母可以选择由其中一方按扣除标准的100%扣除，也可以选择由双方分别按扣除标准的50%扣除，具体扣除方式在1个纳税年度内不能变更	学前教育阶段，为子女年满3周岁当月至小学入学前一月。学历教育，为子女接受全日制学历教育入学的当月至全日制学历教育结束的当月	纳税人子女在中国境外接受教育的，纳税人应当留存境外学校录取通知书、留学签证等相关教育的证明资料备查
学历教育	义务教育（小学、初中教育）				
	高中阶段教育（普通高中、中等职业、技工教育）				
	高等教育（大学专科、大学本科、硕士研究生、博士研究生教育）				

（2）继续教育。

扣除范围		扣除标准	扣除方式	扣除时间
学历（学位）继续教育		每月400元，同一学历（学位）继续教育的扣除期限不能超过48个月（4年）	本科及以下学历（学位）继续教育，可以选择由其父母扣除，也可以选择由本人扣除	在中国境内接受学历（学位）继续教育入学的当月至学历（学位）继续教育结束的当月
职业资格继续教育	技能人员	在取得相关证书的当年，按照3 600元定额扣除	本人扣除	取得相关证书的当年
	专业技术员			

（3）大病医疗专项附加扣除。

扣除范围	扣除标准	扣除方式	扣除时间	备查资料
与基本医保相关的医药费用支出，扣除医保报销后个人负担（指医保目录范围内的自付部分）累计超过15 000元的部分	每年80 000元为限额	纳税人发生的医药费用支出可以选择由本人或者其配偶扣除；未成年子女发生的医药费用支出可以选择由其父母一方扣除	医疗保障信息系统记录的医药费用实际支出的当年	纳税人应当留存医药服务收费及医保报销相关票据原件（或者复印件）等资料备查。医疗保障部门应当向患者提供在医疗保障信息系统记录的本人年度医药费用信息查询服务

（4）住房贷款利息专项附加扣除。

扣除范围	扣除标准	扣除方式	扣除时间	备查资料
纳税人本人或配偶单独或共同使用商业银行或住房公积金为本人或其配偶购买境内住房，发生的首套住房贷款利息支出	每月1 000元（每年12 000元）	可选择由夫妻一方扣除，且1个纳税年度内不得变更。婚前分别购房发生的首套住房贷款利息支出，婚后可选择其中一套由购买方按扣除标准的100%扣除，也可选择对各自购买的住房分别按扣除标准的50%扣除，具体扣除方式在1个纳税年度内不能变更	贷款合同约定开始还款的当月至贷款全部归还或贷款合同终止的当月，扣除期限最长不得超过240个月（20年）	纳税人应当留存住房贷款合同、贷款还款支出凭证备查

提示 一个纳税人只能享受一次“首套住房贷款利息支出”的专项附加扣除。所称首套住房贷款是指购买住房享受首套住房贷款利率的住房贷款。

（5）住房租金专项附加扣除。

扣除范围			扣除标准	扣除方式	扣除时间	备查资料
主要城市类别	一类	直辖市、省会（首府）城市、计划单列市以及国务院确定的其他城市	每月 1 500 元（每年 18 000 元）	由签订租赁住房合同的承租人扣除。 【提示】纳税人及其配偶在一个纳税年度内不得同时分别享受住房贷款利息专项附加扣除和住房租金专项附加扣除。 前提条件：在主要工作城市没有住房	租赁合同（协议）约定的房屋租赁期开始的当月至租赁期结束的当月	纳税人应当留存住房租赁合同、协议等有关资料备查
	二类	除一类城市外，市辖区户籍人口超过 100 万的城市	每月 1 100 元（每年 13 200 元）			
	三类	除一类城市外，市辖区户籍人口不超过 100 万的城市	每月 8 00 元（每年 9 600 元）			

（6）赡养老人专项附加扣除。

扣除范围	情形	扣除标准	扣除方式	扣除时间
赡养年满 60 周岁的父母以及子女均已去世的年满 60 周岁的祖父母、外祖父母	独生子女	每月 2 000 元（每年 24 000 元）	由本人扣除	为被赡养人年满 60 周岁的当月至赡养义务终止的年末
	非独生子女	其与兄弟姐妹分摊每月 2 000 元（每年 24 000 元）的扣除额度，每人分摊的额度最高不得超过每月 1 000 元（每年 12 000 元）	分摊方式包括平均分摊、被赡养人指定分摊或者赡养人约定分摊，具体分摊方式和额度在 1 个纳税年度内不得变更	

2. 非居民个人的工资、薪金所得，劳务报酬所得，稿酬所得，特许权使用费所得的应纳税所得额。

项目	应纳税所得额	计税方法	适用税率表
工资、薪金所得	应纳税所得额 = 每月收入额 − 5 000 元	按月计税	非居民个人取得工资、薪金所得，劳务报酬所得，稿酬所得和特许权使用费所得适用税率表（月度 7 级累进税率表）
劳务报酬所得	应纳税所得额 = 收入 ×（1 − 20%）	按次（月）计税	
稿酬所得	应纳税所得额 = 收入 ×（1 − 20%）× 70%	按次计税所得	
特许权使用费所得	应纳税所得额 = 收入 ×（1 − 20%）	按次计税	

3. 经营所得，以每一纳税年度的收入总额减除成本、费用以及损失后的余额，为应纳税所得额。

取得经营所得的个人，没有综合所

得的，计算其每一纳税年度的应纳税所得额时，应当减除费用60 000元、专项扣除、专项附加扣除以及依法确定的其他扣除。专项附加扣除在办理汇算清缴时减除。

4. 利息、股息、红利所得以每次收入额为应纳税所得额。

5. 财产租赁所得，每次收入不超过4 000元的，减除费用800元；4 000元以上的，减除20%的费用，其余额为应纳税所得额。

6. 财产转让所得，以转让财产的收入额减除财产原值和合理费用后的余额，为应纳税所得额。

7. 偶然所得，以每次收入额为应纳税所得额。

（三）应纳税所得额的其他规定（居民个人和非居民个人都适用）

1. 劳务报酬所得、稿酬所得、特许权使用费所得以收入减除20%的费用后的余额为收入额。稿酬所得的收入额减按70%计算。个人兼有不同的劳务报酬所得，应当分别减除费用，计算缴纳个人所得税。

2. 个人将其所得对教育、扶贫、济困等公益慈善事业进行捐赠，捐赠额未超过纳税人申报的应纳税所得额30%的部分，可以从其应纳税所得额中扣除；国务院规定对公益慈善事业捐赠实行全额税前扣除的，从其规定。

3. 居民个人从中国境外取得的所得，可以从其应纳税额中抵免已在境外缴纳的个人所得税税额，但抵免额不得超过该纳税人境外所得依照税法规定计算的应纳税额。

4. 对个人从事技术转让、提供劳务等过程中所支付的中介费，如能提供有效、合法凭证的，允许从其所得中扣除。

【例题·单选题】（2020年）居民个人取得的下列所得中，在计缴个人所得税时可享受专项附加扣除的是（　　）。

A. 综合所得

B. 财产转让所得

C. 财产租赁所得

D. 偶然所得

【答案】 A

【解析】（1）纳税人取得综合所得可以享受专项附加扣除；（2）纳税人取得经营所得没有综合所得的，可以享受专项附加扣除。

【例题·单选题】（2018年）个人取得的下列所得中，适用按年征收个人所得税的是（　　）。

A. 经营家庭旅馆取得的所得

B. 将房产以年租的方式出租取得的租金所得

C. 转让房产取得的所得

D. 转让持有期满一年的股票取得的所得

【答案】 A

【解析】 选项A按年计征，选项B、C、D按次计征。

【例题·单选题】（2018年改编）居民个人取得的下列所得中，适用按次征收个人所得税的是（　　）。

A. 个体工商户的经营所得

B. 出租房产取得的租金所得

C. 在公司任职取得的季度奖

D. 承包某乡镇企业取得的经营所得（对经营成果拥有所有权）

【答案】 B

【解析】 选项A、D：经营所得按年计税。选项B：财产租赁所得按次计税。选项C属于综合所得，按年计税。

考点4 应纳税额的计算

（一）居民个人综合所得应纳税额的计算

全年收入额	扣除项目	计算公式
（1）工资、薪金所得：全额计入收入额； （2）劳务报酬所得、特许权使用费所得：收入额为实际取得劳务报酬、特许权使用费收入的80%； （3）稿酬所得：收入额为实际取得稿酬收入的56%（80%×70%）	（1）60 000元； （2）专项扣除； （3）专项附加扣除； （4）依法确定的其他扣除	应纳税额＝全年应纳税所得额×适用税率－速算扣除数＝（全年收入额－60 000元－专项扣除－享受的专项附加扣除－享受的其他扣除）×适用税率－速算扣除数

【例题】某居民个人为独生子，2021年交完社保和住房公积金后共取得工资收入250 000元，劳务报酬70 000元，稿酬30 000元。该纳税人有一个小学五年级的小孩且由其扣除子女教育专项附加，纳税人的父母健在且均已年过60周岁。计算该纳税人当年应纳个人所得税税额。

【答案】（1）全年应纳税所得额＝250 000＋70 000×（1－20%）＋30 000×（1－20%）×70%－60 000－12 000－24 000＝226 800（元）

（2）应纳税额＝226 800×20%－16920＝28 440（元）

提示 综合所得是按年计算，减除费用是60 000元，是固定的数值，不受月份限制（也就是说如果某人一年中某几个月份上班了，那么在汇算清缴时也是扣60 000元）。

（二）全员全额扣缴申报纳税（预缴税款）

1. 扣缴义务人和代扣预扣税款的范围。

（1）扣缴义务人，是指向个人支付所得的单位或者个人。

（2）实行个人所得税全员全额扣缴申报的应税所得包括：工资、薪金所得；劳务报酬所得；稿酬所得；特许权使用费所得；利息、股息、红利所得；财产租赁所得；财产转让所得；偶然所得。扣缴义务人应当依法办理全员全额扣缴申报。

2. 不同项目所得扣缴方法。

（1）居民个人取得工资、薪金所得的扣缴办法。

①扣缴义务人向居民个人支付工资、薪金所得时，应当按照累计预扣法计算预扣税款，并按月办理扣缴申报。居民个人取得全年一次性奖金、半年奖、季度奖、加班奖、先进奖、考勤奖等各种名目奖金时，也须与当月工资、薪金收入合并，按税法规定缴纳（扣缴）个人所得税。

②自2020年7月1日起，对一个纳税年度内首次取得工资、薪金所得的居民个人，扣缴义务人在预扣预缴个人所得税时，可按照5 000元/月乘以纳税人当年截至本月月份数计算累计减除费用。

所称首次取得工资、薪金所得的居民个人，是指自纳税年度首月起至新入职时，未取得工资、薪金所得或者未按照累计预扣法预扣预缴过连续性劳务报酬所得个人所得税的居民个人。

③自2021年1月1日起，对同时符合下列第A～C项条件的居民个人，扣缴义务人在预扣预缴本年度工资、薪金所得个人所得税时，累计减除费用自1月份起直接按照全年60 000元计算扣除。即，在纳税人累计收入不超过60 000元的月份，暂

不预扣预缴个人所得税；在其累计收入超过60 000元的当月及年内后续月份，再预扣预缴个人所得税：

A. 上一纳税年度1～12月均在同一单位任职且预扣预缴申报了工资、薪金所得个人所得税。

B. 上一纳税年度1～12月的累计工资、薪金收入（包括全年一次性奖金等各类工资、薪金所得，且不扣减任何费用及免税收入）不超过60 000元。

C. 本纳税年度自1月起，仍在该单位任职受雇并取得工资、薪金所得。

扣缴义务人应当按规定办理全员全额扣缴申报，并在《个人所得税扣缴申报表》相应纳税人的备注栏注明"上年各月均有申报且全年收入不超过60 000元"的字样。

（2）扣缴义务人向居民个人支付劳务报酬所得、稿酬所得、特许权使用费所得时，应当按照以下方法按次或者按月预扣预缴税款：

①劳务报酬所得、稿酬所得、特许权使用费所得以收入减除费用后的余额为收入额；其中，稿酬所得的收入额减按70%计算。

②减除费用：预扣预缴税款时，劳务报酬所得、稿酬所得、特许权使用费所得每次收入不超过4 000元的，减除费用按800元计算；每次收入4 000元以上的，减除费用按收入的20%计算。

③应纳税所得额：劳务报酬所得、稿酬所得、特许权使用费所得，以每次收入额为预扣预缴应纳税所得额，计算应预扣预缴税额。劳务报酬所得适用居民个人劳务报酬所得预扣预缴率表，稿酬所得、特许权使用费所得适用20%的比例预扣率。

④预扣预缴税额计算公式为：

劳务报酬所得应预扣预缴税额＝预扣预缴应纳税所得额×预扣率－速算扣除数

稿酬所得、特许权使用费所得应预扣预缴税额＝预扣预缴应纳税所得额×20%

（三）非居民个人取得工资、薪金所得，劳务报酬所得，稿酬所得和特许权使用费所得应纳税额的计算

1. 非居民个人的工资、薪金所得，以每月收入额减除费用5 000元后的余额为应纳税所得额；取得的劳务报酬所得，稿酬所得和特许权使用费所得以收入减除20%的费用后的余额为收入额、稿酬所得的收入额减按70%计算的规定。

【例题】 在某外资企业中工作的法国专家（非居民个人），2021年12月取得由该企业发放的工资收入20 000元人民币，此外还从境内取得稿酬5 000元人民币。请计算当月其应纳个人所得税税额。

【答案】 该非居民个人当月工资、薪金所得应纳税额＝(20 000－5 000)×20%－1 410＝1 590（元）

该非居民个人当月稿酬所得应纳税额＝5 000×(1－20%)×70%×3%－0＝84（元）

该非居民个人当月合计应纳个人所得税＝1 590＋84＝1 674（元）

2. 非居民个人一个月内取得数月奖金，单独按照规定计算当月收入额，不与当月其他工资、薪金合并，按6个月分摊计税，不减除费用，适用月度税率表计算应纳税额，在一个公历年度内，对每一个非居民个人，该计税办法只允许适用一次。

计算公式如下：

当月数月奖金应纳税额＝[(数月奖金收入额÷6)×适用税率－速算扣除数]×6

3. 非居民个人一个月内取得股权激励所得，单独按照规定计算当月收入额，不与当月其他工资、薪金合并，按6个月分摊计税（一个公历年度内的股权激励所得应合并计算)，不减除费用，适用月度税率表计算应纳税额，计算公式如下：

当月股权激励所得应纳税额 =［（本公历年度内股权激励所得合计额 ÷6）× 适用税率 - 速算扣除数］×6 - 本公历年度内股权激励所得已纳税额

4. 非居民个人取得工资、薪金所得，劳务报酬所得，稿酬所得和特许权使用费所得，有扣缴义务人的，由扣缴义务人按月或者按次代扣代缴税款，不办理汇算清缴。

5. 非居民个人在一个纳税年度内税款扣缴方法保持不变，达到居民个人条件时，应当告知扣缴义务人基础信息变化情况，年度终了后按照居民个人有关规定办理汇算清缴。

（四）经营所得应纳税额的计算

应纳税额 = 全年应纳税所得额 × 适用税率 - 速算扣除数 =（全年收入总额 - 成本、费用以及损失等）× 适用税率 - 速算扣除数

（五）个体工商户应纳税额的计算

1. 计税基本规定。

（1）个体工商户的生产、经营所得，以每一纳税年度的收入总额，减除成本、费用、税金、损失、其他支出以及允许弥补的以前年度亏损后的余额，为应纳税所得额。

提示 取得经营所得的个人，没有综合所得的，计算其每一纳税年度的应纳税所得额时，应当减除费用 60 000 元、专项扣除、专项附加扣除以及依法确定的其他扣除。专项附加扣除在办理汇算清缴时减除。

（2）个体工商户从事生产经营以及与生产经营有关的活动（以下简称“生产经营”）取得的货币形式和非货币形式的各项收入，为收入总额。包括：销售货物收入、提供劳务收入、转让财产收入、租金收入、接受捐赠收入、其他收入。

（3）个体工商户下列支出不得扣除：

①个人所得税税款；

②税收滞纳金；

③罚金、罚款和被没收财物的损失；

④不符合扣除规定的捐赠支出；

⑤赞助支出；

⑥用于个人和家庭的支出；

⑦与取得生产经营收入无关的其他支出；

⑧国家税务总局规定不准扣除的支出。

（4）个体工商户生产经营活动中应当分别核算生产经营费用和个人、家庭费用。对混用难以分清的费用，其 40% 视为生产经营有关费用准予扣除。

（5）个体工商户纳税年度发生的亏损，准予向以后年度结转，用以后年度的生产经营所得弥补，但结转年限最长不得超过 5 年。

2. 扣除项目及标准。

（1）个体工商户实际支付给从业人员的、合理的工资、薪金支出，准予扣除。

个体工商户业主的工资、薪金支出不得税前扣除。

（2）个体工商户依照国务院有关主管部门或者省级人民政府规定的范围和标准为其业主和从业人员缴纳的基本养老保险费、基本医疗保险费、失业保险费、生育保险费、工伤保险费和住房公积金，准予扣除。

个体工商户为从业人员缴纳的补充养老保险费、补充医疗保险费，分别在不超过从业人员工资总额 5% 标准内的部分据实扣除；超过部分，不得扣除。

个体工商户业主本人缴纳的补充养老保险费、补充医疗保险费，以当地（地级市）上年度社会平均工资的 3 倍为计算基数，分别在不超过该计算基数 5% 标准内

的部分据实扣除；超过部分，不得扣除。

（3）个体工商户在生产经营活动中发生的下列利息支出，准予扣除：

①向金融企业借款的利息支出；

②向非金融企业和个人借款的利息支出，不超过按照金融企业同期同类贷款利率计算的数额的部分。

（4）个体工商户向当地工会组织拨缴的工会经费、实际发生的职工福利费支出、职工教育经费支出分别在工资、薪金总额的2%、14%、2.5%的标准内据实扣除。

个体工商户业主本人向当地工会组织缴纳的工会经费、实际发生的职工福利费支出、职工教育经费支出，以当地（地级市）上年度社会平均工资的3倍为计算基数，在前款规定比例内据实扣除。

（5）个体工商户代其从业人员或他人负担的税款，不得税前扣除。

（6）个体工商户按规定缴纳的摊位费、行政性收费、协会会费等，按实际发生数额扣除。

（7）个体工商户自申请营业执照之日起至开始生产经营之日止所发生符合规定的费用，除为取得固定资产、无形资产的支出，以及应计入资产价值的汇兑损益、利息支出外，作为开办费，个体工商户可以选择在开始生产经营的当年一次性扣除，也可自生产经营月份起在不短于3年期限内摊销扣除，但一经选定，不得改变。开始生产经营之日为个体工商户取得第一笔销售（营业）收入的日期。

（8）个体工商户发生的与生产经营活动有关的业务招待费，按照实际发生额的60%扣除，但最高不得超过当年销售（营业）收入的5‰。业主自申请营业执照之日起至开始生产经营之日止所发生的业务招待费，按照实际发生额的60%计入个体工商户的开办费。

（9）个体工商户每一纳税年度发生的与其生产经营活动直接相关的广告费和业务宣传费不超过当年销售（营业）收入15%的部分，可以据实扣除；超过部分，准予在以后纳税年度结转扣除。

（10）个体工商户根据生产经营活动的需要租入固定资产支付的租赁费，按照以下方法扣除：以经营租赁方式租入固定资产发生的租赁费支出，按照租赁期限均匀扣除；以融资租赁方式租入固定资产发生的租赁费支出，按照规定构成融资租入固定资产价值的部分应当提取折旧费用，分期扣除。

（11）个体工商户参加财产保险，按照规定缴纳的保险费，准予扣除。

（12）个体工商户发生的合理的劳动保护支出，准予扣除。

（13）个体工商户通过公益性社会团体或者县级以上人民政府及其部门，用于规定的公益事业的捐赠，捐赠额不超过其应纳税所得额30%的部分可以据实扣除。个体工商户直接对受益人的捐赠不得扣除（另有规定除外）。

（14）个体工商户研究开发新产品、新技术、新工艺所发生的开发费用，以及研究开发新产品、新技术而购置单台价值在10万元以下的测试仪器和试验性装置的购置费准予直接扣除；单台价值在10万元以上（含10万元）的测试仪器和试验性装置，按固定资产管理，不得在当期直接扣除。

提示 对个体工商户年应纳税所得额不超过100万元的部分，减半征收个人所得税。

（六）财产租赁所得应纳税额的计算

1. 应纳税所得额。

财产租赁所得每次收入不超过4 000元，定额减除费用800元；每次收入在4 000元以上，定率减除20%的费用。财产租赁所得以1个月内取得的收入为一次。

在确定财产租赁的应纳税所得额时，纳税人在出租财产过程中缴纳的税金和附加，可持完税（缴款）凭证，从其财产租赁收入中扣除。准予扣除的项目除了规定费用和有关税费外，还准予扣除由纳税人负担的该出租财产实际开支的修缮费用。允许扣除的修缮费用，以每次800元为限。一次扣除不完的，准予在下一次继续扣除，直到扣完为止。

2. 应纳税额的计算方法。

财产租赁所得适用20%的比例税率。但对个人按市场价格出租的居民住房取得的所得，暂减按10%的税率征收个人所得税。

【例题】 王先生于2021年1月将其自有的面积为90平方米的公寓按市场价出租给李某居住。王先生每月取得租金收入8 000元，全年租金收入96 000元。计算王先生全年租金收入应缴纳的个人所得税（不考虑其他税费）。

【答案】 财产租赁所得以每月取得的收入为一次，按市场价出租给个人居住适用10%的税率，因此，王先生每月及全年应纳税额为：

（1）每月应纳税额 = 8000 ×（1 − 20%）×10% = 640（元）

（2）全年应纳税额 = 640 × 12 = 7 680（元）。

【例题】 接上例，当年9月因下水道堵塞找人修理，发生修理费用2 000元，有维修部门的正式收据，则9月、10月和11月的应纳税额为：

（1）9月应纳税额 =（8 000 − 800）×（1 − 20%）×10% = 576（元）

（2）10月应纳税额 =（8 000 − 800）×（1 − 20%）×10% = 576（元）

（3）11月应纳税额 =（8 000 − 400）×（1 − 20%）×10% = 608（元）

（七）财产转让所得应纳税额的计算

1. 一般情况下财产转让所得应纳税额的计算。

财产转让所得应纳税额的计算公式为：

应纳税额 = 应纳税所得额 × 适用税率 =（收入总额 − 财产原值 − 合理费用）×20%

【例题】 某个人建房一幢，造价560 000元，支付其他费用40 000元。该个人建成后将房屋出售，不含增值税售价800 000元，在售房过程中按规定支付交易费等相关税费30 000元，计算该个人应缴纳的个人所得税。

【答案】

（1）应纳税所得额 = 财产转让收入 − 财产原值 − 合理费用 = 8000 00 −（560 000 + 40 000）− 30 000 = 170 000（元）

（2）应纳税额 = 170 000 × 20% = 34 000（元）

2. 个人住房转让所得应纳税额的计算。

个人转让自用达5年以上，并且是唯一的家庭生活用房取得的所得，免征个人所得税。

3. 个人转让股权应纳税额的计算。

要点	具体规定
纳税人与扣缴义务人	个人股权转让所得个人所得税，以股权转让方为纳税人，以受让方为扣缴义务人

续表

要点	具体规定
收入的确认	(1) 股权转让收入，是指转让方因股权转让而获得的现金、实物、有价证券和其他形式的经济利益。 (2) 符合下列情形之一的，主管税务机关可以核定股权转让收入： ①申报的股权转让收入明显偏低且无正当理由的； ②未按照规定期限办理纳税申报，经税务机关责令限期申报，逾期仍不申报的； ③转让方无法提供或拒不提供股权转让收入的有关资料； ④其他应核定股权转让收入的情形。 (3) 符合下列情形之一，视为股权转让收入明显偏低： ①申报的股权转让收入低于股权对应的净资产份额的。其中，被投资企业拥有土地使用权、房屋、房地产企业未销售房产、知识产权、探矿权、采矿权、股权等资产的，申报的股权转让收入低于股权对应的净资产公允价值份额的； ②申报的股权转让收入低于初始投资成本或低于取得该股权所支付的价款及相关税费的； ③申报的股权转让收入低于相同或类似条件下同一企业同一股东或其他股东股权转让收入的； ④申报的股权转让收入低于相同或类似条件下同类行业的企业股权转让收入的； ⑤不具合理性的无偿让渡股权或股份； ⑥主管税务机关认定的其他情形。 (4) 符合下列条件之一的股权转让收入明显偏低，视为有正当理由： ①能出具有效文件，证明被投资企业因国家政策调整，生产经营受到重大影响，导致低价转让股权； ②继承或将股权转让给其能提供具有法律效力身份关系证明的配偶、父母、子女、祖父母、外祖父母、孙子女、外孙女、兄弟姐妹以及对转让人承担直接抚养或者赡养义务的抚养人或者赡养人； ③相关法律、政府文件或企业章程规定，并有相关资料充分证明转让价格合理且真实的本企业员工持有的不能对外转让股权的内部转让； ④股权转让双方能够提供有效证据证明其合理性的其他合理情形。 (5) 主管税务机关应依次按照下列方法核定股权转让收入： ①净资产核定法； ②类比法； ③其他合理方法
原值的确认	通常情况下，股权原值按照纳税人取得股权时的实际支出进行确认。 **【提示】**①个人转让股权未提供完整、准确的股权原值凭证，不能正确计算股权原值的，由主管税务机关核定其股权原值。 ②对个人多次取得同一被投资企业股权的，转让部分股权时，采用“加权平均法”确定其股权原值
应纳税额的计算	应纳税额 = 应纳税所得额 × 适用税率 =（股权转让收入 - 股权原值 - 合理费用）× 适用税率

4. 房屋赠与个人所得税计算方法。

（1）以下情形的房屋产权无偿赠与，对当事双方不征收个人所得税：

①房屋产权所有人将房屋产权无偿赠与配偶、父母、子女、祖父母、外祖父母、孙子女、外孙子女、兄弟姐妹；

②房屋产权所有人将房屋产权无偿赠与对其承担直接抚养或者赡养义务的抚养人或者赡养人；

③房屋产权所有人死亡，依法取得房

屋产权的法定继承人、遗嘱继承人或者受遗赠人。

（2）房屋产权所有人将房屋产权无偿赠与他人的，受赠人因无偿受赠房屋取得的受赠所得，按照“偶然所得”项目计算缴纳个人所得税。

（3）对受赠人无偿受赠房屋计征个人所得税时，其应纳税所得额为房地产赠与合同上标明的赠与房屋价值减除赠与过程中受赠人支付的相关税费后的余额。赠与合同标明的房屋价值明显低于市场价格或房地产赠与合同未标明赠与房屋价值的，税务机关可依据受赠房屋的市场评估价格或采取其他合理方式确定受赠人的应纳税所得额。

（4）受赠人转让受赠房屋的。

应纳税所得额 = 转让受赠房屋收入 - 原捐赠人取得该房屋的实际购置成本 - 赠与和转让过程中受赠人支付的相关税费

（八）利息、股息、红利所得应纳税额的计算

利息、股息、红利所得应纳税额的计算公式为：

应纳税额 = 应纳税所得额 × 适用税率 = 每次收入额 × 20%

【例题·单选题】（2021 年）某个体工商户 2020 年向员工实际发放工资 300 000 元，该个体工商户在计算缴纳个人所得税时，可扣除员工的职工福利费限额是（　　）元。

A. 6 000　　B. 7 500

C. 24 000　　D. 42 000

【答案】 D

【解析】 个体工商户实际发生的职工福利费支出在工资、薪金总额的 14% 的标准内据实扣除。因此本题可扣除员工的职工福利费限额 = 300 000 × 14% = 42 000（元）。

【例题·多选题】（2018 年）个人转让股权的下列情形中，税务机关可以核定股权转让收入的有（　　）。

A. 因遭遇火灾而无法提供股权转让收入的相关资料

B. 转让方拒不向税务机关提供股权转让收入的有关资料

C. 申报的股权转让收入明显偏低但有正当理由

D. 未按规定期限申报纳税，且超过税务部门责令申报期限仍未申报

【答案】 ABD

【解析】 选项 C：申报的股权转让收入明显偏低但有正当理由，主管税务机关不能核定股权转让收入。申报的股权转让收入明显偏低且无正当理由的，主管税务机关可以核定股权转让收入。

【例题·单选题】（2017 年）某个体工商户发生的下列支出中，允许在个人所得税税前扣除的是（　　）。

A. 家庭生活用电支出

B. 直接向某灾区小学的捐赠

C. 已缴纳的城市维护建设税及教育费附加

D. 代员工负担的个人所得税税款

【答案】 C

【解析】 选项 A：个体工商户生产经营活动中，应当分别核算生产经营费用和个人、家庭费用。对于生产经营与个人、家庭生活混用难以分清的费用，其 40% 视为与生产经营有关费用，准予扣除；单纯的家庭生活支出，不得税前扣除。选项 B：直接捐赠支出，不得税前扣除（另有规定除外）。选项 D：个体工商户代其从业人员或者他人负担的税款，不得税前扣除。

【例题·单选题】（2015 年）个体工商户发生的下列支出中，允许在个人所得税税前扣除的是（　　）。

A. 用于家庭的支出

B. 非广告性质赞助支出

C. 生产经营过程中发生的财产转让损失

D. 已缴纳的增值税税款

【答案】C

【解析】选项A、B、D不允许在个人所得税税前扣除。

考点5 免征个人所得税的优惠

1. 省级人民政府、国务院部委和中国人民解放军军以上单位，以及外国组织颁发（颁布）的科学、教育、技术、文化、卫生、体育、环境保护等方面的奖金（奖学金）。

2. 国债和国家发行的金融债券利息。国债是指财政部发行的债券，国家发行的金融债券是指经国务院批准发行的金融债券。

3. 按照国家统一规定发给的补贴、津贴。其是指按照国务院规定发给的政府特殊津贴、院士津贴以及国务院规定免予缴纳个人所得税的其他补贴、津贴。

4. 福利费、抚恤金、救济金。

5. 保险赔款。

6. 军人的转业费、复员费。对退役士兵按照《退役士兵安置条例》规定，取得的一次性退役金以及地方政府发放的一次性经济补助，免征个人所得税。

7. 按照国家统一规定发给干部、职工的安家费、退职费、基本养老金或退休费、离休费、离休生活补助费。

8. 依照我国有关法律规定应予免税的各国驻华使馆、领事馆的外交代表、领事官员和其他人员的所得。

9. 中国政府参加的国际公约以及签订的协议中规定免税的所得。

10. 对乡、镇（含乡、镇）以上人民政府或经县（含县）以上人民政府主管部门批准成立的有机构、有章程的见义勇为基金或者类似性质组织，奖励见义勇为者的奖金或奖品，经主管税务机关核准，免征个人所得税。

11. 企业和个人按照省级以上人民政府规定的比例缴付的住房公积金、医疗保险金、基本养老保险金、失业保险金，免予征收个人所得税。超过规定的比例缴付的部分计征个人所得税。个人领取原提存的住房公积金、医疗保险金、基本养老保险金时，免予征收个人所得税。对按照国家或省级地方政府规定的比例缴付的住房公积金、医疗保险金、基本养老保险金和失业保险金存入银行个人账户所取得的利息收入，免征个人所得税。

12. 对个人取得的教育储蓄存款利息所得以及国务院财政部门确定的其他专项储蓄存款或者储蓄性专项基金存款的利息所得，免征个人所得税。自2008年10月9日起，对居民储蓄存款利息，暂免征收个人所得税。

13. 储蓄机构内从事代扣代缴工作的办税人员取得的扣缴利息税手续费所得，免征个人所得税。

14. 生育妇女按照县级以上人民政府根据国家有关规定制定的生育保险办法，取得的生育津贴、生育医疗费或其他属于生育保险性质的津贴、补贴，免征个人所得税。

15. 对工伤职工及其近亲属按照《工伤保险条例》规定取得的工伤保险待遇，免征个人所得税。

16. 对个体工商户或个人，以及个人独资企业和合伙企业从事种植业、养殖业、饲养业和捕捞业（以下简称“四业”），取得的“四业”所得暂不征收个人所得税。

17. 个人举报、协查各种违法、犯罪行为而获得的奖金。

18. 个人办理扣缴税款手续，按规定取得的扣缴手续费。

19. 个人转让自用达5年以上，并且是家庭唯一的生活用房取得的所得。

20. 外籍个人从外商投资企业取得的股息、红利所得。

21. 凡符合下列条件之一的外籍专家取得的工资、薪金所得可免征个人所得税：

（1）根据世界银行专项贷款协议由世界银行直接派往我国工作的外国专家。

（2）联合国组织直接派往我国工作的专家。

（3）为联合国援助项目来华工作的专家。

（4）援助国派往我国专为该国无偿援助项目工作的专家，除工资、薪金外，其取得的生活津贴也免税。

（5）根据两国政府签订文化交流项目来华工作2年以内的文教专家，其工资、薪金所得由该国负担的。

（6）根据我国大专院校国际交流项目来华工作2年以内的文教专家，其工资、薪金所得由该国负担的。

（7）通过民间科研协定来华工作的专家，其工资、薪金所得由该国政府机构负担的。

22. 对被拆迁人按照国家有关城镇房屋拆迁管理办法规定的标准取得的拆迁补偿款（含因棚户区改造而取得的拆迁补偿款），免征个人所得税。

23. 对个人投资者从投保基金公司取得的行政和解金，暂免征收个人所得税。

24. 对个人转让境内上市公司股票取得的所得免征个人所得税。

25. 个人从公开发行和转让市场取得的上市公司股票，持股期限在1个月以内（含1个月）的，其股息、红利所得全额计入应纳税所得额；持股期限在1个月以上至1年（含1年）的，暂减按50%计入应纳税所得额；持股期限超过1年的，暂免征收。上述所得统一适用20%的税率计征个人所得税。（全国中小企业股份转让系统挂牌公司股息、红利同此规定）

26. 个人取得的下列中奖所得，暂免征收个人所得税：

（1）单张有奖发票奖金所得不超过800元（含800元）的，暂免征收个人所得税；个人取得单张有奖发票奖金所得超过800元的，应全额按照个人所得税法规定的“偶然所得”项目征收个人所得税。

（2）购买社会福利有奖募捐奖券、体育彩票一次中奖收入不超过10 000元的暂免征收个人所得税，对一次中奖收入超过10 000元的，应按税法规定全额征税。

27. 自2020年1月1日起：

（1）对参加疫情防治工作的医务人员和防疫工作者按照政府规定标准取得的临时性工作补助和奖金，免征个人所得税。政府规定标准包括各级政府规定的补助和奖金标准。对省级及省级以上人民政府规定的对参与疫情防控人员的临时性工作补助和奖金，比照执行。

（2）单位发给个人用于预防新型冠状病毒感染的肺炎的药品、医疗用品和防护用品等实物（不包括现金），不计入工资、薪金收入，免征个人所得税。

【例题·单选题】（2020年）个人取得的下列利息收入中，应缴纳个人所得税的是（　　）。

A. 财政部发行国债的利息

B. 国家发行金融债券的利息

C. 企业发行公司债券的利息

D. 个人教育储蓄存款的利息

【答案】 C

【解析】 选项A、B、D属于免征个人所得税项目。

【例题·多选题】(2020年)下列个人所获得的收入，属于免征个人所得税的有( )。

A. 保险理赔金额5 000元

B. 商场抽奖所得500元

C. 单张发票中奖金额1 000元

D. 退休工资收8 000元

【答案】AD

【解析】选项B属于"偶然所得"，没有免税优惠。选项C：个人取得单张有奖发票奖金所得不超过800元（含800元）的，暂免征收个人所得税；个人取得单张有奖发票奖金所得超过800元的，应全额按照"偶然所得"项目征收个人所得税。

【例题·单选题】(2017年)国内某大学教授取得的下列所得中，免予征收个人所得税的是( )。

A. 因任某高校兼职教授取得的课酬

B. 按规定领取原提存的住房公积金

C. 因拥有持有期不足1年的某上市公司股票取得的股息

D. 被学校评为校级优秀教师获得的奖金

【答案】B

【解析】选项A、D：应照章缴纳个人所得税。选项C：个人从公开发行和转让市场取得的上市公司股票，持股期限在1个月以内（含1个月）的，其股息、红利所得全额计入应纳税所得额；持股期限在1个月以上至1年（含1年）的，暂减按50%计入应纳税所得额；持股期限超过1年的，暂免征收。上述所得统一适用20%的税率计征个人所得税。

【例题·单选题】(2015年改编)个人取得的下列所得中，免予征收个人所得税的是( )。

A. 企业职工李某领取原提存的住房公积金

B. 王某在单位任职表现突出获得1万元总裁特别奖金

C. 退休教师张某受聘另一高校兼职教授每月取得8 000元报酬

D. 徐某因持有某非上市公司股份取得该公司年度分红

【答案】A

【解析】个人领取原提存的住房公积金、医疗保险金、基本养老保险金时，免予征收个人所得税。

考点6 减征个人所得税的优惠

1. 个人投资者持有2019~2023年发行的铁路债券取得的利息收入，减按50%计入应纳税所得额计算征收个人所得税。

2. 自2019年1月1日起至2023年12月31日止，一个纳税年度内在船航行时间累计满183天的远洋船员，其取得的工资、薪金收入减按50%计入应纳税所得额，依法缴纳个人所得税。

3. 自2021年1月1日至2022年12月31日，对个体工商户年应纳税所得额不超过100万元的部分，在现行优惠政策基础上，减半征收个人所得税。个体工商户不区分征收方式，均可享受。

4. 有下列情形之一的，可以减征个人所得税，具体幅度和期限，由省、自治区、直辖市人民政府规定，并报同级人民代表大会常务委员会备案：

（1）残疾、孤老人员和烈属的所得。

（2）因自然灾害遭受重大损失的。

（3）国务院可以规定其他减税情形，报全国人民代表大会常务委员会备案。

考点7 限额抵免的具体规定

（1）居民个人应当依照《个人所得税法》及其《实施条例》规定，按照以下方法计算应纳税额：

所得项目	计税规则
综合所得	居民个人来源于中国境外的综合所得，应当与境内综合所得合并计算应纳税额
经营所得	居民个人来源于中国境外的经营所得，应当与境内经营所得合并计算应纳税额。居民个人来源于境外的经营所得，按照《个人所得税法》及其《实施条例》的有关规定计算的亏损，不得抵减其境内或他国（地区）的应纳税所得额，但可以用来源于同一国家（地区）以后年度的经营所得按中国税法规定弥补
其他分类所得	居民个人来源于中国境外的利息、股息、红利所得，财产租赁所得，财产转让所得和偶然所得（以下称“其他分类所得”），不与境内所得合并，应当分别单独计算应纳税额

（2）居民个人在一个纳税年度内来源于中国境外的所得，依照所得来源国家（地区）税收法律规定在中国境外已缴纳的所得税税额允许在抵免限额内从其该纳税年度应纳税额中抵免。

所得项目	抵免限额的计算
综合所得	来源于一国（地区）综合所得的抵免限额＝中国境内和境外综合所得依照规定计算的综合所得应纳税额×来源于该国（地区）的综合所得收入额÷中国境内和境外综合所得收入额合计
经营所得	来源于一国（地区）经营所得的抵免限额＝中国境内和境外经营所得依照规定计算的经营所得应纳税额×来源于该国（地区）的经营所得应纳税所得额÷中国境内和境外经营所得应纳税所得额合计
其他分类所得	来源于一国（地区）其他分类所得的抵免限额＝该国（地区）的其他分类所得依照规定计算的应纳税额
来源于一国（地区）所得的抵免限额＝来源于该国（地区）综合所得抵免限额＋来源于该国（地区）经营所得抵免限额＋来源于该国（地区）其他分类所得抵免限额	

【案例】居民个人王某2021年除取得境内工资收入120 000元（已代扣“三险一金”）外，还从境外甲国获得劳务报酬收入折合人民币50 000元、稿酬收入折合人民币20 000元和利息收入折合人民币10 000元，并分别就这三项收入在甲国缴纳税款10 000元、1 000元和2 000元。假设除居民个人年度费用扣除标准60 000元和某专项附加扣除12 000元外，不考虑其他费用扣除和境内预缴税额。因此，就王某2021年来源于甲国的所得抵免限额计算过程如下：

（1）王某2021年境内、外全部综合所得收入额＝120 000＋50 000×（1－20%）＋20 000×（1－20%）×70%＝171 200（元）

（2）王某2021年境内、外全部综合所得应纳税额＝（171 200－60 000－12 000）×10%－2 520＝7 400（元）

（3）王某2021年来源于甲国综合所得抵免限额＝7 400×（40 000＋11 200）÷

(120 000 + 40 000 + 11 200) = 2 213.08（元）

（4）王某2021年来源于甲国其他分类所得抵免限额 = 10 000 × 20% = 2 000（元）

（5）王某2021年来源于甲国所得抵免限额 = 2 213.08 + 2 000 = 4 213.08（元）

【案例】高校教师肖某为中国居民，2021年全年取得任职高校支付工资、薪金收入240 000元（已代扣代缴"三险一金"）。2021年6月，肖某承接甲国一项咨询业务，取得劳务报酬折合人民币100 000元，肖某的劳务报酬所得已按甲国税法缴纳个人所得税15 000元。2021年9月，肖某的一本专著在乙国出版，取得稿酬所得折合人民币80 000元，稿酬所得已按乙国税法缴纳个人所得税4 200元。肖某2021年每月享受的专项附加扣除金额为3 000元，境内工资、薪金已预扣预缴税款11 880元。请根据现行税法规定，计算肖某2021年综合所得汇算清缴时应补（退）个人所得税款。

（1）肖某境内、境外综合所得应纳税额为：

来源于境内工资、薪金收入额 = 240 000元

来源于甲国的劳务报酬收入额 = 100 000 × (1 − 20%) = 80 000（元）

来源于乙国的稿酬收入额 = 80 000 × (1 − 20%) × 70% = 44 800（元）

境内外综合所得收入额 = 240 000 + 80 000 + 44 800 = 364 800（元）

境内、境外综合所得应纳税额 = (364 800 − 60 000 − 3 000 × 12) × 20% − 16 920 = 36 840（元）

（2）肖某来自甲国所得的抵免限额：

来自甲国所得的抵免限额 = 境内境外全部综合所得应纳税额 × (甲国综合所得收入额 ÷ 全部综合所得收入额) = 36 840 × (80 000 ÷ 364 800) = 8 078.95（元）

在甲国实际缴纳个人所得税15 000元，所以按限额8 087.95元进行抵免。

（3）肖某来自乙国所得的抵免限额。

来自乙国所得的抵免限额 = 境内境外全部综合所得应纳税额 × (乙国综合所得收入额 ÷ 全部综合所得收入额) = 36 840 × (44 800 ÷ 364 800) = 4 524.21（元）

在乙国实际缴纳的所得税为4 200元，所以按实缴税款4 200元进行抵免。

（4）肖某2021年综合所得汇算清缴应补（退）税额。

应补（退）税额 = 36 840 − 11 880 − 8 078.95 − 4 200 = 12 681.05（元）

甲国未抵免税额 = 15 000 − 8 078.95 = 6 921.05（元），可在以后5年内肖某来自甲国所得的抵免限额的余额中抵扣。

【案例】假定某中国居民个人2021年5月转让美国一套私有住房取得420万元（折合人民币，下同），该住房的买价和转让时发生的费用共计350万元，已被扣缴个人所得税12万元；同月还从加拿大取得股息所得50万元，已被扣缴个人所得税6万元。经核查境外完税凭证无误，请依照现行税法规定计算该居民个人境外所得在我国境内应补缴的个人所得税。

该纳税人上述来源于两国的所得应分国计算抵免限额：

（1）来自美国所得的抵免限额 = (420 − 350) × 20% = 14（万元）

（2）来自加拿大所得的抵免限额 = 50 × 20% = 10（万元）

由于该纳税人在美国和加拿大已被扣缴的所得税均不超过各自计算的抵免限额，故来自美国和加拿大的所得允许抵免额分别为12万元和6万元，需在中国补缴税款。

（3）应补缴的个人所得税 = (14 − 12) + (10 − 6) = 6（万元）

考点8 应纳税额计算中的特殊问题处理

1. 关于全年一次性奖金征税问题的规定。

范围	全年一次性奖金包括年终加薪、实行年薪制和绩效工资办法的单位根据考核情况兑现的年薪和绩效工资
计税方法	居民个人取得全年一次性奖金，在2023年12月31日前，可以选择不并入当年综合所得，也可以选择并入当年综合所得，选择不并入当年综合所得，则按以下计税办法，由扣缴义务人发放时代扣代缴税款： 将居民个人取得的全年一次性奖金，除以12个月，按其商数依照按月换算后的综合所得税率表确定适用税率和速算扣除数，单独计算纳税计算公式为：应纳税额＝全年一次性奖金收入×适用税率－速算扣除数 **【提示】**在一个纳税年度内，对每一个纳税人，该计税办法只允许采用一次

【例题】假定中国居民个人王某2021年12月31日一次性领取年终奖240 000元并选择单独计税。请计算王某取得年终奖金应缴纳的个人所得税。

【答案】

（1）年终奖金适用的税率和速算扣除数为：

按12个月分摊后，每月的奖金＝240 000÷12＝20 000（元）。

按照月度税率表确定适用的税率和速算扣除数分别为20%、1 410元。

（2）年终奖应缴纳个人所得税为：

应纳税额＝年终奖金收入×适用的税率－速算扣除数＝240 000×20%－1 410＝46 590（元）

2. 在外商投资企业、外国企业和外国驻华机构工作的中方人员取得的工资、薪金所得的征税问题。

凡是由雇用单位和派遣单位分别支付工资、薪金的，支付单位应按规定扣缴个人所得税，其征管方法是：只由雇用单位在支付工资、薪金时按税法规定减除费用，计算扣缴个人所得税。派遣单位支付的工资、薪金不再减除费用，以支付全额直接确定适用预扣率，计算扣缴个人所得税。

纳税义务人应持两处支付单位提供的原始明细工资、薪金单（书）和完税凭证原件，选择并固定到一地税务机关申报每月工资、薪金收入，汇算清缴其工资、薪金收入的个人所得税，多退少补。

【例题】李某为一外商投资企业雇用的中方人员，假定2021年11月，该外商投资企业支付给李某的薪金为7 500元，同月，李某还收到其所在的派遣单位发给的扣完“三险一金”后的工资4 000元。请问：当月该外商投资企业、派遣单位应如何扣缴个人所得税？

【答案】

（1）11月外商投资企业应为李某扣缴的个人所得税为：

扣缴税额＝（7 500－5 000）×3%－0＝75（元）

（2）11月派遣单位应为李某扣缴的个人所得税为：

扣缴税额＝4 000×3%－0＝120（元）

3. 关于无住所个人有关个人所得税的政策。

（1）所得来源地的确定。

①关于工资、薪金所得来源地的规定。个人取得归属于中国境内工作期间的

工资、薪金所得为来源于境内的工资、薪金所得。境内工作期间按照个人在境内工作天数计算，包括其在境内的实际工作日以及境内工作期间在境内、境外享受的公休假、个人休假、接受培训的天数。在境内、境外单位同时担任职务或者仅在境外单位任职的个人，在境内停留的当天不足24小时的，按照半天计算境内工作天数。

无住所个人在境内、境外单位同时担任职务或者仅在境外单位任职，且当期同时在境内、境外工作的，按照工资、薪金所属境内、境外工作天数占当期公历天数的比例计算确定来源于境内、境外工资、薪金所得的收入额。境外工作天数按照当期公历天数减去当期境内工作天数计算。

【举例】 美国人彼得先生2021年6月6日由美国总公司派遣来到中国分公司工作，6月20日去欧洲培训，6月30日回到中国。要求计算：彼得先生2021年6月在中国境内的工作天数和居住天数。

因为工作期间培训休假不扣减天数，来回两天当天停留不足24小时，所以6月6日和30日各算半天，6月份彼得先生的境内工作天数 = 30 − 5 − 0.5 − 0.5 = 24（天）。

出境入境当天要扣减，欧洲培训天数要扣减，则6月份彼得先生境内居住天数 = 30 − 6 − 11 = 13（天）。

②关于稿酬所得来源地的规定。

由境内企业、事业单位、其他组织支付或者负担的稿酬所得，为来源于境内的所得。

③关于董事、监事及高层管理人员取得报酬所得来源地的规定。

对于担任境内居民企业的董事、监事及高层管理职务的个人（以下称高管人员），无论是否在境内履行职务，取得由境内居民企业支付或者负担的董事费，监事费，工资、薪金或者其他类似报酬，属于来源于境内的所得。

（2）关于无住所个人（非高管人员）工资、薪金所得收入额计算。

<table>
<tr><th rowspan="2">境内居住时间</th><th rowspan="2">纳税人类型</th><th colspan="2">境内所得</th><th colspan="2">境外所得</th><th rowspan="2">当月工资、薪金收入额</th></tr>
<tr><th>境内支付</th><th>境外支付</th><th>境内支付</th><th>境外支付</th></tr>
<tr><td>累计不超过90天</td><td rowspan="2">非居民个人</td><td>交税</td><td>免税</td><td>免税</td><td rowspan="2">不承担纳税义务</td><td>当月工资、薪金收入额 = 当月境内、外工资、薪金总额 ×（当月境内支付工资、薪金数额 ÷ 当月境内、外工资、薪金总额）×（当月工资、薪金所属工作期间境内工作天数 ÷ 当月工资、薪金所属工作期间公历天数）</td></tr>
<tr><td>累计超过90天不满183天</td><td>交税</td><td>交税</td><td>免税</td><td>当月工资、薪金收入额 = 当月境内、外工资、薪金总额 ×（当月工资、薪金所属工作期间境内工作天数 ÷ 当月工资、薪金所属工作期间公历天数）</td></tr>
</table>

续表

境内居住时间	纳税人类型	境内所得		境外所得		当月工资、薪金收入额
		境内支付	境外支付	境内支付	境外支付	
累计满183天的年度连续不满6年	居民个人	交税	交税	交税	免税	当月工资、薪金收入额＝当月境内、外工资、薪金总额×［（1－当月境外工资、薪金数额÷当月境内、外工资、薪金总额）×（当月工资、薪金所属工作期间境外工作天数÷当月工资、薪金所属工作期间公历天数）］
累计满183天的年度连续满6年（第7年开始）		交税				当月工资、薪金收入额＝当月境内、外工资、薪金总额

（3）无住所居民个人为高管人员的，工资、薪金收入额。

境内居住时间	纳税人类型	境内所得		境外所得		当月工资、薪金收入额
		境内支付	境外支付（非境内机构负担）	境内支付	境外支付	
累计不超过90天	非居民个人	交税	免税	交税	不承担纳税义务	当月工资、薪金收入额＝当月境内支付工资、薪金数额
累计超过90天不满183天		交税	交税	交税		当月工资、薪金收入额＝当月境内、外工资、薪金总额×［（1－当月境外工资、薪金数额÷当月境内、外工资、薪金总额）×（当月工资、薪金所属工作期间境外工作天数÷当月工资、薪金所属工作期间公历天数）］
累计满183天的年度连续不满6年	居民个人	交税	交税	交税	免税	当月工资、薪金收入额＝当月境内、外工资、薪金总额×［（1－当月境外工资、薪金数额÷当月境内、外工资、薪金总额）×（当月工资、薪金所属工作期间境外工作天数÷当月工资、薪金所属工作期间公历天数）］
累计满183天的年度连续满6年（第7年开始）		交税				当月工资、薪金收入额＝当月境内、外工资、薪金总额

【例题】某外籍个人在2021年1月1日起由境外总机构派往中国境内分公司担任副总经理，境内公司每月支付其工资20 000元。同时，境外总机构每月支付其工资折合人民币30 000元。该外籍个人2021年1至5月均在中国境内履职，6月在境内工作20天后离境回国工作，2021年在华居住天数为171天。请依照现行税法规定，分析该外籍个人2021年度每月境内的应税工资、薪金收入额。

由于该外籍个人属于境内企业的高层管理人员，且2021年在华居住时间超过90天不满183天，因此，根据税法规定，其取得的工资、薪金所得，除归属于境外工作期间且不是由境内雇主支付或者负担的部分外，均应当向我国申报缴纳个人所得税。

具体而言，

2021年1至5月，该外籍个人每月的应税工资、薪金收入额分别为：

20 000 + 30 000 = 50 000（元）

6月的应税工资、薪金收入额 = 50 000 × [1 − (10 ÷ 30) × (30 000 ÷ 50 000)] = 40 000（元）

7至12月，每月的应税工资、薪金收入额为20 000元。

4. 对个人因解除劳动合同取得经济补偿金的征税方法。

（1）企业职工从破产企业取得的一次性安置费收入，免征个人所得税。

（2）个人因与用人单位解除劳动关系而取得的一次性补偿收入（包括用人单位发放的经济补偿金、生活补助费和其他补助费用），其收入在当地上年职工平均工资3倍数额以内的部分，免征个人所得税；超过3倍数额的部分，不并入当年综合所得，单独适用综合所得税率表，计算纳税。个人在解除劳动合同后又再次任职、受雇的，已纳税的一次性补偿收入不再与再次任职、受雇的工资、薪金所得合并计算补缴个人所得税。

（3）个人领取一次性补偿收入时按照国家和地方政府规定的比例实际缴纳的住房公积金、医疗保险费、基本养老保险费、失业保险费，可以在计征其一次性补偿收入的个人所得税时予以扣除。

5. 个人提前退休取得补贴收入征收个人所得税规定。

自2019年1月1日起，个人提前退休取得一次性补贴收入征收个人所得税按以下规定执行：个人办理提前退休手续而取得的一次性补贴收入，应按照办理提前退休手续至法定离退休年龄之间实际年度数平均分摊，确定适用税率和速算扣除数，单独适用综合所得税率表，计算纳税。计算公式为：

应纳税额 = {[（一次性补贴收入 ÷ 办理提前退休手续至法定退休年龄的实际年度数）− 费用扣除标准] × 适用税率 − 速算扣除数} × 办理提前退休手续至法定退休年龄的实际年度数

6. 关于企业实行内部退养办法人员取得收入的征税问题。

实行内部退养的个人在其办理内部退养手续后至法定离退休年龄之间从原任职单位取得的工资、薪金，不属于离退休工资，应按“工资、薪金所得”项目计征个人所得税。

个人在办理内部退养手续后从原任职单位取得的一次性收入，应按办理内部退养手续后至法定离休年龄之间的所属月份进行平均，并与领取当月的“工资、薪金所得”合并后减除当月费用扣除标准，以余额为基数确定适用税率，再将当月工资、薪金加上取得的一次性收入，减去费用扣除标准，按适用税率计征个人所得税。

【例题】李海2021年每月取得工资7 000元。2021年5月李海办理了内部退养手续，从单位取得了一次性内部退养收入100 000元。李海离正式退休时间还有20个月，假定李海2021年度没有其他综合所得，可享受1名子女教育专项附加扣除，如何计算李海应缴纳的个人所得税？

【答案】（1）李海离正式退休时间还有20个月，平均分摊一次性收入 = 100 000 ÷ 20 = 5 000（元）。

（2）5 000元与当月工资7 000元合并，减除当月费用扣除标准5 000元，以其余额为基数确定适用税率和速算扣除数；5 000 + 7 000 − 5 000 = 7 000（元），适用税率为10%，速算扣除数为210。

（3）将当月工资7 000元加上当月取得的一次性收入100 000元，减去费用扣除标准5 000元，税款 =（7 000 + 100 000 − 5 000）× 10% − 210 = 9 990（元）。

模拟计算单月工资应计算的税款 =（7 000 − 5 000）× 3% = 60（元）

内部退养应缴纳的税款 = 9 990 − 60 = 9 930（元）

（4）李海2021年度取得内部退养一次性收入不并入当月，其他月份另行累计预扣预缴税款 =（7 000 × 12 − 5 000 × 12 − 1 000 × 12）× 3% = 360（元）。

（5）李海2021年全年应缴纳的个人所得税 = 9 930 + 360 = 10 290（元）

7. 企业促销展业赠送礼品个人所得税的规定。

征税	不征税
企业向个人赠送礼品，下列情形须缴纳个人所得税： （1）企业在业务宣传、广告等活动中，随机向本单位以外的个人赠送礼品（包括网络红包，下同），以及企业在年会、座谈会、庆典以及其他活动中向本单位以外的个人赠送礼品，个人取得的礼品所得，按照“偶然所得”项目计算缴纳个人所得税，但企业赠送的具有价格折扣或折让性质的消费券、代金券、抵用券、优惠券等礼品除外。 （2）企业对累积消费达到一定额度的顾客，给予额外抽奖机会，个人的获奖所得，按“偶然所得”项目全额适用20%的税率缴纳个人所得税	企业在销售商品（产品）和提供服务过程中向个人赠送礼品，下列情形不征个人所得税： （1）企业通过价格折扣、折让方式向个人销售商品（产品）和提供服务。 （2）企业在向个人销售商品（产品）和提供服务的同时给予赠品，如通信企业对个人购买手机赠话费、入网费，或者购话费赠手机等。 （3）企业对累积消费达到一定额度的个人按消费积分反馈礼品

8. 保险营销员、证券经纪人佣金收入的政策。

保险营销员、证券经纪人取得的佣金收入，属于劳务报酬所得，自2019年1月1日起，以不含增值税的收入减除20%的费用后的余额为收入额，收入额减去展业成本以及附加税费后，并入当年综合所得，计算缴纳个人所得税。保险营销员、证券经纪人展业成本按照收入额的25%计算。

扣缴义务人向保险营销员、证券经纪人支付佣金时，应按照累计预扣法计算预扣税款。

其具体计算公式为：

本期应预扣预缴税额 =（累计预扣预缴应纳税所得额 × 预扣率 − 速算扣除数）− 累计减免税额 − 累计已预扣预缴税额

累计预扣预缴应纳税所得额 = 累计收入额 − 累计减除费用 − 累计其他扣除

其中，收入额按照不含增值税的收入减除20%的费用后的余额计算；累计减除费用按照5 000元/月乘以纳税人当年截至本月在本单位的从业月份数计算；其他扣除按照展业成本、附加税费和依法确定的其他扣除之和计算，展业成本按照收入额的25%计算。

【例题】 公司职员李某2021年1月从A保险公司取得不含税销售保险佣金收入为10 000元，2月取得不含税保险佣金销售收入为30 000元。请问A保险公司应如何预扣预缴李某的个人所得税？（假设不考虑其他条件和其他税费）

【答案】

（1）2021年1月A保险公司应预扣预缴税额的计算：

累计收入额 = 10 000 - 10 000 × 20% = 8 000（元）

累计减除费用 = 5 000元

累计其他扣除 = 8 000 × 25% = 2 000（元）

累计预扣预缴应纳税所得额 = 8 000 - 5 000 - 2 000 = 1 000（元）

本期应预扣预缴税额 = 1 000 × 3% - 0 = 30（元）。

（2）2021年2月A保险公司应预扣预缴税额的计算：

累计收入额 = 8 000 +（30 000 - 30 000 × 20%）= 32 000（元）

累计减除费用 = 5 000 + 5 000 = 10 000（元）

累计其他扣除 = 2 000 + 24 000 × 25% = 8 000（元）

累计预扣预缴应纳税所得额 = 32 000 - 10 000 - 8 000 = 14 000（元）

本期应预扣预缴税额 = 14 000 × 3% - 0 - 30 = 390（元）

9. 关于廉租住房、公租房的个人所得税规定。

（1）对个人按规定取得的廉租住房货币补贴，免征个人所得税。

对于所在单位以廉租住房名义发放的不符合规定的补贴，应征收个人所得税。

（2）个人捐赠住房作为廉租住房的，捐赠额未超过其申报的应纳税所得额30%的部分，准予从其应纳税所得额中扣除。

（3）个人捐赠住房作为公租房，符合税收法律法规规定的，对其公益性捐赠支出未超过其申报的应纳税所得额30%部分，准予从其应纳税所得额中扣除。

（4）符合地方政府规定条件的城镇住房保障家庭从地方政府领取的住房租赁补贴，免征个人所得税。

10. 证券投资基金个人所得税的规定。

（1）对个人投资者买卖基金单位获得的差价收入，在对个人买卖股票的差价收入未恢复征收个人所得税以前，暂不征收个人所得税。

（2）对投资者从基金分配中获得的股票的股息、红利收入以及企业债券的利息收入，由上市公司和发行债券的企业在向基金派发股息、红利、利息时代扣代缴20%的个人所得税，基金再向个人投资者分配股息、红利、利息时，不再代扣代缴个人所得税。

（3）对投资者从基金分配中获得的国债利息、储蓄存款利息以及买卖股票价差收入，在国债利息收入、个人储蓄存款利息收入以及个人买卖股票差价收入未恢复征收所得税以前，暂不征收所得税。

（4）对个人投资者从基金分配中获得的企业债券差价收入，应按税法规定对个人投资者征收个人所得税，税款由基金在分配时依法代扣代缴。

11. 沪港、深港股票市场交易互联互通机制试点有关税收政策。

情形	税收政策
内地个人投资者通过沪（深）港通投资香港联交所上市股票取得的转让差价所得	暂免征税
香港市场个人投资者投资上（深）交所上市 A 股取得的转让差价所得	
内地个人投资者通过沪（深）港通投资香港联交所上市 H 股取得的股息红利	H 股公司按照 20% 的税率代扣个人所得税
内地个人投资者通过沪（深）港通投资香港联交所上市的非 H 股取得的股息、红利	中国结算登记公司按照 20% 的税率代扣个人所得税
香港市场个人投资者投资上（深）交所上市 A 股取得的股息、红利所得	在不具备规定条件之前，暂不执行按持股时间实行差别化征税政策，由上市公司按照 10% 的税率代扣所得税

12. 内地与香港基金互认涉及的个人所得税规定。

（1）内地投资者通过基金互认买卖香港基金份额的个人所得税规定：

①对内地个人投资者通过基金互认买卖香港基金份额取得的转让差价所得，自 2019 年 12 月 5 日起至 2022 年 12 月 31 日止，继续暂免征收个人所得税。

②内地个人投资者通过基金互认从香港基金分配取得的收益，由该香港基金在内地的代理人按照 20% 的税率代扣代缴个人所得税。

（2）香港市场投资者通过基金互认买卖内地基金份额的个人所得税规定如下：

①对香港市场个人投资者通过基金互认买卖内地基金份额取得的转让差价所得，暂免征收所得税。

②对香港市场个人投资者通过基金互认从内地基金分配取得的收益，由内地上市公司向该内地基金分配股息、红利时，对香港市场个人投资者按照 10% 的税率代扣所得税；或由发行债券的企业向该内地基金分配利息时，对香港市场个人投资者按照 7% 的税率代扣所得税，并由内地上市公司或发行债券的企业向其主管税务机关办理扣缴申报。该内地基金向投资者分配收益时，不再扣缴所得税。

13. 个人转让新三板挂牌公司股票有关个人所得税政策。

类型	税务处理
转让新三板挂牌公司非原始股 **【解释】**非原始股是指个人在新三板挂牌公司挂牌后取得的股票，以及由上述股票孳生的送、转股	取得的所得暂免征收个人所得税
转让新三板挂牌公司原始股 **【解释】**原始股是指个人在新三板挂牌公司挂牌前取得的股票，以及在该公司挂牌前和挂牌后由上述股票孳生的送、转股	取得的所得按照“财产转让所得”项目，适用 20% 的比例税率征收个人所得税

14. 企业转增股本个人所得税规定。

(1) 股份制企业用资本公积金转增股本不属于股息、红利性质的分配，对个人取得的转增股本数额，不作为个人所得，不征收个人所得税。这里所表述的不征税“资本公积金”是指股份制企业股票溢价发行收入所形成的资本公积金。将此转增股本由个人取得的数额，不作为应税所得征收个人所得税。而与此不相符合的其他资本公积金分配个人所得部分，应当依法征收个人所得税。

(2) 股份制企业用盈余公积金派发红股属于股息、红利性质的分配，对个人取得的红股数额，应作为个人所得征税。

(3) 个人投资者收购企业股权后将原盈余积累转增股本征收个人所得税的规定。

情形	税务处理
新股东以不低于净资产价格收购股权	企业原盈余积累已全部计入股权交易价格，新股东取得盈余积累转增股本的部分，不征收个人所得税
新股东以低于净资产价格收购股权	(1) 企业原盈余积累中，对于股权收购价格减去原股本的差额部分已经计入股权交易价格，新股东取得盈余积累转增股本的部分，不征收个人所得税。 (2) 企业原盈余积累中，对于股权收购价格低于原所有者权益的差额部分未计入股权交易价格，新股东取得盈余积累转增股本的部分，应按照“利息、股息、红利所得”项目征收个人所得税

15. 促进科技成果转化取得股权奖励有关个人所得税的规定。

科研机构、高等学校转化职务科技成果以股份或出资比例等股权形式给予科技人员个人奖励，获奖人在取得股份、出资比例时，经主管税务机关审核后，暂不缴纳个人所得税；取得按股份、出资比例分红或转让股权、出资比例取得的所得，应依法缴纳个人所得税。

16. 科技人员取得职务科技成果转化现金奖励有关个人所得税政策。

依法批准设立的非营利性研究开发机构和高等学校根据《中华人民共和国促进科技成果转化法》规定，从职务科技成果转化收入中给予科技人员的现金奖励，可减按50%计入科技人员当月“工资、薪金所得”，依法缴纳个人所得税。

17. 关于创业投资企业个人合伙人和天使投资个人有关个人所得税的规定。

(1) 合伙创投企业采取股权投资方式直接投资于初创科技型企业满2年（24个月，下同）的，合伙创投企业的个人合伙人可以按照对初创科技型企业投资额的70%抵扣个人合伙人从合伙创投企业分得的经营所得；当年不足抵扣的，可以在以后纳税年度结转抵扣。

(2) 天使投资个人采取股权投资方式直接投资于初创科技型企业满2年的，可以按照投资额的70%抵扣转让该初创科技型企业股权取得的应纳税所得额；当期不足抵扣的，可以在以后取得转让该初创科技型企业股权的应纳税所得额时结转抵扣。

天使投资个人投资多个初创科技型企业的，对其中办理注销清算的初创科技型企业，天使投资个人对其投资额的70%尚未抵扣完的，可自注销清算之日起36个月内抵扣天使投资个人转让其他初创科技型企业股权取得的应纳税所得额。

18. 关于创业投资企业个人合伙人所得税政策的规定。

自2019年1月1日起至2023年12月31日：

（1）创投企业可以选择按单一投资基金核算或者按创投企业年度所得整体核算两种方式之一，对其个人合伙人来源于创投企业的所得计算个人所得税应纳税额。

（2）创投企业选择按单一投资基金核算的，其个人合伙人从该基金应分得的股权转让所得和股息、红利所得，按照20%税率计算缴纳个人所得税。

创投企业选择按年度所得整体核算的，其个人合伙人应从创投企业取得的所得，按照“经营所得”项目、按照5%～35%的超额累进税率计算缴纳个人所得税。

19. 个人股票期权所得个人所得税的征税方法。

（1）税务处理。

不可公开交易的股票期权	授权	一般不征税
	行权前转让	工资、薪金所得
	行权	工资、薪金所得
	行权后的股票再转让	财产转让所得（境内上市股免纳，境外股交纳）
	行权后不转让而参与企业税后利润分配	利息、股息、红利所得
公开交易的股票期权	授权	工资、薪金所得
	行权前转让	财产转让所得
	行权	不征税
	行权后的股票再转让	财产转让所得（境内上市股免纳，境外股交纳）
	行权后不转让而参与企业税后利润分配	利息、股息、红利所得

（2）员工行权日应按下列公式计算工资、薪金应纳税所得额：

股票期权形式的工资、薪金应纳税所得额＝（行权股票的每股市场价－员工取得该股票期权支付的每股施权价）×股票数量

（3）应纳税款的计算。

员工因参加股票期权计划而从中国境内取得的所得，按规定应按工资、薪金所得计算纳税的，在2021年12月31日前，对该股票期权形式的工资、薪金所得不并入当年综合所得，全额单独适用综合所得税率表，计算纳税。计算公式为：

应纳税额＝股权激励收入×适用税率－速算扣除数

【例题】 中国居民李先生为某上市公司的高层管理人员。2021年2月第一次行权该公司2年前授予的股票期权6 000股（占当初授予股票期权数量的60%、授予价每股10元），行权当日该股票每股收盘价为16元；2021年5月第二次行权上述股票期权剩余的4 000股（占当初授予股票期权的40%，授予价每股10元），行权当日该股票每股收盘价为21元。

请依照现行税法规定，计算李先生两

次股票期权行权的纳税情况。

【答案】

（1）李先生第一次股票期权行权应缴纳的个人所得税：

第一次行权的应纳税所得额 =（16 − 10）× 6 000 = 36 000（元）

第一次行权应缴纳的个人所得税 = 36 000 × 3% − 0 = 1 080（元）

（2）李先生第二次股票期权行权应缴纳的个人所得税：

第二次行权的应纳税所得额 =（21 − 10）× 4 000 = 44 000（元）

两次行权合计的应纳税所得额 = 36 000 + 44 000 = 80 000（元）

第二次行权时应缴纳个人的所得税 = 80 000 × 10% − 2 520 − 1 080 = 4 400（元）

20. 企业向个人支付不竞争款项征收个人所得税的规定。

资产购买方企业向个人支付的不竞争款项，属于个人因偶然因素取得的一次性所得，为此，资产出售方企业自然人股东取得的所得，应按照“偶然所得”项目计算缴纳个人所得税。

21. 企业为股东个人购买汽车的个人所得税征税方法。

个人独资企业、合伙企业以外的其他企业为股东购买车辆并将车辆所有权办到股东个人名下，其实质为企业对股东进行了红利性质的实物分配，应按照“利息、股息、红利所得”项目征收个人所得税。考虑到该股东个人名下的车辆同时也为企业经营使用的实际情况，允许合理减除部分所得；减除的具体数额由主管税务机关根据车辆的实际使用情况合理确定。

22. 个人以非货币资产投资的个人所得税规定。

（1）个人以非货币性资产投资，属于个人转让非货币性资产和投资同时发生。对个人转让非货币性资产的所得，应按照“财产转让所得”项目，依法计算缴纳个人所得税。

（2）个人以非货币性资产投资，应按评估后的公允价值确认非货币性资产转让收入。非货币性资产转让收入减除该资产原值及合理税费后的余额为应纳税所得额。

（3）个人以非货币性资产投资交易过程中取得现金补价的，现金部分应优先用于缴税；现金不足以缴纳的部分，可分期缴纳。个人在分期缴税期间转让其持有的上述全部或部分股权，并取得现金收入的，该现金收入应优先用于缴纳尚未缴清的税款。

个人以非货币性资产投资享受分期缴税的政策自 2015 年 4 月 1 日起施行，对 2015 年 4 月 1 日之前发生的个人非货币性资产投资，尚未进行税收处理且自发生上述应税行为之日起期限未超过 5 年的，可在剩余的期限内分期缴纳其应纳税款。

23. 个人终止投资经营收回款项征收个人所得税的规定。

个人因各种原因终止投资、联营、经营合作等行为，从被投资企业或合作项目、被投资企业的其他投资者以及合作项目的经营合作人取得股权转让收入、违约金、补偿金、赔偿金及以其他名目收回的款项等，均属于个人所得税应税收入，应按照“财产转让所得”项目适用的规定计算缴纳个人所得税。

24. 企业资金为个人购房的个人所得税征税方法。

（1）个人取得以下情形的房屋或其他财产，不论所有权人是否将财产无偿或有偿交付企业使用，其实质均为企业对个人进行了实物性质的分配，应依法计征个人所得税。

①企业出资购买房屋及其他财产，将

所有权登记为投资者个人、投资者家庭成员或企业其他人员的。

②企业投资者个人、投资者家庭成员或企业其他人员向企业借款用于购买房屋及其他财产，将所有权登记为投资者、投资者家庭成员或企业其他人员，且借款年度终了后未归还借款的。

（2）对个人独资企业、合伙企业的个人投资者或其家庭成员取得的上述所得，视为企业对个人投资者的利润分配，按照“经营所得”项目计征个人所得税；对除个人独资企业、合伙企业以外其他企业的个人投资者或其家庭成员取得的上述所得，视为企业对个人投资者的红利分配，按照“利息、股息、红利所得”项目计征个人所得税；对企业其他人员取得的上述所得，按照“工资、薪金所得”项目计征个人所得税。

25. 关于公益慈善事业捐赠个人所得税政策。

（1）个人发生的公益捐赠支出，可以按照《个人所得税法》有关规定在计算应纳税所得额时扣除。

（2）个人发生的公益捐赠支出金额，按照以下规定确定：

①捐赠货币性资产的，按照实际捐赠金额确定；

②捐赠股权、房产的，按照个人持有股权、房产的财产原值确定；

③捐赠除股权、房产以外的其他非货币性资产的，按照非货币性资产的市场价格确定。

（3）居民个人按照以下规定扣除公益捐赠支出：

①居民个人发生的公益捐赠支出可以在财产租赁所得、财产转让所得、利息股息红利所得、偶然所得（以下统称“分类所得”）、综合所得或者经营所得中扣除。在当期一个所得项目扣除不完的公益捐赠支出，可以按规定在其他所得项目中继续扣除；

②居民个人发生的公益捐赠支出，在综合所得、经营所得中扣除的，扣除限额分别为当年综合所得、当年经营所得应纳税所得额的30%；在分类所得中扣除的，扣除限额为当月分类所得应纳税所得额的30%；

③居民个人根据各项所得的收入、公益捐赠支出、适用税率等情况，自行决定在综合所得、分类所得、经营所得中扣除的公益捐赠支出的顺序。

（4）居民个人在综合所得中扣除公益捐赠支出的，应按照以下规定处理：

①居民个人取得工资、薪金所得的，可以选择在预扣预缴时扣除，也可以选择在年度汇算清缴时扣除。

居民个人选择在预扣预缴时扣除的，应按照累计预扣法计算扣除限额，其捐赠当月的扣除限额为截至当月累计应纳税所得额的30%（全额扣除的从其规定，下同）。个人从两处以上取得工资、薪金所得，选择其中一处扣除，选择后当年不得变更。

②居民个人取得劳务报酬所得、稿酬所得、特许权使用费所得的，预扣预缴时不扣除公益捐赠支出，统一在汇算清缴时扣除。

③居民个人取得全年一次性奖金、股权激励等所得，且按规定采取不并入综合所得而单独计税方式处理的，公益捐赠支出扣除比照分类所得的扣除规定处理。

（5）居民个人发生的公益捐赠支出，可在捐赠当月取得的分类所得中扣除。当月分类所得应扣除未扣除的公益捐赠支出，可以按照以下规定追补扣除：

（6）在经营所得中扣除公益捐赠支

出，应按以下规定处理：

①个体工商户发生的公益捐赠支出，在其经营所得中扣除。

②个人独资企业、合伙企业发生的公益捐赠支出，其个人投资者应当按照捐赠年度合伙企业的分配比例（个人独资企业分配比例为100%），计算归属于每一个人投资者的公益捐赠支出，个人投资者应将其归属的个人独资企业、合伙企业公益捐赠支出和本人需要在经营所得扣除的其他公益捐赠支出合并，在其经营所得中扣除。

③在经营所得中扣除公益捐赠支出的，可以选择在预缴税款时扣除，也可以选择在汇算清缴时扣除。

④经营所得采取核定征收方式的，不得扣除公益捐赠支出。

（7）非居民个人发生的公益捐赠支出，未超过其在公益捐赠支出发生的当月应纳税所得额30%的部分，可以从其应纳税所得额中扣除。扣除不完的公益捐赠支出，可以在经营所得中继续扣除。

（8）国务院规定对公益捐赠全额税前扣除的，按照规定执行。个人同时发生按30%扣除和全额扣除的公益捐赠支出，自行选择扣除次序。

【例题·单选题】（2021年）居民个人李某2020年12月通过深港通购买了境内某公司在香港联交所上市的H股股票。2021年3月，该公司向李某分配上年度H股股息2 000元。该公司对此笔股息应代扣代缴的个人所得税为（　　）元。

A. 0元　　B. 200元

C. 400元　　D. 900元

【答案】C

【解析】内地个人投资者通过沪（深）港通投资香港联交所上市H股取得的股息、红利，H股公司按照20%的税率代扣个人所得税。因此，公司对此笔股息应代扣代缴的个人所得税 = 2 000 × 20% = 400（元）。

【例题·单选题】（2016年）某内地个人投资者于2020年6月通过沪港通投资在香港联交所上市的H股股票，取得股票转让差价所得和股息、红利所得。下列有关对该投资者股票投资所得计征个人所得税的表述中，正确的是（　　）。

A. 股票转让差价所得按照10%的税率征收个人所得税

B. 股息红利所得由H股公司按照10%的税率代扣代缴个人所得税

C. 股票转让差价所得暂免征收个人所得税

D. 取得的股息、红利由中国证券登记结算有限责任公司按照20%的税率代扣代缴个人所得税

【答案】C

【解析】选项A：内地个人投资者通过沪（深）港通投资香港联交所上市股票取得的转让差价所得暂免征收个人所得税。选项B、D：股息、红利所得由H股公司按照20%的税率代扣代缴个人所得税。

【例题·单选题】（2021年）个人投资者从基金分配中获得的下列收入中，应由基金管理公司代扣代缴个人所得税的是（　　）。

A. 国债利息收入

B. 企业债券差价收入

C. 储蓄存款利息收入

D. 买卖股票价差收入

【答案】B

【解析】选项A、C、D：对投资者从基金分配中获得的国债利息、储蓄存款利息以及买卖股票价差收入，在国债利息收入、个人储蓄存款利息收入以及个人买卖股票差价收入未恢复征收所得税以前，暂不征收所得税。选项B：对个人投资者从

基金分配中获得的企业债券差价收入，应按税法规定对个人投资者征收个人所得税，税款由基金在分配时依法代扣代缴。

【例题·多选题】（2021年）对居民个人取得的下列所得，应按照“工资、薪金所得”项目计算缴纳个人所得税的有（　　）。

A. 个人办理提前退休取得一次性补贴收入

B. 个人股东从被投资企业无偿取得车辆所有权

C. 已办理内部退养手续的个人从原任职单位取得收入

D. 以单车承包方式运营的出租车驾驶员取得客货营运收入

【答案】 ACD

【解析】 选项A：个人提前退休取得一次性补贴收入，应按“工资、薪金所得”项目计征个人所得税。选项B：个人股东从被投资企业无偿取得车辆所有权，应按“利息、股息、红利所得”计征个人所得税。选项C：实行内部退养的个人在其办理内部退养手续后至法定离退休年龄之间从原任职单位取得的工资、薪金，应按“工资、薪金所得”项目计征个人所得税。选项D：出租汽车经营单位对出租驾驶员采取单车承包或承租方式运营，出租车驾驶员从事客货营运取得的收入应按“工资、薪金所得”项目计征个人所得税。

【例题·多选题】（2021年）下列所得应按照“偶然所得”项目计算缴纳个人所得税的有（　　）。

A. 退休人员取得的再任职收入

B. 个人从资产购买方企业取得的不竞争款项

C. 个人从非任职受雇的商家取得随机发放的网络红包

D. 个人在非任职受雇的企业开办的年会中奖获得的奖品

【答案】 BCD

【解析】 选项A：退休人员再任职取得的收入减除规定费用扣除标准后按“工资、薪金所得”项目纳税。选项B、C、D：按照“偶然所得”项目计征个人所得税。

【例题·单选题】（2020年）下列关于企业员工取得与股票期权（不可公开交易）相关所得计征个人所得税的表述中，符合税法规定的是（　　）。

A. 员工行权时的施权价与该股票当日收盘价之间的差额，暂不征税

B. 员工行权后的股票再转让取得的收益，应按“工资、薪金所得”纳税

C. 员工接受企业授予的股票期权时，以当日收盘价按“劳务报酬所得”纳税

D. 员工因拥有股权而参与企业税后利润分配取得的所得，应按“利息、股息、红利所得”纳税

【答案】 D

【解析】 选项A按照“工资、薪金所得”项目缴纳个人所得税，选项B按照“财产转让所得”的征免规定缴纳个人所得税，选项C除另有规定外，一般不作为应税所得征税。

【例题·单选题】（2019年改编）下列收入免征个人所得税的是（　　）。

A. 退休人员再任职取得的收入

B. 个人因各种原因终止投资，从被投资企业取得股权转让收入、违约金、补偿金、赔偿金

C. 提前退休人员取得的一次性补贴收入

D. 员工从破产企业取得的一次性安置费

【答案】 D

【解析】 选项A：退休人员再任职取得的收入，在减除按《个人所得税法》规定

的费用扣除标准后，按“工资、薪金所得”项目缴纳个人所得税。选项B：应按照“财产转所得”项目适用的规定计算缴纳个人所得税。选项C：个人办理提前退休手续而取得的一次性补贴收入，应按照办理提前退休手续至法定离退休年龄之间实际年度数平均分摊，确定适用税率和速算扣除数，单独适用综合所得税率表，计算纳税。

【例题·多选题】（2016年）张某在足球世界杯期间参加下列活动所获得收益中，应当缴纳个人所得税的有（　　）。

A. 参加某电商的秒杀活动，以100元购得原价2 000元的足球鞋一双

B. 为赴巴西看球，开通手机全球漫游套餐，获赠价值1 500元的手机一部

C. 参加某电台举办世界杯竞猜活动，获得价值6 000元的赴巴西机票一张

D. 作为某航空公司金卡会员被邀请参加世界杯抽奖活动，抽得市价2 500元球衣一套

【答案】 CD

【解析】 选项A、B不缴纳个人所得税，选项C、D应当按照“偶然所得”项目缴纳个人所得税。

考点9 个人所得税的征收管理

一、自行申报纳税

（一）有下列情形之一的，纳税人应当依法办理纳税申报：

1. 取得综合所得需要办理汇算清缴。

2. 取得应税所得没有扣缴义务人。

3. 取得应税所得，扣缴义务人未扣缴税款。

4. 取得境外所得。

5. 因移居境外注销中国户籍。

6. 非居民个人在中国境内从两处以上取得工资、薪金所得。

（二）取得综合所得需要办理汇算清缴的纳税申报

取得综合所得且符合下列情形之一的纳税人，应当依法办理汇算清缴：

1. 从两处以上取得综合所得，且综合所得年收入额减除专项扣除后的余额超过6万元。

2. 取得劳务报酬所得、稿酬所得、特许权使用费所得中一项或者多项所得，且综合所得年收入额减除专项扣除的余额超过6万元。

3. 纳税年度内预缴税额低于应纳税额。

4. 纳税人申请退税。

（三）取得经营所得的纳税申报

纳税人取得经营所得，按年计算个人所得税，由纳税人在月度或季度终了后15日内，向经营管理所在地主管税务机关办理预缴纳税申报。在取得所得的次年3月31日前，向经营管理所在地主管税务机关办理汇算清缴。

（四）取得应税所得，扣缴义务人未扣缴税款的纳税申报

纳税人取得应税所得，扣缴义务人未扣缴税款的，应当区别以下情形办理纳税申报：

1. 居民个人取得综合所得的，且符合前述第（二）项所述情形的，应当依法办理汇算清缴。

2. 非居民个人取得工资、薪金所得，劳务报酬所得，稿酬所得，特许权使用费所得的，应当在取得所得的次年6月30日前，向扣缴义务人所在地主管税务机关办理纳税申报。非居民个人在次年6月30日前离境（临时离境除外）的，应当在离境前办理纳税申报。

3. 纳税人取得利息、股息、红利所得，财产租赁所得，财产转让所得和偶然

所得的，应当在取得所得的次年6月30日前，按相关规定向主管税务机关办理纳税申报。

（五）取得境外所得的纳税申报

居民个人从中国境外取得所得的，应当在取得所得的次年3月1日至6月30日内，向中国境内任职、受雇单位所在地主管税务机关办理纳税申报；在中国境内没有任职、受雇单位的，向户籍所在地或中国境内经常居住地主管税务机关办理纳税申报；

（六）因移居境外注销中国户籍的纳税申报

纳税人因移居境外注销中国户籍的，应当在申请注销中国户籍前，向户籍所在地主管税务机关办理纳税申报，进行税款清算。

（七）非居民个人在中国境内从两处以上取得工资、薪金所得的纳税申报

非居民个人在中国境内从两处以上取得工资、薪金所得的，应当在取得所得的次月15日内，向其中一处任职、受雇单位所在地主管税务机关办理纳税申报。

（八）纳税申报方式

纳税人可以采用远程办税端、邮寄等方式申报，也可以直接到主管税务机关申报。

二、办理2020年度个人所得税综合所得汇算清缴事项的规定

（一）2020年度汇算的内容

2020年度终了后，居民个人（以下称纳税人）需要汇总2020年1月1日至12月31日取得的工资、薪金，劳务报酬，稿酬，特许权使用费四项所得（以下称综合所得）的收入额，减除费用6万元以及专项扣除、专项附加扣除、依法确定的其他扣除和符合条件的公益慈善事业捐赠（以下简称捐赠）后，适用综合所得个人所得税税率并减去速算扣除数，计算本年度最终应纳税额，再减去2020年度已预缴税额，得出本年度应退或应补税额，向税务机关申报并办理退税或补税。

（二）无须办理年度汇算的纳税人

纳税人在2020年度已依法预缴个人所得税且符合下列情形之一的，无须办理年度汇算：

1. 纳税人年度汇算需补税但年度综合所得收入不超过12万元的；

2. 纳税人年度汇算需补税金额不超过400元的；

3. 纳税人已预缴税额与年度应纳税额一致或者不申请年度汇算退税的。

（三）需要办理年度汇算的纳税人

符合下列情形之一的，纳税人需要办理年度汇算：

1. 2020年度已预缴税额大于年度应纳税额且申请退税的。

2. 2020年度综合所得收入超过12万元且需要补税金额超过400元的。

（四）可享受的税前扣除

下列未申报扣除或未足额扣除的税前扣除项目，纳税人可在年度汇算期间办理扣除或补充扣除：

1. 纳税人及其配偶、未成年子女在2020年度发生的，符合条件的大病医疗支出；

2. 纳税人在2020年度未申报享受或未足额享受的子女教育、继续教育、住房贷款利息或住房租金、赡养老人专项附加扣除，以及减除费用、专项扣除、依法确定的其他扣除；

3. 纳税人在2020年度发生的符合条件的捐赠支出。

（五）办理时间

纳税人办理2020年度汇算的时间为2021年3月1日至6月30日。在中国境内无住所的纳税人在2021年3月1日前离境的，可以在离境前办理年度汇算。

（六）办理方式

纳税人可自主选择下列办理方式：

1. 自行办理年度汇算。

2. 通过任职受雇单位（含按累计预扣法预扣预缴其劳务报酬所得个人所得税的单位）代为办理。

3. 委托涉税专业服务机构或其他单位及个人（以下称受托人）办理，受托人需与纳税人签订授权书。

（七）办理渠道

纳税人可优先通过网上税务局（包括手机个人所得税App）办理年度汇算，税务机关将按规定为纳税人提供申报表预填服务；不方便通过上述方式办理的，也可以通过邮寄方式或到办税服务厅办理。

（八）申报信息及资料留存

纳税人以及代办年度汇算的扣缴义务人，需将年度汇算申报表以及与纳税人综合所得收入、扣除、已缴税额或税收优惠等相关资料，自年度汇算期结束之日起留存5年。

通关演练

一、单项选择题

1. 下列个人所得项目中，不属于劳务报酬所得的是（　　）。

A. 会计　　B. 稿酬

C. 翻译　　D. 经纪服务

2. 2021年1月1日，某甲与事业单位签订承包合同经营招待所，承包期为3年。2020年招待所实现承包经营利润250 000元（未扣除含承包人工资报酬），按合同规定承包人每年应从承包经营利润中上缴承包费30 000元。在不考虑专项扣除、专项附加扣除和税法规定的其他扣除情况下，该承包人2021年应纳个人所得税税额为（　　）。

A. 31 500　　B. 21 500

C. 54 500　　D. 42 000

3. 个体工商户在计算经营所得时，可以扣除的支出是（　　）。

A. 个人所得税税款

B. 赞助支出

C. 税收滞纳金

D. 存货盘亏

4. 以下项目需要缴纳个人所得税的是（　　）。

A. 个人取得保险赔款

B. 转让境内上市公司股票取得所得

C. 个人转让居住3年并且是家庭唯一住房取得所得

D. 个人因离婚办理房屋产权过户手续

5. 小王2021年平均每个月工资收入为10 000元，年底取得年终奖10 000元，假设小王选择全年一次性奖金不并入综合所得计税，则小王该笔年终奖应缴纳个人所得税（　　）元。

A. 291　　B. 300

C. 500　　D. 485

6. 我国现行税法规定，公司职工取得的用于购买企业国有股权的劳动分红，按（　　）项目计征个人所得税。

A. 工资、薪金所得

B. 劳务报酬所得

C. 利息、股息、红利所得

D. 生产经营所得

7. 下列所得按照“特许权使用费所得”项目征收个人所得税的是（　　）。

A. 个人授权某杂志连载自著小说取得的报酬

B. 个人受托开发软件取得的报酬

C. 个人讲学取得的报酬

D. 作者将自己的文字作品手稿原件或

复印件拍卖取得的所得

8. 下列各项中，按照有关规定不能免征个人所得税的是（　　）。

A. 个人领取原提存的住房公积金

B. 个人取得的教育储蓄存款利息所得

C. 烈属的所得

D. 军人的转业费

9. 李某系中国公民，2021 年 1 月起，王某连续 12 次在报刊上连载一部小说，每次取得稿费收入 3 000 元，则 2021 年王某的连载收入共需被预扣预缴个人所得税（　　）元。

A. 3 024　　B. 4 032

C. 4 320　　D. 5 760

10. 以下所得中，不按“劳务报酬所得”项目缴纳个人所得税的是（　　）。

A. 个人将承租房屋转租取得的租金收入

B. 个人兼职取得的收入

C. 个人担任董事，且不在公司任职，取得的董事费

D. 企业组织非雇员旅游所发生的费用

11. 我国现行税法规定，个人将劳务报酬所得资助给高等学校作为研究开发经费研究新产品，经主管税务机关确定，可以（　　）。

A. 全额在本次的劳务报酬所得中抵扣

B. 全额在下次的劳务报酬所得中抵扣

C. 在本次的劳务报酬所得中抵扣 30%

D. 在下次的劳务报酬所得中抵扣 30%

12. 某高校教师 2021 年 8 月所取得的下列收入中，应计算缴纳个人所得税的是（　　）。

A. 国债利息收入

B. 任职高校发放的误餐补助

C. 为某企业开设讲座取得的酬金

D. 任职高校为其缴付的住房公积金

13. 股份制企业的个人投资者向企业借款为自己购买住房，并且该借款在纳税年度终了后既未归还又未用于企业生产经营的，应按照（　　）项目计征个人所得税。

A. 劳务报酬所得

B. 工资、薪金所得

C. 利息、股息、红利所得

D. 经营所得

14. 下列各项中，属于“稿酬所得”应税项目的是（　　）。

A. 高校教授为出版社审稿取得的收入

B. 报社记者在本报社发表文章取得的收入

C. 将专利权提供给他人使用取得的收入

D. 某经济学家在报社发表文章取得的收入

15. 自 2019 年 1 月 1 日起至 2023 年 12 月 31 日止，一个纳税年度内在船航行时间累计满 183 天的远洋船员，其取得的工资、薪金收入减按（　　）计入应纳税所得额，依法缴纳个人所得税。

A. 30%　　B. 50%

C. 70%　　D. 90%

16. 在商品营销活动中，企业对营销业绩突出的非雇员以培训班、研讨会、工作考察等名义组织旅游活动，通过免收差旅费、旅游费对个人实行的营销业绩奖励，应根据所发生的费用按照（　　）项目征收个人所得税。

A. 工资、薪金所得

B. 劳务报酬所得

C. 偶然所得

D. 利息、股息、红利所得

17. 根据《个人所得税法》的规定，下列关于每次收入的确定，说法不正确的是（　　）。

A. 劳务报酬所得，属于同一项目连续

性收入的，以一个月内取得的收入为一次

B. 财产租赁所得，以一个月内取得的收入为一次

C. 稿酬所得，属于同一项目连续性收入的，以一年内取得的收入为一次

D. 利息、股息、红利所得，以支付利息、股息、红利时取得的收入为一次

18. 居民个人取得下列各项所得中，在计算个人所得税应纳税所得额时，可以定额减除 800 元或者定率减 20% 费用的是（　　）。

A. 偶然所得

B. 经营所得

C. 财产租赁所得

D. 财产转让所得

19. 中国公民王某在 2021 年 1 月因购买一张体育彩票而中了 60 000 元奖金，当即拿出 25 000 元通过国家机关捐赠给遭受严重自然灾害的地区，王某选择将该笔捐赠支出在此次的偶然所得中扣除，则王某 2021 年 1 月取得的中奖收入应缴纳的个人所得税为（　　）元。

A. 5 500　　B. 6 800

C. 7 000　　D. 8 400

20. 下列关于继续教育专项附加扣除的表述中，错误的是（　　）。

A. 纳税人在中国境内接受学历（学位）继续教育的支出，在学历（学位）教育期间按照每月 400 元定额扣除

B. 同一学历（学位）继续教育的扣除期限不能超过 48 个月

C. 纳税人接受技能人员职业资格继续教育的支出，在取得相关证书之后，每年按照 3 600 元定额扣除

D. 个人接受本科及以下学历（学位）继续教育，符合规定扣除条件的，可以选择由其父母扣除，也可以选择由本人扣除

21. 下列关于赡养老人专项附加扣除的表述中，错误的是（　　）。

A. 纳税人为独生子女的，按照每月 2 000 元的标准定额扣除

B. 纳税人为非独生子女的，每人分别按照每月 2 000 元的标准定额扣除

C. 被赡养人是指年满 60 岁的父母，以及子女均已去世的年满 60 岁的祖父母、外祖父母

D. 一个纳税年度扣除不完的，不能结转以后年度扣除

22. 美国公民彼得在中国无住所也不居住。2021 年 5 月将一项特许权提供给中国甲企业在境内使用，甲企业向彼得支付特许权使用费 300 000 元，则甲企业应该代扣代缴个人所得税（　　）元。

A. 45 080　　B. 59 840

C. 62 000　　D. 92 840

23. 中国公民王先生 2021 年 12 月份取得当月工资 4 800 元，另取得当年全年一次性奖金 24 000 元。针对全年一次性奖金王先生选择单独计税，则王先生就全年一次性奖金应缴纳个人所得税（　　）元。

A. 720　　B. 840

C. 984　　D. 4 340

24. 纳税人取得经营所得，按年计算个人所得税，由纳税人在月度或者季度终了后 15 日内向税务机关报送纳税申报表，并预缴税款；在取得所得的次年（　　）办理汇算清缴。

A. 3 月 31 日前

B. 6 月 30 日前

C. 3 月 1 日至 6 月 30 日内

D. 1 月 1 日至 6 月 30 日内

25. 我国公民王先生于 2021 年 1 月与甲公司解除劳动关系，取得一次性补偿收入 200 000 元。甲公司所在地上年职工平均工资为 28 000 元。王先生取得的一次性补偿收入应缴纳个人所得税（　　）元。

A. 9 080　　B. 11 390

C. 23 080　　D. 38 590

26. 2021 年 2 月李某正式办理了提前退休手续，距法定退休年龄还有 2 年，取得一次性补贴收入 160 000 元。李某就一次性补贴收入应缴纳的个人所得税为（　　）元。

A. 1 020　　B. 1 200

C. 4 380　　D. 4 680

27. 中国公民王某 2021 年 1 月购入某公司债券 10 000 份，每份买入价为 12 元，另支付相关税费 8 000 元；当年 3 月将其中的 80% 销售，每份卖出价为 15 元，另支付相关税费 10 000 元。则李某销售该公司债券应缴纳个人所得税（　　）元。

A. 1 200　　B. 1 240

C. 1 520　　D. 1 560

28. 杨先生为某上市公司的员工，公司 2020 年实行雇员股票期权计划。2020 年 9 月 18 日，该公司授予杨先生股票期权 80 000 股，授予价为 4 元/股；该期权无公开市场价格，并约定 2021 年 2 月 18 日起可以行权，行权前不得转让。2021 年 6 月 18 日杨先生以授予价购买股票 80 000 股，当日该股票的公开市场价格为 8 元/股。杨先生股票期权行权所得应缴纳个人所得税（　　）元。

A. 48 080　　B. 68 080

C. 97 960　　D. 16 4840

29. 李某按市场价格出租住房，2021 年 7 月取得租金收入 4 000 元，当月发生的准予扣除项目金额合计 160 元，修缮费用为 1 300 元，均取得合法凭证。李某当月应缴纳个人所得税为（　　）元。

A. 400　　B. 304

C. 224　　D. 174

30. 2021 年 6 月中国公民张某在甲国取得财产转让净所得折合人民币 60 000 元，按甲国税法规定缴纳了个人所得税 12 500 元；另外在甲国取得偶然所得折合人民币 20 000 元，按甲国税法规定缴纳了个人所得税 3 000 元。回国后，针对上述境外所得张某应补缴个人所得税（　　）元。

A. 0　　B. 500

C. 1 000　　D. 1 500

31. 个人取得的下列所得中，应计算缴纳个人所得税的是（　　）。

A. 保险赔偿款

B. 单位发给个人用于预防新型冠状病毒感染的肺炎的药品

C. 学生参加勤工俭学活动取得的劳务报酬收入 2 000 元

D. 职工每月取得的法定退休工资 8 000 元

32. 根据《个人所得税法》的规定，下列情形中，个人获赠的礼品应征收个人所得税的是（　　）。

A. 企业通过价格折扣、折让方式向个人销售商品（产品）和提供服务

B. 企业赠送的具有价格折扣或折让性质的消费券、代金券、抵用券、优惠券等礼品

C. 企业对累积消费达到一定额度的个人按消费积分反馈礼品

D. 企业对累积消费达到一定额度的顾客，给予额外抽奖机会，个人的获奖所得

33. 依法批准设立的非营利性研究开发机构和高等学校，根据规定从职务科技成果转化收入中给予科技人员的现金奖励，可减按（　　）计入科技人员当月“工资、薪金所得”，依法缴纳个人所得税。

A. 30%　　B. 50%

C. 70%　　D. 80%

34. 根据《个人所得税法》的规定，下列各项中，不予免征个人所得税的是（　　）。

A. 军人的转业费、复员费

B. 员工从破产企业取得的一次性安置费

C. 个人办理代扣代缴税款手续，按规定取得的扣缴手续费

D. 县级人民政府颁发的环境保护奖金

35. 王某是大学教授，2021 年 5 月接受某出版社委托进行审稿，取得审稿收入 40 000 元，则该出版社应预扣预缴王某的个人所得税为（　　）元。

A. 5 500　　B. 5 200

C. 6 760　　D. 7 600

36. 英国人威廉，在中国境内无住所，同时在中国境内、境外机构担任职务，2021 年 8 月 8 日来华，10 月 11 日离开。期间因工作原因，曾于 9 月 20 日离境，10 月 4 日返回。在计算个人所得税时，2021 年约翰在中国境内的工作天数为（　　）天。

A. 50　　B. 51

C. 52　　D. 53

37. 居民个人张某是一名保险营销员，2021 年 3 月取得不含增值税的佣金收入 40 000 元，缴纳附加税费 208 元。则张某当月取得的佣金收入应并入综合所得计征个人所得税的金额为（　　）元。

A. 22 392　　B. 23 792

C. 24 000　　D. 30 000

38. 外籍人士约翰（非高管）在中国境内无住所，由于工作需要，约翰 2021 年 5 月 1 日来华，6 月 28 日离开。境内企业每月支付约翰工资 20 000 元，境外企业每月支付约翰工资 24 000 元。则约翰 2021 年 6 月份应在中国缴纳个人所得税（　　）元。

A. 0　　B. 1 123. 33

C. 1 206. 67　　D. 1 275

39. 外籍人士杰克在中国境内无住所，由于工作需要杰克 2021 年 1 月 1 日来华，5 月 15 日离开。境内企业每月支付杰克工资 20 000 元，境外企业每月支付杰克工资 24 000 元。则杰克 2021 年 5 月份应在中国缴纳个人所得税（　　）元。

A. 317. 42　　B. 638. 06

C. 709. 04　　D. 1 706. 13

40. 张某 2021 年 7 月毕业后直接入职 A 公司，张某当月取得工资收入 15 000 元，当月自行负担的社会保险费和住房公积金合计 2 000 元，该公司 7 月应预扣预缴张某的个人所得税为（　　）元。

A. 0　　B. 252

C. 300　　D. 402

二、多项选择题

1. 下列各项中，按照我国现行税法，应征个人所得税的有（　　）。

A. 个人以股份形式取得的企业量化资产参与分配获得的利息

B. 个人以股份形式取得的不拥有所有权的企业量化资产

C. 个人以股份形式取得的拥有所有权的企业量化资产

D. 个人以股份形式取得的拥有所有权的企业量化资产转让收入

2. 下列各项中，属于个人所得税中居民纳税人的有（　　）。

A. 在中国境内无住所，但一个纳税年度中在中国境内居住满 365 天的个人

B. 在中国境内无住所且不居住的个人

C. 在中国境内无住所，而在境内居住超过 90 天不满 183 天的个人

D. 在中国境内有住所的个人

3. 下列关于个人所得税的表述中，正确的有（　　）。

A. 在中国境内无住所，且一个纳税年度内在中国境内居住满 183 天的个人，为居民纳税人

B. 在一个纳税年度内，在境内累计居住不超过 90 天的非居民个人，所有的工

资、薪金所得都应缴纳个人所得税

C. 在中国境内无住所，且一个纳税年度内在中国境内一次居住不超过30天的个人，为非居民纳税人

D. 在境内居住累计满183天的年度连续满六年后，不符合《个人所得税法实施条例》第四条优惠条件的无住所居民个人，其从境内、境外取得的全部工资、薪金所得均应计算缴纳个人所得税

4. 下列关于个人所得税的表述中，正确的有（　　）。

A. 个人兼职取得的收入应按照“劳务报酬所得”项目征收个人所得税

B. 出租汽车经营单位对出租车驾驶员采取单车承包或承租方式运营，出租车驾驶员从事客货营运取得收入，按“工资、薪金所得”项目征税

C. 个人独资企业以企业资金为本人购买汽车，依照“股息、红利所得”项目缴纳个人所得税

D. 对个人出租住房取得的所得减按10%的税率征收个人所得税

5. 下列项目中不属于工资、薪金所得项目的有（　　）。

A. 独生子女补贴

B. 托儿补助费

C. 差旅费津贴、误餐补助

D. 公务员未纳入基本工资总额的补贴、津贴和家属成员的副食补贴

6. 下列应按照“经营所得”项目计征个人所得税的有（　　）。

A. 李某从事个体出租车运营

B. 个体工商户赵某取得的银行存款利息

C. 孙某承包某出租车公司的出租车运营取得的收入

D. 王某经营的彩票代销网点的收入

7. 下列项目应当作为一次性收入计缴个人所得税的有（　　）。

A. 甲出租房屋，期限1年，2021年6月取得本月租金收入3 000元

B. 乙出书一本，出版社分两次支付稿酬，每次稿酬5 600元

C. 丙在2021年3月10日、3月18日和3月27日在某单位共讲课3次，共取得讲课收入3 000元

D. 丁转让两项专利，分别为3.5万元、4.5万元，合计8万元

8. 个人取得下列收入，应按照“特许权使用费”项目征收个人所得税的有（　　）。

A. 出租土地使用权取得的收入

B. 提供非专利技术取得的收入

C. 拍卖文学作品手稿取得的收入

D. 取得侵犯专利权的经济赔偿收入

9. 下列个人所得按“劳务报酬所得”项目缴纳个人所得税的有（　　）。

A. 个人兼职收入

B. 个人从事彩票代销业务取得的收入

C. 演员参加本单位义演取得的奖金

D. 演员参加外单位义演取得的报酬

10. 下列各项中，应当按“偶然所得”项目征收个人所得税的有（　　）。

A. 个人从任职单位取得可公开交易的股票期权

B. 个人从入股单位取得的不竞争款项

C. 个人文字作品手稿原件拍卖所得

D. 个人股东从资产购买方企业取得的不竞争款项

11. 下列所得中，应按“偶然所得”项目征收个人所得税的有（　　）。

A. 个人因参加企业的有奖销售活动而取得的奖品所得

B. 个人取得的不竞争款项

C. 个人购买福利彩票所得奖金

D. 退休人员再任职取得的收入

12. 下列各项中，应按“财产转让所得”项目计征个人所得税的有（　　）。

A. 个人销售无偿受赠的不动产的所得

B. 职工将改制中取得的量化资产转让

C. 员工将行权后的股票再转让获得的高于购买日公平市场价的差额

D. 股份制企业为个人股东购买轿车而支出的款项

13. 下列各项中，适用5% ~35%的五级超额累进税率征收个人所得税的有（　　）。

A. 私营有限公司的生产经营所得

B. 合伙企业的生产经营所得

C. 个人独资企业的生产经营所得

D. 个体工商户的经营所得

14. 下列各项中，可减征个人所得税的有（　　）。

A. 残疾、孤老人员和烈属的所得

B. 因严重自然灾害造成重大损失的

C. 保险赔款

D. 抚恤金

15. 根据个人所得税的有关规定，下列说法正确的有（　　）。

A. 雇员取得的半年奖、季度奖，都应该单独作为1个月的工资、薪金所得计征个人所得税

B. 在转让可公开交易期权的情况下，员工在行权日之前将股票期权转让的，取得的股票期权的转让净收入，按照“财产转让所得”项目缴纳个人所得税

C. 企业和个人按照省级以上人民政府规定的比例提取并缴付的住房公积金，免征个人所得税

D. 单位为职工个人购买商业性补充养老保险，在办理投保手续时，应作为个人的“工资、薪金所得”项目，按税法规定缴纳个人所得税

16. 下列税务处理中，符合个人独资企业和合伙企业征税规定的有（　　）。

A. 投资者的工资不得税前扣除

B. 企业计提的各种准备金不得税前扣除

C. 分配给投资者的股息、红利，允许税前扣除

D. 企业发生的与生产经营有关的业务招待费可据实扣除

17. 下列关于企业年金个人所得税征收管理的规定中，表述正确的有（　　）。

A. 企业年金的个人缴费部分在不超过本人缴费工资计税基数的4%标准内的部分，暂从个人当期应纳税所得额中扣除

B. 企业年金个人缴费工资计税基数为本人上一年度月平均工资

C. 个人因出境定居而一次性领取的年金个人账户资金，或个人死亡后，其指定的受益人或法定继承人一次性领取的年金个人账户余额，适用综合所得税率表计算纳税

D. 设立企业年金计划的企业，应按照《个人所得税法》和《税收征收管理法》的有关规定，实行全员全额扣缴明细申报制度

18. 下列收入项目中免征个人所得税的有（　　）。

A. 个人领取原提存的住房公积金

B. 外籍个人领取的现金住房补贴

C. 国债利息

D. 个人办理代扣代缴税款，按规定取得的扣缴手续费

19. 下列属于个人所得税专项附加扣除项目的有（　　）

A. 子女教育费

B. 继续教育费

C. 大病医疗费

D. 住房租金

20. 下列属于《个人所得税法》规定

中经营所得的有（　　）

A. 个体工商户从事生产、经营活动取得的所得

B. 个人依法从事办学、医疗、咨询服务活动取得的所得

C. 个人对企业、事业单位承包经营、承租经营所得

D. 合伙企业的个人合伙人来源于境内注册的合伙企业生产、经营的所得

21. 以下所得，应按“工资、薪金所得”项目缴纳个人所得税的有（　　）。

A. 个人参加有奖销售所得赠品

B. 员工全年一次性奖金所得

C. 员工转让限售股所得

D. 企业组织雇员旅游所发生的费用

22. 某外籍个人受某外国公司委派于2021年8月开始赴中国担任其驻华代表处首席代表，截至2021年12月31日未离开中国。该外籍个人2021年取得的下列所得中，属于来源于中国境内所得的有（　　）。

A. 9月出席境内某技术论坛做主题发言取得的收入

B. 10月因在中国任职而取得的由境外总公司发放的工资收入

C. 11月将其拥有的境外房产转让给中国一公司作为驻该国常设机构取得的转让收入

D. 12月将其拥有的专利技术许可一境外公司在大陆的分支机构使用取得的收入

23. 某集体所有制企业职工王某，在企业改制为股份制企业过程中以23 000元的成本取得了价值30 000元拥有所有权的量化股份。3个月后，获得了企业分配的股息3 000元。此后，王某以40 000元的价格将股份转让。假如不考虑转让过程中的税费，以下有关王某个人所得税计征的表述中，正确的有（　　）。

A. 王某取得量化股份时暂缓计征个人所得税

B. 对王某取得的3 000元股息，应按“利息、股息、红利所得”项目计征个人所得税

C. 对王某转让量化股份取得的所得应以17 000元为计税依据，按“财产转让所得”项目计征个人所得税

D. 对王某取得的量化股份价值与支付成本的差额7 000元，应在取得当月与当月工资、薪金合并，按“工资、薪金所得”项目计征个人所得税

24. 下列各项中，纳税人应当依法办理个人所得税纳税申报的有（　　）。

A. 因移居境外注销中国户籍

B. 从中国境外取得所得

C. 取得应税所得没有扣缴义务人

D. 非居民个人在中国境内从两处以上取得工资、薪金所得

25. 根据《个人所得税法》的相关规定，下列属于划分居民纳税人和非居民纳税人标准的有（　　）。

A. 住所标准

B. 户籍所在地标准

C. 工作地点所在地标准

D. 在中国境内居住时间标准

26. 下列各项中，属于我国《个人所得税法》中规定的专项扣除项目的有（　　）。

A. 基本医疗保险

B. 住房公积金

C. 失业保险

D. 大病医疗支出

27. 根据《个人所得税法》的相关规定，下列所得，属于来源于中国境外所得的有（　　）。

A. 因任职、受雇、履约等在中国境外提供劳务取得的所得

B. 许可各种特许权在中国境内使用而

取得的所得

C. 中国境外企业以及其他组织支付且负担的稿酬所得

D. 财产出租给承租人在中国境外使用而取得的所得

28. 根据《个人所得税法》的规定，下列关于每次收入的确定，说法正确的有（　　）。

A. 稿酬所得属于同一项目连续性收入的，以一个项目取得的收入为一次

B. 特许权使用费所得，属于一次性收入的，以取得该项收入为一次

C. 财产租赁所得，以一个月内取得的收入为一次

D. 偶然所得，以每次取得该项收入为一次

29. 居民个人取得的下列各项所得中，属于综合所得的有（　　）。

A. 劳务报酬所得

B. 稿酬所得

C. 特许权使用费所得

D. 财产租赁所得

30. 实行个人所得税全员全额扣缴申报的应税所得包括（　　）。

A. 劳务报酬所得

B. 稿酬所得

C. 经营所得

D. 财产租赁所得

31. 除另有规定外，下列各项中，以每次收入全额为应纳税所得额计算个人所得税的有（　　）。

A. 偶然所得

B. 利息、股息、红利所得

C. 劳务报酬所得

D. 经营所得

32. 下列关于大病医疗专项附加扣除的表述中，正确的有（　　）。

A. 纳税人发生的医药费用支出只能由本人扣除

B. 未成年子女发生的医药费用支出可以选择由其父母一方扣除

C. 纳税人及其配偶、未成年子女发生的医药费用支出，按规定分别计算扣除额

D. 在一个纳税年度内，纳税人发生的与基本医保相关的医药费用支出累计超过15 000元的部分，由纳税人在办理年度汇算清缴时，在80 000元限额内据实扣除

33. 下列关于住房租金专项附加扣除的表述中，正确的有（　　）。

A. 纳税人及其配偶在主要工作城市没有自有住房而发生的住房租金支出，可以按照规定标准扣除

B. 夫妻双方主要工作城市相同的，可以选择由双方分别按扣除标准的50%扣除

C. 纳税人及其配偶在一个纳税年度内可以同时分别享受住房贷款利息和住房租金专项附加扣除

D. 省会城市的住房租金支出，扣除标准为每月1 500元

34. 下列关于住房贷款利息专项附加扣除的表述中，正确的有（　　）。

A. 住房贷款利息扣除期限最长不超过240个月

B. 纳税人只能享受一次首套住房贷款的利息扣除

C. 纳税人使用商业银行个人住房贷款为本人购买中国境内住房，发生的首套住房贷款利息支出，不得扣除

D. 经夫妻双方约定，可以选择由其中一方扣除

35. 根据个人所得税的有关规定，下列表述正确的有（　　）。

A. 对职工个人以股份形式取得的仅作为分红依据，不拥有所有权的企业量化资产，不征收个人所得税

B. 对职工个人以股份形式取得的拥有

所有权的企业量化资产，暂缓征收个人所得税

C. 对职工个人以股份形式取得的拥有所有权的企业量化资产，个人将股份转让时，就其转让收入额，减除个人取得该股份时实际支付的费用支出和合理转让费用后的余额，按“财产转让所得”项目计征个人所得税

D. 对职工个人以股份形式取得的企业量化资产参与企业分配而获得的股息、红利，应按“利息、股息、红利所得”项目征收个人所得税

36. 下列各项中，不属于工资、薪金性质的补贴、津贴，不予征收个人所得税的有（　　）。

A. 外国来华留学生领取的生活津贴费

B. 午餐补助

C. 公司职工取得的用于购买企业国有股权的劳动分红

D. 差旅费津贴

37. 根据公益慈善事业捐赠个人所得税的相关政策，下列说法中正确的有（　　）。

A. 捐赠股权、房产的，其捐赠支出按照个人持有股权、房产的财产原值确定

B. 居民个人发生的公益捐赠支出在当期一个所得项目中扣除不完的公益捐赠支出，可以按规定在其他所得项目中继续扣除

C. 居民个人取得工资、薪金所得的，其捐赠支出可以选择在预扣预缴时扣除，也可以选择在年度汇算清缴时扣除

D. 居民个人取得劳务报酬所得、稿酬所得、特许权使用费所得的，预扣预缴时可以扣除公益捐赠支出

38. 下列股权激励项目中，符合规定条件的，经向主管税务机关备案后，可实行递延纳税政策，即员工在取得股权激励时暂不纳税、转让该股权时纳税的有（　　）。

A. 非上市公司授予本公司员工的股票期权

B. 非上市公司授予本公司员工的股权奖励

C. 上市公司授予本公司员工的股票期权

D. 上市公司授予本公司员工的股权奖励

39. 下列关于个人取得境内上市公司授予的不可公开交易的股票期权个人所得税的处理中，说法正确的有（　　）。

A. 员工接受实施股票期权计划企业授予的股票期权时，除另有规定外，一般不作为应税所得征税

B. 对因特殊情况，员工在行权日之前将股票期权转让的，以股票期权的转让净收入，按照“财产转让所得”项目征收个人所得税

C. 员工将行权后的股票再转让时获得的高于购买日公平市场价的差额，免征个人所得税

D. 员工因拥有股权而参与企业税后利润分配取得的所得，应按照“利息、股息、红利所得”适用的规定计算缴纳个人所得税

40. 根据个人所得税的相关规定，在计算个体工商户生产、经营所得的应纳税所得额时，允许据实扣除的支出有（　　）。

A. 业务招待费支出

B. 向非金融企业的借款利息支出

C. 与生产经营有关的成本费用

D. 向其从业人员实际支付的合理的工资、薪金支出

41. 下列关于股权转让所得个人所得税管理办法的说法中，正确的有（　　）。

A. 个人转让股权，以受让方为扣缴义

务人

B. 对个人多次取得同一被投资企业股权的，转让部分股权时，采用“加权平均法”确定其股权原值

C. 以现金出资方式取得的股权，按照实际支付的价款与取得股权直接相关的合理税费之和确认股权原值

D. 个人转让股权未提供完整、准确的股权原值凭证，不能正确计算股权原值的，股权原值不得扣除

42. 根据个人转让股权的有关规定，股权转让收入明显偏低，视为有正当理由的有（　　）。

A. 能出具有效文件，证明被投资企业因国家政策调整，生产经营受到重大影响，导致低价转让股权

B. 将股权转让给其能提供具有法律效力身份关系证明的兄弟姐妹

C. 相关法律规定，并有相关资料充分证明转让价格合理且真实的本企业员工持有的不能对外转让股权的内部转让

D. 将股权转让给其能提供具有法律效力身份关系证明的外祖父母

43. 根据个人所得税法律制度的规定，下列各项中需要按“经营所得”计算征收个人所得税的有（　　）。

A. 个人对企业单位承包经营的所得

B. 个人依法从事开办诊所取得的所得

C. 个人独资企业投资人来源于境内注册的个人独资企业生产、经营的所得

D. 个人因从事彩票代销业务而取得的所得

44. 下列各项中，应当征收个人所得税的有（　　）。

A. 单位集资利息

B. 企业债券利息

C. 外籍个人从外商投资企业取得的股息、红利所得

D. 外籍个人以现金形式取得的住房补贴和伙食补贴

45. 下列关于纳税人享受符合规定的专项附加扣除的计算时间的表述中，正确的有（　　）。

A. 大病医疗，为医疗保障信息系统记录的医药费用实际支出的当月

B. 住房贷款利息，为贷款合同约定开始还款的当月至贷款全部归还或贷款合同终止的当月

C. 住房租金，为租赁合同（协议）约定的房屋租赁期开始的当月至租赁期结束的当月

D. 学历（学位）继续教育，为在中国境内接受学历（学位）继续教育入学的当月至学历（学位）继续教育结束的当月

46. 下列各项中，符合个人拍卖财产的财产原值确定的相关规定的有（　　）。

A. 通过祖传收藏的，为其收藏该拍卖品而发生的费用

B. 通过商店、画廊等途径购买的，为购买该拍卖品时实际支付的价款

C. 通过拍卖行拍得的，为拍得该拍卖品实际支付的价款及缴纳的相关税费

D. 通过赠送取得的，为市场上同类货物的公允价值

三、计算问答题

1. 露丝是美国公民，在美国的 A 公司工作。2021 年，A 公司将露丝调派到其在北京的合资企业甲公司担任技术总监，负责某项目的实施。露丝 6 月 5 日抵达北京，6 月 8 日正式上任。露丝将在北京持续工作 3 年，期间，可以回国探亲一次，时间不超过 10 天。露丝调到北京以后，美国公司将负担其每月的工资 4 000 美元，北京的合资公司额外负担其在北京的生活补助每月 30 000 元人民币。2021 年 12 月，露丝在北京工作 22 天，圣诞期间回国探亲 9

天。（其他相关资料：假设美元兑人民币的汇率均为 1 美元 =7 元人民币。）

要求：计算露丝 2021 年 12 月应纳税的工资薪金所得收入额。

2. 某在境内无住所的外籍个人在 2021 年取得以下所得：

（1）从境外 A 国取得由境外某公司支付的特许权使用费 10 000 元（人民币，下同），并已在 A 国缴纳特许权使用费个人所得税 1 300 元；

（2）从境外 B 国取得由境内某外商投资企业支付的劳务报酬所得 20 000 元，已在 B 国缴纳劳务报酬个人所得税 3 000 元；

（3）从境内取得由境外某公司支付的劳务报酬所得 8 000 元；

（4）从境内取得由境内某单位支付的财产转让净所得 50 000 元。

要求：根据上述资料，按照下列序号回答问题，如有计算须计算出合计数。

（1）假设该外籍个人已在境内连续居住满 6 个纳税年度，计算该外籍个人在我国应缴纳的个人所得税；

（2）假设该外籍个人在境内无住所且 2021 年度内在境内居住累计不满 90 天，计算该外籍个人在我国应缴纳的个人所得税。

3. 王某作为中国居民，2021 年共发生以下经济事项：

（1）承包了某小区餐厅，按照协议规定，王某每年缴纳 12 万元的租金，餐厅由王某自主经营。2021 年全年，餐厅共取得收入 110 万元，购买原材料支出 30 万元，水电燃气共支出 5 万元，装饰支出 10 万元，支付给外聘员工工资 20 万元，赞助小区物业春节游园活动 1 万元，王某为孩子报兴趣班支出 2 万元。

（2）在经过业主同意后，王某将餐厅四分之一的房屋转租给张某，用于张某售卖彩票的窗口，每个月收取租金 4 000 元。

（3）王某为小区居民提供设计服务，取得一次性收入 30 000 元。

（4）王某买彩票一次中奖 2 000 元。

要求：

（1）回答王某承包餐厅的收入，应按什么税目计算缴纳个人所得税。

（2）计算 2021 年，王某承包餐厅应缴纳的个人所得税。

（3）计算王某将餐厅房屋转租每月应缴纳的个人所得税。

（4）计算王某提供设计服务应缴纳的个人所得税。

（5）计算王某买彩票中奖应缴纳的个人所得税。

4. 中国籍演员刘某供职于甲歌舞团，2021 年 5 月收入情况如下：

（1）自行参加由乙单位组织的商业演出，协议出场费 60 000 元；

（2）出版著作一本，获取稿酬所得 15 000 元；

（3）应约为某电视剧创作主题曲，获得报酬 22 000 元；

（4）将自有小汽车出租，该汽车为去年购买。本月租金收入 3 000 元（除增值税以外，不考虑其他税费）。

要求：根据上述资料，计算并回答下列问题：

（1）计算刘某当月“劳务报酬所得”项目应被预扣预缴的个人所得税；

（2）计算刘某当月“稿酬所得”项目应被预扣预缴的个人所得税；

（3）计算刘某当月“财产租赁所得”项目应纳的个人所得税。

5. 李某因其原任职的国有企业依法破产而成为一名自由职业者。2021 年 8 月，该个人取得以下所得：

（1）依照国家有关法律规定取得一次性安置费收入 80 000 元，当地上年的企业职工年平均工资为10 000元；取得失业保险金500元。

(2) 转让所持有的原企业在改组改制过程中分给该个人以股份形式拥有的企业量化资产，取得转让所得30 000元；该个人转让时共支付有关费用2 000元。

(3) 将其所持有的一项专利的使用权分别转让给甲和乙两个厂商，分别取得转让收入4 000元和6 000元。

(4) 为B公司进行营销筹划，取得不含税报酬35 000元。

要求：根据上述资料，按照下列序号回答问题，如有计算须计算出合计数。

(1) 计算取得安置费收入、失业保险金共计应缴纳个人所得税。

(2) 计算转让量化资产应缴纳个人所得税。

(3) 计算转让专利使用权取得的收入应缴纳的个人所得税。

(4) 计算B公司应预扣预缴的个人所得税。

6. 中国公民李某为某大学的教授，每月工资为20 000元，2021年1～12月除了从所在大学取得工资、薪金收入外，还取得以下收入：

(1) 3月份受某出版社委托进行审稿，取得审稿收入50 000元。

(2) 4月份出版一本小说，取得稿酬收入25 000元。

(3) 5月份将自己的一本小说手稿复印件在国内市场上公开拍卖，取得拍卖收入30 000元。

(4) 6月份与一家培训机构签订了半年的劳务合同，合同规定，从6月起每周六为该培训机构授课一次，每次报酬700元，每月为培训机构授课4次。

(5) 7月份出版短篇小说一篇，取得稿酬收入3 000元。

(其他相关资料：李某每月自行负担“三险一金”1 500元；李某每月需支付其名下首套住房贷款5 000元，其独生女就读小学二年级，李某与其妻子约定子女教育支出、住房贷款利息支出在李某一方扣除。)

要求：根据上述资料，按照下列序号回答问题，如有计算须计算出合计数。

(1) 计算李某3月份审稿所得预扣预缴的个人所得税。

(2) 计算李某4月份出版小说所得预扣预缴的个人所得税。

(3) 计算李某5月份拍卖小说手稿复印件预扣预缴的个人所得税。

(4) 计算李某6月份授课收入预扣预缴的个人所得税。

(5) 计算李某7月出版小说预扣预缴的个人所得税。

(6) 计算李某全年综合所得共应缴纳的个人所得税。

四、综合题

1. 李某投资成立一家超市，为个人独资企业，2021年发生以下业务：

全年超市收入总额400万元，营业成本260万元，税金及附加10万元，期间费用133万元（其中包括5名员工的工资30万元以及李某的工资6万元），亏损3万元。

当年税务局对该个人独资企业进行税务检查，发现以下事项：

(1) 将李某家庭生活费4万元计入企业的期间费用。

(2) 该企业和李某的家庭共用价值15万元的轿车一辆，无法划分清楚使用范围，该车已经使用2年，该企业会计账簿未计提该轿车的折旧，税务机关根据当地情况核定准予在税前扣除折旧数，每年为2万元。

（3）给超市所在地居委会赞助价值为10万元的物品。

（4）计提的存货跌价准备3万元在申报时已经税前扣除。

（5）实际发生的业务招待费3万元在申报时已经税前扣除。

（6）向非金融机构借款的利息支出8万元全部计入了费用，在申报时已经税前扣除（金融机构同类、同期贷款利息应为6万元）。

（7）李某个人取得存款利息收入1万元，国债利息收入1万元。

（8）李某在12月将个人一间住房用于出租，收取租金3 000元，修理房屋支出1 000元。

（其他相关资料：该纳税人不享受其余专项附加扣除和税法规定的其他扣除。）

要求：根据上述资料，按照下列序号回答问题，如有计算须计算出合计数。

（1）计算李某投资的个人独资企业应纳税所得额。

（2）计算李某投资的个人独资企业应纳个人所得税。

（3）计算李某其他项目应纳个人所得税。

2. 张某系从事运输的个体工商户，账证齐全，2021年12月取得经营收入为320 000元，准予扣除的当月成本、费用（不含业主工资）及相关税金共计250 600元。1～11月累计应纳税所得额88 400元（未扣除业主费用减除标准），1～11月累计已预缴个人所得税10 200元。除经营所得外，业主本人没有其他收入，且张某2021年全年均享受赡养老人一项专项附加扣除（张某系独生子）。不考虑专项扣除和符合税法规定的其他扣除。

要求：根据上述资料，按照下列序号回答问题，如有计算须计算出合计数。

（1）计算张某全年应纳税所得额。

（2）计算张某全年应缴纳的个人所得税额。

（3）计算张某2021年度应申请的个人所得税退税额。

（4）回答张某应如何申报2021年全年的个人所得税。

3. 陈某为一企业法定代表人，2021年取得以下收入：

（1）陈某每月取得工资8 000元，12月取得年终奖64 000元（奖金不并入当年综合所得）。

（2）陈某根据自己的创业心得编写的长篇小说出版，按合同约定，出版社向陈某预付稿酬10 000元，作品出版后再付稿酬50 000元；当年陈某还授权某晚报连载该小说，历时2个月，每天支付稿酬180元，共获得稿酬10 800元。

（3）当年1月将闲置的一套住房对外出租，取得租金收入96 000元，租期一年，当期未发生修缮费用（仅考虑房产税，不考虑其他税费）。

（4）1月购入某股票1 000份，每份买入价为15元，支付相关税费共计200元。6月将买入的股票一次性卖出，每份卖出价为18元，支付卖出股票的税费共计150元。

（5）通过拍卖行将一幅珍藏多年的名人字画拍卖，取得收入80 000元，不能提供财产原值凭证。

（6）从A国取得股息所得（税前）折合人民币8 000元，已在A国缴纳个人所得税400元；从B国取得翻译所得（税前）折合人民币60 000元，已在B国缴纳个人所得税18 000元。

（其他相关资料：陈某为独生子，除赡养老人一项专项附加扣除外，该纳税人不享受其余专项附加扣除和税法规定的其他扣除。）

要求：根据上述资料，按照下列序号回答问题，如有计算须计算出合计数。

（1）计算陈某全年综合所得应缴纳的个人所得税。

（2）计算陈某年终奖应缴纳的个人所得税。

（3）计算陈某财产租赁所得应缴纳的个人所得税。

（4）计算陈某转让债券应缴纳的个人所得税。

（5）计算陈某转让名人字画应缴纳的个人所得税。

（6）计算陈某从A国、B国取得的所得应当补缴的个人所得税合计数。

4. 中国公民李某任职于境内甲企业，每月取得工资18 000元，2021年1～12月还取得以下收入：

（1）取得保险赔款8 000元。

（2）取得甲企业支付的独生子女补贴10 000元。

（3）购买福利彩票，一次中奖30 000元。

（4）取得兼职收入3 000元。

（5）5月因持有某上市公司股票而取得股息、红利12 000元，已知该股票为李某2020年12月份从公开发行和转让市场取得，李某于2021年6月将该股票转让。

（6）8月将其拥有的两处住房中的一套（已使用7年）出售，取得不含增值税收入200 000元，该房产买价为90 000元，另支付其他允许税前扣除的相关税费8 000元。

（其他相关资料：李某每月自行负担"三险一金"1 000元；李某的独生子就读高中二年级，李某与其妻子约定子女教育支出各扣除50%；李某的父母均已年过60岁，且李某是独生子。）

要求：根据上述资料，按照下列序号回答问题，如有计算须计算出合计数。

（1）计算李某取得的兼职收入应预扣预缴的个人所得税。

（2）分别计算李某取得的保险赔款和福利彩票中奖收入应缴纳的个人所得税。

（3）计算李某取得的股息红利所得应缴纳的个人所得税。

（4）计算李某出售住房应缴纳的个人所得税。

（5）计算李某全年综合所得共应缴纳的个人所得税。

答案及解析

一、单项选择题

1.【答案】B

【解析】稿酬不属于劳务报酬。

2.【答案】B

【解析】（1）2021年应纳税所得额＝承包经营利润－上缴费用－每年必要费用扣减合计＝250 000－30 000－60 000＝160 000（元）。（2）该承包人2021年应缴纳的个人所得税＝160 000×20%－10 500＝21 500（元）。

3.【答案】D

【解析】选项A、B、C不得在个体工商户支出中扣除。

4.【答案】C

【解析】个人转让自用达5年以上，并且是唯一的家庭生活用房取得的所得，免征个人所得税。

5.【答案】B

【解析】10 000÷12＝833.33（元），应适用3%税率，应缴纳的个人所得税＝10 000×3%＝300（元）

6.【答案】A

【解析】公司职工取得的用于购买企业国有股权的劳动分红，按"工资、薪金所得”项目计征个人所得税。

7. 【答案】D

【解析】作者将自己的文字作品手稿原件或复印件拍卖取得的所得，按“特许权使用费所得”项目缴纳个人所得税。个人授权杂志连载自著小说所得适用“稿酬所得”项目缴税，个人讲学及受托开发软件取得的报酬适用“劳务报酬所得”项目缴纳个人所得税。

8. 【答案】C

【解析】烈属的所得，经批准后可以减征个人所得税。

9. 【答案】B

【解析】现行税法规定，同一作品在报刊上连载取得收入的，为稿酬所得。适用20%税率并按应纳税额减征30%，以连载完成后取得的所有收入合并为一次，计算缴纳个人所得税。王某应缴纳的个人所得税 =（3 000 ×12）×（1 －20%）×（1 －30%）×20% =4 032（元）。

10. 【答案】A

【解析】选项A：个人将承租房屋转租取得的租金收入，应按“财产租赁所得”项目计算缴纳个人所得税。

11. 【答案】B

【解析】现行税法规定，个人的所得（不含偶然所得等）用于资助非关联的科研机构和高等学校研究开发新产品、新技术、新工艺所发生的研究开发经费，经主管税务机关确定，可以全额在下月（工资、薪金所得）或下次（按次计征的所得）或当年（按年计征的所得）计征个人所得税时，从应纳税所得额中扣除，不足抵扣的，不得结转抵扣。

12. 【答案】C

【解析】选项A：国债利息收入免征个人所得税。选项B：误餐补助不属于纳税人本人工资、薪金所得项目的收入，不予征税。选项C按照“劳务报酬所得”项目计算缴纳个人所得税。选项D：企业和个人按照规定比例缴付的住房公积金、医疗保险、基本养老保险、失业保险，免予征收个人所得税。

13. 【答案】C

【解析】纳税年度内个人投资者从其投资企业（个人独资企业、合伙企业除外）借款，在该纳税年度终了后既不归还又未用于企业生产经营的，未归还的借款可视为企业对个人投资者的红利分配，按照“利息、股息、红利所得”项目计征个人所得税。

14. 【答案】D

【解析】选项A属于“劳务报酬所得”应税项目，选项B属于“工资、薪金所得”应税项目，选项C属于“特许权使用费所得”应税项目。

15. 【答案】B

【解析】自2019年1月1日起至2023年12月31日止，一个纳税年度内在船航行时间累计满183天的远洋船员，其取得的工资、薪金收入减按50%计入应纳税所得额，依法缴纳个人所得税。

16. 【答案】B

【解析】在商品营销活动中，企业和单位对营销业绩突出的非雇员以培训班、研讨会、工作考察等名义组织旅游活动，通过免收差旅费、旅游费对个人实行的营销业绩奖励，应根据所发生费用的全额作为当期的劳务收入，按照“劳务报酬所得”项目征收个人所得税。

17. 【答案】C

【解析】劳务报酬所得、稿酬所得、特许权使用费所得，属于一次性收入的，以取得该项收入为一次；属于同一项目连续性收入的，以一个月内取得的收入为一次。

18. 【答案】C

【解析】选项A：偶然所得，以每次收入额为应纳税所得额。选项B：经营所得，以每一纳税年度的收入总额减除成本、费用以及损失后的余额，为应纳税所得额。选项D：财产转让所得，以转让财产的收入额减除财产原值和合理费用后的余额，为应纳税所得额。

19. 【答案】D

【解析】个人通过国家机关向遭受严重自然灾害的地区捐赠，捐赠额不超过应纳税所得额30%的部分，可以从其应纳税所得额中扣除。捐赠扣除限额 = 60 000 × 30% = 18 000（元）< 实际捐赠支出25 000元，所以只能扣除18 000元，吴某取得中奖收入应缴纳的个人所得税 = (60 000 − 18 000) × 20% = 8 400（元）。

20. 【答案】C

【解析】纳税人接受技能人员职业资格继续教育、专业技术人员职业资格继续教育的支出，在取得相关证书的当年，按照3 600元定额扣除。

21. 【答案】B

【解析】选项B：纳税人为非独生子女的，由其与兄弟姐妹分摊每月2 000元的扣除额度，每人分摊的额度不能超过每月1 000元。可以由赡养人均摊或者约定分摊，也可以由被赡养人指定分摊。

22. 【答案】D

【解析】扣缴义务人向非居民个人支付特许权使用费所得时，应当按以下方法按月或者按次代扣代缴个人所得税：非居民个人的特许权使用费所得，以每次收入额（收入减除20%的费用后的余额）为应纳税所得额，适用按月换算后的非居民个人月度税率表计算应纳税额。应纳税额 = 应纳税所得额 × 税率 − 速算扣除数 = 300 000 × (1 − 20%) × 45% − 15 160 = 92 840（元）。

23. 【答案】A

【解析】居民个人取得全年一次性奖金，在2023年12月31日前，可选择不并入当年综合所得，以全年一次性奖金收入除以12个月得到的数额，查找月度税率表，确定适用税率和速算扣除数，单独计算纳税。24 000 ÷ 12 = 2 000（元），适用3%的税率，王先生就全年一次性奖金应缴纳的个人所得税 = 24 000 × 3% = 720（元）。

24. 【答案】A

【解析】纳税人取得经营所得，按年计算个人所得税，由纳税人在月度或者季度终了后15日内向税务机关报送纳税申报表，并预缴税款；在取得所得的次年3月31日前办理汇算清缴。

25. 【答案】A

【解析】个人与用人单位解除劳动关系取得一次性补偿收入（包括用人单位发放的经济补偿金、生活补助费和其他补助费），在当地上年职工平均工资3倍数额以内的部分，免征个人所得税；超过3倍数额的部分，不并入当年综合所得，单独适用综合所得税率表，计算纳税。王先生取得的一次性补偿收入应缴纳的个人所得税 = (200 000 − 28 000 × 3) × 10% − 2 520 = 9 080（元）。

26. 【答案】B

【解析】个人办理提前退休手续而取得的一次性补贴收入，应按照办理提前退休手续至法定离退休年龄之间实际年度数平均分摊，确定适用税率和速算扣除数，单独适用综合所得税率表，计算纳税。计算公式为：应纳税额 = {[(一次性补贴收入 ÷ 办理提前退休手续至法定退休年龄的实际年度数) − 费用扣除标准] × 适用税率 − 速算扣除数} × 办理提前退休手续至法定退休年龄的实际年度数 = (160 000 ÷ 2

−5 000 ×12）×3% ×2 =1 200（元）。

27.【答案】C

【解析】该项所得的应纳税所得额 = 15 × 10 000 × 80% − 12 × 10 000 × 80% − 8 000 ÷ 10 000 ×（10 000 × 80%） − 10 000 =7 600（元），王某应缴纳的个人所得税 =7 600 ×20% =1 520（元）。

28.【答案】A

【解析】居民个人取得股票期权行权所得，在 2021 年 12 月 31 日前，不并入当年综合所得，全额单独适用综合所得税率表，计算纳税。计算公式为：应纳税额 = 股权激励收入 ×适用税率 − 速算扣除数 = 80 000 ×（8 − 4）×25% − 31 920 = 48 080（元）。

29.【答案】C

【解析】李某当月应缴纳的个人所得税 =（4 000 − 160 − 800 − 800）×10% =224（元）

30.【答案】B

【解析】财产转让所得的抵免限额 = 60 000 ×20% =12 000（元），偶然所得的抵免限额 = 20 000 × 20% = 4 000（元）；张某甲国所得的抵免限额 = 12 000 + 4 000 =16 000（元） > 境外已纳税额 = 12 500 +3 000 = 15 500（元），该项所得需要在我国补缴的税额 = 16 000 − 15 500 = 500（元）。

31.【答案】C

【解析】选项 A：保险赔偿款属于免征个人所得税的收入。选项 B：单位发给个人用于预防新型冠状病毒感染的肺炎的药品、医疗用品和防护用品等实物（不包括现金），不计入工资、薪金收入，免征个人所得税。选项 D：按规定发放的退休工资免征个人所得税。

32.【答案】D

【解析】企业对累积消费达到一定额度的顾客，给予额外抽奖机会，个人的获奖所得，按照“偶然所得”项目，全额适用 20% 的税率缴纳个人所得税。

33.【答案】B

【解析】依法批准设立的非营利性研究开发机构和高等学校，根据规定从职务科技成果转化收入中给予科技人员的现金奖励，可减按 50% 计入科技人员当月“工资、薪金所得”，依法缴纳个人所得税。

34.【答案】D

【解析】省级人民政府、国务院部委和中国人民解放军军以上单位，以及外国组织颁发（颁布）的科学、教育、技术、文化、卫生、体育、环境保护等方面的奖金（奖学金），免征个人所得税。

35.【答案】D

【解析】该出版社应预扣预缴王某的个人所得税 =40 000 ×（1 −20%）×30% − 2 000 =7 600（元）

36.【答案】A

【解析】在境内工作天数包括其在境内的实际工作日以及境内工作期间在境内、境外享受的公休假、个人休假、接受培训的天数。在境内、境外单位同时担任职务或者仅在境外单位任职的个人，在境内停留的当天不足 24 小时的，按照“半天”计算境内工作天数。2020 年约翰在中国境内工作天数 =23.5 +19.5 +7 =50（天）。

37.【答案】B

【解析】收入额 = 不含增值税的收入 ×（1 − 20%） = 40 000 × 80% = 32 000（元）；展业成本 = 收入额 ×25% =32 000 ×25% =8 000（元）；并入综合所得的金额 = 收入额 − 展业成本 − 附加税费 = 32 000 −8 000 −208 =23 792（元）

38.【答案】B

【解析】在一个纳税年度内，在境内累计居住不超过 90 天的非居民个人（非高管），仅就归属于境内工作期间并由境内雇主支付或者负担的工资薪金所得计算缴纳个人所得税。当月工资薪金收入额 = 当月境内外工资薪金总额 ×（当月境内支付工资薪金数额 ÷ 当月境内外工资薪金总额）×（当月工资薪金所属工作期间境内工作天数 ÷ 当月工资薪金所属工作期间公历天数）=（20 000 + 24 000）× 20 000 ÷（20 000 + 24 000）× 27.5 ÷ 30 = 18 333.33（元），约翰 2021 年 6 月份应在中国缴纳个人所得税 =（18 333.33 − 5 000）× 10% − 210 = 1 123.33（元）。

39. **【答案】** D

【解析】 在一个纳税年度内，在境内累计居住超过 90 天但不满 183 天的非居民个人（非高管），取得归属于境内工作期间的工资薪金所得，均应当计算缴纳个人所得税；其取得归属于境外工作期间的工资薪金所得，不征收个人所得税。当月工资薪金收入额 = 当月境内外工资薪金总额 ×（当月工资薪金所属工作期间境内工作天数 ÷ 当月工资薪金所属工作期间公历天数）=（20 000 + 24 000）× 14.5 ÷ 31 = 20 580.65（元）。杰克 2021 年 5 月份应在中国缴纳个人所得税 =（20 580.65 − 5 000）× 20% − 1 410 = 1 706.13（元）。

40. **【答案】** A

【解析】 对一个纳税年度内首次取得工资、薪金所得的居民个人，扣缴义务人在预扣预缴个人所得税时，可按照 5 000 元/月乘以纳税人当年截至本月月份数计算累计减除费用。累计预扣预缴应纳税所得额 = 累计收入 − 累计免税收入 − 累计基本减除费用 − 累计专项扣除 − 累计专项附加扣除 − 累计依法确定的其他扣除 = 15 000 − 5 000 × 7 − 2 000 = − 22 000（元）< 0，本期应预扣预缴税额 0 元。

二、多项选择题

1. **【答案】** AD

【解析】 选项 B：对职工个人以股份形式取得的量化资产仅作为分红依据，不拥有所有权的企业量化资产，征收个人所得税。选项 C：对职工个人以股份形式取得的拥有所有权的企业量化资产，暂缓征收个人所得税。

2. **【答案】** AD

【解析】 个人所得税法规定，在中国境内有住所的个人以及在中国境内无住所但一个纳税年度内在中国境内居住满 183 天的个人，为个人所得税的居民纳税人，对我国的个人所得税负无限纳税义务。

3. **【答案】** ACD

【解析】 居民个人是指在中国境内有住所，或者无住所而一个纳税年度在中国境内居住累计满 183 天的个人，所以选项 A 正确。在一个纳税年度内，在境内累计居住不超过 90 天的非居民个人，仅就归属于境内工作期间并由境内雇主支付或者负担的工资薪金所得计算缴纳个人所得税，所以选项 B 不正确。

4. **【答案】** ABD

【解析】 个人独资企业、合伙企业的个人投资者以企业资金为本人、家庭成员及其相关人员支付与企业生产经营无关的消费性支出及购买汽车、住房等财产性支出，视为企业对个人投资者利润分配，并入投资者个人的生产经营所得，依照“经营所得”项目计征个人所得税。

5. **【答案】** ABCD

【解析】 选项 A、B、C、D 均正确。

6. **【答案】** AD

【解析】 选项 B：属于利息所得。选项 C：属于工资薪酬所得。

7. **【答案】** ABC

【解析】 选项 D：丁转让两项专利，所获得的 3.5 万元和 4.5 万元，应当作为两次收入计缴个人所得税。

8.【答案】BCD

【解析】选项A：为财产租赁所得。

9.【答案】AD

【解析】选项B：个人因从事彩票代销业务而取得的所得，应按照“经营所得”项目计征个人所得税。选项C：演出人员参加本单位义演取得奖金，属于工资、薪金所得。

10.【答案】BD

【解析】选项A：按“工资、薪金所得”计算缴纳个人所得税。选项C：按照“特许权使用费”所得项目计算缴纳个人所得税。

11.【答案】ABC

【解析】选项D：退休人员再任职取得的收入按“工资、薪金所得”项目缴纳个人所得税。

12.【答案】ABC

【解析】选项D：按“利息、股息、红利所得”项目计征个人所得税。

13.【答案】BCD

【解析】个体工商户的生产、经营所得、对企事业单位的承包经营、承租经营所得、个人独资企业和合伙企业的生产经营所得适用5%～35%的五级超额累进税率。选项A，私营有限企业是企业所得税的纳税义务人。

14.【答案】AB

【解析】选项C、D免征个人所得税。

15.【答案】CD

【解析】选项A：雇员取得的半年奖、季度奖，应与当月工资薪金合并纳税。选项B：员工在行权日之前将股票期权转让的，取得的股票期权的转让净收入，按照“工资、薪金所得”缴纳个人所得税。

16.【答案】AB

【解析】选项C：分配给投资者的股息、红利，不得税前扣除。选项D：个人独资企业和合伙企业每一纳税年度发生的与其生产经营业务直接相关的业务招待费支出，按照发生额的60%扣除，但最高不得超过当年销售（营业）收入的5‰。

17.【答案】ABCD

【解析】选项A、B、C、D均正确。

18.【答案】ACD

【解析】选项B：外籍个人领取的非现金形式的住房补贴免征个人所得税。

19.【答案】ABCD

【解析】选项均属于个人所得税专项附加扣除项目。

20.【答案】ABCD

【解析】选项A、B、C、D均属于经营所得。

21.【答案】BD

【解析】选项A按“偶然所得”缴纳个人所得税。选项C：自2010年1月1日起，对个人转让限售股取得的所得，按照“财产转让所得”，适用20%的比例税率征收个人所得税。

22.【答案】ABD

【解析】选项A、B：因任职、受雇、履约等在中国境内提供劳务取得的所得，不论支付地点是否在中国境内，均为来源于中国境内的所得；选项C：转让境外的不动产取得的所得，不属于来源于中国境内的所得；选项D：许可各种特许权在中国境内使用而取得的所得，不论支付地点是否在中国境内，均为来源于中国境内的所得。

23.【答案】ABC

【解析】选项A、D：对职工个人以股份形式取得的拥有所有权的企业量化资产，暂缓征收个人所得税。选项B：对职工个人以股份形式取得的企业量化资产参与企业分配而获得的股息、红利所得按“利息、股息、红利所得”项目征收个人所得税。选项C：待个人将股份转让时，就其转让收入额，减除个人取得该股份时实际支付的费用支出和合理转让费用后的余额，按“财产转让所得”项目计征个人所得税，所以王某转让股权时，应确认的财产转让所得 =40 000 - 23 000 = 17 000（元）。

24. 【答案】ABCD

【解析】有下列情形之一的，纳税人应当依法办理纳税申报：（1）取得综合所得需要办理汇算清缴。（2）取得应税所得没有扣缴义务人。（3）取得应税所得，扣缴义务人未扣缴税款。（4）取得境外所得。（5）因移居境外注销中国户籍。（6）非居民个人在中国境内从两处以上取得工资、薪金所得。

25. 【答案】AD

【解析】个人所得税的纳税义务人依据住所和居住时间两个标准，区分为居民纳税人和非居民纳税人。

26. 【答案】ABC

【解析】选项 A、B、C 属于专项扣除项目。选项 D 属于专项附加扣除项目。

27. 【答案】ACD

【解析】选项 B 属于来源于中国境内的所得。

28. 【答案】BCD

【解析】选项 A：劳务报酬所得、稿酬所得、特许权使用费所得，属于一次性收入的，以取得该项收入为一次；属于同一项目连续性收入的，以一个月内取得的收入为一次。

29. 【答案】ABC

【解析】工资、薪金所得，劳务报酬所得，稿酬所得，特许权使用费所得属于综合所得。

30. 【答案】ABD

【解析】实行个人所得税全员全额扣缴申报的应税所得包括：工资、薪金所得；劳务报酬所得；稿酬所得；特许权使用费所得；利息、股息、红利所得；财产租赁所得；财产转让所得；偶然所得。不包括经营所得。

31. 【答案】AB

【解析】选项 C：劳务报酬所得属于综合所得，居民个人的综合所得，以每一纳税年度的收入额减除费用 6 万元以及专项扣除、专项附加扣除和依法确定的其他扣除后的余额，为应纳税所得额；劳务报酬所得以收入减除 20% 的费用后的余额为收入额。选项 D：经营所得，以每一纳税年度的收入总额减除成本、费用以及损失后的余额，为应纳税所得额。

32. 【答案】BC

【解析】选项 A：纳税人发生的医药费用支出可以选择由本人或者其配偶扣除；选项 D：在一个纳税年度内，纳税人发生的与基本医保相关的医药费用支出，扣除医保报销后个人负担（指医保目录范围内的自付部分）累计超过 15 000 元的部分，由纳税人在办理年度汇算清缴时，在 80 000 元限额内据实扣除。

33. 【答案】AD

【解析】选项 B：夫妻双方主要工作城市相同的，只能由一方扣除住房租金支出。选项 C：纳税人及其配偶在一个纳税年度内不能同时分别享受住房贷款利息和住房租金专项附加扣除。

34. 【答案】ABD

【解析】选项 C：纳税人本人或者配偶单独或者共同使用商业银行或者住房公积金个人住房贷款为本人或者其配偶购买中国境内住房，发生的首套住房贷款利息支出，在实际发生贷款利息的年度，按照每月 1 000 元的标准定额扣除。

35. 【答案】ABCD

【解析】选项表述均正确。

36. 【答案】AD

【解析】选项B、C应按照“工资、薪金所得”项目征收个人所得税。选项A、D是个人取得的不予征税的项目。

37.【答案】ABC

【解析】选项D：居民个人取得劳务报酬所得、稿酬所得、特许权使用费所得的，预扣预缴时不扣除公益捐赠支出，统一在汇算清缴时扣除。

38.【答案】AB

【解析】选项A、B：非上市公司授予本公司员工的股票期权、股权期权、限制性股票和股权奖励，符合规定条件的，经向主管税务机关备案，可实行递延纳税政策，即员工在取得股权激励时可暂不纳税，递延至转让该股权时纳税；股权转让时，按照股权转让收入减除股权取得成本及合理税费后的差额，适用“财产转让所得”项目，按照20%的税率计算缴纳个人所得税。选项C、D：上市公司授予个人的股票期权、限制性股票和股权奖励，经向主管税务机关备案，个人可自股票期权行权、限制性股票解禁或取得股权奖励之日起，在不超过12个月的期限内缴纳个人所得税。

39.【答案】ACD

【解析】选项B：对因特殊情况，员工在行权日之前将股票期权转让的，以股票期权的转让净收入，按照“工资、薪金所得”项目征收个人所得税。选项C：员工将行权后的股票再转让时获得的高于购买日公平市场价的差额，是因个人在证券二级市场上转让股票等有价证券而获得的所得，应按照“财产转让所得”适用的征免规定计算缴纳个人所得税。

40.【答案】CD

【解析】选项A：个体工商户每一纳税年度发生的与其生产经营业务有关的业务招待费支出，按照实际发生额的60%扣除，但最高不得超过当年销售（营业）收入的5‰。选项B：个体工商户在生产、经营期间向非金融企业的借款利息支出，不超过按金融企业同类、同期贷款利率计算的数额部分准予扣除，超过规定的部分，不能扣除。

41.【答案】ABC

【解析】选项D：个人转让股权未提供完整、准确的股权原值凭证，不能正确计算股权原值的，由主管税务机关核定其股权原值。

42.【答案】ABCD

【解析】选项表述均正确。

43.【答案】ABCD

【解析】选项表述均正确。

44.【答案】ABD

【解析】选项A、B按照“利息、股息、红利所得”征收个人所得税。选项C免征个人所得税。选项D：外籍个人以非现金形式或实报实销形式取得的住房补贴和伙食补贴，免征个人所得税，但外籍个人以现金形式取得的住房补贴和伙食补贴不属于免征个人所得税的项目。

45.【答案】BCD

【解析】选项A：大病医疗，为医疗保障信息系统记录的医药费用实际支出的当年。

46.【答案】ABC

【解析】个人拍卖财产的财产原值，是指售出方个人取得该拍卖品的价格（以合法有效凭证为准）。具体为：通过商店、画廊等途径购买的，为购买该拍卖品时实际支付的价款；通过拍卖行拍得的，为拍得该拍卖品实际支付的价款及缴纳的相关税费；通过祖传收藏的，为其收藏该拍卖品而发生的费用；通过赠送取得的，为其受赠该拍卖品时发生的相关税费；通过其他形式取得的，参照以上原则确定财产原值。

三、计算问答题

1. 【答案】

露丝属于无住所居民个人在境内居住累计满183天的年度连续不满六年的情形。

2021年12月境内外工资收入合计 = 4 000 + 30 000 = 34 000（元）

工资、薪金所得收入额 = 当月境内外工资、薪金总额 ×（1 - 当月境外支付工资/当月境内外支付工资总额 × 当月境外工作天数/当月天数）= 34 000 ×（1 - 4 000/34 000 × 9/31）= 32 828.71（元）

2. 【答案】

（1）特许权使用费应缴个人所得税 = 10 000 ×（1 - 20%）× 20% - 1 300 = 300（元）

外资企业支付的劳务报酬所得应缴个人所得税 = 20 000 ×（1 - 20%）× 20% - 3 000 = 200（元）

境外企业支付的劳务报酬所得应缴个人所得税 = 8 000 ×（1 - 20%）× 20% = 1 280（元）

财产转让净所得应缴个人所得税 = 50 000 × 20% = 10 000（元）

因此，如果该外籍个人已在境内连续居住满6个纳税年度，其在我国应缴纳的个人所得税总额应为 = 300 + 200 + 1 280 + 10 000 = 11 780（元）

（2）假设该外籍个人在境内无住所且2021年度内在境内居住累计不满90天，仅就归属于境内工作期间并由境内雇主支付或者负担的工资薪金所得计算缴纳个人所得税。因此，该外籍个人无须缴纳个人所得税。

3. 【答案】

（1）王某承包餐厅的收入，按经营所得项目，适用5% ~ 35%五级超额累进税率征收个人所得税。

（2）可扣除的支出 = 1 200 00 + 300 000 + 50 000 + 100 000 + 200 000 = 770 000（元）。王某的费用扣除标准 = 60 000（元）。全年应纳税所得额 = 1 100 000 - 770 000 - 60 000 = 270 000（元），赞助支出和家庭支出不得在税前扣除。2021年应缴个人所得税 = 270 000 × 20% - 10 500 = 43 500（元）。

（3）王某出租部分每月向房东支付的租金 = 120 000 ÷ 12 ÷ 4 = 2 500（元）。每月应缴纳的个税 =（4 000 - 2 500 - 800）× 20% = 140（元）。

（4）应纳税所得额 = 30 000 - 30 000 × 20% = 24 000（元），应纳个人所得税 = 24 000 × 30% - 2 000 = 5 200（元）。

（5）买彩票中奖应缴个人所得税 = 2 000 × 20% = 400（元）

4. 【答案】

（1）“劳务报酬所得”项目应被预扣预缴的个人所得税 = 60 000 ×（1 - 20%）× 30% - 2 000 + 22 000 ×（1 - 20%）× 20% = 12 400 + 3 520 = 15 920（元）

（2）“稿酬所得”项目应被预扣预缴的个人所得税 = 15 000 ×（1 - 20%）×（1 - 30%）× 20% = 1 680（元）

（3）“财产租赁所得”项目应纳个人所得税：

当月应纳增值税额 = 3 000 × 3% = 90（元）

当月应纳个人所得税 =（3 000 - 90 - 800）× 20% = 422（元）

【提示】刘某自行参加由乙单位组织的商业演出取得的出场费以及应约为某电视剧创作主题曲，获得的报酬，均属于“劳务报酬所得”项目，分别计征；出版著作获取的稿酬所得计算的应纳税款可以减征30%。

5. 【答案】

（1）企业依照国家有关法律规定宣告

破产，企业职工从该破产企业取得的一次性安置费收入、失业保险金免征个人所得税。

（2）转让量化资产股份按“财产转让所得”项目征税，应纳个人所得税 =（30 000 − 2 000）× 20% = 5 600（元）。

（3）转让专利使用权取得的收入按“特许权使用费所得”征税；因分别转让给不同厂商，所以应按两次所得计算，应纳个人所得税 =（4 000 − 800）× 20% + 6 000 ×（1 − 20%）× 20% = 1 600（元）。

（4）B公司应预扣预缴的个人所得税 =（35 000 − 2 000）×（1 − 20%）÷ 76% × 30% − 2 000 = 8 421.05（元）

【提示】企业依照国家有关法律规定宣告破产，企业职工从该破产企业取得的一次性安置费收入、失业保险金免征个人所得税。个人因与用人单位解除劳动关系而取得的一次性补偿收入，其收入在当地上年职工平均工资3倍数额以内的部分免征个税，超过3倍部分可视为一次取得数月工资，允许在一定期限内平均计算。

6. **【答案】**

（1）审稿所得属于劳务报酬所得。李某3月份审稿所得预扣预缴的个人所得税 = 50 000 ×（1 − 20%）× 30% − 2 000 = 10 000（元）。

（2）李某4月份出版小说预扣预缴的个人所得税 = 25 000 ×（1 − 20%）× 70% × 20% = 2 800（元）

（3）作者将自己的文字作品手稿原件或复印件公开拍卖（竞价）取得的所得，按照“特许权使用费所得”项目缴纳个人所得税。李某5月份拍卖小说手稿复印件所得预扣预缴的个人所得税 = 30 000 ×（1 − 20%）× 20% = 4 800（元）。

（4）对于劳务报酬所得，属于同一项目连续性收入的，以一个月内取得的收入为一次。李某6月份授课收入预扣预缴的个人所得税 =（700 × 4 − 800）× 20% = 400（元）。

（5）李某7月出版小说预扣预缴的个人所得税 =（3 000 − 800）× 70% × 20% = 308（元）

（6）工资、薪金所得，劳务报酬所得，稿酬所得，特许权使用费所得，属于综合所得，居民个人的综合所得，以每一纳税年度的收入额减除费用六万元以及专项扣除、专项附加扣除和依法确定的其他扣除后的余额，为应纳税所得额。劳务报酬所得、稿酬所得、特许权使用费所得以收入减除20%的费用后的余额为收入额。稿酬所得的收入额减按70%计算。

综合所得应纳税所得额 = 20 000 × 12 + 50 000 ×（1 − 20%）+ 25 000 ×（1 − 20%）× 70% + 30 000 ×（1 − 20%）+ 700 × 4 ×（1 − 20%）× 6 + 3 000 ×（1 − 20%）× 70% − 60 000 − 1 500 × 12 −（1 000 + 1 000）× 12 = 333 120 − 60 000 − 18 000 − 24 000 = 231 120（元）

综合所得应纳个人所得税 = 231 120 × 20% − 16 920 = 29 304（元）

四、综合题

1. **【答案】**

（1）李某投资的个人独资企业，在计算应纳税所得税时，纳税调整事项有：

李某的工资调整额 = 6 − 6 = 0（万元）

家庭生活费纳税调整额 = 4 万元

轿车的纳税调整额 = −2 万元

赞助物品的纳税调整额 = 10 万元

存货跌价准备调整额 = 3 万元

招待费扣除限额 = 400 × 5‰ = 2（万元），3 × 60% = 1.8（万元），限额为1.8万元；招待费的纳税调整 = 3 − 1.8 = 1.2（万元）；

利息支出的纳税调整 = 8 − 6 = 2（万元）

独资企业应纳税所得额 = -3 + 0 + 4 - 2 + 10 + 3 + 1.2 + 2 = 15.2（万元）

（2）李某投资的个人独资企业应纳个人所得税 = 152 000 × 20% - 10 500 = 19 900（元）

（3）存款利息和国债利息免税；全面“营改增”之后，个人出租住房应缴增值税 = 3 000 ÷（1 + 5%）× 1.5% = 42.86（元）；个人出租房屋应缴纳房产税 = 3 000 × 4% = 120（元）；修缮费用扣除标准为 800 元，缴纳个人所得税 =（3 000 - 42.86 - 120 - 800 - 800）× 10% = 123.71（元）。

【提示】个人出租住房按照 5% 的征收率减按 1.5% 计算应纳税额。从 2001 年 1 月 1 日起，对个人按市场价格出租的居民住房，用于居住的，可暂减按 4% 的税率征收房产税。

2. **【答案】**

（1）张某全年应纳税所得额 = 320 000 - 250 600 + 88 400 - 60 000 - 24 000 = 73 800（元）

（2）张某全年应缴纳个人所得税 = 73 800 × 10% - 1 500 = 5 880（元）

（3）张某 2021 年度应申请的个人所得税退税额 = 10 200 - 5 880 = 4 320（元）

（4）张某取得经营所得，按年计算个人所得税，由纳税人在月度或季度终了后 15 日内，向经营管理所在地主管税务机关办理预缴纳税申报；在取得所得的次年 3 月 31 日前，向经营管理所在地主管税务机关办理汇算清缴。因此，按照税收法律、法规和文件规定，先计算全年应纳税所得额，再计算全年应纳税额。并根据全年应纳税额和当年已预缴税额计算出当年度应补（退）税额。

3. **【答案】**

（1）陈某全年综合所得应纳税所得额 = 8 000 × 12 +（10 000 + 50 000）×（1 - 20%）×（1 - 30%）+ 10 800 ×（1 - 20%）×（1 - 30%）- 60 000 - 24 000 = 51 648（元）

陈某全年综合所得额应缴纳的个人所得税额 = 51 648 × 10% - 2 520 = 2 644.8（元）

（2）年终奖应纳税款 = 64 000 × 10% - 210 = 6 190（元）

（3）财产租赁所得，按月计算应纳的个人所得税，月租金是 96 000 ÷ 12 = 8 000（元）

月租金收入应缴纳的个人所得税 =（8 000 - 8 000 × 4%）×（1 - 20%）× 10% = 614.4（元）

全年应缴纳的个人所得税 = 614.4 × 12 = 7 372.8（元）

【提示】个人出租住房免征印花税，自 2008 年 3 月 1 日起，对个人出租住房，不区分用途，按 4% 的税率征收房产税。

（4）转让股票暂免交个人所得税。

（5）个人将书画作品、古玩等公开拍卖取得的收入减除其财产原值和合理费用后的余额，按“财产转让所得”项目计征个人所得税。其财产原值确定方法为：能提供完整、准确的财产原值凭证的，以凭证上注明的价格为其财产原值；不能提供完整、准确的财产原值凭证，不能正确计算财产原值的，按转让收入额的 3% 征收率计算缴纳个人所得税。税款由拍卖单位负责代扣代缴。

转让名人字画应缴纳的个人所得税 = 80 000 × 3% = 2 400（元）

（6）①来自 A 国所得抵免限额 = 8 000 × 20% = 1 600（元）

在 A 国实际缴纳个人所得税 400 元，应补缴个人所得税 = 1 600 - 400 = 1 200（元）。

②来自 B 国所得的抵免限额 $=60\,000\times(1-20\%)\times30\%-2\,000=12\,400$（元），已在 B 国缴纳个人所得税 18 000 元，超过了抵免限额 12 400 元，超限额部分不允许在应纳税额中抵扣，但可在以后纳税年度的 B 国的扣除限额的余额中补扣。

③应补缴个人所得税合计 1 200 元。

4. **【答案】**

（1）兼职收入预扣预缴的个人所得税 $=(3\,000-800)\times20\%=440$（元）

（2）保险赔款免征个人所得税，应纳税额为 0。李某取得的福利彩票中奖收入应缴纳的个人所得税 $=30\,000\times20\%=6\,000$（元）。

（3）自 2015 年 9 月 8 日起，个人从公开发行和转让市场取得的上市公司股票，持股期限在 1 个月以内（含 1 个月）的，其股息红利所得全额计入应纳税所得额；持股期限在 1 个月以上至 1 年（含 1 年）的，暂减按 50% 计入应纳税所得额；持股期限超过 1 年的，暂免征收个人所得税。李某取得的股息红利所得应缴纳的个人所得税 $=12\,000\times50\%\times20\%=1\,200$（元）。

（4）李某出售住房应缴纳的个人所得税 $=(200\,000-90\,000-8\,000)\times20\%=20\,400$（元）

（5）独生子女补贴不征收个人所得税。

综合所得应纳税所得额 $=18\,000\times12+3\,000\times(1-20\%)-60\,000-1\,000\times12-(500+2\,000)\times12=116\,400$（元）

应纳个人所得税 $=116\,400\times10\%-2\,520=9\,120$（元）

第六章　城市维护建设税法和烟叶税法

本章考情分析

本章为非重点税种。城市维护建设税作为附加税，虽然在政策内容上具有独立性，但在具体计算上与增值税、消费税存在密切的关联关系。烟叶税和增值税结合考察农产品的抵扣计算。本章重点注意城建税和教育费附加可能会穿插在企业所得税的计算题或者综合题中，在确定企业所得税的扣除项目金额时，应充分考虑到这一记入“税金及附加”科目的税种。从近几年的试题看，题型均为单项选择题，多项选择题、计算分析题、综合题也会涉及，题量为 2 ~ 3 题，分值不高。主要考点集中在城市维护建设税的计税依据、城市维护建设税应纳税额的计算、教育费附加等应纳税额（费）的计算、烟叶税应纳税额的计算和烟叶税征收管理。

本章教材主要变化

根据 2021 年 9 月 1 日起施行的《中华人民共和国城市维护建设税法》新增了城市维护建设税的内容。

本章高频考点

考点 1　城市维护建设税

（一）税率、计税依据和应纳税额的计算

1. 税率——地区差别比例税率。

档次	纳税人所在地	税率
1	市区	7%
2	县城、镇	5%
3	不在市区、县城或者镇	1%

2. 计税依据。

（1）纳税人依法实际缴纳的增值税、消费税税额之和。

城市维护建设税的计税依据应当按照规定扣除期末留抵退税退还的增值税税额。

纳税人违反增值税、消费税有关规定而加收的滞纳金和罚款，不作为城市维护建设税的计税依据。

纳税人违反增值税、消费税有关规定，在被查补增值税、消费税并被处以罚款时，也要对其偷漏的城市维护建设税进行补税、征收滞纳金、并处罚款。

（2）增值税、消费税享受减征或免征优惠，城市维护建设税也要同时减免。

（3）城市维护建设税进口不征，出口不退。

3. 应纳税额的计算。

应纳税额＝（实际缴纳增值税税额＋实际缴纳消费税税额）×适用税率

（二）税收优惠和征收管理

1. 税收优惠。

根据国民经济和社会发展的需要，国务院对重大公共基础设施建设、特殊产业和群体以及重大突发事件应对等情形可以规定减征或者免征城市维护建设税，报全国人民代表大会常务委员会备案。

2. 征收管理。

纳税环节、纳税地点（一般情况）、纳税义务发生时间、纳税期限与增值税、消费税一致。

【例题·单选题】（2020年改编）位于县城的某工业企业，2020年8月缴纳增值税560 000元，税务机关在当月检查中发现企业以前月份采用隐瞒收入的方式少缴纳增值税65 000元，税务机关对其征收滞纳金4 800元，罚款35 000元。该企业当月应缴纳的城市维护建设税为（　　）元。

A. 31 000　　B. 31 250

C. 32 990　　D. 33 240

【答案】 B

【解析】 纳税人违反增值税、消费税有关规定而加收的滞纳金和罚款，不作为城建税的计税依据。该企业当月应缴纳的城市维护建设税＝(560 000＋65 000)×5%＝31 250（元）。

【例题·多选题】（2020年改编）下列关于城市维护建设税税务处理的表述中，符合税法规定的有（　　）。

A. 城市维护建设税的纳税环节实际就是纳税人缴纳增值税、消费税的环节

B. 实行增值税期末留抵退税的纳税人，准予从城市维护建设税的计税依据中扣除退还的增值税税额

C. 退还出口产品增值税时应同时退还已缴纳的城市维护建设税

D. 海关进口产品代征的增值税应同时代征城市维护建设税

【答案】 AB

【解析】 选项C、D：城市维护建设税"进口不征、出口不退"。

【例题·单选题】（2019年）位于某县城的甲企业2019年7月缴纳增值税80万元，其中含进口环节增值税20万元；缴纳消费税40万元，其中含进口环节消费税20万元。甲企业当月应缴纳的城市维护建设税为（　　）万元。

A. 2　　B. 8

C. 4　　D. 6

【答案】 C

【解析】 城市维护建设税以纳税人实际缴纳的增值税、消费税为计税依据，城建税具有进口不征、出口不退的规则。甲企业当月应缴纳的城市维护建设税＝(80－20＋40－20)×5%＝4（万元）。

【例题·单选题】（2016年）企业缴纳的下列税额中，应作为城市维护建设税计税依据的是（　　）。

A. 消费税税额

B. 房产税税额

C. 城镇土地使用税税额

D. 关税税额

【答案】 A

【解析】 城建税的计税依据是纳税人实际缴纳的增值税、消费税税额。

【例题·单选题】（2015年）位于市区的甲企业2015年7月销售产品缴纳增值税

和消费税共计 50 万元，被税务机关查补增值税 15 万元并处罚款 5 万元，甲企业 7 月应缴纳的城市维护建设税为（　　）万元。

A. 3.25　　B. 4.9

C. 3.5　　D. 4.55

【答案】D

【解析】城市维护建设税的计税依据包括实际缴纳的增值税、消费税和被税务机关处罚时补缴的增值税、消费税，不包括有关的罚款和滞纳金。甲企业 7 月应缴纳的城市维护建设税 =（50 + 15）× 7% = 4.55（万元）。

考点 2 教育费附加和地方教育附加

（一）教育费附加和地方教育附加计征比率

教育费附加征收比率为 3%。

地方教育附加征收比率为 2%。

（二）教育费附加和地方教育附加的计算

教育费附加和地方教育附加的计税依据同城市维护建设税。

（三）教育费附加和地方教育附加的减免规定

1. 进口不征，出口不退。

2. 对由于减免增值税、消费税而发生的退税，可同时退还已征收的教育费附加。

3. 对国家重大水利工程建设基金免征教育费附加。

4. 自 2016 年 2 月 1 日起，按月纳税的月销售额或者营业额不超过 10 万元（按季度纳税的季度销售额或营业额不超过 30 万元）的缴纳义务人，免征教育费附加、地方教育附加。

提示 自 2021 年 4 月 1 日至 2022 年 12 月 31 日，小规模纳税人发生增值税应税销售行为，合计月小规模纳税人发生增值税应税销售行为，合计月销售额未超过 15 万元（以 1 个季度为 1 个纳税期的，季度销售额未超过 45 万元）的，免征增值税。因此目前政策适用的月度销售额为 15 万元，季度销售额为 45 万元。

考点 3 烟叶税

（一）纳税义务人和征税范围

1. 纳税义务人。

在中华人民共和国境内，依照《中华人民共和国烟草专卖法》的规定收购烟叶的单位。

2. 征税范围。

晾晒烟叶、烤烟叶。

3. 计税依据。

烟叶税的计税依据为纳税人收购烟叶实际支付的价款总额。

（二）税率和应纳税额的计算

1. 税率。

烟叶税实行比例税率，税率为 20%。

2. 应纳税额的计算。

应纳税额 = 实际支付价款总额 × 税率（20%）

实际支付的价款总额包括纳税人支付给烟叶生产销售单位和个人的烟叶收购价款和价外补贴。

实际支付价款总额 = 收购价款 ×（1 + 10%）

【例题】某烟草公司系增值税一般纳税人，2020 年 9 月收购烟叶 70 000 千克，烟叶收购价格 40 元/千克，总计 2 800 000 元，货款已全部支付。请计算该烟草公司 9 月收购烟叶应缴纳的烟叶税。

【答案】应缴纳烟叶税 = 2 800 000 ×（1 + 10%）× 20% = 616 000（元）。

提示 关于价外补贴，在烟叶税和增值税中的处理不尽相同：

烟叶税中，不论实际支付的价外补贴是多少，均按照 10% 计算，该比例是固定的，也就是说烟叶税 =（收购价款 + 收购价款 × 10%）× 20%。增值税中，计算抵扣进项税额的时候，计入实际支付价款总额的价外补贴以实际金额为准，不是固定的运用10%的比例计算，因为增值税讲究的是凭票计算，而票上记载的一定是实际发生的数额。所以计算增值税进项税额的时候，是按照实际支付的价外补贴计算的，即可以抵扣的进项税额=（收购价款+实际支付的价外补贴+烟叶税）×扣除率。

（三）征收管理

1. 纳税义务发生时间。

纳税人收购烟叶的当日。

2. 纳税期限。

烟叶税按月计征，纳税人应当于纳税义务发生月终了之日起15日内申报并缴纳税款。

3. 纳税地点。

纳税人收购烟叶，应当向烟叶收购地的主管税务机关申报纳税。

【例题·多选题】（2019年）2019年7月，甲市某烟草公司向乙县某烟叶种植户收购了一批烟叶，收购价款100万元、价外补贴10万元。下列关于该笔烟叶交易涉及烟叶税征收管理的表述中，符合税法规定的有（　　）。

A. 纳税人为烟草公司

B. 应向甲市主管税务机关申报纳税

C. 应纳税额为22万元

D. 应在次月15日内申报纳税

【答案】ACD

【解析】选项B：纳税人应当向烟叶收购地（乙县）的主管税务机关申报缴纳烟叶税。

【例题·单选题】（2017年）某烟草公司2017年8月8日支付烟叶收购价款88万元，另向烟农支付了价外补贴10万元。该烟草公司8月收购烟叶应缴纳的烟叶税为（　　）万元。

A. 17.6　　B. 19.36

C. 21.56　　D. 19.6

【答案】B

【解析】应缴纳的烟叶税=88×（1+10%）×20%=19.36（万元）。

【例题·单选题】（2015年改编）甲县某烟草公司去相邻的乙县收购烟叶，2020年8月9日支付烟叶收购价款80万元，另对烟农支付了价外补贴。下列纳税事项的表述中，正确的是（　　）。

A. 烟草公司应在8月23日申报缴纳烟叶税

B. 烟草公司8月收购烟叶应缴纳烟叶税17.6万元

C. 烟草公司应向甲县主管税务机关申报缴纳烟叶税

D. 烟草公司收购烟叶的纳税义务发生时间是8月10日

【答案】B

【解析】选项A、D：纳税人应当自纳税义务发生月终了之日起15日内申报并缴纳税款。该烟草公司收购烟叶的纳税义务发生时间为收购烟叶的当天（8月9日），那么应于9月15日前申报缴纳烟叶税。选项B：应纳烟叶税税额=实际支付的价款总额（收购价款和价外补贴）×烟叶税税率=80×（1+10%）×20%=17.6（万元）。选项C：纳税人收购烟叶应当向烟叶收购地（乙县）的主管税务机关申报纳税。

通关演练

一、单项选择题

1. 下列各项中，不作为城市维护建设税计税依据的是（　　）。

A. 纳税人被认定为偷税少缴的增值税款

B. 纳税人被认定为抗税少缴的消费税款

C. 纳税人欠缴的消费税

D. 对欠缴增值税加收的滞纳金

2. 某乡镇企业位于县区，6 月缴纳增值税 5 万元，消费税 3 万元，则该企业当月应缴纳城市维护建设税为（　　）万元。

A. 0.56　　B. 0.4

C. 0.08　　D. 0.35

3. 设在市区的某企业 2021 年 8 月拖欠增值税 20 000 元，经查出后，补缴增值税并加罚滞纳金 5 000 元。当月应缴纳的消费税 60 000 元。当月应缴纳的城市维护建设税为（　　）元。

A. 5 600　　B. 6 300

C. 6 335　　D. 4 935

4. 教育费附加的征收比率是（　　）。

A. 7%　　B. 5%

C. 3%　　D. 1%

5. 烟叶税的税率为（　　）。

A. 5%　　B. 10%

C. 15%　　D. 20%

6. 纳税人收购烟叶，应当向烟叶收购地的主管税务机关申报纳税。纳税人应当于纳税义务发生月终了之日起（　　）日内申报并缴纳税款。

A. 5　　B. 10

C. 15　　D. 30

7. 位于市区的某企业 2021 年 11 月共缴纳增值税、消费税和关税 562 万元，其中关税 102 万元，进口环节缴纳的增值税和消费税 260 万元。该企业 11 月应缴纳的城市维护建设税为（　　）万元。

A. 12　　B. 14

C. 32.2　　D. 39.34

8. 下列各项中，可以作为计算城市维护建设税的依据的是（　　）。

A. 出口货物缴纳的增值税

B. 滞纳金

C. 因漏缴增值税而缴纳的罚款

D. 进口货物缴纳的增值税款

9. 某城市一卷烟厂委托某县城一卷烟厂加工一批雪茄烟，委托方提供原材料 40 000 元，支付加工费 5 000 元（不含增值税），雪茄烟消费税税率为 25%，这批雪茄烟无同类产品市场价格，受托方代收代缴消费税时，应代收代缴的城市维护建设税及教育费附加为（　　）元。

A. 750　　B. 975

C. 1 200　　D. 1 275

10. 位于市区的甲实木地板厂，2021 年 5 月实际缴纳增值税和消费税 362 万元，其中包括由位于县城的乙企业代收代缴的消费税 30 万元、进口环节增值税和消费税 50 万元、被税务机关查补的增值税 12 万元。补交增值税同时缴纳的滞纳金和罚款共计 8 万元。则甲厂本月应向所在市区税务机关缴纳的城市维护建设税为（　　）万元。

A. 18.9　　B. 19.74

C. 20.3　　D. 25.34

11. 下列各项行为中，需要按照有关规定缴纳城市维护建设税的是（　　）。

A. 国有企业购置房地产

B. 个体工商户转让经营用房

C. 非上市公司股权转让

D. 进口小汽车

12. 甲烟草公司为增值税一般纳税人，9 月收购烟叶 20 000 千克，烟叶收购价为 10 元/千克，货款已全部支付。该烟草公司 9 月收购烟叶应缴烟叶税（　　）元。

A. 44 000　　B. 40 000

C. 30 000　　D. 33 000

13. 某卷烟厂向某农场收购烟叶，收购凭证上注明收购价款 5 万元，该卷烟厂应纳烟叶税（　　）元。

A. 5 000　　B. 5 500

C. 10 000　　D. 11 000

14. 2021年10月，某烟草公司向烟农收购烟叶10 000千克，款项已付并开具了收购凭证。已知该地区该类型的烟叶国家统一收购价为800元/50千克。该烟草公司应缴纳的烟叶税为（　　）元。

A. 16 000　　B. 32 000

C. 35 200　　D. 17 600

15. 某县城一加工企业2021年3月因进口半成品缴纳增值税120万元，销售产品缴纳增值税280万元（已考虑进口环节增值税的抵扣），本月又出租门面房收到不含增值税租金40万元（按简易计税方法缴纳增值税）。该企业本月应缴纳的城市维护建设税、教育费附加和地方教育附加合计为（　　）万元。

A. 28.2　　B. 32

C. 33.84　　D. 35.2

16. 下列关于烟叶税的说法中，不正确的是（　　）。

A. 烟叶税的纳税人为销售烟叶的单位和个人

B. 烟叶税的征税范围为晾晒烟叶、烤烟叶

C. 纳税人收购烟叶，应当向烟叶收购地的主管税务机关申报纳税

D. 纳税人应当于纳税义务发生月终了之日起15日内申报并缴纳税款

17. 下列不属于城建税纳税人的是（　　）。

A. 仅缴纳进口环节增值税的甲公司

B. 在中国境内缴纳消费税的个人

C. 在中国境内缴纳消费税的股份制企业

D. 在中国境内缴纳增值税的私营企业

18. 甲生产企业地处市区，2021年4月销售货物缴纳增值税30万元，缴纳消费税25万元，缴纳企业所得税30万元。甲企业当月应缴纳城市维护建设税（　　）万元。

A. 3.15　　B. 3.85

C. 4.55　　D. 5.95

19. 甲烟草公司2021年12月向烟农收购一批晾晒烟叶，支付收购价款为127万元，实际支付的价外补贴是10万元。则甲烟草公司应缴纳烟叶税（　　）万元。

A. 25.4　　B. 25.74

C. 27.4　　D. 27.94

20. 位于市区的某生产企业为增值税一般纳税人，经营内销与出口业务。2021年5月实际向税务机关缴纳增值税50万元，当期取得增值税出口退税款16万元。该企业2021年5月应缴纳城市维护建设税、教育费附加、地方教育附加合计（　　）万元。

A. 4.8　　B. 5.52

C. 6　　D. 7.92

21. 某市区一家生产企业（一般纳税人）2021年5月缴纳进口环节增值税30万元，进口环节消费税52.94万元；本月向税务机关实际缴纳增值税72万元，消费税160万元。在税务检查过程中发现，该企业上月隐瞒销售废旧的包装物收入100万元（含税），本月被查补相关税金，并缴纳有关罚款和滞纳金共8万元。该企业5月份应纳城市维护建设税、教育费附加及地方教育附加合计（　　）万元。

A. 27.84　　B. 29.22

C. 37.80　　D. 39.84

22. 根据烟叶税的有关规定，下列说法正确的是（　　）。

A. 收购烟叶的单位和个人为烟叶税的纳税人

B. 烟叶税的纳税人应当于纳税义务发生月终了之日起10日内申报缴纳税款

C. 烟叶税实行比例税率，税率为20%

D. 烟叶税应向收购单位的机构所在地

缴纳

23. 下列各项中，属于城市维护建设税和教育费附加的计税依据的是（　　）。

A. 纳税人开采销售天然气按规定缴纳的资源税

B. 纳税人欠缴增值税被加收的滞纳金

C. 纳税人欠缴消费税被加收的罚款

D. 逃避缴纳增值税而被查补的税款

24. 位于市区的某公司 2021 年 12 月应缴纳增值税 170 万元，实际缴纳增值税 220 万元（包括缴纳以前年度欠缴的增值税 50 万元），另加收滞纳金 8 万元。则该公司当月应缴纳的城市维护建设税和教育费附加合计为（　　）万元。

A. 17　　B. 17.8

C. 22　　D. 22.8

25. 位于县城的某企业是实行增值税期末留抵退税的一般纳税人。2021 年 6 月向税务机关实际缴纳增值税和向海关缴纳进口环节的税金合计 100 万元，其中进口环节关税 20 万元、增值税 9 万元、消费税 5 万元。该企业当月取得税务机关退还的增值税留抵退税额 27 万元，则该企业 2021 年 6 月应缴纳的城市维护建设税为（　　）万元。

A. 5　　B. 4

C. 3.58　　D. 1.95

二、多项选择题

1. 下列各项中，不可以作为城市维护建设税计税依据的有（　　）。

A. 受托方代收代缴的消费税

B. 纳税人延期缴纳增值税的罚款

C. 纳税人延期缴纳增值税而加收的滞纳金

D. 纳税人因偷税而被查补的增值税

2. 城市维护建设税具有的特点有（　　）。

A. 征收范围较广

B. 是一种附加税

C. 根据城建规模设计税率

D. 保证城市公共事业和公共设施的维护和建设

3. 城市维护建设税的纳税人包括（　　）。

A. 缴纳增值税的国有企业

B. 缴纳消费税的中外合资企业

C. 缴纳增值税的个体工商户

D. 缴纳消费税的私营企业

4. 下列项目中，不属于城市维护建设税计税依据的有（　　）。

A. 纳税人实际缴纳的“增值税、消费税”

B. 海关对企业进口产品代征的“增值税、消费税”

C. 纳税人计算出的“增值税、消费税”

D. 受托方代扣代缴的“增值税、消费税”

5. 下列各项中，可以作为城市维护建设税计税依据的有（　　）。

A. 纳税人滞纳增值税而加收的滞纳金和罚金

B. 纳税人享受减免税后实际缴纳的增值税

C. 纳税人偷逃增值税被查补的税款

D. 外贸出口企业缴纳的增值税

6. 下列关于城市维护建设税的表述中，正确的有（　　）。

A. 城市维护建设税不适用于外商投资企业

B. 城市维护建设税的纳税环节就是纳税人缴纳“两税”的环节

C. 城市维护建设税实行地区差别比例税率，设置了 7%、5% 和 3% 三档税率

D. 城市维护建设税按实际缴纳的“两税”税额计征，随“两税”的法定减免而

减免

7. 下列关于城市维护建设税纳税地点的表述中，正确的有（　　）。

A. 纳税人直接缴纳“两税”的，在缴纳“两税”地缴纳城市维护建设税

B. 流动经营等无固定纳税地点的单位和个人，应随同“两税”在经营地缴纳城市维护建设税

C. 运输单位的城市维护建设税应该在运输劳务所在地缴纳

D. 代扣代缴增值税、消费税和营业税的，在代扣代缴方所在地缴纳

8. 下列各项中，属于城市维护建设税计税依据的有（　　）。

A. 偷逃增值税而被查补的税款

B. 偷逃消费税而加收的滞纳金

C. 依法实际缴纳的增值税税额

D. 偷逃消费税而加收的罚款

9. 下列各项中，应作为城市维护建设税计税依据的有（　　）。

A. 纳税人被查补的消费税税额

B. 纳税人依法实际缴纳的增值税、消费税税额

C. 纳税人被查补的增值税税额

D. 缴纳的进口产品增值税税额和消费税税额

10. 下列关于城市维护建设税的表述中，正确的有（　　）。

A. 纳税人一般应在增值税和消费税的纳税地点缴纳城市维护建设税

B. 对出口产品退还增值税、消费税的，不退还已经缴纳的城市维护建设税

C. 城市维护建设税的计税依据，是指纳税人实际缴纳的增值税、消费税税额（包括被查补的税款本身）

D. 纳税人在被查补增值税、消费税并被处以罚款时，应同时对其偷漏的城市维护建设税进行补税、征收滞纳金、并处以罚款

11. 下列关于城市维护建设税的表述中，正确的有（　　）。

A. 王某销售自己使用过的电视机，不需要缴纳城市维护建设税

B. 李某买卖股票，需要缴纳城建税

C. 外贸企业进口应税消费品需计算缴纳关税、消费税、增值税，并同时将其作为城市维护建设税的计税依据

D. 城市维护建设税是一种附加税，其本身没有特定的课税对象

12. 下列各项中，不属于城市维护建设税计税依据的有（　　）。

A. 进口产品由海关代征的“增值税、消费税”税额

B. 纳税人因违反“增值税、消费税”有关规定而被加收的滞纳金

C. 纳税人因违反“增值税、消费税”有关规定而被加收的罚款

D. 纳税人因逃避缴纳“增值税、消费税”被查补的税款

13. 根据国民经济和社会发展的需要，国务院对特定情形可以规定减征或者免征城市维护建设税，报全国人民代表大会常务委员会备案，该情形包括（　　）。

A. 重大突发事件应对

B. 重大公共基础设施建设

C. 特殊群体

D. 特殊产业

14. 下列关于烟叶税征收管理的说法中，正确的有（　　）。

A. 烟叶税的纳税义务发生时间为纳税人向烟叶销售者付讫收购烟叶款项或者开具收购烟叶凭据的当日

B. 纳税人应当向烟叶收购地的主管税务机关申报缴纳烟叶税

C. 烟叶税的纳税义务发生时间为烟叶发出的当日

D. 纳税人应当向纳税人机构所在地的主管税务机关申报缴纳烟叶税

15. 下列关于城市维护建设税的表述中，说法正确的有（　　）。

A. 城市维护建设税的纳税环节，实际就是纳税人缴纳增值税、消费税的环节

B. 一般情况，纳税人缴纳增值税、消费税的地点，就是纳税人缴纳城市维护建设税的地点

C. 进口货物缴纳的进口环节增值税，不作为城市维护建设税的计税依据

D. 出口产品退还增值税、消费税的，城市维护建设税也同时退还

16. 下列各项中，表述不正确的有（　　）。

A. 在中国境内收购生烟叶的烟草公司是烟叶税的纳税人

B. 在中国境内收购晾晒烟叶的李某为烟叶税的纳税人

C. 烟叶税按次计征

D. 烟叶税纳税人应当于纳税义务发生月终了之日起15日内申报并缴纳税款

17. 下列行为中，需要缴纳城市维护建设税和教育费附加的有（　　）。

A. 企业出售不动产

B. 农业生产者销售自产农产品

C. 企业购买办公楼

D. 化妆品生产企业销售高档化妆品

三、计算问答题

1. 设在某镇的卷烟企业2021年11月应缴纳增值税21万元，消费税5万元。其中本月出口一批香烟已缴纳增值税、消费税合计2万元，预计下月退税；企业本月得到增值税、消费税退库款1万元；当月企业接受委托为外单位加工一批香烟，交货时，该企业代收代缴消费税1.5万元；月中企业被查出拖欠增值税1万元，补缴并加罚滞纳金300元。

要求：根据上述资料，计算该企业本月应缴纳的城市维护建设税及教育费附加。

2. 某县城一内资生产企业为增值税一般纳税人。本期进口原材料一批，向海关缴纳进口环节增值税10万元；本期在国内销售甲产品缴纳增值税22万元、消费税58万元，由于缴纳消费税时超过纳税期限10天，被罚滞纳金1万元，退回增值税5万元。

要求：根据上述资料，计算该企业本期应缴纳的城市维护建设税、教育费附加和地方教育附加。

答案及解析

一、单项选择题

1. 【答案】D

【解析】滞纳金不作为城建税的计税依据。

2. 【答案】B

【解析】应缴纳的城市维护建设税 =（3 +5）×5% =0.4（万元）

3. 【答案】A

【解析】增值税的滞纳金不作为城市维护建设税的计税依据，应缴城市维护建设税 =（20 000 + 60 000）× 7% = 5 600（元）。

4. 【答案】C

【解析】教育附加费的征收比率是3%。

5. 【答案】D

【解析】烟叶税实行比例税率，税率为20%。

6. 【答案】C

【解析】烟叶税按月计征，纳税人应当于纳税义务发生月终了之日起15日内申报并缴纳税款。

7. 【答案】A

【解析】关税以及进口环节的增值税和消费税不属于城市维护建设税的计税依据，应缴纳的城市维护建设税 =（562 − 102 − 260）×7% =14（万元）。

8. 【答案】A

【解析】选项 BC：罚款、滞纳金是税务机关对纳税人违法行为的经济制裁，不作为城市维护建设税的计税依据；城市维护建设税进口不征，出口不退，故选项 D 错误。

9. 【答案】C

【解析】由受托方代征代扣增值税、消费税的纳税人，按受托方所在地适用税率计算代征代扣城市维护建设税及教育费附加。委托加工的应税消费品计税依据首选受托方同类消费品的销售价格，无同类销售价格的，按照组成计税价格计税。组成计税价格 =（材料成本 + 加工费）÷（1 − 比例税率）=（40 000 + 5 000）÷（1 − 25%）= 60 000（元）。应代收代缴的消费税 = 组成计税价格 × 税率 = 60 000 × 25% = 15 000（元）。应代收代缴的城市维护建设税及教育费附加 = 15 000 ×（5% + 3%）= 1 200（元）。

10. 【答案】B

【解析】代收代缴的消费税在县城缴纳城市维护建设税，进口环节不征收城市维护建设税，所以甲厂本月应向所在市区税务机关缴纳的城市维护建设税 =（362 − 30 − 50）×7% =19.74（万元）。

11. 【答案】B

【解析】选项 A：购置房地产须缴纳契税，不缴纳增值税无须缴纳城市维护建设税。选项 C：非上市公司股权转让不属于增值税的征税范围，无须缴纳城市维护建设税。选项 D：由海关代征的消费税和增值税不计算缴纳城市维护建设税。

12. 【答案】A

【解析】按照相关规定，纳税人收购烟叶应纳税额 = 收购价款 ×（1 +10%）× 税率 = 20 000 × 10 ×（1 + 10%）× 20% = 44 000（元）。

13. 【答案】D

【解析】烟叶收购金额 = 50 000 ×（1 + 10%）= 55 000（元）；应纳烟叶税 = 55 000 ×20% =11 000（元）。

14. 【答案】C

【解析】应纳税额 =10 000 ÷50 ×800 ×（1 +10%）×20% =35 200（元）。

15. 【答案】A

【解析】该企业本月应纳的城市维护建设税、教育费附加和地方教育附加合计 =（280 + 40 × 5%）×（5% + 3% + 2%）= 28.2（万元）

16. 【答案】A

【解析】选项 A：烟叶税的纳税人为在我国境内收购烟叶的单位。

17. 【答案】A

【解析】选项 BCD：均属于城市维护建设税的纳税人。

18. 【答案】D

【解析】甲企业当月应缴纳城市维护建设税 =（30 +25）×7% =3.85（万元）。

19. 【答案】D

【解析】烟叶税应纳税额 = 实际支付价款 × 税率，纳税人收购烟叶实际支付的价款总额包括纳税人支付给烟叶生产销售单位和个人的烟叶收购价款和价外补贴。其中价外补贴统一按烟叶收购价款的 10% 计算。所以应纳税额 = 烟叶收购价款 ×（1 +10%）× 税率（20%）= 127 ×（1 + 10%）× 20% = 25.74（万元）。

20. 【答案】C

【解析】对出口产品退还增值税、消费税的，不退还已缴纳的城市维护建设税、教育费附加和地方教育附加。该企业 2021

年5月应缴纳城市维护建设税、教育费附加、地方教育附加合计 =50×(7% +3% +2%)=6(万元)。

21.【答案】B

【解析】当月查补的增值税应作为城市维护建设税、教育费附加及地方教育附加的计税(征)依据，但是缴纳的罚款和滞纳金不属于城建税和附加的计税(征)依据；该企业10月份应纳城市维护建设税、教育费附加及地方教育附加合计 =(72 +160)×(7% +3% +2%)+100÷(1 +13%)×13%×(7% +3% +2%)=29.22(万元)。

22.【答案】C

【解析】选项A：烟叶税的纳税人仅限于单位。选项B：烟叶税的纳税人应当于纳税义务发生月终了之日起15日内申报缴纳税款。选项D：烟叶税应当向烟叶收购地的主管税务机关申报缴纳。

23.【答案】D

【解析】选项ABC：城市维护建设税和教育费附加的计税依据，是指纳税人实际缴纳的增值税、消费税税额，纳税人因违反增值税、消费税有关规定被加收的滞纳金和罚款，是税务机关对纳税人违法行为的经济制裁，不作为城建税和教育费附加的计税依据。

24.【答案】D

【解析】该公司当月应缴纳的城市维护建设税和教育费附加合计 =220×(7% +3%)=22(万元)。

25.【答案】D

【解析】城市维护建设税的计税依据应当按照规定扣除期末留抵退税退还的增值税税额。应缴纳的城市维护建设税 =(100 -20 -9 -5 -27)×5% =1.95(万元)。

二、多项选择题

1.【答案】BC

【解析】现行税法规定，纳税人违反“两税”有关税法而加收的滞纳金和罚款，是税务机关对纳税人违法行为的经济制裁，不作为城市维护建设税的计税依据。

2.【答案】ABCD

【解析】城市维护建设税是指国家制定的用以调整城市维护建设税征收和缴纳权利与义务关系的法律规范，具有附加税性质，专门用于城市公共事业和公共设施的维护和建设，而且征收范围较广。

3.【答案】ABCD

【解析】自2010年12月1日起对外商投资企业和外国企业也征收城市维护建设税和教育费附加。

4.【答案】BC

【解析】城市维护建设税以纳税人实际缴纳的增值税和消费税为计税依据；海关对进口产品代征的增值税和消费税不征收城市维护建设税；受托方代扣代缴增值税和消费税的也随之代征代扣城市维护建设税。

5.【答案】BCD

【解析】纳税人滞纳增值税而加收的滞纳金和罚金不作为城市维护建设税的计税依据。

6.【答案】BD

【解析】外商投资企业属于增值税和消费税纳税义务人，因此，选项A不正确；城市维护建设税实行地区差别比例税率，设置了7%、5%和1%三档税率，最低档税率是1%而不是3%。

7.【答案】ABD

【解析】选项C：运输单位的城市维护建设税应该在运输单位机构所在地缴纳。

8.【答案】AC

【解析】纳税人违反增值税、消费税有关规定而加收的滞纳金和罚款，不作为城市维护建设税的计税依据。

9. 【答案】ABC

【解析】选项D：城市维护建设税有“进口不征、出口不退”的特点。

10. 【答案】ABCD

【解析】以上选项均正确。

11. 【答案】AD

【解析】选项B：个人从事金融商品买卖业务，暂免征收增值税，城市维护建设税随“增值税、消费税”的减免而减免。选项C：外贸企业进口应税消费品，需计算缴纳关税、增值税、消费税，但是其不作为城市维护建设税的计税依据。

12. 【答案】ABC

【解析】选项A：海关对进口产品代征的增值税、消费税，不征收城市维护建设税。选项BC：纳税人因违反“增值税、消费税”有关规定而被加收的滞纳金和罚款，不作为城市维护建设税的计税依据。选项D：城市维护建设税的计税依据是指纳税人实际缴纳的“增值税、消费税”税额，其中包括被查补的“增值税、消费税”税款。

13. 【答案】ABCD

【解析】根据国民经济和社会发展的需要，国务院对重大公共基础设施建设、特殊产业和群体以及重大突发事件应对等情形可以规定减征或者免征城市维护建设税，报全国人民代表大会常务委员会备案。

14. 【答案】AB

【解析】选项AC：烟叶税的纳税义务发生时间为纳税人向烟叶销售者付讫收购烟叶款项或者开具收购烟叶凭据的当日。选项BD：纳税人应当向烟叶收购地的主管税务机关申报缴纳烟叶税。

15. 【答案】ABC

【解析】选项D：出口产品退还增值税、消费税的，不退还已缴纳的城市维护建设税。

16. 【答案】ABC

【解析】选项AB：在中国境内依照规定收购“烤烟叶、晾晒烟叶”的“单位”是烟叶税的纳税人。选项C：烟叶税按月计征。

17. 【答案】AD

【解析】选项B：免征增值税，同时也免征城市维护建设税及教育费附加。选项C：购买不动产，不涉及缴纳增值税和消费税，所以无须缴纳城市维护建设税及教育费附加。

三、计算问答题

1. 【答案】

（1）本月应缴纳的“增值税、消费税”合计 $=21+5-1+1.5+1=27.5$（万元）

（2）本月应缴纳的城市维护建设税 $=275\,000\times5\%=13\,750$（元）

（3）本月应缴教育费附加 $=275\,000\times3\%=8\,250$（元）

2. 【答案】

代征进口环节增值税不随之代征城市维护建设税和教育费附加；出口退税也不退城市维护建设税和教育费附加，纳税人拖欠的消费税收取滞纳金，城市维护建设税和教育费附加也应加罚滞纳金，但本题不涉及。所以：

应纳城市维护建设税 $=(22+58)\times5\%=4$（万元）

应纳教育费附加 $=(22+58)\times3\%=2.4$（万元）

应纳地方教育费附加 $=(22+58)\times2\%=1.6$（万元）

第七章　关税法和船舶吨税法

本章考情分析

本章是历年税法考试中较为重要的一章，特别是关税部分。从近几年的试题看，题型除单项选择题和多项选择题以外，还与进口环节增值税与消费税一并出计算问答题或综合题。单项选择题1题，多项选择题1题，计算问答题与综合题中关税以小问的形式出现，最近五年本章平均分值为2.5～5分，分值虽然不高，但意义重大，因为关税是进口环节增值税和进口环节消费税计算的基础，关税计算的正确与否会直接影响到增值税、消费税、车辆购置税的计算，是主观题得分的关键章节之一。本章需要重点掌握关税完税价格的确定。

本章教材主要变化

本章教材的变化：

1. 修改了计入关税完税价格的调整项目的表述。

2. 修改了跨境电子商务零售进口税收政策中计征限额的表述。

本章高频考点

考点1 进口关税税率

1. 进口货物税率形式。

我国加入WTO后，自2002年1月1日起，我国进口税则设有最惠国税率、协定税率、特惠税率、普通税率、配额税率等税率形式，对进口货物在一定期限内可以实行暂定税率。

2. 进口货物税率适用规则。

暂定税率优先适用于优惠税率或最惠国税率，所以适用最惠国税率的进口货物有暂定税率的，适用暂定税率；当最惠国税率低于或等于协定税率时，协定有规定的，按相关协定的规定执行；协定无规定的，两者从低适用。适用协定税率、特惠税率的进口货物有暂定税率的，应当从低适用税率。按照国家规定实行关税配额管理的进口货物，关税配额内的，适用关税配额税率；关税配额外的，按其适用税率的规定执行。

3. 税率的适用。

情形	税率的适用
进出口货物	应当适用海关接受该货物申报进口或者出口之日实施的税率
进口货物到达前，经海关核准先行申报的	应当适用装载该货物的运输工具申报进境之日实施的税率

续表

情形	税率的适用
进口转关运输货物	（1）应当适用指运地海关接受该货物申报进口之日实施的税率。 （2）货物运抵指运地前，经海关核准先行申报的，应适用装载此货物的运输工具抵达指运地之日实施的税率
出口转关运输货物	应当适用启运地海关接受该货物申报出口之日实施的税率
经海关批准，实行集中申报的进出口货物	应当适用每次货物进出口时海关接受该货物申报之日实施的税率
因超过规定期限未申报而由海关依法变卖的进口货物	应当适用装载该货物的运输工具申报进境之日实施的税率
因纳税义务人违反规定需要追征税款的进出口货物	（1）应当适用违反规定的行为发生之日实施的税率。 （2）行为发生之日不能确定的，适用海关发现该行为之日实施的税率
已申报进境并放行的保税货物、减免税货物、租赁货物或者已申报进出境并放行的暂时进出境货物，有下列情形之一需缴纳税款的： （1）保税货物经批准不复运出境的 （2）保税仓储货物转入国内市场销售的 （3）减免税货物经批准转让或者移作他用的 （4）可暂不缴纳税款的暂时进出境货物，不复运出境或者进境的 （5）租赁进口货物，分期缴纳税款的	应当适用海关接受纳税义务人再次填写报关单申报办理纳税及有关手续之日实施的税率

考点2 一般进口货物的关税完税

（一）成交价格估计方法（CIF）

1. 应计入完税价格的项目。

（1）由买方负担的除购货佣金以外的佣金和经纪费（购货佣金不计入完税价格）。

（2）由买方负担的与该货物视为一体的容器费用。

（3）由买方负担的包装材料费用和包装劳务费用。

（4）与进口货物的生产和向中华人民共和国境内销售有关的，由买方以免费或者以低于成本的方式提供，并且可以按适当比例分摊的下列货物或者服务的价值：进口货物包含的材料、部件、零件和类似货物；在生产进口货物过程中使用的工具、模具和类似货物；在生产进口货物过程中消耗的材料；在境外进行的为生产进口货物所需的工程设计、技术研发、工艺及制图等相关服务。

（5）与该货物有关并作为卖方向我国销售该货物的一项条件，应当由买方向卖方或有关方直接或间接支付的特许权使用费。

（6）卖方直接或间接从买方对该货物进口后销售、处置或使用所得中获得的收益。

2. 不计入完税价格的项目。

(1) 厂房、机械或者设备等货物进口后发生的建设、安装、装配、维修或者技术援助费用，但是保修费用除外。

(2) 进口货物运抵中华人民共和国境内输入地点起卸后发生的运输及其相关费用、保险费。

(3) 进口关税、进口环节海关代征税及其他国内税。

(4) 为在境内复制进口货物而支付的费用。

(5) 境内外技术培训及境外考察费用。

(6) 同时符合下列条件的利息费用：

①利息费用是买方为购买进口货物而融资所产生的。

②有书面的融资协议。

③利息费用单独列明。

④纳税人可以证明有关利率不高于在融资当时当地此类交易通常应当具有的利息水平，且没有融资安排的相同或者类似进口货物的价格与进口货物的实付、应付价格非常接近的。

3. 进口货物完税价格中的运输及相关费用、保险费的计算。

(1) 进口货物的运输及相关费用，应当按照由买方实际支付或应当支付的费用计算，如果进口货物的运输及相关费用无法确定的，海关应按该货物进口同期的正常运输成本审查确定。

(2) 运输工具作为进口货物，利用自身动力进境的，海关在审查确定完税价格时，不再另行计入运输及相关费用。

(3) 进口货物的保险费，应按实际支付的费用计算。如果进口货物的保险费无法确定或未实际发生，海关应当按照“货价加运费”的3‰计算保险费。

(4) 邮运进口的货物，应当以邮费作为运输及其相关费用、保险费。

(二) 进口货物海关估价方法

如果进口货物的成交价格不符合规定条件或成交价格不能确定的，海关经了解有关情况，并且与纳税义务人进行价格磋商后，使用的方法依次包括：

1. 相同货物成交价格估价方法。

2. 类似货物成交价格估价方法。

3. 倒扣价格估价方法。

4. 计算价格估价方法。

5. 合理估价方法，习惯上也叫作“最后一招”。

海关在采用合理估价方法确定进口货物的完税价格时，不得使用以下价格：

(1) 境内生产的货物在境内的销售价格。

(2) 可供选择的价格中较高的价格。

(3) 货物在出口地市场的销售价格。

(4) 以计算价格估价方法规定之外的价值或者费用计算的相同或者类似货物的价格。

(5) 出口到第三国或者地区的货物的销售价格。

(6) 最低限价或者武断、虚构的价格。

【例题·单选题】(2020年) 下列进口货物价款中单独列明的各项税费，应计入关税完税价格的是(　　)。

A. 境外技术培训费用

B. 设备进口后的保修费用

C. 进口环节海关代征的增值税

D. 运抵境内输入地点起卸后发生的运输费

【答案】B

【解析】选项ACD均不得计入进口货物关税完税价格中。

【例题·单选题】(2020年) 在以成交价格估价方法确定进口货物完税价格时，下列各项费用应计入完税价格的是(　　)。

A. 由买方负担的购货佣金

B. 在进口货物价款中单独列明的在境

内复制进口货物而支付的费用

C. 在进口货物价款中单独列明的设备进口后发生的保修费用

D. 在进口货物价款中单独列明的设备进口后发生的维修费

【答案】 C

【解析】 选项 C：厂房、机械或者设备等货物进口后发生的建设、安装、装配、维修或技术援助费用不计入关税完税价格，但是保修费用除外。

【例题·单选题】（2015 年）下列税费中，应计入进口货物关税完税价格的是（　　）。

A. 单独核算的境外技术培训费用

B. 进口货物运抵我国境内输入地点起卸前的保险费

C. 报关时海关代征的增值税和消费税

D. 由买方单独支付的入关后的运输费用

【答案】 B

【解析】 选项 ACD 均不得进入进口货物关税完税价格中。

【例题·多选题】（2014 年）下列税费中，应计入进口货物关税完税价格的有（　　）。

A. 进口环节缴纳的消费税

B. 单独支付的境内技术培训费

C. 由买方负担的境外包装材料费用

D. 由买方负担的与该货物视为一体的容器费用

【答案】 CD

【解析】 选项 A，进口环节缴纳的消费税以及选项 B，单独支付的境内技术培训费，不计入进口货物关税完税价格，不征进口环节关税。

【例题·多选题】（2011 年）下列各项中，应当计入进口货物关税完税价格的有（　　）。

A. 由买方负担的购货佣金

B. 由买方负担的境外包装材料费用

C. 由买方负担的境外包装劳务费用

D. 由买方负担的与进口货物视为一体的容器费用

【答案】 BCD

【解析】 选项 A，由买方负担的除购货佣金以外的佣金和经纪费要计入关税完税价格，购货佣金不计入关税完税价格。

【例题·单选题】（2019 年）某进出口公司 2019 年 8 月进口摩托车 20 辆，成交价共计 27 万元，该公司另支付入关前的运费 4 万元，保险费无法确定。摩托车关税税率 25%，该公司应缴纳的关税为（　　）万元。

A. 6.75　　B. 7.77

C. 6.78　　D. 7.75

【答案】 B

【解析】 当进口货物的保险费无法确定时，按照“货价加运费”两者总额的 3‰计算保险费。该公司应缴纳的关税 $=(27+4)\times(1+3‰)\times25\%=7.77$（万元）。

【例题·单选题】（2021 年）进口货物的成交价格不符合规定条件或成交价格不能确定，经与纳税义务人协商后，海关确认该进口货物完税价格时应优先采用的方法是（　　）。

A. 倒扣价格估价法

B. 计算价格估价法

C. 类似货物成交价格估价法

D. 相同货物成交价格估价法

【答案】 D

【解析】 如果进口货物的成交价格不符合规定条件或成交价格不能确定的，海关经了解有关情况，并且与纳税义务人进行价格磋商后，使用的方法依次包括：（1）相同货物成交价格估价方法；（2）类似货物成交价格估价方法；（3）倒扣价格估价方法；（4）计算价格估价方法；（5）合理估价方法。

考点3 特殊进口货物的关税完税价格

项目	完税价格
运往境外修理的货物	以境外修理费和料件费为基础审查确定完税价格
运往境外加工的货物	以境外加工费、料件费、复运进境的运输及相关费用、保险费为基础审查确定完税价格
暂时进境的货物	按照一般进口货物完税价格确定的有关规定，审查确定完税价格
租赁方式进口的货物	(1) 租赁方式进口的货物中，以租金方式对外支付的租赁货物，在租赁期间以海关审定的租金作为完税价格，利息应当予以计入。 (2) 留购的租赁货物，以海关审定的留购价格作为完税价格。 (3) 承租人申请一次性缴纳税款的，可以选择按照“进口货物海关估价方法”的相关内容确定完税价格，或者按照海关审查确定的租金总额作为完税价格
留购的进口货样	对于境内留购的进口货样、展览品和广告陈列品，以海关审定的留购价格作为完税价格
予以补税的减免税货物	由海关监管使用的减免税进口货物，在监管年限内转让或移作他用需要补税的，应当以海关审定的该货物原进口时的价格，扣除折旧部分价值作为完税价格，其计算公式为： 完税价格 = 海关审查确定的该货物原进口时的价格 ×［1 − 补税时实际已进口的时间(月) ÷ (监管年限 ×12)］ 【备注】监管年限：船舶、飞机 8 年；机动车辆 6 年；其他货物 3 年。监管年限自货物进口放行之日起计算
不存在成交价格的进口货物	易货贸易、寄售、捐赠、赠送等不存在成交价格的进口货物，由海关与纳税人进行价格磋商后，按照“进口货物海关估价方法”的规定，估定完税价格
进口软件介质	进口载有专供数据处理设备用软件的介质，具有下列情形之一的，应当以介质本身的价值或者成本为基础审查确定完税价格： (1) 介质本身的价值或者成本与所载软件的价值分列。 (2) 介质本身的价值或者成本与所载软件的价值虽未分列，但是纳税义务人能够提供介质本身的价值或者成本的证明文件，或者能提供所载软件价值的证明文件

考点4 出口货物的完税价格

(一) 以成交价格为基础的完税价格

出口货物完税价格	货物的完税价格包括货物的货价、货物运至中华人民共和国境内输出地点装载前的运输及其相关费用、保险费，但其中包含的出口关税税额，应当予以扣除
	下列税收、费用不计入出口货物的完税价格： (1) 出口关税税额。 (2) 在货物价款中单独列明的货物运至我国境内输出地点装载后的运输及其相关费用、保险费

（二）出口货物海关估价方法

出口货物的成交价格不能确定时，海关经了解有关情况，并且与纳税义务人进行价格磋商后，依次以下列价格审查确定该货物的完税价格：

1. 同时或大约同时向同一国家或地区出口的相同货物的成交价格。

2. 同时或大约同时向同一国家或地区出口的类似货物的成交价格。

3. 根据境内生产相同或类似货物的成本、利润和一般费用、境内发生的运输及其相关费用、保险费计算所得的价格。

4. 按照合理方法估定的价格。

【例题·多选题】（2018 年）下列各项税费中，应计入出口货物完税价格的有（　　）。

A. 货物运至我国境内输出地点装载前的保险费

B. 货物运至我国境内输出地点装载前的运输费用

C. 货物出口关税

D. 货价中单独列明的货物运至我国境内输出地点装载后的运输费用

【答案】 AB

【解析】 出口货物的完税价格，由海关以该货物向境外销售的成交价格为基础审查确定，并应当包括货物运至中华人民共和国境内输出地点装载前的运输及其相关费用、保险费。但其中包含的出口关税税额，应当扣除。

考点 5 应纳税额的计算

税率种类	应纳税额的计算公式
从价税	关税税额 = 应税进（出）口货物数量 × 单位完税价格 × 税率
从量税	关税税额应税进（出）口货物数量 × 单位货物税额
复合税	关税税额 = 应税进（出）口货物数量 × 单位货物税额 + 应税进（出）口货物数量 × 单位完税价格 × 税率
滑准税	关税税额 = 应税进（出）口货物数量 × 单位完税价格 × 滑准税税率

【例题·单选题】（2019 年）按照随进口货物的价格由高至低而由低至高设置的关税税率计征的关税是（　　）。

A. 滑准税　　B. 从量税

C. 复合税　　D. 选择税

【答案】 A

【解析】 滑准税是根据货物的不同价格适用不同税率的一类特殊的从价关税。它是一种关税税率随进口货物价格由高至低而由低至高设置计征关税的方法。

考点 6 跨境电子商务零售进口税收政策

要素	相关规定
纳税义务人	跨境电子商务零售进口商品按照货物征收关税和进口环节增值税、消费税，购买跨境电子商务零售进口商品的个人作为纳税义务人
扣缴义务人	电子商务企业、电子商务交易平台企业或物流企业可作为代收代缴义务人

续表

要素	相关规定
计税依据及计征限额	实际交易价格（包括货物零售价格、运费和保险费）作为完税价格
	(1) 跨境电子商务零售进口商品的单次交易限值为人民币 5 000 元，个人年度交易限值为人民币 26 000 元。 (2) 在限值以内进口的跨境电子商务零售进口商品，关税税率暂设为 0%；进口环节增值税、消费税取消免征税额，暂按法定应纳税额的 70% 征收。 (3) 超过单次限值、累加后超过个人年度限值的单次交易，以及完税价格超过 5 000 元限值的单个不可分割商品，均按照一般贸易方式全额征税
退税	跨境电子商务零售进口商品自海关放行之日起 30 日内退货的，可申请退税，并相应调整个人年度交易总额

【例题·多选题】（2017 年）跨境电子商务零售进口商品按照货物征收关税，下列企业可以作为代收代缴义务人的有（　　）。

A. 物流企业

B. 商品生产企业

C. 电子商务交易平台企业

D. 电子商务企业

【答案】 ACD

【解析】 跨境电子商务零售进口商品按照货物征收关税和进口环节增值税、消费税，购买跨境电子商务零售进口商品的个人作为纳税义务人。电子商务企业、电子商务交易平台企业或物流企业可作为代收代缴义务人。

考点 7 关税的减免规定

（一）法定减免税

《海关法》和《进出口条例》明确规定，下列货物、物品予以减免关税：

1. 关税税额在人民币 50 元以下的一票货物，可免征关税。

2. 无商业价值的广告品和货样，可免征关税。

3. 外国政府、国际组织无偿赠送的物资，可免征关税。

4. 进出境运输工具装载的途中必需的燃料、物料和饮食用品，可免征关税。

5. 在海关放行前损失的货物，可免征关税。

6. 在海关放行前遭受损坏的货物，可以根据海关认定的受损程度减征关税。

7. 我国缔结或者参加的国际条约规定减征、免征关税的货物、物品，按照规定予以减免关税。

8. 法律规定减征、免征关税的其他货物、物品。

（二）特定减免税

1. 科教用品。

2. 残疾人专用品。

3. 慈善捐赠物资等。

4. 重大技术装备。

（三）暂时免税

暂时进境或者暂时出境的下列货物，在进境或者出境时纳税义务人向海关缴纳相当于应纳税款的保证金或者提供其他担保的，可以暂不缴纳关税，并应当自进境或者出境之日起 6 个月内复运出境或者复运进境：

1. 在展览会、交易会、会议及类似活动中展示或者使用的货物。

2. 文化、体育交流活动中使用的表演、比赛用品。

3. 进行新闻报道或者摄制电影、电视

节目使用的仪器、设备及用品。

4. 开展科研、教学、医疗活动使用的仪器、设备及用品。

5. 在上述第 1 项至第 4 项所列活动中使用的交通工具及特种车辆。

6. 货样。

7. 供安装、调试、检测设备时使用的仪器、工具。

8. 盛装货物的容器。

9. 其他用于非商业目的的货物。

【例题·多选题】（2019 年）下列进口的货物或物品中，免征关税的有（ ）。

A. 无商业价值的广告品

B. 外国政府无偿援助的物资

C. 国际组织无偿赠送的货物

D. 在海关放行前损失的货物

【答案】 ABCD

【解析】 以上答案均正确。

考点 8 关税的征收管理

项目	内容
关税申报缴纳	（1）申报时间：进口货物自运输工具申报进境之日 14 日内，出口货物在货物运抵海关监管区后、装货的 24 小时以前，向货物进出境地海关申报。 （2）纳税期限：纳税人应在海关填发税款缴款书之日起 15 日内向指定银行缴纳税款。 （3）关税纳税义务人因不可抗力或者在国家税收政策调整的情形下，不能按期缴纳税款的，经依法提供税款担保后，可以延期缴纳税款，但最长不得超过 6 个月
关税强制执行	（1）征收关税滞纳金。自关税缴纳期限届满滞纳之日起，至纳税义务人缴纳关税之日止，按滞纳税款 0.5‰的比例按日征收，周末或法定节假日不予扣除。 关税滞纳金金额 = 滞纳关税税额 × 滞纳金征收比例（0.5‰） × 滞纳天数 （2）强制征收。如纳税义务人自缴纳税款期限届满之日起 3 个月仍未缴纳税款，经直属海关关长或其授权的隶属海关关长批准，海关可以采取强制扣缴、变价抵缴等强制措施
关税退还	（1）海关多征的税款，海关发现后应当立即退还；纳税人发现多缴税款的，自缴纳税款之日起 1 年内，可以书面形式要求海关退还多缴的税款并加算银行同期活期存款利息。 （2）有下列情形之一的，纳税人可自缴纳税款之日起 1 年内，申请退还关税： ①已征进口关税的货物，因品质或规格原因，原状退货复运出境的； ②已征出口关税的货物，因品质或规格原因，原状退货复运进境，并已重新缴纳因出口而退还的国内环节有关税收的； ③已征出口关税的货物，因故未装运出口，申报退关的
关税补征	非因纳税人违反海关规定造成的少征或漏征关税，关税补征期为缴纳税款或货物、物品放行之日起 1 年内
关税追征	因纳税人违反规定造成少征或漏征关税关税追征期为缴纳税款或货物、物品放行之日起，并从缴纳税款或货物、物品放行 3 年内之日起按日加征少征或漏征税款万分之五的滞纳金
关税纳税争议的处理	纳税义务人同海关发生纳税争议时，可以向海关申请复议，但同时应当在规定期限内按海关核定的税额缴纳关税，逾期则构成滞纳，海关有权按规定采取强制执行措施

【例题·单选题】（2020 年）因纳税义务人违反规定而造成的少征关税，海关可以自纳税义务人缴纳税款或者货物、物品放行之日起的一定期限内追征。这一期限是（ ）。

A. 1 年　　B. 10 年

C. 5年　　D. 3年

【答案】D

【解析】因纳税人违反规定而造成的少征或者漏征税款，自纳税人缴纳税款或者货物、物品放行之日起3年内追征，按日加收万分之五的滞纳金。

【例题·多选题】（2016年）下列措施中属于《海关法》赋予海关对滞纳关税的纳税人可以采取的强制措施有（　）。

A. 变价抵缴

B. 强制扣缴

C. 补征税额

D. 征收关税滞纳金

【答案】ABD

【解析】《海关法》赋予海关对滞纳关税的纳税义务人强制执行的权利，强制措施主要有两类：（1）征收关税滞纳金。（2）强制征收：海关可以采取强制扣缴、变价抵缴等强制措施。

考点9 吨税应纳税额的计算

1. 吨税按照船舶净吨位和吨税执照期限征收。

应纳税额=船舶净吨位×定额税率

2. 可选择的吨税执照期限有30日、90日和1年。

3. 拖船和非机动驳船分别按相同净吨位船舶税率的50%计征税款。

4. 拖船按照发动机功率每千瓦折合净吨位0.67吨。

5. 无法提供净吨位证明文件的游艇，按照发动机功率每千瓦折合净吨位0.05吨。

【例题·单选题】（2021年）应税船舶负责人每次申报纳税时，可按规定选择申领一种期限的吨税执照。下列期限属于可选择吨税执照期限的有（　）。

A. 30日　　B. 90日

C. 180日　　D. 1年

【答案】ABD

【解析】可选择的吨税执照期限有30日、90日和1年。

【例题·计算问答题】2021年3月10日，A国某运输公司一艘货轮驶入我国某港口，该货轮净吨位8万吨，货轮负责人已向停靠口岸海关领取了吨税执照，在该港口停留30日。A国与我国签订有相互给予船舶税费最惠国待遇条款。则该船舶应缴纳的船舶吨税为：

依据船舶吨税的规定，该货轮应按优惠税率执行，每净吨位3.8元。

应纳税额=80 000×3.8=304 000（元）

考点10 吨税的税收优惠

（一）直接优惠

下列船舶免征吨税：

1. 应纳税额在人民币50元以下的船舶。

2. 自境外以购买、受赠、继承等方式取得船舶所有权的初次进口到港的空载船舶。

3. 吨税执照期满后24小时内不上下客货的船舶。

4. 非机动船舶（不包括非机动驳船）。

5. 捕捞、养殖渔船。

6. 避难、防疫隔离、修理、改造、终止运营或者拆解，并不上下客货的船舶。

7. 军队、武装警察部队专用或者征用的船舶。

8. 警用船舶。

9. 依照法律规定应当予以免税的外国驻华使领馆、国际组织驻华代表机构及其有关人员的船舶。

10. 国务院规定的其他船舶。

（二）延期优惠

在吨税执照期限内，应税船舶发生下列情形之一的，海关按照实际发生的天数批注延长吨税执照期限：

1. 避难、防疫隔离、修理、改造，并不上下客货。

2. 军队、武装警察部队征用。

【例题·单选题】（2018年）下列从境外进入我国港口的船舶中，免征船舶吨税的是（　　）。

A. 养殖渔船

B. 非机动驳船

C. 拖船

D. 吨税执照期满后24小时内上下客货的船舶

【答案】 A

【解析】 选项A：免征船舶吨税。选项BC：非机动驳船和拖船分别按相同净吨位船舶税率的50%计征税款。选项D：吨税执照期满后24小时内不上下客货的船舶免征船舶吨税。

【例题·多选题】（2020年）应税船舶在吨税执照期限内发生的下列情形中，海关可按照实际发生的天数批注延长吨税执照期限的有（　　）。

A. 避难并不上下客货的

B. 防疫隔离不上下客货的

C. 补充供给不上下旅客的

D. 武装警察部队征用的

【答案】 ABD

【解析】 在吨税执照期限内，应税船舶发生下列情形之一的，海关按照实际发生的天数批注延长吨税执照期限：1. 避难、防疫隔离、修理、改造，并不上下客货；2. 军队、武装警察部队征用。

通关演练

一、单项选择题

1. 下列关于关税纳税义务人的表述中，正确的是（　　）。

A. 进出境物品的所有人是指该物品的所有人

B. 进口货物的发货人为关税的纳税义务人

C. 以邮递方式出境的物品，可推定其托运人为所有人

D. 对分类运输的行李，推定其携带人为所有人

2. 下列各项中，关于关税纳税义务人的说法正确的是（　　）。

A. 甲委托乙从境外购买一台数码相机，并由乙带回境内给甲，甲为关税纳税义务人

B. 丙从境外邮寄化妆品给丁，并委托丁交给戊，戊为关税纳税义务人

C. 小张给德国的小李邮寄其家乡特产，小李为关税纳税义务人

D. 甲公司以邮寄方式向英国某公司出口一批货物，甲公司为关税纳税义务人

3. 下列各项不属于关税征税对象的是（　　）。

A. 货物

B. 个人邮递物品

C. 入境船员携带进口的自用电器

D. 出境旅客随身携带的行李

4. 关税税率随进口商品价格由高到低而由低到高设置计征的税率形式是（　　）。

A. 从量税　　B. 从价税

C. 复合税　　D. 滑准税

5. 进口地海关无法解决的税则归类问题，应报（　　）明确。

A. 国家税务总局　B. 财政部

C. 海关总署　　D. 国务院

6. 适用协定税率、特惠税率的进口货物有暂定税率的，应当（　　）。

A. 从低适用税率　B. 适用协定税率

C. 适用特惠税率　D. 适用暂定税率

7. 下列各项中，符合关税税率有关规

定的是（　　）。

A. 进口转关运输货物，应当适用启运地海关接受该货物申报进口之日实施的税率

B. 出口转关运输货物，应当适用指运地海关接受该货物申报出口之日实施的税率

C. 因超过规定期限未申报而由海关依法变卖的进口货物，其税款计征应当适用装载该货物的运输工具申报进境之日实施的税率

D. 经海关批准，实行集中申报的进出口货物，适用装载该货物的运输工具申报进境之日实施的税率

8. 下列各项符合关税有关对特殊进口货物完税价格规定的是（　　）。

A. 运往境外加工的货物，应以加工后进境时的到岸价格为完税价格

B. 准予暂时进口的施工机械，按同类货物的到岸价格为完税价格

C. 转让进口的免税旧货物，以原入境的到岸价为完税价格

D. 留购的进口货样，以海关审定的留购价格作为完税价格

9. 进口货物到达之前，经海关核准现行申报的，应按（　　）之日实施的税率征收。

A. 申报进口

B. 装载此货物的运输工具申报进口

C. 填写报关单办理纳税及有关手续

D. 原进口

10. 下列各项中，应计入出口货物完税价格的是（　　）。

A. 出口关税税额

B. 单独列明的支付给境外的佣金

C. 货物在我国境内输出地点装载后的运输费用

D. 货物运至我国境内输出地点装载前的保险费

11. 下列费用未包括在进口货物的实付或者应付价格中，不应当计入完税价格的是（　　）。

A. 由买方负担的代表双方利益的经纪人的劳务费

B. 由买方负担的在审查确定完税价格时与该货物视为一体的容器费用

C. 货物运抵境内输入地点之后的运输费用和保险费

D. 由买方负担的包装材料和包装劳务费用

12. 下列各项中不应计入完税价格的是（　　）。

A. 为进口货物而支付的包装劳务费

B. 为进口货物而支付的商标权费用

C. 为进口货物而发生的境外考察费

D. 为进口货物而支付的境外开发、设计等相关费用

13. 下列关于关税完税价格的说法中，正确的是（　　）。

A. 进口货物应当以成交价格为完税价格

B. 完税价格不包括进口环节缴纳的各项税金

C. 如果买卖双方有特殊关系，只能以成交价格确定完税价格

D. 完税价格包括进口货物在境内运输途中发生的运费和保险费

14. 某进出口公司从境外进口一批化妆品，海关审定的成交价格为 300 万元（折合人民币，下同），并支付境内复制权费 50 万元。进口化妆品运抵我国境内输入地点起卸前的运输费 20 万元，保险费 2 万元，为进口化妆品而向自己的采购代理人支付劳务费用 3 万元；另外委托运输公司将此批货物从海关运往公司，取得增值税专用发票上注明价款 10 万元、增值税 9 万

元。已知该批化妆品进口关税税率为10%，则该公司进口此批化妆品应缴纳关税（ ）万元。

A. 32.2 B. 32.5

C. 37.2 C. 38.5

15. 某企业进口一批货物，到岸价 90 万元，途中发生境外运费 20 万元，境内运费、保险费 10 万元。在报关时，境外的保险费无法确定。关税税率为 20%，该批进口货物应缴纳的关税是（ ）万元。

A. 22.00 B. 22.07

C. 23.00 D. 23.50

16. 某企业进口一批货物，买价为 300 000 元，运费为 20 000 元，关税税率为 20%，那么该批货物进口应缴纳的关税为（ ）元。

A. 60 000 B. 64 000

C. 64 192 D. 64 640

17. 2021 年 11 月 1 日某公司进口一批高档化妆品，成交价格为 20 万元人民币，关税税率为 30%，从起运地至输入地点起卸前的运费 2.4 万元人民币，进口货物的保险费无法确定，从海关监管区至公司仓库的运费 1 万元。海关于 2021 年 11 月 5 日填发税款缴款书，该公司于 2021 年 11 月 31 日缴纳税款。已知高档化妆品的消费税税率为 15%。下列说法中正确的是（ ）。

A. 该批高档化妆品的关税完税价格为 22 万元

B. 该公司应按照 11 天缴纳进口环节税款的滞纳金

C. 该公司应缴纳关税 8.2 万元

D. 该公司应缴纳进口环节税金为 16.36 万元

18. 某企业 2021 年 6 月将一批半成品运往境外加工成产成品，出境时已向海关报明，2021 年 8 月在海关规定的期限内复运进境。经海关审定支付给境外公司的加工费和料件费折合人民币（下同）共 350 万元，产成品复运进境时，运抵我国境内输入地点起卸前发生运费 30 万元、保险费 40 万元，支付从海关运往企业所在地的运费 10 万元，取得增值税专用发票。已知关税税率为 10%，则该企业应缴纳关税（ ）万元。

A. 35 B. 38

C. 42 D. 43

19. 根据关税的有关规定，运往境外修理的机械器具、运输工具或其他货物，出境时已向海关报明，并在海关规定的期限内复运进境的，应当以（ ）为基础审查确定关税完税价格。

A. 境外修理费和料件费

B. 境外料件费以及该货物复运进境的运输及其相关费用、保险费

C. 境外修理费以及该货物复运进境的运输及其相关费用、保险费

D. 境外修理费和料件费以及该货物复运进境的运输及其相关费用、保险费

20. 2020 年 11 月 1 日，某企业经批准免税进口了一台机器设备用于研发项目，设备进口时经海关审定的完税价格折合人民币 800 万元，海关规定的监管年限为 3 年；2021 年 11 月 1 日，该企业研发项目完成后，将已提折旧 200 万元的免税设备转让给另外一家企业，并向海关申报办理补税手续，海关接受该企业申报办理补缴关税手续时，该设备适用的关税税率为 10%，则该企业应补缴关税（ ）万元。

A. 60 B. 53.33

C. 46.67 D. 26.67

21. 特定地区、特定企业或者具有特定用途的特定减免税进口货物，应当接受海关监管。下列关于特定减免税进口货物的监管年限说法中不正确的是（ ）。

A. 船舶为 10 年

B. 飞机为 8 年

C. 机动车辆为 6 年

D. 其他货物为 3 年

22. 根据关税的相关规定，下列说法中不正确的是（　　）。

A. 购买跨境电子商务零售进口商品的个人作为纳税义务人

B. 跨境电子商务零售进口商品的单次交易限值为人民币 5 000 元，个人年度交易限值为人民币 26 000 元

C. 电子商务企业、电子商务交易平台或物流企业可以作为跨境电子商务零售进口业务的代收代缴义务人

D. 在限值以内进口的跨境电子商务零售进口商品，关税暂按法定应纳税额的 70% 征收

23. 下列各项中，按照我国现行相关法规的规定，可以免予缴纳进口关税的是（　　）。

A. 关税税额在人民币 500 元以下的一票货物

B. 有商业价值的广告品和货样

C. 在海关放行前遭受损坏的货物

D. 出口船舶携带的旅途中的饮用水

24. 我国《海关法》规定，除法定减免税以外，关税的减免权限属于（　　）。

A. 财政部　　B. 商务部

C. 国务院　　D. 海关总署

25. 发生纳税争议的，纳税义务人自海关填发税款缴款书之日起（　　）内，向原征税海关的上一级海关提出复议申请。

A. 15 日　　B. 30 日

C. 60 日　　D. 3 个月

26. 某公司于 2021 年 1 月 27 日进口一批货物并于当日申报进境，次日海关填发了税款缴款书，则该公司最晚向银行缴纳关税税款的期限为（　　）。

A. 2 月 11 日　　B. 2 月 12 日

C. 2 月 13 日　　D. 2 月 14 日

27. 某外籍净吨位 3 000 吨的一艘轮船，驶入上海港停留 30 天，适用吨税税额为 2.5 元/吨，则应缴纳船舶吨税为（　　）元。

A. 75　　B. 90

C. 7 500　　D. 90 000

28. 根据船舶吨税的有关规定，下列各项中，说法不正确的是（　　）。

A. 船舶吨税是对自境外港口进入境内港口的船舶征收的一种税

B. 无法提供净吨位证明文件的游艇按照发动机功率每千瓦折合净吨位 0.67 吨

C. 船舶吨税纳税义务发生时间为应税船舶进入港口的当日

D. 应税船舶负责人应当自海关填发吨税缴款凭证之日起 15 日内缴清税款

二、多项选择题

1. 下列属于关税纳税义务人的有（　　）。

A. 进口货物的收货人

B. 出口货物的发货人

C. 进出境物品的所有人

D. 以邮递方式进境物品的所有人

2. 下列各项中，属于关税征税对象的有（　　）。

A. 出境的贸易性商品

B. 个人邮寄进境的物品

C. 入境旅客随身携带的行李物品

D. 各种运输工具上的服务人员携带进口的馈赠物品

3. 下列各项中，属于我国现行进口关税比例税率的形式有（　　）。

A. 普通税率　　B. 协定税率

C. 优惠税率　　D. 最惠国税率

4. 下列税种不由海关负责征收的有（　　）。

A. 印花税　　B. 车船税

C. 船舶吨税　　D. 进口增值税

5. 下列各项应计入一般进口货物关税完税价格的有（　　）。

A. 货价

B. 货物运抵我国境内输入地点起卸后的运费

C. 境内的复制权费

D. 由买方负担的与该货物视为一体的容器费用

6. 下列各项中，应当计入进口货物关税完税价格的有（　　）。

A. 有买方负担的购货佣金

B. 由买方负担的境外包装材料费用

C. 由买方负担的境外包装劳务费用

D. 由买方负担进口货物视为一体的容器费用

7. 下列各项中，不属于进口完税价格组成部分的有（　　）。

A. 进口方向境外自己的采购代理人支付的劳务费

B. 进口方向中介机构支付的经纪费

C. 进口设施的安装调试费用

D. 货物运抵境内输入地点起卸之后的运输费用

8. 下列各项中，属于进口完税价格组成部分的有（　　）。

A. 由买方负担的进口货物向中介机构支付的经纪费

B. 进口货物时与该货物视为一体的容器费用

C. 由买方承担的进口货物的包装材料和包装劳务费

D. 与进口货物有关的并作为卖方销售货物的条件，由买方承担的特许权使用费

9. 如果进口货物的成交价格不符合规定条件或成交价格不能确定的，海关经了解有关情况，并且与纳税义务人进行价格磋商后，使用的方法依次包括（　　）

A. 相同货物成交价格估价方法

B. 类似货物成交价格估价方法

C. 倒扣价格估价方法

D. 计算价格估价方法

10. 海关在采用合理估价方法确定进口货物的完税价格时，不得使用以下价格（　　）。

A. 境内生产的货物在境内的销售价格

B. 可供选择的价格中较高的价格

C. 货物在出口地市场的销售价格

D. 出口到第三国或者地区的货物的销售价格

11. 下列各项中，不应计入进口关税完税价格的有（　　）。

A. 购货佣金

B. 进口关税

C. 货物运抵我国输入地点起卸前的运费

D. 境外考察费用

12. 下列进出口货物中，其运费及其相关费用、保险费的计算，正确的有（　　）。

A. 邮运的进口货物，应当以邮费作为运输及其相关费用、保险费

B. 如果进口货物的保险费无法确定或者未实际发生，海关应当按照“货价加运费”两者总额的3‰计算保险费

C. 计入进口货物完税价格

D. 运输工具作为进口货物，利用自身动力进境的，海关在审定完税价格时，不再另行计入运费及其相关费用出口货物的完税价格应包括离境口岸至境外口岸之间的运费、保险费

13. 某进出口公司为增值税一般纳税人，2021 年 5 月进口一批小汽车，成交价（人民币，下同）共计 450 万元，该公司另支付入关前的运费 40 万元，保险费 50 万元，为在境内复制进口货物而支付的费用 200 万元。已知小汽车的关税税率为 20%，消费税税率为 12%，下列说法中正确的有

(　　)。

A. 该公司应缴纳进口环节消费税由海关代征

B. 该公司应缴纳进口关税为 108 万元

C. 该公司应缴纳进口环节消费税为 88.36 万元

D. 该公司应缴纳进口环节增值税为 89.19 万元

14. 下列关于特殊进口货物关税完税价格的确定，表述正确的有（　　）。

A. 运往境外修理的机械器具、运输工具或其他货物，出境时已向海关报明，并在海关规定期限内复运进境的，应当以境外修理费和物料费为基础审查确定完税价格

B. 以租金方式对外支付的租赁进口货物，在租赁期间以海关审定的租金作为完税价格，利息不予计入租赁方式进口的货物中

C. 留购的租赁货物，以海关审定的留购价格作为完税价格

D. 运往境外加工的货物，出境时已向海关报明，并在海关规定期限内复运进境的，应当以境外加工费、料件费、复运进境的运输及相关费用、保险费为基础审查确定完税价格

15. 下列各项中，不应计入出口货物关税完税价格的有（　　）。

A. 出口关税

B. 在货款中单独列明的货物运至我国境内输出地点装载后的运费

C. 货物运至我国境内输出地点装载前的运费

D. 货物运至我国境内输出地点装载前的保险费

16. 下列各项中，属于税法规定可以减免关税的有（　　）。

A. 关税税额在人民币 50 元以下的一票货物

B. 无商业价值的广告品和货样

C. 外国政府、国际组织无偿赠送的物资

D. 进出境运输工具装载的途中必需的燃料、物料和饮食用品

17. 《进出口关税条例》规定，有下列（　　）情形之一的，有下列情形之一的，纳税人可自缴纳税款之日起 1 年内，申请退还关税：

A. 已征进口关税的货物，因品质或规格原因，原状退货复运出境的

B. 已征出口关税的货物，因故未装运出口，申报退关的

C. 起卸后海关放行前，因不可抗力遭受损坏或者损失的

D. 海关查验时已经破漏、损坏或者腐烂，经证明不是保管不慎造成的

18. 暂时进境或者暂时出境的某些货物，在进境或者出境时纳税义务人向海关缴纳相当于应纳税款的保证金或者提供其他担保的，可以暂不缴纳关税，并应当自进境或者出境之日起 6 个月内复运出境或者复运进境。该货物包括（　　）。

A. 文化、体育交流活动中使用的表演、比赛用品

B. 盛装货物的容器

C. 开展科研、教学、医疗活动使用的仪器、设备及用品

D. 残疾人专用品

19. 根据跨境电子商务零售进口税收政策，下列说法中正确的有（　　）。

A. 跨境电子商务零售进口商品自海关放行之日起 60 日内退货的，可申请退税，并相应调整个人年度交易总额

B. 跨境电子商务零售进口商品购买人（订购人）的身份信息应进行认证；未进行认证的，购买人（订购人）身份信息应

与付款人一致

C. 在限值以内进口的跨境电子商务零售进口商品，进口环节增值税、消费税暂按法定应纳税额的70%征收

D. 超过单次限值、累加后超过个人年度限值的单次交易，以及完税价格超过5 000元限值的单个不可分割商品，均按照一般贸易方式全额征税

20. 根据《海关法》和《进出口关税条例》的规定，下列情形中，纳税人自缴纳税款之日起1年内可以向海关申请退税的有（　　）。

A. 在海关放行前损失的货物

B. 已征进口关税的货物，因品质或规格原因，原状退货复运出境的

C. 已征出口关税的货物，因品质或规格原因，原状退货复运进境，并已重新缴纳因出口而退还的国内环节有关税收的

D. 已征出口关税的货物，因故未装运出口，申报退关的

21. 下列关于关税的征收管理说法中，错误的有（　　）。

A. 关税纳税人因不可抗力原因，不能按期缴纳税款的，经依法提供纳税担保后，可以延期缴纳税款，但最长不得超过6个月

B. 因纳税人违反海关规定造成少征或漏征关税，关税追征期为自纳税人应缴纳税款之日起5年，并按规定加收滞纳金

C. 因发生纳税争议向海关申请行政复议时，纳税人自海关填发税款缴款书之日起60日内，向原征税海关的上一级海关提出复议申请

D. 出口货物在货物运抵海关监管区后、装货的14日内，应由出口货物的纳税人向货物出境地海关申报纳税

22. 根据船舶吨税的有关规定，下列各项免征船舶吨税的有（　　）。

A. 非机动驳船

B. 吨税执照期满后12小时内上下客货的船舶

C. 警用船舶

D. 自境外以受赠方式取得船舶所有权的初次进口到港的空载船舶

23. 在吨税执照期限内，应税船舶发生下列情形的，海关按照实际发生的天数批注延长吨税执照期限的有（　　）。

A. 避难，并不上下客货

B. 防疫隔离，并不上下客货

C. 军队征用

D. 修理、改造并不上下客货

24. 下列关于船舶吨税的征收管理表述中，正确的有（　　）。

A. 应税船舶在吨税执照期限内，因修理、改造导致净吨位变化的，吨税执照继续有效

B. 应税船舶在吨税执照期限内，因税目税率调整或者船籍改变而导致适用税率变化的，吨税执照无效

C. 应税船舶发现多缴税款的，可以自缴纳税款之日起5年内以书面形式要求海关退还多缴的税款

D. 海关发现多征税款的，应当在24小时内通知应税船舶办理退还手续，并加算银行同期活期存款利息

三、计算问答题

1. 某进出口公司从境外某国进口一批化妆品，支付该批货物货款500万元，运抵我国境内输入地点起卸前的运输费8万元、保险费4万元、包装费1万元，支付购货佣金3.5万元、采购代理人劳务费5万元、经纪费3万元、特许权使用费2万元、货物运抵境内输入地点之后的运输费用6万元，取得运输企业开具的增值税专用发票。海关核定该批货物适用的进口关税税率为20%，消费税税率15%。

要求：计算该进出口公司进口环节应缴纳的关税、增值税、消费税和国内环节可抵扣的增值是进项税。（单位以万元表示，小数点后保留2位小数，四舍五入）

2. 某有进出口经营权的外贸公司，2021年3月发生以下进出口经营业务：

（1）出口一批货物，成交价108万元，运至出境口岸的运费20万元，保险费3万元，外方支付包装材料费5万元。出关后，发现有25件质量严重缺陷，出口方同意补换，并另行发货，离岸价8万元，运至出境口岸运费0.6万元，保险费0.2万元；但25件缺陷货物未退还。该货物适用的关税税率15%。

（2）进口设备一套，境外成交价300万美元（汇率为1：6.2），支付境外经纪人费用22万美元，运至入境口岸运费35万美元，保险费无法确定。支付包装材料0.9万美元，该设备进口在开具关税税款缴纳凭证之日起25日才缴纳税款。3月2日取得海关专用缴款书，但公司迟至3月28日才缴纳关税，该设备适用的关税税率20%。

要求：（1）计算该公司出口货物应缴纳的关税。（2）计算该公司进口货物应缴纳的关税以及滞纳金。（单位以万元表示，小数点后保留2位小数，四舍五入）

答案及解析

一、单项选择题

1. 【答案】C

【解析】选项A，进出境物品的所有人是指该物品的所有人和推定所有人；选项B，进口货物的收货人为关税的纳税义务人；选项D，对分类运输的行李，推定相应的进出境旅客为所有人。

2. 【答案】D

【解析】进口货物的收货人、出口货物的发货人、进出境物品的所有人，是关税的纳税义务人。一般情况下，对于携带进境的物品，推定其携带人为所有人，选项A错误；对以邮递方式进境的物品，推定其收件人为所有人，选项B错误；以邮递或其他运输方式出境的物品，推定其寄件人或托运人为所有人，选项C错误。

3. 【答案】D

【解析】关税的征税对象是准许进出境的货物和物品。货物是指贸易性商品（包括进境和出境）；物品是指入境旅客随身携带的行李物品、个人邮递物品（包括进境和出境）、各种运输工具上的服务人员携带进口的自用物品、馈赠物品及其他方式进境的个人物品。

4. 【答案】D

【解析】滑准税是一种关税税率随进口商品价格由高到低而由低到高设置计征关税的方法，可以使进口商品价格越高，其进口关税税率越低，进口商品价格越低，其进口关税税率越高。

5. 【答案】C

【解析】进口地海关无法解决的税则归类问题，应报海关总署明确。

6. 【答案】A

【解析】适用协定税率、特惠税率的进口货物有暂定税率的，应当从低适用税率。

7. 【答案】C

【解析】选项A：进口转关运输货物，应当适用指运地海关接受该货物申报进口之日实施的税率。选项B：出口转关运输货物，应当适用启运地海关接受该货物申报出口之日实施的税率。选项D：经海关批准，实行集中申报的进出口货物，应当适用每次货物进出口时海关接受该货物申报之日实施的税率。

8.【答案】D

【解析】选项A：运往境外加工的货物，出境时已向海关报明，并在海关规定期限内复运进境的，应当以境外加工费、料件费、复运进境的运输及相关费用、保险费为基础审查确定完税价格。选项B：经海关批准暂时进境的货物，应当按照一般进口货物完税价格确定的有关规定，审查确定完税价格。选项C：由海关监管使用的减免税进口货物，在监管年限内转让或移作他用需要补税的，应当以海关审定的该货物原进口时的价格，扣除折旧部分价值作为完税价格。选项D：对于境内留购的进口货样、展览品和广告陈列品，以海关审定的留购价格作为完税价格。

9.【答案】B

【解析】进口货物到达之前，经海关核准现行申报的，应按海关接受该货物申报进口之日实施的税率。

10.【答案】D

【解析】出口货物的完税价格，由海关以该货物向境外销售的成交价格为基础审查确定，并应当包括货物运至中华人民共和国境内输出地点装载前的运输及其相关费用、保险费。但其中包含的出口关税税额，应当扣除。

11.【答案】C

【解析】应计入完税价格的项目：(1) 由买方负担的除购货佣金以外的佣金和经纪费（购货佣金不计入完税价格）。(2) 由买方负担的与该货物视为一体的容器费用。(3) 由买方负担的包装材料费用和包装劳务费用。(4) 与该货物的生产和向中华人民共和国境内销售有关的，由买方以免费或者以低于成本的方式提供并可以按适当比例分摊的料件、工具、模具、消耗材料及类似货物的价款，以及在境外开发、设计等相关服务的费用。(5) 与该货物有关并作为卖方向我国销售该货物的一项条件，应当由买方向卖方或有关方直接或间接支付的特许权使用费。

12.【答案】C

【解析】本题考核进口完税价格的确定和调整项目，学习中应熟练掌握具体调整项目要求，为进口货物而发生的境外考察费，不属于进口货物的直接费用，不应计入完税价格。

13.【答案】B

【解析】进口货物的完税价格由海关以货物的成交价格为基础审查确定，并应当包括该货物运抵中华人民共和国境内输入地点起卸前的运输及其相关费用、保险费。

14.【答案】A

【解析】进口货物的关税完税价格包括货物的货价、货物运抵我国境内输入地点起卸前的运输及其相关费用、保险费，不包括境内运费；进口货物在境内的复制权费如能与该货物实付或者应付价格区分，不得计入关税完税价格。该公司进口此批化妆品应缴纳关税 $=(300+20+2)\times10\%=32.2$（万元）。

15.【答案】B

【解析】进口货物的完税价格包含货价、境外运费、保险费及其他报关前所发生的费用。如果保险费无法确定，按照货价加运费的3‰来计算保险费。境内运费、保险费10万元，不能计入关税完税价。应缴纳的关税 $=(90+20)\times(1+3‰)\times20\%=$ 22.07（万元）。

16.【答案】C

【解析】关税的完税价格 = 买价 + 运费 + 保险费；保险费 $=$（买价 + 运费）$\times 0.3\%=(300\,000+20\,000)\times0.3\%=960$（元），应缴纳的关税 $=(300\,000+20\,000+$

960）×20% =64 192（元）。

17.【答案】D

【解析】选项 A：关税完税价格 =20 +2.4 +（20 +2.4）×3‰ =22.47（万元）；选项 B：纳税义务人应当自海关填发税款缴款书之日起 15 日内，向指定银行缴纳税款，该公司滞纳进口环节税款的天数为 12 天；选项 C：应缴纳关税 =22.47 ×30% =6.74（万元）；选项 D：应缴纳的消费税 =（22.47 +6.74）÷（1 –15%）×15% =5.15（万元），应缴纳的增值税 =（22.47 +6.74）÷（1 –15%）×13% =4.47（万元），进口环节税金合计 =6.74 +5.15 +4.47 =16.36（万元）。

18.【答案】C

【解析】运往境外加工的货物，出境时已向海关报明，并在海关规定期限内复运进境的，应当以海关审定的境外加工费和料件费，以及该货物复运进境的运输及其相关费用、保险费为基础审查确定完税价格。该企业应缴纳的关税 =（350 +30 +40）×10% =42（万元）。

19.【答案】A

【解析】运往境外修理的机械器具、运输工具或其他货物，出境时已向海关报明，并在海关规定的期限内复运进境的，应当以境外修理费和料件费为基础审查确定关税完税价格。

20.【答案】B

【解析】该设备的关税完税价格 = 海关审定的该货物的原进口时的价格 ×［1 – 申请补税时实际已进口的时间（月）÷（监管年限 ×12）］=800 ×［1 –12 ÷（3 ×12）］=533.33（万元），企业应补缴关税 =533.33 ×10% =53.33（万元）。

21.【答案】A

【解析】选项 A：船舶、飞机的监管年限为 8 年。

22.【答案】D

【解析】选项 D：在限值以内进口的跨境电子商务零售进口商品，关税税率暂设为 0%。

23.【答案】D

【解析】选项 A：关税税额在人民币 50 元以下的一票货物，可免征关税；选项 B：无商业价值的广告品和货样，可免征关税；选项 C：在海关放行前遭受损坏的货物，可以根据海关认定的受损程度减征关税。选项 D：进出境运输工具装载的途中必需的燃料、物料和饮食用品，可免征关税。

24.【答案】C

【解析】根据《海关法》规定，除法定减免税外的其他减免税均由国务院决定。

25.【答案】C

【解析】纳税争议的申诉程序和期限：纳税义务人自海关填发税款缴款书之日起 60 日内，向原征税海关的上一级海关提出复议申请。逾期申请复议的，海关不予受理。

26.【答案】A

【解析】关税纳税义务人应当自“海关填发税款缴款书之日起”15 日内，本题中 1 月 28 日取得了海关填发的专用缴款书，因此关税缴款期限届满日为 2 月 11 日。

27.【答案】C

【解析】应纳船舶吨税 =3 000 ×2.5 =7 500（元）

28.【答案】B

【解析】选项 B：无法提供净吨位证明文件的游艇按照发动机功率每千瓦折合净吨位 0.05 吨。

二、多项选择题

1.【答案】ABCD

【解析】进口货物的收货人、出口货

物的发货人、进出境物品的所有人为关税的纳税义务人，进出境物品的所有人包括该物品的所有人和推定为所有人的人。一般情况下，对以邮递方式进境的物品，推定其收件人为所有人。

2.【答案】ABCD

【解析】关税的征税对象为准许进出境的货物和物品。其中货物是指贸易性商品；物品是指入境旅客随身携带的行李物品、个人邮递物品、各种运输工具上的服务人员携带进口的自用物品、馈赠物品以及其他方式进境的个人物品。

3.【答案】ABD

【解析】我国进口税设有普通税率、最惠国税率、特惠税率、协定税率、暂定税率和关税配额率。

4.【答案】AB

【解析】船舶吨税和进口环节的增值税由海关负责征收。

5.【答案】AD

【解析】以成交价格为基础审查确定进口货物的完税价格时，未包括在该货物实付、应付价格中的下列费用或者价值应当计入完税价格：(1) 除购货佣金以外的佣金和经纪费；(2) 与该货物视为一体的容器费用；(3) 包装材料费用和包装劳务费用；(4) 卖方直接或者间接从买方对该货物进口后销售、处置或者使用所得中获得的收益。故选项BC不得计入完税价格。

6.【答案】BCD

【解析】应当计入完税价格的费用包括：(1) 由买方负担的除购货佣金以外的佣金和经纪费；(2) 由买方负担的与该货物视为一体的容器费用；(3) 由买方负担的包装材料和包装劳务费用；(4) 与该货物的生产和向我国境内销售有关的，由买方以免费或以低于成本的方式提供并可以按适当比例分摊的料件、工具、模具、消耗材料及类似货物的价款以及在境外开发、设计等相关服务的费用；(5) 与该货物有关并作为卖方向我国销售该货物的一项条件，应当由买方直接或间接支付的特许权使用费；(6) 卖方直接或间接从买方对该货物进口后转售、处置或使用所得中获得的收益。

7.【答案】ACD

【解析】买方购买进口货物向代表买卖双方利益的经纪人支付的费用应当计入完税价格。

8.【答案】ABCD

【解析】以上选项表述均正确。

9.【答案】ABCD

【解析】如果进口货物的成交价格不符合规定条件或成交价格不能确定的，海关经了解有关情况，并且与纳税义务人进行价格磋商后，使用的方法依次包括：(1) 相同货物成交价格估价方法；(2) 类似货物成交价格估价方法；(3) 倒扣价格估价方法；(4) 计算价格估价方法；(5) 合理估价方法。

10.【答案】ABCD

【解析】海关在采用合理估价方法确定进口货物的完税价格时，不得使用以下价格：(1) 境内生产的货物在境内的销售价格；(2) 可供选择的价格中较高的价格；(3) 货物在出口地市场的销售价格；(4) 以计算价格估价方法规定之外的价值或者费用计算的相同或者类似货物的价格；(5) 出口到第三国或者地区的货物的销售价格；(6) 最低限价或者武断、虚构的价格。

11.【答案】ABD

【解析】选项C：进口货物的完税价格包括货物的货价、货物运抵我国境内输入地点起卸前的运输及其相关费用、保险费。

12.【答案】ABC

【解析】选项D：出口货物的完税价格不包括离境口岸至境外口岸之间的运费、保险费。

13.【答案】ABC

【解析】选项A：该公司应缴纳关税 =（450 +40 +50）×20% =108（万元）。选项B：该公司应缴纳进口环节消费税 =（450 +40 +50 +108）÷（1 -12%）×12% =88.36（万元）。选项C：该公司应缴纳进口环节增值税 =（450 +40 +50 +108）÷（1 -12%）×13% =95.73（万元）。

14.【答案】ACD

【解析】选项B：租赁方式进口的货物中，以租金方式对外支付的租赁货物，在租赁期间以海关审定的租金作为完税价格，利息应当予以计入。

15.【答案】AB

【解析】选项C、D：出口货物的完税价格，由海关以该货物的成交价格为基础审查确定，并且应当包括货物运至我国境内输出地点装载前的运输及其相关费用、保险费。

16.【答案】ABCD

【解析】法定减免税是税法中明确列出的减税或者免税。符合税法规定可予减免税的进出口货物，纳税义务人无须提出申请，海关可按规定直接予以减免税。主要包括：关税税额在人民币50元以下的一票货物；无商业价值的广告品和货样；外国政府、国际组织无偿赠送的物资；进出境运输工具装载的途中必需的燃料、物料和饮食用品；海关放行前损失的货物等。

17.【答案】AB

【解析】选项C、D属于关税的减免税。

18.【答案】ABC

【解析】选项D：属于特定减免税，不是暂时免税。

19.【答案】BCD

【解析】选项A：跨境电子商务零售进口商品自海关放行之日起30日内退货的，可申请退税，并相应调整个人年度交易总额。

20.【答案】BCD

【解析】选项A：属于免征关税的情形。

21.【答案】BD

【解析】选项B：因纳税人违反规定造成少征或漏征关税，关税追征期为自纳税人缴纳税款或货物、物品放行之日起3年内，并按规定加收滞纳金；选项D：出口货物在货物运抵海关监管区后、装货的24小时以前，应由出口货物的纳税义务人向货物出境地海关申报。

22.【答案】CD

【解析】选项A：非机动船舶（不包括非机动驳船），免征船舶吨税，但非机动驳船，是按相同净吨位船舶税率的50%计征船舶吨税的；选项B：吨税执照期满后24小时内“不”上下客货的船舶，免征船舶吨税。

23.【答案】ABCD

【解析】在吨税执照期限内，应税船舶发生下列情形之一的，海关按照实际发生的天数批注延长吨税执照期限：（1）避难、防疫隔离、修理、改造，并不上下客货；（2）军队、武装警察部队征用。

24.【答案】AD

【解析】选项B：应税船舶在吨税执照期限内，因税目税率调整或者船籍改变而导致适用税率变化的，吨税执照继续有效。选项C：应税船舶发现多缴税款的，可以自缴纳税款之日起3年内以书面形式要求海关退还多缴的税款并加算银行同期活期存款利息。

三、计算问答题

1.【答案】

（1）进口环节应缴纳的关税：

关税完税价格 $=500+8+4+1+5+3+2=523$（万元）

进口环节应缴纳的关税 $=523\times20\%=104.6$（万元）

（2）进口环节应缴纳的消费税 $=(523+104.6)\div(1-15\%)\times15\%=110.75$（万元）

（3）进口环节应缴纳的增值税 $=(523+104.6)\div(1-15\%)\times13\%=95.99$（万元）

（4）在国内可抵扣的增值税进项税 $=95.99+6\times9\%=96.53$（万元）

【提示】 进口货物的完税价格包括货物的货价、货物运抵我国境内输入地点起卸前的运输及其相关费用、保险费。货物的货价以成交价格为基础，是指买方为购买该货物，并按《完税价格办法》有关规定调整后的实付或应付价格。应计入完税价格的费用包括：（1）由买方负担的除购货佣金以外的佣金和经纪费（购货佣金不计入完税价格）。（2）由买方负担的与该货物视为一体的容器费用。（3）由买方负担的包装材料费用和包装劳务费用。（4）与进口货物的生产和向中华人民共和国境内销售有关的，由买方以免费或者以低于成本的方式提供，并且可以按适当比例分摊的下列货物或者服务的价值：进口货物包含的材料、部件、零件和类似货物；在生产进口货物过程中使用的工具、模具和类似货物；在生产进口货物过程中消耗的材料；在境外进行的为生产进口货物所需的工程设计、技术研发、工艺及制图等相关服务。（5）与该货物有关并作为卖方向我国销售该货物的一项条件，应当由买方向卖方或有关方直接或间接支付的特许权使用费。（6）卖方直接或间接从买方对该货物进口后销售、处置或使用所得中获得的收益。下列费用不得计入完税价格：厂房、设备等货物进口后的基建、安装、装配、维护和技术服务的费用；货物运抵境内输入地点之后的运输费用；进口关税及其他国内税。

2. **【答案】**

（1）出口货物的完税价由海关以该货物的成交价为基础审查确定，应包括境内输出地点前的相关费用，但不含关税，故该货物出口关税：

$(108+20+3+5)\div(1+15\%)\times15\%=17.74$（万元）

因质量问题补换商品，因为原质量缺陷货物未退关入境，故替换商品照征出口关税，替换商品应征出口关税：

$(8+0.6+0.2)\div(1+15\%)\times15\%=1.15$（万元）

（2）保险费无法确定时，按货价和运费的3‰计算保险费：

关税完税价格 $=(300+22+35+0.9)\times6.2\times(1+3‰)=2\,225.64$（万元）

应纳进口关税 $=2\,225.64\times20\%=445.13$（万元）

应缴关税滞纳金 $=445.13\times0.5‰\times12=2.67$（万元）

【提示】 公司应该在海关填发税款缴款书之日起15日内向指定银行缴纳税款，本题中关税最晚缴款日期为3月16日，公司于3月28日缴纳税款，滞纳天数为12天，应按每日万分之五缴纳滞纳金。

第八章 资源税法和环境保护税法

本章考情分析

本章介绍资源税和环境保护税等两个税种，在整个税法考中属于非重点税种。考生需要按照 2020 年 9 月 1 日起施行的《中华人民共和国资源税法》学习与掌握。本章题型为单项选择题、多项选择题。个别年份资源税与增值税结合会出计算问答题，有时也会结合企业所得税在综合题中以一小问的方式出现。分值为 2.5 ~ 3.5 分。资源税的考点主要集中在资源税的征税范围、资源税的计税依据、资源税减税、免税项目。环境保护税的考点主要集中在环境保护税的征税范围、环境保护税的计税依据和环境保护税税收减免。

本章教材主要变化

本章教材未有实质性变化。

本章高频考点

考点 1 资源税的税目与税率

资源税各税目的征税对象包括原矿、选矿。

税目		子目
能源矿产	原油（不包括人造石油）	原矿
	天然气、页岩气、天然气水合物	原矿
	煤（包括原煤和以未税原煤加工的洗选煤）	原矿或选矿
	煤成（层）气	原矿
	铀、钍	原矿
	油页岩、油砂、天然沥青、石煤	原矿或选矿
	地热	原矿
金属矿产	黑色金属	原矿或选矿
	有色金属	原矿或选矿 **【提示】** 钨、钼、轻稀土、中重稀土的征税对象为选矿
非金属矿产	矿物类	原矿或选矿
	岩石类	原矿或选矿
	宝玉石类	原矿或选矿

续表

税目		子目
水气矿产	二氧化碳气、硫化氢气、氦气、氡气	原矿
	矿泉水	原矿
盐	钠盐、钾盐、镁盐、锂盐	选矿
	天然卤水	原矿
	海盐	—

（二）税率

资源税适用比例税率（从价定率征收）或定额税率（从量定额征收）。地热、石灰岩、其他粘土、砂石、矿泉水和天然卤水可采用从价计征或从量计征的方式，其他应税产品统一适用从价定率征收的方式。

【例题·多选题】（2021年）下列项目中，属于资源税征税范围的有（　　）。

A. 地热

B. 森林

C. 草场

D. 宝石原矿

【答案】 AD

【解析】 选项A：地热属于能源矿产。选项D：宝石原矿属于非金属矿产。

考点2 资源税应纳税额的计算

（一）计税依据

<table>
<tr><th>计税依据</th><th colspan="3">相关规定</th></tr>
<tr><td rowspan="2">从价定率的计税依据——销售额</td><td>销售额的基本规定</td><td colspan="2">（1）从价定率征收的计税依据为销售额。
销售额是指纳税人销售应税产品向购买方收取的全部价款，不包括增值税税款。
（2）运杂费用的扣减。
计入销售额中的相关运杂费用，凡取得增值税发票或者其他合法有效凭据的，准予从销售额中扣除。相关运杂费用是指应税产品从坑口或者洗选（加工）地到车站、码头或者购买方指定地点的运输费用、建设基金以及随运销产生的装卸、仓储、港杂费用</td></tr>
<tr><td>特殊情形下销售额的确定</td><td>纳税人申报的应税产品销售额明显偏低且无正当理由的，或者有自用应税产品行为而无销售额的，税务机关应按顺序确定其应税产品销售额</td><td>（1）按纳税人最近时期同类产品的平均销售价格确定。
（2）按其他纳税人最近时期同类产品的平均销售价格确定。
（3）按后续加工非应税产品销售价格，减去后续加工环节的成本利润后确定。
（4）按应税产品组成计税价格确定：组成计税价格 = 成本 ×（1 + 成本利润率）÷（1 - 资源税税率）。
（5）按其他合理方法确定</td></tr>
</table>

续表

计税依据	相关规定		
从价定率的计税依据——销售额	特殊情形下销售额的确定	外购应税产品购进金额、购进数量的扣减（避免重复征税）	（1）以外购原矿与自采原矿混合为原矿销售，直接扣减外购原矿的购进金额或者购进数量。 （2）以外购选矿产品与自产选矿产品混合为选矿产品销售的，直接扣减外购选矿产品的购进金额或者购进数量。 （3）以外购原矿与自采原矿混合洗选加工为选矿产品销售的： 准予扣减的外购应税产品购进金额＝（数量）外购原矿购进金额（数量）×（本地区原矿适用税率÷本地区选矿产品适用税率） **【提示】**纳税人核算并扣减当期外购应税产品购进金额、购进数量，应当依据外购应税产品的增值税发票、海关进口增值税专用缴款书或者其他合法有效凭据
从量定额的计税依据——销售数量	销售数量，包括纳税人开采或者生产应税产品的实际销售数量和自用于应当缴纳资源税情形的应税产品数量		

（二）应纳税额的计算

从价定率	应纳税额＝销售额×适用税率
从量定额	应纳税额＝课税数量×单位税额

提示 纳税人自用应税产品应当缴纳资源税的情形，包括纳税人以应税产品用于非货币性资产交换、捐赠、偿债、赞助、集资、投资、广告、样品、职工福利、利润分配或者连续生产非应税产品等。

【例题】某煤炭企业将外购200万元原煤与自采200万元原煤混合洗选加工为选煤销售，选煤销售额为550万元。当地原煤税率为3%，选煤税率为2%，计算准予扣减的外购应税产品购进金额。

【答案】准予扣减的外购应税产品购进金额＝外购原煤购进金额×（本地区原煤适用税率÷本地区选煤适用税率）＝200×3%÷2%＝300（万元）。

【例题】某油田2021年10月销售原油20 000吨，开具增值税专用发票取得销售额10 000万元、增值税额1 300万元，按资源税法所附《资源税税目税率表》的规定，其适用税率为6%。计算该油田当月应缴纳的资源税。

【答案】销售原油应纳税额＝10 000×6%＝600（万元）

【例题】某砂石开采企业2021年12月销售砂石3 000立方米，资源税税率为＝2元/立方米。请计算该企业当月应纳资源税税额。

【答案】销售砂石应纳税额＝课税数量×单位税额＝3 000×2＝6 000（元）

【例题】某石化企业为增值税一般纳税人，2021 年 10 月发生以下业务：

（1）从国外某石油公司进口原油 50 000 吨，支付不含税价款折合人民币 9 000 万元，其中包含包装费及保险费折合人民币 10 万元。

（2）开采原油 10 000 吨，并将开采的原油对外销售 6 000 吨，取得含税销售额 2 260 万元，同时向购买方收取延期付款利息 2.26 万元，包装费 1.13 万元，另外支付运输费用 7.02 万元。

（3）用开采的原油 2 000 吨加工生产汽油 1 300 吨。

其他资料：原油的资源税税率为 6%。

要求：计算该石化公司当月应纳资源税。

【答案】由于资源税仅对在中国境内开采或生产应税产品的单位和个人征收，因此业务

（1）中该石化公司进口原油无需缴纳资源税。

业务（2）应缴纳的资源税 =（2 260 + 2.26 + 1.13）÷（1 + 13%）× 6% = 120.18（万元）

业务（3）应缴纳的资源税 = 2 260 ÷ 6 000 × 2 000 ÷（1 + 13%）× 6% = 40（万元）

该石化公司当月应纳资源税 = 120.18 + 40 = 160.18（万元）

【例题·单选题】（2016 年改编）某油气田开采企业 2021 年 11 月销售天然气 90 万立方米，取得含增值税收入 1 471 500 元，已知天然气的资源税税率为 6%，该企业 2021 年 11 月销售天然气应缴纳的资源税为（　　）元。

A. 78 132.74　　B. 83 292.45

C. 81 000　　D. 88 290

【答案】C

【解析】天然气的销售额为向购买方收取的全部价款，不包括增值税。该企业 2021 年 11 月销售天然气应缴纳的资源税 = 14 715 000/（1 + 9%）× 6% = 81 000（元）。注意：天然气适用 9% 的增值税税率。

考点 3 资源税的减税、免税项目

减免税类型	具体情形
免征资源税	1. 开采原油以及油田范围内运输原油过程中用于加热的原油、天然气。 2. 煤炭开采企业因需要抽采的煤成（层）气
减征资源税	1. 从低丰度油气田开采的原油、天然气，减征 20% 资源税。 2. 高含硫天然气、三次采油和从深水油气田开采的原油、天然气，减征 30% 资源税。 3. 从衰竭期矿山开采的矿产品，减征 30% 资源税。 4. 稠油、高凝油减征 40% 资源税
可由省、自治区、直辖市决定的减税或者免税	有下列情形之一的，省、自治区、直辖市人民政府可以决定减税或者免税： 1. 纳税人开采或者生产应税产品过程中，因意外事故或者自然灾害等原因遭受重大损失的。 2. 纳税人开采共伴生矿、低品位矿、尾矿
其他减税、免税	1. 对青藏铁路公司及其所属单位运营期间自采自用的砂、石等材料免征资源税。 2. 自 2014 年 12 月 1 日至 2023 年 8 月 31 日，对充填开采置换出来的煤炭，资源税减征 50%

【例题·单选题】（2021年）某石化公司为增值税一般纳税人，2021年1月开采原油5 010吨，对外销售2 000吨，取得不含税价款600万元，将开采的原油3 000吨用于加工生产汽油1950吨，另将10吨原油用于开采过程中加热使用，原油资源税税率为6%。该企业当月应缴纳资源税（　　）万元。

A. 36.00　　B. 71.1

C. 90.00　　D. 90.18

【答案】C

【解析】开采原油以及油田范围内运输原油过程中用于加热的原油、天然气免征资源税。纳税人自用应税产品用于连续生产非应税产品，应视同销售缴纳资源税。因此该企业当月应缴纳资源税 $=600\times6\%+3\ 000\times(600\div2\ 000)\times6\%=90$（万元）。

【例题·单选题】（2020年）下列开采项目中，免征资源税的是（　　）。

A. 开采稠油

B. 开采页岩气

C. 煤炭开采企业因为安全生产需要抽采煤层气

D. 从衰竭期矿山开采矿产品

【答案】C

【解析】选项A：稠油、高凝油减征40%资源税。选项B：页岩气减征30%资源税，备注：为促进页岩气开发利用，有效增加天然气供给，经国务院同意，自2018年4月1日至2021年3月31日，对页岩气资源税（按6%的规定税率）减征30%。选项D：从衰竭期矿山开采的矿产品，减征30%资源税。

【例题·单选题】（2018年）下列关于资源税减征优惠的说法中，正确的是（　　）。

A. 高凝油减30%资源税

B. 页岩气资源税减征30%

C. 三次采油资源税减征20%

D. 深水油气田开采的原油资源税减征40%

【答案】B

【解析】选项A：高凝油资源税减征40%。选项C：三次采油资源税减征30%。选项D：深水油气田开采的原油资源税减征30%。

考点4 环境保护税的纳税义务人

纳税义务人是在我国领域和管辖的其他海域向环境排放应税污染物的企业事业单位和其他直接生产经营者。

应税污染物是指环保税法所规定的大气污染物、水污染物、固体废物和噪声。

有下列情形之一的，不属于直接向环境排放污染物，不缴纳相应污染物的环境保护税：

（1）企业事业单位和其他生产经营者向依法设立的污水集中处理、生活垃圾集中处理场所排放应税污染物的。

（2）企业事业单位和其他生产经营者在符合国家和地方环境保护标准的设施、场所贮存或者处置固体废物的。

（3）达到省级人民政府确定的规模标准并且有污染物排放口的畜禽养殖场，应当依法缴纳环境保护税，但依法对畜禽养殖废弃物进行综合利用和无害化处理的。

【例题·单选题】（2018年）下列情形中，属于直接向环境排放污染物从而应缴纳环境保护税的是（　　）。

A. 企业在符合国家和地方环境保护标准的场所处置固体废物的

B. 事业单位向依法设立的生活垃圾集中处理场所排放应税污染物的

C. 企业向依法设立的污水集中处理场所排放应税污染物的

D. 依法设立的城乡污水集中处理场所

超过国家和地方规定的排放标准排放应税污染物的

【答案】D

【解析】依法设立的城乡污水集中处理、生活垃圾集中处理场所排放相应应税污染物，不超过国家和地方规定的排放标准的，暂予免征环保税；超过国家和地方规定的排放标准的，应当征税。

考点5 环境保护税的税目与税率

环境保护税税目包括大气污染物、水污染物、固体废物和噪声四大类。

提示 二氧化碳是重要的环境污染物，其排放增加会造成温室效应，已经受到国际上的广泛关注，目前，我国二氧化碳减排管理的职责在发改部门而非环保部门。

【例题·单选题】（2020年）下列各种噪声中，属于环境保护税征税范围的是（ ）。

A. 建筑噪声　　B. 工业噪声

C. 生活噪声　　D. 交通噪声

【答案】B

【解析】环境保护税征税范围包括应税大气污染物、水污染物、固体废物和噪声（指工业噪声）。

【例题·多选题】（2020年）下列排放物中，属于环境保护税征收范围的有（ ）。

A. 危险废物　　B. 氮氧化物

C. 二氧化碳　　D. 交通噪声

【答案】AB

【解析】环境保护税征税范围的应税污染物是指规定的大气污染物（不包括二氧化碳）、水污染物、固体废物和噪声（仅包括工业噪声）。

【例题·多选题】（2020年）下列排放物中，属于环境保护税征税范围的有（ ）。

A. 尾矿　　B. 建筑噪声

C. 危险废物　　D. 二氧化碳

【答案】AC

【解析】环境保护税征税范围的应税污染物是指规定的大气污染物（不包括二氧化碳）、水污染物、固体废物和噪声（仅包括工业噪声）。

【例题·多选题】（2018年）下列污染物中，属于环境保护税征收范围的有（ ）。

A. 建筑噪声　　B. 二氧化硫

C. 煤矸石　　D. 氮氧化物

【答案】BCD

【解析】环境保护税征税范围的应税污染物是指规定的大气污染物（不包括二氧化碳）、水污染物、固体废物（煤矸石、尾矿、危险废物和粉煤灰、炉渣等）和噪声（仅包括工业噪声，不包括建筑噪声、交通噪声）。

【例题·多选题】（2018年）下列污染物中，属于环境保护税征收范围的有（ ）。

A. 总汞　　B. 二氧化碳

C. 氮氧化物　　D. 交通噪声

【答案】AC

【解析】环保税的税目包括大气污染物（含氮氧化物）、水污染物（含总汞）、固体废物和噪声。

考点6 环境保护税的计税依据及应纳税额的计算

（一）应税大气污染物、水污染物

1. 应税大气污染物、水污染物按照污染物排放量折合的污染当量数确定计税依据。

污染当量数 = 该污染物的排放量 ÷ 该污染物的污染当量值

<table>
<tr><td colspan="2">每一排放口或者没有排放口的应税大气污染物</td><td>按照污染当量数从大到小排序，对前三项污染物征收</td></tr>
<tr><td rowspan="2">每一排放口的应税水污染物</td><td>第一类水污染物</td><td>按照污染当量数从大到小排序，对前五项污染物征收</td></tr>
<tr><td>其他类水污染物</td><td>按照污染当量数从大到小排序，对前三项污染物征收</td></tr>
</table>

2. 应税大气污染物应纳税额的计算。

应税大气污染物的应纳税额 = 污染当量数×适用税额

【例题】 甲公司2021年1月向大气直接排放二氧化硫80千克、氟化物100千克、一氧化碳200千克、氯化氢100千克，假设当地大气污染物每污染当量税额为1.2元。该公司只有一个排放口。二氧化硫的污染当量值为0.95千克，氟化物的污染当量值为0.87千克，一氧化碳的污染当量值为16.7千克，氯化氢的污染当量值为10.75千克。计算甲公司应纳的环境保护税。

【解析】 应税大气污染物的污染当量数，以该污染物的排放量除以该污染物的污染当量值计算：

二氧化硫污染当量数 = 80 ÷ 0.95 = 84.21

氟化物污染当量数 = 100 ÷ 0.87 = 114.94

一氧化碳污染当量数 = 200 ÷ 16.7 = 11.98

氯化氢污染当量数 = 100 ÷ 10.75 = 9.30

按污染当量数排序：

氟化物污染当量数（114.94）> 二氧化硫污染当量数（84.21）> 一氧化碳污染当量数（11.98）> 氯化氢污染当量数（9.30）。该公司只有一个排放口，按照污染当量数从大到小排序，对前三项污染物征收环境保护税，则征收环境保护税的前三项污染物为：氟化物、二氧化硫、一氧化碳。

应纳税额 =（114.94 + 84.21 + 11.98）×1.2 = 253.36（元）

3. 应税水污染物应纳税额的计算。

应税水污染物的应纳税额为污染当量数乘以具体适用税额。

（1）适用监测数据法的水污染物应纳税额的计算。

适用监测数据法的水污染物（包括第一类水污染物和第二类水污染物）的应纳税额为污染当量数乘以具体适用税额。计算公式为：水污染物的应纳税额 = 污染当量数×适用税额

【例题】 某企业2021年3月向水体直接排放第一类水污染物总汞10千克，根据第一类水污染物污染当量值表，总汞的污染当量值为0.0005（千克），计算其污染当量数。

【答案】 污染当量数 = 10 ÷ 0.0005 = 20 000

（2）适用抽样测算法的水污染物应纳税额的计算。

适用抽样测算法的情形，纳税人按照环境保护税法所附《禽畜养殖业、小型企业和第三产业水污染物污染当量值》表所规定的当量值计算污染当量数。

①规模化禽畜养殖业排放的水污染物应纳税额。

禽畜养殖业的水污染物应纳税额为污染当量数乘以具体适用税额。

其污染当量数以禽畜养殖数量除以污染当量值计算。

【例题】 某养殖场，2021 年 2 月养牛存栏量为 500 头，污染当量值为 0.1 头，假设当地水污染物适用税额为每污染当量 2.8 元，当月应纳环境保护税税额计算如下：

水污染物当量数 = 500 ÷ 0.1 = 5 000

应纳税额 = 5000 × 2.8 = 14 000（元）。

②小型企业和第三产业排放的水污染物应纳税额。

小型企业和第三产业的水污染物应纳税额为污染当量数乘以具体适用税额。

其污染当量数以污水排放量（吨）除以污染当量值（吨）计算。

计算公式为：

应纳税额 = 污水排放量（吨）÷ 污染当量值（吨）× 适用税额

【例题】 某餐饮公司，通过安装水流量计测得 2021 年 2 月排放污水量为 60 吨，污染当量值为 0.5 吨。假设当地水污染物适用税额为每污染当量 2.8 元，当月应纳环境保护税税额计算如下：

水污染物当量数 = 60 ÷ 0.5 = 120

应纳税额 = 120 × 2.8 = 336（元）。

③医院排放的水污染物应纳税额。

医院排放的水污染物应纳税额为污染当量数乘以具体适用税额。其污染当量数以病床数或者污水排放量除以相应的污染当量值计算。计算公式为：

应纳税额 = 医院床位数 ÷ 污染当量值 × 适用税额

应纳税额 = 污水排放量 ÷ 污染当量值 × 适用税额

【例题】 某县医院，床位 56 张，每月按时消毒，无法计量月污水排放量，污染当量值为 0.14 床，假设当地水污染物适用税额为每污染当量 2.8 元，当月应纳环境保护税税额计算如下：

水污染物当量数 = 56 ÷ 0.14 = 400

应纳税额 = 400 × 2.8 = 1 120（元）。

【例题】 某企业 2018 年 3 月向水体直接排放第一类水污染物总汞 10 千克，根据第一类水污染物污染当量值表，总汞的污染当量值为 0.0005（千克），其污染当量数 = 10 ÷ 0.0005 = 20 000。

纳税人有下列情形之一的，以其当期应税大气污染物、水污染物的产生量作为污染物的排放量：

（1）未依法安装使用污染物自动监测设备或者未将污染物自动监测设备与生态环境主管部门的监控设备联网。

（2）损毁或者擅自移动、改变污染物自动监测设备。

（3）篡改、伪造污染物监测数据。

（4）通过暗管、渗井、渗坑、灌注或者稀释排放以及不正常运行防治污染设施等方式违法排放应税污染物。

（5）进行虚假纳税申报。

（二）应税固体废物

1. 应税固体废物按照固体废物的排放量确定计税依据。

固体废物的排放量 = 当期固体废物的产生量 − 当期固体废物的综合利用量 − 当期固体废物的贮存量 − 当期固体废物的处置量

纳税人有下列情形之一的，以其当期应税固体废物的产生量作为固体废物的排放量：

（1）非法倾倒应税固体废物。

（2）进行虚假纳税申报。

2. 固体废物应纳税额的计算。

【例题】 假设某企业 2021 年 3 月产生尾矿 1 000 吨，其中综合利用的尾矿 300 吨（符合国家相关规定），在符合国家和地方环境保护标准的设施贮存 300 吨。计算该企业当月尾矿应缴纳的环境保护税。

【答案】环境保护税应纳税额 =（1 000 − 300 − 300）×15 = 6 000（元）

（三）应税噪声

1. 应税噪声按照超过国家规定标准的分贝数确定计税依据。

2. 应税噪声应纳税额的计算。

【例题】假设某工业企业只有一个生产场所，只在昼间生产，边界处声环境功能型为1类，生产时产生噪声为60分贝，《工业企业厂界环境噪声排放标准》规定1类功能区昼间的噪声排放限值为55分贝，当月超标天数为18天。请计算该企业当月噪声污染应缴纳的环境保护税。

【答案】超标分贝数 = 60 − 55 = 5（分贝）

根据《环境保护税税目税额表》，该企业当月噪声污染应缴纳环境保护税700元。

【例题·单选题】（2019年）下列应税污染物中，在确定计税依据时只对超过规定标准的部分征收环境保护税的是（　　）。

A. 固体废物　　B. 大气污染物

C. 工业噪声　　D. 水污染物

【答案】C

【解析】应税噪声按照超过国家规定标准的分贝数确定计税依据。

【例题·多选题】（2019年）下列应税污染物中，按照污染物排放量折合的污染当量数作为环境保护税计税依据的有（　　）。

A. 噪声　　B. 大气污染物

C. 固体废物　　D. 水污染物

【答案】BD

【解析】应税污染物的计税依据，按照下列方法确定：（1）应税大气污染物按照污染物排放量折合的污染当量数确定；（2）应税水污染物按照污染物排放量折合的污染当量数确定；（3）应税固体废物按照固体废物的排放量确定；（4）应税噪声按照超过国家规定标准的分贝数确定。

考点7 环境保护税的税收减免

（一）暂免征税项目

下列情形，暂予免征环境保护税：

1. 农业生产（不包括规模化养殖）排放应税污染物的。

2. 机动车、铁路机车、非道路移动机械、船舶和航空器等流动污染源排放应税污染物的。

3. 依法设立的城乡污水集中处理、生活垃圾集中处理场所排放相应应税污染物，不超过国家和地方规定的排放标准的。

4. 纳税人综合利用的固体废物，符合国家和地方环境保护标准的。

5. 国务院批准免税的其他情形。

（二）减征税额项目

1. 纳税人排放应税大气污染物或者水污染物的浓度值低于国家和地方规定的污染物排放标准30%的，减按75%征收环境保护税。

2. 纳税人排放应税大气污染物或者水污染物的浓度值低于国家和地方规定的污染物排放标准50%的，减按50%征收环境保护税。

【例题·单选题】（2021年）下列排放的应税污染物中，暂免征收环境保护税的是（　　）。

A. 机动车排放的应税污染物

B. 医疗机构排放的应税污染物

C. 垃圾处理厂超标排放的应税污染物

D. 高新技术企业达标排放的应税污染物

【答案】A

【解析】环境保护税属于直接排放税。环境保护税的纳税义务人是在我国领域和管辖的其他海域直接向环境排放应税污染物的企业事业单位和其他生产经营者。对于选项 A：机动车、铁路机车、非道路移动机械、船舶和航空器等流动污染源排放应税污染物的，暂免征收环境保护税。

通关演练

一、单项选择题

1. 下列各项中，属于资源税纳税人的是（　　）。

A. 出口外购宝石的外贸企业

B. 销售自产原油的生产企业

C. 外购钠盐出售的商业企业

D. 进口天然气的外贸企业

2. 根据资源税法律制度的规定，下列各项中，不属于资源税征税范围的是（　　）。

A. 人造石油　　B. 地热

C. 砂石　　D. 油页岩

3. 下列各项中，属于资源税计税依据的是（　　）。

A. 纳税人开采销售原油时的销售数量

B. 纳税人开采销售天然气时向对方收取的增值税

C. 纳税人开采销售铁矿石时收取的符合条件的运杂费用

D. 纳税人开采销售天然气时向购买方收取的不含增值税销售额

4. 根据资源税的相关规定，从量计征资源税的计税依据为（　　）。

A. 开采数量　　B. 实际产量

C. 计划产量　　D. 销售数量

5. 某煤矿生产企业 2021 年 12 月份开采原煤 600 吨，当月向某供热公司销售原煤 300 吨，收取不含税的销售额为 100 万元；销售外购已税原煤生产的洗选煤 500 吨，取得不含税的销售额为 160 万元。已知原煤适用的资源税税率为 6%，洗选煤适用的资源税税率为 5%。该煤矿生产企业当月应缴纳的资源税为（　　）万元。

A. 6　　B. 8

C. 12　　D. 14

6. 下列各项中，应计算缴纳资源税的是（　　）。

A. 进口的原油

B. 专门开采并销售的天然气

C. 煤炭开采企业因安全生产需要抽采的煤成（层）气

D. 开采原油过程中用于加热的原油

7. 某油气田企业 2021 年 12 月份开采原油 9 000 吨，当月销售 8 000 吨，取得不含增值税销售额 96 万元；用于开采原油过程中加热的原油 500 吨；用于职工食堂和浴室的原油 100 吨；当月开采天然气 40 000 立方米，已全部销售，取得不含增值税销售额 12 万元，已知原油和天然气适用的资源税税率均为 6%。该油气田企业 12 月份应纳资源税税额为（　　）万元。

A. 6.48　　B. 6.49

C. 6.55　　D. 6.84

8. 某油气开采企业为增值税一般纳税人，2021 年 11 月开采原油 6 万吨，当期对外销售 5 万吨，取得不含税销售额 5 000 万元；另外 1 万吨在开采原油过程中用于加热。开采天然气 100 万立方米，当期对外销售 60 万立方米，共取得不含税销售额 300 万元，另将剩余 40 万立方米用于换取一批机器设备，则该油气开采企业 2021 年 12 月应缴纳资源税（　　）万元。（原油、天然气适用的资源税税率为 6%）

A. 318　　B. 330

C. 371　　D. 378

9. 下列关于资源税的说法中，不正确的是（　　）。

A. 对充填开采置换出来的煤炭，资源税减征 50%

B. 从衰竭期矿山开采的矿产品，减征30%资源税

C. 对从深水油气田开采的原油、天然气资源税减按30%征收

D. 稠油、高凝油减征40%资源税

10. 根据资源税的相关规定，下列说法中正确的是（　　）。

A. 油田范围内运输原油过程中用于加热的原油，减半征收资源税

B. 高含硫天然气资源税减征40%

C. 从低丰度油气田开采的原油，减征20%资源税

D. 纳税人开采应税产品过程中，因自然灾害遭受重大损失的，免征资源税

11. 甲生产企业2021年10月10日购入锌原矿并取得增值税专用发票，发票注明的不含税购进金额为300万元，当月甲生产企业将外购锌原矿与自采的锌原矿混合进行销售，取得不含税销售额800万元。已知当地锌原矿税率为6%，则甲生产企业应纳资源税（　　）万元。

A. 18　　B. 30

C. 48　　D. 66

12. 甲生产企业2021年12月15日购入铜原矿并取得增值税专用发票，发票注明的不含税购进金额为310万元，当月甲生产企业将外购铜原矿和自采铜原矿混合洗选加工为铜选矿进行销售，取得不含税销售额1 000万元。已知当地铜原矿税率为7%，铜选矿税率为5%。则甲生产企业应纳资源税（　　）万元。

A. 28.3　　B. 34.5

C. 39.62　　D. 50

13. 某油田2021年12月共计开采原油8 000吨，当月销售原油6 000吨，取得销售收入（不含增值税）18 000 000元；支付符合条件的运输费用200 000元（包含在销售收入中并取得发票）。已知原油的资源税税率为6%，则该油田当月缴纳的资源税为（　　）元。

A. 954 690.27　　B. 106 800 0

C. 107 880 0　　D. 108 000 0

14. 某煤炭开采企业2021年10月将外购原煤增值税专用发票上注明的金额为200万元与自采原煤混合洗选加工为选煤销售，选煤不含增值税销售额为650万元。当地原煤税率为3%，选煤税率为2%。该企业当月应缴纳资源税（　　）万元。

A. 3　　B. 5

C. 7　　D. 9

15. 水力发电和火力发电贯流式（不含循环式）冷却取用水的计税依据是（　　）。

A. 实际发电量

B. 实际取用水量

C. 以实际发电量换算的实际取用水量

D. 各省根据实际情况确定

16. 下列关于水资源税征收管理的表述中，不正确的是（　　）。

A. 在试点省份内取用水，其纳税地点需要调整的，由省级财政、税务部门决定

B. 水资源税的纳税义务发生时间为纳税人取用水资源的当日

C. 纳税人应当自纳税期满或者纳税义务发生之日起15日内申报缴纳水资源税

D. 水资源税按年征收

17. 下列关于环境保护税计税依据的表述中，不正确的是（　　）。

A. 应税固体废物按照固体废物的排放量确定

B. 应税大气污染物按照污染物排放量折合的污染当量数确定

C. 应税水污染物按照污染物排放量折合的污染当量数确定

D. 应税噪声按照噪声的分贝数确定

18. 下列各项中，应计算缴纳环境保

护税的是（　　）。

A. 企业向依法设立的污水集中处理场所排放应税水污染物

B. 企业在符合国家和地方环境保护标准的场所贮存固体废物

C. 医院直接向环境排放应税水污染物

D. 机动车排放应税污染物

19. 某养殖场2021年12月平均养鸡存栏量为9 000羽，污染当量值为30羽，假设当地水污染物适用税额为每污染当量3.2元，该养殖场当月应纳环境保护税（　　）元。

A. 0　　B. 640

C. 960　　D. 28 800

20. 甲企业2021年11月产生尾矿800吨，其中综合利用的尾矿300吨（符合相关标准），在符合国家和地方环境保护标准的设施贮存200吨。尾矿环保税适用税额为每吨15元，该企业当月尾矿应缴纳环境保护税（　　）元。

A. 4 500　　B. 9 000

C. 6 750　　D. 12 000

二、多项选择题

1. 下列单位和个人的生产经营行为应缴纳资源税的有（　　）。

A. 个体经营者开采销售石灰岩

B. 商贸企业进口原煤

C. 商贸企业批发销售海盐

D. 工业企业开采销售页岩气

2. 下列各项中，属于资源税纳税义务人的有（　　）。

A. 进口盐的外贸企业

B. 开采原煤的私营企业

C. 生产盐的外商投资企业

D. 中外合作开采石油的企业

3. 下列各项中，应征收资源税的有（　　）。

A. 进口的天然气

B. 专门开采的天然气

C. 人造石油

D. 与原油同时开采的天然气

4. 根据资源税的相关规定，下列各项中，属于能源矿产的有（　　）。

A. 地热　　B. 页岩气

C. 天然卤水　　D. 有色金属

5. 根据资源税法律制度的规定，下列各项中属于资源税的征收范围的有（　　）。

A. 天然沥青　　B. 砂石

C. 矿泉水　　D. 海盐

6. 根据资源税法律制度的规定，下列应税产品中，仅采用从价定率方式计征资源税的有（　　）。

A. 原油　　B. 天然气

C. 砂石　　D. 矿泉水

7. 根据资源税的有关规定，下列各项中，说法正确的有（　　）。

A. 纳税人以自采应税产品用于非货币性资产交换，应缴纳资源税

B. 纳税人以自采原矿直接加工为非应税产品的，按照原矿计征资源税

C. 纳税人开采或者生产应税产品自用于连续生产应税产品的，不缴纳资源税

D. 纳税人自采原矿洗选加工为选矿产品销售的，在移送环节按照原矿产品计征资源税

8. 根据资源税的有关规定，下列表述中，正确的有（　　）。

A. 资源税只对特定资源征税

B. 纳税人开采或者生产不同税目应税产品，未分别核算销售额或者销售数量的，由财政部确定具体适用税率

C. 纳税人将自采原煤与外购原煤混合销售的，如果能准确核算，在确认计税依据时，准予扣减外购相应原煤的购进金额

D. 纳税人将其开采的原煤加工为洗选

煤自用的，视同销售洗选煤，计算缴纳资源税

9. 下列各项行为中，需要缴纳资源税的有（ ）。

A. 将开采锰原矿用于连续加工锰选矿

B. 将开采的原煤用于连续加工蜂窝煤

C. 将开采的原油用于捐赠

D. 将开采的天然气用于换取机器设备

10. 下列有关资源税税收优惠的表述中，正确的有（ ）。

A. 对从衰竭期矿山开采的矿产品，减征30%资源税

B. 从低丰度油气田开采的原油、天然气减征30%资源税

C. 对深水油气田资源税减征30%

D. 开采原油以及油田范围内运输原油过程中用于加热的原油、天然气

11. 下列各项中，可以由省、自治区、直辖市决定免征或者减征资源税的有（ ）。

A. 纳税人开采销售共伴生矿

B. 纳税人开采销售低品位矿

C. 纳税人开采销售尾矿

D. 对青藏铁路公司及其所属单位运营期间自采自用的砂、石等材料

12. 根据资源税的相关规定，下列关于资源税征收管理的表述中，正确的有（ ）。

A. 纳税人应当向矿产品的开采地或海盐的生产地缴纳资源税

B. 税务机关与自然资源等相关部门应当建立工作配合机制，加强资源税征收管理

C. 纳税人按月申报纳税的，自月度终了之日起10日内申报纳税

D. 资源税只能选择按月缴纳或者按季缴纳

13. 下列各项中，应计算缴纳资源税的有（ ）。

A. 煤炭开采企业因安全生产需要抽采的煤成（层）气

B. 深水油气田开采的天然气

C. 人造石油

D. 从衰竭期矿山开采的矿产品

14. 根据规定，下列情形中，不缴纳水资源税的有（ ）。

A. 水利工程管理单位为配置或者调度水资源取水的

B. 为消除对公共安全或者公共利益的危害临时应急取水的

C. 为农业抗旱和维护生态与环境必须临时应急取水的

D. 农村集体经济组织及其成员从本集体经济组织的水塘、水库中取用水的

15. 根据资源税相关规定，下列关于水资源税税率的说法中，正确的有（ ）。

A. 按不同取用水性质实行差别税额

B. 地下水税额要高于地表水

C. 超采区地下水税额要高于非超采区

D. 严重超采地区的地下水税额要大幅高于非超采地区

16. 下列情形中，不需要缴纳水资源税的有（ ）。

A. 农村集体经济组织从本集体经济组织的水塘中取用水的

B. 水利工程管理单位为调度水资源取水的

C. 为消除对公共安全的危害临时应急取水的

D. 为农业抗旱必须临时应急取水的

17. 下列各项中，可免征水资源税的有（ ）。

A. 规定限额内的农业生产取用水

B. 抽水蓄能发电取用水

C. 维护生态与环境必须临时应急取水

D. 取用污水处理再生水

18. 根据规定，下列各项中，免征水资源税的有（　　）。

A. 规定限额内的农业生产取用水

B. 取用污水处理再生水

C. 抽水蓄能发电取用水

D. 采油排水经分离净化后在封闭管道回注

19. 下列关于水资源税征收管理的说法中，正确的有（　　）。

A. 水资源税采取“税务征管、水利核量、自主申报、信息共享”的征管模式

B. 水资源税的纳税义务发生时间为纳税人取用水资源的当日

C. 除农业生产取用水外，水资源税按季或者按月征收

D. 纳税人应当自纳税期满或者纳税义务发生之日起15日内申报纳税

20. 下列表述中，符合环境保护税特点的有（　　）。

A. 属于调节型税种

B. 属于间接排放税

C. 其渊源是排污收费制度

D. 收入纳入一般预算收入，全部划归地方

21. 下列排放物中，属于环境保护税征税范围的有（　　）。

A. 二氧化硫　　B. 一般性粉尘

C. 二氧化碳　　D. 建筑噪声

22. 下列对应税噪声征收环境保护税的表述中，正确的有（　　）。

A. 昼、夜均超标的环境噪声，昼、夜分别计算应纳税额，累计计征

B. 一个单位有不同地点作业场所的，应分别计算应纳税额，合并计征

C. 声源一个月内超标不足15天的，减半计算应纳税额

D. 应税噪声的应纳税额为超标分贝数乘以具体适用税额

23. 下列选项中，暂免征收环境保护税的有（　　）。

A. 规模化养殖排放应税污染物

B. 船舶和航空器等流动污染源排放应税污染物

C. 学校直接向环境排放污水

D. 纳税人综合利用的固体废物，符合国家和地方环境保护标准

24. 下列关于环境保护税征收管理的表述中，正确的有（　　）。

A. 环境保护税纳税义务发生时间为纳税人排放应税污染物的当日

B. 环境保护税按月计算，按季申报缴纳，不能按固定期限计算缴纳的，可以按次申报缴纳

C. 纳税人应当向应税污染物排放地的税务机关申报缴纳环境保护税

D. 纳税人按次申报缴纳的，应当自纳税义务发生之日起30日内，向税务机关办理纳税申报并缴纳税款

三、计算问答题

1. 某煤炭生产企业为增值税一般纳税人，2021年12月发生下列业务：

（1）开采原煤50 000吨，赠送给有常年业务往来的客户10 000吨。

（2）销售自采原煤5 000吨，每吨不含税售价为300元，同时将100吨自采原煤用于投资甲公司。

（3）本月以自采原煤和外购原煤混合加工洗煤600吨，其中耗用外购原煤500吨，经增值税发票确认，外购原煤每吨不含增值税买价为550元。销售上述洗煤500吨，每吨不含税售价750元。

已知：原煤资源税税率为6%；洗煤资源税税率为5%。

要求：根据上述资料，回答下列问题。

（1）计算业务（1）应缴纳的资源税。

（2）计算业务（2）应缴纳的资源税。

（3）计算业务（3）应缴纳的资源税。

2. 某化工厂只有一个污水排放口且直接向河流排放污水。2021 年 12 月该工厂自动监测仪器读数显示，当月排放硫化物、氟化物各 200 千克，甲醛、总铜各 180 千克，总锌 400 千克，总锰 240 千克。已知，硫化物、甲醛污染当量值为 0.125 千克，氟化物污染当量值为 0.5 千克，总铜污染当量值为 0.1 千克，总锌、总锰污染当量值为 0.2 千克；当地水污染物每污染当量税额为 3 元。污染物属于第二类水污染物，计算该工厂当月应纳的环境保护税。

答案及解析

一、单项选择题

1. 【答案】B

【解析】选项 D：资源税的纳税义务人是指在中华人民共和国领域及管辖的其他海域开发应税资源的单位和个人，资源税有进口不征、出口不退的特性。选项 AC：资源税一次课征，即对开采或生产应税资源进行销售或自用于应当缴纳资源税情形的单位和个人，在出厂销售或自用时一次性征收，而对已税产品批发、零售的单位和个人不再征收资源税。

2. 【答案】A

【解析】选项 A：人造石油不属于资源税的征税范围。

3. 【答案】D

【解析】选项 A：原油以销售额为资源税的计税依据。选项 B：天然气的计税销售额是指纳税人销售应税产品向购买方收取的全部价款，不包括增值税税款。选项 C：纳税人销售铁矿石时收取的符合条件的运杂费用可以扣减。

4. 【答案】D

【解析】据资源税的相关规定，从量计征资源税的计税依据为销售数量。

5. 【答案】A

【解析】销售外购已税原煤生产的洗选煤不需再缴纳资源税。该煤矿生产企业当月应缴纳资源税 = 100 × 6% = 6（万元）

6. 【答案】B

【解析】选项 A：资源税进口不征，出口不退。选项 C、D：免征资源税。

7. 【答案】C

【解析】该油气田企业 12 月份应纳资源税 = 96 ÷ 8 000 ×（8 000 + 100）× 6% + 12 × 6% = 6.55（万元）

8. 【答案】B

【解析】开采原油过程中用于加热的原油，免征资源税。将开采的天然气用于换取机器设备，应按规定计算缴纳资源税。则该油气开采企业 2021 年 12 月应缴纳资源税 = 5 000 × 6% + 300 ÷ 60 ×（60 + 40）× 6% = 330（万元）。

9. 【答案】C

【解析】选项 C：对从深水油气田开采的原油、天然气资源税减征 30%。

10. 【答案】C

【解析】选项 A：开采原油以及油田范围内运输原油过程中用于加热的原油、天然气，免征资源税。选项 B：高含硫天然气资源税减征 30%。选项 D：纳税人开采或者生产应税产品过程中，因意外事故或者自然灾害等原因遭受重大损失的由省、自治区、直辖市决定减税或免税，而非直接免税。

11. 【答案】B

【解析】以外购原矿与自采原矿混合为原矿销售，直接扣减外购原矿的购进金额或者购进数量。甲生产企业应纳资源税 =（800 − 300）× 6% = 30（万元）。

12. 【答案】A

【解析】准予扣减的外购应税产品的购进金额 = 310 ×（7% ÷ 5%）= 434（万元），应缴纳的资源税 =（1 000 − 434）× 5% = 28.3（万元）。

13. 【答案】B

【解析】原油属于从价定率计算资源税的应税产品。计入销售额中的相关运杂费用，凡取得增值税发票或者其他合法有效凭据的，准予从销售额中扣除。该油田当月缴纳的资源税 =（18 000 000 − 200 000）× 6% = 1 068 000（元）。

14. 【答案】C

【解析】准予扣减的外购应税产品购进金额 = 外购原煤购进金额 ×（本地区原煤适用税率 ÷ 本地区选煤适用税率）= 200 ×（3% ÷ 2%）= 300（万元），该企业当月应缴纳资源税 =（650 − 300）× 2% = 7（万元）。

15. 【答案】A

【解析】水力发电和火力发电贯流式（不含循环式）冷却取用水的计税依据是实际发电量。

16. 【答案】D

【解析】选项 D：除农业生产取用水外，水资源税按季或者按月征收，由主管税务机关根据实际情况确定。对超过规定限额的农业生产取用水水资源税可按年征收。不能按固定期限计算纳税的，可以按次申报纳税。

17. 【答案】D

【解析】选项 D：应税噪声按照超过国家规定标准的分贝数确定。

18. 【答案】C

【解析】选项 A、B 不属于直接向环境排放污染物，不缴纳相应污染物的环境保护税；选项 D：暂予免征环境保护税。

19. 【答案】C

【解析】水污染物的污染当量数 = 9 000 ÷ 30 = 300，应纳税额 = 300 × 3.2 = 960（元）。

20. 【答案】A

【解析】固体废物排放量 = 当期固体废物的产生量 − 当期固体废物的综合利用量 − 当期固体废物的贮存量 − 当期固体废物的处置量。尾矿排放量 = 800 − 300 − 200 = 300（吨）。尾矿环境保护税应纳税额 = 300 × 15 = 4 500（元）。

二、多项选择题

1. 【答案】AD

【解析】选项 B：进口资源税应税产品不缴纳资源税；选项 C：批发销售海盐的商贸企业不缴纳资源税。

2. 【答案】BCD

【解析】选项 A：资源税进口不征，出口不退。因此进口盐的外贸企业不属于资源税纳税义务人。

3. 【答案】BD

【解析】选项 A：资源税进口不征，出口不退。选项 C：人造石油不征收资源税。

4. 【答案】AB

【解析】选项 C：属于盐。选项 D：属于金属矿产。

5. 【答案】ABCD

【解析】选项 A、B、C、D 均正确。

6. 【答案】AB

【解析】选项 C、D：采用从量定额或从价定率方式计征资源税。

7. 【答案】ABC

【解析】自采原矿洗选加工为选矿产品销售的，按照选矿产品计征资源税，在原矿移送环节不缴纳资源税。

8. 【答案】ACD

【解析】选项 B：纳税人开采或者生产不同税目应税产品的，应当分别核算不同税目应税产品的销售额或者销售数量；未分别核算或者不能准确提供不同税目应税产品的销售额或者销售数量的，从高适用税率。

9.【答案】BCD

【解析】选项B、C、D：纳税人自用应税产品应当缴纳资源税的情形，包括纳税人以应税产品用于非货币性资产交换、捐赠、偿债、赞助、集资、投资、广告、样品、职工福利、利润分配或者连续生产非应税产品等。选项A：纳税人开采或者生产应税产品自用于连续生产应税产品的，不缴纳资源税。

10.【答案】ACD

【解析】选项B：从低丰度油气田开采的原油、天然气减征20%资源税。

11.【答案】ABC

【解析】选项A、B、C：有下列情形之一的，省、自治区、直辖市可以决定免征或者减征资源税：（1）纳税人开采或者生产应税产品过程中，因意外事故或者自然灾害等原因遭受重大损失；（2）纳税人开采共伴生矿、低品位矿、尾矿。选项D：对青藏铁路公司及其所属单位运营期间自采自用的砂、石等材料免征资源税。

12.【答案】AB

【解析】选项C：纳税人按月或者按季申报缴纳的，自月度或季度终了之日起15日内，向税务机关办理纳税申报并缴纳税款；选项D：资源税按月或者按季申报缴纳，不能按固定期限计算缴纳的，可以按次申报缴纳。

13.【答案】BD

【解析】选项A：免征资源税。选项C：不属于资源税征税范围，不缴纳资源税。

14.【答案】ABCD

【解析】选项表述均正确。

15.【答案】ABCD

【解析】选项表述均正确。

16.【答案】ABCD

【解析】选项表述均正确。

17.【答案】ABD

【解析】选项A、B、D：免征水资源税。选项C：属于水资源税的不征税项目。

18.【答案】ABCD

【解析】选项表述均正确。

19.【答案】ABCD

【解析】选项表述均正确。

20.【答案】ABD

【解析】环境保护税具有以下基本特点：（1）属于调节型税种。（2）其渊源是排污收费制度。（3）属于综合型环境税。（4）属于直接排放税。（5）对大气污染物、水污染物规定了幅度定额税率。（6）采用税务、生态环境主管部门紧密配合的征收方式。（7）收入纳入一般预算收入，全部划归地方。

21.【答案】AB

【解析】环境保护税征税范围的应税污染物是指规定的大气污染物（不包括二氧化碳）、水污染物、固体废物和噪声（仅包括工业噪声）。

22.【答案】ABC

【解析】选项D：应税噪声的应纳税额为超过国家规定标准的分贝数对应的具体适用税额。

23.【答案】BD

【解析】选项A：农业生产（不包括规模化养殖）排放应税污染物的，暂予免征环境保护税。选项C：需要缴纳环境保护税。

24.【答案】ABC

【解析】选项D：纳税人按次申报缴纳的，应当自纳税义务发生之日起15日内，向税务机关办理纳税申报并缴纳税款。

三、计算问答题

1.【答案】

（1）应纳资源税 $=10\ 000\times300\times6\%=$

180 000（元）

（2）应纳资源税 =（5 000 + 100）× 300 × 6% = 91 800（元）

（3）准予扣减的外购应税产品购进金额 =（500 × 550）×（6% ÷ 5%）= 330 000（元）

应纳资源税 =（500 × 750 − 330 000）× 5% = 2 250（元）

2. **【答案】**

（1）计算污染当量数：污染当量数 = 该污染物的排放量 ÷ 该污染物的污染当量值

①硫化物污染当量数 = 200 ÷ 0.125 = 1 600

②氟化物污染当量数 = 200 ÷ 0.5 = 400

③甲醛污染当量数 = 180 ÷ 0.125 = 1 440

④总铜污染当量数 = 180 ÷ 0.1 = 1 800

⑤总锌污染当量数 = 400 ÷ 0.2 = 2 000

⑥总锰污染当量数 = 240 ÷ 0.2 = 1 200

（2）总锌污染当量数（2000）> 总铜污染当量数（1800）> 硫化物污染当量数（1600）> 甲醛污染当量数（1440）> 总锰污染当量数（1200）> 氟化物污染当量数（400）

每一排放口的应税水污染物，按照《应税污染物和当量值表》，区分第一类水污染物和其他类水污染物，按照污染当量数从大到小排序，对第一类水污染物按照前五项征收环境保护税，对其他类水污染物按照前三项征收环境保护税。上述污染物属于第二类水污染物。

（3）应纳税额 =（2 000 + 1 800 + 1 600）× 3 = 16 200（元）

第九章　城镇土地使用税法和耕地占用税法

本章考情分析

城镇土地使用税法和耕地占用税法一章为非重点章节，在历年考试中，考试题型多为单项选择题、多项选择题等客观题。该章所占分值不大，一般为 3 分左右，题量 1～3 题。有时在计算题和综合题中也会涉及城镇土地使用税，但计算分析题和综合题中仅为一问。计算分析题中一般将城镇土地使用税与房产税等小税种命制题目。综合题中城镇土地使用税会和企业所得税等税种结合命题。

本章教材主要变化

本章教材无较大变化。

本章高频考点

考点1 城镇土地使用税的纳税义务人、税率和计税依据

（一）纳税义务人

城镇土地使用税的纳税义务人为在城市、县城、建制镇和工矿区范围内使用土地的单位和个人。

情形	纳税义务人
拥有土地使用权的单位和个人	权属所有人
拥有土地使用权的单位和个人不在土地所在地的	土地的实际使用人和代管人
土地使用权未确定或权属纠纷未解决的	实际使用人
土地使用权共有的	共有各方都是纳税人，由共有各方分别纳税各自应以其实际使用的土地面积占总面积的比例，分别计算缴纳城镇土地使用税。
在城镇土地使用税征税范围内，承租集体所有建设用地的	直接从集体经济组织承租土地的单位和个人

（二）税率

城镇土地使用税实行定额幅度差别税率，每个幅度税额的差距为 20 倍。经济落后地区，适用税额标准可适当降低，但降低额不得超过规定的最低税额的 30%。经济发达地区的适用税额标准可适当提高，但须报财政部批准。

（三）计税依据

城镇土地使用税以纳税人实际占用的土地面积为计税依据，土地面积计量标准为每平方米。

类型	计税依据
由省、自治区、直辖市人民政府确定的单位组织测定土地面积的	以测定面积为准
尚未组织测量土地面积，但纳税人持有政府部门核发的土地使用证书的	以证书确认的土地面积为准
尚未核发土地使用证书的	以申报的土地面积为准，待核发土地使用证以后再作调整
对在城镇土地使用税征税范围内单独建造的地下建筑用地	暂按应征税款的50%征收城镇土地使用税

【例题·单选题】（2021年）某企业在市区拥有一块土地，尚未经相关部门组织测定土地面积，也未核发土地使用证书。下列关于该企业履行城镇土地使用税纳税义务的表述中，符合税法规定的是（　　）。

A. 免予履行纳税义务

B. 待有关部门测定完土地面积后再履行纳税义务

C. 待政府核发证书确认土地面积后再履行纳税义务

D. 按纳税人申报土地面积据以纳税，待核发土地使用证后再作调整

【答案】 D

【解析】 城镇土地使用税以纳税人实际占用的土地面积为计税依据，对于尚未核发土地使用证书的，应由纳税人申报土地面积，并据以纳税，待核发土地使用证书以后再作调整。

考点2　城镇土地使用税的税收优惠

（一）法定免征城镇土地使用税的优惠

1. 国家机关、人民团体、军队自用的土地。

上述土地是指这些单位本身的办公用地和公务用地。如国家机关、人民团体的办公楼用地，军队的训练场用地等。

2. 由国家财政部门拨付事业经费的单位自用的土地。

上述土地是指这些单位本身的业务用地。如：学校的教学楼、操场、食堂等占用的土地。

3. 宗教寺庙、公园、名胜古迹自用的土地。

宗教寺庙自用的土地，是指举行宗教仪式等的用地和寺庙内的宗教人员生活用地。

公园、名胜古迹自用的土地，是指供公共参观游览的用地及其管理单位的办公用地。

提示 以上单位的生产、经营用地和其他用地，不属于免税范围，应按规定缴纳城镇土地使用税，如公园、名胜古迹中附设的营业单位如影剧院、饮食部、茶社、照相馆等使用的土地。

4. 对非营利性医疗机构、疾病控制机构和妇幼保健机构等卫生机构和非营利性科研机构自用的土地。

5. 自2019年1月1日至2021年12月31日，对专门经营农产品的农产品批发市场、农贸市场使用（包括自有和承租）的土地，暂免征收城镇土地使用税。对同时经营其他产品的农产品批发市场和农贸市场使用的土地，按其他产品与农产品交易场地面积的比例确定征免城镇土地使用税。

6. 自2019年1月1日至2021年12月31日，对国家级、省级科技企业孵化器、大学科技园和国家备案众创空间自用以及

无偿或通过出租等方式提供给在孵对象使用的土地，免征城镇土地使用税。

7. 市政街道、广场、绿化地带等公共用地免征城镇土地使用税。

8. 直接用于农、林、牧、渔业的生产用地免征城镇土地使用税。

上述土地是指直接从事于种植养殖、饲养的专业用地，不包括农副产品加工场地和生活办公用地。

9. 经批准开山填海整治的土地和改造的废弃土地，从使用的月份起免征城镇土地使用税5～10年。具体免税期限由各省、自治区、直辖市税务局在《城镇土地使用税暂行条例》规定的期限内自行确定。

10. 国家拨付事业经费和企业办的各类学校、托儿所、幼儿园自用的土地，免征城镇土地使用税。

11. 免税单位无偿使用纳税单位的土地（如公安、海关等单位使用铁路、民航等单位的土地），免征城镇土地使用税。纳税单位无偿使用免税单位的土地，纳税单位应照章缴纳城镇土地使用税。纳税单位与免税单位共同使用、共有使用权土地上的多层建筑，对纳税单位可按其占用的建筑面积占建筑总面积的比例计征城镇土地使用税。

12. 对改造安置住房建设用地免征城镇土地使用税。在商品住房等开发项目中配套建造安置住房的，依据政府部门出具的相关材料、房屋征收（拆迁）补偿协议或棚户区改造合同（协议），按改造安置住房建筑面积占总建筑面积的比例免征城镇土地使用税。

13. 为了体现国家的产业政策，支持重点产业的发展，对石油、电力、煤炭等能源用地，民用港口、铁路等交通用地和水利设施用地，盐业、采石场、邮电等一些特殊用地划分了征免税界限和给予政策性减免税照顾。具体规定如下：

（1）对石油天然气生产建设中用于地质勘探、钻井、井下作业、油气田地面工程等施工临时用地暂免征收城镇土地使用税。

（2）对企业的铁路专用线、公路等用地，在厂区以外、与社会公用地段未加隔离的，暂免征收城镇土地使用税。

（3）对企业厂区以外的公共绿化用地和向社会开放的公园用地，暂免征收城镇土地使用税。

（4）对盐场的盐滩、盐矿的矿井用地，暂免征收城镇土地使用税。

14. 自2019年1月1日至2021年12月31日，对城市公交站场、道路客运站场、城市轨道交通系统运营用地，免征城镇土地使用税。

15. 自2020年1月1日起至2022年12月31日止，对物流企业自有（包括自用和出租）或承租的大宗商品仓储设施用地，减按所属土地等级适用税额标准的50%计征城镇土地使用税。

（二）由省、自治区、直辖市税务局确定的减免税项目

1. 个人所有的居住房屋及院落用地。

2. 房产管理部门在房租调整改革前经租的居民住房用地。

3. 免税单位职工家属的宿舍用地。

4. 集体和个人办的各类学校、医院、托儿所、幼儿园用地。

【例题·单选题】（2021年）下列单位用地中，免征城镇土地使用税的是（　　）。

A. 宗教寺庙经营用地

B. 城市公交站场用地

C. 农产品加工场用地

D. 广告公司办公用地

【答案】 B

【解析】 选项A：宗教寺庙、公园、名胜古迹自用的土地免征城镇土地使用税。宗教寺庙的经营用地应该缴纳城镇土地使用税。选项B：自2019年1月1日至2021年12月31日，对城市公交站场、道路客运站场、城市轨道交通系统运营用地，免征城镇土地使用税。选项C：直接用于农、林、牧、渔业的生产用地免征城镇土地使用税。上述土地是指直接从事于种植养殖、饲养的专业用地，不包括农副产品加工场地和生活办公用地。农产品加工场用地应该缴纳城镇土地使用税。选项D：广告公司办公用地应该缴纳城镇土地使用税。

【例题·单选题】（2020年）下列用地中，应缴纳城镇土地使用税的是（　　）。

A. 公园内茶社用地

B. 养殖业专业用地

C. 部队训练用地

D. 盐矿的矿井用地

【答案】 A

【解析】 选项A：宗教寺庙、公园、名胜古迹自用的土地，免征城镇土地使用税，但附设的影剧院、茶社、饮食部、照相馆等经营用地不免税。

【例题·多选题】（2018年）下列土地中，属于法定免缴城镇土地使用税的有（　　）。

A. 个人所有的居住房屋用地

B. 免税单位无偿使用纳税单位的土地

C. 名胜古迹自用土地

D. 国家财政部门拨付事业经费的学校用地

【答案】 BCD

【解析】 选项A：属于省、自治区、直辖市税务局确定的城镇土地使用税减免优惠，不是法定免缴城镇土地使用税的项目。

考点3 城镇土地使用税的征收管理

（一）纳税期限

城镇土地使用税实行按年计算、分期缴纳的征收方法，具体纳税期限由省、自治区、直辖市人民政府确定。（同房产税）

（二）纳税义务发生时间

情形	纳税义务发生时间	备注
购置新建商品房	自房屋交付使用之次月起	同房产税的纳税义务发生时间
购置存量房	自办理房屋权属转移、变更登记手续，房地产权属登记机关签发房屋权属证书之次月起	
出租、出借房产	自交付出租、出借房产之次月起	
以出让或转让方式有偿取得土地使用权的	应由受让方从合同约定交付土地时间之次月起	
	合同未约定交付土地时间的，由受让方从合同签订之次月起	
新征用的耕地	自批准征用之日起满1年时	
新征用的非耕地	自批准征用次月起	

纳税人因土地的权利发生变化而依法终止城镇土地使用税纳税义务的，其应纳税款的计算应截止到土地权利发生变化的当月末。

【例题·单选题】（2020年）下列关于城镇土地使用税征收方法的表述中，符合税法规定的是（　　）。

A. 按月计算缴纳

B. 按半年计算、分期缴纳

C. 按年计算、分期缴纳

D. 按季计算缴纳

【答案】C

【解析】城镇土地使用税实行按年计算、分期缴纳的征收方法，具体纳税期限由省、自治区、直辖市人民政府确定。

【例题·多选题】(2019年）下列关于城镇土地使用税纳税义务发生时间的表述中，符合税法规定的有（　　）。

A. 纳税人出租房产，自交付出租房产之次月起纳税

B. 纳税人购置新建商品房，自房屋交付使用之次月起纳税

C. 纳税人出借房产，自交付出借房产之次月起纳税

D. 纳税人新征用的耕地，自批准征用之次月起纳税

【答案】ABC

【解析】选项D：纳税人新征用的耕地，自批准征用之日起满1年时开始缴纳城镇土地使用税。

【例题·多选题】(2017年）下列关于城镇土地使用税纳税义务发生时间的表述中，正确的有（　　）。

A. 纳税人新征用的非耕地，自批准征用次月起缴纳城镇土地使用税

B. 纳税人购置新建商品房，自房屋交付使用之次月起缴纳城镇土地使用税

C. 纳税人出租房产，自合同约定应付租金日期的次月起缴纳城镇土地使用税

D. 纳税人新征用的耕地，自批准征用之日起满1个月时开始缴纳城镇土地使用税

【答案】AB

【解析】选项C，纳税人出租、出借房产，自交付出租、出借房产之次月起缴纳城镇土地使用税。选项D，纳税人新征用的耕地，自批准征用之日起满1年时缴纳城镇土地使用税。

考点4 耕地占用税纳税人与征税范围

（一）纳税人

在中华人民共和国境内占用耕地建设建筑物、构筑物或者从事非农业建设的单位和个人，为耕地占用税的纳税人，应当依照规定缴纳耕地占用税。

（二）征税范围

耕地占用税的征税范围包括纳税人占用耕地建设建筑物、构筑物或者从事非农业建设的国家所有和集体所有的耕地。耕地，是指用于种植农作物的土地。

提示 建设直接为农业生产服务的生产设施占用上述农用地的，不征收耕地占用税。直接为农业生产服务的生产设施，是指直接为农业生产服务而建设的建筑物和构筑物。

（三）税率

耕地占用税实行地区差别定额税率。

（四）计税依据

耕地占用税以纳税人实际占用的属于耕地占用税征税范围的土地（以下简称应税土地）面积为计税依据，按应税土地当地适用税额计税，实行一次性征收。

（五）税收优惠

情形	具体规定
免征	(1) 军事设施占用耕地。 (2) 学校、幼儿园、社会福利机构、医疗机构占用耕地。 (3) 农村烈士遗属、因公牺牲军人遗属、残疾军人以及符合农村最低生活保障条件的农村居民，在规定用地标准以内新建自用住宅

续表

情形	具体规定
减征	（1）铁路线路、公路线路、飞机场跑道、停机坪、港口、航道、水利工程占用耕地，减按每平方米2元的税额征收耕地占用税。 （2）农村居民在规定用地标准以内占用耕地新建自用住宅，按当地适用税额耕地占用税减半征收。 其中，农村居民经批准搬迁的，新建自用住宅占用耕地不超过原宅基地面积的部分，免征耕地占用税

（六）征收管理

耕地占用税由税务机关负责征收。

1. 纳税义务发生时间。

（1）耕地占用税的纳税义务发生时间为纳税人收到自然资源主管部门办理占用耕地手续的书面通知的当日。纳税人应当自纳税义务发生之日起30日内申报缴纳耕地占用税。

（2）纳税人改变原占地用途，需要补缴耕地占用税的，其纳税义务发生时间为改变用途当日。

（3）因挖损、采矿塌陷、压占、污染等损毁耕地的纳税义务发生时间为自然资源、农业农村等相关部门认定损毁耕地的当日。因挖损、采矿塌陷、压占、污染等损毁耕地属于税法所称的非农业建设，应依照税法规定缴纳耕地占用税；自自然资源、农业农村等相关部门认定损毁耕地之日起三年内依法复垦或修复，恢复种植条件的应按规定办理退税。

2. 纳税申报。

纳税人占用耕地，应当在耕地所在地申报纳税。

【例题 · 多选题】（2021年）下列项目占用耕地，需要缴纳耕地占用税的有（　　）。

A. 运煤专用铁路

B. 城区内机动车道

C. 学校教职工住房

D. 军用侦察观测站

【答案】 ABC

【解析】 选项D：军事设施占用耕地免征耕地占用税。

【例题 · 单选题】（2019年）下列项目占用耕地，可以直接免征耕地占用税的是（　　）。

A. 军事设施　　B. 铁路线路

C. 飞机场跑道　　D. 港口码头

【答案】 A

【解析】 军事设施占用耕地免征耕地占用税。铁路线路、公路线路、飞机场跑道、停机坪、港口、航道、水利工程占用耕地，减按每平方米2元的税额征收耕地占用税。

【例题 · 单选题】（2018年）下列占用耕地的情形中，应减征耕地占用税的是（　　）。

A. 医院占用耕地

B. 养老院占用耕地

C. 停机坪占用耕地

D. 省政府批准成立的技工学校占用耕地

【答案】 C

【解析】 选项A、B、D均免征耕地占用税。选项C：铁路线路、公路线路、飞机场跑道、停机坪、港口、航道、水利工程占用耕地，减按每平方米2元的税额征收耕地占用税。

【例题 · 单选题】（2020年）下列关于耕地占用税征收管理的表述中，符合税法规定的是（　　）。

A. 耕地占用税由自然资源主管部门负责征收

B. 占用耕地的个人纳税人应在其户籍所在地缴纳耕地占用税

C. 纳税义务发生时间为纳税人收到自然资源主管部门办理占用耕地手续通知书的次日

D. 未经批准占用耕地的，纳税义务发生时间为自然资源主管部门认定其实际占用耕地的当日

【答案】 D

【解析】 选项 A：耕地占用税由税务机关负责征收。选项 B：纳税人占用耕地，应当在耕地所在地申报纳税。选项 C：耕地占用税纳税义务发生时间为纳税人收到自然资源主管部门办理占用耕地手续的书面通知的当日。

通关演练

一、单项选择题

1. 下列属于城镇土地使用税纳税人的是（　　）。

A. 在农村购买小产权房的个人

B. 在城市郊区拥有店面的个人

C. 位于农村的企业

D. 在农村的外商投资企业

2. 王某居住在某市市区，其在本市的 A、B 两个区县各有一处房产，则王某缴纳城镇土地使用税的纳税地点是（　　）。

A. 指定在 A 区纳税

B. 指定在 B 区纳税

C. 分别在 A、B 两区纳税

D. 在市区纳税

3. 城镇土地使用税的计税依据是（　　）。

A. 纳税人实际拥有的土地面积

B. 纳税人计划占用的土地面积

C. 纳税人实际占用的土地面积

D. 纳税人实际使用的土地面积

4. 下列各项中，不能作为纳税人实际占用的土地面积的是（　　）。

A. 由省、自治区、直辖市人民政府确定的单位组织测定的面积，以测定的面积为准

B. 尚未组织测量，但纳税人持有政府部门核发的土地使用证书的，以证书确认的土地面积为准

C. 尚未核发出土地使用证书的，应由纳税人申报土地面积

D. 税务机关核定纳税人实际使用的土地面积

5. 下列项目中，在征税地区范围内符合城镇土地使用税规定的是（　　）。

A. 军队自用的训练场自建成次月起缴纳城镇土地使用税

B. 公园自批准开放当月起缴纳城镇土地使用税

C. 企业征用的非耕地自批准征用之月起缴纳城镇土地使用税

D. 企业征用的非耕地自批准征用次月起缴纳城镇土地使用税

6. 下列情况中，应缴纳城镇土地使用税的是（　　）。

A. 某市郊区军事靶场

B. 某工矿基地工厂仓库用地

C. 某村建筑集体住宅用地

D. 某镇中心公园用地

7. 下列项目中，应缴纳城镇土地使用税的是（　　）。

A. 建立在城市、县城、建制镇和工矿区以外的工矿企业用地

B. 公园、名胜古迹内附设的影剧院用地

C. 对企业的铁路专用线、公路等用

地，在厂区以外、与社会公用地段未加隔离的

D. 免税单位无偿使用纳税单位的土地

8. 2021 年 3 月 25 日，甲企业购入一栋位于市区的单独建造的地下建筑物用于地下商场经营（合同约定当月交付使用），甲企业取得的地下土地使用权证上并未标明土地面积，该地下建筑垂直投影面积为 1 000 平方米。已知当地城镇土地使用税单位年税额为每平方米 12 元。则该企业 2021 年应缴纳的城镇土地使用税为（　　）元。

A. 4 500　　B. 5 000

C. 6 000　　D. 12 000

9. 下列各项中，应计算缴纳城镇土地使用税的是（　　）。

A. 盐场的盐滩用地

B. 盐矿的矿井用地

C. 企业厂区以外的公共绿化用地

D. 企业厂区以内的铁路专用线用地

10. 某市肉制品加工企业 2021 年占地 60 000 平方米，其中办公占地 5 000 平方米，生猪养殖基地占地 24 000 平方米，肉制品加工车间占地 20 000 平方米，企业内部道路及绿化占地 11 000 平方米。企业所在地城镇土地使用税单位年税额每平方米 0.8 元。该企业全年应缴纳城镇土地使用税（　　）元。

A. 16 800　　B. 25 600

C. 28 800　　D. 48 000

11. 某企业 2021 年年初实际占地面积为 50 000 平方米，其中，企业自办幼儿园占地 2 000 平方米，自办的学校占地 2 000 平方米，企业厂区内绿化占地 5 000 平方米，无偿向某部队提供训练用地 2 000 平方米。2021 年 6 月底该企业为扩大生产，根据有关部门的批准，新征用非耕地 8 000 平方米。该企业所处地段城镇土地使用税年税额 3 元/平方米。该企业 2021 年应缴纳城镇土地使用税（　　）元。

A. 156 000　　B. 151 000

C. 144 000　　D. 133 000

12. 下列各项中，不征收耕地占用税的是（　　）。

A. 占用菜地建房

B. 占用园地建房

C. 占用鱼塘从事非农业建设

D. 占用养殖水面建设直接为农业生产服务的生产设施

13. 下列耕地占用的情形中，属于免征耕地占用税的是（　　）。

A. 医院占用耕地

B. 建厂房占用鱼塘

C. 高尔夫球场占用耕地

D. 商品房建设占用林地

14. 下列各项中，减半征收耕地占用税的是（　　）。

A. 军事设施占用耕地

B. 公路线路占用耕地

C. 农村居民占用耕地新建住宅

D. 纳税人临时占用耕地

15. 下列单位占用的耕地，应减征耕地占用税的是（　　）。

A. 幼儿园

B. 办公大楼

C. 港口

D. 因公牺牲军人遗属李某在规定用地标准以内新建自用住宅

16. 下列各项中，可以按照当地适用税额减半征收耕地占用税的是（　　）。

A. 供电部门占用耕地新建变电站

B. 农村居民在规定用地标准内占用耕地新建自用住宅

C. 市政部门占用耕地新建自来水厂

D. 国家机关占用耕地新建办公楼

17. 在人均耕地低于 0.5 亩的地区，省、自治区、直辖市可以根据当地经济发

展情况，适当提高耕地占用税的适用税额，但提高的部分不得超过税法规定适用税额的（　　）。

A. 20%　　B. 30%

C. 50%　　D. 60%

18. 占用基本农田的，应当按照当地适用税额加按（　　）征收。

A. 50%　　B. 60%

C. 70%　　D. 100%

19. 2021 年 8 月，农村居民王某经批准占用耕地 2 000 平方米，其中 1 600 平方米改成果园，400 平方米用于新建住宅（在规定用地标准以内）。已知当地耕地占用税税额为 20 元/平方米。张某当年应缴纳耕地占用税（　　）元。

A. 4 000　　B. 5 000

C. 8 000　　D. 32 000

20. 2021 年 10 月，甲市某企业占用 2 000 平方米的耕地用于其研发中心的建设，已知该省适用的耕地占用税税率为 30 元/平方米且该地块系基本农田，则该企业应缴纳耕地占用税为（　　）元。

A. 30 000　　B. 60 000

C. 75 000　　D. 90 000

21. 根据耕地占用税的相关规定，纳税人改变原占地用途，不再属于免征或减征情形的，应自改变用途之日起（　　）内申报补缴税款。

A. 15　　B. 30

C. 60　　D. 90

二、多项选择题

1. 下列有关城镇土地使用税的说法中，正确的有（　　）。

A. 土地使用权共有的，由税务机关指定一方作为纳税人，缴纳城镇土地使用税

B. 在征税范围内，承租集体所有建设用地的，由直接从集体经济组织承租土地的单位和个人，缴纳城镇土地使用税

C. 城镇土地使用税采用有幅度的差别税额，每个幅度税额的差距规定为 20 倍

D. 土地使用权未确定或权属纠纷未解决的，其实际使用人为纳税义务人

2. 下列关于城镇土地使用税的说法，正确的有（　　）。

A. 经济落后地区城镇土地使用税的适用税额标准可适当降低，但降低额不得超过规定最低税额标准的 30%

B. 城镇土地使用税只在城市、县城、建制镇、工矿区范围内征收

C. 对改造安置住房建设用地减半征收城镇土地使用税

D. 纳税单位无偿使用免税单位的土地，免税单位应照章缴纳城镇土地使用税

3. 由省、自治区、直辖市地方税务局确定减免土地使用税的有（　　）。

A. 个人所有的居住房屋及院落用地

B. 免税单位职工家属的宿舍用地

C. 集体和个人办的各类学校、医院、托儿所、幼儿园用地

D. 由国家财政部门拨付事业经费的单位自用的土地

4. 下列各项中，属于省、自治区、直辖市税务局确定的减免税项目有（　　）。

A. 个人办的幼儿园用地

B. 人民团体自用的土地

C. 个人所有的居住房屋及院落用地

D. 免税单位职工家属的宿舍用地

5. 下列项目中，不予免征城镇土地使用税的有（　　）。

A. 盐场的盐滩、盐矿的矿井用地

B. 征用未满 1 年的非耕地

C. 公园、名胜古迹中茶馆用地

D. 市政街道、广场、绿化地带等公共用地

6. 下列城镇土地使用税纳税义务发生时间正确的有（　　）。

A. 购置新建商品房，自房屋交付使用之次月起计征城镇土地使用税

B. 购置存量房，自办理房屋权属转移、变更登记手续，房地产权属等级机关签发房屋权属证书之次月起计征城镇土地使用税

C. 出租、出借房产，自交付出租、出借房产之次月起计征城镇土地使用税

D. 房地产开发企业自用、出租、出借本企业建造的商品房，自房屋使用或交付之次月起计征城镇土地使用税

7. 某企业 2020 年实际占地面积为 4 000 平方米，2021 年 4 月 30 日该企业为扩大生产，根据有关部门的批准，新征用非耕地 3 000 平方米，新征用耕地 1 000 平方米。该企业所处地段适用城镇土地使用税年税额 5 元/平方米，耕地占用税 20 元/平方米。则下列说法正确的有（　　）。

A. 该企业 2020 年应缴纳城镇土地使用税 30 000 元

B. 该企业 2020 年应缴纳耕地占用税 20 000 元

C. 该企业 2021 年应缴纳城镇土地使用税 33 750 元

D. 该企业 2021 年应缴纳城镇土地使用税 38 333. 33 元

8. 下列各项中，应缴纳城镇土地使用税的有（　　）。

A. 名胜古迹园区内附设的照相馆用地

B. 公园中管理单位的办公用地

C. 农副产品加工厂生产用地

D. 妇幼保健机构自用的土地

9. 下列土地可以免征城镇土地使用税的有（　　）。

A. 石油天然气生产建设中用于地质勘探、钻井、井下作业、油气田地面工程等施工临时用地

B. 批准开山填海整治的土地和改造的废弃土地

C. 企业办的学校、医院、托儿所、幼儿园，其用地能与企业其他用地明显区分的

D. 企业厂区以外的公共绿化用地和向社会开放的公园用地

10. 下列关于城镇土地使用税税收优惠说法，正确的有（　　）。

A. 对物流企业承租用于大宗商品仓储设施的土地，减按所属土地等级适用税额标准的 50% 计征城镇土地使用税

B. 宗教寺庙、公园、名胜古迹自用的土地免征城镇土地使用税

C. 经批准开山填海整治的土地和改造的废弃土地，从使用的月份起免征城镇土地使用税 3 年至 8 年

D. 对大学科技园通过出租方式提供给在孵对象使用的土地，免征城镇土地使用税

11. 下列关于城镇土地使用税纳税义务发生时间的表述中，不正确的有（　　）。

A. 纳税人购置存量房，自办理房屋权属转移、变更登记手续，房地产权属登记机关签发房屋权属证书之次月起，缴纳城镇土地使用税

B. 纳税人新征用的耕地，自批准征用次月起缴纳城镇土地使用税

C. 纳税人以出让或转让方式有偿取得土地使用权，合同未约定交付时间的，由受让方从合同签订的当月起缴纳城镇土地使用税

D. 纳税人以出让或转让方式有偿取得土地使用权，合同约定交付时间的，由受让方自合同约定交付土地时间的当月起缴纳城镇土地使用税

12. 下列关于城镇土地使用税税率的说法中，正确的有（　　）。

A. 经济落后地区城镇土地使用税的适

用税额标准可以适当降低，但降低额不得超过最低税额的30%

B. 经济发达地区城镇土地使用税的适用税额标准可以适当提高，但上调不得超过最高税额的30%

C. 经济落后地区城镇土地使用税的适用税额标准可以适当降低，但须报财政部批准

D. 经济发达地区城镇土地使用税的适用税额标准可以适当提高，但须报财政部批准

13. 下列各项中，符合城镇土地使用税规定的有（ ）。

A. 城镇土地使用税实行按年计算、分期缴纳的征收方法

B. 纳税人使用土地不属于同一省的，由纳税人向注册地税务机关缴纳

C. 纳税单位无偿使用免税单位的土地，纳税单位应当缴纳城镇土地使用税

D. 纳税人实际占有土地但尚未核发土地使用证书的，由税务机关核定计税依据

14. 耕地占用税是（ ）征收的一种税。

A. 对占用耕地建房的单位和个人

B. 对占用耕地建房的单位，不包括个人

C. 对从事其他非农业建设的单位和个人

D. 对从事其他非农业建设的单位，不包括个人

15. 有关我国耕地占用税的特征，下列表述正确的有（ ）。

A. 耕地占用税实行有地区差别的幅度定额税率

B. 耕地占用税以纳税人实际占用的应税土地面积为计税依据

C. 为非农业建设占用集体所有的耕地征收耕地占用税，占用国家所有的耕地不征收耕地占用税

D. 耕地占用税由税务机关负责征收

16. 下列免征耕地占用税的有（ ）。

A. 铁路线路、公路线路、飞机跑道、停机坪、港口、航道占用耕地

B. 部队军事设施用地

C. 农村居民占用耕地新建住宅

D. 学校、幼儿园、敬老院、医院用地

17. 下列土地免征耕地占用税的有（ ）。

A. 幼儿园占用耕地

B. 综合性水利工程占地

C. 军用设施占用耕地

D. 养老院占用耕地

18. 下列各项中，免征耕地占用税的有（ ）。

A. 农村居民在规定用地标准以内占用耕地新建自用住宅

B. 幼儿园占用耕地

C. 医疗机构占用耕地

D. 社会福利机构占用耕地

19. 下列占用耕地的情形中，减按每平方米2元的税额征收耕地占用税的有（ ）。

A. 停机坪占用耕地

B. 飞机场跑道占用耕地

C. 公路线路占用耕地

D. 建设项目施工或者地质勘查临时占用耕地

20. 根据耕地占用税的相关规定，下列说法正确的有（ ）。

A. 未经批准占用耕地的，纳税义务发生时间为自然资源主管部门认定的纳税人实际占用耕地的当日

B. 因挖损、采矿塌陷、压占、污染等损毁耕地的，纳税义务发生时间为自然资源、农业农村等相关部门认定损毁耕地的当日

C. 纳税人应当自纳税义务发生之日起30日内申报缴纳耕地占用税

D. 占用耕地的企业，应当在机构所在地申报缴纳耕地占用税

21. 下列关于耕地占用税的表述中，正确的有（　　）。

A. 建设直接为农业生产服务的生产设施而占用规定农用地的，不征收耕地占用税

B. 获准占用耕地的单位或者个人，应当在收到自然资源主管部门办理手续的书面通知之日起60日内缴纳耕地占用税

C. 免征或者减征耕地占用税后，纳税人改变原占地用途，不再属于免征或者减征耕地占用税情形的，应当按照当地适用税额补缴耕地占用税

D. 纳税人因建设项目施工临时占用耕地，应当依照规定缴纳耕地占用税。纳税人在批准临时占用耕地的期限内恢复所占用耕地原状的依法复垦，恢复种植条件的，可部分退还已经缴纳的耕地占用税

22. 下列关于耕地占用税的说法正确的有（　　）。

A. 因挖损、采矿塌陷、压占、污染等损毁耕地属于税法所称的非农业建设，应依照税法规定缴纳耕地占用税；自自然资源、农业农村等相关部门认定损毁耕地之日起3年内依法复垦或修复，恢复种植条件的，应按规定办理退税

B. 临时占用耕地，应当依照规定缴纳耕地占用税。纳税人在批准临时占用耕地的期限内恢复所占用耕地原状的，全额退还已经缴纳的耕地占用税

C. 在农用地转用环节，用地申请人能证明建设用地人符合税法规定的免税情形的，免征用地申请人的耕地占用税

D. 在供地环节，建设用地人使用耕地用途符合税法规定的免税情形的，由用地申请人和建设用地人共同申请，按退税管理的规定退还用地申请人已经缴纳的耕地占用税

三、计算问答题

1. A公司为位于某城市郊区的一国有企业，2021土地使用的相关资料如下：

（1）A公司提供的政府部门核发的土地使用证书显示：A公司实际占用的土地面积中，企业内托儿所和厂医院共占地1 000平方米；厂区以外的公用绿化用地2 000平方米。

（2）本年1月1日将一块100平方米的土地无偿借给某国家机关作公务使用。

（3）本年1月1日从某公园无偿借到一块50平方米的土地作为办公室。

（4）与该企业开办的某外商投资企业在A公司拥有的同一办公楼，该办公楼建筑面积5 000平方米，其中，A公司实际使用2 000平方米，其余归外商投资企业使用。该办公楼占用土地3 000平方米。

（5）除上述土地外，其余土地10 000平方米，均为A公司生产经营用地。

（其他相关资料：当地的城镇土地使用税每年征收一次，该地每平方米土地年税额3元。）

要求：根据上述资料，计算A公司当年应纳城镇土地使用税。

2. 位于某市郊区的某公司提供的2021年1月政府部门核发的土地使用证书显示：该公司实际占用的土地面积中，企业内幼儿园占地1 500平方米；厂区以外的公用绿化用地8 000平方米；厂区内的绿化用地1 000平方米；该公司与某城镇土地使用税免税单位共同使用一幢写字楼，其建筑面积30 000平方米，实际占用土地面积6 000平方米，该公司与免税单位的占用比例为4∶1；同时该公司将一块1 500平方米的土地无偿出借给这家免税单位。另外该公司还有40 000平方米的土地作为生产经营用地。假设当地的城镇土地使用税每

半年征收一次，该地每平方米土地年税额3元。

要求：根据上述资料，计算该公司全年应缴纳的城镇土地使用税。

3. 某物流企业拥有大宗商品仓储设施用地10 000平方米，2021年发生如下业务：

（1）自6月1日起，将自有500平方米的大宗商品仓储设施用地出租给乙企业。

（2）2月经批准新占用一处耕地8 000平方米用于委托施工企业丙建造仓库。

（3）3月经批准新占用一处非耕地4 000平方米用于委托施工企业丁建造办公楼。

（其他相关资料：城镇土地使用税每平方米年税额为5元，耕地占用税每平方米税额为10元。）

要求：根据上述资料，按照下列序号回答问题，如有计算需计算出合计数。

（1）计算该企业2021年应缴纳的城镇土地使用税。

（2）计算该企业2021年应缴纳的耕地占用税。

答案及解析

一、单项选择题

1.【答案】B

【解析】在城市、县城、建制镇、工矿区范围内使用土地的单位和个人，为城镇土地使用税的纳税人。

2.【答案】C

【解析】城镇土地使用税在土地所在地纳税。

3.【答案】C

【解析】城镇土地使用税的计税依据是纳税人实际占用的土地面积。

4.【答案】D

【解析】税务机关不能核定纳税人实际使用的土地面积。

5.【答案】D

【解析】选项A、B：免缴城镇土地使用税。

6.【答案】B

【解析】选项A、C、D：不缴城镇土地使用税。

7.【答案】B

【解析】选项A：不属于城镇土地使用税的征税范围。选项C、D：为暂免和免征城镇土地使用税的项目。

8.【答案】A

【解析】对在城镇土地使用税征税范围内单独建造的地下建筑用地，取得的地下土地使用权证上未标明土地面积的，按地下建筑垂直投影面积计算应征税款，并暂按应征税款的50%征收城镇土地使用税。该企业2021年应纳城镇土地使用税 $= 1\ 000 \times 12 \times 50\% \times 9/12 = 4\ 500$（元）。

9.【答案】D

【解析】选项A、B、C：暂免征收城镇土地使用税。选项D：对于企业的铁路专用线用地，在厂区以外，与社会公用地段未加隔离的，暂免征收城镇土地使用税，厂区以内的铁路专用线用地，照章缴纳城镇土地使用税。

10.【答案】C

【解析】直接用于农、林、牧、渔业的生产用地免征城镇土地使用税，但不包括农副产品加工场地和生活、办公用地；对企业厂区以外的公共绿化用地和向社会开放的公园用地，暂免征收城镇土地使用税，企业厂区以内的道路及绿化用地照章征收城镇土地使用税。该企业全年应纳城镇土地使用税 $= (60\ 000 - 24\ 000) \times 0.8 = 28\ 800$（元）。

11.【答案】C

【解析】该企业2021年应纳城镇土地使用税税额 $= [(50\ 000 - 2\ 000 - 2\ 000 -$

$2\ 000) \times 3 + 8\ 000 \times 3 \times 6 \div 12] \div 10\ 000 = 144\ 000$（元）。

12. 【答案】D

【解析】建设直接为农业生产服务的生产设施占用规定的农用地的，不征收耕地占用税。

13. 【答案】A

【解析】学校、幼儿园、养老院和医院占用的耕地，免征耕地占用税。选项B、C、D：属于占用耕地从事非农业建设，需要缴纳耕地占用税。

14. 【答案】C

【解析】选项A：军事设施占用耕地，免征耕地占用税。选项B：公路线路占用耕地、减按每平方米2元的税额征收耕地占用税。选项C：农村居民占用耕地新建住宅，按照当地适用税额减半征收耕地占用税。选项D：纳税人临时占用耕地，应当缴纳耕地占用税。

15. 【答案】C

【解析】选项C：铁路线路、公路线路、飞机场跑道、停机坪、港口、航道、水利工程占用耕地，减按每平方米2元的税额征收耕地占用税。选项A、D：免征耕地占用税，选项B：正常缴纳耕地占用税。

16. 【答案】B

【解析】农村居民在规定用地标准以内占用耕地新建自用住宅，按当地适用税额耕地占用税减半征收。选项A、C、D：均无减征或免征的耕地占用税的优惠。

17. 【答案】C

【解析】在人均耕地低于0.5亩的地区，省、自治区、直辖市可以根据当地经济发展情况，适当提高耕地占用税的适用税额，但提高的部分不得超过税法规定适用税额的50%。

18. 【答案】A

【解析】占用基本农田的，应当按照当地适用税额加按50%征收。

19. 【答案】A

【解析】占用耕地改成果园，不征收耕地占用税；农村居民在规定用地标准以内占用耕地新建自用住宅，按照当地适用税额减半征收耕地占用税。张某应纳耕地占用税 $= 400 \times 20 \times 50\% = 4\ 000$（元）。

20. 【答案】C

【解析】占用基本农田从事非农业建设，按当地规定的适用税额，加按150%征收。应纳税额 = 应税土地面积 × 适用税额 × 150% $= 2\ 000 \times 30 \times 150\% = 90\ 000$（元）。

21. 【答案】B

【解析】纳税人改变原占地用途，不再属于免征或减征情形的，应自改变用途之日起30日内申报补缴税款。

二、多项选择题

1. 【答案】BCD

【解析】选项A：土地使用权共有的，共有各方都是纳税人，由共有各方分别计算缴纳城镇土地使用税。

2. 【答案】AB

【解析】选项C：对改造安置住房建设用地免征城镇土地使用税。选项D：纳税单位无偿使用免税单位的土地由纳税单位照章缴纳城镇土地使用税。

3. 【答案】ABC

【解析】对由国家财政部门拨付事业经费的单位自用的土地免税是法定税收优惠政策。

4. 【答案】ACD

【解析】选项B属于法定免税项目。

5. 【答案】BC

【解析】选项B：纳税人新征用的耕地，从批准征用之日起满1年后征收城镇土地使用税，征用非耕地，自批准征用次月起缴纳城镇土地使用税。选项C：公园、名胜古迹自用土地免税，生产经营用土地不属于免税范围。

6. 【答案】ABCD

【解析】以上选项均正确。

7.【答案】ABD

【解析】2020年应纳城镇土地使用税 = 4 000 × 5 + 3 000 × 5 × 8 ÷ 12 = 30 000（元），2020年应缴纳耕地占用税 = 1 000 × 20 = 20 000（元），2021年应缴纳城镇土地使用税 = 7 000 × 5 + 1 000 × 5 × 8 ÷ 12 = 38 333.33（元）（纳税人新征用的耕地，自批准征用之日起满1年时开始缴纳土地使用税）。

8.【答案】AC

【解析】名胜古迹设立的照相馆用地属于经营性用地，不属于免缴城镇土地使用税的范围；直接用于农林牧渔业的生产用地可以免税，但农副产品加工厂占地和从事农林牧渔业生产单位的生产、办公用地不可以免税。

9.【答案】ABCD

【解析】经批准开山填海整治的土地和改造的废弃土地，从使用的年份起免缴土地使用税5年至10年。

10.【答案】ABD

【解析】选项C：经批准开山填海整治的土地和改造的废弃土地，从使用的月份起免征城镇土地使用税5年至10年。

11.【答案】BCD

【解析】选项B：纳税人新征用的耕地，自批准征用之日起满1年时开始缴纳城镇土地使用税。选项C、D：纳税人以出让或转让方式有偿取得土地使用权的，合同约定交付时间的，由受让方自合同约定交付土地时间的次月起缴纳城镇土地使用税，合同未约定交付时间的，由受让方从合同签订的次月起缴纳城镇土地使用税。

12.【答案】AD

【解析】经济落后地区，城镇土地使用税适用税额标准可适当降低，但降低额不得超过规定的最低税额的30%。经济发达地区的适用税额标准可适当提高，但须报财政部批准。

13.【答案】AC

【解析】选项B：纳税人使用的土地不属于同一省、自治区、直辖市管辖的，由纳税人分别向土地所在地的税务机关缴纳城镇土地使用税。选项D：纳税人实际占有土地但尚未核发土地使用证书的，以申报的土地面积为准，待核发土地使用证以后再作调整。

14.【答案】AC

【解析】耕地占用税是对占用耕地建房或者从事其他非农业建设的单位和个人征收的一种税，包括个人，也包括单位。

15.【答案】ABD

【解析】选项C：耕地占用税的征税范围包括纳税人占用耕地建设建筑物、构筑物或者从事非农业建设的国家所有和集体所有的耕地。

16.【答案】BD

【解析】选项A、C：减征耕地占用税。

17.【答案】ACD

【解析】综合性水利工程不属于农田水利占用耕地，减按每平方米2元的税额征收耕地占用税。

18.【答案】BCD

【解析】选项A：农村居民在规定用地标准以内占用耕地新建自用住宅，按照当地适用税额减半征收耕地占用税。

19.【答案】ABC

【解析】选项D：纳税人因建设项目施工或者地质勘查临时占用耕地，应当依照规定缴纳耕地占用税。地纳税人在批准临时占用耕地的期限内恢复所占用耕地原状的，全额退还已经缴纳的耕地占用税。

20.【答案】ABC

【解析】选项D：纳税人占用耕地，应当在耕地所在地申报纳税。

21.【答案】AC

【解析】选项B：获准占用耕地的单位或者个人，应当在收到自然资源主管部门办理手续的书面通知之日起30日内缴纳耕地占用税。选项D：纳税人因建设项目施工或者地质勘查临时占用耕地，应当依照规定缴纳耕地占用税。纳税人在批准临时占用耕地的期限内恢复所占用耕地原状的，全额退还已经缴纳的耕地占用税。

22.【答案】ABCD

【解析】以上选项均正确。

三、计算问答题

1.【答案】

（1）企业办的学校、医院、托儿所、幼儿园自用的土地，比照由国家财政部门拨付事业经费的单位自用的土地，免征土地使用税。对企业厂区（包括生产、办公及生活区）以内的绿化用地，应按规定缴纳土地使用税，厂区以外的公共绿化用地和向社会开放的公园用地，暂免征收土地使用税。

（2）对免税单位无偿使用纳税单位的土地，免征土地使用税。

（3）对纳税单位无偿使用免税单位的土地，纳税单位照章缴纳城镇土地使用税。

应纳土地使用税 $=50\times3=150$（元）

（4）纳税单位与免税单位共同使用共有使用权土地上的多层建筑，对纳税单位可按其占用的建筑面积占建筑总面积的比例计征。外商投资企业土地使用税由外商投资企业缴纳。

A企业应纳城镇土地使用税的比例 $=2\ 000\div5\ 000\times100\%=40\%$

应纳税额 $=3\ 000\times3\times40\%=3\ 600$（元）

（5）其余土地应纳税额 $=10\ 000\times3=30\ 000$（元）

因此，A公司本年应纳城镇土地使用税 $=150+3\ 600+30\ 000=33\ 750$（元）。

2.【答案】

（1）企业办的幼儿园能与企业其他用地明确区分的，免征城镇土地使用税。

（2）企业厂区以外的公共绿化用地暂免征收城镇土地使用税，所以仅就厂区内的绿化用地缴纳城镇土地使用税的应纳税额 $=1\ 000\times3=3\ 000$（元）。

（3）该公司实际占用这幢写字楼的土地面积 $=6\ 000\times4\div(4+1)=4\ 800$（平方米）

应纳城镇土地使用税额 $=4\ 800\times3=14\ 400$（元）

（4）出借给免税单位的土地免征城镇土地使用税。

（5）生产经营用地应纳税额 $=40\ 000\times3=120\ 000$（元）

（6）应纳城镇土地使用税合计 $=3\ 000+14\ 400+120\ 000=137\ 400$（元）

3.【答案】

对物流企业自有的（包括自用和出租）大宗商品仓储设施用地，减按所属土地等级适用税额标准的50%计征城镇土地使用税。物流企业的办公、生活区用地及其他非直接用于大宗商品仓储的用地，不在优惠范围内。

纳税人新占用非耕地的，自批准征用次月起缴纳城镇土地使用税；纳税人新占用耕地的，自批准征用之日起满1年时开始缴纳城镇土地使用税，所以2021年占用耕地不缴纳城镇土地使用税。

应缴纳城镇土地使用税 $=10\ 000\times5\times50\%+4\ 000\times5\times9\div12=40\ 000$（元）

（2）纳税人占用耕地建设建筑物、构筑物或者从事非农业建设，需要缴纳耕地占用税。应缴纳的耕地占用税 $=8\ 000\times10=80\ 000$（元）。

第十章 房产税法、契税法和土地增值税法

本章考情分析

本章涉及 3 个税种，分值集中在 9 - 10.5 分，其中有一道 6 分的计算问答题为土地增值税应纳税额的计算，需要重点掌握。房产税的考点集中在房产税征税范围、房产税的计税依据、房产税的税收优惠、房产税应纳税额的计算以及房产税纳税义务发生时间。契税考点集中在契税的纳税人、契税的征税范围、契税的计税依据、契税的税收优惠和契税应纳税额的计算。土地增值税考点集中土地增值税的征税范围、土地增值税应纳税额的计算以及土地增值税的清算条件。本章涉及的房产税、契税、土地增值税等税种可以和增值税、企业所得税以及个人所得税结合命制综合题。

本章教材主要变化

1. 修改“无租使用其他单位房产的应税单位和个人，依照房产余值代缴纳房产税”的表述。

2. 修改“对企事业单位、社会团体以及其他组织向个人、专业化规模化住房租赁企业出租住房的，减按 4% 的税率征收房产税”的表述。

3. 修改“融资租赁的房产，由承租人自融资租赁合同约定开始日的次月起依照房产余值缴纳房产税。合同未约定开始日的，由承租人自合同签订的次月起依照房产余值缴纳房产税”的表述。

4. 删除“自 2019 年 1 月 1 日至 2021 年 12 月 31 日，对为高校学生提供住宿服务，按照国家规定的收费标准收取住宿费的高校学生公寓免征房产税。”的优惠政策。

5. 删除“自 2019 年 1 月 1 日至 2021 年 12 月 31 日，对农产品批发市场、农贸市场（包括自有和承租）专门用于经营农产品的房产，暂免征收房产税。对同时经营其他产品的农产品批发市场和农贸市场使用的房产，按其他产品与农产品交易场地面积的比例确定征免房产税”的优惠政策。

6. 删除“自 2019 年 1 月 1 日至 2021 年 12 月 31 日，对商品储备管理公司及直属库自用的承担商品储备业务的房产免征房产税”的优惠政策。

7. 删除“自 2019 年 1 月 1 日至 2021 年 12 月 31 日，各省、自治区、直辖市人民政府可根据本地区实际情况，以及宏观调控需要确定，对增值税小规模纳税人在 50% 的税额幅度内减征房产税。增值税小规模纳税人已依法享受房产税其他优惠政策的，可叠加享受本规定的优惠政策”的优惠政策。

8. 新增免征契税的一些情形。

9. 新增企业、事业单位改制重组的契税优惠政策。

10. 新增契税征收管理方面的规定。

11. 新增企业改制重组有关土地增值税政策。

本章高频考点

考点1 房产税的纳税义务人和征税范围

（一）纳税义务人

房产税以在征税范围内的房屋产权所有人为纳税人。

情形	纳税义务人
产权属国家所有的	由经营管理单位纳税
产权属集体和个人所有的	由集体单位和个人纳税
产权出典的	由承典人纳税
产权所有人、承典人不在房屋所在地的；产权未确定及租典纠纷未解决的	由房产代管人或者使用人纳税
纳税单位和个人无租使用其他房产	由使用人代为缴纳房产税

【例题·单选题】（2021年）下列关于房产税纳税义务人的表述中，符合税法规定的是（　　）。

A. 房屋出租的，由承租人纳税

B. 房屋产权出典的，由出典人纳税

C. 无租使用房产管理部门房产的，由房产管理部门纳税

D. 房屋出租并约定有免租金期的，免收租金期由产权所有人纳税

【答案】 D

【解析】 选项A：房屋出租的，由出租人纳税。选项B：房屋产权出典的，由承典人纳税。选项C：无租使用房产管理部门房产的，使用人代为缴纳房产税。

（二）征税范围

1. 以房产为征税对象，独立于房屋之外的建筑物，如围墙、烟囱、水塔、变电塔、油池油柜、酒窖、菜窖、酒精池、糖蜜池、室外游泳池、玻璃暖房、砖瓦石灰窑以及各种油气罐等，均不属于房产的范围。

2. 房产税的征税范围为：城市、县城、建制镇和工矿区，不包括农村。

3. 房地产开发企业建造的商品房，在出售前，不征收房产税；但对出售前房地产开发企业已使用或出租、出借的商品房应按规定征收房产税。

【例题·单选题】（2020年）下列房屋及建筑物中，属于房产税征税范围的是（　　）。

A. 加油站的遮阳棚

B. 建在室外的露天游泳池

C. 位于市区的经营性用房

D. 农村的居住用房

【答案】 C

【解析】 选项A、B：房产，是指有屋面和围护结构（有墙或两边有柱），能够遮风避雨，可供人们在其中生产、学习、工作、娱乐、居住或储藏物资的场所。独立于房屋之外的建筑物（如水塔、围墙、

室外露天游泳池、加油站遮阳棚都不属于房产，不征收房产税)。选项D：房产税的征税范围包括城市、县城、建制镇和工矿区，不包括农村。

考点2 房产税的税率、计税依据和应纳税额的计算

(一) 税率

房产税采用的是比例税率。

情形	税率
从价计征	1.2%（年税率）
从租计征	12%
对个人出租，不区分用途	4%
对企事业单位、社会团体以及其他组织按市场价格向个人专业化、规模化住房租赁企业出租住房的	

(二) 计税依据

1. 从价计征（经营自用的房产）——房产的计税价值（余值）。

计税价值（余值）：房产原值一次减除10%~30%后的余值。

房产的计税余值=房产原值×(1-10%~30%)

2. 从租计征（出租的房产）——不含增值税的租金收入。

(1) 如果是以劳务或者其他形式为报酬抵付房租收入的，应根据当地同类房产的租金水平，确定一个标准租金额从租计征。

(2) 对出租房产，租赁双方签订的租赁合同约定有的，免收租金期间由产权所有人免收租金期限按照房产原值缴纳房产税。

(3) 出租的地下建筑，按照出租地上房屋建筑的有关规定计算征收房产税。

(三) 应纳税额的计算

计税方法	计税依据	税率	应纳税额计算公式
从价计征	房产计税余值	1.2%	应纳税额=应税房产原值×(1-扣除比例)×1.2%
从租计征	房产租金收入	12%（特殊4%）	应纳税额=不含增值税租金收入×12%(或4%)

【例题·单选题】（2017年）某企业2016年3月投资1 500万元取得5万平方米的土地使用权，用于建造面积为3万平方米的厂房，建筑成本和费用为2 000万元，2016年年底竣工验收并投入使用，对该厂房征收房产税时所确定的房产原值是（　　）万元。

A. 2 900　　B. 3 500

C. 5 000　　D. 3 800

【答案】 B

【解析】 对按照房产原值计税的房产，无论会计上如何核算，房产原值均应包含地价，包括为取得土地使用权支付的价款、开发土地发生的成本费用等。本题的宗地容积率=建筑面积÷总面积=3÷5=0.6>0.5，所以全部地价计入房产原值，计征房产税的房产原值=1 500+2 000=3 500（万元）。如果宗地容积率小于0.5，按房产建筑面积的2倍计算土地面积并据此确定计入房产原值的地价。

【例题·单选题】（2020年）下列经营性房产中，应从租计征房产税的是（　　）。

A. 以融资租赁方式出租的房产

B. 处于免收租金期间内的出租房产

C. 收取固定收入不承担风险的对外投资联营房产

D. 居民住宅区内业主共有从事自营业务的经营性房产

【答案】C

【解析】选项A：融资租赁的房产，由承租人自融资租赁合同约定开始日的次月起依照房产余值缴纳房产税。选项B：租赁双方签订的租赁合同约定有免收租金期限的，免收租金期间由产权所有人按照房产余值缴纳房产税。选项D：对居民住宅区内业主共有的经营性房产，由实际经营（包括自营和出租）的代管人或使用人缴纳房产税。其中自营的，依照房产余值计征。

【例题·多选题】（2020年）下列关于房产税计税依据的表述中，符合税法规定的有（　　）。

A. 融资租赁房屋的，以房产余值计算缴纳房产税

B. 纳税人对原有房屋进行改建、扩建的，要相应增加房屋的原值

C. 房屋出典的，由承典人按重置成本计算缴纳房产税

D. 经营租赁房屋的，以评估价格计算缴纳房产税

【答案】AB

【解析】选项C：产权出典的房产，由承典人依照房产余值缴纳房产税。选项D：房产出租的，以不含增值税的房产租金收入为房产税的计税依据。

【例题·单选题】（2019年）下列情形中，应该从租计征房产税的是（　　）。

A. 融资租赁租出房产的

B. 以居民住宅区内业主共有的经营性房产进行自营的

C. 接受劳务抵付房租的

D. 具有房屋功能的地下建筑自用的

【答案】C

【解析】选项A、B、D均从价计征房产税。

【例题·单选题】（2016年）某企业2016年2月自建的厂房竣工并投入使用，该厂房的原值是8 000万元，其中用于储存物资的独立地下室为800万元，假设房产原值的减除比例为30%，地下室应税原值为房产原价的60%。该企业2016年应缴纳房产税（　　）万元。

A. 56　　B. 59.14

C. 53.76　　D. 61.60

【答案】C

【解析】应缴纳的房产税 $=(8\,000-800)\times(1-30\%)\times1.2\%\times10/12+800\times60\%\times(1-30\%)\times1.2\%\times10/12=53.76$（万元）

考点3 房产税的税收优惠

1. 国家机关、人民团体、军队的房产免征房产税。

2. 由国家财政部门拨付事业经费（全额或差额预算管理）的单位所有的，本身业务范围内使用的房产免征房产税。

3. 宗教寺庙、公园、名胜古迹自用的房产免征房产税。

4. 个人所有非营业用的房产免征房产税；对个人拥有的营业用房或者出租的房产，应照章纳税。

5. 对非营利性医疗机构、疾病控制机构和妇幼保健机构等卫生机构自用的房产，免征房产税。

6. 对按政府规定价格出租的公有住房和廉租住房，暂免征收房产税。

7. 经营公租房的租金收入，免征房产税。

8. 企业办的各类学校、托儿所、幼儿园自用的房产，免征房产税。

9. 经有关部门鉴定，对毁损不堪居住的房屋和危险房屋，在停止使用后，可免征房产税。

10. 自2004年7月1日起，纳税人因房屋大修导致连续停用半年以上的，在房屋大修期间免征房产税。

11. 凡是在基建工地为基建工地服务的各种工棚、材料棚、休息棚、办公室、食堂、茶炉房、汽车房等临时性房屋，无论是施工企业自行建造还是基建单位出资建造，交施工企业使用的，在施工期间，一律免征房产税。但是，如果在基建工程结束后，施工企业将这种临时性房屋交还或者估价转让给基建单位的，应当从基建单位接收的次月起，依照规定缴纳房产税。

12. 纳税单位与免税单位共同使用的房屋，按各自使用的部分分别征收或免征房产税。

13. 对由财政部门拨付事业经费的文化事业单位转制为企业的，自转制注册之日起5年内对其自用房产免征房产税。

14. 房地产开发企业建造的商品房，在出售前不征收房产税。但出售前房地产开发企业已使用或出租、出借的商品房，应按规定征收房产税。

15. 自2019年6月1日至2025年12月31日，为社区提供养老、托育、家政等服务的机构自用或其通过承租、无偿使用等方式取得并用于提供社区养老、托育、家政服务的房产免征房产税。

16. 自2018年1月1日至2023年12月31日，对纳税人及其全资子公司从事大型民用客机发动机、中大功率民用涡轴涡桨发动机研制项目自用的科研、生产、办公房产，免征房产税。

考点4 房产税的征收管理

（一）纳税义务发生时间

房产用途	纳税义务发生时间
将原有房产用于生产经营	从生产经营之月起
自行新建房屋用于生产经营	从建成之次月起
委托施工企业建设的房屋	从办理验收手续之次月起
购置新建商品房	自房屋交付使用之次月起
购置存量房	自办理房屋权属转移、变更登记手续，房地产权属登记机关签发房屋权属证书之次月起
出租、出借房产	自交付出租、出借房产之次月起
房地产开发企业自用、出租、出借自建商品房	自房屋使用或交付之次月起
因房产的实物或权利状态发生变化，而依法终止房产税纳税义务的，其应纳税款的计算应截止到房产的实物或权利状态发生变化的当月末。	

（二）纳税期限

房产税实行按年计算、分期缴纳的征收方法。

（三）纳税地点

房产税在房产所在地缴纳。房产不在同一地方的纳税人，应按房产的坐落地点分别向房产所在地的税务机关申报纳税。

【例题·多选题】(2018 年) 下列关于房产税纳税义务发生时间的表述中，正确的有（　　）。

A. 纳税人自行新建房屋用于生产经营，从建成之月起缴纳房产税

B. 纳税人将原有房产用于生产经营，从生产经营之月起缴纳房产税

C. 纳税人出租房产，自交付出租房产之次月起缴纳房产税

D. 房地产开发企业自用本企业建造的商品房，自房屋使用之次月起缴纳房产税

【答案】BCD

【解析】选项 A：纳税人自行新建房屋用于生产经营，从建成之次月起缴纳房产税。

考点5 契税的纳税义务人和征税范围

（一）纳税义务人

契税的纳税义务人是境内转移土地、房屋权属，承受的单位和个人。

（二）征税范围

征收契税的土地、房屋权属，具体为土地使用权、房屋所有权。

情形	相关规定
国有土地使用权出让	承受人缴纳契税
土地使用权转让（不包括土地承包经营权和土地经营权的转移）	承受人缴纳契税
房屋买卖	(1) 以作价投资（入股）、偿还债务等应交付经济利益的方式转移土地、房屋权属的，参照土地使用权出让、出售或房屋买卖确定契税适用税率、计税依据等。 【提示】以自有房产作股投入本人独资经营的企业，不缴纳契税。 (2) 以划转、奖励等没有价格的方式转移土地、房屋权属的，参照土地使用权或房屋赠与确定契税适用税率、计税依据等。 (3) 买房拆料或翻建新房，应照章征收契税
房屋赠与	房屋的受赠人要按规定缴纳契税。 【提示】法定继承人（包括配偶、子女、父母、兄弟姐妹、祖父母、外祖父母）继承土地、房屋权属的，不征收契税；非法定继承人根据遗嘱承受死者生前的土地房屋权属，属于赠与行为，应征收契税
房屋互换	支付差价方缴纳契税
其他	下列情形发生土地、房屋权属转移的，承受方应当依法缴纳契税： (1) 因共有不动产份额变化的。 (2) 因共有人增加或者减少的。 (3) 因人民法院、仲裁委员会的生效法律文书或者监察机关出具的监察文书等因素，发生土地、房屋权属转移的

【例题·多选题】(2021 年) 下列获得房屋产权的行为中，需要缴纳契税的有（　　）。

A. 买房拆料

B. 取得抵债房屋

C. 等价交换房屋

D. 中奖取得房产

【答案】ABD

【解析】选项A：买房拆料或翻建新房，应照章征收契税。选项B、D：属于契税征税范围，由承受人缴纳契税。选项C：房屋互换属于契税的征税范围，由支付差价方缴纳契税。但等价交换房屋，免征契税。

【例题·单选题】（2019年）下列房产转让的情形中，产权承受方不需要缴纳契税的是（　　）。

A. 将房产赠与非法定继承人

B. 以房产抵偿债务

C. 以获奖方式承受土地、房屋权属

D. 以自有房产投资入股本人独资经营的企业

【答案】D

【解析】选项A：法定继承，免征契税；将房产赠与非法定继承人，承受方照章缴纳契税。选项B、C：以作价投资（入股）、偿还债务、划转、奖励等方式转移土地、房屋权属的，应当依照规定征收契税。

【例题·单选题】（2018年）下列行为中，应当缴纳契税的是（　　）。

A. 将自有房产无偿赠与他人

B. 转让土地承包经营权

C. 将自有房产与他人等价互换房产

D. 以自有房产投入本人独资经营的企业

【答案】A

【解析】选项B：转让土地承包经营权不属于契税征税范围，不缴纳契税。选项C：等价交换的房产免纳契税。选项D：以自有房产作股投入本人独资经营的企业，不缴纳契税。

考点6 契税的税率、计税依据和应纳税额的计算

（一）税率

契税实行3%～5%的幅度比例税率。

自2010年10月1日起，对个人购买90平方米及以下且属家庭唯一住房的普通住房，减按1%的税率征收契税。

（二）计税依据

情形	计税依据
土地使用权出售、房屋买卖	为土地、房屋权属转移合同确定的不含增值税的成交价格
土地使用权赠与、房屋赠与以及其他没有价格的转移土地、房屋权属行为	税务机关参照土地使用权出售、房屋买卖的市场价格依法核定的价格
土地使用权出让的	计税依据包括土地出让金、土地补偿费、安置补助费、地上附着物和青苗补偿费、征收补偿费、城市基础设施配套费、实物配建房屋等应交付的货币以及实物、其他经济利益对应的价款
以划拨方式取得的土地使用权，经批准改为出让方式重新取得该土地使用权的	应由该土地使用权人以补缴的土地出让价款为计税依据缴纳契税
先以划拨方式取得土地使用权，后经批准转让房地产，划拨土地性质改为出让的	承受方应分别以补缴的土地出让价款和房地产权属转移合同确定的成交价格为计税依据缴纳契税
先以划拨方式取得土地使用权，后经批准转让房地产，划拨土地性质未发生改变的	承受方应以房地产权属转移合同确定的成交价格为计税依据缴纳契税

续表

情形	计税依据
土地使用权及所附建筑物、构筑物等（包括在建的房屋、其他建筑物、构筑物和其他附着物）转让的	计税依据为承受方应交付的总价款
房屋附属设施（包括停车位、机动车库、非机动车库、顶层阁楼、储藏室及其他房屋附属设施）	（1）与房屋为同一不动产单元的，计税依据为承受方应交付的总价款，并适用与房屋相同的税率。 （2）房屋附属设施与房屋为不同不动产单元的，计税依据为转移合同确定的成交价格，并按当地确定的适用税率计税
承受已装修房屋的	应将包括装修费用在内的费用计入承受方应交付的总价款
土地使用权互换、房屋互换	土地使用权互换、房屋互换，其计税依据为所换取的土地使用权、房屋的不含增值税价格的差额。即互换价格相等时，免征契税；互换价格不等时，由多交付的货币、实物、无形资产或者其他经济利益的一方缴纳契税

【例题·单选题】（2017年）赠与房屋时，确定契税计税依据所参照的价格或价值是（　　）。

A. 房屋原值　　B. 摊余价值

C. 协议价格　　D. 市场价格

【答案】 D

【解析】 土地使用权赠与、房屋赠与，契税的计税依据由税务机关参照土地使用权出售、房屋买卖的市场价格依法核定。

【例题·单选题】（2016年）甲企业2016年1月因无力偿还乙企业已到期的债务3 000万元，经双方协商甲企业同意以自有房产偿还债务。该房产的原值5 000万元，净值2 000万元，评估现值9 000万元。乙企业支付了差价款6 000万元，双方办理了产权过户手续。则乙企业计缴契税的计税依据是（　　）万元。

A. 2 000　　B. 5 000

C. 6 000　　D. 9 000

【答案】 D

【解析】 无力偿还已到期的债务3 000万元，另支付差价款6 000万元，可以看作该房产最终成交价为9 000万元，即契税计税依据为9 000万元。

【例题·多选题】（2016年）甲企业2016年5月以自有房产对乙企业进行投资并取得了相应的股权，办理了产权过户手续，经有关部门评估，该房产的现值为24 000万元，当月丙企业以股权方式购买该房产并办理了过户手续，支付的股权价值为30 000万元，下列各企业计缴契税的处理中，正确的有（　　）。

A. 甲企业以房产投资的行为不缴纳契税

B. 丙企业按30 000万元作为计税依据计缴契税

C. 乙企业向丙企业出售房屋不缴纳契税

D. 乙企业从甲企业取得房屋按房产现值24 000万元作为计税依据计缴契税

【答案】 ABCD

【解析】 选项A、C：契税是以在中华人民共和国境内转移土地、房屋权属为征税对象，向产权承受人征收的一种财产税，甲企业以房产投资、乙企业向丙企业出售房屋，两者都属于转让方，不缴纳契税。选项B：房屋买卖，以成交价格（本题为30 000万元）为计税依据，由承受方丙企业缴纳契税。选项D：以房产作价投资、入股，视同房屋买卖，以房屋现值（本题为24 000万元）为计税依据，由承受方乙企业缴纳契税。

【例题·单选题】（2020年）居民甲将一套价值为100万元的一居室住房与居民乙交换成一套两居室住房，支付给乙换房差价款50万元，当地契税税率为4%。则甲应缴纳的契税为（　　）万元。

A. 0　　B. 6

C. 4　　D. 2

【答案】 D

【解析】 等价互换房屋、土地权属的免征契税，互换价格不等时，由多交付货币、实物、无形资产或者其他经济利益的一方缴纳契税；因此甲应纳契税税额 $=50\times4\%=2$（万元）。

考点7 契税的税收优惠

1. 有下列情形之一的，免征契税：

（1）国家机关、事业单位、社会团体、军事单位承受土地、房屋用于办公、教学、医疗、科研和军事设施的。

（2）非营利性的学校、医疗机构、社会福利机构承受土地、房屋权属用于办公、教学、医疗、科研、养老、救助。

（3）承受荒山、荒地、荒滩土地使用权，并用于农、林、牧、渔业生产。

（4）婚姻关系存续期间夫妻之间变更土地、房屋权属。

（5）夫妻因离婚分割共同财产发生土地、房屋权属变更。

（6）法定继承人通过继承承受土地、房屋权属。

（7）廉租住房经营管理单位购买住房作为廉租住房、经济适用住房经营管理单位回购经济适用住房继续作为经济适用住房房源。

（8）2021年1月1日至2023年12月31日，公租房经营管理单位购买住房作为公租房。

（9）金融租赁公司开展售后回租业务，承受承租人房屋、土地权属的，照章征税。对售后回租合同期满，承租人回购原房屋、土地权属。

（10）2021年1月1日至2023年12月31日，对饮水工程运营管理单位为建设饮水工程而承受土地使用权。

（11）2019年6月1日至2025年12月31日，为社区提供养老、托育、家政等服务的机构，承受房屋、土地用于提供社区养老、托育、家政服务。

2. 省、自治区、直辖市可以决定的免征或者减征契税：

（1）因土地、房屋被县级以上人民政府征收、征用，重新承受土地、房屋权属。

（2）因不可抗力灭失住房，重新承受住房权属。

3. 对个人购买家庭唯一住房（家庭成员范围包括购房人、配偶以及未成年子女，下同）面积为90平方米及以下的，减按1%的税率征收契税；面积为90平方米以上的，减按1.5%的税率征收契税。对个人购买家庭第二套改善性住房，面积为90平方米及以下的，减按1%的税率征收契税；面积为90平方米以上的，减按2%的税率征收契税。（北京市、上海市、广州市、深圳市不实施该项，采用当地规定的契税税率3%）

4. 自2021年1月1日起至2023年12月31日，为支持企业、事业单位改制重组，优化市场环境，契税优惠政策：

（1）企业改制。

股份有限公司变更为有限责任公司，

原企业投资主体存续并在改制（变更）后的公司中所持股权（股份）比例超过75%，且改制（变更）后公司承继原企业权利、义务的，对改制（变更）后公司承受原企业土地、房屋权属，免征契税。

（2）事业单位改制。

事业单位按照国家有关规定改制为企业，原投资主体存续并在改制后企业中出资（股权、股份）比例超过50%的，对改制后企业承受原事业单位土地、房屋权属，免征契税。

（3）公司合并。

两个或两个以上的公司，依照法律规定、合同约定，合并为一个公司，且原投资主体存续的，对合并后公司承受原合并各方土地、房屋权属，免征契税。

（4）公司分立。

公司依照法律规定、合同约定分立为两个或两个以上与原公司投资主体相同的公司，对分立后公司承受原公司土地、房屋权属，免征契税。

（5）企业破产。

企业依照有关法律法规规定实施破产，债权人（包括破产企业职工）承受破产企业抵偿债务的土地、房屋权属，免征契税；对非债权人承受破产企业土地、房屋权属，凡按照《中华人民共和国劳动法》等国家有关法律法规政策妥善安置原企业全部职工规定，与原企业全部职工签订服务年限不少于三年的劳动用工合同的，对其承受所购企业土地、房屋权属，免征契税；与原企业超过30%的职工签订服务年限不少于三年的劳动用工合同的，减半征收契税。

（6）资产划转。

对承受县级以上人民政府或国有资产管理部门按规定进行行政性调整、划转国有土地、房屋权属的单位，免征契税。

同一投资主体内部所属企业之间土地、房屋权属的划转，包括母公司与其全资子公司之间，同一公司所属全资子公司之间，同一自然人与其设立的个人独资企业、一人有限公司之间土地、房屋权属的划转，免征契税。

母公司以土地、房屋权属向其全资子公司增资，视同划转，免征契税。

（7）债权转股权。

经国务院批准实施债权转股权的企业，对债权转股权后新设立的公司承受原企业的土地、房屋权属，免征契税。

（8）划拨用地出让或作价出资。

以出让方式或国家作价出资（入股）方式承受原改制重组企业、事业单位划拨用地的，不属上述规定的免税范围，对承受方应按规定征收契税。

（9）公司股权（股份）转让。

在股权（股份）转让中，单位、个人承受公司股权（股份），公司土地、房屋权属不发生转移，不征收契税。

【例题·单选题】（2018年）下列行为中，应当缴纳契税的是（　　）。

A. 个人以自有房产投入本人独资经营的企业

B. 企业将自有房产与另一企业的房产等价互换

C. 婚姻关系存续期间夫妻之间变更土地、房屋权属

D. 企业以自有房产投资于另一企业并取得相应的股权

【答案】 D

【解析】 选项A：以自有房产作股投入本人独资经营的企业，因未发生权属变化，不需办理房产变更手续，故不缴纳契税。选项B：等价交换房屋、土地权属的，免征契税。选项C：婚姻关系存续期间夫妻之间变更土地、房屋权属，免征契税。选项D：产权承受方应当缴纳契税。

考点8 土地增值税的征税范围

1. 基本征税范围。

土地增值税是对转让国有土地使用权及其地上建筑物和附着物的行为征税，不包括国有土地使用权出让所取得的收入。具体包括：

（1）转让国有土地使用权。

（2）地上建筑物及其附着物连同国有土地使用权一并转让。

（3）存量房地产的买卖。

2. 特殊征税范围。

属于土地增值税征税范围的情况（应征）	（1）转让国有土地使用权（指以出售方式转让国有土地使用权）。 （2）地上建筑物及其附着物连同国有土地使用权一并转让。 （3）存量房地产买卖。 （4）抵押期满以房地产抵债（发生权属转移）。 （5）单位之间交换房地产（有实物形态的收入）
免征土地增值税的情况（免征或者暂免征收）	（1）建造普通标准住宅出售，增值额未超过扣除项目金额的20%。 （2）因国家建设需要依法征用、收回的房地产。 （3）因城市实施规划、国家建设的需要而搬迁，由纳税人自行转让原房地产的。 （4）个人互换自有居住用房地产（经税务机关核实）。 （5）合作建房建成后按比例分房自用。 （6）对企事业单位、社会团体以及其他组织转让旧房作为改造安置住房或公租房房源，且增值额未超过扣除项目金额20%的。 （7）个人销售住房（新增）
不属于土地增值税征税范围的情况（不征）	（1）房地产继承（无收入）。 （2）房地产赠与（无收入，有条件限制）。 ①房产所有人、土地使用权所有人将房屋产权、土地使用权赠与直系亲属或承担直接赡养义务人的。 ②房产所有人、土地使用权所有人通过中国境内非营利的社会团体、国家机关将房屋产权、土地使用权赠与教育、民政和其他社会福利、公益事业的。 （3）房地产出租（权属未变）。 （4）房地产抵押期内（权属未变）。 （5）房地产的代建房行为（权属未变）。 （6）房地产重新评估增值（权属未变）

【例题·单选题】（2021年）下列行为中，应征收土地增值税的是（　　）。

A. 出让国有土地使用权

B. 转让国有土地使用权

C. 事业单位闲置房产对外出租

D. 不涉及产权转移的房屋抵押

【答案】 B

【解析】 选项A：国有土地使用权出让所取得的收入不属于土地增值税的征税范围。选项C、D：土地增值税是对有偿转让国有土地使用权及地上建筑物和其他附着物产权，取得增值收入的单位和个人征收的一种税。由于房屋产权未发生转移，不属于土地增值税的征税范围。

【例题·单选题】（2020年）下列行为中，属于土地增值税征税范围的是（　　）。

A. 企业间的房屋置换

B. 某企业通过福利机构将一套房产无

偿赠与养老院

C. 某人将自有的一套闲置住房出租

D. 某人将自有房产无偿赠与子女

【答案】 A

【解析】 选项B、D：房产无偿用于公益事业捐赠或者赠与直系亲属，不属于土地增值税征税范围。选项C：出租行为未发生房产的权属转移，不发生土地增值税的纳税义务，不征收土地增值税。

【例题·单选题】（2020年）下列行为中，属于土地增值税征收范围的是（　　）。

A. 房地产的继承

B. 房地产的重新评估

C. 房地产的出租

D. 合作建房后对外转让

【答案】 D

【解析】 选项A、B、C：不属于土地增值税的征税范围，不征收土地增值税。

【例题·单选题】（2016年）下列房地产交易行为中，应当计算缴纳土地增值税的是（　　）。

A. 县城居民之间互换自有居住用房屋（经税务机关核实）

B. 非营利的慈善组织将合作建造的房屋转让

C. 房地产公司出租高档住宅

D. 房地产开发企业代客户进行房地产开发，开发完成后向客户收取代建收入

【答案】 B

【解析】 土地增值税的计税关键是产权的转移，选项B发生了房屋、土地权属的转移，因此要计算缴纳土地增值税。选项A：个人互换自有住房，经当地税务机关核实，免征土地增值税。选项C、D没有发生房屋、土地权属的转移，不属于土地增值税的征税范围。

【例题·单选题】（2016年）下列房地产交易行为中，应当缴纳土地增值税的是（　　）。

A. 房地产公司出租别墅

B. 非营利的基金会将合作建造的房屋转让

C. 房地产公司通过国家机关将其拥有的房屋赠与学校

D. 城市居民之间互换自有居住用房且经核实

【答案】 B

【解析】 选项B：合作建房，建成后转让属于土地增值税的征税范围。

考点9　土地增值税应纳税额的计算

（一）增值额的确定——计税依据

土地增值额＝不含增值税转让收入－扣除项目金额

纳税人有下列情形之一的，按照房地产评估价格计算征收土地增值税：

1. 隐瞒、虚报房地产成交价格的。

2. 提供扣除项目金额不实的。

3. 转让房地产的成交价格低于房地产评估价格，又无正当理由的。

（二）应纳税额的计算方法

1. 确定不含增值税收入总额。

2. 确定扣除项目金额。

3. 计算增值额。

4. 计算增值率。

增值率＝增值额/扣除项目金额×100%

5. 按照增值率确定适用税率和速算扣除系数。

6. 计算应纳税额。

应纳税额＝土地增值额×适用税率－扣除项目金额×速算扣除系数

【例题·计算问答题】（2019年）某房地产开发企业拟对其开发的位于县城的一房地产项目进行土地增值税清算，该项目相关信息如下：

（1）2015年12月以10 000万元竞得国有土地一宗，并按规定缴纳契税。

（2）该项目2016年开工建设，未取得《建筑工程施工许可证》，建筑工程承包合同注明的开工日期为3月25日，2019年1月竣工，发生房地产开发成本7 000万元；开发费用3 400万元。

（3）该项目所属物业用房建成后产权归全体业主所有，并已移交物业公司使用，物业用房开发成本500万元。

（4）2019年4月，该项目销售完毕，取得含税销售收入42 000万元。

（其他相关资料：契税税率4%，利息支出无法提供金融机构证明，当地省政府规定的房地产开发费用扣除比例为10%，企业对该项目选择简易计税方法计征增值税。）

要求：根据上述资料，按照下列序号回答问题，如有计算需计算出合计数。

（1）说明该项目选择简易计税方法计征增值税的理由。

（2）计算该项目应缴纳的增值税额。

（3）计算土地增值税时允许扣除的城市维护建设税额、教育费附加和地方教育附加。

（4）计算土地增值税时允许扣除的开发费用。

（5）计算土地增值税时允许扣除项目金额的合计数。

（6）计算该房地产开发项目应缴纳的土地增值税额。

【答案】

（1）一般纳税人销售自行开发的房地产老项目，可以选择适用增值税简易计税方法。房地产老项目，是指：①《建筑工程施工许可证》注明的合同开工日期在2016年4月30日前的房地产项目；②《建筑工程施工许可证》未注明合同开工日期或者未取得《建筑工程施工许可证》但建筑工程承包合同注明的开工日期在2016年4月30日前的建筑工程项目。本项目符合第二项规定，可以选择简易计税。

（2）应纳增值税 $=42\ 000\div(1+5\%)\times5\%=2\ 000$（万元）

（3）允许扣除的城市维护建设税、教育费附加和地方教育附加 $=2\ 000\times(5\%+3\%+2\%)=200$（万元）

（4）允许扣除的取得土地使用权所支付的金额 $=10\ 000\times(1+4\%)=10\ 400$（万元）

允许扣除的开发成本 $=7\ 000$（万元）

允许扣除的开发费用 $=(10\ 400+7\ 000)\times10\%=1\ 740$（万元）

（5）加计扣除 $=(10\ 400+7\ 000)\times20\%=3\ 480$（万元）

允许扣除项目金额的合计数 $=10\ 400+7\ 000+1\ 740+200+3\ 480=22\ 820$（万元）

（6）不含税收入 $=42\ 000-2\ 000=40\ 000$（万元）

增值额 $=40\ 000-22\ 820=17\ 180$（万元）

增值率 $=17\ 180\div22\ 820\times100\%=75.28\%$，适用税率40%，速算扣除系数为5%。

应缴纳的土地增值税额 $=17\ 180\times40\%-22\ 820\times5\%=5\ 731$（万元）

【例题·计算问答题】（2018年）某药厂2018年7月1日转让其位于市区的一栋办公楼，取得不含增值税销售收入24 000万元。2010年建造该办公楼时，为取得土地使用权支付金额6 000万元，发生建造成本8 000万元。转让时经政府批准的房地产评估机构评估后，确定该办公楼的重置成本价为16 000万元，成新度折扣率为60%，允许扣除的有关税金及附加1 356万元。

要求：根据上述资料，按照下列序号回答问题，如有计算需计算出合计数。

（1）回答药厂办理土地增值税纳税申报的期限。

（2）计算土地增值税时该企业办公楼

的评估价格。

（3）计算土地增值税时允许扣除项目金额的合计数。

（4）计算转让办公楼应缴纳的土地增值税。

【答案】

（1）该药厂应当在转让房地产合同签订后的7日内到房地产所在地（即该市区）主管税务机关办理纳税申报。

（2）计算土地增值税时该企业办公楼的评估价格＝16 000×60%＝9 600（万元）

（3）计算土地增值税时允许扣除项目金额的合计数＝6 000＋9 600＋1 356＝16 956（万元）

（4）应纳土地增值税的计算：

转让办公楼的增值额＝24 000－16 956＝7 044（万元）

增值率＝7 044÷16 956×100%＝41.54%

应纳土地增值税＝7 044×30%＝2 113.2（万元）

通关演练

一、单项选择题

1. 下列关于房产税纳税人的说法中，错误的是（　　）。

A. 产权属于国家所有的，由经营管理单位纳税

B. 产权所有人不在房屋所在地的，由房产代管人或者使用人纳税

C. 外商投资企业也是房产税的纳税人

D. 纳税单位无租使用免税单位房产，不需要缴纳房产税

2. 下列各项中，不属于房产税纳税人的是（　　）。

A. 房产的代管人

B. 房产的经营管理单位

C. 房产的出典人

D. 房产的承典人

3. 下列各项中，符合房产税纳税义务人规定的是（　　）。

A. 产权属于集体的由使用人缴纳

B. 房屋产权出典的由出典人缴纳

C. 产权纠纷未解决的由代管人或使用人缴纳

D. 产权属于国家所有的不缴纳

4. 下列属于房产税征税对象房产范围的是（　　）。

A. 水塔　　B. 油气罐

C. 临街的商铺　　D. 玻璃暖房

5. 下列各项中，应当依法征收房产税的是（　　）。

A. 农村的农副业生产用房

B. 国家机关自用的房产

C. 妇幼保健机构自用房产

D. 外商投资企业设在城市的生产用房

6. 纳税人经营用房的计税依据为（　　）。

A. 房产原值　　B. 房产余值

C. 房产净值　　D. 房产现值

7. 房产税纳税义务发生的时间是（　　）。

A. 原有房屋用于生产经营的，从生产经营次月起

B. 纳税人自建房屋用于经营的，从建成之次月起

C. 委托施工企业建设的房屋，从办理验收手续之月起

D. 委托施工企业建设的房屋，从建成之次月起

8. 下列房产免征房产税的是（　　）。

A. 军队闲置出租的房屋

B. 公园里的小卖部

C. 农村集体建设的楼房

D. 个人出租的房屋

9. 甲公司将原值1 500万元的房产作

为投资与乙公司联合经营娱乐业，双方议定，甲每年可固定得到 100 万元的利润。当地规定在计算房产税时允许减除的比例为 30%，则甲公司每年应该缴纳的房产税为（　　）万元。

A. 8.4　　B. 12

C. 12.6　　D. 18

10. 李某拥有两处房产，一处原值 80 万元的房产供自己和家人居住，另一处原值 30 万元的房产于 2021 年 7 月 1 日出租给王某居住，按市场价每月取得租金收入 1 200 元。李某当年应缴纳的房产税为（　　）元。

A. 288　　B. 576

C. 840　　D. 864

11. 某企业 2021 年委托施工单位修建物资仓库，8 月 30 日办理验收手续，工程结算支出 50 万元，并按此成本计入固定资产。已知当地省级人民政府规定的计算房产余值的扣除比例为 30%。该企业 2021 年修建的物资仓库应缴纳房产税（　　）元。

A. 1 400　　B. 1 750

C. 2 800　　D. 4 200

12. 2021 年 4 月，某企业将其与办公楼相连的地下停车场和另一独立的地下建筑物改为地下生产车间，停车场原值 100 万元，地下建筑物原价 200 万元，该企业所在省财政和地方税务部门确定地下建筑物的房产原价的折算比例为 50%，房产原值减除比例为 30%。该企业以上两处地下建筑物 2021 年 4 月至 12 月应缴纳房产税（　　）万元。

A. 0.95　　B. 1.15

C. 1.26　　D. 1.89

13. 甲公司共拥有两套相同的房屋，原价均为 1 000 000 元。一套用于生产经营，另一套则租给了乙公司，每年收取租金收入 60 000 元。当地规定在计算房产税时允许减除的比例为 30%，则甲公司每年应该缴纳的房产税为（　　）元。

A. 7 200　　B. 14 400

C. 15 600　　D. 16 800

14. 某企业有原值为 5 000 万元的房产，2021 年 1 月 1 日将其中的 40% 用于对外投资联营，投资期限 10 年，每年固定利润分红 200 万元，不承担投资风险。已知当地政府规定的扣除比例为 20%，该企业当年应纳房产税（　　）万元。

A. 3.8　　B. 4.25

C. 24　　D. 52.8

15. 某市政府有办公用房一栋，账面房产价值 4 000 万元。2021 年 1 月将其中的 1/4 对外出租，当年取得租金收入 260 万元。已知该地区计算房产余值时减除幅度为 30%，则该市政府当年应纳房产税为（　　）万元。

A. 51.6　　B. 31.2

C. 36.4　　D. 56.4

16. 下列不属于契税征税对象的是（　　）。

A. 国有土地使用权出让

B. 房屋赠与

C. 土地使用权转让

D. 价值相等的房屋交换

17. 财产承受人是指（　　）。

A. 产权、使用权出让方

B. 产权、使用权的使用方

C. 产权、使用权购买方

D. 产权、使用权原来的拥有人

18. 下列应缴纳契税的是（　　）。

A. 农村集体土地承包经营权转让

B. 个人将自有住房投资于本人独资经营的企业

C. 将房屋赠与他人

D. 交换相等价值房屋的使用权

19. 居民乙因拖欠居民甲 180 万元款项

无力偿还，2021 年 6 月经当地有关部门调解，以房产抵偿该笔债务，居民甲因此取得该房产的产权并支付给居民乙差价款 20 万元。假定当地省政府规定的契税税率为 5%。下列表述中正确的是（　　）。

A. 居民甲应缴纳契税 1 万元

B. 居民乙应缴纳契税 1 万元

C. 居民甲应缴纳契税 10 万元

D. 居民乙应缴纳契税 10 万元

20. 下列各项中，根据契税的相关规定不正确的是（　　）。

A. 契税由财产的承受方缴纳

B. 城镇职工按规定第一次购买公有住房的，免征契税

C. 房屋产权相互交换，免征契税

D. 纳税人应当自纳税义务发生之日起 10 日内，向土地、房屋所在地的契税征收机关办理纳税申报，并在契税征收机关核定的期限内缴纳税款

21. 居民甲某共有 3 套房产，2021 年将第一套市价为 80 万元的房产与乙某交换，并支付给乙某 15 万元；将第二套市价为 60 万元的房产折价给丙某抵偿 50 万元的债务；将第三套市价为 30 万元的房产作股投入本人独资经营的企业。若当地确定的契税税率为 3%，甲某应缴纳契税（　　）万元。

A. 0.45　　B. 1.95

C. 2.25　　D. 2.85

22. 吴某 2021 年年初购买 120 平方米的商品房一处，价款 130 万元，并以 20 万元购买单独计价的储藏室，均采用分期付款方式，分 20 年支付，假定 2021 年支付 7.5 万元，根据当地规定，商品房的契税税率为 4%，汽车库的契税税率为 3%，吴某应缴纳的契税为（　　）万元。

A. 4.5　　B. 5.5

C. 5.8　　D. 6

23. 王某是个人独资企业业主，2021 年 1 月，将价值 60 万元的自有房产投入独资企业作为经营场所：3 月以 200 万元的价格购入一处房产；6 月，将价值 200 万元的自有仓库与另一企业价值 160 万元的仓库互换，王某收取差价 40 万元。假设该地契税税率为 4%。王某以上交易应缴纳契税（　　）万元。

A. 8　　B. 8.4

C. 9.6　　D. 16

24. 下列关于契税计税依据的表述，正确的是（　　）。

A. 国有土地使用权出让，以出让金为计税依据

B. 房屋交换，以成交价格为计税依据

C. 采取分期付款方式购买房屋附属设施房屋所有权的，应按每期应缴的款项分期计征契税

D. 以划拨方式取得土地使用权的，契税的计税依据为补缴的土地使用权出让费用或者土地收益

25. 李某于 2021 年 11 月购买面积为 80 平方米普通住房一套，成交价 92 万元，该住房为家庭唯一住房。当地契税税率为 3%。李某应缴纳的契税为（　　）万元。

A. 0　　B. 0.92

C. 1.38　　D. 2.76

26. 居民甲 2021 年购置了一套价值 100 万元的新住房，同时对原有的两套住房处理如下：一套出售给居民乙，成交价格 50 万元，另一套市场价格 80 万元的住房与居民丙进行等价交换。假定当地省政府规定的契税税率为 4%，则居民甲 2021 年应缴纳的契税为（　　）万元。

A. 4　　B. 6

C. 7.2　　D. 9.2

27. 我国现行税法规定，纳税人应当进行土地增值税清算的情形是（　　）。

A. 房地产开发项目全部验收竣工完毕

B. 整体转让未竣工决算房地产开发项目

C. 取得销售许可证满三年仍未销售完毕

D. 房地产开发企业将开发的房地产项目出租

28. 土地增值税由（　　）的税务机关负责征收。

A. 房地产所在地

B. 房地产合同签订地

C. 产权人居住地

D. 产权人户口所在地

29. 根据土地增值税法的相关规定，下列各项中，说法不正确的是（　　）。

A. 对于分期开发的项目，以分期项目为单位清算

B. 土地增值税清算时，已全额开具商品房销售发票的，按照发票所载金额确认收入；未开具发票或未全额开具发票的暂不确认收入

C. 除另有规定外，房地产开发企业不能提供房地产开发成本的合法有效凭证的，不予在计算土地增值税时扣除

D. 房地产开发企业的预提费用，除另有规定外，不得扣除

30. 下列表述中，不符合土地增值税政策规定的是（　　）。

A. 房地产开发企业在工程竣工验收后，根据合同规定扣留的质量保证金，在计算土地增值税时，一律不得扣除

B. 房地产开发企业将开发产品用于职工福利的，发生所有权转移时应视同销售房地产征收土地增值税

C. 非公司制企业整体改建为有限责任公司，对改建前的企业将国有土地、房屋权属转移，变更到改建后的有限责任公司中，暂不征收土地增值税

D. 纳税人是法人的，其转让的房地产坐落地与其居住地不在同一地的，应当向房地产坐落地的主管税务机关申报纳税

二、多项选择题

1. 房产税的税率有（　　）。

A. 12%　　B. 4%

C. 1.2%　　D. 6%

2. 下列各项中，由房产代管人或者使用人缴纳房产税的有（　　）。

A. 产权出典的，承典人不在房屋所在地的

B. 产权所有人不在房屋所在地的

C. 产权未确定的

D. 租典纠纷未解决的

3. 下列各项中，符合房产税规定的有（　　）。

A. 房产的承典人是房产税纳税人

B. 老年服务机构自用的房产免房产税

C. 个人所有非营业用的房产免征房产税

D. 名胜古迹的自用房免税

4. 下列各项中，免征房产税的有（　　）。

A. 人民团体自用的房产

B. 事业单位的业务用房

C. 个人所有的非营业用房

D. 企业办的学校自用的房产

5. 我国现行税法规定，下列单位使用的房产中，可以免征房产税的有（　　）。

A. 个人所有非营业用房

B. 公园、寺庙自用房产

C. 国家机关所属招待所的业务用房

D. 营利性医疗机构自用房产

6. 下列各项中，符合房产税纳税义务发生时间规定的有（　　）。

A. 原有房产用于生产经营的，从生产经营次月起

B. 自行新建房用于生产经营的，从建成之月起

C. 自行新建房用于生产经营的，从建成之次月起

D. 委托施工企业建房，为办理验收手续之次月起

7. 下列关于房产税计税依据的说法，正确的有（　　）。

A. 房产税有从价计征和从租计征两种方式

B. 投资联营的房产如果投资者共担风险按余值从价征税，如果不共担风险应按租金从租计征

C. 个人按市场价格出租的居民住房，其应缴纳的房产税暂减按4%的税率征收

D. 凡以房屋为载体，不可随意移动的附属设备和配套设施，如给排水、采暖、消防、中央空调、电气及智能化楼宇设备等，无论在会计核算中是否单独记账与核算，都应计入房产原值

8. 经财政部批准，下列情况可以免征房产税的有（　　）。

A. 因维修停用3个月的房屋

B. 老年服务机构自用房屋

C. 停止使用后毁损不堪居住的房屋和危险房屋

D. 施工期间在基建工地为其服务的临时性房屋

9. 下列关于现行房产税的说法中，表述不正确的有（　　）。

A. 房产税从价计征仅对于会计账簿上记载的房产按计税价值征税

B. 对房产原值明显不合理的，应重新予以评估；对房产没有原值的，应由房屋所在地的税务机关参考同类房屋的价值核定

C. 对附属设备和配套设备中易损坏、需要经常更换的零配件，更新后不再计入房产原值

D. 以房产投资、收取固定收入，不承担联营风险的，由被投资方按从价计征房产税

10. 下列有关房产税规定的表述中，正确的有（　　）。

A. 基建工地的各种材料棚施工期间免征房产税

B. 因大修理导致连续停用半年以上的房产，在修理期间免征房产税

C. 产权出典的，由出典人纳税

D. 对按政府规定价格出租的公有住房和廉租住房，暂免征收房产税

11. 契税的纳税人有（　　）。

A. 购买商品房的个人

B. 取得底商使用权的个体工商户

C. 取得土地使用权的国有企业

D. 在中国境内购买住宅的外国人

12. 根据契税的有关规定，下列项目中可以不征收契税的情况有（　　）。

A. 军队取得国有土地用于新建靶场

B. 法定继承人通过继承承受土地、房屋权属

C. 承受荒山、荒沟、荒丘、荒滩土地使用权，并用于农、林、牧、渔业生产的

D. 自有住房折价抵偿债务的

13. 下列行为在房屋买卖中应该缴纳契税的有（　　）。

A. 王某无力偿还李某的债务，用闲置的房屋抵偿

B. 赵某用自有房投资于某企业

C. 常某将自己的空置房屋投入到自己的独资企业中作为销售中心

D. 买房拆料或翻建新房

14. 根据税法对契税计税依据的规定，下列正确的有（　　）。

A. 土地使用权出售、房屋买卖、其计税依据为成交价格

B. 土地使用权赠与、房屋赠与，其计税依据由征收机关参照土地使用权出售、

房屋买卖的市场价格核定

C. 土地使用权交换、房屋交换，其计税依据是所交换的土地使用权、房屋的价格差额

D. 出让国有土地使用权的，其计税依据价格为承受人为取得该土地使用权而支付的全部经济利益

15. 下列有关契税的表述中，正确的有（　　）。

A. 契税的纳税人是我国境内土地、房屋权属的承受者

B. 契税的征收对象是我国境内产权发生转移的不动产

C. 契税实行差别比例税率

D. 契税纳税人不包括国有经济单位

16. 下列各项中，按照有关规定可以免征契税的项目有（　　）。

A. 接受直系亲属赠与的住房

B. 法定继承人通过继承承受土地、房屋权属

C. 以自有房产作股投入本人独资经营企业

D. 承受荒山用于林业生产的

17. 按照我国现行税法，一般纳税人在转让房地产时应该缴纳的税种有（　　）。

A. 土地增值税　　B. 印花税

C. 契税　　D. 增值税

18. 我国现行税法规定，土地增值税的纳税义务人为（　　）并取得收入的单位和个人。

A. 出租国有土地使用权

B. 出让国有土地使用权

C. 转让地上建筑物

D. 转让土地使用权

19. 下列行为不需要缴纳土地增值税的有（　　）。

A. 房地产开发公司出售商品房

B. 企业出售闲置厂房

C. 房地产所有人将房屋产权赠与赡养义务人

D. 土地使用权所有人通过中国境内非营利的社会团体将土地使用权赠与公益事业

20. 依据税法规定，下列行为和收入应该征收土地增值税的有（　　）。

A. 银行在抵押期满后取得的贷款企业抵押厂房的产权

B. 房地产开发商将没有出售的尾楼出租取得的收入

C. 由于南水北调工程国家征用沿线土地使用权并对相关房地产所有人进行的补偿收入

D. 两个企业因需要相互交换厂房产权

21. 出售新建商品房时，计算土地增值额的扣除项目应包括（　　）。

A. 取得土地使用权时支付的土地出让金

B. 房地产开发成本

C. 房地产开发中符合扣除标准的费用

D. 与转让房地产有关的税金

22. 转让旧房时，计算土地增值额的扣除项目应包括（　　）。

A. 房屋及建筑的评估价格

B. 按国家规定缴纳的有关费用

C. 转让环节缴纳的税金

D. 取得土地使用权支付的地价款

23. 关于土地增值税纳税地点，说法正确的有（　　）。

A. 企业法人的房地产的坐落地与其机构所在地或经营所在地同在一地的，可在办理税务登记的原管辖税务机关申报纳税

B. 企业法人的房地产的坐落地与其机构所在地或经营所在地不在一地的，则在房产坐落地的主管税务机关申报纳税

C. 个人转让的房地产坐落地与其居住

所在地同在一地的，应在其住所所在地税务机关申报纳税

D. 个人转让的房地产坐落地与其居住所在地不一致时，则在房地产坐落地的税务机关申报纳税

24. 纳税人有下列情形之一的，应按照房地产评估价格计算征收土地增值税的有（　　）。

A. 转让已使用的房屋及建筑物的

B. 提供扣除项目金额不实的

C. 隐瞒、虚报房地产成交价格的

D. 转让房地产的成交价格低于房地产评估价格，又无正当理由的

25. 判断一项转让房地产的行为是否属于土地增值税的征税范围，其标准包括（　　）。

A. 转让的土地使用权是否为国家所有

B. 转让的土地使用权是否为国家或农村集体所有

C. 土地使用权、地上的建筑物及其附着物的产权是否发生转让

D. 是否取得收入

26. 土地增值税清算时，房地产开发企业开发建造的与清算项目配套的会所等公共设施，其成本费用可以扣除的情形有（　　）。

A. 建成后开发企业转为自用的

B. 建成后开发企业用于出租的

C. 建成后无偿移交给政府用于非营利性社会公共事业的

D. 建成后产权属于全体业主所有的

27. 下列各项中，属于土地增值税不征或免税范围的有（　　）。

A. 房产所有人将房产赠与直系亲属

B. 个人之间互换自有居住用房地产，经当地税务机关核实

C. 纳税人建造普通标准住宅出售，增值额超过扣除项目金额20%的

D. 因城市实施规划、国家建设需要而搬迁，由纳税人自行转让原房地产的

28. 根据契税的相关规定的表述中，正确的有（　　）。

A. 对承受县级以上人民政府或国有资产管理部门按规定进行行政性调整、划转国有土地、房屋权属的单位，免征契税

B. 经国务院批准实施债权转股权的企业，对债权转股权后新设立的公司承受原企业的土地、房屋权属，免征契税

C. 以出让方式或国家作价出资（入股）方式承受原改制重组企业、事业单位划拨用地的，对承受方免征契税

D. 非公司制企业按规定整体改制为有限责任公司，原企业投资主体存续并在改制后的公司中所持股权比例超过75%，且改制后公司承继原企业权利、义务的，对改制后公司承受原企业土地、房屋权属，免征契税

29. 根据契税的相关规定的表述中，正确的有（　　）。

A. 企业依照有关法律法规规定实施破产，债权人（包括破产企业职工）承受破产企业抵偿债务的土地、房屋权属，免征契税

B. 对非债权人承受破产企业土地、房屋权属，凡按照《劳动法》等国家有关法律法规政策妥善安置原企业全部职工规定，与原企业全部职工签订服务年限不少于三年的劳动用工合同的，对其承受所购企业土地、房屋权属，免征契税

C. 对非债权人承受破产企业土地、房屋权属，凡按照《劳动法》等国家有关法律法规政策妥善安置原企业职工，与原企业超过30%的职工签订服务年限不少于三年的劳动用工合同的，减半征收契税

D. 经国务院批准实施债权转股权的企业，对债权转股权后新设立的公司承受原

企业的土地、房屋权属，免征契税

30. 下列关于契税的纳税义务发生时间的表述中，正确的有（　　）

A. 契税的纳税义务发生时间是纳税人签订土地、房屋权属转移合同的当日，或者纳税人取得其他具有土地、房屋权属转移合同性质凭证的当日

B. 因人民法院、仲裁委员会的生效法律文书或者监察机关出具的监察文书等发生土地、房屋权属转移的，纳税义务发生时间为法律文书等生效当日

C. 因改变土地、房屋用途等情形应当缴纳已经减征、免征契税的，纳税义务发生时间为改变有关土地、房屋用途等情形的当日

D. 因改变土地性质、容积率等土地使用条件需补缴土地出让价款，应当缴纳契税的，纳税义务发生时间为改变土地使用条件当日

三、计算问答题

1. 设在某市区的甲企业，系国有综合性集团公司。2022 年 2 月，税务机关对该企业 2021 年度房产税纳税情况进行稽查，获得如下资料：

（1）甲企业 2021 年初固定资产账面显示，所有房屋及建筑物原值共计 6 000 万元，其中：管理部门及生产部门用房原值 4 600 万元；企业内部自办的幼儿园用房原值 200 万元、医务室用房原值 300 万元；围墙原值 40 万元；其余闲置用房有 A、B、C、D 共 4 座，原值分别为 300 万元、180 万元、250 万元和 130 万元。

（2）3 月 15 日，对刚建成的一座生产车间办理竣工决算，并于当月投入使用，原值 320 万元。同年 4 月 20 日，企业因资金紧张，将这座车间抵押给某银行取得贷款 200 万元，抵押期间该房屋仍由甲企业使用。

（3）6 月 1 日，将原值为 300 万元的 A 闲置用房向乙企业投资，协议约定，甲企业每月向乙企业收取固定收入 2 万元，乙企业经营盈亏与甲无关。当年取得收入 14 万元。

（4）6 月 22 日，将原值为 180 万元的 B 闲置用房出典给某金融机构，获得资金 100 万元，出典期间该房屋空置。

（5）6 月 25 日，将原值为 250 万元的 C 闲置用房融资租赁给丙企业，当月已交付该出租房产，租期自 2021 年 7 月 1 日至 2029 年 6 月 30 日共 8 年，每年收取租金 60 万元，租金于每期期初支付。当地税务机关确定该房屋在租赁期间由承租方缴纳房产税。

（6）6 月 30 日，将原值为 130 万元的 D 闲置用房出租给丁企业，签订的租赁合同约定，7、8 两个月免收租金，自 9 月开始每月租金 2 万元，本年度实收租金 8 万元。

（其他相关资料：当地政府规定计算房产余值的扣除比例均为 30%。）

要求：根据税法规定，计算相关企业 2021 年度应纳的房产税。

2. 甲市某企业 2021 年有如下业务：

（1）1 月 1 日将价值 150 万元的自有房产一座出租给 A 企业，每年租金 50 万元。

（2）3 月 1 日开始修建车间一座，9 月 30 日该车间建成并投入使用，造价 300 万元。

（3）6 月 1 日将自有房产一座价值 100 万元投资到 B 企业，双方约定每年支付该企业固定收益 30 万元。

（4）7 月 1 日对老车间进行改造，8 月改造完毕并投入使用，旧车间原值 300 万元，已经计提折旧 210 万元，这次改造花费 120 万元。

（5）除上述情况外，该企业财务账簿1月1日还记载有房产原值3 000万元，其中包括：正在作为基建工地使用的临时房屋500万元，单独记账的中央空调100万元，连续停用4个月的车间600万元（已经恢复使用）。

（其他相关资料：当地政府规定计算房产余值的扣除比例为30%。）

要求：计算该企业2021年应缴纳的房产税。

3. 2021年9月30日，某市房地产开发公司转让写字楼一幢，合同约定转让价格10 500万元，公司按税法规定缴纳了有关流转税及附加税。已知该公司为取得土地使用权而支付的地价款和按国家统一规定缴纳的有关费用为1 000万元；投入房地产开发成本为2 000万元；房地产开发费用中的利息支出为100万元（能够按转让房地产项目计算分摊并提供金融机构证明），比按商业银行同期同类贷款利率计算的利息多出50万元。另知公司所在地政府规定的其他房地产开发费用的计算扣除比例为5%。

（其他相关资料：该公司选择简易计税方法计算增值税、与房地产转让有关的税金需要考虑地方教育费附加。）

要求：根据上述资料，计算该公司转让此写字楼应纳的土地增值税税额。

4. 2021年10月，某市税务机关拟对辖区内某房地产开发公司开发的房产项目进行土地增值税清算。该房地产开发公司提供该房产开发项目资料如下：

（1）2015年3月以80 000万元拍得用于该房地产开发项目的一宗土地，并缴纳契税；因闲置1年，支付土地闲置费4 000万元。

（2）2016年3月开始动工建设，发生开发成本50 000万元：其中银行贷款凭证显示利息支出1 000万元。

（3）2021年5月项目已销售可售建筑面积的80%，共计取得含税收入210 000万元；可售建筑面积的20%投资入股某酒店，约定共担风险、共享利益。

（4）公司已按照规定的预征率预缴了土地增值税12 000万元。

（其他相关资料：当地适用的契税税率为5%，省级政府规定其他开发费用的扣除比例为5%，该公司选择简易计税方法计算增值税。）

要求：根据上述资料，按照下列序号回答问题，如有计算需计算出合计数。

（1）计算该公司清算土地增值税时允许扣除的土地使用权支付金额。

（2）计算该公司上述项目应缴纳的增值税。

（3）计算该公司清算土地增值税时允许扣除的城市维护建设税、教育费附加和地方教育附加合计。

（4）计算该公司计算土地增值税时可扣除项目金额合计。

（5）计算该公司清算土地增值税时应补缴的土地增值税。

（6）该公司销售不动产增值税应向何处的主管税务机关预缴和申报。

（7）说明负责该公司申报缴纳土地增值税的税务机关，该公司清算补缴土地增值税是否加收滞纳金。

5. 某工业企业（增值税一般纳税人）2021年3月21日转让其位于县城的一栋自建的办公楼，转让协议写明含税收入12 000万元，2008年建造该办公楼时，为取得土地使用权所支付的金额为3 000万元，发生建造成本4 000万元，转让时经政府批准设立的房地产评估机构评估后，确定该办公楼的重置成本价为9 000万元。

（其他相关资料：该企业选择简易计税方法计算增值税，产权转移书据适用的印花税税率 0.5‰，成新度折扣率 60%。）

要求：根据上述资料，按照下列序号回答问题，如有计算需计算出合计数。

（1）计算该企业办公楼的评估价格。

（2）计算该企业转让自建办公楼应缴纳的增值税。

（3）计算土地增值税时允许扣除的税金及教育费附加、地方教育附加合计数。

（4）计算土地增值税时允许扣除项目金额的合计数。

（5）计算转让办公楼应缴纳的土地增值税。

答案及解析

一、单项选择题

1. 【答案】D

【解析】纳税单位无租使用免税单位房产，应由使用人代为缴纳房产税。

2. 【答案】C

【解析】产权出典的由承典人纳税。

3. 【答案】C

【解析】选项 A：产权属集体和个人所有的，由集体单位和个人纳税。选项 B：产权出典的，应当由承典人纳税。选项 D：产权属于国家所有的由经营管理单位纳税。

4. 【答案】C

【解析】房产，是指有屋面和围护结构（有墙或两边有柱），能够遮风避雨，可供人们在其中生产、学习、工作、娱乐、居住或储藏物资的场所。独立于房屋之外的建筑物（如水塔、围墙、室外露天游泳池、加油站遮阳棚都不属于房产，不征收房产税）。

5. 【答案】D

【解析】现行税法规定，房产税的征税范围为城市、县城、建制镇和工矿区，不包括农村房屋；从 2009 年 1 月 1 日起外商投资企业和外国企业缴纳房产税；国家机关自用的房产免征房产税；对非营利性医疗机构、疾病控制机构和妇幼保健机构等卫生机构自用的房产，免征房产税。

6. 【答案】B

【解析】纳税人经营用房的计税依据为房产余值。

7. 【答案】B

【解析】选项 A：原有房屋用于生产经营的，从生产经营之月起。选项 C：委托施工企业建设的房屋，从办理验收手续次月起。

8. 【答案】C

【解析】军队自用房产才免税，公园的小卖部不属于免税之内。

9. 【答案】B

【解析】甲公司每年取得固定的利润，属于房产的出租行为，应当按照从租计征的方法计算缴纳房产税。应缴纳的房产税 = 100 × 12% = 12（万元）。

10. 【答案】A

【解析】个人所有的非营业用房免征房产税。因此李某当年应缴纳的房产税 = 1 200 × 6 × 4% = 288（元）。

11. 【答案】A

【解析】委托施工企业建设的房屋从办理验收手续之次月起产生房产税纳税义务，因此应缴纳房产税 = 50 ×（1 - 30%）× 1.2% × 4 ÷ 12 = 0.14（万元）= 1 400（元）。

12. 【答案】C

【解析】应缴纳的房产税 =（100 + 200 × 50%）×（1 - 30%）× 1.2% × 9 ÷ 12 = 1.26（万元）

13. 【答案】C

【解析】1 000 000 ×（1 - 30%）× 1.2% + 60 000 × 12% = 15 600（元）

14. 【答案】C

【解析】每年收取固定利润分红实质为租房应从租计征。应缴纳房产税 = 200 × 12% = 24（万元）。

15. 【答案】B

【解析】政府机构自用办公房属于免征房产税的房产，但对出租房产，应以其租金收入计征房产税。应纳房产税 = 260 × 12% = 31.2（万元）。

16. 【答案】D

【解析】价值相等的房屋交换不缴纳契税。

17. 【答案】C

【解析】财产承受人是指产权、使用权购买方。

18. 【答案】C

【解析】选项 A：农村集体土地承包经营权转让不缴纳契税。选项 B：个人将自有住房投资于本人独资经营的企业，因未发生权属变化，不需办理房产变更手续，故不缴纳契税。选项 D：互换房屋、土地权属的免征契税，互换价格不等时，由多交付货币、实物、无形资产或者其他经济利益的一方缴纳契税。

19. 【答案】C

【解析】本题中抵债房屋的价值 = 180 + 20 = 200（万元），所以由甲缴纳契税 = 200 × 5% = 10（万元）。

20. 【答案】C

【解析】房屋产权相互交换，双方交换价值相等，免纳契税；价值不相等的，按超出部分由支付差价方缴纳契税。

21. 【答案】A

【解析】土地使用权交换、房屋交换，支付补价的一方纳税，第一套房产甲某支付了补价，应纳契税 = 15 × 3% = 0.45（万元）；用于抵债的第二套房产，应由承受方丙来缴纳契税；第三套房产作股投入本人独资经营企业，免纳契税。甲某共缴纳契税 0.45 万元。

22. 【答案】C

【解析】采取分期付款方式购买房屋附属设施土地使用权、房屋所有权的，应按合同规定的总价款计征契税：对于承受与房屋有关的附属设施所有权或土地使用权的行为，按规定征收契税，承受的房屋附属设施权属如为单独计价的，按照当地确定的适用税率征收契税；如与房屋统一计价的，适用与房屋相同的契税税率。因此吴某应缴纳的契税 = 130 × 4% + 20 × 3% = 5.8（万元）。

23. 【答案】A

【解析】以自有房产作股投入本人经营企业，免纳契税；房产互换，甲某收取差价，甲某不用缴纳契税，由对方按照差价为基础缴纳契税。甲某应缴纳的契税 = 200 × 4% = 8（万元）。

24. 【答案】D

【解析】选项 A：国有土地使用权出让，以成交价格为计税依据。选项 B：房屋交换，以差价为计税依据。选项 C：采取分期付款方式购买房屋附属设施上地使用权、房屋所有权，应按合同规定的总价款计征契税。

25. 【答案】B

【解析】对个人购买 90 平方米及以下普通住房，且该住房属于家庭唯一住房的，减按 1% 的税率征收契税。李某应纳契税 = 92 × 1% = 0.92（万元）。

26. 【答案】A

【解析】本题考核契税的计算。契税以受让方为纳税人，居民之间等价交换房屋的免征契税，因此，甲应缴纳的契税 = 100 × 4% = 4（万元）。

27. 【答案】B

【解析】现行税法规定，符合下列情

形之一的，纳税人应进行土地增值税的清算：（1）房地产开发项目全部竣工，完成销售的；（2）整体转让未竣工决算房地产开发项目的；（3）直接转让土地使用权的。

28. 【答案】A

【解析】土地增值税的纳税人应向房地产所在地主管税务机关办理纳税申报。

29. 【答案】B

【解析】选项 B：土地增值税清算时，已全额开具商品房销售发票的，按照发票所载金额确认收入；未开具发票或未全额开具发票的，以交易双方签订的销售合同所载的售房金额及其他收益确认收入。

30. 【答案】A

【解析】选项 A：房地产开发企业在工程竣工验收后，根据合同约定，扣留建筑安装施工企业一定比例的工程款，作为开发项目的质量保证金，在计算土地增值税时，建筑安装施工企业就质量保证金对房地产开发企业开具发票的，按发票所载金额予以扣除；未开具发票的，扣留的质量保证金不得计算扣除。

二、多项选择题

1. 【答案】ABC

【解析】房产税的税率有从价计征使用的 1.2% 的税率，从租计征使用 12% 以及 4% 的优惠税率。

2. 【答案】ABCD

【解析】产权所有人、承典人不在房屋所在地的，或者产权未确定及租典纠纷未解决的，由房产代管人或者使用人纳税。

3. 【答案】ABCD

【解析】选项 A、B、C、D 均正确。

4. 【答案】ABC

【解析】国家财政办的学校才免税。

5. 【答案】AB

【解析】现行税法规定，个人拥有的所有非营业用的房产均免征房产税；国家机关所属的招待所不属单位公务、业务的用房，应照章纳税。

6. 【答案】CD

【解析】原有房产用于生产经营的，从生产经营之月起；自行新建房用于生产经营的，从建成次月起。

7. 【答案】ABCD

【解析】选项 A、B、C、D 均正确。

8. 【答案】BCD

【解析】选项 A：自 2004 年 7 月 1 日起，纳税人因房屋大修导致连续停用半年以上的，在房屋大修期间免征房产税。选项 C：经有关部门鉴定，对毁损不堪居住的房屋和危险房屋，在停止使用后，可免征房产税。选项 D：凡是在基建工地为基建工地服务的各种工棚、材料棚、休息棚、办公室、食堂、茶炉房、汽车房等临时性房屋，无论是施工企业自行建造还是基建单位出资建造，交施工企业使用的，在施工期间，一律免征房产税。

9. 【答案】AD

【解析】自 2009 年 1 月 1 日起，对依照房产原值计税的房产，不论是否记载在会计账簿固定资产科目中，均应按照房屋原价计算缴纳房产税。房屋原价应根据国家有关会计制度规定进行核算。对纳税人未按国家会计制度规定核算并记载的，应按规定予以调整或重新评估。以房产投资、收取固定收入，不承担联营风险的，实际上是纳税人以联营名义取得房产租金，应由出租方按租金收入计算缴纳房产税。

10. 【答案】ABD

【解析】产权出典的，由承典人纳税。

11. 【答案】ACD

【解析】契税的纳税义务人是境内转移土地、房屋权属，承受的单位和个人。

12. 【答案】ABC

【解析】自有住房折价抵偿债务的视同房屋买卖应由产权承受人按房屋现值缴纳契税。

13.【答案】ABD

【解析】选项C没有发生所有权转移。

14.【答案】ABCD

【解析】选项表述均正确。

15.【答案】AB

【解析】契税的纳税人是我国境内转移土地、房屋权属的承受者。

16.【答案】BCD

【解析】现行税法规定，房屋的受赠人要按规定缴纳契税。

17.【答案】ABD

【解析】现行税法规定，契税的纳税义务人是境内转移土地、房屋权属，承受的单位和个人。

18.【答案】CD

【解析】出租国有土地使用权和出让国有土地使用权不属于土地增值税征税范围。

19.【答案】CD

【解析】选项A、B：符合纳税义务人条件应该缴纳土地增值税。

20.【答案】AD

【解析】选项B：未转让土地所有权故不征税。选项C：应国家建设需要而搬迁由纳税人自行转让原房地产的免征土地增值税。

21.【答案】ABCD

【解析】选项A、B、C、D表述均正确。

22.【答案】ABCD

【解析】选项A、B、C、D表述均正确。

23.【答案】ABCD

【解析】选项A、B、C、D表述均正确。

24.【答案】BCD

【解析】纳税人有下列情形之一的，按照房地产评估价格计算征收土地增值税：（1）隐瞒、虚报房地产成交价格的；（2）提供扣除项目金额不实的；（3）转让房地产的成交价格低于房地产评估价格，又无正当理由的。

25.【答案】ACD

【解析】农村集体所有的土地不能自行转让，只有根据有关法律规定，由国家征用以后变为国家所有时，才能进行转让。

26.【答案】CD

【解析】选项C、D：建成后无偿移交给政府、公用事业单位用于非营利性社会公共事业的，建成后产权属于全体业主所有的，其成本费用可以扣除。选项A、B：由于房产权属没有转移，无需进行清算，不涉及成本费用的扣除。

27.【答案】ABD

【解析】选项C：纳税人建造普通标准住宅出售，增值额未超过扣除项目金额20%的，免征土地增值税。如果超过20%，应就其全部增值额按规定计税。

28.【答案】ABD

【解析】选项C：以出让方式或国家作价出资（入股）方式承受原改制重组企业、事业单位划拨用地的，对承受方应按规定契税。

29.【答案】ABCD

【解析】选项A、B、C、D表述均正确。

30.【答案】ABCD

【解析】选项A、B、C、D表述均正确。

三、计算问答题

1.【答案】

（1）甲企业管理部门及生产部门用房应纳房产税：

应纳税额 $=4\ 600\times(1-30\%)\times1.2\%=38.64$（万元）

（2）甲企业自建房屋应纳房产税：

应纳税额 $=320\times(1-30\%)\times1.2\%\times9\div12=2.02$（万元）

（3）甲企业用于对外投资的A闲置房产应纳房产税：

应纳税额 $=300\times(1-30\%)\times1.2\%\times5\div12+14\times12\%=2.73$（万元）

（4）甲企业出典给某金融机构的B闲置房产应纳房产税：

1～6月甲企业应纳房产税 $=180\times(1-30\%)\times1.2\%\times6\div12=0.76$（万元）

7～12月该金融机构应纳房产税 $=180\times(1-30\%)\times1.2\%\times6\div12=0.76$（万元）

（5）甲企业融资租赁的C闲置房产应纳房产税：

1～6月甲企业应纳房产税 $=250\times(1-30\%)\times1.2\%\times6\div12=1.05$（万元）

7～12月丙企业应纳房产税 $=250\times(1-30\%)\times1.2\%\times6\div12=1.05$（万元）

（6）甲企业转让D闲置房产应纳房产税：

应纳税额 $=130\times(1-30\%)\times1.2\%\times8\div12+8\times12\%=1.69$（万元）

（7）2021年度甲企业应纳房产税 $=38.64+2.02+2.73+0.76+1.05+1.69=46.89$（万元）

2.【答案】

（1）出租房产应缴纳的房产税 $=50\times12\%=6$（万元）

（2）新车间应缴纳的房产税 $=300\times(1-30\%)\times1.2\%\times3\div12=0.63$（万元）

注意：只需要缴3个月的房产税。

（3）投资房产应缴纳的房产税 $=30\times12\%\div12\times7+100\times(1-30\%)\times1.2\%\times5\div12=2.1+0.35=2.45$（万元）

注意：投资房产部分只需要缴纳7个月的房产税，另外5个月按余值缴税。

（4）老车间改造应缴纳的房产税 $=300\times(1-30\%)\times1.2\%\times6\div12+(300+120)\times(1-30\%)\times1.2\%\times6\div12=1.26+1.76=3.02$（万元）

注意：改造后的原值发生变化，因此要分段计算房产税。

（5）其余应缴房产税 $=(3\,000-500)\times(1-30\%)\times1.2\%=21$（万元）

【提示】（1）凡是在基建工地为基建工地服务的各种工棚、材料棚、休息棚、办公室、食堂、茶炉房、汽车房等临时性房屋，无论是施工企业自行建造还是基建单位出资建造，交施工企业使用的，在施工期间，一律免征房产税。但是，如果在基建工程结束后，施工企业将这种临时性房屋交还或者估价转让给基建单位的，应当从基建单位接收的次月起，依照规定缴纳房产税。（2）单独记账的中央空调也要缴房产税。（3）连续停用半年以上的房产，在房屋大修期间免征房产税。

（6）本年共应缴房产税 $=6+0.63+2.45+3.02+21=33.1$（万元）

3.【答案】

（1）转让写字楼取得的收入 $=10\,500\div(1+5\%)=10\,000$（万元）

（2）确定转让房地产的扣除项目金额：

①取得土地使用权所支付的金额为1 000万元；

②房地产开发成本为2 000万元；

③地产开发费用 $=(100-50)+(1\,000+2\,000)\times5\%=50+150=200$（万元）

④转让房地产有关的税金 $=10\,000\times5\%\times(7\%+3\%+2\%)=60$（万元）

⑤房地产开发的加计扣除 $=(1\,000+2\,000)\times20\%=600$（万元）

⑥扣除项目金额合计 $=1\,000+2\,000+200+60+600=3\,860$（万元）

（3）转让房地产的增值额 $=10\,000-3\,860=6\,140$（万元）

（4）增值额与扣除项目金额的比率 $=6\,140\div3\,860\approx159.07\%$，适用税率50%，速算扣除系数15%。

（5）应纳土地增值税税额 $=6\ 140\times 50\%-3\ 860\times 15\%=2\ 491$（万元）

4.【答案】

（1）该公司清算土地增值税时允许扣除的土地使用权支付金额 $=80\ 000+80\ 000\times 5\%=84\ 000$（万元）

（2）该公司应该缴纳的增值税 $=210\ 000\div 80\%\div(1+5\%)\times 5\%=12\ 500$（万元）

（3）该公司清算土地增值税时允许扣除的城市维护建设税、教育费附加和地方教育附加 $=12\ 500\times(7\%+3\%+2\%)=1\ 500$（万元）

（4）扣除项目金额 $=84\ 000+(50\ 000-10\ 000)+[10\ 000+(84\ 000+40\ 000)\times 5\%]+1\ 500+(84\ 000+40\ 000)\times 20\%=166\ 500$（万元）

（5）增值额 $=210\ 000\div 80\%\div(1+5\%)-166\ 500=83\ 500$（万元）

增值率 $=83\ 500\div 166\ 500\times 100\%=50.15\%$，适用税率 40%，速算扣除系数 5%。

应纳土地增值税 $=83\ 500\times 40\%-166\ 500\times 5\%=33\ 400-8\ 325=25\ 075$（万元）

应补缴土地增值税 $=25\ 075-12\ 000=13\ 075$（万元）

（6）房地产开发公司的增值税需要向不动产所在地主管税务机关预缴，向机构所在地主管税务机关申报纳税。

（7）纳税人向房地产所在地主管税务机关申报缴纳土地增值税。按规定预缴土地增值税后，清算补缴的土地增值税，在主管税务机关规定的期限内补缴的，不加收滞纳金。

5.【答案】

（1）该办公楼的评估价格 $=9\ 000\times 60\%=5\ 400$（万元）

（2）该企业应纳增值税 $=12\ 000/(1+5\%)\times 5\%=571.43$（万元）

转让自建不动产选择按照简易计税办法计算增值税时，用全额和 5% 的征收率价税分离计算。

（3）城建税及附加 $=571.43\times(5\%+3\%+2\%)=57.14$（万元）

印花税 $=12\ 000\times 0.5‰=6$（万元）

可以扣除的税金及附加合计数 $=57.14+6=63.14$（万元）

（4）扣除项目金额合计数 $=3\ 000+5\ 400+63.14=8\ 463.14$（万元）

（5）土地增值额 $=(12\ 000-571.43)-8\ 463.14=2\ 965.43$（万元）

增值率 $=2\ 965.43/8\ 463.14\times 100\%=35.04\%$，适用税率 30%。

应纳土地增值税 $=2\ 965.43\times 30\%=889.63$（万元）

第十一章 车辆购置税法、车船税法和印花税法

本章考情分析

本章介绍车辆购置税法、车船税法和印花税法三个税种，属于非重点章节，考试题型包括单项选择题、多项选择题和综合题，综合题中会涉及一小问计算，如车辆购置税应纳税额的计算或者印花税应纳税额的计算。本章还可与其他税种如增值税、消费税、关税结合命制计算型试题。本章分值一般为4.5～5分左右，主要考点集中在车辆购置税的纳税人与征税范围、计税依据和应纳税额的计算。车船税的征税范围和税收优惠。印花税的税目、计税依据、税收优惠和应纳税额的计算。特别需要提示本章中的印花税仍然是按照的中华人民共和国印花税暂行条例（1988年8月6日国务院令第11号发布）编写的，与2022年7月1日即将实施的印花税法有在某些规定存在一定的不同。

本章教材主要变化

1. 修改了购买自用应税车辆计税价格的规定。

2. 删除了购置挂车减半征收的车辆购置税的税收优惠政策。

3. 删除了“按照规定缴纳船舶吨税的机动船舶，自《车船税法》实施之日起5年内免征车船税法”的优惠政策。

4. 删除了“依法不需要在车船登记管理部门登记的机场、港口、铁路站场内部行驶或作业的车船，自《车船税法》实施之日起5年内免征车船税”的优惠政策。

5. 删除了“自2019年1月1日至2021年12月31日，对与高校学生签订的高校学生公寓租赁合同，免征印花税。”的优惠政策。

本章高频考点

考点1 车辆购置税的纳税义务人与征税范围

1. 纳税义务人。

车辆购置税的纳税人是指在中华人民共和国境内购置汽车、有轨电车、汽车挂车、排气量超过150毫升的摩托车（统称“应税车辆”）的单位和个人。

车辆购置税实行一次性征收。购置已征车辆购置税的车辆，不再征收车辆购置税。

购置是指：

（1）购买自用行为。

（2）进口自用行为。

（3）自产自用行为。

（4）受赠自用行为。

（5）获奖自用行为。

（6）其他方式取得并自用的行为。

【例题·单选题】（2020年）下列人员

中，属于车辆购置税纳税人的是（　　）。

A. 应税车辆购买者

B. 应税车辆捐赠者

C. 应税车辆出口者

D. 应税车辆销售者

【答案】A

【解析】车辆购置税的纳税人是指在中华人民共和国境内购置应税车辆的单位和个人。其中购置是指以购买、进口、自产、受赠、获奖或者其他方式取得并自用应税车辆的行为。

【例题·多选题】（2020年）以下列方式取得的车辆中，应缴纳车辆购置税的有（　　）。

A. 购置的二手汽车

B. 以受赠方式取得的自用汽车

C. 自产自用的汽车

D. 购买自用的汽车

【答案】BCD

【解析】车辆购置税实行一次性征收。购置已征车辆购置税的车辆，不再征收车辆购置税。因此购置的二手汽车无须再缴纳车辆购置税。

【例题·多选题】（2020年）以下列方式取得的车辆中，应缴纳车辆购置税的有（　　）。

A. 购置的二手汽车

B. 自产自用的汽车

C. 进口自用的汽车

D. 以获奖方式取得的自用汽车

【答案】BCD

【解析】车辆购置税实行一次性征收。购置已征车辆购置税的车辆，不再征收车辆购置税。因此购置的二手汽车无需再缴纳车辆购置税。

2. 征税范围

（1）汽车。

（2）有轨电车。

（3）汽车挂车。

（4）排气量超过150毫升的摩托车。

提示 不属于征税范围

1. 地铁、轻轨等城市轨道交通车辆。

2. 装载机、平地机、挖掘机、推土机等轮式专用机械车。

3. 起重机（吊车）、叉车、电动摩托车。

【例题·单选题】（2021年）下列车辆中，属于车辆购置税征税范围的是（　　）。

A. 挖掘机

B. 地铁车辆

C. 载货汽车

D. 拖拉机牵引挂车

【答案】C

【解析】选项A、B、D均不属于车辆购置税征税范围。

考点2 车辆购置税应纳税额的计算

（一）购买自用应税车辆应纳税额的计算

纳税人购买自用的应税车辆，计税价格为纳税人购买应税车辆而支付给销售者的全部价款和价外费用，不包含增值税税款；价外费用是指销售方价外向购买方收取的基金、集资费、违约金（延期付款利息）和手续费、包装费、储存费、优质费、运输装卸费、保管费以及其他各种性质的价外收费，但不包括销售方代办保险等而向购买方收取的保险费，以及向购买方收取的代购买方缴纳的车辆购置税、车辆牌照费。

（二）进口自用应税车辆应纳税额的计算

纳税人进口自用应税车辆的计税价格，为关税完税价格加上关税和消费税。

应纳税额＝(关税完税价格＋关税＋消费税)×税率(10%)

（三）其他自用应税车辆应纳税额的计算

纳税人自产自用应税车辆的计税价格，按照纳税人生产的同类应税车辆的销售价格确定，不包括增值税税款；纳税人以受赠、获奖或者其他方式取得自用应税车辆的计税价格，按照购置应税车辆时相关凭证载明的价格确定，不包括增值税税款。

（四）其他规定

已经办理免税、减税手续的车辆因转让、改变用途等原因不再属于免税、减税范围的，纳税人、纳税义务发生时间、应纳税额按以下规定执行：

1. 发生转让行为的，受让人为车辆购置税纳税人；未发生转让行为的，车辆所有人为车辆购置税纳税人。

2. 纳税义务发生时间为车辆转让或者用途改变等情形发生之日。

3. 应纳税额计算公式为：

应纳税额＝初次办理纳税申报时确定的计税价格×（1－使用年限×10%）×10%－已纳税额

【例题·单选题】（2016年）某企业2016年3月进口载货汽车1辆；4月在国内市场购置载货汽车2辆，支付全部价款和价外费用为75万元（不含增值税），另支付车辆购置税7.5万元、车辆牌照费0.1万元、代办保险费2万元；5月受赠小汽车1辆。上述车辆全部为企业自用。下列关于该企业计缴车辆购置税计税依据的表述中，正确的是（　　）。

A. 国内购置载货汽车的计税依据为77万元

B. 国内购置载货汽车的计税依据为84.5万元

C. 进口载货汽车的计税依据为关税完税价格加关税

D. 受赠小汽车的计税依据为同类小汽车的市场价格加增值税

【答案】C

【解析】选项A、B：进口自用的应税车辆，车辆购置税计税依据为组成计税价格：关税完税价格＋关税＋消费税；国内市场购置载货汽车2辆，车辆购置税计税依据为支付给销售者的全部价款和价外费用75万元（不包括增值税税款），但不包括销售方代办保险等而向购买方收取的保险费2万元，以及向购买方收取的代购买方缴纳的车辆购置税7.5万元、车辆牌照费0.1万元。选项D：纳税人以受赠、获奖或者其他方式取得自用应税车辆的计税价格，按照购置应税车辆时相关凭证载明的价格确定，不包括增值税税款。

考点3 车辆购置税的税收优惠

我国车辆购置税实行法定减免，减免税范围的具体规定是：

1. 外国驻华使馆、领事馆和国际组织驻华机构及其有关外交人员自用车辆免税。

2. 中国人民解放军和中国人民武装警察部队列入装备订货计划的车辆免税。

3. 悬挂应急救援专用号牌的国家综合性消防救援车辆免税。

4. 设有固定装置的非运输专用作业车辆免税。

5. 城市公交企业购置的公共汽电车辆免税。

6. 回国服务的在外留学人员用现汇购买1辆自用国产小汽车和长期来华定居专家进口1辆自用小汽车免征车辆购置税。

7. 防汛部门和森林消防部门用于指挥、检查、调度、报汛（警）、联络的由指定厂家生产的设有固定装置的指定型号的车辆免征车辆购置税。

8. 自2021年1月1日至2022年12月31日，对购置的新能源汽车免征车辆购置税。

提示 免征车辆购置税的新能源汽车是指纯电动汽车、插电式混合动力（含增程式）汽车、燃料电池汽车。

9. 中国妇女发展基金会“母亲健康快车”项目的流动医疗车免征车辆购置税。

10. 北京2022年冬奥会和冬残奥会组织委员会新购置车辆免征车辆购置税。

11. 原公安现役部队和原武警黄金、森林、水电部队改制后换发地方机动车牌证的车辆（公安消防、武警森林部队执行灭火救援任务的车辆除外），一次性免征车辆购置税。

考点4 车船税的征税范围

在中华人民共和国境内属于车船税法所附《车船税税目税额表》规定的车辆和船舶。

车辆、船舶是指：

1. 依法应当在车船登记管理部门登记的机动车辆和船舶。

2. 依法不需要在车船登记管理部门登记的、在单位内部场所行驶或者作业的机动车辆和船舶。

提示 1. 征税范围不包括非机动车船（非机动驳船除外）。

2. 境内单位和个人租入外国籍船舶的，不征收车船税。

3. 境内单位和个人将船舶出租到境外的，应依法征收车船税。

【例题·多选题】（2021年）某交通运输企业的下列车船，属于车船税征税范围的有（　　）。

A. 购置的节能汽车

B. 购置的纯电动汽车

C. 租入的外国籍船舶

D. 未在车船管理部门登记，而在其单位内部场所作业的船舶

【答案】 AD

【解析】 选项A：对节能汽车，减半征收车船税。选项B：纯电动乘用车和燃料电池乘用车不属于车船税征税范围，对其不征车船税。选项C：境内单位和个人租入外国籍船舶的，不征收车船税。选项D：依法不需要在车船登记管理部门登记的、在单位内部场所行驶或者作业的机动车辆和船舶，属于车船税的征税范围。

考点5 车船税应纳税额的计算

1. 购置的新车船，购置当年的应纳税额自纳税义务发生的当月起按月计算。

计算公式为：应纳税额 = 年应纳税额 ÷ 12 × 应纳税月份数

2. 在一个纳税年度内，已完税的车船被盗抢、报废、灭失的，纳税人可以凭有关管理机关出具的证明和完税凭证，向纳税所在地的主管税务机关申请退还自被盗抢、报废、灭失月份起至该纳税年度终了期间的税款。

3. 已办理退税的被盗抢车船失而复得的，纳税人应当从公安机关出具相关证明的当月起计算缴纳车船税。

【例题·单选题】（2021年）某企业2021年1月1日从4S店购置同款小汽车3辆，共计已纳车船税0.36万元。2021年6月15日其中1辆小汽车因交通事故报废，该企业可向税务机关申请的车船税退税额为（　　）。

A. 0.06万元　　B. 0.07万元

C. 0.12万元　　D. 0.21万元

【答案】 B

【解析】 在一个纳税年度内，已完税的车船被盗抢、报废、灭失的，纳税人可以凭有关管理机关出具的证明和完税凭证，向纳税所在地的主管税务机关申请退还自被盗抢、报废、灭失月份起至该纳税年度终了期间的税款。因此该企业可向税务机关申请的车船税退税额 = 0.12 ÷ 12 × 7 = 0.07（万元）

考点6 车船税的税收优惠

类别	形式	适用范围
法定减免	免税	(1) 捕捞、养殖渔船，是指在渔业船舶登记管理部门登记为捕捞船或者养殖船的船舶。 (2) 军队、武装警察部队专用的车船，是指按照规定在军队、武装警察部队车船登记管理部门登记，并领取军队、武警牌照的车船。 (3) 警用车船，是指公安机关、国家安全机关、监狱、劳动教养管理机关和人民法院、人民检察院领取警用牌照的车辆和执行警务的专用船舶。 (4) 依照法律规定应当予以免税的外国驻华使领馆、国际组织驻华代表机构及其有关人员的车船。 (5) 对新能源车船，免征车船税。 **【提示1】**免征车船税的新能源汽车是指纯电动商用车、插电式（含增程式）混合动力汽车、燃料电池商用车。 **【提示2】**纯电动乘用车和燃料电池乘用车不属于车船税征税范围，对其不征车船税
	一次性免征当年车船税	国家综合性消防救援车辆由部队号牌改挂应急救援专用号牌的，一次性免征改挂当年车船税
	减半	对节能汽车，减半征收车船税
	地方自定	省、自治区、直辖市人民政府根据当地实际情况，可以对公共交通车船，农村居民拥有并主要在农村地区使用的摩托车、三轮汽车和低速载货汽车定期减征或免征车船税
特定减免	不征税、限期免征	经批准临时入境的外国车船和香港特别行政区、澳门特别行政区、台湾地区的车船，不征收车船税

【例题·单选题】（2020年）下列车船中，免征车船税的是（　　）。

A. 洒水车

B. 双燃料轻型商用车

C. 纯天然气动力船舶

D. 非机动驳船

【答案】C

【解析】选项A：属于“专用作业车”无免税优惠，照章征税。选项B、D：减半征收车船税。

【例题·单选题】（2020年）下列车船中，免征车船税的是（　　）。

A. 机动驳船

B. 纯天然气动力船舶

C. 客货两用汽车

D. 混凝土搅拌运输车

【答案】B

【解析】选项A、C、D：没有免税优惠，照章征收车船税。

【例题·单选题】（2018年）下列车船中，免征车船税的是（　　）。

A. 辅助动力帆艇

B. 武警专用车船

C. 半挂牵引车

D. 客货两用汽车

【答案】B

【解析】选项B：军队、武装警察部队专用的车船，免征车船税。

【例题·单选题】（2017年）下列车船中，享受减半征收车船税优惠的是（　　）。

A. 纯电动汽车

B. 燃料电池汽车

C. 符合规定标准的节约能源乘用车

D. 使用新能源的混合动力汽车

【答案】C

【解析】对节能汽车，减半征收车船税；对新能源车船，免征车船税。

考点7 车船税的征收管理

1. 纳税期限。

纳税义务发生时间：取得车船所有权或管理权的当月，以购买车船的发票或其他证明文件所载日期的当月为准。

2. 纳税地点。

（1）车船登记地或车船税扣缴义务人所在地。

（2）依法不需要办理登记的车船，纳税地点为车船的所有人或者管理人所在地。

3. 纳税申报。

按年申报，分月计算，一次性缴纳。

【例题·单选题】（2020年）车船税的申报符合税法规定的是（　　）。

A. 按月申报，年终汇算清缴

B. 按季申报，年终汇算清缴

C. 按半年申报，年终汇算清缴

D. 按年申报，分月计算，一次性缴纳

【答案】D

【解析】车船税按年申报，分月计算，一次性缴纳。

考点8 印花税的税目与税率

1. 税目——13个，列举征税。

（1）合同或具有合同性质的凭证。

（2）产权转移书据。

（3）营业账簿。

（4）权利、许可证照。

2. 税率。

税率形式	应税凭证	具体税率
比例税率	购销合同、建筑安装工程承包合同、技术合同	0.3‰
	财产租赁合同、仓储保管合同、财产保险合同	1‰
	加工承揽合同、建设工程勘察设计合同、货物运输合同、产权转移书据、营业账簿中记载资金的账簿	0.5‰
	借款合同（包括融资租赁合同、不包括银行同业拆借）	0.05‰
定额税率	其他营业账簿；权利、许可证照	每件5元

【例题·多选题】（2018年）下列合同中，应按照“产权转移书据”税目缴纳印花税的有（　　）。

A. 商品房销售合同

B. 专利实施许可合同

C. 股权转让合同

D. 专利申请权转让合同

【答案】ABC

【解析】选项D：专利申请权转让合同按照“合同”税目征收印花税。

【例题·多选题】（2016年）电网公司甲在2016年4月与发电厂乙签订了购销电合同1份，与保险公司丙签订了保险合同1份，直接与用户签订了供电合同若干份，另与房地产开发公司丁签订了1份购房合同。下列关于甲公司计缴印花税的表述中，正确的有（　　）。

A. 与丙签订的保险合同按保险合同缴纳印花税

B. 与用户签订的供电合同按购销合同缴纳印花税

C. 与乙签订的购销电合同按购销合同缴纳印花税

D. 与丁签订的购房合同按产权转移书据缴纳印花税

【答案】ACD

【解析】发电厂与电网之间、电网与电网之间签订的购售电合同，按“购销合同”征收印花税。但电网与用户之间签订的供用电合同，不征收印花税。

【例题·单选题】（2015 年）下列合同中，应按“购销合同”税目征收印花税的是（　　）。

A. 企业之间签订的土地使用权转让合同

B. 发电厂与电网之间签订的购售电合同

C. 银行与工商企业之间签订的融资租赁合同

D. 开发商与个人之间签订的商品房销售合同

【答案】B

【解析】选项 A、D：应按“产权转移书据”税目征收印花税，即只有需要到相关部门登记过户的销售业务签订的合同，才属于“产权转移书据”。选项 C：应按“借款合同”税目征收印花税，因为融资租赁业务是一种以融物方式达到融资目的的业务，实际上是分期偿还的固定资金借款。

【例题·多选题】（2015 年）下列证照中，应按“权利、许可证照”税目征收印花税的有（　　）。

A. 专利证书

B. 卫生许可证

C. 土地使用证

D. 工商营业执照

【答案】ACD

【解析】征收印花税的“权利、许可证照”税目包括政府部门发给的房屋产权证、工商营业执照、商标注册证、专利证、土地使用证。不包括卫生许可证。

考点 9 印花税应纳税额的计算

税率形式	适用范围	计税依据	应纳税额的计算
定额税率	其他营业账簿，权利、许可证照	应税凭证件数	应纳税额 = 应税凭证件数 × 固定税额（5 元）
比例税率	其他税目	计税金额	应纳税额 = 计税金额 × 比例税率

【例题·单选题】（2020 年）货物运输合同计征印花税的计税依据是（　　）。

A. 运费收入

B. 运费收入加保险费和所运货物金额

C. 运费收入加保险费和装卸费

D. 运费收入加保险费、装卸费和所运货物金额

【答案】A

【解析】货物运输合同的计税依据为取得的运输费金额（即运费收入），不包括所运货物的金额、装卸费和保险费等。

【例题·单选题】（2019 年）甲企业与运输公司签订货物运输合同，记载装卸费 20 万元，保险费 10 万元，运输费 30 万元，则甲企业按“货物运输合同”税目计算缴纳印花税的计税依据为（　　）万元。

A. 30　　B. 60

C. 40　　D. 50

【答案】A

【解析】货物运输合同计征印花税的计税依据为运费收入。

通关演练

一、单项选择题

1. 根据车辆购置税法的规定，下列不

属于车辆购置税应税行为的是（　　）。

A. 自产自用行为

B. 获奖使用行为

C. 进口使用行为

D. 馈赠车辆行为

2. 根据《车辆购置税暂行条例》的规定，下列人员中不属于车辆购置税纳税义务人的是（　　）。

A. 应税车辆的馈赠人

B. 应税车辆的购买者

C. 免税车辆的受赠者

D. 应税车辆的进口使用者

3. 根据车辆购置税的有关规定，下列各项中，属于车辆购置税纳税义务人的是（　　）。

A. 购买应税车辆用于股东分配的股份制企业

B. 进口应税车辆用于奖励优秀员工的国有企业

C. 自产应税车辆用于销售的私营企业

D. 获奖取得应税车辆自用的个体工商户

4. 某汽车贸易公司 2021 年 6 月进口 11 辆小轿车，海关审定的关税完税价格为 25 万元/辆，当月销售 8 辆，取得含税销售收入 240 万元，2 辆企业自用，1 辆用于抵偿债务。合同约定的含税价格为 30 万元。该公司应纳车辆购置税（　　）万元（小轿车关税税率 28%，消费税税率为 9%）。

A. 7.03　　B. 5.00

C. 7.50　　D. 10.55

5. 某汽车贸易公司 2021 年 2 月进口 20 辆小轿车，海关审定的关税完税价格为 25 万元/辆，当月销售 13 辆，取得含税销售收入 390 万元；3 辆企业自用，1 辆用于投资，1 辆用于捐赠。该公司应纳车辆购置税（　　）万元（小轿车关税税率 30%，消费税税率为 9%）。

A. 17.43　　B. 17.86

C. 10.50　　D. 10.71

6. 2021 年 8 月，李某从某汽车销售公司（增值税一般纳税人）购买轿车一辆供自己使用，支付价款 200 000 元（含增值税，下同），支付的各项价款均由汽车销售公司开具“机动车销售统一发票”。则李某 2021 年 8 月应纳车辆购置税（　　）元。

A. 15 500　　B. 15 000

C. 13 716.81　　D. 13 274.34

7. 甲企业 2021 年 8 月购进三辆轿车，其中两辆是未上牌照的新车，相关凭证载明每辆不含税成交价 150 000 元，另一辆是从某企业购入已使用 3 年的轿车（已提供车辆购置税的完税凭证），不含税成交价 50 000 元。甲企业 8 月应纳车辆购置税（　　）元。

A. 15 000　　B. 15 500

C. 30 000　　D. 33 000

8. 某汽车生产企业 2020 年 12 月研发出一款新型汽车用于总经理出差办公使用，该汽车的生产成本为 30 万元，成本利润率为 8%，消费税税率为 9%；已知该型号汽车尚未进行发售无同类应税车辆的销售价格，则该企业当月就上述业务应纳车辆购置税（　　）万元。

A. 2.7　　B. 2.97

C. 3　　D. 3.56

9. 下列车辆，免征车辆购置税的是（　　）。

A. 各种汽车

B. 挂车

C. 排气量 200 毫升的摩托车

D. 新能源汽车

10. 某单位购买一辆小汽车，两年后发现有严重质量问题，经协商此辆汽车被退回生产厂家，则此单位应退回已缴纳车辆购置税额的（　　）。

A. 50%　　B. 80%

C. 60%　　D. 90%

11. 下列关于车辆购置税的说法，不正确的是（　　）。

A. 车辆购置税的纳税义务发生时间为纳税人购置应税车辆的当日

B. 进口自用的应税车辆，自进口之日起 30 日内申报纳税

C. 设有固定装置的非运输专用作业车辆免征车辆购置税

D. 需要办理车辆登记手续的纳税人，向车辆登记地的主管税务机关申报纳税

12. 纳税人购买自用的应税车辆，自购买之日起（　　）日内申报纳税，自产、受赠、获奖和其他方式取得并自用的应税车辆，应当自取得之日起（　　）日内申报纳税。

A. 60，30　　B. 90，60

C. 30，30　　D. 60，60

13. 下列不属于车船税纳税人的是（　　）。

A. 运营中的货运公司

B. 已经缴纳船舶吨税的外国企业

C. 出租汽车公司

D. 拥有车辆的个人

14. 下列不征收车船税的是（　　）。

A. 货运公司运营的货车

B. 捕捞、养殖渔船

C. 海上运输的中型船舶

D. 运营的个体出租车

15. 依据税法规定，下列说法不正确的是（　　）。

A. 车船税划分车辆和船舶实行定额税率

B. 车辆税采用分类、分项幅度税额

C. 船舶税实行分类、分级固定税额

D. 车辆税对个人使用车辆不征税

16. 车船税规定应税车辆实行有幅度的定额税率，同时授权（　　）在规定的幅度内具体确定适用税率。

A. 省、自治区、直辖市人民政府

B. 省、自治区、直辖市国税局

C. 省、自治区、直辖市地税局

D. 县以上税务机关

17. 车船税采用幅度定额税率，车辆的具体适用税额由（　　）在规定的税额幅度内确定。

A. 国家税务总局

B. 国务院

C. 省级人民政府

D. 省级地税局

18. 下列各项关于车船税计税依据及税额的表述中，正确的是（　　）。

A. 拖船以每 1 千瓦折合净吨位 1 吨计算

B. 非机动驳船以机动船舶税额的 50% 计算

C. 车辆整备质量尾数在半吨以下的不予计算

D. 船舶净吨位尾数在半吨以下的按半吨计算

19. 根据车船税法的规定，下列表述错误的是（　　）。

A. 拖船按照发动机功率每 1 千瓦折合净吨位 0.67 吨计算征收车船税

B. 在机场、港口以及其他企业内部场所行使或者作业且依法不需在车船登记管理部门登记的车船不缴纳车船税

C. 车船税按年申报缴纳，具体申报纳税期限由省、自治区、直辖市人民政府规定

D. 按照规定缴纳船舶吨税的机动船舶，自车船税法实施之日起 5 年内免征车船税

20. 根据车船税法的有关规定，下列

各项中，应计算缴纳车船税的是（　　）。

A. 捕捞、养殖渔船

B. 武装警察部队专用车

C. 无偿出借的商用客车

D. 新能源汽车

21. 某企业有机动车挂车 2 辆，每辆挂车自重 4 吨。当地政府规定载货汽车税额 40 元/吨。企业半年应纳车船税为（　　）元。

A. 80　　B. 112

C. 320　　D. 160

22. 某运输公司 2021 年有货运汽车及挂车各 10 辆，每辆汽车整备质量 20 吨，挂车整备质量 15 吨；公司所在地载货汽车年基准税额 50 元/吨。该公司全年应缴纳车船税（　　）元。

A. 10 000　　B. 15 250

C. 13 750　　D. 17 500

23. 游艇的计税单位为（　　）。

A. 每辆　　B. 艇身长度每米

C. 净吨位每吨　　D. 整备质量每吨

24. 下列车船属于法定免征车船税的是（　　）。

A. 经批准临时进境的香港地区的车船

B. 机场、港口、铁路站场内部行驶的车船

C. 捕捞渔船

D. 缴纳船舶吨税的机动船舶

25. 下列各项中，按照有关规定应该缴纳车船税的是（　　）。

A. 警用车船

B. 残疾人专用车辆

C. 捕捞渔船

D. 养殖渔船

26. 依据税法规定，下列免征车船税的是（　　）。

A. 国家机关、人民团体、军队自用的车船免税

B. 垃圾清理车辆

C. 警用车船

D. 由国家财政部门拨付事业经费的单位自用的车船免税

27. 下列各项中，属于车船税法定减免项目的是（　　）。

A. 批准临时入境的台湾地区的车船

B. 外商投资企业使用的汽车

C. 公安机关警用汽车

D. 政府机关办公用车辆

28. 需要办理登记的车船，纳税人自行申报缴纳车船税的，车船税的纳税地点为（　　）。

A. 车船使用地

B. 车船登记地

C. 纳税人住所所在地

D. 车船购买地

29. 下列关于车船税纳税申报的表述中，正确的是（　　）。

A. 按月申报，分期缴纳

B. 按季申报，分期缴纳

C. 按半年申报，分期缴纳

D. 按年申报，分月计算，一次性缴纳

30. 张某于 2021 年 3 月购置摩托车 1 辆，已经办理了注册登记手续。2021 年 9 月因意外原因该摩托失窃，当年已经一次性缴纳车船税 180 元。则下列税务处理正确的是（　　）。

A. 张某可以申请全额退还已纳的车船税

B. 已纳的车船税不予退还

C. 张某可以退还的车船税为 60 元

D. 张某可以退还的车船税为 45 元

31. 某货运公司 2021 年拥有载货汽车 25 辆、挂车 10 辆，自重吨位均为 20 吨；3 辆四门六座客货两用车，自重吨位为 3 吨；小轿车 2 辆。该公司所在省规定载货汽车年纳税额每吨 30 元，9 座以下乘人汽车年纳税额每辆 400 元。该公司 2020 年应缴的

车船税为（　　）元。

A. 19 620　　B. 22 070

C. 19 070　　D. 21 690

32. 某企业在2021年年初拥有整备质量为10吨的载货汽车6辆，小轿车4辆，2021年4月购入整备质量为8吨的载货汽车3辆，当月办理完登记手续；11月，1辆小轿车被盗，公安机关出具了证明，假设当地人民政府规定载货汽车车船税每吨年税额60元，小轿车车船税每辆年税额360元，该企业2021年实际应缴纳车船税（　　）元。

A. 6 000　　B. 6 060

C. 6 120　　D. 6 480

33. 某旅游公司2021年拥有的船舶情况如下：机动船舶30艘，每艘净吨位1.3吨；发动机功率为5千瓦的拖船1艘；非机动驳船2艘，每艘净吨位均为3 000吨。机动船舶年基准税额为：净吨位小于200吨的，每吨3元；净吨位超过2 000吨但不超过10 000吨的，每吨5元。2021年该旅游公司应缴纳车船税（　　）元。

A. 7 627.5　　B. 12 154.5

C. 15 122.03　　D. 30 192

34. 下列各项中，按照有关规定应该计算缴纳印花税的有（　　）。

A. 法律咨询合同

B. 外国运输企业承接国内货物运输所持的国际货运运费结算凭证

C. 记载资本金的账簿

D. 银行根据业务需要设置的现金收付登记簿

35. 根据印花税法律制度的有关规定，下列各项中，属于印花税征税范围的是（　　）。

A. 电网与用户之间签订的供用电合同

B. 融资租赁合同

C. 银行同业拆借合同

D. 卫生许可证

36. 甲企业与乙企业签订了一项委托加工合同，合同约定由乙企业提供价值1 000万元的主要原材料，交给甲企业加工，乙企业需要支付50万元的加工费，同时还需要支付甲企业代垫的辅助材料费20万元。则甲乙双方此项合同共需缴纳印花税为（　　）元。

A. 500　　B. 700

C. 6 500　　D. 6 700

37. 甲企业与某高校签订了一个技术服务合同，合同规定，甲企业支付给学校研究开发经费100万元，由学校负责研究开发一套安全操作系统，系统开发出来以后，甲企业再另外支付技术服务费50万元，则甲企业应就此项合同缴纳印花税为（　　）元。

A. 150　　B. 250

C. 300　　D. 450

38. 某企业2021年签订了如下经济合同和凭证：与银行签订一年期借款合同，借款金额200万元，与甲公司签订技术开发合同，合同总金额为200万元，其中研究开发费80万元；与某运输公司签订运输合同，运输费用6.5万元，其中保险费0.8万元，装卸费0.4万元。该企业2021年应缴纳印花税（　　）元。

A. 486.5　　B. 492.5

C. 726.5　　D. 732.50

39. 下列合同中，属于印花税征税范围的是（　　）。

A. 供用电合同　　B. 法律咨询合同

C. 融资租赁合同　　D. 人寿保险合同

40. 下列不属于印花税购销合同列举范围的是（　　）。

A. 电网与用户之间签订的供用电合同

B. 采煤单位和用煤单位间的供应合同

C. 以货易货合同

D. 预购合同

41. 下列合同中，应当征收印花税的是（　　）。

A. 会计咨询合同　B. 法律咨询合同

C. 技术咨询合同　D. 审计咨询合同

42. 下列各项中，不属于印花税应税凭证的是（　　）。

A. 商品房销售合同

B. 发电厂与电网之间签订的电力购售合同

C. 企业与银行签订的借款合同

D. 银行因内部管理需要设置的现金收付登记簿

43. 甲公司受托分别为乙、丙企业各加工一批产品。与乙企业签订合同，注明原材料金额 200 万元由乙企业提供，甲公司向乙企业收取加工费 50 万元；与丙企业签订合同，注明原材料金额 40 万元由甲公司提供，合同又注明加工费 10 万元。甲公司就这两项加工业务应缴纳印花税（　　）元。

A. 120　　B. 300

C. 400　　D. 420

44. 某房地产开发企业 2021 年开发建造普通住宅，与当地农业银行签订借款合同一份，合同注明借款金额 2 000 万元；以借款和自有资金购买土地使用权，合同注明地价款 2 600 万元，已取得土地使用证；至 2021 年年底对外销售普通住宅 60 000 平方米，取得收入 29 200 万元，全部签订售房合同。该房地产开发企业 2021 年就上述业务应缴纳印花税（　　）元。

A. 108 400　　B. 108 405

C. 160 000　　D. 160 005

45. 下列说法符合印花税征收管理规定的是（　　）。

A. 一份凭证应纳税额超过 500 元的，应当向当地税务机关申请填写缴款书或完税凭证，将其中一联粘贴在凭证上或者由税务机关在凭证上加注完税标记代替贴花

B. 同一种类应税凭证，需要频繁贴花的，由税务机关决定是否采用按期汇总缴纳印花税的方式

C. 纳税人自行计算应纳税额、购买印花税票，并自行一次贴足税票的，即履行完印花税纳税义务

D. 对已经贴花的应税凭证，凡多贴印花税票的，可以申请退税或抵用

二、多项选择题

1. 下列各项中，属于车辆购置税特点的有（　　）。

A. 是一种消费税

B. 是一种特种财产税

C. 统一比率征收

D. 价内征税

2. 关于车辆购置税的相关规定，下列说法正确的有（　　）。

A. 轮式专用机械车不用缴纳车辆购置税

B. 车辆购置税是在应税车辆办理车辆登记注册手续前征收

C. “购买之日”是指纳税人购车发票上注明的销售日期

D. 纳税人购买自用的应税车辆，自购买之日起 30 日内申报纳税

3. 根据车辆购置税法律制度的规定，下列车辆属于车辆购置税征税范围的有（　　）。

A. 挖掘机　　B. 汽车挂车

C. 地铁　　D. 有轨电车

4. 下列车辆，属于车辆购置税征税范围的有（　　）。

A. 排气量超过 150 毫升的摩托车

B. 有轨电车

C. 汽车挂车

D. 汽车

5. 已经缴纳车辆购置税的车辆，发生下列情形时，可申请退税的有（　　）。

A. 因质量原因，车辆被退回生产企业

B. 因企业超量采购，车辆购置后很少使用

C. 应当办理车辆登记注册的车辆，公安机关车辆管理机构不予办理车辆登记注册

D. 因质量原因，车辆被退回经销商

6. 下列关于已经办理免税、减税手续的车辆因转让、改变用途等原因不再属于车辆购置税免税、减税范围的表述中，正确的有（　　）。

A. 发生转让行为的，转让人为车辆购置税纳税人

B. 未发生转让行为的，车辆所有人为车辆购置税纳税人

C. 需补税的计算公式中使用年限取整计算，不满一年的不计算在内

D. 纳税义务发生时间为车辆转让或者用途改变等情形发生之日

7. 根据《车辆购置税暂行条例》的规定，下列车辆中可以减免车辆购置税的有（　　）。

A. 武警部队购买的列入武器装备订货计划的车辆

B. 长期来华定居专家进口 1 辆小汽车自用

C. 回国服务留学人员购买 1 辆进口小汽车自用

D. 森林消防部门用于指挥、检查、调度、联络的设有固定装置的指定型号的车辆

8. 下列车辆，免征车辆购置税的有（　　）。

A. 外国驻华使馆自用车辆

B. 城市公交企业购置的公共汽电车辆

C. 长期来华定居专家进口的 1 辆自用小汽车

D. 回国服务的在外留学人员购买的进口小汽车

9. 关于车辆购置税的纳税地点，下列说法中正确的有（　　）。

A. 购置需要办理车辆登记注册手续的应税车辆，纳税地点是纳税人所在地

B. 购置需要办理车辆登记注册手续的应税车辆，应当向购买地主管税务机关申报纳税

C. 购置需要办理车辆登记注册手续的应税车辆，纳税地点是车辆上牌落籍地

D. 购置不需要办理登记注册手续的应税车辆，应当向纳税人所在地主管税务机关申报纳税

10. 下列各项，符合车辆购置税征收管理规定的有（　　）。

A. 纳税人购置应税车辆，应向车辆登记注册地的主管税务机关申报纳税

B. 纳税人购买自用的应税车辆，自购买之日起 60 日内申报纳税

C. 车辆购置税实行一车一申报制度

D. 纳税人购置不需要办理车辆登记注册手续的应税车辆，应向纳税人所在地主管税务机关申报纳税

11. 下列关于车辆购置税的说法正确的有（　　）。

A. 纳税人应当自纳税义务发生之日起 60 日内申报缴纳车辆购置税

B. 纳税人应当在向公安机关交通管理部门办理车辆注册登记前，缴纳车辆购置税

C. 车辆购置税由税务机关负责征收

D. 车辆购置税实行一车一申报制度

12. 下列车辆免征车辆购置税的有（　　）。

A. 城市公交企业购置的公共汽电车辆

B. 防汛专用车

C. 森林消防专用车

D. 设有固定装置的运输车辆

13. 下列车船中，可以享受法定免征车船税的有（　　）。

A. 电动自行车　　B. 捕捞渔船

C. 农业用拖拉机　D. 非机动驳船

14. 下列车船中，应根据“每辆”作为计税依据的有（　　）。

A. 电车　　B. 摩托车

C. 三轮汽车　　D. 挂车

15. 下列各项中，属于现行车船税计税单位的有（　　）。

A. 净吨位每吨　　B. 每辆

C. 整备质量每吨　D. 每艘

16. 下列各类在用车船中，可以享受车船税减免税优惠政策的有（　　）。

A. 捕捞、养殖渔船

B. 事业单位用于出租的富余车辆

C. 企业非机动车船（不含非机动驳船）

D. 警用车船

17. 根据车船税的相关规定，下列说法中正确的有（　　）。

A. 对使用新能源的车船免征车船税

B. 依法不需要在车船管理部门登记的车船不属于车船税的征税范围

C. 拖船按照机动船舶税额的50%计算车船税

D. 境内单位和个人将船舶出租到境外的，不征收车船税

18. 下列各项中，符合车船税相关减免税规定的有（　　）。

A. 省级人民政府可以根据当地实际情况，对公共交通车船实行定期减税或免税

B. 养殖渔船免税

C. 非机动驳船免税

D. 学校自用的客车免税

19. 根据我国《印花税暂行条例》的规定，下列各项中，不属于印花税纳税人的有（　　）。

A. 证人　　B. 担保人

C. 鉴定人　　D. 立合同人

20. 下列说法正确的有（　　）。

A. 各类经济合同，以合同上所记载的金额为计税依据

B. 产权转移书据以书据中所载的金额为计税依据

C. 记载资金的营业账簿，以实收资本和资本公积的两项合计金额为计税依据

D. 有些合同签订时无法确认计税金额，可以先不贴花

21. 借款合同所涉及的当事人各方中，无须缴纳印花税的有（　　）。

A. 借款人　　B. 贷款人

C. 担保人　　D. 证人

22. 下列各项中，可以免缴印花税的有（　　）。

A. 个人购买安置住房的

B. 国家指定的收购部门与村民委员会书立的农副产品收购合同

C. 个人间签订的居民住房租赁合同

D. 无息、贴息贷款合同

23. 下列各项中，应该按照借款合同的规定计算缴纳印花税的有（　　）。

A. 银行同业拆借所签订的合同

B. 银行与企业签订的融资租赁合同

C. 银行与企业签订的作为合同使用的借据

D. 无息贷款合同

24. 关于印花税的纳税义务人，下列表述正确的有（　　）。

A. 建立账簿的以立账簿人为纳税人

B. 订立财产转移书据的以立据人为纳税人

C. 书立经济合同的以合同各方当事人为纳税人

D. 在国外书立凭证在国内使用的以使用人为纳税人

25. 依据印花税的有关规定，下列合同中，应按“技术合同”贴花的有（　）。

A. 专利申请权转让合同

B. 专利权转让合同

C. 专利实施许可合同

D. 非专利技术转让合同

26. 下列各项中，按产权转移书据计税贴花的有（　）。

A. 土地使用权出让合同

B. 专利权转让合同

C. 商品房销售合同

D. 发电厂与电网之间的购售电合同

27. 下列各项中，按照5元定额贴花缴纳印花税的有（　）。

A. 土地使用证　B. 工商营业执照

C. 商标注册证　D. 卫生许可证

28. 下列合同中，免征印花税的有（　）。

A. 银行与企业之间签订的贴息贷款合同

B. 作为正本使用的印花税应税合同副本

C. 农牧业保险合同

D. 对房地产管理部门与个人签订的用于生活居住的租赁合同

29. 采用自行贴花方法缴纳印花税的，纳税人应（　）。

A. 自行申报应税行为

B. 自行计算应纳税额

C. 自行购买印花税票

D. 自行一次贴足印花税票并注销或画销

30. 下列各项中，符合印花税有关规定的有（　）。

A. 已贴用的印花税票，不得揭下重用

B. 对技术开发合同，以合同所载的报酬金额和研究开发经费作为计税依据

C. 纳税人签订的应税合同不论是否兑现或是否按期兑现，均应贴花

D. 对与高校学生签订的高校学生公寓租赁合同，免征印花税

三、计算问答题

1. 某公司2021年拥有机动船15艘（其中10艘净吨位为600吨，5艘净吨位为3 000吨），拥有非机动船10艘（载重吨位均为10吨，其中非机动驳船4艘）。拥有载货汽车5辆，其中2辆自重5.2吨，3辆自重2.8吨。拥有载货汽车挂车5辆，每辆自重均为3吨。机动船的适用税额为净吨位小于等于200吨的，每吨3元；净吨位为600吨的，每吨4元；净吨位为3 000吨的，每吨5元；载货汽车适用税额按自重每吨80元计算。2021年3月因业务发展需要，从国外进口3辆小汽车，关税完税价格为每辆185 000元人民币，小汽车的关税税率为110%，消费税税率为3%，每辆车车船税年税额为240元。

要求：计算该公司2021年应该缴纳的车辆购置税和车船税。

2. 某会计师事务所受托审查某公司2021年度印花税缴纳情况，有关情况如下：

（1）2月，与A企业签订一份以货易货合同，合同规定，公司以价值30万元的产品换取A企业32万元的货物作为原材料，该合同在规定期限内并未履行。

（2）3月接受B企业委托加工产品，合同载明，原料及主要材料由公司提供，价值30万元，另收取加工费10万元，价款合计40万元。

（3）5月，与C企业签订借款合同1份，金额100万元，同一天与某金融机构签订无息贷款合同1份，金额40万元。

（4）6月，与D企业约定租赁其仓库

使用3个月，货物总价值100万元，仓储保管费15万元。未签订正式合同，取得物流公司出具的仓单。

（5）7月与某办公用品公司签订一份复印机租赁合同，合同金额850元；签订一份一个月的传真机租赁合同，合同金额80元。

（6）9月与A公司签订专利技术转让合同一份，合同金额为20万元。

（7）11月与某公司签订办公室租赁合同一份，合同中约定每月租金0.5万元，从12月开始按月支付，但未约定租赁期限。

（8）12月与某研究所签订技术转让合同一份，合同注明按该技术研制的产品实际销售收入支付给研究所10%的报酬，当月该产品无销售收入。

要求：根据上述资料，计算该企业2021年度应缴纳的印花税额。

3. 某运输公司2021年4月发生如下经济业务：

（1）与甲厂签订货物运输合同，合同所载运输费用40万元（不含税，其中装卸费5 000元），另注明仓储保管费用2万元。

（2）与乙厂签订货物运输合同，合同所载运输费用和仓储保管费用合计60万元（含税）。

（3）与某汽车修配厂签订汽车修理合同，合同约定：由修配厂提供价值2.8万元的修理用零部件、1.2万元的辅助材料，修配厂收取修理费3万元。

（4）与甲货运公司签订汽车租赁合同，将本公司4辆闲置汽车出租给甲货运公司，租赁汽车总价值60万元，租期2年，每辆每年含税租金2.4万元。

（5）与乙货运公司签订汽车租赁合同，将本公司另1辆闲置汽车出租给乙货运公司，租赁汽车价值15万元，每年不含税租金2.4万元，双方未约定具体租期。

针对上述业务，该企业自行计算当月应纳印花税的计算过程如下：

应纳印花税 = (400 000 + 20 000) × 0.5‰ + 600 000 × 0.5‰ + (12 000 + 28 000 + 30 000) × 0.5‰ + 4 × 24 000 × 1‰ + 24 000 × 1‰ = 665（元）

注册会计师审核后，认为该企业当月应纳印花税计算错误。

要求：假如您作为注册会计师，请逐项分析指出该公司当月应纳印花税的计算不合理的地方？并正确计算当月应纳印花税。

4. 甲企业2021年度有关资料如下：

（1）与某制造企业签订设备安装合同一份，合同注明设备价款6 000万元，按设备价款的5%支付安装费用。

（2）与某银行签订贴息贷款合同一份，注明借款80 000万元；与某金融机构签订借款合同，注明借款50 000万元，年利率5%。

（3）当年6月，实收资本比上年增加30 000万元，当年新设其他营业账簿10本。

（4）自境外运进一台设备，由境外运输公司运入境内，双方签订的货物运输合同注明运费1 000万元。

（5）与某技术开发企业签订合同，委托其开发某项技术，约定该企业提供专项资金10 000万元用于购买研发设备和专业耗材，支付开发企业的研发报酬为3 000万元。

要求：根据上述资料，按照下列序号回答问题，如有计算需计算出合计数。

（1）计算甲企业业务（1）应缴纳的印花税。

（2）计算甲企业业务（2）应缴纳的

印花税。

(3) 计算甲企业业务 (3) 应缴纳的印花税。

(4) 计算甲企业业务 (4) 应缴纳的印花税。

(5) 计算甲企业业务 (5) 应缴纳的印花税。

答案及解析

一、单项选择题

1. 【答案】D

【解析】车辆购置税的纳税人是指在我国境内购置应税车辆的单位和个人。其中购置是指购买使用行为、进口使用行为、受赠使用行为、自产自用行为、获奖使用行为以及以拍卖、抵债、走私、罚没等方式取得并使用的行为，这些行为都属于车辆购置税的应税行为。对于馈赠车辆应由受赠使用的一方缴纳车辆购置税。

2. 【答案】A

【解析】车辆购置税的纳税义务人是指在中华人民共和国境内购置应税车辆的单位和个人，其中购置是指购买使用行为、进口使用行为、受赠使用行为，强调“使用行为”，不包括馈赠人。

3. 【答案】D

【解析】车辆购置税的纳税人是指在中华人民共和国境内购置应税车辆的单位和个人。其中购置是指以购买、进口、自产、受赠、获奖或者其他方式取得并自用应税车辆的行为。选项 A、B、C：不是自用行为，不属于车辆购置税的征税范围。

4. 【答案】A

【解析】应纳车辆购置税 $=2\times(25+25\times28\%)\div(1-9\%)\times10\%=7.03$（万元）。

5. 【答案】D

【解析】该公司应缴纳车辆购置税 $=3\times(25+25\times30\%)\div(1-9\%)\times10\%=10.71$（万元）。

6. 【答案】C

【解析】李某应纳车辆购置税 $=200\,000\div(1+13\%)\times10\%=13\,716.81$（元）。

7. 【答案】D

【解析】纳税人购买自用的新车应缴纳车辆购置税；购买已经缴纳过车辆购置税的轿车自用如能取得完税凭证则不再缴纳车辆购置税。甲企业应纳车辆购置税 $=2\times150\,000\times10\%=30\,000$（元）。

8. 【答案】D

【解析】没有同类应税车辆销售价格的，按照组成计税价格确定（属于应征消费税的应税车辆，其组成计税价格中应加计消费税税额）。计税公式：组成计税价格 = 成本 ×（1 + 成本利润率）÷（1 − 消费税税率）$=30\times(1+8\%)\div(1-9\%)=35.6$（万元）；应纳车辆购置税 $=35.6\times10\%=3.56$（万元）

9. 【答案】D

【解析】选项 A、B、C 应照章征税。

10. 【答案】B

【解析】按已缴税款每满 1 年扣减 10% 计算退税额，未满 1 年的全额退税。

11. 【答案】B

【解析】选项 B：进口自用的应税车辆，应当自进口之日起 60 日内申报缴纳车辆购置税。

12. 【答案】D

【解析】两处日期均为 60 日。

13. 【答案】B

【解析】车船税纳税义务人，是指在中华人民共和国境内，车辆、船舶的所有人或管理人。

14. 【答案】B

【解析】捕捞、养殖用渔船属于免征车船税范围。

15.【答案】D

【解析】车辆税对个人使用车辆也征税。

16.【答案】A

【解析】车辆的具体适用税额由省、自治区、直辖市人民政府依照《车船税税目税额表》规定的税额幅度和国务院的规定确定。

17.【答案】C

【解析】车船税采用幅度定额税率，车辆的具体适用税额由省、自治区、直辖市人民政府在规定的幅度内，根据当地的实际情况自行确定。

18.【答案】B

【解析】选项A：拖船按照发动机功率每1千瓦折合净吨位0.67吨计算征收车船税。选项C、D：车船税法及其实施条例涉及的整备质量、净吨位等计税单位，有尾数的一律按照含尾数的计税单位据实计算车船税应纳税额。

19.【答案】B

【解析】在机场、港口以及其他企业内部场所行驶或者作业且依法不需在车船登记管理部门登记的车船也属于车船税的征税范围。

20.【答案】C

【解析】选项A、B、D：属于免征车船税的范围。

21.【答案】A

【解析】企业半年应纳车船税 $=2\times4\times40\times50\%\div2=80$（元）。

22.【答案】C

【解析】应纳车船税 $=10\times20\times50+10\times15\times50\times50\%=13\ 750$（元）。

23.【答案】C

【解析】游艇的计税单位为艇身长度每米。

24.【答案】C

【解析】选项A、B、D：属于特定减免的范畴。

25.【答案】B

【解析】现行税法规定，警用车船、捕捞渔船、养殖渔船可以免征车船税。

26.【答案】C

【解析】警用车船在免税范围之内。

27.【答案】C

【解析】选项C：公安机关警用汽车属于车船税法定减免项目。

28.【答案】B

【解析】需要办理登记的车船，纳税人自行申报缴纳车船税的，纳税地点为车船登记地的主管税务机关所在地。

29.【答案】D

【解析】车船税按年申报，分月计算，一次性缴纳。

30.【答案】C

【解析】在一个纳税年度内，已完税的车船被盗抢、报废、灭失的，纳税人可以凭有关管理机关出具的证明和完税凭证，向纳税所在地的主管税务机关申请退还自被盗抢、报废、灭失月份起至该纳税年度终了期间的税款。张某可退还的车船税 $=180\times4\div12=60$（元）。

31.【答案】C

【解析】挂车按照载货汽车计税方法征税减半征收车船税。客货两用汽车按载货汽车的计税单位和税额标准计征车船税。应缴纳车船税 $=20\times25\times30+20\times10\times30\times50\%+3\times3\times30+2\times400=19\ 070$（元）。

32.【答案】B

【解析】该企业2021年应缴纳车船税 $=10\times60\times6+8\times60\times3\times9/12+360\times4-360\times2/12=6\ 060$（元）。在一个纳税年度内，已完税的车船被盗抢、报废、灭失的，

纳税人可以凭有关管理机关出具的证明和完税凭证，向纳税所在地的主管税务机关申请退还自被盗抢、报废、灭失月份起至该纳税年度终了期间的税款。

33. 【答案】C

【解析】拖船按照发动机功率每1千瓦折合净吨位0.67吨计算征收车船税。拖船、非机动驳船分别按照机动船舶税额50%计算。应纳车船税 = 1.3 × 3 × 30 + 5 × 0.67 × 3 × 50% + 3 000 × 2 × 5 × 50% = 15 122.03（元）。

34. 【答案】C

【解析】选项C：按照实收资本和资本公积合计金额的0.5‰贴花；现行税法规定，会计、法律、审计等方面的咨询不属于技术咨询，其所立合同不贴印花；外国运输企业所持的运费结算凭证免纳印花税；银行根据业务管理需要设置的各种登记簿，其记载的内容与资金活动无关，属于非营业账簿，不征收印花税。

35. 【答案】B

【解析】选项A：发电厂与电网之间、电网与电网之间签订的购售电合同应按"购销合同"计税贴花，但是电网与用户之间签订的供用电合同不属于印花税列举征税的凭证，不征收印花税。选项B、C：银行及其他金融组织与借款人（不包括银行同业拆借合同）所签订的合同应按"借款合同"计税贴花，融资租赁合同也属于借款合同。选项D：房屋产权证、工商营业执照、商标注册证、专利证、土地使用证应按"权利许可证照"计税贴花，卫生许可证不属于印花税的征税范围。

36. 【答案】B

【解析】对于由委托方提供主要材料或者原料，受托方只提供辅助材料的加工合同，无论加工费和辅助材料金额是否分别记载，均以辅助材料与加工费的合计数。依照加工承揽合同计税贴花，对委托方提供的主要材料或原料金额不计税贴花。按委托加工合同缴纳印花税 = (50 + 20) × 5‰ = 350（元）；甲乙双方各需缴纳350元，合计应缴纳700元。

37. 【答案】A

【解析】研究开发经费不作为计税依据。应只就技术服务费计税。50 × 0.3‰ = 0.015（万元）。

38. 【答案】A

【解析】借款合同的计税依据为借款金额；对技术开发合同，只就合同所载的金额计税，研究开发经费不作为计税依据；货物运输合同的计税依据为取得的运输费金额，不包括货物的金额、装卸费、保险费等；实收资本减少，不存在退税或抵税的规定。该企业本年应缴纳印花税 = 2000 000 × 0.05‰ + (2 000 000 − 800 000) × 0.3‰ + (65 000 − 8 000 − 4 000) × 0.5‰ = 486.5（元）。

39. 【答案】C

【解析】选项A：电网与用户之间签订的供用电合同不属于印花税列举征税的凭证，不征收印花税。选项B：一般的法律、会计、审计等方面的咨询不属于技术咨询，其所立合同不贴印花。选项D：应征印花税的财产保险合同包括企业财产保险、机动车辆保险、货物运输保险、家庭财产保险和农牧业保险，不包括人寿保险合同。

40. 【答案】A

【解析】电网与用户之间签订的供用电合同，不征印花税。

41. 【答案】C

【解析】技术咨询合同是合同当事人就有关项目的分析、论证、预测和调查订立的技术合同，而一般的法律、会计、审计等方面的咨询不属于技术咨询，其所立合同不贴印花。

42. 【答案】D

【解析】选项 A、B、C：均属于印花税的应税凭证。

43. 【答案】D

【解析】甲公司就这两项加工业务应缴纳印花税 = 50 × 0.5‰ × 10 000 + 40 × 0.3‰ × 10 000 + 10 × 0.5‰ × 10 000 = 420（元）。

44. 【答案】D

【解析】对土地使用权转让（出让）合同、商品房销售合同按照“产权转移书据”征收印花税。企业取得土地使用证，按件贴花 5 元。该房地产开发企业应缴纳印花税 = 20 000 000 × 0.05‰ + 26 000 000 × 0.5‰ + 5 + 292 000 000 × 0.5‰ = 160 005（元）。

45. 【答案】A

【解析】选项 B：同一种类应税凭证，需要频繁贴花的，纳税人可以根据实际情况自行决定是否采用按期汇总缴纳印花税的方式。选项 C：纳税人自行计算应纳税额、购买印花税票，自行一次贴足税票并加以注销或画销的，印花税纳税义务才算全部履行完毕。选项 D：对已经贴花的应税凭证，凡多贴印花税票的，不得申请退税或抵用。

二、多项选择题

1. 【答案】BC

【解析】选项 A：车辆购置税是一种财产税。选项 D：价外征收，税负不发生转嫁。

2. 【答案】ABC

【解析】纳税人购买自用的应税车辆，自购买之日起 60 日内申报纳税。

3. 【答案】BD

【解析】选项 A、C：地铁、轻轨等城市轨道交通车辆，装载机、平地机、挖掘机、推土机等轮式专用机械车，以及起重机（吊车）、叉车、电动摩托车，不属于应税车辆。

4. 【答案】ABCD

【解析】车辆购置税的征税范围包括汽车、有轨电车、汽车挂车和排气量超过 150 毫升的摩托车。

5. 【答案】ACD

【解析】已经缴纳车辆购置税的车辆，发生下列情形之一的，纳税人应到车购办申请退税：（1）因质量原因，车辆被退回生产企业或者经销商的；（2）应当办理车辆登记注册的车辆，公安机关车辆管理机构不予办理车辆登记注册的。

6. 【答案】BCD

【解析】选项 A：发生转让行为的，受让人为车辆购置税纳税人，未发生转让行为的，车辆所有人为车辆购置税纳税人。

7. 【答案】ABD

【解析】回国服务留学人员现汇购买 1 辆自用国产小汽车免税，购买进口小汽车自用不免税。

8. 【答案】ABC

【解析】选项 D：回国服务的在外留学人员用现汇购买 1 辆个人自用国产小汽车免税。

9. 【答案】CD

【解析】购置需要办理车辆登记注册手续的应税车辆，向车辆登记地的主管税务机关申报纳税。

10. 【答案】ABCD

【解析】选项 A、B、C、D 表述均正确。

11. 【答案】ABCD

【解析】选项 A、B、C、D 表述均正确。

12. 【答案】ABC

【解析】设有固定装置的非运输车辆免税，设有固定装置的运输车辆不免税。

13. 【答案】ABC

【解析】非机动驳船按船舶税额的

50%计算车船税。

14. 【答案】AB

【解析】选项C、D根据“整备质量每吨”作为计税依据。

15. 【答案】ABC

【解析】车船税的计税单位有净吨位每吨、每辆、整备质量每吨和艇身长度每米。

16. 【答案】ACD

【解析】事业单位用于出租的富余车辆不可减免车船税。

17. 【答案】AC

【解析】选项B：依法不需要在车船管理部门登记、在单位内部场所行驶或作业的车船属于车船税的征税范围。选项D：境内单位和个人租入外国籍船舶的，不征收车船税。境内单位和个人将船舶出租到境外的，应依法征收车船税。

18. 【答案】AB

【解析】选项C：非机动驳船按照机动船舶税额的50%计算缴纳车船税。选项D：学校自用的客车没有免税的规定。

19. 【答案】ABC

【解析】合同的担保人、证人、鉴定人不属于印花税的纳税人。

20. 【答案】ABC

【解析】有些合同签订时无法确认计税金额，如技术转让合同中的转让收入按销售收入的一定比例收取或按实际利润分成，财产租赁合同只是规定了月租金无租赁期限的，对于这类合同可在签订时先按定额5元贴花，以后结算时再按实际金额计税补贴。

21. 【答案】CD

【解析】印花税的纳税人为书立、使用、领受应税凭证的人。借款合同中，担保人与证人未发生上述行为。

22. 【答案】ABD

【解析】现行税法规定，房地产管理部门与个人签订的用于生活居住的租赁合同免税，但个人间签订的居民住房租赁合同不免税。

23. 【答案】BC

【解析】无息、贴息贷款合同免税；银行同业拆借所签订的合同也不交印花税。

24. 【答案】ABCD

【解析】选项A、B、C、D表述均正确。

25. 【答案】AD

【解析】专利申请权转让和非专利技术转让所书立的合同应按“技术合同”税目贴花。选项B、C：按“产权转移书据”税目贴花。

26. 【答案】ABC

【解析】选项D：按购销合同贴花。

27. 【答案】ABC

【解析】权利、许可证照按件贴花，包括政府部门发给的房屋产权证、工商营业执照、商标注册证、专利证、土地使用证。

28. 【答案】ACD

【解析】选项B：副本视同正本使用的应税合同应贴印花。

29. 【答案】BCD

【解析】自行贴花的含义是指纳税人自行计算应纳税额、自行购买印花税票、自行一次贴足印花税票并加以注销或划销。

30. 【答案】ACD

【解析】选项B：对技术开发合同，以合同所载的报酬金额作为计税依据，研究开发经费不作为计税依据。

三、计算问答题

1. 【答案】

进口小汽车应纳车辆购置税：

（1）计税依据 =（185 000 + 185 000 × 110%）÷（1 − 3%）× 3 = 1 201 546.39（元）

（2）应纳税额 = 1 201 546.39 × 10% =

120 154.64（元）

机动船：$10\times600\times4+5\times3\ 000\times5=99\ 000$（元）

非机动驳船：$4\times10\times3\times50\%=60$（元）

载货汽车：$2\times5.2\times80+3\times2.8\times80=1\ 504$（元）

载货汽车挂车：$5\times3\times80\times50\%=600$（元）

进口小汽车：$240\times3\times10/12=600$（元）

共需缴纳车船税 $=99\ 000+60+1\ 504+600+600=101\ 764$（元）

2. **【答案】**

（1）以货易货合同应缴纳印花税 $=(300000+320000)\times0.3‰=186$（元）

（2）加工合同应缴纳印花税 $=300\ 000\times0.3‰+100\ 000\times0.5‰=140$（元）

（3）借款合同应缴纳印花税 $=1\ 000\ 000\times0.05‰=50$（元）

与金融机构签订的无息贷款合同免税。

（4）仓储合同应缴纳印花税 $=150\ 000\times1‰=150$（元）

仓储合同虽然未签订正式合同，但是根据税法规定取得的仓单或栈单作为合同使用缴纳印花税。

（5）复印机租赁合同应缴纳印花税 $=850\times1‰=0.85\approx0.9$（元）

按税法规定印花税1角以上的，其税额尾数不满5分的不计，满5分的按1角计算；传真机合同的应交印花税税额不足1角，按税法规定不满1角的免税。

（6）与A公司签订技术转让合同应缴纳印花税 $=200\ 000\times0.5‰=100$（元）

（7）办公室租赁合同11月应缴纳印花税 $=5$（元）

办公室租赁合同12月应缴纳印花税 $=5\ 000\times1‰-5=0$（元）

办公室租赁合同应缴纳印花税 $=5$（元）

有些合同签订时无法确认计税金额，可在签订时先按定额5元贴花，以后结算时再按实际金额计税，补贴印花。

（8）与某研究所签订技术转让合同应缴纳印花税 $=5$（元）

（9）某年应纳印花税合计 $=186+140+50+150+0.9+100+5+5=636.90$（元）

3. **【答案】**

（1）与甲厂签订的货物运输合同，属于同一凭证，载有两个或两个以上经济事项而适用不同税目税率的合同，如分别记载金额的，应分别计算应纳税额，相加后按合计税额贴花。货物运输合同的计税依据为运输费用，但不包括装卸费用；仓储保管合同的计税依据为仓储保管费用。

与甲厂签订的货物运输合同应纳的印花税 $=(400\ 000-5\ 000)\times0.5‰+20\ 000\times1‰=217.5$（元）

（2）与乙厂签订的货物运输合同，属于同一凭证，载有两个或两个以上经济事项而适用不同税目税率的合同，如未分别记载金额的，按税率高的计税贴花，因此应按仓储保管合同计税。

与乙厂签订的货物运输合同应纳的印花税 $=600\ 000\times1‰=600$（元）

（3）与某汽车修配厂签订的汽车修理合同，属于同一凭证，载有两个或两个以上经济事项而适用不同税目税率的合同，如分别记载金额的，应分别计算应纳税额，相加后按合计税额贴花。由修配厂提供的零部件和辅助材料，按购销合同计税贴花；修配厂收取的加工费，按加工承揽合同计税贴花。

与某汽车修配厂签订的汽车修理合同应纳的印花税 $=(12000+28000)\times0.3‰+30\ 000\times0.5‰=27$（元）

(4) 与甲货运公司签订的汽车租赁合同，应以租赁金额为计税依据。

与甲货运公司签订的汽车租赁合同应纳的印花税 = 4 × 24 000 × 2 × 1‰ = 192（元）

(5) 与乙货运公司签订的汽车租赁合同，由于租赁期限未定，因此无法确定计税金额，在签订时先按定额 5 元贴花，以后结算时再按实际金额计税，补贴印花。

与乙货运公司签订的汽车租赁合同应纳的印花税 = 5（元）

该公司本月应纳印花税 = 217.5 + 600 + 27 + 192 + 5 = 1 041.5（元）

4. **【答案】**

(1) 业务（1）应缴纳的印花税 = 6 000 × 5% × 0.3‰ × 10 000 = 900（元）

(2) 贴息贷款合同，免征印花税。

业务（2）应纳印花税 = 50 000 × 0.05‰ × 10 000 = 25 000（元）

自 2018 年 5 月 1 日起，对按 0.5‰税率贴花的资金账簿减半征收印花税，对按件贴花五元的其他账簿免征印花税。

业务（3）应缴纳的印花税 = 30 000 × 0.5‰ × 10 000 × 50% = 75 000（元）

(4) 由外国运输企业运输进出口货物的，外国运输企业所持的一份运费结算凭证免纳印花税；托运方所持的一份运费结算凭证应缴纳印花税。

业务（4）应纳印花税 = 1 000 × 0.5‰ × 10 000 = 5 000（元）

(5) 对技术开发合同，只就合同所载的报酬金额计税，研究开发经费不作为计税依据。

业务（5）应纳印花税 = 3 000 × 0.3‰ × 10 000 = 9 000（元）

第十二章　国际税收税务管理实务

本章考情分析

本章国际税收知识是注册会计师开展涉外税收业务、涉外税务代理、涉外税务筹划的基础。本章考试题型主要为客观题，但考查主观题的可能性也较大。具体为单项选择题、多项选择题、计算问答题。单项选择题一般每年1道题目，个别年份为2道。多项选择题为1道。计算问答题基本上每年都有1道，个别年份没有计算问答题。本章还会结合企业所得税一章进行综合题的命制，本章分值一般为3.5～8.5分。计算问答题以及综合题中出题小问往往是文字判断与计算进行结合，考生需要掌握文字判断的一些关键得分点，计算部分集中在境外所得间接负担税额的计算、抵免限额的计算、实际抵免境外税额的计算等内容。本章考点集中在非居民企业税收管理、间接抵免的计算、国际税收协定、转让定价税务管理、国际反避税和国际税收征管合作。本章由于专业术语多以及实务中接触较少，学习有一定难度，但考试重点突出，整体难度不大。

本章教材主要变化

1. 新增常设机构概念、常见的常设机构以及常设机构的判断标准等内容。

2. 新增“境内机构和个人对同一笔合同需要多次对外支付的，仅需在首次付汇前办理税务备案”的规定。

3. 新增“外国投资者以境内直接投资合法所得在境内再投资”对外付汇无须进行税务备案。

4. 新增“财政预算内机关、事业单位、社会团体非贸易非经营性付汇业务”对外付汇无须进行税务备案。

5. 新增预约定价简易程序。

本章高频考点

考点1　国际税收协定典型条款介绍

（一）税收居民

1. “缔约国一方居民”：按照该缔约国法律，由于住所、居所、管理机构所在地、总机构所在地、注册地或任何其他类似标准，在该缔约国负有纳税义务的人，也包括该缔约国、地方当局或法定机构。

居民应是在一国负有全面纳税义务的人，这是判断居民身份的必要条件。但“纳税义务”并不等同于事实上的征税。

2. 双重居民身份下最终居民身份的判定——注意先后顺序。（1）永久性住所；（2）重要利益中心；（3）习惯性居处；（4）国籍。

当采用上述标准依次判断仍然无法确定其身份时，可由缔约国双方主管当局按照协定规定的相互协商程序协商解决。

3. 除个人以外（即公司和其他团体），同时为缔约国双方居民的人，应认定其是“实际管理机构”所在国的居民。如果缔约国双方因判定实际管理机构标准不同而不能达成一致意见的，应由缔约国双方主管当局按照协定规定的相互协商程序，通过相互协商解决。

【例题·单选题】（2017 年）下列关于双重居民身份下最终居民身份判定标准的排序中，正确的是（　　）。

A. 永久性住所、重要利益中心、习惯性居处、国籍

B. 重要利益中心、习惯性居处、国籍、永久性住所

C. 国籍、永久性住所、重要利益中心、习惯性居处

D. 习惯性居处、国籍、永久性住所、重要利益中心

【答案】 A

【解析】 双重居民身份下最终居民身份的判定应按照以下顺序判断：（1）永久性住所；（2）重要利益中心；（3）习惯性居处；（4）国籍。

（二）常设机构

1. 常设机构是指企业进行全部或部分营业的固定营业场所。通常情况下，具备以下特点：

（1）该营业场所是实质存在的。

（2）该营业场所是相对固定的，并且在时间上具有一定的持久性。

（3）全部或部分的营业活动是通过该营业场所进行的。

2. 常设机构通常包括：（1）管理场所。（2）分支机构。（3）办事处。（4）工厂。（5）作业场所。（6）矿场、油井或气井、采石场或者其他开采自然资源的场所。为勘探或开发矿藏资源的承包工程作业，应按照规定根据作业持续的时间是否超过 6 个月来判断其是否构成常设机构。

3. 承包工程和提供劳务两种情况下常设机构的判定标准。

（1）建筑工地，建筑、装配或安装工程，或者与其有关的监督管理活动，但仅以该工地、工程或活动连续 6 个月以上为限。

（2）企业通过雇员或雇佣的其他人员在缔约国一方提供的劳务活动，包括咨询劳务活动，但仅以该性质的活动（为同一项目或相关联的项目）在任何 12 个月中连续或累计超过 183 天以上为限。

4. 缔约国一方企业在缔约国另一方仅由于仓储、展览、采购及信息收集等活动的目的设立的具有准备性或辅助性的固定场所，不应被认定为常设机构。

5. 当一个人（除适用规定的独立代理人以外）在缔约国一方代表缔约国另一方的企业进行活动，有权并经常行使这种权力以该企业的名义签订合同，这个人为该企业进行的任何活动，应认为该企业在缔约国一方设有常设机构。

考点 2 受益所有人

在申请享受我国对外签署的税收协定中对股息、利息和特许权使用费等条款的税收待遇时，缔约国居民需要向税务机关提供资料，进行受益所有人的认定。

国家税务总局对受益所有人的有关规定如下：

1. “受益所有人”，是指对所得或所得据以产生的权利或财产具有所有权和支配权的人。

2. 判定需要享受税收协定待遇的缔约对方居民（以下简称“申请人”）“受益所有人”身份时，应根据下述所列因素，结合具体案例的实际情况进行综合分析。

一般来说，下列因素不利于对申请人“受益所有人”身份的判定：

（1）申请人有义务在收到所得的12个月内将所得的50%以上支付给第三国（地区）居民，“有义务”包括约定义务和虽未约定义务但已形成支付事实的情形。

（2）申请人从事的经营活动不构成实质性经营活动。

实质性经营活动包括具有实质性的制造、经销、管理等活动。

（3）缔约对方国家（地区）对有关所得不征税或免税，或征税但实际税率极低。

（4）在利息据以产生和支付的贷款合同之外，存在债权人与第三人之间在数额、利率和签订时间等方面相近的其他贷款或存款合同。

（5）在特许权使用费据以产生和支付的版权、专利、技术等使用权转让合同之外，存在申请人与第三人之间在有关版权、专利、技术等的使用权或所有权方面的转让合同。

3. 申请人从中国取得的所得为股息时，申请人虽不符合“受益所有人”条件，但直接或间接持有申请人100%股份的人符合“受益所有人”条件，并且属于以下两种情形之一的，应认为申请人具有“受益所有人”身份：

（1）上述符合“受益所有人”条件的人为申请人所属居民国（地区）居民。

（2）上述符合“受益所有人”条件的人虽不为申请人所属居民国（地区）居民，但该人和间接持有股份情形下的中间层均为符合条件的人。

4. 下列申请人从中国取得的所得为股息时，可不根据第2条规定的因素进行综合分析，直接判定申请人具有“受益所有人”身份：

（1）缔约对方政府。

（2）缔约对方居民且在缔约对方上市的公司。

（3）缔约对方居民个人。

（4）申请人被第（1）至（3）项中的一人或多人直接或间接持有100%股份，且间接持有股份情形下的中间层为中国居民或缔约对方居民。

5. 上述第3、4条要求的持股比例应当在取得股息前连续12个月以内任何时候均达到规定比例。

6. 代理人或指定收款人等不属于“受益所有人”。

【例题·单选题】（2021年）下列各项因素中，不利于对申请人“受益所有人”身份判定的是（　　）。

A. 申请人为缔约对方居民个人

B. 缔约对方国家对有关所得征税但实际税率极低

C. 申请人无义务且也未在收到所得的12月内将所得的50%以上支付给第三国居民

D. 申请人从事不构成实质性经营活动的投资控股管理活动并从事显著的其他经营活动

【答案】 B

【解析】 一般来说，下列因素不利于对申请人“受益所有人”身份的判定：（1）申请人有义务在收到所得的12个月内将所得的50%以上支付给第三国（地区）居民，“有义务”包括约定义务和虽未约定义务但已形成支付事实的情形。（2）申请人从事的经营活动不构成实质性经营活动。（3）缔约对方国家（地区）对有关所得不征税或免税，或虽征税但实际税率极低。（4）在利息据以产生和支付的贷款合同之外，存在债权人与第三人之间在数额、利率和签订时间等方面相近的其他贷款或存款合同。（5）在特许权使用费据以产生和支付的版权、专利、技术等使用权转让合同之外，存在申请人与第三人之间在有关版权、专利、技术等的使用权或所有权方面的转让合同。

考点3 外国企业常驻代表机构的税收管理

外国企业常驻代表机构，是指按照国务院有关规定，在工商行政管理部门登记或经有关部门批准，设立在中国境内的外国企业（包括港澳台企业）及其他组织的常驻代表机构（以下简称“代表机构”）。

税务登记管理	代表机构应当自领取工商登记证件（或有关部门批准）之日起30日内，持相关资料，向其所在地主管税务机关申报办理税务登记
账簿凭证管理	代表机构应当按照有关法律、行政法规和国务院财政、税务主管部门的规定设置账簿，根据合法、有效凭证记账，进行核算
企业所得税	代表机构应当就其归属所得依法申报缴纳企业所得税。代表机构应按照实际履行的功能和承担的风险相配比的原则，准确计算其应税收入和应纳税所得额，并在季度终了之日起15日内向主管税务机关据实申报缴纳企业所得税
其他税种	代表机构发生增值税应税行为，应就其应税收入按照增值税的相关法规计算缴纳应纳税款。 根据我国现行税法的相关规定，城市维护建设税、教育费附加和地方教育附加以实际缴纳的增值税、消费税为计征依据，并分别与增值税、消费税同时缴纳。因此，代表机构在计算缴纳增值税的同时还需要计算应缴纳的城市维护建设税、教育费附加和地方教育附加
税务申报要求	代表机构的纳税地点是机构、场所所在地。采取据实申报方式的代表机构应在季度终了之日起15日内向主管税务机关申报缴纳企业所得税
	发生增值税应税行为的代表机构应按照《增值税暂行条例》及其实施细则和“营改增”税收政策规定的纳税期限，向主管税务机关据实申报缴纳增值税

考点4 非居民企业承包工程作业和提供劳务的税收管理

非居民企业是指依照外国（地区）法律成立且实际管理机构不在中国境内，但在中国境内设立机构、场所的，或者在中国境内未设立机构、场所，但有来源于中国境内所得的企业。

非居民个人是指在中国境内无住所又不居住或者无住所而在境内居住不满183天的个人。

承包工程作业，是指在中国境内承包建筑、安装、装配、修缮、装饰、勘探及其他工程作业；提供劳务是指在中国境内从事加工、修理修配、交通运输、仓储租赁、咨询经纪、设计、文化体育、技术服务、教育培训、旅游、娱乐及其他劳务活动。

考点5 非居民企业的股息、利息、租金、特许权使用费和财产转让所得的税收管理

非居民企业在中国境内未设立机构、场所的，或者虽设立机构、场所但取得的所得与其所设机构、场所没有实际联系的，应当就其来源于中国境内的所得缴纳企业所得税。对非居民企业取得的此类所得应缴纳的所得税，实行源泉扣缴，以支付人为扣缴义务人。税款由扣缴义务人在每次支付或者到期应支付时，从支付或者到期应支付的款项中扣缴。

（一）代扣代缴

1. 代扣代缴基本规定。

扣缴范围	对于在中国境内未设立机构场所，或虽设立机构场所，但取得的所得与所设机构场所没有实际联系的非居民企业取得来源于中国境内的股息、红利等权益性投资收益和利息、租金、特许权使用费所得、转让财产所得以及其他所得应当缴纳的企业所得税，实行源泉扣缴	
应纳税所得额的确定	股息、红利等权益性投资收益和利息、租金、特许权使用费所得	以收入全额为应纳税所得额
	转让财产所得	以收入全额减除财产净值后的余额为应纳税所得额 【注】财产的净值，是指有关资产、财产的计税基础减除按照规定已经扣除的折旧、折耗、摊销、准备金等后的余额
	其他所得参照前两条	

2. 应扣未扣税款的，纳税人（非居民企业）的自行申报。

情形	说明	
纳税地点	扣缴义务人未依法扣缴或者无法履行扣缴义务的。 （1）由纳税人（非居民企业）在所得发生地申报缴纳。 （2）同一项所得多处发生地，可选择一地办理申报缴税事宜，受理申报地税务机关与扣缴义务人所在地、其他发生地主管税务机关之间进行申报信息传递，不需要纳税人多处申报	
纳税时间	税务机关可以责令限期缴纳，非居民企业应当按照税务机关确定的期限申报缴纳税款；非居民企业在税务机关责令限期缴纳前自行申报缴纳税款的，视为已按期缴纳税款（不会被加征滞纳金，注意和扣缴纳义务人7天的区别）	
法律责任及举措	纳税人	补税，期限内不加收滞纳金
	扣缴义务人	①应扣未扣的，扣缴义务人应扣未扣、由税务机关向纳税人追缴税款，对扣缴义务人处应扣未扣、应收而不收税款50%以上三倍以下的罚款。 ②已扣未缴的，由税务机关责令限期缴纳；逾期仍未缴纳的强制追缴并处少缴税款50%以上至5倍以下的罚款

（二）对境外投资者从中国境内居民企业分配的利润暂不征收预提所得税相关规定

2017年1月1日起，对境外投资者从中国境内居民企业分配的利润，直接投资于鼓励类投资项目，凡符合规定条件的，实行递延纳税政策，暂不征收预提所得税。

2018年1月1日起，适用范围由外商投资鼓励类项目扩大至所有非禁止外商投资的项目和领域。

【计算问答题】（2019年）2010年境外A公司出资3 000万元在我国境内成立M公司。A公司、M公司2018年部分业务如下：

（1）4月1日，M公司股东会作出利润分配决定，以账面未分配利润中的62万元向A公司分配股利。

（2）A公司股东会决议将M公司应分回股利用于增加M公司的实收资本，4月1日已完成相关账务处理。

（3）6月1日，M公司出口货物一批，合同总金额600万元并支付给境内合规中介机构佣金53万元。

(4) 8月10日，M公司向A公司支付商标费1 060万元。

(其他相关资料：M公司所从事的业务为非禁止外商投资的项目和领域，不考虑税收协定因素)

要求：根据上述资料，按照下列序号回答问题，如有计算需计算出合计数。

(1) 说明A公司分得利润享受暂不征收预提所得税政策的理由及其所需符合的条件特征。

(2) 回答A公司可以享受暂不征收预提所得税政策的分配利润的金额。

(3) 回答业务(3)中M公司佣金支出企业所得税前扣除限额的规定并计算限额。

(4) 计算业务(4)中M公司应代扣代缴的企业所得税额。

(5) 说明M公司解缴代扣企业所得税的期限。

【答案】

(1) A公司分得利润享受暂不征收预提所得税政策的理由：2017年1月1日起，对境外投资者从中国居民企业分配的利润，直接投资于鼓励类投资项目，凡符合规定条件的，实行递延纳税政策，暂不征收预提所得税。2018年1月1日起，适用范围由外商投资鼓励类项目扩大至所有非禁止外商投资的项目和领域。

境外投资者暂不征收预提所得税需要同时满足以下条件：

①境外投资者以分得利润进行的直接投资，包括境外投资者以分得利润进行的增资、新建、股权收购等权益性投资行为，但不包括新增、转增、收购上市公司股份(符合条件的战略投资除外)。具体是指：a. 新增或转增中国境内居民企业实收资本或者资本公积；b. 在中国境内投资新建居民企业；c. 从非关联方收购中国境内居民企业股权；d. 财政部、税务总局规定的其他方式。

②境外投资者分得的利润属于中国境内居民企业向投资者实际分配已经实现的留存收益而形成的股息、红利等权益性投资收益。

③境外投资者用于直接投资的利润以现金形式支付的，相关款项从利润分配企业的账户直接转入被投资企业或股权转让方账户，在直接投资前不得在境内外其他账户周转；境外投资者用于直接投资的利润以实物、有价证券等非现金形式支付的，相关资产所有权直接从利润分配企业转入被投资企业或股权转让方，在直接投资前不得由其他企业、个人代为持有或临时持有。

(2) M公司从事的是非禁止外商投资项目和领域，且A公司将分回的股利用于增加M公司的实收资本，所以可以享受暂不征收预提所得税政策。

A公司可以享受暂不征收预提所得税的分配利润的金额为620万元。

(3) 非保险企业发生与生产经营有关的手续费及佣金支出，不超过服务协议或合同确认的收入金额的5%(含本数)的部分，准予扣除；超过部分，不得扣除。M公司可以扣除的佣金支出的限额 = 600 × 5% = 30(万元)。

(4) M公司应代扣代缴的企业所得税额 = 1 060 ÷ (1 + 6%) × 10% = 100(万元)。

(5) 扣缴义务人应当自扣缴义务发生之日起7日内申报和解缴代扣税款。

考点6 中国境内机构和个人对外付汇的税收管理

(一) 对外付汇需要进行税务备案的情形

境内机构和个人向境外单笔支付等值

5 万美元以上（不含等值 5 万美元，下同）的下列外汇资金，除无须进行税务备案的情形外，均应向所在地主管税务机关进行税务备案：

1. 境外机构或个人从境内获得的包括运输、旅游、通信、建筑安装及劳务承包、保险服务、金融服务、计算机和信息服务、专有权利使用和特许、体育文化和娱乐服务、其他商业服务、政府服务等服务贸易收入。

2. 境外个人在境内的工作报酬，境外机构或个人从境内获得的股息、红利、利润、直接债务利息、担保费以及非资本转移的捐赠、赔偿、税收、偶然性所得等收益和经常转移收入。

3. 境外机构或个人从境内获得的融资租赁租金、不动产的转让收入、股权转让所得以及外国投资者其他合法所得。

外国投资者以境内直接投资合法所得在境内再投资单笔 5 万美元以上的，也应按照规定进行税务备案。

（二）对外付汇无须进行税务备案的情形

境内机构和个人对外支付下列外汇资金，无须办理和提交《服务贸易等项目对外支付税务备案表》：

1. 境内机构在境外发生的差旅、会议、商品展销等各项费用。

2. 境内机构在境外代表机构的办公经费，以及境内机构在境外承包工程的工程款。

3. 境内机构发生在境外的进出口贸易佣金、保险费、赔偿款。

4. 进口贸易项下境外机构获得的国际运输费用。

5. 保险项下保费、保险金等相关费用。

6. 从事运输或远洋渔业的境内机构在境外发生的修理、油料、港杂等各项费用。

7. 境内旅行社从事出境旅游业务的团费以及代订、代办的住宿、交通等相关费用。

8. 亚洲开发银行和世界银行集团下属的国际金融公司从我国取得的所得或收入，包括投资合营企业分得的利润和转让股份所得、在华财产（含房产）出租或转让收入以及贷款给我国境内机构取得的利息。

9. 外国政府和国际金融组织向我国提供的外国政府（转）贷款［含外国政府混合（转）贷款］和国际金融组织贷款项下的利息。

10. 外汇指定银行或财务公司自身对外融资如境外借款、境外同业拆借、海外代付以及其他债务等项下的利息。

11. 我国省级以上国家机关对外无偿捐赠援助资金。

12. 境内证券公司或登记结算公司向境外机构或境外个人支付其依法获得的股息、红利、利息收入及有价证券卖出所得收益。

13. 境内个人境外留学、旅游、探亲等因私用汇。

14. 境内机构和个人办理服务贸易、收益和经常转移项下退汇。

15. 外国投资者以境内直接投资合法所得在境内再投资。

16. 财政预算内机关、事业单位、社会团体非贸易非经营性付汇业务。

【例题·单选题】（2019 年）境内机构对外付汇的下列情形中，需要进行税务备案的是（　　）。

A. 境内机构在境外发生差旅费 10 万美元以上的

B. 境内机构发生在境外的进出口贸易佣金 5 万美元以上的

C. 境内机构在境外发生会议费 10 万美元以上的

D. 境内机构向境外支付旅游服务费 5 万美元以上的

【答案】D

【解析】选项ABC：属于境内机构对外付汇无需进行税务备案的情形。

【例题·单选题】(2018年) 境内机构对外支付下列外汇资金时，须办理和提交《服务贸易等项目对外支付税务备案表》的是（　）。

A. 境内机构在境外发生的商品展销费用

B. 进口贸易项下境外机构获得的国际运输费用

C. 境内机构在境外承包工程的工程款

D. 我国县级国家机关对外无偿捐赠援助资金

【答案】D

【解析】选项A、B、C：属于对外付汇无须进行税务备案的情形。选项D：我国省级以上国家机关对外无偿捐赠援助资金，无须进行税务备案，我国县级国家机关对外无偿捐赠援助资金须进行税务备案。

【例题·计算问答题】(2018年) 甲公司为一家注册在香港的公司，甲公司通过其在开曼群岛设立的特殊目的公司——SPV公司，在中国境内设立了一家外商投资企业乙公司。SPV公司是一家空壳公司，自成立以来不从事任何实质业务，没有配备资产和人员，也没有取得经营性收入。甲公司及其子公司相关股权架构示意如下，持股比例为100%。

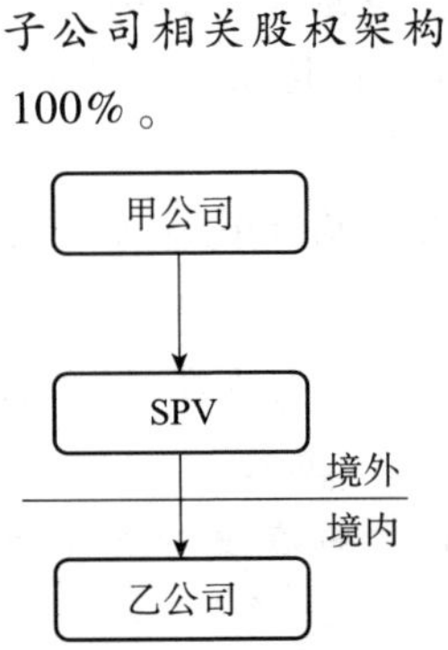

乙公司于2017年发生了如下业务：

(1) 5月5日，通过SPV公司向甲公司分配股息1 000万元。

(2) 7月15日，向甲公司支付商标使用费1 000万元、咨询费800万元，7月30日向甲公司支付设计费5万元。甲公司未派遣相关人员来中国提供相关服务。

(3) 12月20日，甲公司将SPV公司的全部股权转让给另一中国居民企业丙公司，丙公司向甲公司支付股权转让价款8 000万元。

(其他相关资料：假设1美元折合6.5元人民币)

要求：根据上述资料，按照下列序号回答问题，如有计算需计算出合计数。

(1) 计算乙公司向SPV公司分配股息时应代扣代缴的企业所得税。

(2) 计算乙公司向甲公司支付商标使用费、咨询费、设计费应代扣代缴的增值税。

(3) 计算乙公司向甲公司支付商标使用费、咨询费、设计费应代扣代缴的企业所得税。

(4) 指出乙公司上述对外支付的款项中，需要办理税务备案手续的项目有哪些，并说明理由。

(5) 判断甲公司转让SPV公司的股权是否需要在中国缴纳企业所得税并说明理由。

【答案】

(1) 应代扣代缴的企业所得税 $=1\ 000\times10\%=100$（万元）。

按照《企业所得税法》及其实施条例的规定，实行源泉扣缴的非居民企业取得的股息、红利等权益性投资收益，减按10%的税率征收企业所得税。

(2) 应代扣代缴的增值税 $=(1\ 000+800+5)\div(1+6\%)\times6\%=102.17$（万元）。

境外单位或者个人在境内发生应税行

为，在境内未设有经营机构的，以购买方为扣缴义务人。扣缴义务人按照规定公式和适用税率计算应扣缴税额：应扣缴税额＝购买方支付的价款÷（1＋税率）×税率。

（3）应代扣代缴的企业所得税＝1 000÷（1＋6%）×10%＝94.34（万元）。

全面“营改增”后，由于增值税是价外税，非居民企业，取得利息、租金、特许权使用费所得应缴纳增值税的，在计算缴纳企业所得税时，应以不含增值税的收入全额作为应纳税所得额。

提供劳务所得，按照劳务发生地确定所得来源地。由于甲公司未派遣相关人员来中国提供相关服务，故咨询费和设计费均属于非居民企业甲公司在境外取得的与境内无关的境外所得，无须缴纳我国的企业所得税。

（4）乙公司对外支付的股息、特许权使用费、咨询费需要办理税务备案手续。

理由：境内机构和个人向境外单笔支付等值5万美元以上（不含等值5万美元）的外汇资金，除无须进行税务备案的情形外，均应向所在地主管税务机关进行税务备案。

5万美元＝5×6.5＝32.5（万元人民币），乙公司对外支付的股息、特许权使用费、咨询费均高于32.5万元人民币，也就是高于5万美元，应当办理税务备案手续。

（5）需要在境内缴纳企业所得税。

理由：非居民企业通过实施不具有合理商业目的的安排，间接转让中国居民企业股权等财产，规避企业所得税纳税义务的，应按照《企业所得税法》的有关规定，重新定性该间接转让交易，确认为直接转让中国居民企业股权等财产，应在中国境内缴纳企业所得税。

考点7 境外所得税收抵免的适用范围

（一）纳税人境外所得的范围

可以适用境外（包括港澳台地区，下同）所得税收抵免的纳税人包括两类：

1. 居民企业可以就其取得的境外所得直接缴纳和间接负担的境外企业所得税性质的税额进行抵免。

2. 非居民企业在中国境内设立的机构（场所）可以就其取得的发生在境外，但与该机构（场所）有实际联系的所得直接缴纳的境外企业所得税性质的税额进行抵免。

我国税法对非居民企业在中国境内分支机构取得的发生于境外的所得所缴纳的境外税额，给予了与居民企业类似的税额抵免待遇。对此类非居民给予的境外税额抵免仅涉及直接抵免。

（二）抵免办法

境外税额抵免分为直接抵免和间接抵免。

<table>
<tr><td rowspan="2">直接抵免</td><td>企业直接作为纳税人就其境外所得在境外缴纳的所得税额在我国应纳税额中抵免</td></tr>
<tr><td>适用：企业就来源于境外的营业利润所得在境外所缴纳的企业所得税，以及就来源于或发生于境外的股息、红利等权益性投资所得、利息、租金、特许权使用费、财产转让等所得在境外被源泉扣缴的预提所得税</td></tr>
<tr><td rowspan="2">间接抵免</td><td>境外企业就分配股息前的利润缴纳的外国所得税额中由我国居民企业就该项分得的股息性质的所得间接负担的部分，在我国的应纳税额中抵免</td></tr>
<tr><td>适用：居民企业从其符合规定的境外子公司取得的股息、红利等权益性投资收益所得</td></tr>
</table>

【例题·单选题】（2019年）某居民企业2018年度境内应纳税所得额为1 000万元；设立在甲国的分公司就其境外所得在甲国已纳企业所得税60万元，甲国企业所得税税率为30%。该居民企业2018年度企业所得税应纳税所得额是（　　）万元。

A. 940　　B. 1 200

C. 1 018　　D. 1 060

【答案】B

【解析】在甲国的应纳税所得额 = 60 ÷ 30% = 200（万元），该居民企业2018年度企业所得税应纳税所得额 = 境内应纳税所得额 + 境外应纳税所得额 = 1 000 + 200 = 1 200（万元）。

考点8 直接抵免的计算

【例题】位于中国境内的A公司境外分别有B及C两家分公司。2021年A公司境内取得经营所得为4 000万元，境外B分公司2021年取得经营所得折合人民币为2 000万元，假如该国所得税税率为30%，境外C分公司2021年取得经营所得折合人民币为2 000万元，假如该国所得税税率为10%，请计算A公司2021年应缴纳企业所得税。（不考税收协定和其他因素）

机构	所得额	所得税率
A公司	4 000	25%
B公司	2 000	30%
C公司	2 000	10%

第一步：计算实际缴纳税额：实缴税额 = 境外税前所得额 × 境外所得税税率

B分公司实缴税额 = 2 000 × 30% = 600（万元）

C分公司实缴税额 = 2 000 × 10% = 200（万元）

第二步：确定抵免限额。

【简化】抵免限额 = 来源于某国（地区）的应纳税所得额（境外税前所得额）× 25%或15%

B分公司抵免限额 = 2 000 × 25% = 500（万元）

C分公司抵免限额 = 2 000 × 25% = 500（万元）

第三步：比大小，取小者为实际抵免税额。

抵免后：多不退，少要补。

因此A公司及境外分公司2021年合计应缴纳企业所得税 = 4 000 × 25%（境内A分公司）+ 300（C分公司）= 1 300（万元）

B分公司未抵完税款可留到以后年度抵免。

提示（1）境外设立分支机构取得的各项境外所得，无论是否汇回中国境内，均应计入该企业所属纳税年度的境外应纳税所得额。（2）在汇总计算境外应纳税所得额时，企业在境外同一国家（地区）设立不具有独立纳税地位的分支机构，按照规定计算的亏损，不得抵减其境内或他国（地区）的应纳税所得额，但可以用同一国家（地区）其他项目或以后年度的所得按规定弥补（即：不得抵减境内应税所得、不得跨国家弥补）。

考点9 间接抵免的计算

在实践中，间接抵免一般可分为一层间接抵免和多层间接抵免两种。

1. 一层间接抵免。

一层间接抵免适用于母公司与子公司

之间的外国税收抵免。用此方法可以处理母公司与子公司之间因股息分配所形成的重复征税问题。在这一方法中，母公司只能按其从子公司取得的股息以及对应税款，间接推算相应的税前应纳税所得额与税收抵免额。

【例题1】 甲国母公司在乙国设立一全资子公司，2020年子公司所得为10 000万元，乙国公司所得税税率为30%，甲国为35%，子公司缴纳乙国所得税3 000万元（10 000×30%），并从其税后利润7 000万元（10 000－3 000）中分给甲国母公司股息1 000万元（不考虑预提所得税）。

【分析】

（1）母公司应承担的子公司所得税＝3 000×［1 000÷（10 000－3 000）］＝428.57（万元）

（2）母公司来自子公司的应纳税所得额＝1 000＋428.57＝1 428.57（万元）

（3）抵免限额＝1 428.57×35%＝500（万元）

（4）可抵免税额：由于母公司已纳（承担）国外税额428.57万元，小于抵免限额500万元，所以可按国外已纳税额全部抵免，即可抵免税额428.57万元。

（5）母公司在甲国补缴企业所得税＝1 428.57×35%－428.57＝71.43（万元）。

【例题2】 甲国母公司在乙国设立一全资子公司，2021年子公司所得为10 000万元，乙国公司所得税税率为30%，甲国为35%，子公司缴纳乙国所得税3 000万元（10 000×30%），并从其税后利润7 000万元（10 000－3 000）中分给甲国母公司股息1 000万元。假设乙国预提所得税税率为10%，子公司在付给母公司1 000万元股息时，就要缴纳预提所得税100万元（1 000×10%）。

【分析】 其抵免情况计算如下：

（1）母公司应承担的子公司所得税＝3 000×［1 000÷（10 000－3 000）］＝428.57（万元）

（2）母公司来自子公司的应纳税所得额＝1 000＋428.57＝1 428.57（万元）

（3）抵免限额＝1 428.57×35%＝500（万元）

（4）母公司承担国外税款总额＝428.57＋100＝528.57（万元）

（5）可抵免税额：由于母公司所得在国外承担的税款共528.57万元，已超过抵免限额500万元，故应按限额进行抵免，即可抵免税额500万元。

（6）母公司在甲国补缴企业所得税＝1 428.57×35%－500＝0（万元）。

2. 多层间接抵免。

间接抵免方法不仅适用于居住国母公司来自其外国子公司的股息所应承担的外国所得税的抵免，而且还可适用于母公司通过子公司来自其外国孙公司，以及外国孙公司下属的外国重孙公司、曾孙公司等多层外国附属公司的股息所应承担的外国所得税，以解决子公司以下各层“母子公司”的重复征税问题。

【例题1】 某跨国A公司在2021纳税年度内的基本情况如下：

（1）甲国A公司为母公司；乙国B公司为子公司；丙国C公司为孙公司。

（2）A公司和B公司各拥有下一层附属公司股票的50%。

（3）税前各公司国内所得：甲国A公司为30 000万元；乙国B子公司为20 000万元；丙国C孙公司为10 000万元。

（4）各国公司所得税税率：甲国为25%；乙国为20%；丙国为30%。

（5）各国预提所得税税率都是10%。

要求：计算当采取间接抵免时计算A国母公司应缴纳所得税。

【答案】

（1）C公司在丙国的交税情况：

①C公司应缴丙国的企业所得税＝10 000×30%＝3 000（万元）

②C公司的税后净利润＝10 000－3 000＝7 000（万元）

③C公司支付B公司的股息＝7 000×50%＝3 500（万元）

④C公司支付B的股息时要预提B公司在丙国应该交的所得税＝3 500×10%＝350（万元）

（2）B公司在乙国的交税情况：

①取得的股息应承担的丙国C公司支付的企业所得税＝3 000×（3 500÷7 000）＝1 500（万元）

②B公司来自丙国C公司的税前应纳税所得额＝3 500＋1 500＝5 000（万元）

③抵免限额＝5 000×20%＝1 000（万元）

④可抵免税额：由于B公司已经承担了丙国C公司的企业所得税和自己被预提的所得税1 850万元(1 500＋350)，高于抵免限额，所以只能按限额抵免，即可抵免税额为1 000万元。

⑤B公司实缴乙国的企业所得税＝（20 000＋5 000）×20%－1 000＝4 000（万元）

⑥B公司的税后净利润＝（20 000－4 000）＋（3 500－350）＝19 150（万元）

⑦B公司支付给A公司的股息＝19 150×50%＝9 575（万元）

⑧B公司支付A公司的股息时要预提A公司在乙国应该交的所得税＝9 575×10%＝957.5（万元）

（3）A公司在甲国的交税情况：

①A公司应承担的乙国B公司和丙国C公司的企业所得税＝［4 000＋350＋3 000×（3 500÷7 000）］×（9 575÷19 150）＝2 925（万元）

②A公司来自乙国B公司和丙国C公司的税前应纳税所得额＝9 575＋2 925＝12 500（万元）

③抵免限额＝12 500×25%＝3 125（万元）

④可抵免税额：由于A公司已经承担乙国B公司和丙国C公司的企业所得税税款和被预提的所得税共计3 882.50万元（2 925＋957.5），高于抵免限额，所以已经承担的税款只可以按限额抵免，即可抵免税额为3 125万元。

⑤A公司实缴甲国企业所得税＝（30 000＋12 500）×25%－3 125＝7 500（万元）

【例题2】某跨国A公司在2021纳税年度内的基本情况如下：

（1）甲国A公司为母公司；乙国B公司为子公司；丙国C公司为孙公司。

（2）A公司和B公司各拥有下一层附属公司股票的50%。

（3）税前各公司国内所得：甲国A公司为30 000万元；乙国B子公司为20 000万元；丙国C孙公司为10 000万元。

（4）各国公司所得税税率：甲国为25%；乙国为20%；丙国为30%。假设不考虑预提所得税。

要求：计算当采取间接抵免时计算A国母公司应缴纳所得税。

【答案】

（1）C公司在丙国的交税情况：

①C公司应缴丙国的企业所得税＝10 000×30%＝3 000（万元）

②C公司的税后净利润＝10 000－3 000＝7 000（万元）

③C公司支付B公司的股息＝7 000×50%＝3 500（万元）

（2）B公司在乙国的交税情况：

①取得的股息应承担的丙国C公司支付的企业所得税 = 3 000 × (3 500 ÷ 7 000) = 1 500（万元）

②B公司来自丙国C公司的税前应纳税所得额 = 3 500 + 1 500 = 5 000（万元）

③抵免限额 = 5 000 × 20% = 1 000（万元）

④可抵免税额：由于B公司已经承担了C公司的公司所得税1 500万元，高于抵免限额，所以只能按限额抵免，即可抵免税额为1 000万元。

⑤B公司实缴乙国的企业所得税 = (20 000 + 5 000) × 20% − 1 000 = 4 000（万元）

⑥B公司的税后净利润 = (20 000 − 4 000) + 3 500 = 19 500（万元）

⑦B公司支付给A公司的股息 = 19 500 × 50% = 9 750（万元）

（3）A公司在甲国的交税情况：

①A公司应承担的乙国B公司和丙国C公司的企业所得税 = [4 000 + 3 000 × (3 500 ÷ 7 000)] × (9 750 ÷ 19 500) = 2 750（万元）

②A公司来自乙国B公司和丙国C公司的税前应纳税所得额 = 9 750 + 2 750 = 12 500（万元）

③抵免限额 = 12 500 × 25% = 3 125（万元）

④可抵免税额：由于A公司已经承担乙国B公司和丙国C公司的企业所得税税款2 750万元，低于抵免限额，所以已经承担的税款都可以抵免，即可抵免税额为2 750万元。

⑤A公司实缴甲国企业所得税：(30 000 + 12 500) × 25% − 2 750 = 7 875（万元）

【计算问答题】（2016年）我国居民企业甲在境外进行了投资，相关投资架构及持股比例如下图：

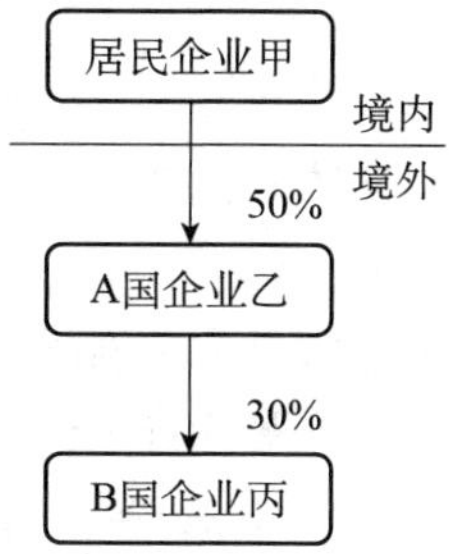

2015年经营及分配状况如下：

（1）B国企业所得税税率为30%，预提所得税税率为12%，丙企业应纳税所得总额800万元，丙企业将部分税后利润按持股比例进行了分配。

（2）A国企业所得税税率为20%，预提所得税税率为10%，乙企业应纳税所得总额（该应纳税所得总额已包含投资收益还原计算的间接税款）1 000万元，其中来自丙企业的投资收益100万元，按照12%的税率缴纳B国预提所得税12万元；乙企业在A国享受税收抵免后实际缴纳税款180万元，乙企业将全部税后利润按持股比例进行了分配。

（3）居民企业甲适用的企业所得税税率25%，其来自境内的应纳税所得额为2 400万元。

要求：根据上述资料，按照下列序号回答问题，如有计算需计算出合计数。

（1）简述居民企业可适用境外所得税收抵免的税额范围。

（2）判断企业丙分回企业甲的投资收益能否适用间接抵免优惠政策并说明理由。

（3）判断企业乙分回企业甲的投资收益能否适用间接抵免优惠政策并说明理由。

（4）计算企业乙所纳税额属于由企业甲负担的税额。

（5）计算企业甲取得来源于企业乙投资收益的抵免限额。

（6）计算企业甲取得来源于企业乙投

资收益的实际抵免额。

【答案】

（1）居民企业可以就其取得的境外所得直接缴纳和间接负担的境外企业所得税性质的税额进行抵免。

（2）这里不适用间接抵免的优惠政策。

理由：第二层是指单一第一层外国企业直接持有20%以上股份，且由单一居民企业直接持有或通过一个或多个符合规定持股条件的外国企业间接持有总和达到20%以上股份的外国企业；本题企业甲直接持有企业乙20%以上的股份，企业乙直接持有企业丙20%以上的股份，但企业甲间接持有企业丙股份为15%（50%×30%），不足20%，不能适用间接抵免的优惠政策。

（3）这里适用间接抵免的优惠政策。

理由：第一层是指单一居民企业直接持有20%以上股份的外国企业；本题境内企业甲直接持有企业乙的股份为50%超过20%，可以适用间接抵免的优惠政策。

（4）企业乙的税后利润 = 1 000 - 180 - 12 = 808（万元）

应由企业甲负担的税款 = （180 + 12 + 0）×（808 ×50%）/808 = 96（万元）

（5）企业甲取得的境外所得总额 = 808 ×50% + 96 = 500（万元）

抵免限额 = 500 ×25% = 125（万元）

考点10 一般反避税

（一）一般反避税

1. 一般反避税概述。

（1）界定。对企业实施的不具有合理商业目的而获取税收利益的避税安排，实施的特别纳税调整。

（2）下列情况不适用《一般反避税管理办法（试行）》（以下简称《办法》）：①与跨境交易或者支付无关的安排；②涉嫌逃避缴纳税款、逃避追缴欠税、骗税、抗税以及虚开发票等税收违法行为。

（3）避税安排的特征：①以获取税收利益为唯一目的或者主要目的；②以形式符合税法规定，但与其经济实质不符的方式获取税收利益。

2. 一般反避税调查。

主管税务机关实施一般反避税调查时，应当向被调查企业送达《税务检查通知书》。

被调查企业认为其安排不属于《办法》所称避税安排的，应当自收到《税务检查通知书》之日起60日内提供资料。

企业因特殊情况不能按期提供的，可以向主管税务机关提交书面延期申请，经批准可以延期提供，但是最长不得超过30日。

主管税务机关应当自收到企业延期申请之日起15日内书面回复。逾期未回复的，视同税务机关同意企业的延期申请。

（二）间接转让财产

非居民企业通过实施不具有合理商业目的的安排，间接转让中国居民企业股权等财产，规避企业所得税纳税义务的，应按照《企业所得税法》的有关规定，重新定性该间接转让交易，确认为直接转让中国居民企业股权等财产。

【例题·多选题】（2019年）间接转让中国应税财产的交易双方及被间接转让股权的中国居民企业可以向主管税务机关报告股权转让事项，并提交相关资料。以下各项资料中属于该相关资料的有（　　）。

A. 股权转让合同

B. 境外企业及直接或间接持有中国应税财产的下属企业上两个年度财务会计报表

C. 股权转让前后的企业股权架构图

D. 间接转让中国应税财产的交易双方公司的章程

【答案】ABC

【解析】间接转让中国应税财产的交易双方及被间接转让股权的中国居民企业可以向主管税务机关报告股权转让事项，并提交以下资料：（1）股权转让合同或协议（为外文文本的需同时附送中文译本，下同）。（2）股权转让前后的企业股权架构图。（3）境外企业及直接或间接持有中国应税财产的下属企业上两个年度财务、会计报表。（4）间接转让中国应税财产交易不适用第1项的理由。

考点11 特别纳税调整

（一）转让定价（后面介绍）

（二）成本分摊协议

企业与其关联方签署成本分摊协议，共同开发、受让无形资产，或者共同提供、接受劳务，应符合法律规定。

1. 参与方使用成本分摊协议所开发或受让的无形资产不需另支付特许权使用费。

2. 涉及劳务的成本分摊协议一般适用于集团采购和集团营销策划。

3. 企业与其关联方签署成本分摊协议，有下列情形之一的，其自行分摊的成本不得税前扣除：

（1）不具有合理商业目的和经济实质。

（2）不符合独立交易原则。

（3）没有遵循成本与收益配比原则。

（4）未按规定备案或准备、保存和提供有关成本分摊协议的同期资料。

（5）自签署成本分摊协议之日起经营期限少于20年。

【例题·多选题】（2016年）甲企业与其关联方签署了成本分摊协议，共同开发无形资产，并约定退出补偿时协议成果转让给关联方，该成本分摊协议符合独立交易原则，下列关于甲企业成本分摊的税务处理中，正确的有（　　）。

A. 协议停止时，应与关联方对已有协议成果作出合理分配

B. 按照协议分摊的成本，应在协议规定的各年度税前扣除

C. 退出协议时，该无形资产应按资产处置的税务规定处理

D. 涉及补偿调整的，应调整成本发生年度的应纳税所得额

【答案】ABC

【解析】对于符合独立交易原则的成本分摊协议，有关税务处理如下：（1）企业按照协议分摊的成本，应在协议规定的各年度税前扣除。（2）涉及补偿调整的，应在补偿调整的年度计入应纳税所得额。（3）涉及无形资产的成本分摊协议，加入支付、退出补偿或终止协议时对协议成果分配的，应按资产购置或处置的有关规定处理。选项D：涉及补偿调整的，应在补偿调整的年度计入应纳税所得额。

考点12 税基侵蚀和利润转移项目

1. BEPS十五项行动计划包括：

（1）数字经济；

（2）混合错配；

（3）受控外国公司规则；

（4）利息扣除；

（5）有害税收实践；

（6）税收协定滥用；

（7）常设机构；

（8）无形资产；

（9）风险和资本；

（10）其他高风险交易；

（11）数据统计分析；

（12）强制披露原则；

（13）转让定价同期资料；

（14）争端解决；

（15）多边工具。

【例题·单选题】（2020年）下列国际组织或机构中，发布《税基侵蚀和利润转移行动计划》的是（　　）。

A. 联合国

B. 世界银行

C. 经济合作与发展组织

D. 世界贸易组织

【答案】 C

【解析】 2013 年 6 月，经济合作与发展组织发布《税基侵蚀和利润转移行动计划》。

【例题·多选题】（2015 年）以下各项中，属于税基侵蚀和利润转移项目（BEPS）行动计划的有（　　）。

A. 数字经济

B. 有害税收实践

C. 数据统计分析

D. 实际管理机构规则

【答案】 ABC

【解析】 选项 D：实际管理机构规则不属于税基侵蚀和利润转移项目行动计划。

2. 税基侵蚀和利润转移项目成果有以下 15 项：

（1）《关于数字经济面临的税收挑战的报告》；

（2）《消除混合错配安排的影响》；

（3）《制定有效受控外国公司规则》；

（4）《对利用利息扣除和其他款项支付实现的税基侵蚀予以限制》；

（5）《考虑透明度和实质性因素有效打击有害税收实践》；

（6）《防止税收协定优惠的不当授予》；

（7）《防止人为规避构成常设机构》；

（8）~（10）《确保转让定价结果与价值创造相匹配》；

（11）《衡量和监控 BEPS》；

（12）《强制披露规则》；

（13）《转让定价文档与国别报告》；

（14）《使争议解决机制更有效》；

（15）《开发用于修订双边税收协定的多边工具》。

【例题·多选题】（2018 年）OECD 于 2015 年 10 月发布税基侵蚀和利润转移项目全部 15 项产出成果。下列各项中，属于该产出成果的有（　　）。

A.《防止税收协定优惠的不当授予》

B.《金融账户涉税信息自动交换标准》

C.《消除混合错配安排的影响》

D.《确保转让定价结果与价值创造相匹配》

【答案】 ACD

【解析】 选项 B：不是 OECD 于 2015 年 10 月发布税基侵蚀和利润转移项目全部 15 项产出成果。

考点 13 关联申报

1. 根据《企业所得税法》及其实施条例的规定，关联方是指与企业有下列关联关系之一的企业、其他组织或者个人：

（1）在资金、经营、购销等方面存在直接或者间接的控制关系。

（2）直接或者间接地同为第三者控制。

（3）在利益上具有相关联的其他关系。

2. 企业与其他企业、组织或者个人具有下列关系之一的，构成关联关系：

（1）一方直接或者间接持有另一方的股份总和达到 25% 以上（含 25%）；双方直接或者间接同为第三方所持有的股份达到 25% 以上。如果一方通过中间方对另一方间接持有股份，只要其对中间方持股比例达到 25% 以上，则其对另一方的持股比例按照中间方对另一方的持股比例计算。

（2）双方存在持股关系或者同为第三方持股，虽持股比例未达到第（1）项规定，但双方之间借贷资金总额占任一方实收资本比例达到 50% 以上，或者一方全部借贷资金总额的 10% 以上由另一方担保（与独立金融机构之间的借贷或者担保除外）。

（3）双方存在持股关系或者同为第三方持股，虽持股比例未达到第（1）项规定，但一方的生产经营活动必须由另一方提供专利权、非专利技术、商标权、著作权等特许权才能正常进行。

（4）双方存在持股关系或者同为第三方持股，虽持股比例未达到第（1）项规定，但一方的购买、销售、接受劳务、提供劳务等经营活动由另一方控制。

（5）一方半数以上董事或者半数以上高级管理人员（包括上市公司董事会秘书、经理、副经理、财务负责人和公司章程规定的其他人员）由另一方任命或者委派，或者同时担任另一方的董事或者高级管理人员；或者双方各自半数以上董事或者半数以上高级管理人员同为第三方任命或者委派。

（6）具有夫妻、直系血亲、兄弟姐妹以及其他抚养、赡养关系的两个自然人分别与双方具有第（1）至（5）项关系之一。

（7）双方在实质上具有其他共同利益。

除第（2）项规定外，上述关联关系年度内发生变化的，关联关系按照实际存续期间认定。

【例题·计算问答题】（2020年）甲公司为未在我国境内设立机构场所的非居民企业，2019年发生的与我国境内相关的部分业务如下：

（1）1月20日，向我国境内乙公司投资2 000万元，持有乙公司10%的股权。

（2）3月15日，委托我国境内丙公司，为其一项境外工程项目提供工程监理服务，合同注明价款为人民币80万元。

（3）6月20日，为乙公司的一笔借贷资金提供担保服务，该笔借贷资金占乙公司全部借贷资金的20%，取得不含增值税担保费收入20万元（该笔借贷资金来自于非金融机构）。

（4）12月30日，乙公司按持股比例向甲公司分派股息10万元。

（其他相关资料：假设1美元折合人民币7元。甲公司在中国境内无常设机构，不考虑税收协定因素）

要求：根据上述资料，按照下列序号回答问题，如有计算需计算出合计数。

（1）判断甲公司和乙公司是否构成关联关系并说明理由。

（2）判断丙公司是否需要缴纳增值税并说明理由。

（3）判断乙公司支付的担保费是否需要进行税务备案并说明理由。

（4）计算业务（4）中乙公司应代扣代缴的预提所得税。

【答案】

（1）甲公司和乙公司构成关联关系。

理由：双方存在持股关系或者同为第三方持股，虽持股比例未达到25%的规定比例，但双方之间借贷资金总额占任一方实收资本比例达到50%以上，或者一方全部借贷资金总额的10%以上由另一方担保（与独立金融机构之间的借贷或者担保除外）。

（2）不需要缴纳增值税。

理由：境内单位提供的工程项目在境外的工程监理服务，免征增值税。

（3）不需要进行税务备案。

理由：境内机构和个人向境外单笔支付等值5万美元以上（不含等值5万美元）的外汇资金，除无须进行税务备案的情形外，均应向所在地主管税务机关进行税务备案。

5万美元 $=5\times7=35$（万元人民币），乙公司支付的担保费20万元低于35万元，也就是低于5万美元，所以不需要进行税务备案。

（4）应代扣代缴的所得税 = 10 × 10% = 1（万元）。

考点 14 同期资料管理

同期资料包括主体文档、本地文档和特殊事项文档。

（一）主体文档

1. 符合下列条件之一的企业，应当准备主体文档：

（1）年度发生跨境关联交易，且合并该企业财务报表的最终控股企业所属企业集团已准备主体文档。

（2）年度关联交易总额超过 10 亿元。

2. 主体文档主要披露最终控股企业所属企业集团的全球业务整体情况，包括以下内容：

（1）组织架构。

（2）企业集团业务。

（3）无形资产。

（4）融资活动。

（5）财务与税务状况。

（二）本地文档

年度关联交易金额符合下列条件之一的企业，应当准备本地文档：

1. 有形资产所有权转让金额（来料加工业务按照年度进出口报关价格计算）超过 2 亿元。

2. 金融资产转让金额超过 1 亿元。

3. 无形资产所有权转让金额超过 1 亿元。

4. 其他关联交易金额合计超过 4 000 万元。

（三）豁免情形

1. 企业仅与境内关联方发生关联交易的，可以不准备主体文档、本地文档和特殊事项文档。

2. 企业执行预约定价安排的，可以不准备预约定价安排涉及关联交易的本地文档和特殊事项文档。

（四）时限及其他要求

主体文档应当在企业集团最终控股企业会计年度终了之日起 12 个月内准备完毕。

本地文档和特殊事项文档应当在关联交易发生年度次年 6 月 30 日之前准备完毕。

同期资料应当自税务机关要求之日起 30 日内提供。

【例题 · 单选题】（2018 年）关联交易同期资料中的主体文档，应当在企业集团最终控股企业会计年度终了之日起一定期限内准备完毕。这一期限为（　　）。

A. 15 个月　　B. 18 个月

C. 12 个月　　D. 24 个月

【答案】 C

【解析】 主体文档应当在企业集团最终控股企业会计年度终了之日起 12 个月内准备完毕。

考点 15 转让定价调整方法

转让定价调整方法包括可比非受控价格法、再销售价格法、成本加成法、交易净利润法、利润分割法和其他符合独立交易原则的方法。

【例题 · 单选题】（2021 年）以关联方购进商品再销售给非关联方的价格，减去可比非关联交易毛利后的金额，作为关联方购进商品的公平成交价格的转让定价方法是（　　）。

A. 利润分割法

B. 交易净利润法

C. 再销售价格法

D. 可比非受控价格法

【答案】 C

【解析】 选项 A：利润分割法根据企业与其关联方对关联交易合并利润（实际或者预计）的贡献计算各自应当分配的利润额。选项 B：交易净利润法以可比非关联交易的利润指标确定关联交易的利润。选项C：再销售价格法以关联方购进商品再销售给非关联方的价格减去可比非关联交易毛利后的金额作为关联方购进商品的公平成交价格。选项D：可比非受控价格法以非关联方之间进行的与关联交易相同或者类似业务活动所收取的价格作为关联交易的公平成交价格。

考点16 转让定价调查及调整

税务机关分析评估被调查企业关联交易是否符合独立交易原则时，可以根据实际情况选择算术平均法、加权平均法或者四分位法等统计方法，逐年分别或者多年度平均计算可比企业利润或者价格的平均值或者四分位区间。

税务机关应当按照可比利润水平或者可比价格对被调查企业各年度关联交易进行逐年测试调整。

税务机关采用四分位法分析评估企业利润水平时，企业实际利润水平低于可比企业利润率区间中位值的，原则上应当按照不低于中位值进行调整。

【例题·单选题】（2020年）预约定价安排中确定关联交易利润水平应采取的方法是（　　）。

A. 中位值法　　B. 百分位法

C. 八分位法　　D. 四分位法

【答案】D

【解析】预约定价安排采用四分位法确定价格或者利润水平，在预约定价安排执行期间，如果企业当年实际经营结果在四分位区间之外，税务机关可以将实际经营结果调整到四分位区间中位值。

考点17 情报交换

为了加强国际税务合作，规范国际税收情报交换（以下简称“情报交换”）工作，国家税务总局制定了《国际税收情报交换工作规程》。

要点	主要内容
时间	情报交换应在税收协定生效并执行以后进行，税收情报涉及的事项可以溯及税收协定生效并执行之前
我国主管当局	情报交换通过税收协定确定的主管当局或其授权代表进行。我国为国家税务总局
种类	包括专项情报交换、自动情报交换、自发情报交换以及同期税务检查、授权代表访问和行业范围情报交换等
范围	情报交换在税收协定规定的权利和义务范围内进行 除缔约国双方另有规定外，情报交换的范围一般为： （1）国家范围应仅限于与我国正式签订含有情报交换条款的税收协定并生效执行的国家。 （2）税种范围应仅限于税收协定规定的税种，主要为具有所得（和财产）性质的税种。 （3）人员的范围应仅限于税收协定缔约国一方或双方的居民。 （4）地域范围应仅限于缔约国双方有效行使税收管辖权的区域
应用	我国从缔约国主管当局获取的税收情报可以作为税收执法行为的依据，并可以在诉讼程序中出示

【例题·多选题】（2017年）下列关于税收情报交换的表述中，正确的有（　　）。

A. 税收情报应作密件处理

B. 税收情报涉及的事项可以溯及税收协定生效并执行之前

C. 税收情报交换在税收协定规定的权

利和义务范围内进行

D. 我国从缔约国主管当局获取的税收情报可以作为税收执法行为的依据

【答案】ABCD

【解析】以上选项均正确。

考点 18 海外账户税收遵从法案

美国《海外账户税收遵从法案》(FATCA) 的主要目的	追查全球范围内美国富人的逃避缴纳税款行为
FATCA 的实施模式	模式一：通过政府开展信息交换，包括互惠型和非互惠型两种子模式
	模式二：金融机构直接向美国税务机关报送信息
纳税人承担举证责任	举证责任最终仍由纳税人承担
FATCA 在中国的实施	2014 年 6 月，中国按照 FATCA 模式一中的互惠型子模式与美国签订政府间协议

如果某账户持有人不能证明自己并非美国纳税人或者无法向外国金融机构提供必要的证明文件，那么该账户持有人会被认定为“不合作账户持有人”，将被扣缴 30% 的预提所得税，并且将面临被关闭账户的风险。

【例题·单选题】(2016 年) 下列关于《海外账户税收遵从法案》的表述中，正确的是 (　　)。

A.《海外账户税收遵从法案》设定举证责任最终由纳税人承担

B.《海外账户税收遵从法案》的主要目的是追查全球企业避税情况

C.《海外账户税收遵从法案》仅适用于美国境内

D. 根据《海外账户税收遵从法案》被认定为“不合作账户持有人”将被扣缴 40% 的预提所得税

【答案】A

【解析】选项 B：《海外账户税收遵从法案》的主要目的是追查全球范围内美国富人的逃避缴纳税款行为。选项 C：《海外账户税收遵从法案》的适用范围远远超出美国辖区。选项 D：根据《海外账户税收遵从法案》被认定为“不合作账户持有人”将被扣缴 30% 的预提所得税。

考点 19 金融账户涉税信息自动交换标准

1. 金融账户涉税信息自动交换标准的产生和发展。

受 G20 委托，OECD 于 2014 年 7 月发布了《金融账户涉税信息自动交换标准》，获得当年 G20 布里斯班峰会的核准，为各国加强国际税收合作、打击跨境逃避税提供了强有力的工具。

2. 金融账户涉税信息自动交换标准在中国的实施。

经国务院批准，2014 年 9 月，我国在 G20 财政部长和央行行长会议上承诺将实施 AEOI 标准，旨在通过加强全球税收合作提高税收透明度，打击利用海外账户逃避税行为。

【例题·单选题】(2017 年) 下列国际组织或机构中，发布了《金融账户涉税信息自动交换标准》的是 (　　)。

A. 联合国

B. 世界银行

C. 经济合作与发展组织

D. 世界贸易组织

【答案】C

【解析】受 G20 委托，OECD 于 2014 年 7 月发布了《金融账户涉税信息自动交换标准》，获得当年 G20 布里斯班峰会的核准，为各国加强国际税收合作、打击跨境逃避税提供了强有力的工具。

通关演练

一、单项选择题

1. 在国际税收实践中，处于优先地位的税收管辖权是（　　）。

A. 居民税收管辖权

B. 来源地税收管辖权

C. 公民税收管辖权

D. 居民和公民税收管辖权

2. 税收抵免方法中的间接抵免适用于（　　）。

A. 母子公司之间　B. 总分公司之间

C. 民营公司之间　D. 独立公司之间

3. 某居民企业 2021 年度境内所得应纳税所得额为 400 万元，在全年已预缴税款 25 万元，来源于境外某国税前所得 100 万元，境外实纳税款 20 万元，该企业当年应补（退）的税款为（　　）万元。

A. 50　B. 60

C. 70　D. 80

4. 中国一家船舶公司经营中国至新加坡之间的国际运输业务所取得的利润，应在（　　）征税。

A. 中国　B. 两国均征税

C. 新加坡　D. 两国均不征税

5. 在中国境内设立的某常驻代表机构，因会计账簿不健全，不能正确核算收入总额和成本费用，但经费支出总额 75 万元核算是正确的，税务机关决定按照核定的方法征收企业所得税，税务机关核定的利润率为 20%。则该常驻代表机构应缴纳的企业所得税为（　　）万元。

A. 2.5　B. 4.69

C. 10　D. 20

6. 境内某居民企业在 A 国开设一家分公司，按 A 国法律规定，计算当期利润年度为每年 10 月 1 日至次年 9 月 30 日。那么 2020 年 12 月 1 日至 2021 年 9 月 30 日这一利润年度并入中国（　　）计算纳税及境外税额抵免。

A. 2020 年度

B. 2021 年度

C. 选择并入 2020 或 2021 年度

D. 按比例分别并入 2020、2021 年度

7. 某公司注册资本为 200 万元。2021 年由于生产经营需要，该公司向其母公司借款 400 万元，母公司为其担保向其他企业借款 300 万元，使用期限均为 3 个月（2021 年 6 月 1 日至 8 月 31 日），按照金融机构同期同类贷款利率 6%，共支付利息 10.5 万元。假设该公司 2021 年全年各月的所有者权益：实收资本为 200 万元，资本公积为 20 万元，盈余公积为 10 万元，未分配利润为 -20 万元。本年度该公司无其他关联方借款，则税前允许扣除的利息为（　　）万元。

A. 0　B. 6.6

C. 8　D. 10.5

8. 某外国公司实际管理机构不在中国境内，也未在中国设立机构场所，2021 年从中国境内某企业获得专有技术使用权转让收入 200 万元，该技术的成本 80 万元，从外商投资企业取得投资收益 300 万元，此外转让其在中国境内的房屋一栋，转让收入 3 000 万元，原值 1 000 万元，已提折旧 600 万元。则该外国公司 2021 年应当向我国缴纳的企业所得税为（　　）万元。

A. 50　　B. 250

C. 310　　D. 350

9. 甲企业销售一批货物给乙企业，该销售行为取得利润20万元；乙企业将该批货物销售给丙企业，取得利润200万元。税务机关经过调查后认定甲企业和乙企业之间存在关联交易，将200万元的利润按照6∶4的比例在甲和乙之间分配。该调整方法是（　　）。

A. 利润分割法

B. 再销售价格法

C. 交易净利润法

D. 可比非受控价格法

10. 某居民企业2021年境内生产经营应纳税所得额为500万元，适用15%的企业所得税税率。该企业在A国设有甲分支机构，甲分支机构的应纳税所得额为50万元，甲分支机构适用20%的企业所得税税率，甲分支机构按规定在A国缴纳了企业所得税，该企业在我国应汇总缴纳的企业所得税是（　　）万元。

A. 75　　B. 77.5

C. 127.5　　D. 172.5

11. 甲、乙两家企业是关联企业。2021年5月1日，乙企业从甲企业借款3 000万元，期限半年，双方约定按照金融企业同类同期贷款年利率8%结算利息，乙企业无其他关联方债权性投资。乙企业注册资本为200万元，所有者权益构成为：实收资本200万元，资本公积100万元，未分配利润－50万元。则2021年不得扣除的关联方借款利息为（　　）万元。

A. 0　　B. 72

C. 88　　D. 120

12. 世界上第一个国际税收协定是由（　　）两个国家在1843年签订的。

A. 比利时和法国　B. 法国和德国

C. 德国和奥地利　D. 英国和法国

13. 在我国境内未设机构、场所的外国公司向我国企业转让生产设备的所得，应该（　　）。

A. 按转让收入全额的10%计算企业所得税

B. 按转让收入减除财产原值后的10%计算企业所得税

C. 按转让收入减除财产净值后的10%计算企业所得税

D. 免征企业所得税

14. 境内甲公司在A国有一分支机构，2021年甲公司境内所得100万元，A国分支机构亏损160万元。则分支机构的亏损额中可以无限期向后结转弥补的是（　　）万元。

A. 0　　B. 60

C. 100　　D. 160

15. 境内甲公司适用的企业所得税税率为25%，2021年度取得境内应纳税所得额100万元，境外分公司应纳税所得额200万元，在境外已缴纳企业所得税40万元。2021年度甲公司汇总纳税时实际在我国应缴纳企业所得税（　　）万元。

A. 25　　B. 35

C. 55　　D. 65

16. 中国居民企业A公司，在乙国投资设立了B公司。乙国政府与我国签订了税收协定，乙国政府为鼓励境外投资，对B公司第一个获利年度给予免征企业所得税的优惠。乙国企业所得税税率为30%，A公司当年获得B公司分得的利润800万元。A公司当年取得境内所得1 000万元，按照饶让抵免法，则A公司当年实际在我国应纳企业所得税为（　　）万元。（假设不考虑预提所得税）

A. 175　　B. 220

C. 250　　D. 345

17. 企业与其他企业、组织或个人的下

列情形中，视为有关联关系的是（　　）。

A. 一方直接或间接持有另一方的股份总和达到10%，或者双方直接或间接同为第三方所持有的股份达到10%

B. 一方直接或间接持有另一方的股份总和达到15%，或者双方直接或间接同为第三方所持有的股份达到15%

C. 一方直接或间接持有另一方的股份总和达到20%，或者双方直接或间接同为第三方所持有的股份达到20%

D. 一方直接或间接持有另一方的股份总和达到25%，或者双方直接或间接同为第三方所持有的股份达到25%

18. 根据国际税收协定管理的相关规定，下列各项中，不属于受益所有人的是（　　）。

A. 对所得具有所有权和支配权的人

B. 对所得据以产生的权利具有所有权和支配权的人

C. 对所得据以产生的财产具有所有权和支配权的人

D. 代理人

19. 同期资料应当自税务机关要求之日起（　　）日内提供。企业因不可抗力无法按期提供同期资料的，应当在不可抗力消除后（　　）日内提供同期资料。

A. 20；10　　B. 30；20

C. 30；30　　D. 60；30

20. 一般适用于再销售者未对商品进行改变外形、性能、结构或者更换商标等实质性增值加工的简单加工或者单纯购销业务的转让定价方法是（　　）。

A. 可比非受控价格法

B. 再销售价格法

C. 成本加成法

D. 交易净利润法

21. 税务机关分析评估被调查企业为其关联方提供的来料加工业务，在可比企业不是相同业务模式，且业务模式的差异会对利润水平产生影响的情况下，应当对业务模式的差异进行调整，还原其不作价的来料和设备价值。企业提供真实完整的来料加工产品整体价值链的相关资料，能够反映各关联方总体利润水平的，税务机关可以就被调查企业与可比企业因料件还原产生的资金占用差异进行可比性调整，利润水平调整幅度超过（　　）的，应当重新选择可比企业。

A. 20%　　B. 15%

C. 10%　　D. 5%

22. 下列各项关于特别纳税调整程序的表述中，不正确的是（　　）。

A. 企业收到《特别纳税调查初步调整通知书》后有异议的，应当自收到通知书之日起7日内书面提出

B. 企业在《特别纳税调查调整通知书》送达前缴纳或者送达后补缴税款的，应当自税款所属纳税年度的次年6月1日起至缴纳或者补缴税款之日止计算加收利息

C. 被调查企业在税务机关实施特别纳税调查调整期间申请变更经营地址或者注销税务登记的，税务机关在调查结案前原则上不予办理税务变更、注销手续

D. 企业收到《特别纳税调查调整通知书》后有异议的，无须先行缴纳税款，可直接申请行政复议

23. 预约定价安排一般适用于主管税务机关向企业送达接收其谈签意向的《税务事项通知书》之日所属纳税年度前（　　）年度每年度发生的关联交易金额（　　）人民币以上的企业。

A. 1个；4 000万元

B. 2个；1个亿

C. 3个；4 000万元

D. 3个；1个亿

24. 截至2020年4月底，我国已对外正式签署（ ）个避免双重征税协定，其中（ ）个协定已生效，和香港、澳门两个特别行政区签署了税收安排，与台湾地区签署了税收协议。

A. 106；100　　B. 107；101

C. 108；102　　D. 109；103

25. 境外投资者按照规定可以享受暂不征收预提所得税政策但未实际享受的，可在实际缴纳相关税款之日起（ ）年内申请追补享受该政策，退还已缴纳的税款。

A. 1　　B. 2

C. 3　　D. 5

26. 境外投资者通过股权转让、回购、清算等方式实际收回享受暂不征收预提所得税政策待遇的直接投资，在实际收取相应款项后（ ）日内，按规定程序向税务部门申报补缴递延的税款。

A. 7　　B. 15

C. 30　　D. 60

27. 受G20委托，下列的机构或者组织中，于2014年7月发布了《金融账户涉税信息自动交换标准》的是（ ）。

A. 联合国

B. 经济合作与发展组织

C. 世界货币基金组织

D. 世界贸易组织

二、多项选择题

1. 国际税收协定的主要内容有（ ）。

A. 协定适用范围

B. 基本用语的定义

C. 对所得和财产的课税

D. 避免双重征税的办法

2. 根据税收协定，双重居民身份下最终居民身份的判定有（ ）。

A. 血缘关系　　B. 永久性住所

C. 重要利益中心　　D. 习惯性居处

3. 中新税收协定中，常设机构是指企业进行全部或部分营业的固定营业场所。通常情况下，应具备的特点有（ ）。

A. 该营业场所是实质存在的

B. 该营业场所是相对固定的，并且在时间上具有一定的持久性

C. 全部的营业活动是通过该营业场所进行的

D. 部分的营业活动是通过该营业场所进行的

4. 下列关于中新税收协定中常设机构的说法，正确的有（ ）。

A. 常设机构是企业进行全部或部分营业的固定营业场所，该营业场所是实质存在的，但这类场所应有规模或范围上的限制

B. 承包工程下常设机构包括建筑工地，建筑、装配或安装工程，或者与其有关的监督管理活动，但仅以该工地、工程或活动连续6个月以上为限

C. 企业通过雇员或雇佣的其他人员在缔约国一方提供的劳务活动，但仅以该性质的活动在任何12个月中连续或累计超过183天以上为限

D. 缔约国一方企业在缔约国另一方仅由于仓储、展览、采购及信息收集等活动的目的设立的具有准备性或辅助性的固定场所，也应认定为常设机构

5. 根据常设机构的特点，下列场所中属于常设机构的有（ ）。

A. 某办事处在同一个宾馆内租用不同楼层的房间进行营业活动

B. 某商人在同一个商场内的不同地点设立摊位进行营业活动

C. 某安装公司在一建筑工地从事安装工程，期限为4个月

D. 某安装公司在一建筑工地从事安装

工程，期限为 8 个月

6. 中新税收协定中，常设机构不包括的有（　　）。

A. 专为储存、陈列或者交付本企业货物或者商品的目的而使用的设施

B. 专为储存、陈列或者交付的目的而保存本企业货物或者商品的库存

C. 专为另一企业加工的目的而保存本企业货物或者商品的库存

D. 专为本企业进行其他准备性或辅助性活动的目的所设的固定营业场所

7. 下列项目中，属于可以在缔约国另一方征税的有（　　）。

A. 缔约国一方居民转让位于缔约国立方的不动产取得的收益

B. 缔约国一方的企业转让其在缔约国另一方的常设机构营业财产的动产

C. 缔约国居民在经营国际运输的飞机受雇活动取得的报酬

D. 缔约国居民在经营国际运输的船舶受雇活动取得的报酬

8. 国际重复征税的经济影响有（　　）。

A. 加重了跨国纳税人的税收负担，影响投资者对外投资的积极性

B. 违背了税收公平原则

C. 阻碍国际经济合作与发展

D. 影响有关国家之间的财权利益关系

9. 国际重复征税消除的主要方法有（　　）。

A. 免税法　　B. 抵免法

C. 直接抵免　　D. 间接抵免

10. 下列关于《经合组织范本》的表述中，正确的有（　　）。

A. 主导思想强调的是居民税收管辖权

B. 其基本前提包括居住国应通过抵免法或免税法消除双重征税

C. 多为发展中国家所采用作为签订税收协定的依据

D. 其主要目的是为了促进经合组织成员国之间国际税收协定的签订

11. 在中国境内未设立机构、场所的非居民企业从中国境内取得的收入，按全额作为企业所得税应纳税所得额的有（　　）。

A. 股息收入

B. 特许权使用费收入

C. 租金收入

D. 财产转让收入

12. 企业与其关联方签署成本分摊协议，下列属于其自行分摊的成本不得税前扣除的情形的有（　　）。

A. 不具有合理商业目的和经济实质

B. 不符合独立交易原则

C. 没有遵循成本与收益配比原则

D. 自签署成本分摊协议之日起经营期限少于 10 年

13. 转让定价调查应重点选择的企业有（　　）。

A. 长期亏损的企业

B. 低于同行业利润水平的企业

C. 利润水平与其所承担的功能风险明显不相匹配的企业

D. 与避税港关联方发生业务往来的企业

14. 缔约国一方居民因在缔约国另一方从事受雇的活动取得的报酬，同时具有以下（　　）条件的，应仅在该缔约国一方征税。

A. 收款人在任何 12 个月中在该缔约国另一方停留连续或累计不超过 183 天

B. 该项报酬由并非该缔约国另一方居民的雇主支付或代表该雇主支付

C. 该项报酬不是由雇主设在该缔约国另一方的常设机构或固定基地所负担

D. 收款人在任何 12 个月中在该缔约

国另一方停留连续或累计超过183天

15. 税务机关应当以具有合理商业目的和经济实质的类似安排为基准，按照实质重于形式的原则实施特别纳税调整。调整方法包括（　　）。

A. 对安排的部分交易重新定性

B. 对安排的全部交易重新定性

C. 在税收上否定交易方的存在

D. 对相关所得、扣除、税收优惠、境外税收抵免等重新定性

16. 企业与其关联方签署成本分摊协议其自行分摊的成本不得税前扣除的情形有（　　）。

A. 具有合理商业目的和经济实质

B. 不符合独立交易原则

C. 没有遵循成本与收益配比原则

D. 未按有关规定备案或准备、保存和提供有关成本分摊协议的同期资料

17. 中国居民企业股东能够提供资料证明其控制的外国企业满足规定条件的，可免于将外国企业不作分配或减少分配的利润视同股息分配额，计入中国居民企业股东的当期所得，下列属于规定的条件的有（　　）。

A. 设立在国家税务总局指定的非低税率国家

B. 主要取得积极经营活动所得

C. 年度利润总额低于500万元人民币

D. 年度利润总额低于1 000万元人民币

18. 税务机关实施特别纳税调查，应当重点关注的企业具有的风险特征包括（　　）。

A. 关联交易金额较大或者类型较多

B. 利润水平与其所承担的功能风险不相匹配

C. 从其关联方接受的债权性投资与权益性投资的比例超过规定标准

D. 由居民企业和中国居民控制的设立在实际税负低于12.5%的国家（地区）的企业，并且由于合理的经营需要而对利润减少分配

19. 转让定价方法包括可比非受控价格法、再销售价格法、成本加成法、交易净利润法、利润分割法及其他符合独立交易原则的方法，其中其他符合独立交易原则的方法包括（　　）。

A. 成本法　　B. 市场法

C. 费用法　　D. 收益法

20. 符合下列条件的企业，应当准备主体文档的有（　　）。

A. 金融资产转让金额超过1亿元

B. 无形资产所有权转让金额超过1亿元

C. 年度关联交易总额超过10亿元

D. 年度发生跨境关联交易，且合并该企业财务报表的最终控股企业所属企业集团已准备主体文档

21. 符合下列条件的企业，应当准备本地文档的有（　　）。

A. 金融资产转让金额超过1亿元

B. 无形资产所有权转让金额超过1亿元

C. 有形资产所有权转让金额超过2亿元

D. 其他关联交易金额合计超过4 000万元

22. 下列关于同期资料管理的相关时限要求符合规定的有（　　）。

A. 主体文档应当在企业集团最终控股企业会计年度终了之日起12个月内准备完毕

B. 本地文档和特殊事项文档应当在关联交易发生年度次年6月30日之前准备完毕

C. 同期资料应当自税务机关要求之日

起30日内提供

D. 企业因不可抗力无法按期提供同期资料的，应当在不可抗力消除后10日内提供同期资料

23. 境内单位和个人对外支付下列外汇资金时，无须办理和提交《服务贸易等项目对外支付税务备案表》的有（　　）。

A. 外汇指定银行自身对外融资支付的利息

B. 我国县级政府对外无偿捐赠援助资金

C. 境内个人境外旅游因私用汇

D. 进口贸易项下境外机构获得的国际运输费用

24. 下列申请人从中国取得的所得为股息时，可不根据规定的因素进行综合分析，直接判定申请人具有“受益所有人”身份的有（　　）。

A. 缔约对方政府

B. 缔约对方居民且在缔约对方上市的公司

C. 缔约对方居民个人

D. 被缔约对方政府直接持有100%股份的公司

25. 下列关于税收情报保密的规定中，说法正确的有（　　）。

A. 机密级情报保密期限一般为30年

B. 税收情报应作密件处理

C. 税收情报在诉讼程序中作为证据使用时，税务机关应根据行政诉讼法等法律规定，向法庭申请不在开庭时公开质证

D. 税收情报事项涉及偷税等严重违反税收法律法规的行为的，应确定为绝密级

26. 下列各项中，属于BEPS行动计划的有（　　）。

A. 混合错配

B. 有害税收实践

C. 数据统计分析

D. 强制披露原则

三、计算问答题

1. 甲国一居民企业在2021年纳税年度应纳税所得额为2 000万元。其中，来自本国所得1 600万元，来自乙国（来源国）分公司所得400万元。采用直接抵免法计算。

要求：根据上述资料，按照下列序号回答问题，如有计算需计算出合计数。

（1）当甲国适用税率为30%、乙国适用税率为30%时，计算该公司应向甲国缴纳的企业所得税。

（2）当甲国适用税率为30%、乙国适用税率为20%时，计算该公司应向甲国缴纳的企业所得税。

（3）当甲国适用税率为30%、乙国适用税率为40%时，计算该公司应向甲国缴纳的企业所得税。

2. 外国甲公司2021年为中国乙公司提供产品设计服务，为开展工作在乙公司所在市区租赁一办公场地，其服务情况如下：

（1）1月6日，甲公司与乙公司签订服务合同，确定产品设计服务相关内容，合同约定服务期限为7个月，服务所产生的税费由税法规定的纳税人缴纳，合同服务费用为600万元（不含增值税），此外甲公司向乙公司另行收取项目所产生的增值税。

（2）1月13日，甲公司从国外派遣的人员到达乙公司并开展相关服务工作。

（3）8月4日，乙公司对甲公司提供的服务进行验收，通过确认项目完工。

（4）8月6日，甲公司所派遣的员工全部离开中国。

（5）8月7日，乙公司向甲公司全额付款。

（6）项目开展期间，甲公司派遣至中国境内的人员与境外人员协调开展工作，

在中国境内产生成本费用为360万元。

（其他相关资料：税务机关对甲公司采取按成本费用核定应纳税所得额的方法计征企业所得税，核定甲公司利润率15%，甲公司符合增值税一般计税方法，项目期间的采购甲公司均未取得增值税专用发票）

要求：根据上述资料，按顺序回答下列问题，如有计算需计算出合计数。

（1）回答甲公司应申请税务登记的期限。

（2）回答甲公司应申报注销税务登记的期限。

（3）计算甲公司应纳的企业所得税。

（4）计算甲公司应纳的增值税。

（5）计算甲公司应纳的城市维护建设税、教育费附加、地方教育附加。

3. 境外某电子产品制造公司为扩展中国业务，2021年初设立上海代表处作为常驻代表机构，主要从事与总公司产品销售、境内采购有关的联络活动以及中国市场调查、展示活动。2022年4月，主管税务机关进行税务检查时发现代表处账簿设置不健全，收入无法查实，但经费支出项目记载完整，决定采用税法规定的最低利润率对该代表处2021年应纳企业所得税进行核定征收。2021年该代表处发生的相关事项如下：

（1）1月对租赁的办公场所进行装修，发生装修费用6万元，租期为5年；3月购进办公用电脑一批，支出12万元。

（2）5月通过红十字会向我国某地震灾区捐款16万元。

（3）8月为总公司从苏州购买样品，支付样品费和运输费用10万元；同月领取总公司运至上海的样品并支付报关费、仓储费8万元；为总公司投标某楼宇智能系统购买标书支出1万元。

（4）全年发生交际应酬费用30万元，人员工资、福利费用45万元。

（5）通过调取银行对账单，得知代表处2020年银行账户存款的利息收入为15万元。

要求：根据以上资料，按照下列序号回答问题，如有计算需计算出合计数。

（1）核定征收2021年企业所得税时，可计入经费支出的固定资产购置费、装修费。

（2）核定征收2021年企业所得税时，可计入经费支出的捐赠支出。

（3）核定征收2021年企业所得税时，该代表处经费支出总额。

（4）经核定征收，2021年该代表处应缴纳企业所得税。

4. 某市家用电器生产企业为增值税一般纳税人（居民企业），2021年度发生相关业务如下：

（1）销售产品取得不含税销售额8 000万元，债券利息收入240万元（其中国债利息收入30万元）；应扣除的销售成本5 100万元，缴纳增值税600万元、城市维护建设税及教育费附加60万元。

（2）发生销售费用1 000万元，其中广告费用和业务宣传费用800万元；发生财务费用200万元，其中支付向其他企业借款2 000万元一年的利息160万元（同期银行贷款利率为5%）；发生管理费用1 100万元，其中用于新产品、新工艺研制而实际支出的研究开发费用400万元。

（3）2019年度、2020年度经税务机关确认的亏损额分别为70万元和40万元。

（4）2021年在A、B两国分别设立了三个全资子公司，其中在A国设立了甲、乙两个公司，在B国设立了丙公司。甲公司应纳税所得额781万元（人民币，下同），乙公司应纳税所得额－213万元，丙公司应纳税所得额355万元。甲公司在A

国按30%的所得税税率缴纳了所得税；丙公司在B国按24%的税率缴纳了所得税。

（已知：甲、丙公司税后利润全部汇回）

要求：根据上述资料，按下列序号计算回答问题，如有计算需计算出合计数：

（1）计算应纳税所得额时准予扣除的销售费用。

（2）计算应纳税所得额时准予扣除的财务费用。

（3）计算2021年境内应纳税所得额。

（4）计算2021年境内、外所得的应纳所得税额。

（5）计算从A国分回的境外所得应予抵免的税额。

（6）计算从B国分回的境外所得应予抵免的税额。

（7）计算2021年实际应缴纳的企业所得税。

5. 外国甲公司（非居民企业）2021年为中国上海的乙公司提供内部控制咨询服务，2021年1月在上海市租赁办公场所，并办理了税务登记，具体业务情况如下：

（1）1月5日，甲公司与乙公司签订服务合同，确定管理咨询服务具体内容，合同约定服务期限为8个月，服务收费为人民币1 200万元（含增值税），所涉及的税费由税法确定的纳税人一方缴纳。

（2）9月15日，乙公司对甲公司的工作成果进行验收，通过后确认项目完工，9月24日，乙公司向甲公司全额付款。

其他相关资料：主管税务机关对甲公司采用“按收入总额核定应纳税所得额”的方法计征企业所得税，并核定利润率15%；甲公司适用增值税一般计税方法；甲公司为此项目进行的采购均未取得增值税专用发票，企业所得税按季申报。

要求：根据上述资料，按照下列序号回答问题，如有计算需计算出合计数。

（1）请计算甲公司应缴纳的企业所得税。

（2）请计算甲公司应缴纳的增值税。

（3）请计算甲公司应缴纳的城市维护建设税、教育费附加及地方教育附加。

（4）请说明甲公司企业所得税税款的申报时间。

6. 我国境内居民企业A企业，适用企业所得税税率25%，2021年境内所得为8 000万元，在甲乙两国分别设有分支机构，取得甲国分支机构税后经营所得900万元，甲国分支机构所在国企业所得税税率为20%，该分支机构享受了该国减半征收所得税的优惠。乙国分支机构取得特许权使用费所得2 000万元，利息所得1 000万元，分支机构所在国企业所得税税率为30%，已按该国要求缴纳了税款，但所得未汇回中国境内。

（采用分国不分项计算方法，不考虑预提所得税和税收饶让的影响）

要求：根据上述资料，按照下列序号回答问题，如有计算需计算出合计数。

（1）计算该企业2021年来源于甲国分支机构的应纳税所得额。

（2）计算该企业2021年来源于乙国分支机构的应纳税所得额。

（3）分别计算该企业2021年甲乙两国分支机构所得的抵免限额。

（4）计算该企业2021年实际应缴纳企业所得税。

7. 我国某居民企业（甲公司）在乙国设立一家持股80%的子公司（乙公司），2021年该企业计算的境内利润总额4 000万元。收到乙国子公司投资收益1 900万元，子公司已在乙国缴纳企业所得税1 000万元，子公司当年税后利润全部按持股比例分配，乙国预提所得税率5%。

（注：该居民企业适用25%的企业所得税率，无纳税调整金额，境外已纳税额选择分国不分项抵免方式）

要求：根据上述资料，按照下列序号回答问题，如有计算需计算出合计数。

（1）请计算2021年该居民企业来源于子公司投资收益的境外实际缴纳税额。

（2）2021年该居民企业来源于子公司的应纳税所得额。

（3）请计算2021年该居民企业子公司境外所得税的抵免限额。

（4）请计算2021年该居民企业实际缴纳企业所得税。

答案及解析

一、单项选择题

1.【答案】B

【解析】在国际税收实践中，处于优先地位的税收管辖权是来源地税收管辖权。

2.【答案】A

【解析】税收抵免方法中的间接抵免适用于母子公司之间。

3.【答案】D

【解析】该企业汇总纳税应纳税额 =（400 + 100）× 25% = 125（万元），境外已纳税款扣除限额 = 125 × 100 ÷（400 + 100）= 25（万元），境外实纳税额20万元，可全额扣除。境内已预缴25万元，则汇总纳税应纳所得税额 = 125 − 20 − 25 = 80（万元）。

4.【答案】A

【解析】缔约国一方企业以船舶或飞机经营国际运输业务取得的利润，应仅在该缔约国征税，在缔约国另一方予以免税。

5.【答案】B

【解析】应纳税所得额 = 经费支出总额 ÷（1 − 经税务机关核定的利润率）× 经税务机关核定的利润率 = 75 ÷（1 − 20%）× 20% = 18.75（万元）；应纳所得税额 = 18.75 × 25% = 4.69（万元）。

6.【答案】B

【解析】企业就其在境外设立的不具有独立纳税地位的分支机构每一纳税年度的营业利润，计入企业当年度应纳税所得总额时，如果分支机构所在国纳税年度的规定与我国规定的纳税年度不一致的，在确定该分支机构境外某一年度的税额如何对应我国纳税年度进行抵免时，境外分支机构按所在国规定计算生产经营所得的纳税年度与其境内总机构纳税年度相对应的纳税年度，应为该境外分支机构所在国纳税年度结束日所在的我国纳税年度。因此该分公司按A国规定计算2020年10月1日至2021年9月30日期间的营业利润及其已纳税额，应在我国2021年度计算纳税及境外税额抵免。

7.【答案】D

【解析】不得税前扣除利息支出 = 年度实际支付的全部关联方利息 ×（1 − 标准比例 ÷ 关联债资比例）。关联债资比例 =（700 × 3）÷（220 × 12）= 0.8。如果所有者权益小于实收资本（股本）与资本公积之和，则权益投资为实收资本（股本）与资本公积之和。由于关联债资比小于标准比例，所以关联企业借款利息可以不受本金制约，只要利率不超过银行基准利率，可以全额扣除。

8.【答案】C

【解析】对于在中国境内未设立机构、场所的，或者虽设立机构、场所但取得的所得与其所设机构、场所没有实际联系的非居民企业的所得，按照下列方法计算应纳税所得额：股息、红利等权益性投资收益和利息、租金、特许权使用费所得，以收入全额为应纳税所得额。转让财产所得，以收入全额减除财产净值后的余额为应纳税所得额。应缴纳企业所得税 =（200 + 300）× 10% +［3 000 -（1 000 - 600）］× 10% = 310（万元）。

9.【答案】A

【解析】利润分割法是指根据企业与其关联方对关联交易合并利润的贡献计算各自应该分配的利润额。

10.【答案】B

【解析】A 国的扣除限额 =（500 + 50）× 25% × 50 ÷（500 + 50）= 12.5（万元）。在 A 国实际缴纳的所得税 = 50 × 20% = 10（万元），小于抵扣限额，需要补税。企业在我国应汇总缴纳的企业所得税 = 500 × 15% +（50 × 25% - 10）= 77.5（万元）。

11.【答案】B

【解析】实际支付的关联方利息为 120 万元；关联债资比例 =（3 000 × 6）÷（300 × 12）= 5；不得扣除利息支出 = 120 ×（1 - 2 ÷ 5）= 72（万元）。

12.【答案】A

【解析】世界上最早的国际税收协定是 1843 年比利时和法国政府签订的，德国和奥地利在 1899 年也签订了税收协定。

13.【答案】C

【解析】现行税法规定，非居民企业转让财产所得以收入全额减除财产净值后的余额为应纳税所得额。

14.【答案】C

【解析】如果企业当期境内外所得盈利额与亏损额加总后和为负数，则以境外分支机构的亏损额（160 万元）超过企业盈利额（100 万元）部分的实际亏损额（60 万元），按规定的期限进行亏损弥补，未超过企业盈利额部分的非实际亏损额（100 万元）仍可无限期向后结转弥补。

15.【答案】B

【解析】境外所得的抵免限额 = 200 × 25% = 50（万元）> 在境外实际缴纳税额 40 万元，需要在我国补缴企业所得税 = 50 - 40 = 10（万元），2021 年度甲公司汇总纳税时实际在我国应缴纳企业所得税 = 100 × 25% + 10 = 35（万元）。

16.【答案】C

【解析】抵免限额 = 800 × 25% = 200（万元）；境外饶让优惠视同纳税 = 800 × 30% = 240（万元）；200 万元 < 视同纳税 240 万元，可抵免 200 万元；A 公司当年实际在我国应纳企业所得税 =（1 000 + 800）× 25% - 200 = 250（万元）。

17.【答案】D

【解析】一方直接或间接持有另一方的股份总和达到 25% 以上，或者双方直接或间接同为第三方所持有的股份达到 25% 以上的，可以视为企业与其他企业、组织或个人有关联关系。若一方通过中间方对另一方间接持有股份，只要其对中间方持股比例达到 25% 以上，则其对另一方的持股比例按照中间方对另一方的持股比例计算。

18.【答案】D

【解析】代理人或指定收款人等不属于"受益所有人"。

19.【答案】C

【解析】同期资料应当自税务机关要求之日起 30 日内提供。企业因不可抗力无法按期提供同期资料的，应当在不可抗力消除后 30 日内提供同期资料。

20.【答案】B

【解析】再销售价格法以关联方购进商品再销售给非关联方的价格减去可比非关联交易毛利后的金额作为关联方购进商品的公平成交价格。一般适用于再销售者未对商品进行改变外形、性能、结构或者更换商标等实质性增值加工的简单加工或者单纯购销业务。

21. 【答案】C

【解析】企业提供真实完整的来料加工产品整体价值链的相关资料，能够反映各关联方总体利润水平的，税务机关可以就被调查企业与可比企业因料件还原产生的资金占用差异进行可比性调整，利润水平调整幅度超过10%的，应当重新选择可比企业。

22. 【答案】D

【解析】企业收到《特别纳税调查调整通知书》后有异议的，可以在依照《特别纳税调查调整通知书》缴纳或者解缴税款、利息、滞纳金或者提供相应的担保后，依法申请行政复议。

23. 【答案】C

【解析】预约定价安排一般适用于主管税务机关向企业送达接收其谈签意向的《税务事项通知书》之日所属纳税年度前3个年度每年度发生的关联交易金额4 000万元人民币以上的企业。

24. 【答案】B

【解析】截至2020年4月底，我国已对外正式签署107个避免双重征税协定，其中101个协定已生效，和香港、澳门两个特别行政区签署了税收安排，与台湾地区签署了税收协议。

25. 【答案】C

【解析】境外投资者按照规定可以享受暂不征收预提所得税政策但未实际享受的，可在实际缴纳相关税款之日起3年内申请追补享受该政策，退还已缴纳的税款。

26. 【答案】A

【解析】境外投资者通过股权转让、回购、清算等方式实际收回享受暂不征收预提所得税政策待遇的直接投资，在实际收取相应款项后7日内，按规定程序向税务部门申报补缴递延的税款。

27. 【答案】B

【解析】受G20委托，经济合作与发展组织（OECD）于2014年7月发布了《金融账户涉税信息自动交换标准》。

二、多项选择题

1. 【答案】ABCD

【解析】国际税收协定的内容主要有：协定适用范围；基本用语的定义；对所得和财产的课税；避免双重征税的办法；特别规定以及协定生效或终止的时间等。

2. 【答案】BCD

【解析】根据税收协定，双重居民身份下最终居民身份的判定有永久性住所、重要利益中心、习惯性居处和国籍，当采用上述标准依次判断仍然无法确定其身份时，可由缔约国双方主管当局按照协定规定的相互协商程序协商解决。

3. 【答案】ABCD

【解析】通常情况下，常设机构应具备下列特点：（1）该营业场所是实质存在的；（2）该营业场所是相对固定的，并且在时间上具有一定的持久性；（3）全部或部分的营业活动是通过该营业场所进行的。

4. 【答案】BC

【解析】选项A：常设机构是企业进行全部或部分营业的固定营业场所，该营业场所是实质存在的，但这类场所没有规模或范围上的限制。选项D：缔约国一方企业在缔约国另一方仅由于仓储、展览、采购及信息收集等活动的目的设立的具有准备性或辅助性的固定场所，不应被认定为常设机构。

5. 【答案】ABD

【解析】选项C：企业通过雇员或雇佣的其他人员在缔约国一方提供的劳务活动，但仅以该性质的活动在任何12个月中连续或累计超过183天以上为限。

6. 【答案】ABCD

【解析】中新税收协定中，常设机构

不包括：（1）专为储存、陈列或者交付本企业货物或者商品的目的而使用的设施；（2）专为储存、陈列或者交付的目的而保存本企业货物或者商品的库存；（3）专为另一企业加工的目的而保存本企业货物或者商品的库存；（4）专为本企业采购货物或者商品，或者搜集情报的目的所设的固定营业场所；（5）专为本企业进行其他准备性或辅助性活动的目的所设的固定营业场所；（6）专为上述（1）~（5）项活动的结合所设的固定营业场所，如果由于这种结合使该规定营业场所的全部活动属于准备性质或辅助性质。

7. 【答案】AB

【解析】选项 CD：在缔约国一方企业经营国际运输的船舶或飞机上从事受雇活动取得的报酬，应仅在该缔约国征税。

8. 【答案】ABCD

【解析】选项 A、B、C、D 表述均正确。

9. 【答案】AB

【解析】选项 C、D 两项均属于抵免法。

10. 【答案】ABD

【解析】选项 C：发展中国家多采用《联合国范本》作为签订税收协定的依据。

11. 【答案】ABC

【解析】税法规定，非居民企业在中国境内未设立机构、场所的，或者虽设立机构、场所但取得的所得与其所设机构、场所没有实际联系的，按照下列方法计算其应纳税所得额：（1）股息、红利等权益性投资收益和利息、租金、特许权使用费所得，以收入全额为应纳税所得额；（2）转让财产所得，以收入全额减除财产净值后的余额为应纳税所得额。选项 ABC：符合上述以收入全额作为应税所得的规定；选项 D：符合差额作为应税所得的规定。

12. 【答案】ABC

【解析】企业与其关联方签署成本分摊协议，有下列情形之一的，其自行分摊的成本不得税前扣除：（1）不具有合理商业目的和经济实质。（2）不符合独立交易原则。（3）没有遵循成本与收益配比原则。（4）未按本办法有关规定备案或准备、保存和提供有关成本分摊协议的同期资料。（5）自签署成本分摊协议之日起经营期限少于 20 年。

13. 【答案】ABCD

【解析】转让定价调查应重点选择以下企业：（1）关联交易数额较大或类型较多的企业；（2）长期亏损、微利或跳跃性盈利的企业；（3）低于同行业利润水平的企业；（4）利润水平与其所承担的功能风险明显不相匹配的企业；（5）与避税港关联方发生业务往来的企业；（6）未按规定进行关联申报或准备同期资料的企业；（7）其他明显违背独立交易原则的企业。

14. 【答案】ABC

【解析】缔约国一方居民因在缔约国另一方从事受雇的活动取得的报酬，同时具有以下三个条件的，应仅在该缔约国一方征税：（1）收款人在任何 12 个月中在该缔约国另一方停留连续或累计不超过 183 天；（2）该项报酬由并非该缔约国另一方居民的雇主支付或代表该雇主支付；（3）该项报酬不是由雇主设在该缔约国另一方的常设机构或固定基地所负担。在同时满足以上三个条件的情况下，受雇个人不构成在劳务发生国的纳税义务。反之，只要有一个条件未符合，就构成在劳务发生国的纳税义务。

15. 【答案】ABCD

【解析】税务机关应当以具有合理商业目的和经济实质的类似安排为基准，按照实质重于形式的原则实施特别纳税调整。调整方法包括：（1）对安排的全部或者部分交易重新定性。（2）在税收上否定交易方的存在，或者将该交易方与其他交易方视为同一实体。（3）对相关所得、扣除、税收优惠、境外税收抵免等重新定性或者在交易各方间重新分配。（4）其他合理方法。

16.【答案】BCD

【解析】选项A：不具有合理商业目的和经济实质的，不得扣除。

17.【答案】ABC

【解析】中国居民企业股东能够提供资料证明其控制的外国企业满足以下条件之一的，可免于将外国企业不作分配或减少分配的利润视同股息分配额，计入中国居民企业股东的当期所得：（1）设立在国家税务总局指定的非低税率国家（地区）；（2）主要取得积极经营活动所得；（3）年度利润总额低于500万元人民币。

18.【答案】ABCD

【解析】税务机关实施特别纳税调查，应当重点关注具有以下风险特征的企业：（1）关联交易金额较大或者类型较多。（2）存在长期亏损、微利或者跳跃性盈利。（3）低于同行业利润水平。（4）利润水平与其所承担的功能风险不相匹配，或者分享的收益与分摊的成本不相配比。（5）与低税国家（地区）关联方发生关联交易。（6）未按照规定进行关联申报或者准备同期资料。（7）从其关联方接受的债权性投资与权益性投资的比例超过规定标准。（8）由居民企业，或者由居民企业和中国居民控制的设立在实际税负低于12.5%的国家（地区）的企业，并非由于合理的经营需要而对利润不作分配或者减少分配。（9）实施其他不具有合理商业目的的税收筹划或者安排。

19.【答案】ABD

【解析】其他符合独立交易原则的方法包括成本法、市场法和收益法等资产评估方法，以及其他能够反映利润与经济活动发生地和价值创造地相匹配原则的方法。

20.【答案】CD

【解析】选项A、B：属于应当准备本地文档的情形。

21.【答案】ABCD

【解析】年度关联交易金额符合下列条件之一的企业，应当准备本地文档：（1）有形资产所有权转让金额（来料加工业务按照年度进出口报关价格计算）超过2亿元；（2）金融资产转让金额超过1亿元；（3）无形资产所有权转让金额超过1亿元；（4）其他关联交易金额合计超过4 000万元。

22.【答案】ABC

【解析】选项D：企业因不可抗力无法按期提供同期资料的，应当在不可抗力消除后30日内提供同期资料。

23.【答案】ACD

【解析】选项B：我国省级以上国家机关对外无偿捐赠援助资金无须办理和提交《服务贸易等项目对外支付税务备案表》。

24.【答案】ABCD

【解析】下列申请人从中国取得的所得为股息时，可不根据规定的因素进行综合分析，直接判定申请人具有“受益所有人”身份：（1）缔约对方政府；（2）缔约对方居民且在缔约对方上市的公司；（3）缔约对方居民个人；（4）申请人被第（1）至（3）项中的一人或多人直接或间接持有100%股份，且间接持有股份情形下的中间层为中国居民或缔约对方居民。

25.【答案】BC

【解析】选项A：绝密级情报保密期限一般为30年，机密级情报保密期限一般为20年。选项C：应确定为机密级。

26.【答案】ABCD

【解析】选项表述均正确。

三、计算问答题

1.【答案】

（1）当甲国适用税率为30%、乙国为30%，两国税率相等时，甲国政府允许该公司用已纳全部乙国所得税冲抵甲国总公司的应纳税额。

总所得额按甲国税率计算的应纳税额 = 2 000 × 30% = 600（万元）

分公司已纳乙国税额 = 400 × 30% = 120（万元）

乙国税收抵免限额 = 400 × 30% = 120（万元）

实际抵免额 = 120（万元）

总公司得到抵免后应向甲国缴纳的所得税 = 600 - 120 = 480（万元）

该居民公司缴纳的税收总额 = 480 + 120 = 600（万元）

（2）当甲国税率为30%、乙国税率为20%时，该总公司仅能按实纳外国税款进行抵免，在实行税收抵免后，还要就乙国所得按照两国税率差额，向甲国补交其税收差额。

总所得额按甲国税率计算的应纳税额 = 2 000 × 30% = 600（万元）

分公司已纳乙国税额 = 400 × 20% = 80（万元）

乙国税收抵免限额 = 400 × 30% = 120（万元）

实际抵免额 = 80（万元）

总公司抵免后应向甲国缴纳税额 = 600 - 80 = 520（万元）

该居民公司缴纳的税收总额 = 520 + 80 = 600（万元）

（3）当甲国税率为30%、乙国税率为40%时，该居民公司在乙国已纳税额在甲国得不到全部抵免，其可以用于抵免的数额仅为其乙国所得按照甲国税率计算的税额。

总所得额按甲国税率计算的应纳税额 = 2 000 × 30% = 600（万元）

分公司已纳乙国税额 = 400 × 40% = 160（万元）

乙国税收抵免限额 = 400 × 30% = 120（万元）

实际抵免额 = 120（万元）

总公司抵免后应向甲国缴纳税额 = 600 - 120 = 480（万元）

该居民公司缴纳的税收总额 = 480 + 160 = 640（万元）

2. **【答案】**

（1）1月6日起30日内，非居民企业在中国境内承包工程作业或提供劳务的，应当自项目合同或协议签订之日起30日内，向项目所在地主管税务机关办理税务登记手续。

（2）8月4日后15日内，非居民企业在中国境内承包工程作业或提供劳务的，应当在项目完工后15日内，向项目所在地主管税务机关报送项目完工证明、验收证明等相关文件复印件，并依据《税务登记管理办法》的有关规定申报办理注销税务登记。

（3）应纳企业所得税 = 360 ÷（1 - 15%）× 15% × 25% = 15.88（万元）

（4）应纳增值税 = 600 × 6% = 36（万元）

（5）应纳城市维护建设税、教育费附加、地方教育附加 = 36 ×（7% + 3% + 2%）= 4.32（万元）

3. **【答案】**

（1）购置固定资产所发生的支出，以及代表机构设立时或者搬迁等原因所发生的装修费支出，应在发生时一次性作为经费支出额换算收入计税。应计入经费支出的固定资产购置费、装修费合计 = 6 + 12 = 18（万元）。

（2）以货币形式用于我国境内的公益、救济性质的捐赠，滞纳金、罚款，以及为其总机构垫付的不属于其自身业务活动所发生的费用，不应作为代表机构的经费支出额。

(3) 利息收入不得冲抵经费支出额。该代表处经费支出总额 = 18 + 10 + 8 + 1 + 30 + 45 = 112（万元）。

(4) 收入额 = 112 ÷（1 － 15%）= 131.76（万元），应纳所得税 = 131.76 × 15% × 25% = 4.94（万元）。

4. 【答案】

(1) 准予扣除的销售费用：

因为准予扣除的广告费用和业务宣传费用标准为：8 000 × 15% = 1 200（万元）大于实际发生的 800 万元，所以发生的广告费用和业务宣传费用 800 万元准予扣除。准予扣除的销售费用为 1 000 万元。

(2) 准予扣除的财务费用 = 200 －（160 － 2 000 × 5%）= 140（万元）

(3) 2021 年境内应纳税所得额 = 8 000 +（240 － 30）－ 5 100 － 60 － 1 000 － 140 － 1 100 －（400 × 75%）－ 70 － 40 = 400（万元）

(4) A 国的境外所得 = 781 － 213 = 568（万元），B 国的境外所得 = 355（万元）

企业境内、境外所得的应纳税额 =（400 + 568 + 355）× 25% = 1 323 × 25% = 330.75（万元）

(5) A 国所得扣除限额 = 330.75 ×（568 ÷ 1 323）= 142（万元）

甲公司在 A 国已缴税款 = 781 × 30% = 234.3（万元）

已在 A 国缴纳 234.3 万元高于 A 国的扣除限额 142 万元，分回的所得应予抵免 142 万元。

(6) B 国扣除限额 = 330.75 ×（355 ÷ 1 323）= 88.75（万元）

丙公司在 B 国已缴税款 = 355 × 24% = 85.2（万元）

已在 B 国缴纳 85.2 万元低于 B 国的扣除限额 88.75 万元，分回的所得应予抵免 85.2 万元。

(7) 该企业 2021 年度实际应缴纳企业所得税 = 330.75 － 142 － 85.2 = 103.55（万元）。

5. 【答案】

(1) 甲公司应纳企业所得税 = 1 200 ÷（1 + 6%）× 15% × 25% = 42.45（万元）。

【提示】注意甲公司在境内设立机构、场所且取得的所得与机构、场所有关，因此所得税税率为 25%，而不是采用代扣代缴税率 10%。

(2) 甲公司应纳增值税 = 1 200 ÷（1 + 6%）× 6% = 67.92（万元）。

(3) 甲公司应纳城市维护建设税、教育费附加、地方教育附加 = 67.92 ×（7% + 3% + 2%）= 8.15（万元）。

(4) 甲公司应在季度终了之日起 15 日内向主管税务机关申报缴纳企业所得税。

6. 【答案】

(1) 境外分支机构享受了该国减半征收所得税的优惠，则实际按照 10% 在境外缴纳了所得税。该企业 2021 年来源于甲国分支机构的应纳税所得额 = 900 ÷（1 － 10%）= 1 000（万元）。

【提示】注意境外的应纳税所得额的换算。

(2) 该企业 2021 年来源于乙国分支机构的应纳税所得额 = 2 000 + 1 000 = 3 000（万元）。

【提示】境外设立分支机构取得的各项境外所得，无论是否汇回中国境内，均应计入该企业所属纳税年度的境外应纳税所得额。

(3) 该企业 2021 年来源于甲国分支机构所得的抵免限额 = 1 000 × 25% = 250（万元）。

该企业 2021 年来源于乙国分支机构所得的抵免限额 = 3 000 × 25% = 750（万元）。

(4) 计算方法一：

①甲国分支机构在境外的实际缴纳税

额 = 1 000 × 10% = 100（万元）。

（由于题目交待不考虑预提所得税和税收饶让的影响，所以境外所得的实际抵免税额为 100 万元）应缴纳税款为 1 000 × 25% = 250（万元），两者比大小取小，因此实际抵免税额为 100 万元，应补税 150 万元。

②乙国分支机构在境外的实际缴纳税额 = 3 000 × 30% = 900（万元），抵免限额为 750 万元，两者比大小取小者，因此实际抵免税额为 750 万元，余下 150 万元留到以后年度抵免。

③该企业 2021 年实际应缴纳企业所得税 = 8 000 × 25% + 150 = 2 150（万元）。

计算方法二：

汇总纳税的应纳税所得额 = 8 000 + 3 000 + 1 000 = 12 000（万元）。

12 000 × 25% − 100 − 750 = 2 150（万元）。

7. **【答案】**

（1）假设乙公司税后利润为 X，1 900 = X ×（1 − 5%）× 80%，因此求出 X = 2 500（万元）。

该企业缴纳的预提所得税额 = 2 500 × 80% × 5% = 100（万元）。

该企业间接负担的税额 = 1 000 × 80% = 800（万元）。

该居民企业来源于子公司投资收益的境外实际缴纳税额 = 800 + 100 = 900（万元）。

（2）该居民企业来源于子公司的应纳税所得额。

方法 1：母税后投资收益 + 母总承担税额 = 1 900 + 900 = 2 800（万元）。

方法 2：子公司总所得 = 2 500 + 1 000 = 3 500（万元）。

则母公司对应所得 = 3 500 × 80% = 2 800（万元）。

（3）抵免限额 = = 3 500 × 80% × 25% = 700（万元）。

境外实际缴纳税额为 900 万元，因此可抵免税额为 700 万元。

（4）该居民企业实际缴纳企业所得税 =（4 000 + 3 500 × 80%）× 25% − 700 = 1 000（万元）。

第十三章　税收征收管理法

本章考情分析

本章在税法考试中，是相对不重要的一章。本章考试题型主要为单项选择题、多项选择题，但有时还经常与实体法的内容结合命制综合题中的一小问。本章内容较多，比较零散，但考分不高，一般为2.5~3.5分左右。考点主要集中在《税收征收管理法》的适用范围、税务登记管理、纳税申报管理、延期缴纳税款制度、税收保全措施、纳税担保、纳税信用管理和企业破产清算程序中的征收管理。

本章教材主要变化

1. 删除外出经营报验登记。
2. 删除《税务登记证》的作用和管理。
3. 新增纳税信用修复的情形。
4. 新增重大税收违法失信主体信息公布管理的内容。

本章高频考点

考点1《税收征收管理法》的适用范围

《税收征收管理法》只适用于由税务机关征收的各种税收的征收管理。海关征收的关税、船舶吨税及代征的增值税、消费税，适用其他法律、法规的规定。

需要注意的是，目前还有一部分政府收费由税务机关征收，如教育费附加。这些收费不适用《税收征收管理法》，不能采取《税收征收管理法》规定的措施，其具体管理办法由收费的条例和规章决定。

【例题·单选题】（2018年）下列税费的征收管理，适用《税收征收管理法》的是（　　）。

A. 房产税　　B. 地方教育附加
C. 关税　　D. 海关代征消费税

【答案】A

【解析】《税收征收管理法》的适用范围是税务机关征收的各种税收。由海关征收的关税、船舶吨税及代征的增值税、消费税，不属于《税收征收管理法》的适用范围；由税务机关征收的政府收费，如地方教育附加，不适用《税收征收管理法》。

【例题·单选题】（2015年）下列税费的征收管理，适用《税收征收管理法》的是（　　）。

A. 关税　　B. 海关代征增值税
C. 房产税　　D. 教育费附加

【答案】C

【解析】《税收征收管理法》的适用范围是税务机关征收的各种税收。由海关征收的关税、船舶吨税及代征的增值税、消费税，不属于《税收征收管理法》的适用范围；由税务机关征收的政府收费，如地方教育附加，不适用《税收征收管理法》。

考点 2 税务登记管理

企业，企业在外地设立的分支机构和从事生产、经营的场所，个体工商户和从事生产、经营的事业单位，均应办理税务登记。此外，除国家机关、个人和无固定生产、经营场所的流动性农村小商贩外的其他纳税人，也应办理税务登记。根据税收法律、行政法规的规定负有扣缴税款义务的扣缴义务人（国家机关除外），均应当按照规定办理扣缴税款登记。

县以上（含本级，下同）税务局（分局）是税务登记的主管税务机关，负责税务登记的设立登记、变更登记、注销登记和税务登记证验证、换证以及非正常户处理、报验登记等有关事项。

（一）设立税务登记

1. 开业税务登记的时间和地点。

（1）从事生产、经营的纳税人领取工商营业执照的，应当自领取工商营业执照之日起30日内申报办理税务登记，税务机关发放税务登记证及副本。

（2）境外企业在中国境内承包建筑、安装、装配、勘探工程和提供劳务的，应当自项目合同或协议签订之日起30日内，向项目所在地税务机关申报办理税务登记，税务机关发放临时税务登记证及副本。

2. 税务机关对纳税人税务登记地点发生争议的，由其共同的上级税务机关指定管辖。

（二）变更、注销税务登记

1. 纳税人已在工商行政管理机关办理变更登记的，应当自工商行政管理机关变更登记之日起30日内，向原税务登记机关如实提供相关证件、资料，申报办理变更税务登记。

2. 纳税人按照规定不需要在工商行政管理机关办理变更登记，或者其变更登记的内容与工商登记内容无关的，应当自税务登记内容实际发生变化之日起30日内，或者自有关机关批准或者宣布变更之日起30日内，持相关证件到原税务登记机关申报办理变更税务登记。

3. 纳税人提交的有关变更登记的证件、资料齐全的，应如实填写税务登记变更表，符合规定的，税务机关应当日办理；不符合规定的，税务机关应通知其补正。

4. 税务机关应当于受理当日办理变更税务登记。

5. 注销税务登记的适用范围及时间要求。

6. 进一步优化办理企业税务注销程序。

（三）停业、复业登记

实行定期定额征收方式的个体工商户需要停业的，应当在停业前向税务机关申报办理停业登记。纳税人的停业期限不得超过1年。

（四）非正常户处理

1. 已办理税务登记的纳税人未按照规定的期限进行纳税申报，税务机关依法责令其限期改正。纳税人逾期不改正的，税务机关可以按照《税收征收管理法》第七十二条（从事生产、经营的纳税人、扣缴义务人有本法规定的税收违法行为，拒不接受税务机关处理的，税务机关可以收缴其发票或者停止向其发售发票）的规定处理。纳税人负有纳税申报义务，但连续3个月所有税种均未进行纳税申报的，税收征管系统自动将其认定为非正常户，并停止其《发票领用簿》和发票的使用。

2. 对欠税的非正常户，税务机关依照《税收征收管理法》及其《实施细则》的规定追征税款及滞纳金。

3. 已认定为非正常户的纳税人，就其逾期未申报行为接受处罚、缴纳罚款，并补办纳税申报的，税收征管系统自动解除非正常状态，无须纳税人专门申请解除。

【例题·单选题】（2018年）下列情形中，纳税人应当注销税务登记的是（ ）。

A. 纳税人改变生产经营方式的

B. 纳税人被工商行政管理部门吊销营业执照的

C. 纳税人改变名称的

D. 纳税人改变住所和经营地点未涉及改变原主管税务机关的

【答案】 B

【解析】 注销税务登记的适用范围：（1）纳税人发生解散、破产、撤销以及其他情形，依法终止纳税义务的；（2）纳税人被工商行政管理机关吊销营业执照或者被其他机关予以撤销登记的；（3）纳税人因住所、经营地点变动，涉及改变税务登记机关的；（4）境外企业在中国境内承包建筑、安装、装配、勘探工程和提供劳务并且项目完工、离开中国的。

【例题·单选题】（2016年）企业发生的下列情形中，应当办理注销税务登记的是（ ）。

A. 改变生产经营方式

B. 改变行政隶属关系

C. 减少注册资本

D. 住所迁移涉及主管税务机关的变动

【答案】 D

【解析】 纳税人因住所、经营地点变动，涉及改变税务登记机关的，应当在向工商行政管理机关或者其他机关申请办理变更、注销登记前，或者住所、经营地点变动前，持有关证件和资料，向原税务登记机关申报办理注销税务登记，并自注销税务登记之日起30日内向迁达地税务机关申报办理税务登记。

【例题·单选题】（2013年）下列关于税务登记时限的表述中，正确的是（ ）。

A. 从事生产经营的纳税人，应当自领取营业执照之日起10日内办理税务登记

B. 从事生产经营以外的纳税人，应当自纳税义务发生之日起15日内办理税务登记

C. 税务登记内容发生变化的，应当自变更营业执照之日起20日内办理变更税务登记

D. 境外企业在中国境内提供劳务的，应当自项目合同签订之日起30日内办理税务登记

【答案】 D

【解析】 选项A错误：从事生产经营的纳税人，应当自领取营业执照之日起30日内办理税务登记。选项B错误：从事生产经营以外的纳税人，应当自纳税义务发生之日起30日内办理税务登记。选项C错误：税务登记内容发生变化的，应当自变更营业执照之日起30日内办理变更税务登记。

【例题·多选题】（2019年）在办理税务注销时，对未处于税务检查状态、无欠税（滞纳金）及罚款、已缴销增值税专用发票及税控专用设备，且符合下列情形之一的纳税人，可以采取“承诺制”容缺办理的有（ ）。

A. 纳税信用级别为B级的纳税人

B. 控股母公司纳税信用级别为B级的M级纳税人

C. 未达到增值税纳税起征点的纳税人

D. 省级人民政府引进人才创办的企业

【答案】 ACD

【解析】 对未处于税务检查状态、无欠税（滞纳金）及罚款、已缴销增值税专用发票及税控专用设备，且符合下列情形之一的纳税人，优化即时办结服务，采取“承诺制”容缺办理，即：纳税人在办理税务注销时，若资料不齐，可在其作出承诺后，税务

机关即时出具清税文书。(1) 纳税信用级别为A级和B级的纳税人。(2) 控股母公司纳税信用级别为A级的M级纳税人。(3) 省级人民政府引进人才或经省级以上行业协会等机构认定的行业领军人才等创办的企业。(4) 未纳入纳税信用级别评价的定期定额个体工商户。(5) 未达到增值税纳税起征点的纳税人。纳税人应按承诺的时限补齐资料并办结相关事项。若未履行承诺的，税务机关将对其法定代表人、财务负责人纳入纳税信用D级管理。

考点3 税控管理

《税收征收管理法》第二十三条规定："国家根据税收征收管理的需要，积极推广使用税控装置。纳税人应当按照规定安装、使用税控装置，不得损毁或者擅自改变税控装置。"《税收征收管理法》第六十条中规定："未按照规定安装、使用税控装置，损毁或者擅自改动税控装置的，由税务机关责令限期改正，可以处以2 000元以下的罚款；情节严重的，处2 000元以上1万元以下的罚款。"这不仅使推广使用税控装置有法可依，而且可以打击在推广使用税控装置中的各种违法犯罪活动。

【例题·单选题】(2021年) 某纳税人2021年2月擅自改动税控装置，情节严重，且限期仍不改正。下列对其处以罚款的数额符合税法规定范围的是（　　）。

A. 1 000元　　B. 8 000元

C. 15 000元　　D. 100 000元

【答案】 B

【解析】《税收征收管理法》第六十条中规定："未按照规定安装、使用税控装置，损毁或者擅自改动税控装置的，由税务机关责令限期改正，可以处以2 000元以下的罚款；情节严重的，处2 000元以上1万元以下的罚款。"

考点4 纳税申报管理

项目	相关规定
申报对象	纳税人、扣缴义务人
申报方式	可以选择：直接申报、邮寄申报（寄出的邮戳日期为准）、数据电文，定期定额纳税人可以实行简易申报、简并征期等申报纳税方式
	纳税人的网上申报，就是数据电文申报方式的一种形式
延期申报	纳税人因有特殊情况，不能按期进行纳税申报的，经县以上税务机关核准，可以延期申报。经核准延期办理纳税申报的，应当在纳税期内按照上期实际缴纳的税额或者税务机关核定的税额预缴税款，并在核准的延期内办理纳税结算

【例题·多选题】(2017年) 根据《税收征收管理法》的规定，下列属于纳税申报对象的有（　　）。

A. 代扣代缴义务人

B. 享受减税的纳税人

C. 纳税期内没有应纳税款的纳税人

D. 享受免税的纳税人

【答案】 ABCD

【解析】 纳税申报的对象为纳税人和扣缴义务人。纳税人在纳税期内没有应纳税款的，也应当按照规定办理纳税申报。纳税人享受减税、免税待遇的，在减税、免税期间应当按照规定办理纳税申报。

考点5 税款征收制度

(一) 代扣代缴、代收代缴税款制度

1. 税法规定的扣缴义务人必须依法履行代扣、代收税款义务。如果扣缴义务人不履行义务，就要承担法律责任。

2. 扣缴义务人依法履行代扣、代收税款义务时，纳税人不得拒绝。纳税人拒绝的，扣缴义务人应当及时报告税务机关处理。

3. 税务机关按规定付给扣缴义务人的代扣、代收手续费，只能由县（市）以上税务机关统一办理退库手续，不得在征收税款过程中坐支。

【例题·单选题】（2014 年）下列关于税款扣缴制度的表述中，正确的是（　　）。

A. 代扣税款手续费可以由税务所统一办理退库手续

B. 个人收到的个人所得税扣缴手续费，应计征个人所得税

C. 对扣缴义务人应扣未扣税款的，可处以应扣未扣税款 50% 以上 3 倍以下的罚款

D. 扣缴义务人履行扣缴义务时，可从所扣缴的税款中减除扣缴手续费后再上交税务机关

【答案】C

【解析】选项 A、D：代扣、代收税款手续费，只能由县（市）以上税务机关统一办理退库手续，不得在征收税款过程中坐支。选项 B：个人办理代扣代缴税款，按规定取得的扣缴手续费，免征个人所得税。

（二）延期缴纳税款制度

项目	相关规定
审批	纳税人因有特殊困难，不能按期缴纳税款的，经省、自治区、直辖市税务局批准，可以延期缴纳税款
	批准延期内免予加收滞纳金
时限	最长不得超过 3 个月，同一笔税款不得滚动审批
特殊困难	（1）因不可抗力，导致纳税人发生较大损失，正常生产经营活动受到较大影响的。 （2）当期货币资金在扣除应付职工工资、社会保险费后，不足以缴纳税款的

【例题·单选题】（2017 年）下列关于延期缴纳税款的表述中，正确的是（　　）。

A. 批准的延期期限内加收滞纳金

B. 延期缴纳的同一笔税款不得滚动审批

C. 延期缴纳税款的期限最长不得超过 30 天

D. 延期缴纳税款必须经县级税务机关批准

【答案】B

【解析】选项 A：税务机关不予批准的延期纳税，从缴纳税款期限届满之日起加收滞纳金。经批准的延期纳税，在批准的延期期限内免予加收滞纳金。选项 B：延期缴纳的同一笔税款不得滚动审批。选项 C、D：纳税人因特殊困难不能按期缴纳税款的，经省、自治区、直辖市税务局批准，可延期缴纳税款，但最长不得超过 3 个月。

考点 6 税收保全措施和税收强制执行措施

（一）税收保全措施

1. 税收保全措施的形式。

（1）书面通知纳税人开户银行或者其他金融机构冻结纳税人的金额相当于应纳税款的存款。

（2）扣押、查封纳税人的价值相当于应纳税款的商品、货物或者其他财产。

2. 税收保全措施的适用范围。

仅限于从事生产、经营的纳税人，不包括非从事生产、经营的纳税人，也不包括扣缴义务人和纳税担保人。

3. 不得采取税收保全措施的物品。

（1）个人及其所扶养家属维持生活必需的住房和用品，不在税收保全措施的范围之内。

（2）税务机关对单价 5 000 元以下的其他生活用品，不采取税收保全措施和强制执行措施。

4. 采取税收保全措施的前提和条件。

前提：从事生产、经营的纳税人有逃避纳税义务行为的。采取税收保全措施应当符合下列两个条件：

（1）纳税人有逃避纳税义务的行为。

（2）必须是在规定的纳税期之前和责令限期缴纳应纳税款的限期内。

5. 采取税收保全措施的法定程序。

（1）责令纳税人提前缴纳税款。税务机关有根据认为从事生产、经营的纳税人有逃避纳税义务行为的，可以在规定的纳税期之前，责令限期缴纳应纳税款。

（2）责成纳税人提供纳税担保。在限期内，纳税人有明显转移、隐匿应纳税的商品、货物以及其他财产或者应纳税的收入迹象的，税务机关可以责成纳税人提供纳税担保。

程序：责令限期缴纳在先，纳税担保居中，税收保全措施断后。

（3）冻结纳税人的存款。税务机关在采取此项措施时，应当注意的问题：

应经县以上税务局（分局）局长批准。

冻结的存款数额要以相当于纳税人应纳税款的数额为限，而不是全部存款。

注意解除保全措施的时间。如果纳税人在税务机关采取税收保全措施后按照税务机关规定的期限缴纳了税款的，税务机关应当自收到税款或银行转回的完税凭证之日起 1 日内解除税收保全。

（4）查封、扣押纳税人的商品、货物或其他财产。

执行扣押、查封商品、货物或者其他财产时，必须由两名以上税务人员执行，并通知被执行人。

6. 税收保全措施的终止。

税收保全措施终止的两种情形：

（1）纳税人在规定的期限内缴纳了应纳税款的，税务机关必须立即解除税收保全措施。

（2）纳税人超过规定的期限仍不缴纳税款的，经税务局（分局）局长批准，终止保全措施，转入强制执行措施。

（二）税收强制执行措施

1. 税收强制执行措施的形式。

（1）书面通知其开户银行或者其他金融机构从其存款中扣缴税款。

（2）扣押、查封、依法拍卖或者变卖其价值相当于应纳税款的商品、货物或者其他财产，以拍卖或者变卖所得抵缴税款。

2. 税收强制执行的适用范围。

强制执行措施的适用范围仅限于未按照规定的期限缴纳或者解缴税款，经责令限期缴纳，逾期仍未缴纳的从事生产、经营的纳税人。

3. 采取税收强制执行措施的程序。

（1）税款的强制征收。

（2）扣押、查封、拍卖或者变卖，以拍卖或者变卖所得抵缴税款。

4. 滞纳金的强制执行。

对纳税人、扣缴义务人、纳税担保人未缴纳的滞纳金同时强制执行。对于已缴纳税款，但拒不缴纳滞纳金的，可以单独对纳税人应缴未缴的滞纳金采取强制执行措施。

【例题·多选题】（2021 年）下列关于

税务机关采取税收保全措施的表述中，符合规定的有（　　）。

A. 应经县以上税务局（分局）局长批准

B. 冻结的存款数额以纳税人应纳税额为限

C. 应当拍卖纳税人的部分财产用于抵缴税款

D. 保全后纳税人已按期缴纳税款的应在税务机关收到税款之日起 1 日内解除保全

【答案】 ABD

【解析】 选项 C：属于税收强制执行措施。

【例题·单选题】（2020 年）下列关于税务机关在实施税收保全措施时应注意事项的表述中，符合税法规定的是（　　）。

A. 经县以上税务局（分局）局长批准后方能施行

B. 税务机关可通知纳税人开户银行冻结其大于应纳税款的存款

C. 可由 1 名税务人员单独执行货物查封

D. 解除保全措施的时间是收到税款或银行转回的完税凭证之日起10 日内

【答案】 A

【解析】 选项 B：税收保全措施的行为之一：书面通知纳税人开户银行或其他金融机构冻结纳税人的金额“相当于”应纳税款的存款。选项 C：税务机关执行扣押、查封商品、货物或其他财产时，必须由两名以上税务人员执行，并通知被执行人。选项 D：解除保全措施的时间是收到税款或银行转回的完税凭证之日起 1 日内。

【例题·单选题】（2013 年）税务机关采取的下列措施中，属于税收保全措施的是（　　）。

A. 查封纳税人的价值相当于应纳税款的商品或货物

B. 书面通知纳税人的开户银行从其银行存款中扣缴税款

C. 拍卖纳税人其价值相当于应纳税款的商品用以抵缴税款

D. 对纳税人逃避纳税义务的行为处以 2 000 元以上 5 000 元以下的罚款

【答案】 A

【解析】 税务机关采取的税收保全措施，主要有两种形式：（1）书面通知纳税人开户银行或者其他金融机构冻结纳税人的金额相当于应纳税款的存款；（2）扣押、查封纳税人的价值相当于应纳税款的商品、货物或者其他财产。其他财产包括纳税人的房地产、现金、有价证券等不动产和动产。选项 B、C：均属于税收强制执行措施；选项 D：属于税务行政处罚办法。

【例题·单选题】（2012 年）对下列企业或个人，税务机关可以采取税收保全措施的是（　　）。

A. 扣缴义务人

B. 纳税担保人

C. 从事生产经营的纳税人

D. 非从事生产经营的纳税人

【答案】 C

【解析】 可以采取税收保全措施的纳税人仅限于从事生产、经营的纳税人。不包括非从事生产、经营的纳税人，也不包括扣缴义务人和纳税担保人。

【例题·多选题】（2010 年）下列关于税务机关实施税收保全措施的表述中，正确的有（　　）。

A. 税收保全措施仅限于从事生产、经营的纳税人

B. 只有在事实全部查清，取得充分证据的前提下才能进行

C. 冻结纳税人的存款时，其数额要以相当于纳税人应纳税款的数额为限

D. 个人及其抚养家属维持生活必需的住房和用品，不在税收保全措施的范围之内

【答案】ACD

【解析】税收保全措施是针对纳税人即将转移、隐匿应税商品、货物或其他财产的紧急情况下采取的一种紧急处理措施，如果在事实全部查清取得充分证据以后再采取行动，纳税人则可能已将其收入和财产转移或隐匿完毕，税收保全措施即无法实施了。税收强制执行措施是指当事人不履行法律、行政法规规定的义务，有关国家机关采用法定的强制手段，强迫当事人履行义务的行为。

考点7 企业破产清算程序中的税收征管

自2020年3月1日起，关于企业破产清算程序中的税收征管有下列规定：

1. 税务机关在人民法院公告的债权申报期限内，向管理人申报企业所欠税款（含教育费附加、地方教育附加，下同）、滞纳金及罚款。因特别纳税调整产生的利息，也应一并申报。

企业所欠税款、滞纳金、罚款，以及因特别纳税调整产生的利息，以人民法院裁定受理破产申请之日为截止日计算确定。

2. 在人民法院裁定受理破产申请之日至企业注销之日期间，企业应当接受税务机关的税务管理，履行税法规定的相关义务。破产程序中如发生应税情形，应按规定申报纳税。

从人民法院指定管理人之日起，管理人可以按照《企业破产法》规定以企业名义办理纳税申报等涉税事宜。

企业因继续履行合同、生产经营或处置财产需要开具发票的，管理人可以以企业名义按规定申领开具发票或者代开发票。

3. 企业所欠税款、滞纳金、因特别纳税调整产生的利息，税务机关按照《企业破产法》的相关规定进行申报，其中，企业所欠的滞纳金、因特别纳税调整产生的利息按照普通破产债权申报。

【例题·单选题】（2021年）下列有关企业破产清算程序中税收征管的表述中，正确的是（　　）。

A. 企业所欠税款对应的滞纳金按照普通破产债权申报

B. 企业因继续履行合同需要开具发票的，须由税务机关为其代开发票

C. 企业所欠税款、滞纳金、罚款以实际解缴税款之日为截止日计算确定

D. 在人民法院裁定受理破产申请之日至企业注销之日期间，企业应暂缓缴纳相关税款

【答案】A

【解析】选项B错误：企业因继续履行合同、生产经营或处置财产需要开具发票的，管理人可以以企业名义按规定申领开具发票或者代开发票。选项C错误：企业所欠税款、滞纳金、罚款，以及因特别纳税调整产生的利息，以人民法院裁定受理破产申请之日为截止日计算确定。选项D错误：在人民法院裁定受理破产申请之日至企业注销之日期间，企业应当接受税务机关的税务管理，履行税法规定的相关义务。破产程序中如发生应税情形，应按规定申报纳税。

【例题·多选题】（2020年）企业破产清算时涉及的下列款项中，税务机关在人民法院公告的债权申报期限内，应向管理人申报的有（　　）。

A. 所欠各种税款

B. 因特别纳税调整产生的利息

C. 企业欠缴的教育费附加

D. 滞纳金及罚款

【答案】ABCD

【解析】税务机关在人民法院公告的债权申报期限内，向管理人申报企业所欠税款（含教育费附加、地方教育附加，下同）、滞纳金及罚款。因特别纳税调整产生的利息，也应一并申报。

考点8 税务检查的形式和方法

1. 税务检查的形式。

重点检查、分类计划检查、集中性检查、临时性检查、专项检查。

2. 税务检查的方法。

全查法、抽查法、顺查法、逆查法、现场检查法、调账检查法、比较分析法、控制计算法、审阅法、核对法、观察法、外调法、盘存法、交叉稽核法。

【例题·多选题】（2016年）下列方法中，属于税务检查方法的有（　　）。

A. 抽查法　　B. 外调法

C. 全查法　　D. 现场检查法

【答案】ABCD

【解析】税务检查的方法包括全查法、抽查法、顺查法、逆查法、现场检查法、调账检查法、比较分析法、控制计算法、审阅法、核对法、观察法、外调法、盘存法、交叉稽核法。

考点9 纳税担保和保证

项目	规定
纳税担保	经税务机关同意或确认，纳税人或其他自然人、法人、经济组织以保证、抵押、质押的方式，为纳税人应当缴纳的税款及滞纳金提供担保的行为
纳税担保人	纳税担保人包括以保证方式为纳税人提供纳税担保的纳税保证人和其他以未设置或者未全部设置担保物权的财产为纳税人提供纳税担保的第三人
纳税担保的范围	包括税款、滞纳金和实现税款、滞纳金的费用。费用包括抵押、质押登记费用，质押保管费用，以及保管、拍卖、变卖担保财产等相关费用支出
纳税保证人	在中国境内具有纳税担保能力的自然人、法人或者其他经济组织
	条件：法人或其他经济组织财务报表资产净值超过需要担保的税额及滞纳金2倍以上的，自然人、法人或其他经济组织所拥有或者依法可以处分的未设置担保的财产的价值超过需要担保的税额及滞纳金的，为具有纳税担保能力
	企业法人的分支机构有法人书面授权的，可以在授权范围内提供纳税担保
不得作为纳税保证人	（1）国家机关、学校、幼儿园、医院等事业单位、社会团体
	（2）企业法人的职能部门
	（3）有以下情形之一的，不得作为纳税保证人： ①有逃避缴纳税款、抗税、骗税、逃避追缴欠税行为被税务机关、司法机关追究过法律责任未满2年的。 ②因有税收违法行为正在被税务机关立案处理或涉嫌刑事犯罪被司法机关立案侦查的。 ③纳税信誉等级被评为C级以下的。 ④在主管税务机关所在地的市（地、州）没有住所的自然人或税务登记不在本市（地、州）的企业。 ⑤无民事行为能力或限制民事行为能力的自然人。 ⑥与纳税人存在担保关联关系的。 ⑦有欠税行为的

【例题·多选题】（2018 年）根据《税收征收管理法》规定，下列情形中的企业不得作为纳税保证人的有（　　）。

A. 与纳税人存在担保关联关系的

B. 纳税信誉等级被评为 C 级以下的

C. 有欠税行为的

D. 因有税收违法行为正在被税务机关立案处理的

【答案】ABCD

【解析】选项 A、B、C、D 均正确。

考点 10　纳税抵押和质押

项目		规定
纳税抵押	含义	纳税人或纳税担保人不转移下列可抵押财产的占有，将该财产作为税款及滞纳金的担保。纳税人逾期未缴清税款及滞纳金的，税务机关有权依法处置该财产以抵缴税款及滞纳金
	可抵押的财产	（1）抵押人所有的房屋和其他地上定着物。 （2）抵押人所有的机器、交通运输工具和其他财产。 （3）抵押人依法有权处分的国有的房屋和其他地上定着物。 （4）抵押人依法有权处分的国有的机器、交通运输工具和其他财产。 （5）经设区的市、自治州以上税务机关确认的其他可以抵押的合法财产。 以依法取得的国有土地上的房屋抵押的，该房屋占用范围内的国有土地使用权同时抵押。以乡（镇）、村企业的厂房等建筑物抵押的，其占用范围内的土地使用权同时抵押
	不可以抵押的财产	（1）土地所有权。 （2）土地使用权。 （3）学校、幼儿园、医院等以公益为目的的事业单位、社会团体、民办非企业单位的教育设施、医疗卫生设施和其他社会公益设施；学校、幼儿园、医院等以公益为目的的事业单位、社会团体，可以其教育设施、医疗卫生设施和其他社会公益设施以外的财产为其应缴纳的税款及滞纳金提供抵押。 （4）所有权、使用权不明或者有争议的财产。 （5）依法被查封、扣押、监管的财产。 （6）依法定程序确认为违法、违章的建筑物。 （7）法律、行政法规规定禁止流通的财产或者不可转让的财产。 （8）经设区的市、自治州以上税务机关确认的其他不予抵押的财产
纳税质押	含义	经税务机关同意，纳税人或纳税担保人将其动产或权利凭证移交税务机关占有，将该动产或权利凭证作为税款及滞纳金的担保。纳税人逾期未缴清税款及滞纳金的，税务机关有权依法处置该动产或权利凭证以抵缴税款及滞纳金
	动产质押	动产质押包括现金以及其他除不动产以外的财产提供的质押
	权利质押	权利质押包括汇票、支票、本票、债券、存款单等权利凭证提供的质押
	特殊情况	对于实际价值波动很大的动产或权利凭证，经设区的市、自治州以上税务机关确认，税务机关可以不接受其作为纳税质押

【例题·单选题】（2020 年）下列各项财产中，可以设定纳税抵押的是（　　）。

A. 土地所有权

B. 依法被查封的财产

C. 依法定程序确认为违章的建筑物

D. 依法有权处分的国有房屋

【答案】D

【解析】选项 A、B、C：不可以设定纳税抵押。

【例题·单选题】（2016 年）纳税人的下列财产或财产权利，不得作为纳税质押品的是（　　）。

A. 汽车　　B. 活期存款单

C. 房屋　　D. 定期存款单

【答案】C

【解析】纳税质押经税务机关同意，纳税人或纳税担保人将其动产或权利凭证移交税务机关占有，将该动产或权利凭证作为税款及滞纳金的担保。质押分为动产质押和权利质押。房屋由于属于不动产，不能设定质押。

【例题·多选题】（2014 年）某房地产开发企业被税务机关要求提供纳税担保，该企业拥有的下列资产中，可以用作纳税抵押品的有（　　）。

A. 小轿车　　B. 写字楼

C. 库存钢材　　D. 土地所有权

【答案】ABC

【解析】选项 D：土地所有权不可以作为纳税抵押财产。

考点 11 纳税信用评估

（一）纳税信用评估方法

纳税信用评价采取年度评价指标得分和直接判级两种方式。

1. 年度评价指标得分采用扣分方式。

（1）近 3 个评价年度内存在非经常性指标信息的，从 100 分起评。

（2）近 3 个评价年度内没有非经常性指标信息的，从 90 分起评。

2. 直接判级适用于有严重失信行为的纳税人。

（二）纳税信用评价周期

纳税信用评价周期为一个纳税年度，有下列情形之一的纳税人，不参加本期的评价：

1. 纳入纳税信用管理时间不满一个评价年度的。

2. 因涉嫌税收违法被立案查处尚未结案的。

3. 被审计、财政部门依法查出税收违法行为，税务机关正在依法处理，尚未办结的。

4. 已申请税务行政复议、提起行政诉讼尚未结案的。

5. 其他不应参加本期评价的情形。

（三）纳税信用级别

纳税信用级别设 A、B、M、C、D 五级：

1. A 级纳税信用为年度评价指标得分 90 分以上的。

2. B 级纳税信用为年度评价指标得分 70 分以上不满 90 分的。

3. 未发生后述第 5 项所列失信行为的下列企业适用 M 级纳税信用：

（1）新设立企业。

（2）评价年度内无生产经营业务收入且年度评价指标得分 70 分以上的企业。

4. C 级纳税信用为年度评价指标得分 40 分以上不满 70 分的。

5. D 级纳税信用为年度评价指标得分不满 40 分或者直接判级确定的。

6. 纳税人有下列情形的，不影响其纳税信用评价：

（1）由于税务机关原因或者不可抗力，造成纳税人未能及时履行纳税义务的。

（2）非主观故意的计算公式运用错误以及明显的笔误造成未缴或者少缴税款的。

（3）国家税务总局认定的其他不影响纳税信用评价的情形。

（四）纳税信用评估结果的确定和发布

税务机关每年 4 月确定上一年度纳税信用评价结果，并为纳税人提供自我查询服务。

【例题·单选题】（2019 年）下列关于纳税信用管理的表述中，符合规定的是（　　）。

A. 税务机关每年 2 月确定上一年度纳税信用评价结果

B. 实际生产经营期不满 3 年的纳税人，本评价年度不能评为 B 级

C. 年度内无生产经营业务收入的企业，不参加本期评价

D. 以直接判级进行纳税信用评价适用于有严重失信行为纳税人

【答案】D

【解析】选项 A：税务机关每年 4 月确定上一年度纳税信用评价结果。选项 B：实际生产经营期不满 3 年的，本评价年度不能评为 A 级。选项 C：有下列情形之一的纳税人，不参加本期的评价：（1）纳入纳税信用管理时间不满一个评价年度的；（2）因涉嫌税收违法被立案查处尚未结案的；（3）被审计、财政部门依法查出税收违法行为，税务机关正在依法处理，尚未办结的；（4）已申请税务行政复议、提起行政诉讼尚未结案的；（5）其他不应参加本期评价的情形。

考点 12 税务文书电子送达规定权利保护

1. 电子送达是指税务机关通过电子税务局等特定系统向纳税人、扣缴义务人送达电子版式税务文书。

2. 经受送达人同意，税务机关可以采用电子送达方式送达税务文书。

3. 税务处理决定书、税务行政处罚决定书（不含简易程序处罚）、税收保全措施决定书、税收强制执行决定书、阻止出境决定书以及税务稽查、税务行政复议过程中使用的税务文书等暂不适用。

【例题·单选题】（2020 年）下列税务文书中，可以采用电子形式送达的是（　　）。

A. 税务处理决定书

B. 税收保全措施决定书

C. 税务行政许可受理通知

D. 税收强制执行决定书

【答案】C

【解析】税务处理决定书、税务行政处罚决定书（不含简易程序处罚）、税收保全措施决定书、税收强制执行决定书、阻止出境决定书以及税务稽查、税务行政复议过程中使用的税务文书等暂不适用电子送达方式。

通关演练

一、单项选择题

1. 下列属于不需要办理注销税务登记情形的是（　　）。

A. 纳税人被吊销营业执照

B. 纳税人因资不抵债而破产

C. 纳税人因经营地点变更而离开原主管税务机关管辖区

D. 纳税人变更经营范围

2. 下列项目中，账簿、凭证保管的期限是（　　）年。

A. 1　　B. 3

C. 5　　D. 10

3. 下列关于设置账簿期限的说法中，正确的是（　　）。

A. 从事生产经营的纳税人设置账簿的期限是自领取营业执照或者发生纳税义务之日起 15 日内

B. 扣缴义务人设置代扣代缴税款账簿的期限是自税收法律、行政法规规定的扣缴义务发生之日起 15 日内

C. 扣缴义务人设置代扣代缴税款账簿的期限是自税收法律、行政法规规定的扣缴义务发生次日起 10 日内

D. 从事生产经营的纳税人设置账簿的

期限是自领取营业执照或者发生纳税义务之日起 10 日内

4. 下列项目中，符合税控管理规定的是（　　）。

A. 不能按照规定安装、使用税控装置的可以处 2 000 元以下罚款

B. 不能按照规定安装、使用税控装置的可以处 2 000 元以上罚款

C. 不能按照规定安装、使用税控装置，情节严重的可以处 2 000 元以上罚款

D. 不能按照规定安装、使用税控装置，情节严重的可以处 10 000 元以上罚款

5. 下列税收征管活动中适用《税收征收管理法》的是（　　）。

A. 税务机关征收的企业所得税

B. 海关征收的关税及代征的增值税

C. 农税征收机关负责征收的契税

D. 税务机关征收的教育费附加

6. 查验征收方式一般适用的纳税单位是（　　）。

A. 财务会计制度比较健全、能够认真履行纳税义务的单位

B. 账册不够健全、但能够控制原材料或销货的纳税单位

C. 营业品种比较单一，经营地点、时间和商品来源不固定的单位

D. 无完整考核依据的小型纳税单位

7. 对被查税人的会计账簿、凭证等账务资料，通过直观地审查阅览，发现在纳税方面存在问题的检查方法是（　　）。

A. 现场检查法　　B. 核对法

C. 审阅法　　D. 观察法

8. 纳税人未按照规定使用税务登记证件，或者转借、涂改、损毁、买卖、伪造税务登记证件的，处 2 000 元以上 1 万元以下的罚款；情节严重的处以（　　）。

A. 1 万元以上 5 万元以下罚款

B. 1 万元以上 6 万元以下罚款

C. 1 万元以上 8 万元以下罚款

D. 1 万元以上 10 万元以下罚款

9. 以假报出口或者其他欺骗手段，骗取国家出口退税款的，由税务机关追缴其骗取的退税款，并处以（　　）的罚款额。

A. 1 万元以上 5 万元以下

B. 10 万元以上

C. 骗取税款的 1 倍以上 5 倍以下

D. 骗取税款的 3 倍以上

10. 因纳税人、扣缴义务人计算等失误，未缴或者少缴税款的，税务机关在 3 年内可以追征税款、滞纳金；有特殊情况的，可（　　）。

A. 将追征期延长到 10 年

B. 将追征期延长到 5 年

C. 只追缴税款不加收滞纳金

D. 处以 2 000 元以上 1 万元以下的罚款

11. 下列关于退还纳税人多缴税款的表述中，正确的是（　　）。

A. 纳税人发现多缴税款但距缴款日期已超过 3 年的，税务机关不再退还多缴税款

B. 税务机关发现多缴税款的，在退还税款的同时，应一并计算银行同期存款利息

C. 税务机关发现多缴税款但距缴款日期已超过 3 年的，税务机关不再退还多缴税款

D. 纳税人发现当年预缴企业所得税款超过应缴税额的，可要求退款并加计银行同期存款利息

12. 下列说法中正确的是（　　）。

A. 因税务机关的责任，致使纳税人、扣缴义务人未缴或少缴税款的，税务机关可以在 3 年内追征税款和滞纳金

B. 因纳税人、扣缴义务人计算错误等失误，未缴或者少缴税款的，税务机关在

3 年内可以追征税款、滞纳金

C. 对偷税的，税务机关追征其未缴或少缴的税款、滞纳金，税务机关应在 20 年内追征

D. 纳税人超过应纳税额缴纳的税款，税务机关发现后应当立即退还，纳税人自结算税款之日起 1 年内发现的，可以向税务机关要求退还多缴的税款并加算银行同期存款利息

13. 中国公民甲某于 2016 年 1 月 1 日从某公司一笔劳务报酬 5 万元，并在当月 10 日完税。当时税务局工作人员按减除 20% 的费用后计税，后来，税务局在复查中发现少收税款 2 000 元。根据有关规定，税务局对此笔税款的追征期截止日为（　　）。

A. 2019 年 1 月 1 日

B. 2019 年 1 月 10 日

C. 2021 年 1 月 1 日

D. 2021 年 1 月 10 日

14. 甲因未按规定提供纳税担保，税务机关依法对其采取税收保全措施时，对于下列财产和用品不在保全措施范围之内的是（　　）。

A. 甲居住的豪华住宅

B. 甲的叔叔年轻时因车祸致伤，不能行走，无工作能力，一直与甲共同生活，甲为其叔叔购买的轮椅

C. 甲拥有的古玩字画

D. 甲接送小孩上学必需的小汽车

15. 下列关于纳税申报的说法中，错误的是（　　）。

A. 实行定期定额方式缴纳税款的纳税人，可以实行简易申报、简并征期等申报纳税方式

B. 纳税人办理了延期纳税申报的，应当在纳税期内先预缴税款

C. 纳税人享受定期减税、免税待遇的，在减税、免税期限内应当按照规定办理纳税申报

D. 纳税人当期没有销售货物、提供劳务，没有取得应税所得的，不用进行纳税申报

16. 税务机关采取税收保全措施的期限一般不得超过（　　）。

A. 1 个月　　　B. 3 个月

C. 6 个月　　　D. 1 年

17. 纳税担保人未按照规定的期限缴纳所担保的税款、滞纳金的，由税务机关责令限期在 15 日内缴纳；逾期仍未缴纳的，经（　　）批准，税务机关依法拍卖、变卖抵押物，抵缴税款、滞纳金。

A. 县以上税务局（分局）

B. 县以上税务局（分局）局长

C. 省级税务局

D. 市级税务局

18. 下列各项关于纳税申报管理的表述中，正确的是（　　）。

A. 扣缴义务人不得采取邮寄申报的方式

B. 纳税人在纳税期内没有应纳税款的，不必办理纳税申报

C. 实行定期定额缴纳税款的纳税人可以实行简易申报、简并征期等申报纳税方式

D. 主管税务机关根据纳税人实际情况及其所纳税种确定的纳税申报期限不具有法律效力

19. 下列关于税款征收原则的说法中，正确的是（　　）。

A. 税收优先于所有的无担保债权

B. 税收优先于抵押权、质权和留置权的执行

C. 纳税人欠缴税款，同时又被税务机关以外的其他行政部门处以罚款、没收非法所得的，税收不优先于罚款和没收非法所得

D. 纳税人欠缴税款，同时又被税务机关决定处以罚款、没收非法所得的，税收优先于罚款、没收非法所得

20. 税务机关采取的下列措施中，属于税收保全措施的是（　　）。

A. 查封纳税人的价值相当于应纳税款的商品或货物

B. 书面通知纳税人的开户银行从其银行存款中扣缴税款

C. 拍卖纳税人其价值相当于应纳税款的商品用以抵缴税款

D. 对纳税人逃避纳税义务的行为处以2 000元以上5 000元以下的罚款

21. 下列关于税款追征的表述中，正确的是（　　）。

A. 因税务机关责任，致使纳税人少缴税款的，税务机关在3年内可要求纳税人补缴税款，但不得加收滞纳金

B. 因税务机关责任，致使纳税人少缴税款的，税务机关在3年内可要求纳税人补缴税款并按日加收滞纳金

C. 对于纳税人逃避缴纳税款、抗税和骗取税款的，税务机关在20年内可以追征税款、滞纳金；有特殊情况的，追征期可延长到30年

D. 因纳税人计算等失误，未缴或者少缴税款的，税务机关在3年内可以追征税款、滞纳金；有特殊情况的，追征期可延长到10年

22. 根据《税收征收管理法》规定，扣缴义务人应扣未扣、应收而不收税款的，由税务机关向纳税人追缴税款，对扣缴义务人处一定数额的罚款。其罚款限额是（　　）。

A. 2 000元以下

B. 2 000元以上5 000元以下

C. 应扣未扣、应收未收税款50%以上3倍以下

D. 应扣未扣、应收未收税款50%以上5倍以下

23. 下列不可以作为抵押财产的是（　　）。

A. 土地所有权　　B. 房屋

C. 仓库材料　　D. 机器

24. 下列关于纳税信用修复的表述中，符合税法规定的是（　　）。

A. 非正常户失信行为一个纳税年度内可申请两次纳税信用修复

B. 纳税人履行相应法律义务并由税务机关依法解除非正常户状态的，可在规定期限内向税务机关申请纳税信用修复

C. 主管税务机关自受理纳税信用修复申请之日起30日内完成审核，并向纳税人反馈结果

D. 纳税信用修复完成后，纳税人之前已适用的税收政策和管理服务措施要作追溯调整

25. 下列各项中，适用《税收征收管理法》的是（　　）。

A. 城建税

B. 教育费附加

C. 关税

D. 海关代征的进口环节增值税

26. 纳税人被工商行政管理机关吊销营业执照的，应当自营业执照被吊销之日起（　　）日内，向原税务登记机关申报办理注销税务登记。

A. 10　　B. 15

C. 30　　D. 40

27. 根据《税收征收管理法》的有关规定，需要领购发票的单位和个人，应当持税务登记证件、经办人身份证明、按照国务院税务主管部门规定式样制作的发票专用章的印模，向主管税务机关办理发票领购手续。主管税务机关根据领购单位和个人的经营范围和规模，确认领购发票的

种类、数量以及领购方式，在（　）个工作日内发给发票领购簿。

A. 1　　B. 3

C. 5　　D. 7

28. 已经开具的发票存根联和发票登记簿，应当保存（　）年。保存期满，报经税务机关查验后销毁。

A. 10　　B. 5

C. 3　　D. 1

29. 下列关于延期缴纳税款制度的表述中，不正确的是（　）。

A. 批准延期内免予加收滞纳金

B. 延期缴纳税款的期限最长不得超过3个月

C. 延期缴纳税款必须经县级及以上税务机关批准

D. 延期缴纳的同一笔税款不得滚动审批

30. 下列有关税款征收方式的表述中，不正确的是（　）。

A. 委托代征税款方式一般适用于小额、零散税源的征收

B. 查验征收方式一般适用于无完整考核依据的小型纳税单位

C. 查账征收方式一般适用于财务会计制度较为健全，能够认真履行纳税义务的纳税单位

D. 查定征收方式一般适用于账册不够健全，但是能够控制原材料或进销货的纳税单位

31. 下列各项中，属于可采取税收保全措施的适用对象的是（　）。

A. 从事生产、经营的纳税人

B. 从事生产、经营的纳税人和扣缴义务人

C. 从事生产、经营的纳税人和纳税担保人

D. 从事生产、经营以外的纳税人

32. 税务机关采取税收保全措施和税收强制执行措施都需要经（　）批准。

A. 国家税务总局

B. 财政部

C. 省级人民政府

D. 县级以上税务局（分局）局长

33. 根据《税收征收管理法》的规定，扣缴义务人应扣未扣、应收而不收税款的，由税务机关向纳税人追缴税款，对扣缴义务人处（　）的罚款。

A. 2 000 元以下

B. 2 000 元以上 1 万元以下

C. 应扣未扣、应收未收税款 50% 以上 3 倍以下

D. 应扣未扣、应收未收税款 50% 以上 5 倍以下

34. 根据《税收征收管理法》的规定，纳税人不进行纳税申报，不缴或者少缴应纳税款的，由税务机关追缴其不缴或者少缴的税款、滞纳金，并处（　）的罚款。

A. 2 000 元以下

B. 2 000 元以上 5 000 元以下

C. 不缴或者少缴税款 50% 以上 3 倍以下

D. 不缴或者少缴税款 50% 以上 5 倍以下

二、多项选择题

1. 下列项目中，不适用《税收征收管理法》范围的有（　）。

A. 教育费附加

B. 实体税种

C. 地方教育附加

D. 行政收费

2. 下列项目中，不适用于《税收征管法》的有（　）。

A. 车辆购置税

B. 海关代征消费税

C. 教育费附加

D. 印花税

3. 下列纳税人中，应该进行开业税务登记的有（　　）。

A. 企业在外地新设立的分支机构

B. 缴纳车船税的个人

C. 缴纳车船税的个体户

D. 临时取得应税收入的事业单位

4. 下列项目中，属于进行开业税务登记的纳税人有（　　）。

A. 个体工商户

B. 企业设在外地的分支机构

C. 从事生产经营的事业单位

D. 境内个人所得税的自然人

5. 下列属于变更税务登记事项的有（　　）。

A. 增设分支机构

B. 改变开户银行和账号

C. 改变经营范围、经营方式

D. 纳税人因经营地的迁移而要改变原主管税务机关的

6. 下列有关办理税务登记的做法，正确的有（　　）。

A. 纳税人遗失税务登记证件的，应当在15日内书面报告主管税务机关，并登报声明作废

B. 纳税人税务登记的内容发生变化时，已在工商行政管理机关办理变更登记的，应自工商行政管理部门办理变更登记之日起30日内，向原税务登记机关申报办理变更税务登记

C. 纳税人被工商行政管理机关吊销营业执照的，应自营业执照被吊销之日起30日内，向原税务登记机关申报办理注销税务登记

D. 纳税人因住所变动涉及改变主管税务登记机关的，应向原税务登记机关申报办理注销税务登记，并自注销税务登记之日起30日内向迁达地税务机关申请办理税务登记

7. 下列情形中，税务机关有权核定纳税人应纳税额的有（　　）。

A. 依照法律，行政法规的规定可以不办理税务登记的

B. 依照法律，行政法规的规定可以不设置账簿的

C. 依照法律，行政法规的规定应当设置但未设置账簿的

D. 擅自销毁账簿或者拒不提供纳税资料的

8. 纳税人在办理税务登记后，发生下列（　　）情形之一的，应办理变更税务登记。

A. 企业由于改组、分级、合并等原因而被撤销

B. 法定代表人变更

C. 改变经营期限、开户银行及账号

D. 企业资不抵债而破产

9. 根据《税收征收管理法》规定，纳税人有（　　）情形的，税务机关有权核定其应纳税款。

A. 依照法律、行政法规的规定应当设立账簿而未设置的

B. 虽设置账簿，但账目混乱，费用凭证残缺不全，难以查账的

C. 发生纳税义务，未按规定的期限办理纳税申报，经税务机关责令限期申报，逾期仍未申报的

D. 与关联企业的购销业务未按照独立企业之间的业务往来作价的

10. 下列项目中，符合延期缴纳税款制度的有（　　）。

A. 纳税人应在规定期限内提出书面申请

B. 税款的延期缴纳，必须经市级税务机关负责人批准，方为有效

C. 延期期限最长不得超过3个月，同

一笔税款可以滚动审批

D. 批准延期内免予加收滞纳金

11. 对纳税人的下列财产，不能采取税收保全措施的有（　　）。

A. 个人及其所抚养家属维持生活必需的住房和用品

B. 纳税人的有价证券

C. 单价在 5 000 元以下的其他生活用品

D. 机动车辆

12. 税务机关对纳税人减免事项可以每年定期检查，检查的主要内容包括（　　）。

A. 是否存在纳税人未经有权机关批准自行享受减免税情况

B. 已享受减免税是否未申报

C. 纳税人是否符合减免税的资格条件

D. 减免税款有规定用途的，纳税人是否按规定用途使用减免税款

13. 下列关于税务机关行使税务检查权的表述中，符合税法规定的有（　　）。

A. 到纳税人的住所检查应纳税的商品、货物和其他财产

B. 责成纳税人提供与纳税有关的文件、证明材料和有关资料

C. 到车站检查纳税人托运货物或者其他财产的有关单据、凭证和资料

D. 经县税务局长批准，凭统一格式的检查存款账户许可证，查询案件涉嫌人员的储蓄存款

14. 下列各项中，符合《税收征收管理法》税款征收有关规定的有（　　）。

A. 税务机关征收税款时，必须给纳税人开具完税凭证

B. 税务机关扣押商品、货物或者其他财产时，必须开付收据

C. 查封商品、货物或者其他财产时，必须开付清单

D. 税收优先于所有的无担保债权

15. 根据《税收征收管理法》的规定，可以处不缴或者少缴的税款 50% 以上 5 倍以下的罚款的行为有（　　）。

A. 纳税人、扣缴义务人编造虚假计税依据的行为

B. 纳税人经税务机关通知申报而拒不申报或者进行虚假的纳税申报，不缴或者少缴应纳税款的行为

C. 纳税人在账簿上多列支出或者不列、少列收入，不缴或者少缴应纳税款的行为

D. 纳税人伪造、变造、隐匿、擅自销毁账簿、记账凭证，不缴或者少缴应纳税款的行为

16. 税务机关派出人员在进行检查时，必须出示（　　）。

A. 外出经营活动税收管理证明

B. 工作证

C. 税务检查证

D. 税务检查通知书

17. 根据《税收征收管理法》的规定，下列情形中税务机关有权核定其应纳税额的有（　　）。

A. 依照《税收征收管理法》的规定可以不设置账簿的

B. 依照《税收征收管理法》的规定应当设置但是没有设置账簿的

C. 虽设置账簿，但账目混乱或者成本资料、收入凭证、费用凭证残缺不全，难以查账的

D. 居民企业或者外国企业在中国境内设立的从事生产、经营的机构、场所与其关联企业之间的业务往来已按照独立企业之间的业务往来收取或者支付价款费用的

18. 关于税务登记的陈述，下列说法正确的有（　　）。

A. 税务登记是税务机关对纳税人实施

税收管理的首要环节和基础工作，是征纳双方法律关系成立的依据和证明，也是纳税人必须依法履行的义务

B. 我国税务登记制度大体包括开业登记、注销税务登记

C. 临时取得应税收入或发生应税行为的单位和个人，以及只缴纳个人所得税、车船税的个人，可以办理税务登记

D. 纳税人到外县（市）临时从事生产经营活动的，应当在外出生产经营以前，持税务登记证向主管税务机关申请开具《外出经营活动税收管理证明》

19. 根据《税收征收管理法》的有关规定，下列各项中不得作为纳税保证人的有（　　）。

A. 学校

B. 医院

C. 无民事行为能力的自然人

D. 纳税信誉等级被评为 D 级的单位

20. 我国《税收征收管理法》规定，税款征收优先于（　　）。

A. 发生欠税在前的抵押权的执行

B. 税务机关的罚款

C. 财政部门的罚款

D. 欠职工的工资

21. 下列关于税款的退还和追征制度的陈述，正确的选项有（　　）。

A. 纳税人超过应纳税额缴纳的税款，税务机关发现后应当立即退还

B. 纳税人自结算缴纳税款之日起 3 年内发现的，可以向税务机关要求退还多缴的税款并加算银行同期存款利息

C. 因纳税人、扣缴义务人计算等失误，未缴或者少缴税款的，税务机关在 5 年内可以追征税款、滞纳金

D. 对偷税、抗税、骗税的，税务机关追征其未缴或者少缴的税款、滞纳金或者所骗取的税款，不受规定期限的限制，应无限期追征

22.《税务代理业务规程》规定，代理人可以接受纳税人、扣缴义务人的委托，从事规定范围内的业务代理，下列代理可接受的有（　　）。

A. 办理税务登记、变更税务登记和注销税务登记手续

B. 办理纳税、退税和减免税申报

C. 办理所有发票的领购手续

D. 审查纳税情况

23. 税务机关依法采取的下列措施中，属于税收保全措施的有（　　）。

A. 书面通知纳税人开户银行冻结相当于应纳税款的存款

B. 书面通知纳税人开户银行从其存款中扣缴税款

C. 扣押纳税人的价值相当于应纳税款的商品

D. 依法拍卖纳税人的价值相当于应纳税款的商品

24. 税务机关派出的人员进行税务检查时，应当出示（　　）。

A. 税务检查证

B. 税务调查报告

C. 税务检查通知书

D. 税务事项通知书

25. 下列各项中，关于税务管理的表述正确的有（　　）。

A. 纳税人变更名称应办理注销税务登记

B. 纳税人变更经营地涉及变更主管税务机关的，应办理注销税务登记

C. 对各种账簿、记账凭证、报表必须保存 5 年

D. 到省外临时经营的纳税单位，向税务机关领购发票时，经营地税务机关可要求其交纳不超过 1 万元的保证金

26. 下列纳税人中，税务机关有权核

定其应纳税额的有（　　）。

A. 虽设置账簿，但账目混乱，难以查账的纳税人

B. 虽设置账簿，但会计报表编制格式有问题的纳税人

C. 依照法律、行政法规的规定可以不设置账簿的纳税人

D. 依照法律、行政法规的规定应当设置但未设置账簿的纳税人

27. 下列关于税务机关实施税收保全措施的表述中，正确的有（　　）。

A. 税收保全措施仅限于从事生产、经营的纳税人

B. 只有在事实全部查清，取得充分证据的前提下才能进行

C. 冻结纳税人的存款时，其数额要以相当于纳税人应纳税款的数额为限

D. 个人及其所扶养家属维持生活必需的住房和用品，不在税收保全措施的范围之内

28. 下列关于税务机关行使税务检查权的表述中，符合税法规定的有（　　）。

A. 到纳税人的住所检查应纳税的商品、货物和其他财产

B. 责成纳税人提供与纳税有关的文件、证明材料和有关资料

C. 到车站检查纳税人托运应纳税货物或者其他财产的有关单据、凭证和有关资料

D. 经县税务局局长批准，凭统一格式的检查存款账户许可证，查询案件涉嫌人员的储蓄存款

29. 纳税担保是指经税务机关同意或确认，为纳税人应当缴纳的税款及滞纳金提供担保的行为。纳税担保范围包括（　　）。

A. 实现罚款的费用

B. 税款

C. 滞纳金

D. 实现税款、滞纳金的费用

30. 下列各项中，可以作为纳税抵押财产的有（　　）

A. 抵押人所有的房屋

B. 土地所有权

C. 抵押人依法被查封的财产

D. 抵押人所有的交通运输工具

31. 在办理税务注销时，对未处于税务检查状态、无欠税（滞纳金）及罚款、已缴销增值税专用发票及税控专用设备，且符合下列情形之一的纳税人，可以采取“承诺制”容缺办理的有（　　）。

A. 纳税信用级别为 A 级的纳税人

B. 控股母公司纳税信用级别为 A 级的 M 级纳税人

C. 未达到增值税纳税起征点的纳税人

D. 省级人民政府引进人才创办的企业

32. 下列各项关于税务登记管理的说法中，正确的有（　　）。

A. 纳税人的停业期限不得超过 2 年

B. 纳税人负有纳税申报义务，但连续 3 个月所有税种均未进行纳税申报的，税收征管系统自动将其认定为非正常户，并停止其《发票领购簿》和发票的使用

C. 纳税人在停业期间发生纳税义务的，应当按照税收法律、行政法规的规定申报缴纳税款

D. 已认定为非正常户的纳税人，就其逾期未申报行为接受处罚、缴纳罚款，并补办纳税申报的，税收征管系统自动解除非正常状态，无须纳税人专门申请解除

33. 任何单位和个人应当按照发票管理规定使用发票，不得存在的行为包括（　　）。

A. 转借、转让、介绍他人转让发票、发票监制章和发票防伪专用品

B. 扩大发票使用范围

C. 拆本使用发票

D. 以其他凭证代替发票使用

34. 下列关于税款优先原则的表述中，正确的有（　　）。

A. 税收优先于无担保债权

B. 税收优先于罚款

C. 税收优先于没收非法所得

D. 纳税人发生欠税在前的，抵押权、质权和留置权的执行优先于税收

35. 下列各项关于减免税收制度的表述中，正确的有（　　）。

A. 纳税人在享受减税、免税待遇期间不需办理纳税申报

B. 减税、免税条件发生变化的，应当在纳税申报时向税务机关报告

C. 享受减税、免税优惠的纳税人，减税、免税期满，应当自期满次月起恢复纳税

D. 不再符合减税、免税条件的，应当依法履行纳税义务；未依法纳税的，税务机关应当予以追缴

36. 根据《税收征收管理法》的规定，下列关于税收强制执行措施的说法中正确的有（　　）。

A. 仅适用于从事生产、经营的纳税人

B. 必须发生在责令限期缴纳税款期满之后

C. 书面通知其开户银行从其存款中扣缴税款

D. 税务机关采取税收强制执行措施时，必须坚持告诫在先原则

37. 下列有关税务检查的职责的说法中，正确的有（　　）。

A. 税务机关在调查税收违法案件时，经设区的市、自治州以上税务局（分局）局长批准，可以查询案件涉嫌人员的储蓄存款

B. 税务机关有权到纳税人的生产、经营场所和货物存放地检查纳税人应纳税的商品、货物或者其他财产

C. 税务机关有权到车站、码头、机场、邮政企业及其分支机构检查纳税人托运、邮寄应纳税商品、货物或者其他财产的有关单据、凭证和有关资料

D. 税务机关有权检查扣缴义务人代扣代缴、代收代缴税款账簿、记账凭证和有关资料

38. 下列各项中，适用纳税信用管理试行办法的有（　　）。

A. 已办理税务登记，从事生产、经营并适用查账征收的企业

B. 从首次在税务机关办理涉税事宜之日起时间不满1个评价年度的企业

C. 评价年度内无生产经营业务收入的企业

D. 适用企业所得税核定征收办法的企业

39. 下列各项关于纳税信用管理的适用范围和评估结果应用的表述中，正确的有（　　）。

A. 非独立核算分支机构可自愿参与纳税信用评价

B. 对于因评价指标得分评为D级的纳税人，次年评价时加扣11分

C. 非独立核算分支机构参评后，2019年度之前的纳税信用级别重新评价

D. 对于因直接判级评为D级的纳税人，D级评价保留三年、第四年纳税信用不得评价为A级

40. 有下列（　　）情形的纳税人，本评价年度纳税信用级别直接判为D级。

A. 存在虚开增值税专用发票等行为，经判决构成涉税犯罪的

B. 在规定期限内未按税务机关处理结论缴纳或者足额缴纳税款、滞纳金和罚款的

C. 骗取国家出口退税款，被停止出口退（免）税资格未到期的

D. 提供虚假申报材料享受税收优惠政策的

41. 下列关于纳税信用修复的表述中，正确的有（　　）。

A. 非正常户失信行为纳税信用修复一个纳税年度内只能申请一次，纳税年度自公历1月1日起至12月31日止

B. 主管税务机关自受理纳税信用修复申请之日起10个工作日内完成审核

C. 纳税信用修复完成后，纳税人按照修复后的纳税信用级别适用相应的税收政策和管理服务措施，之前已适用的税收政策和管理服务措施不作追溯调整

D. 纳税信用修复后纳税信用级别不再为D级的纳税人，其直接责任人注册登记或者负责经营的其他纳税人之前被关联为D级的，可向主管税务机关申请解除纳税信用D级关联

42. 有下列情形之一的纳税人、扣缴义务人或者其他涉税当事人可以确定为失信主体（　　）。

A. 虚开增值税普通发票100份以上或者金额400万元以上的

B. 纳税人、扣缴义务人非法提供银行账户、发票、证明或者其他方便，导致未缴、少缴税款100万元以上或者骗取国家出口退税款的

C. 骗取国家出口退税款的

D. 虚开增值税专用发票或者虚开用于骗取出口退税、抵扣税款的其他发票的

43. 关于重大税收违法失信主体信息公布管理的表述中，正确的有（　　）。

A. 税务机关应当在作出确定失信主体决定前向当事人送达告知文书，告知其依法享有陈述、申辩的权利

B. 当事人在税务机关告知后5日内，可以书面或者口头提出陈述、申辩意见

C. 税务机关应当在失信主体确定文书送达后的次月15日内，向社会公布

D. 失信主体信息自公布之日起满3年的，税务机关在5日内停止信息公布

答案及解析

一、单项选择题

1. 【答案】D

【解析】纳税人需要办理注销税务登记主要有三种情形：（1）纳税人因发生解散、破产、撤销以及其他情形依法终止纳税义务；（2）纳税人因住所、经营地点变动而涉及改变税务登记机关；（3）纳税人被工商行政管理机关吊销营业执照或被其他机关予以撤销登记的。选项D属于变更税务登记的范围。

2. 【答案】D

【解析】账簿、记账凭证、报表、完税凭证、发票、出口凭证以及其他有关涉税资料的保管期限，根据《税收征管法实施细则》第二十九条，除另有规定者外，应当保存10年。

3. 【答案】A

【解析】所有的纳税人、扣缴义务人都必须按照规定设置账簿。从事生产、经营的纳税人应当自领取营业执照或者发生纳税义务之日起15日内设置账簿。扣缴义务人应当自税收法律、行政法规规定的扣缴义务发生之日起10日内，按照所代扣、代收的税种，分别设置代扣代缴、代收代缴税款账簿。

4. 【答案】A

【解析】纳税人不能按照规定安装、使用税控装置，或者损毁或者擅自改动税控装置的，由税务机关责令限期改正，可以处以2 000元以下的罚款；情节严重的，

处 2 000 元以上 1 万元以下的罚款。

5. 【答案】A

【解析】海关代征增值税适用于其他法律法规规定，农税征收机关征收契税由国务院另行规定，税务机关征收教育费附加由教育费附加条例和规章决定。

6. 【答案】C

【解析】查验征收适用于经营品种比较单一，经营地点时间和产品来源不固定的纳税单位。

7. 【答案】C

【解析】审阅法是对被查税人的会计账簿、凭证等账务资料，通过直观地审查阅览，发现在纳税方面存在问题的检查方法。

8. 【答案】A

【解析】纳税人未按照规定使用税务登记证件，或者转借、涂改、损毁、买卖、伪造税务登记证件的，处 2 000 元以上 1 万元以下的罚款；情节严重的，处 1 万元以上 5 万元以下的罚款。

9. 【答案】C

【解析】以假报出口或者其他欺骗手段，骗取国家出口退税款的，由税务机关追缴其骗取的退税款，并处以骗取税款的 1 倍以上 5 倍以下罚款，构成犯罪的追究刑事责任。

10. 【答案】B

【解析】因纳税人、扣缴义务人计算等失误，未缴或者少缴税款的，税务机关在 3 年内可以追征税款、滞纳金；有特殊情况的追征期可以延长到 5 年。

11. 【答案】A

【解析】选项 A：纳税人自结算缴纳税款之日起 3 年内发现的，可以向税务机关要求退还多缴的税款并加算银行同期存款利息，税务机关及时查实后应当立即退还。选项 B：税务机关发现的，没有加算银行同期存款利息的规定。选项 C：税务机关发现的多缴税款，《税收征收管理法》没有规定多长时间内可以退还。法律没有规定期限的，推定为无限期。因此，税务机关发现的多缴税款，无论多长时间，都应当退还给纳税人。选项 D：不得加算银行同期存款利息。

12. 【答案】B

【解析】选项 A：不得加收滞纳金。选项 C：税务机关可以无限期追征；选项 D，纳税人自结算税款之日起 3 年内发现的，可以向税务机关要求退还多缴的税款并加算银行同期存款利息。

13. 【答案】B

【解析】《税收征收管理法》第五十二条规定，因税务机关的责任，致使纳税人、扣缴义务人未缴或者少缴税款的，税务机关在 3 年内可以要求纳税人、扣缴义务人补缴税款，但是不得加收滞纳金。因纳税人、扣缴义务人计算错误等失误，未缴或者少缴税款的，税务机关在 3 年内可以追征税款、滞纳金；有特殊情况的，追征期可以延长到 5 年；对偷税、抗税、骗税的，税务机关追征其未缴或者少缴的税款、滞纳金或者所骗取的税款，不受前款规定期限的限制。

14. 【答案】B

【解析】个人及其所扶养家属维持生活必需的住房和用品，不在税收保全措施范围之内。个人及其所扶养家属维持生活必需的住房和用品不包括机动车辆、金银饰品、古玩字画、豪华住宅或者一处以外的住房。

15. 【答案】D

【解析】纳税人当期没有销售货物、提供劳务，没有取得应税所得的，也应该在规定的期限内进行纳税申报。

16. 【答案】C

【解析】税务机关采取税收保全措施的期限一般不得超过6个月；重大案件需要延长的，应当报国家税务总局批准。

17.【答案】B

【解析】纳税担保人未按照前款规定的期限缴纳所担保的税款、滞纳金的，由税务机关责令限期在15日内缴纳；逾期仍未缴纳的，经县以上税务局（分局）局长批准，税务机关依法拍卖、变卖抵押物，抵缴税款、滞纳金。

18.【答案】C

【解析】选项A：纳税人、扣缴义务人纳税申报的形式主要有三种：直接申报、邮寄申报、数据电文。选项B：纳税人在纳税期内没有应纳税款的，也需要办理纳税申报。选项C：实行定期定额缴纳税款的纳税人，可以实行简易申报、简并征期等申报纳税方式。选项D：主管税务机关根据纳税人实际情况及其所纳税种确定的纳税申报期限与法律、行政法规明确规定的纳税申报期限具有同等的法律效力。

19.【答案】D

【解析】选项A：税收并不是优先于所有的无担保债权，对于法律上另有规定的无担保债权，不能行使税收优先权。选项B：纳税人发生欠税在前的，税收优先于抵押权、质权和留置权的执行。选项C：税收优先于罚款和没收非法所得。

20.【答案】A

【解析】选项B：书面通知纳税人开户银行或其他金融机构冻结纳税人的金额“相当于”应纳税款的存款。选项C：扣押、查封纳税人的价值相当于应纳税款的商品、货物或者其他财产。

21.【答案】A

【解析】选项AB：因税务机关责任，致使纳税人、扣缴义务人未缴或者少缴税款的，税务机关在3年内可要求纳税人、扣缴义务人补缴税款，但是不得加收滞纳金。选项C：对逃避缴纳税款、抗税、骗税的，税务机关追征其未缴或者少缴的税款、滞纳金或者所骗取的税款，不受期限的限制。选项D：因纳税人、扣缴义务人计算等失误，未缴或者少缴税款的，税务机关在3年内可以追征税款、滞纳金；有特殊情况的追征期可以延长到5年。

22.【答案】C

【解析】根据《税收征收管理法》规定，扣缴义务人应扣未扣、应收而不收税款的，由税务机关向纳税人追缴税款，对扣缴义务人处应扣未扣、应收未收税款50%以上3倍以下的罚款。

23.【答案】A

【解析】选项A：土地所有权不可以作为纳税抵押财产。

24.【答案】B

【解析】选项A：非正常户失信行为纳税信用修复一个纳税年度内只能申请一次。选项C：主管税务机关自受理纳税信用修复申请之日起15个工作日内完成审核，并向纳税人反馈信用修复结果。选项D：纳税信用修复完成后，纳税人按照修复后的纳税信用级别适用相应的税收政策和管理服务措施，之前已适用的税收政策和管理服务措施不作追溯调整。

25.【答案】A

【解析】凡依法由税务机关征收的各种税收的征收管理，均适用《税收征收管理法》。选项B：教育费附加不属于“税收”，不适用《税收征收管理法》。选项CD：由海关负责征收的关税以及海关代征的进口环节的增值税、消费税，适用其他法律、法规的规定。

26.【答案】B

【解析】纳税人被工商行政管理机关吊销营业执照或被其他机关予以撤销登记

的，应当自营业执照被吊销或被撤销登记之日起15日内，向原税务登记机关申报办理注销税务登记。

27. 【答案】C

【解析】根据《税收征收管理法》的有关规定，需要领购发票的单位和个人，应当持税务登记证件、经办人身份证明、按照国务院税务主管部门规定式样制作的发票专用章的印模，向主管税务机关办理发票领购手续。主管税务机关根据领购单位和个人的经营范围和规模，确认领购发票的种类、数量以及领购方式，在5个工作日发给发票领购簿。

28. 【答案】B

【解析】已经开具的发票存根联和发票登记簿，应当保存5年。保存期满，报经税务机关查验后销毁。

29. 【答案】C

【解析】选项C：纳税人因特殊困难不能按期缴纳税款的，经省、自治区、直辖市税务局批准，可延期缴纳税款，但最长不得超过3个月。

30. 【答案】B

【解析】选项B：查验征收方式一般适用于经营品种比较单一，经营地点、时间和商品来源不固定的纳税单位。定期定额征收方式一般适用于无完整考核依据的小型纳税单位。

31. 【答案】A

【解析】税收保全措施适用于从事生产、经营的纳税人，不包括纳税担保人和扣缴义务人。

32. 【答案】D

【解析】税务机关采取税收保全措施和税收强制执行措施都需要经县以上税务局（分局）局长批准。

33. 【答案】C

【解析】税务机关按照规定付给扣缴义务人代扣、代收手续费。扣缴义务人应扣未扣、应收而不收税款的，由税务机关向纳税人追缴税款，对扣缴义务人处应扣未扣、应收未收税款50%以上3倍以下的罚款。

34. 【答案】D

【解析】根据《税收征收管理法》第六十四条规定，纳税人不进行纳税申报，不缴或者少缴应纳税款的，由税务机关追缴其不缴或者少缴的税款、滞纳金，并处不缴或者少缴税款50%以上5倍以下的罚款。

二、多项选择题

1. 【答案】ACD

【解析】选项B：除了关税之外的其他实体税种均适用税收征管法。

2. 【答案】BC

【解析】除了关税以及海关代征的增值税和消费税之外的其他实体税种均适用税收征管法。

3. 【答案】AC

【解析】需要进行开业税务登记的纳税人分为两类：(1) 领取营业执照从事生产经营活动的纳税人，包括：①企业；②企业在外地设立的分支机构和从事生产、经营的场所；③个体工商户；④从事生产、经营的事业单位。(2) 其他纳税人，即不从事生产、经营，但依照法律、法规的规定负有纳税义务的单位和个人，除临时取得应税收入或发生应税行为以及只缴纳个人所得税、车船税的外，都应按规定向税务机关办理税务登记。

4. 【答案】ABC

【解析】选项D：不从事生产、经营，但依照法律、法规的规定负有纳税义务的单位和个人，应按规定向税务机关办理税务登记，但对于临时取得应税收入或发生应税行为以及只缴纳个人所得税、车船税的除外。

5.【答案】ABC

【解析】选项D：属于应当注销税务登记的情形。

6.【答案】ABD

【解析】选项C错误，纳税人被工商行政管理机关吊销营业执照的，应自营业执照被吊销之日起15日内，向原税务登记机关申报办理注销税务登记。

7.【答案】BCD

【解析】除选项BCD所列情形外，还有虽设置账簿，但账目混乱或者成本资料、收入凭证、费用凭证残缺不全，难以查账的；发生纳税义务，未按照规定的期限办理纳税申报，经税务机关责令限期申报，逾期仍不申报的；纳税人申报的计税依据明显偏低，又无正当理由的。

8.【答案】BC

【解析】纳税人办理税务登记后，如发生下列情形之一，应当办理变更税务登记：发生改变名称、改变法定代表人、改变经济性质或经济类型、改变住所和经营地点（不涉及主管税务机关变动的）、改变生产经营或经营方式、增减注册资金（资本）、改变隶属关系、改变生产经营期限、改变或增减银行账号、改变生产经营权属以及改变其他税务登记内容的。

9.【答案】ABC

【解析】选项D错误。纳税人有下列情形之一的，税务机关有权核定其应纳税额：（1）依照法律、行政法规的规定可以不设置账簿的；（2）依照法律、行政法规的规定应当设置但未设置账簿的；（3）擅自销毁账簿或者拒不提供纳税资料的；（4）虽设置账簿，但账目混乱或者成本资料、收入凭证、费用凭证残缺不全，难以查账的；（5）发生纳税义务，未按照规定的期限办理纳税申报，经税务机关责令限期申报，逾期仍不申报的；（6）纳税人申报的计税依据明显偏低，又无正当理由的。

10.【答案】AD

【解析】选项B：税款的延期缴纳，须经省级税务机关批准，方为有效。选项C：延期期限最长不得超过3个月，同一笔税款不得滚动审批

11.【答案】AC

【解析】选项B：纳税人的有价证券以及选项D：机动车辆可以采取税收保全措施。

12.【答案】ABCD

【解析】以上选项均正确。

13.【答案】BC

【解析】选项A：税务机关不得进入纳税人生活区进行检查。选项D：税务机关在调查税收违法案件时，经设区的市、自治州以上税务局（分局）局长批准，可以查询案件涉案人员的储蓄存款。

14.【答案】ABC

【解析】选项D：税收优先于无担保债权是有条件的，也就是说，并不是优先于所有的无担保债权，对于法律上另有规定的无担保债权，不能行使税收优先权。

15.【答案】BCD

【解析】纳税人、扣缴义务人编造虚假计税依据的，由税务机关责令限期改正，并处5万元以下罚款。

16.【答案】CD

【解析】税务机关派出人员在进行检查时要履行必要的手续，必须出示税务检查证和税务检查通知书。

17.【答案】ABC

【解析】税务机关对于不设账、账册记录不全、不能准确提供收支情况的纳税人采用核定征税的办法。关联企业间按独立企业业务往来收取或支付价款费用是符合税法规定的，税务机关不必核定其税额。

18. 【答案】AD

【解析】根据《税收征收管理法》和国家税务总局印发的《税务登记管理办法》，我国税务登记制度大体包括：开业税务登记，变更、注销税务登记，停业、复业登记，外出经营报验登记和非正常户处理。临时取得应税收入或发生应税行为的单位和个人，以及只缴纳个人所得税、车船税的个人，无需办理税务登记。

19. 【答案】ABCD

【解析】国家机关、学校、幼儿园、医院等事业单位、社会团体不得作为纳税保证人。有以下情形之一的，不得作为纳税保证人：（1）有偷税、抗税、骗税、逃避追缴欠税行为被税务机关、司法机关追究过法律责任未满2年的；（2）因有税收违法行为正在被税务机关立案处理或涉嫌刑事犯罪被司法机关立案侦查的；（3）纳税信誉等级被评为C级以下的；（4）在主管税务机关所在地的市（地、州）没有住所的自然人或税务登记不在本市（地、州）的企业；（5）无民事行为能力或限制民事行为能力的自然人；（6）与纳税人存在担保关联关系的；（7）有欠税行为的。

20. 【答案】ABC

【解析】现行税法规定，税收优先于无担保债权、发生欠税在前的抵押权的执行、罚款和没收非法所得。

21. 【答案】ABD

【解析】因纳税人、扣缴义务人计算等失误，未缴或者少缴税款的，税务机关在3年内可以追征税款、滞纳金；有特殊情况的，追征期可以延长到5年。

22. 【答案】ABD

【解析】选项C除增值税专用发票外。

23. 【答案】AC

【解析】税收保全措施是指税务机关对可能由于纳税人的行为或某种客观原因，致使以后税款的征收不能保证或难以保证的案件，采取限制纳税人处理或转移商品、货物或其他财产的措施。选项BD：属于税收强制执行措施，不属于税收保全措施。

24. 【答案】AC

【解析】税务机关派出的人员进行税务检查时，应当出示税务检查证和税务检查通知书。

25. 【答案】BD

【解析】选项A：应办理变更税务登记。选项C：除另有规定外，账簿、记账凭证、报表等有关涉税资料应当保存10年。

26. 【答案】ACD

【解析】虽设置账簿，但会计报表编制格式有问题的纳税人，不属于税务机关有权核定应纳税额的范围。

27. 【答案】ACD

【解析】执行税收保全措施的前提条件是税务机关有根据认为从事生产、经营的纳税人有逃避纳税义务行为，根据不同于证据。税收保全措施是税务机关针对纳税人在限期内有明显的转移、隐匿应纳税的商品、货物以及其他财产的紧急情况所采取的一种紧急处理措施。不可能等到事实全部查清，取得充分的证据以后再采取行动，如果这样，纳税人早已将其收入和财产转移或隐匿完毕，到时再想采取税收保全措施就晚了。所以选项B不正确。

28. 【答案】BC

【解析】选项B、C：税务机关有权进行的税务检查包括：责成纳税人、扣缴义务人提供与纳税或者代扣代缴、代收代缴税款有关的文件、证明材料和有关资料；到车站、码头、机场、邮政企业及其分支机构检查纳税人托运、邮寄应纳税商品、货物或者其他财产的有关单据、凭证和有关资料。选项 A：税务机关有权到纳税人的生产、经营场所和货物存放地检查纳税人应纳税的商品、货物或者其他财产，检查扣缴义务人与代扣代缴、代收代缴税款有关的经营情况。税务机关不能到纳税人住所检查应纳税的商品、货物和其他财产。选项 D：经县以上税务局（分局）局长批准，凭全国统一格式的检查存款账户许可证明，查询从事生产、经营的纳税人、扣缴义务人在银行或者其他金融机构的存款账户。

29. 【答案】BCD

【解析】纳税担保范围包括税款、滞纳金，也包括实现税款、滞纳金的费用。

30. 【答案】AD

【解析】选项 B、C 不可以作为纳税抵押财产。

31. 【答案】ABCD

【解析】对向市场监管部门申请一般注销的纳税人，税务机关在为其办理税务注销时，进一步落实限时办结规定。对未处于税务检查状态、无欠税（滞纳金）及罚款、已缴销增值税专用发票及税控专用设备，且符合下列情形之一的纳税人，优化即时办结服务，采取“承诺制”容缺办理，即：纳税人在办理税务注销时，若资料不齐，可在其作出承诺后，税务机关即时出具清税文书。（1）纳税信用级别为 A 级和 B 级的纳税人。（2）控股母公司纳税信用级别为 A 级的 M 级纳税人。（3）省级人民政府引进人才或经省级以上行业协会等机构认定的行业领军人才等创办的企业。（4）未纳入纳税信用级别评价的定期定额个体工商户。（5）未达到增值税纳税起征点的纳税人。纳税人应按承诺的时限补齐资料并办结相关事项。若未履行承诺的，税务机关将对其法定代表人、财务负责人纳入纳税信用 D 级管理。

32. 【答案】BCD

【解析】选项 A：纳税人的停业期限不得超过 1 年。

33. 【答案】ABCD

【解析】任何单位和个人应当按照发票管理规定使用发票，不得有下列行为：（1）转借、转让、介绍他人转让发票、发票监制章和发票防伪专用品。（2）知道或者应当知道是私自印制、伪造、变造、非法取得或者废止的发票而受让、开具、存放、携带、邮寄、运输。（3）拆本使用发票。（4）扩大发票使用范围。（5）以其他凭证代替发票使用。

34. 【答案】ABC

【解析】选项 D：纳税人发生欠税在前的，税收优先于抵押权、质权和留置权的执行。

35. 【答案】BD

【解析】选项 A：纳税人在享受减税、免税待遇期间，仍应按规定办理纳税申报。选项 C：享受减税、免税优惠的纳税人，减税、免税期满，应当自期满次日起恢复纳税。

36. 【答案】BCD

【解析】税收强制执行措施适用于从事生产、经营的纳税人、扣缴义务人以及纳税担保人。

37. 【答案】ABCD

【解析】税务机关有查账权、场地检查权、交通邮政检查权、存款账户检查权以及责成提供资料权、询问权等。

38. 【答案】ABCD

【解析】选项 A、B、C、D 表述均正确。

39. 【答案】AB

【解析】选项 C：非独立核算分支机构参评后，2019 年度之前的纳税信用级别不再评价，在机构存续期间适用国家税务总局纳税信用管理相关规定。选项 D：对于因直接判级评为D级的纳税人，D级评价保留两年、第三年纳税信用不得评价为A级。

40.【答案】ABCD

【解析】有下列情形之一的纳税人，本评价年度直接判为D级：（1）存在逃避缴纳税款、逃避追缴欠税、骗取出口退税、虚开增值税专用发票等行为，经判决构成涉税犯罪的。（2）存在第（1）项所列行为，未构成犯罪，但逃避缴纳税款金额10万元以上且占各税种应纳税总额10%以上，或者存在逃避追缴欠税、骗取出口退税、虚开增值税专用发票等税收违法行为，已缴纳税款、滞纳金、罚款的。（3）在规定期限内未按税务机关处理结论缴纳或者足额缴纳税款、滞纳金和罚款的。（4）以暴力、威胁方法拒不缴纳税款或者拒绝、阻挠税务机关依法实施税务稽查执法行为的。（5）存在违反增值税发票管理规定或者违反其他发票管理规定的行为，导致其他单位或者个人未缴、少缴或者骗取税款的。（6）提供虚假申报材料享受税收优惠政策的。（7）骗取国家出口退税款，被停止出口退（免）税资格未到期的。（8）有非正常户记录或者由非正常户直接责任人员注册登记或者负责经营的。（9）由D级纳税人的直接责任人员注册登记或者负责经营的。（10）存在税务机关依法认定的其他严重失信情形的。

41.【答案】ACD

【解析】选项B：主管税务机关自受理纳税信用修复申请之日起15个工作日内完成审核，并向纳税人反馈信用修复结果。

42.【答案】ABCD

【解析】“重大税收违法失信主体”是指有下列情形之一的纳税人、扣缴义务人或者其他涉税当事人：（1）伪造、变造、隐匿、擅自销毁账簿、记账凭证，或者在账簿上多列支出或者不列、少列收入，或者经税务机关通知申报而拒不申报或者进行虚假的纳税申报，不缴或者少缴应纳税款100万元以上，且任一年度不缴或者少缴应纳税款占当年各税种应纳税总额10%以上的，或者采取前述手段，不缴或者少缴已扣、已收税款，数额在100万元以上的；（2）欠缴应纳税款，采取转移或者隐匿财产的手段，妨碍税务机关追缴欠缴的税款，欠缴税款金额100万元以上的；（3）骗取国家出口退税款的；（4）以暴力、威胁方法拒不缴纳税款的；（5）虚开增值税专用发票或者虚开用于骗取出口退税、抵扣税款的其他发票的；（6）虚开增值税普通发票100份以上或者金额400万元以上的；（7）私自印制、伪造、变造发票，非法制造发票防伪专用品，伪造发票监制章的；（8）具有偷税、逃避追缴欠税、骗取出口退税、抗税、虚开发票等行为，在稽查案件执行完毕前，不履行税收义务并脱离税务机关监管，经税务机关检查确认走逃（失联）的；（9）为纳税人、扣缴义务人非法提供银行账户、发票、证明或者其他方便，导致未缴、少缴税款100万元以上或者骗取国家出口退税款的；（10）税务代理人违反税收法律、行政法规造成纳税人未缴或者少缴税款100万元以上的；（11）其他性质恶劣、情节严重、社会危害性较大的税收违法行为。

43.【答案】ABCD

【解析】选项A、B、C、D表述均正确。

第十四章　税务行政法制

本章考情分析

本章要求掌握的重点内容比较分散，各节都有需要理解、记忆的问题。主要注意掌握其中有关时间、程序以及适用条件的规定。本章每年考试题型包括单项选择题和多项选择题。一般为 1 个单项选择题和 1 个多项选择题，个别年份单项选择题为 2 个，分值为 2.5～3.5 分。考点主要集中在税务行政处罚的设定、税务行政处罚的种类、税务行政复议管辖、税务行政复议的申请、税务行政复议的申请人、税务行政复议申请期限的计算、税务行政复议的终止、税务行政复议和解与调解和税务行政诉讼的起诉和受理。

本章教材主要变化

2022 年本章教材无实质性变化，只是在一些法律依据和个别文字方面上做了修改，对考试不会产生影响。

本章高频考点

考点 1 税务行政处罚的设定

主体	方式	处罚
全国人民代表大会及其常务委员会	通过法律的形式	可以设定各种税务行政处罚
国务院	通过行政法规的形式	可以设定除限制人身自由以外的税务行政处罚
国家税务总局	通过规章的形式	可以设定警告和罚款： （1）对非经营活动中的违法行为设定罚款不得超过 1 000 元。 （2）对经营活动中的违法行为，有违法所得的，设定罚款不得超过违法所得的 3 倍，且最高不得超过 3 万元，没有违法所得的，设定罚款不得超过 1 万元；超过限额的，应当报国务院批准

【例题·单选题】（2020 年）下列关于税务行政处罚权设定的表述中，符合税法规定的是（　　）。

A. 省级税务机关可以设定罚款

B. 税务行政规章对非经营活动中的违法行为设定罚款不得超过 1 000 元

C. 国务院可以设定各种税务行政处罚

D. 市级税务机关可以设定警告

【答案】 B

【解析】 选项 A、D：国家税务总局

（省级、市级不行）可以通过规章的形式设定警告和罚款。选项 C：国务院可以通过行政法规的形式设定除限制人身自由以外的税务行政处罚。

【例题·单选题】（2020 年）下列关于税务行政处罚权设定的表述中，符合税法规定的是（　　）。

A. 县级税务机关可以设定警告

B. 税务行政规章对非经营活动中的违法行为设定罚款不得超过 1 000 元

C. 省级税务机关可以设定罚款

D. 国家税务总局可以通过规章的形式设定除限制人身自由以外的税务行政处罚

【答案】 B

【解析】 选项 A、C：国家税务总局（省级、县级不行）可以通过规章的形式设定警告和罚款。选项 D：国务院可以通过行政法规的形式设定除限制人身自由以外的税务行政处罚。

【例题·单选题】（2016 年）下列关于税务行政处罚的设定中，正确的是（　　）。

A. 国务院可以通过法律的形式设定各种税务行政处罚

B. 国家税务总局可以通过规章的形式设定警告和罚款

C. 省税务机关可以设定税务行政处罚的规范性文件

D. 地方人大可以通过法律的形式设定各种税务行政处罚

【答案】 B

【解析】 选项 A：国务院可以通过行政法规的形式设定除限制人身自由以外的税务行政处罚。选项 C：税务局及其以下各级税务机关制定的税收法律、法规、规章以外的规范性文件，是一种执行税收法律、法规、规章的行为，不是对税务行政处罚的设定。选项 D：全国人民代表大会及其常委会可以通过法律的形式设定各种税务行政处罚。

考点 2 税务行政处罚的种类、主体与管辖

项目	相关规定
种类	（1）罚款； （2）没收财物和违法所得； （3）停止出口退税权； （4）法律、法规和规章规定的其他行政处罚
主体	税务行政处罚的实施主体主要是县以上的税务机关
	各级税务机关的内设机构、派出机构不具备处罚主体资格，但是税务所可以实施罚款额在 2 000 元以下的税务行政处罚，这是《税收征收管理法》对税务所的特别授权
管辖	税务行政处罚由当事人税收违法行为发生地的县（市、旗）以上税务机关管辖

【例题·多选题】（2017 年）根据现行税务行政处罚规定，下列属于税务行政处罚的有（　　）。

A. 行政罚款

B. 加收滞纳金

C. 没收财物和违法所得

D. 停止出口退税权

【答案】 ACD

【解析】 属于税务行政处罚包括：罚款、没收财物和违法所得、停止出口退税权和法律、法规和规章规定的其他行政处罚。税务行政处罚种类不包括滞纳金。《税收征收管理法》规定：纳税人未按规定期限缴纳税款的，扣缴义务人未按规定期限

解缴税款的，税务机关除责令限期缴纳外，从滞纳税款之日起，按日加收滞纳税款万分之五的滞纳金。滞纳金不能等同于罚款。

【例题·单选题】（2014年）税务所可以在一定限额以下实施罚款作为税务行政处罚，该限额为（　　）元。

A. 50　　B. 2 000

C. 10 000　　D. 50 000

【答案】 B

【解析】 选项B：税务所可以在特别授权的情况下实施罚款额在2 000元以下的税务行政处罚。

考点3 税务行政处罚的简易程序和一般程序

1. 简易程序的适用条件。

一是案情简单、事实清楚、违法后果比较轻微且有法定依据应当给予处罚的违法行为；

二是给予的处罚较轻，仅适用于对公民处以50元以下和对法人或者其他组织处以1 000元以下罚款的违法案件。

2. 税务行政处罚的一般程序。

适用一般程序的案件一般是情节比较复杂、处罚比较重的案件。

（1）调查与审查	—
（2）听证	听证，是指税务机关在对当事人某些违法行为作出处罚决定之前，按照一定形式听取调查人员和当事人意见的程序。 听证范围：对公民作出2 000元以上或者对法人或其他组织作出10 000元以上罚款的案件
（3）决定	审查机构作出审查意见并报送税务机关负责人审批后，应当在收到审批意见之日起3日内，根据不同情况分别制作以下处理决定书再报税务机关负责人签发： ①有应受行政处罚的违法行为的，根据情节轻重及具体情况予以处罚。 ②违法行为轻微，依法可以不予行政处罚的不予行政处罚。 ③违法事实不能成立，不得予以行政处罚。 ④违法行为已构成犯罪的，移送公安机关

【例题·单选题】（2011年）下列案件中，属于税务行政处罚听证的范围是（　　）。

A. 对法人作出1万元以上罚款的案件

B. 对公民作出1 000元以上罚款的案件

C. 对法人作出没收非法所得处罚的案件

D. 对法人作出停止出口退税权处罚的案件

【答案】 A

【解析】 税务行政处罚的听证范围是：对公民作出2 000元以上或者对法人或其他组织作出10 000元以上罚款的案件。

考点4 税务行政复议范围

1. 行政复议机关受理申请人对税务机关下列具体行政行为不服提出的行政复议申请。

要点	税务行政复议受案范围
复议前置	税务机关作出的征税行为，包括确认纳税主体、征税对象、征税范围、减税、免税、退税、抵扣税款、适用税率、计税依据、纳税环节、纳税期限、纳税地点以及税款征收方式等具体行政行为，征收税款、加收滞纳金，扣缴义务人、受税务机关委托的单位和个人作出的代扣代缴、代收代缴、代征行为等

续表

要点	税务行政复议受案范围
选择复议或诉讼	(1) 行政许可、行政审批行为。 (2) 发票管理行为，包括发售、收缴、代开发票等。 (3) 税收保全措施、强制执行措施。 (4) 行政处罚行为： ①罚款； ②没收财物和违法所得； ③停止出口退税权。 (5) 不依法履行下列职责的行为： ①颁发税务登记； ②开具、出具完税凭证、外出经营活动税收管理证明； ③行政赔偿； ④行政奖励； ⑤其他不依法履行职责的行为。 (6) 资格认定行为。 (7) 不依法确认纳税担保行为。 (8) 政府信息公开工作中的具体行政行为。 (9) 纳税信用等级评定行为。 (10) 通知出入境管理机关阻止出境行为。 (11) 其他具体行政行为

提示 对于因征税问题引起的争议，税务行政复议是税务行政诉讼的必经前置程序，未经复议不能向法院起诉，经复议仍不服的，才能起诉；对于因处罚、保全措施及强制执行引起的争议，当事人可以选择适用复议或诉讼程序，如选择复议程序，对复议决定仍不服的，可以向法院起诉。

【例题·多选题】（2020 年）申请人对税务机关的下列行政行为不服时可以申请行政复议的有（　　）。

A. 没收财物　　B. 行政赔偿

C. 行政审批　　D. 发票管理

【答案】 ABCD

【解析】 选项 A、B、C、D 表述均正确。

【例题·多选题】（2019 年）纳税人对税务机关作出的下列行政行为不服时，可以申请行政复议，也可以直接向人民法院提起行政诉讼的有（　　）。

A. 收缴发票行为　　B. 没收违法所得

C. 阻止出境行为　　D. 暂停免税办理

【答案】 ABC

【解析】 选项 D 属于税务机关作出的征税行为，申请人对其不服的，行政复议是行政诉讼必经前置程序。

【例题·单选题】（2017 年）纳税人对税务机关作出的下列行政行为不服时，应当先向行政复议机关申请复议，对复议决定不服才可以向人民法院提起行政诉讼的是（　　）。

A. 加收滞纳金

B. 税收保全措施

C. 处以税款 50% 的罚款

D. 强制执行措施

【答案】 A

【解析】 选项 A 属于税务机关作出的征税行为，申请人对其不服的，行政复议是行政诉讼必经前置程序。选项 B、C、D：行政复议不是行政诉讼必经前置程序。

【例题·单选题】（2015 年）税务机关作出的下列行政行为，纳税人不服时可以申请行政复议也可以直接向人民法院提起行政诉讼的是（　　）。

A. 罚款　　B. 加收滞纳金

C. 确认抵扣税款　　D. 确认征税范围

【答案】A

【解析】选项A：罚款属于行政处罚行为，而行政处罚行为属于选择复议范围，纳税人不服时可以申请行政复议也可以直接向人民法院提起行政诉讼。但选项B、C、D均属于征税行为，而征税行为属于必经复议范围，只有先申请税务行政复议，对复议决定不服的，才可以向人民法院提起行政诉讼。

考点5 税务行政复议管辖

情形		规定
一般情况	对各级税务局作出的具体行政行为不服的	向其上一级税务局申请行政复议
	对计划单列市税务局作出的具体行政行为不服的	向国家税务总局申请行政复议
	对国家税务总局作出的具体行政行为不服的	向国家税务总局申请行政复议
	对税务所（分局）、各级税务局的稽查局作出的具体行政行为不服的	向其所属税务局申请行政复议
特殊情况	对两个以上税务机关以共同的名义作出的具体行政行为不服的	向共同上一级税务机关申请行政复议
	对税务机关与其他行政机关以共同的名义作出的具体行政行为不服的	向共同上一级行政机关申请行政复议
	对被撤销的税务机关在撤销前所作出的具体行政行为不服的	向继续行使其职权的税务机关的上一级税务机关申请行政复议
	对税务机关作出逾期不缴纳罚款加处罚款的决定不服的	向作出行政处罚决定的税务机关申请行政复议
	对税务机关作出已处罚款和加处罚款都不服的	一并向作出行政处罚决定的税务机关的上一级税务机关申请行政复议

【例题·多选题】（2016年）下列申请行政复议的表述中，符合税务行政复议管辖规定的有（　　）。

A. 对各级税务局的具体行政行为不服的，向其上一级税务局申请行政复议

B. 对计划单列市税务局的具体行政行为不服的，向国家税务总局申请行政复议

C. 对国家税务总局的具体行政行为不服的，向国家税务总局申请行政复议

D. 对税务所（分局）的具体行政行为不服的，向其上一级税务局申请行政复议

【答案】ABC

【解析】选项D：对税务所（分局）、各级税务局的稽查局的具体行政行为不服的，向其所属税务局申请行政复议。

考点6 税务行政复议申请人和被申请人

类型	基本情况	具体规定
申请人	合伙企业	以核准登记的企业为申请人，由执行合伙事务的合伙人代表该企业参加行政复议
	其他合伙组织	由合伙人共同申请行政复议
	股份制企业的股东大会、股东代表大会、董事会认为税务具体行政行为侵犯企业合法权益	以企业的名义申请行政复议
	有权申请行政复议的公民死亡	其近亲属可以申请行政复议
	有权申请行政复议的公民为无行为能力人或者限制行为能力人	其法定代理人可以代理申请行政复议
	有权申请行政复议的法人或其他组织发生合并、分立或终止	承受其权利义务的法人或其他组织可以申请行政复议
被申请人	(1) 申请人对具体行政行为不服申请行政复议的，作出该具体行政行为的税务机关为被申请人。 (2) 申请人对扣缴义务人的扣缴税款行为不服的，主管该扣缴义务人的税务机关为被申请人；对税务机关委托的单位和个人的代征行为不服的，委托税务机关为被申请人。 (3) 税务机关与法律、法规授权的组织以共同的名义作出具体行政行为的，税务机关和法律、法规授权的组织为共同被申请人。 (4) 税务机关依照法律、法规和规章规定，经上级税务机关批准作出具体行政行为的，批准机关为被申请人。 申请人对经重大税务案件审理程序作出的决定不服的，审理委员会所在税务机关为被申请人。 (5) 税务机关设立的派出机构、内设机构或者其他组织，未经法律、法规授权，以自己名义对外作出具体行政行为的，税务机关为被申请人	

【例题·单选题】（2019 年）下列可以作为税务行政复议申请人的是（　　）。

A. 有权申请行政复议的公民下落不明的，其近亲属

B. 有权申请行政复议的公民为限制行为能力人，其法定代理人

C. 有权申请行政复议的股份制企业，其股东代表大会

D. 有权申请行政复议的法人发生终止的，该法人的法定代表人

【答案】B

【解析】有权申请行政复议的公民为无行为能力人或者限制行为能力人，其法定代理人可以代理申请行政复议。

考点 7 税务行政复议申请

1. 申请人对“征税行为”不服的，应当先向行政复议机关申请行政复议；对行政复议决定不服的，可以向人民法院提起行政诉讼。

2. 申请人对“征税行为”以外的其他具体行政行为不服的，可以申请行政复议，也可以直接向人民法院提起行政诉讼。

申请人对税务机关作出逾期不缴纳罚款加处罚款的决定不服的，应当先缴纳罚款和加处罚款，再申请行政复议。

3. 申请人口头申请行政复议的，行政复议机构应当按照规定，当场制作行政复议申请笔录，交申请人核对或者向申请人宣读，并由申请人确认。

4. 申请人可以在知道税务机关作出具体行政行为之日起 60 日内提出行政复议申请。

申请期限的计算，依照下列规定办理：

（1）当场作出具体行政行为的，自具体行政行为作出之日起计算。

（2）载明具体行政行为的法律文书直接送达的，自受送达人签收之日起计算。

（3）载明具体行政行为的法律文书邮寄送达的，自受送达人在邮件签收单上签收之日起计算；没有邮件签收单的，自受送达人在送达回执上签名之日起计算。

（4）具体行政行为依法通过公告形式告知受送达人的，自公告规定的期限届满之日起计算。

（5）税务机关作出具体行政行为时未告知申请人，事后补充告知的，自该申请人收到税务机关补充告知的通知之日起计算。

（6）被申请人能够证明申请人知道具体行政行为的，自证据材料证明其知道具体行政行为之日起计算。

【例题·多选题】（2020年）税务行政复议申请人可以在知道税务机关作出具体行政行为之日起60日内提出行政复议申请。下列申请期限计算起点的表述中，正确的有（　　）。

A. 当场作出具体行政行为的，自具体行政行为作出之日起计算

B. 被申请人能够证明申请人知道具体行政行为的，自证据材料证明其知道具体行政行为之日起计算

C. 载明具体行政行为的法律文书直接送达的，自受送达人签收之日起计算

D. 具体行政行为依法通过公告形式告知受送达人的，自公告之日起计算

【答案】 ABC

【解析】 选项D：具体行政行为依法通过公告形式告知受送达人的，自公告规定的期限届满之日起计算。

考点8 税务行政复议的中止与终止

情形	规定
复议中止	（1）作为申请人的公民死亡，其近亲属尚未确定是否参加行政复议的。 （2）作为申请人的公民丧失参加行政复议的能力，尚未确定法定代理人参加行政复议的。 （3）作为申请人的法人或者其他组织终止，尚未确定其权利义务承受人的。 （4）行政复议机关因不可抗力原因，暂时不能履行工作职责的。 （5）作为申请人的公民下落不明或者被宣告失踪的。 （6）案件的审理需以其他案件的审理结果为依据，而其他案件尚未审结的。 （7）申请人、被申请人因不可抗力，不能参加行政复议的。 （8）案件涉及法律适用问题，需要有权机关作出解释或者确认的。 （9）其他需要中止行政复议的情形
复议终止	（1）申请人要求撤回行政复议申请，行政复议机构准予撤回的。 （2）行政复议申请受理后，发现其他行政复议机关已经先于本机关受理的，或者人民法院已经受理的。 （3）作为申请人的公民死亡，没有近亲属或者近亲属放弃行政复议权利的。 （4）作为申请人的法人或者其他组织终止，其权利义务的承受人放弃行政复议权利的。 （5）申请人与被申请人按规定经行政复议机构准许达成和解的。 （6）因复议中止情形中第（1）、（2）、（3）项原因中止行政复议，满60日行政复议中止原因未消除的

【例题·单选题】（2018年）税务行政复议期间发生的下列情形中，应当终止行政复议的是（　　）。

A. 作为申请人的公民被宣告失踪

B. 行政复议机关因不可抗力原因暂时不能履行工作职责

C. 作为申请人的公民死亡，其近亲属尚未确定是否参加行政复议

D. 行政复议申请受理以后，发现其他行政复议机关已经先于本机关受理

【答案】 D

【解析】 选项A、B、C属于行政复议中止的情形。

【例题·单选题】（2018年）税务行政复议期间发生的下列情形中，应当终止行政复议的是（　　）。

A. 作为申请人的公民死亡且没有近亲属

B. 案件涉及法律适用问题，需要有权机关作出解释

C. 作为申请人的公民下落不明

D. 作为申请人的法人终止且尚未确定权利义务承受人

【答案】 A

【解析】 选项B、C、D属于行政复议中止的情形。

考点9 税务行政复议和解与调解

要点	具体内容
可以和解也可以调解的事项	（1）行使自由裁量权作出的具体行政行为，如行政处罚、核定税额、确定应税所得率等。 （2）行政赔偿。 （3）行政奖励。 （4）存在其他合理性问题的具体行政行为
调解应符合的要求	（1）尊重申请人和被申请人的意愿。 （2）在查明案件事实的基础上进行。 （3）遵循客观、公正和合理原则。 （4）不得损害社会公共利益和他人合法权益
调解程序	（1）征得申请人和被申请人同意。 （2）听取申请人和被申请人的意见。 （3）提出调解方案。 （4）达成调解协议。 （5）制作行政复议调解书

【例题·多选题】（2021年）下列关于税务行政复议调解的表述中，符合规定的有（　　）。

A. 遵循客观、公正和合理原则

B. 尊重申请人和被申请人的意愿

C. 在查明案件事实的基础上进行调解

D. 不得损害社会公共利益和他人合法权益

【答案】 ABCD

【解析】 选项A、B、C、D均符合规定。

【例题·多选题】（2018年）对下列事项进行行政复议时，申请人和被申请人在行政复议机关作出行政复议决定前可以达成和解的有（　　）。

A. 行政赔偿　　B. 行政奖励

C. 行政处罚　　D. 核定税额

【答案】 ABCD

【解析】 选项A、B、C、D表述均正确。

考点10 税务行政诉讼的原则

1. 人民法院特定主管原则。

2. 合法性审查原则。

3. 不适用调解原则。

4. 起诉不停止执行原则。

5. 税务机关负举证责任原则。

6. 由税务机关负责赔偿的原则。

【例题·单选题】（2020 年）下列各项中，属于税务行政诉讼应遵循的原则是（　　）。

A. 适用调解原则

B. 起诉可停止执行原则

C. 由人民法院负责赔偿原则

D. 税务机关负举证责任原则

【答案】 D

【解析】 税务行政诉讼的原则包括：（1）人民法院特定主管原则；（2）合法性审查原则；（3）不适用调解原则；（4）起诉不停止执行原则；（5）税务机关负举证责任原则；（6）由税务机关负责赔偿的原则。

【例题·多选题】（2015 年）下列原则中，属于税务行政诉讼原则的有（　　）。

A. 合法性审查原则

B. 由税务机关负责赔偿原则

C. 不适用调解原则

D. 纳税人负举证责任原则

【答案】 ABC

【解析】 选项 D 应为税务机关负举证责任原则。

考点 11　税务行政诉讼的起诉和受理

1. 提起税务行政诉讼的时限。

对税务机关的征税行为提起诉讼，必须先经过复议；对复议决定不服的，可以在接到复议决定书之日起 15 日内向人民法院起诉。对其他具体行政行为不服的，当事人可以在接到通知或者知道之日起 15 日内直接向人民法院起诉。

税务机关作出具体行政行为时，未告知公民、法人或者其他组织起诉期限的，起诉期限从公民、法人或者其他组织知道或者应该知道起诉期限之日起计算，但从知道或者应当知道行政行为内容之日起最长不得超过 1 年。

2. 举证责任倒置。

原告所提出的特定事实主张（被诉具体行政行为不合法），由被告就该事实主张承担否定其成立的举证责任，否则行政机关将承担败诉的法律后果。因此起诉权是单向性的权利，税务机关不享有起诉权，只有应诉权，即税务机关只能作为被告；与民事诉讼不同，作为被告的税务机关不能反诉。

【例题·单选题】（2018 年）在税务行政诉讼中，税务机关可享有的权利是（　　）。

A. 应诉权　　B. 反诉权

C. 起诉权　　D. 撤诉权

【答案】 A

【解析】 在税务行政诉讼案件中，税务机关不享有起诉权，只有应诉权，即只能当作被告。

3. 纳税人、扣缴义务人等税务管理相对人在提起税务行政诉讼时，必须符合下列条件：

（1）原告是认为具体行政行为侵犯其合法权益的公民、法人或者其他组织。

（2）有明确的被告。

（3）有具体的诉讼请求和事实、法律根据。

（4）属于人民法院的受案范围和受诉人民法院管辖。

通关演练

一、单项选择题

1. 下列项目中，属于税务行政处罚的主体是（　　）。

A. 税务所　　B. 税务机关

C. 法院　　D. 财政机关

2. 下列项目中，符合税务行政处罚地点的是（　　）。

A. 生产经营地　　B. 行为发生地

C. 收入来源地　　D. 总机构所在地

3. 税务机关对当事人作出罚款处罚决定的，当事人应当在收到行政处罚决定书之日起（　　）日内缴纳罚款，到期不缴纳的，税务机关可以对当事人每日按罚款数额的（　　）加处罚款。

A. 15；5%　　B. 60；0.5‰

C. 15；3%　　D. 30；0.3‰

4. 某外商投资企业因隐匿收入被主管税务机关认定为偷税，经计算补缴增值税款100 000元，企业所得税款60 000元，处以滞纳金2 400元，并被处以80 000元的罚款。该企业收到税务行政处罚决定书的时间为2021年4月1日，但该企业直到5月8日才缴纳的上述税款和罚款，则该企业5月8日缴纳的罚款总金额为（　　）元。

A. 80 000　　B. 135 200

C. 137 600　　D. 171 200

5. 申请人认为税务机关的具体行政行为所依据的规定不合法，对具体行政行为申请行政复议时，可以一并向行政复议机关提出对有关规定的审查申请。该规定不包括（　　）。

A. 地方人民政府工作部门的规定

B. 地方各级人民政府的规定

C. 国务院其他部门制定的规定

D. 国家税务总局制定的税收部门规章

6. 下列项目中，不属于税务管理相对人在提起税务行政诉讼时必须符合的条件是（　　）。

A. 原告是认为具体税务行为侵犯其合法权益的公民、法人或者其他组织

B. 有明确的被告

C. 有具体的诉讼请求和事实、法律根据

D. 属于检察院的受案范围和受诉检察院管辖

7. 下列关于税务行政处罚设定和实施主体的陈述，不正确的是（　　）。

A. 实施税务行政处罚的主体主要是县以上的税务机关

B. 全国人民代表大会及其常务委员会可以通过法律的形式设定各种税务行政处罚

C. 国务院可以通过行政法规的形式设定除限制人身自由以外的税务行政处罚

D. 国家税务总局可以通过规章的形式设定警告但不可以设定罚款

8. 下列各项中，纳税人可以直接申请行政诉讼的是（　　）。

A. 纳税人与税务机关就征税范围发生争议

B. 纳税人不服税务机关加收滞纳金的行为

C. 纳税人与税务机关对所缴纳税款发生争执

D. 纳税人不服税务机关作出的行政处罚行为

9. 对税务机关的征税行为提起诉讼，必须先经过复议；对复议决定不服的，可以在接到复议决定书之日起（　　）内向人民法院起诉。

A. 2年　　B. 1年

C. 60日　　D. 15日

10. 税务行政复议的申请人可以在得知税务机关作出具体行政行为之日起（　　）日内提出行政复议申请。

A. 60　　B. 30

C. 7　　D. 3

11. 根据税务行政法制的有关规定，下列说法不正确的是（　　）。

A. 股份制企业的股东大会认为税务具体行政行为侵犯企业合法权益的，以股东个人名义申请行政复议

B. 有权申请行政复议的公民死亡的，其近亲属可以申请行政复议

C. 第三人不参加行政复议，不影响行政复议案件的审理

D. 税务机关依法经上级税务机关批准作出具体行政行为的，批准机关为被申请人

12. 下列关于税务行政处罚权的表述中，正确的是（　　）。

A. 省地方税务局可以通过规范性文件的形式设定警告

B. 国家税务总局可以通过规章的形式设定一定限额的罚款

C. 省以下国家税务局的稽查局不具有税务行政处罚主体资格

D. 作为税务机关派出机构的税务所不具有税务行政处罚主体资格

13. 对税务机关的征税行为提起诉讼，必须先经过复议；对复议决定不服的，可以在接到复议决定书之日（　　）日内起向人民法院起诉。对其他具体行政行为不服的，当事人可以在接到通知或者知道之日（　　）日内起直接向人民法院起诉。

A. 60；15　　B. 30；60

C. 15；15　　D. 90；30

14. 下列税务行政复议受理案件中，必须经复议程序的是（　　）。

A. 因税务机关作出行政处罚引起争议的案件

B. 因不予代开发票引起争议的案件

C. 因停止出口退税权引起争议的案件

D. 因税款溢征发生争议引起的案件

15. 下列项目中不属于税务行政诉讼的原则是（　　）。

A. 人民法院特定主管原则

B. 合法性审查原则

C. 纳税人负责举证原则

D. 由税务机关负责赔偿原则

16. 纳税人、扣缴义务人、纳税担保人同税务机关在纳税上发生争议时，可以采取的行为是（　　）。

A. 直接向人民法院起诉

B. 只能向上一级税务机关申请复议

C. 必须先依照税务机关的纳税决定缴纳或者解缴税款及滞纳金或者提供相应的担保，然后依法申请行政复议；纳税人对行政复议决定不服的，可以依法向人民法院起诉

D. 协商解决

17. 下列不属于税务行政处罚实施主体的是（　　）。

A. 某省级地方税务局

B. 某省会城市的市级税务局

C. 某县级税务局

D. 某县的基层税务所

18. 下列税务行政处罚情形中，当事人可以在税务机关作出税务行政处罚决定之前要求听证的是（　　）。

A. 某公司被处以 5 000 元罚款

B. 某中国公民被处以 500 元罚款

C. 某合伙企业被处以 1 500 元罚款

D. 某非营利组织被处以 15 000 元罚款

19. 税务机关作出具体行政行为时，未告知当事人诉权和起诉期限，致使当事人逾期向人民法院起诉的，其起诉期限从当事人实际知道诉权或者起诉期限时计算。但最长不得超过（　　）年。

A. 1　　B. 2

C. 3　　D. 5

20. 税务机关作出的下列（　　）行为属于税务行政复议前置的范围。

A. 征收税款和加收滞纳金

B. 税收保全措施

C. 没收财物和违法所得

D. 通知出境管理机关阻止出境

21. 根据规定，下列税务行政处罚，需要采取听证程序的是（　　）。

A. 对A公民采取的1 000元的税务行政处罚

B. 对B企业采取的5 000元的税务行政处罚

C. 对C公民采取的3 000元的税务行政处罚

D. 对D企业采取的8 000元的税务行政处罚

22. 国家税务总局制定的税务行政处罚规章中对非经营活动中违法行为的处罚为（　　）。

A. 非经营活动违法行为设定罚款不得超过1 000元

B. 非经营活动违法行为设定罚款不得超过10 000元

C. 经营活动有违法所得的，设定罚款不得超过违法所得的3倍，但最高不超过3 000元

D. 经营活动没有违法所得的，设定罚款不得超过1 000元

23. 税务行政处罚听证的范围是对公民作出（　　）元以上，或者对法人或其他组织作出（　　）元以上罚款的案件。

A. 1 000；10 000　B. 2 000；10 000

C. 1 000；20 000　D. 2 000；20 000

24. 我国现行税法规定，对法人或其他组织处以（　　）元以下罚款的违法案件，如果案情简单、事实清楚、违法后果比较简单且有法定依据应当给予处罚，就可以由税务行政执法人员当场作出税务行政处罚。

A. 500　B. 1 000

C. 2 000　D. 5 000

25. 根据我国现行法规规定，不能自行设定税务行政处罚的机关有（　　）。

A. 全国人民代表大会及常务委员会

B. 国务院

C. 国家税务总局

D. 财政部

26. 我国现行税务行政处罚种类中不包括（　　）。

A. 罚款

B. 没收财物违法所得

C. 罚金

D. 停止出口退税权

27. 税务所可以在一定限额以下实施罚款作为税务行政处罚，该限额为（　　）元。

A. 1 000　B. 2 000

C. 10 000　D. 20 000

28. 税务机关行政执法人员当场收缴罚款的，必须向当事人出具合法罚款收据，并应当自收缴罚款之日起（　　）日内将罚款交至税务机关。

A. 2　B. 10

C. 5　D. 15

29. 根据规定，下列行为既可以直接申请行政复议，又可以直接提出行政诉讼的是（　　）。

A. 确认纳税期限和纳税地点

B. 行政许可行为

C. 扣缴义务人作出的代扣代缴行为

D. 加收滞纳金

30. 对国家税务总局作出的具体行政行为不服的，向（　　）申请复议。

A. 上一级税务局　B. 国家税务总局

C. 上级人民政府　D. 同级人民政府

31. 申请人向具体行政行为发生地的县级地方人民政府提交行政复议申请的，由接受申请的县级地方人民政府依照相关规则予以转送，则下列说法不正确的是（　　）。

A. 对县级以上地方人民政府依法设立的派出机关的具体行政行为不服的，向设立该派出机关的人民政府申请行政复议

B. 对政府工作部门依法设立的派出机构依照法律、法规或者规章规定，以自己的名义作出的具体行政行为不服的，向设立该派出机构的部门或者该部门的本级地方人民政府申请行政复议

C. 对法律、法规授权的组织的具体行政行为不服的，分别向直接管理该组织的地方人民政府、地方人民政府工作部门或者国务院部门申请行政复议

D. 对两个或者两个以上行政机关以共同的名义作出的具体行政行为不服的，向其中一个行政机关申请行政复议

32. 根据税务行政法制的有关规定，下列事项中，说法不正确的是（　　）。

A. 股份制企业的股东大会认为税务具体行政行为侵犯企业合法权益的，以股东个人名义申请行政复议

B. 有权申请行政复议的公民死亡的，其近亲属可以申请行政复议

C. 第三人不参加行政复议，不影响行政复议案件的审理

D. 申请人、第三人可以委托 1～2 名代理人参加行政复议

33. 行政复议机关收到行政复议申请以后，应当在（　　）日内审查，决定是否受理。决定受理之后，如发现行政复议申请材料不齐全、表述不清楚的，行政复议机构可以自收到该行政复议申请之日起（　　）日内书面通知申请人补正。

A. 5；15　　B. 5；5

C. 15；5　　D. 30；15

34. 下列不属于税务行政诉讼特有原则的是（　　）。

A. 人民法院特定主管原则

B. 合法性审查原则

C. 公开审理原则

D. 起诉不停止执行原则

35. 税务机关作出具体行政行为时，未告知公民、法人或者其他组织起诉期限的，起诉期限从公民、法人或者其他组织知道或者应该知道起诉期限之日起计算，但从知道或者应当知道行政行为内容之日起最长不得超过（　　）。

A. 6 个月　　B. 1 年

C. 3 年　　D. 5 年

二、多项选择题

1. 下列项目中，符合税务行政处罚法定原则内容的有（　　）。

A. 税务行政处罚必须由税务机关按照法定程序实施

B. 税务行政处罚必须由法定的税务机关在其职权范围内实施

C. 税务行政处罚必须由法定的税务机关在其职权范围内设定

D. 对公民和组织实施税务行政处罚必须有法定依据，无明文规定不得处罚

2. 税务行政处罚的公开、公正原则中的公开包括（　　）。

A. 税务行政处罚的规定要公开

B. 处罚的人员要公开

C. 处罚程序要公开

D. 处罚的案件事实要公开

3. 下列项目中，属于税务行政处罚简易程序适用的条件有（　　）。

A. 案情简单

B. 事实清楚

C. 违法后果比较轻微且有法定依据

D. 给予的处罚较轻，仅适用于对公民处以 50 元以下和对法人或者其他组织处以 1 000 元以下罚款的违法案件

4. 下列项目中，属于税务行政复议特点的有（　　）。

A. 税务行政复议以当事人不服税务机

关及其工作人员作出的税务具体行政行为为前提

B. 税务行政复议因当事人的申请而产生

C. 税务行政复议案件的审理一律由原处理税务机关的上一级税务机关进行

D. 税务行政复议是税务行政诉讼的必经前置程序

5. 下列关于税务行政复议表述正确的有（　　）。

A. 对计划单列市税务局的具体行政行为不服的，向国家税务总局申请行政复议

B. 对税务所（分局）、各级税务局的稽查局的具体行政行为不服的，向其所属税务局申请行政复议

C. 对两个以上税务机关共同作出的具体行政行为不服的，向共同上一级税务机关申请行政复议；对税务机关与其他行政机关共同作出的具体行政行为不服的，向其共同上一级行政机关申请行政复议

D. 对被撤销的税务机关在撤销以前所作出的具体行政行为不服的，向继续行使其职权的税务机关的上一级税务机关申请行政复议

6. 下列各项中，符合《行政复议法》和《税务行政复议规则（试行）》规定的有（　　）。

A. 对国务院的行政复议裁决不服的，可以向人民法院提出行政诉讼

B. 对国家税务总局作出的具体行政行为不服的，向国家税务总局申请行政复议

C. 对国家税务总局的具体行为经行政复议仍不服复议决定的，可以向国务院申请裁决

D. 对各级地方税务局作出的具体行政行为不服的，可以选择向其上一级地方税务局或者该税务局的本级人民政府申请行政复议

7. 下列项目中，不得作为税务行政复议定案依据的证据材料的有（　　）。

A. 不能正确表达意志的证人提供的证言

B. 无法辨明真伪的证据材料

C. 以利诱、欺诈、胁迫和暴力等不正当手段获取的证据材料

D. 以偷拍、偷录和窃听等手段获取侵害他人合法权益的证据材料

8. 下列情形中，属于行政复议期间行政复议中止的有（　　）。

A. 作为申请人的公民死亡，其近亲属尚未确定是否参加行政复议的

B. 作为申请人的公民丧失参加行政复议的能力，尚未确定法定代理人参加行政复议的

C. 作为申请人的公民死亡，没有近亲属，或者其近亲属放弃行政复议权利的

D. 申请人要求撤回行政复议申请，行政复议机构准予撤回的

9. 在行政复议期间，下列项目中属于行政复议终止的有（　　）。

A. 行政复议申请受理以后，发现其他行政复议机关已经先于本机关受理，或者人民法院已经受理的

B. 申请人要求撤回行政复议申请，行政复议机构准予撤回的

C. 作为申请人的公民下落不明或者被宣告失踪的

D. 作为申请人的公民死亡，没有近亲属，或者其近亲属放弃行政复议权利的

10. 下列项目中，属于作出行政复议决定以前可以达成和解，行政复议机关也可以调解的有（　　）。

A. 行政处罚

B. 行政奖励

C. 行政赔偿

D. 行使自由裁量权作出的具体行政

行为

11. 下列项目中，属于税务行政复议和解与调解范围的有（ ）。

A. 行政处罚

B. 确定应税所得率

C. 核定税额

D. 行政赔偿

12. 下列项目中，属于税务行政诉讼管辖中的裁定管辖有（ ）。

A. 地域管辖

B. 管辖权的转移

C. 指定管辖

D. 移送管辖

13. 下列表述中，符合税务行政诉讼与其他行政诉讼区别的有（ ）。

A. 被告必须是税务机关

B. 被告必须是法律法规授权的行使税务行政管理权的组织

C. 税务行政诉讼解决的争议发生在税务行政管理过程中

D. 因税款征纳问题发生的争议，当事人在向人民法院提起行政诉讼前，必须复议前置

14. 税务行政处罚的简易程序适用的条件有（ ）。

A. 案情简单、事实清楚、违法后果比较轻微且有法定依据应当给予处罚的违法行为

B. 案情虽然复杂，但违法后果比较轻微且有法定依据应该给予处罚的违法行为

C. 给予的处罚较轻，仅适用于对公民处以 50 元以下和对法人或者其他组织处以 1 000 元以下的罚款的违法案件

D. 给予处罚较轻，仅适用于对公民处以 500 元以下和对法人或者其他组织处以 2 000 元以下罚款的违法案件

15. 税务行政处罚的种类包括（ ）。

A. 罚款

B. 收缴发票

C. 停止出口退税权

D. 没收税务登记证照

16. 下列各项中可以作为定案依据的材料有（ ）。

A. 纳税人搜集的现场录音资料

B. 未获得对方认可的复制品

C. 事发现场的证人证言

D. 超出举证期限提供的证据材料

17. 纳税人和其他税务当事人对侵犯合法权益的特定税务行政诉讼受案范围有（ ）。

A. 税务机关通知银行冻结其存款的行为

B. 税务机关逾期未对其复议申请作出答复的行为

C. 税务机关对其所缴的税款没有上缴国库的

D. 税务机关制定的规范性文件损害了纳税人合法权益的行为

18. 下列各项中属于税务行政诉讼原则的有（ ）。

A. 不适用调解原则

B. 起诉不停止执行原则

C. 税务机关负举证责任原则

D. 由税务机关负责赔偿的原则

19. 下列属于税务行政复议范围的有（ ）。

A. 行政审批行为

B. 代开发票

C. 税收保全措施

D. 行政处罚行为

20. 下列关于税务行政处罚的主体与管辖，说法不正确的有（ ）。

A. 税务行政处罚的实施主体主要是县以上的税务机关

B. 各级税务机关的内设机构、派出机构具备行政处罚主体资格，可以自己的名

义实施税务行政处罚

C. 税务所可以实施罚款额为2 500元的税务行政处罚

D. 从税务行政处罚的地域管辖来看，只有当事人税收违法行为发生地的税务机关才有权对当事人实施处罚，其他地方的税务机关则无权实施

21. 纳税人对税务机关作出的下列行政行为不服时，应当先向行政复议机关申请复议后，才可以向人民法院提起行政诉讼的有（　　）。

A. 确认征税范围

B. 代开发票

C. 加收滞纳金

D. 没收财物和违法所得

22. 下列关于税务行政复议管辖的说法中，不正确的有（　　）。

A. 对税务所（分局）、各级税务局的稽查局的具体行政行为不服的，向其所属税务局申请行政复议

B. 对各级税务局的具体行政行为不服的，向国家税务总局申请行政复议

C. 对计划单列市税务局的具体行政行为不服的，向国家税务总局申请行政复议

D. 对被撤销的税务机关在撤销以前所作出的具体行政行为不服的，向继续行使其职权的税务机关申请行政复议

23. 纳税人和其他税务当事人对侵犯其合法权益的情形可以提请税务行政诉讼的有（　　）。

A. 税务机关对其所缴纳的税款没有上交国库的行为

B. 税务机关制订的规范性文件损害其合法权益的行为

C. 税务机关通知银行冻结其存款的行为

D. 税务机关逾期未对其复议申请作出答复的行为

24. 下列原则中，属于税务行政诉讼特有原则的有（　　）。

A. 合法性审查原则

B. 由税务机关负责赔偿原则

C. 适用调解原则

D. 纳税人负举证责任原则

25. 下列各项中，由中级人民法院负责管辖的行政诉讼案件包括（　　）。

A. 对国务院部门或者县级以上地方人民政府所作的行政行为提起诉讼的案件

B. 全国范围内重大、复杂的第一审税务行政案件

C. 海关处理的案件

D. 本辖区内重大、复杂的案件

26. 下列各项中，属于行政复议机关受理行政复议申请应符合的条件有（　　）。

A. 有明确的申请人和符合规定的被申请人

B. 申请人与具体行政行为有利害关系

C. 有具体的行政复议请求和理由

D. 其他行政复议机关尚未受理同一行政复议申请，人民法院尚未受理同一主体就同一事实提起的行政诉讼

27. 行政复议期间，发生下列情形的，行政复议应终止的有（　　）。

A. 申请人要求撤回行政复议申请，行政复议机构准予撤回的

B. 行政复议申请受理后，发现其他行政复议机关或者人民法院已经先于本机关受理的

C. 申请人与被申请人按规定经行政复议机构准许达成和解的

D. 作为申请人的公民下落不明或者被宣告失踪的

28. 各方当事人达成行政复议调解后，申请人不履行行政复议调解书的，可以采取的措施有（　　）。

A. 被申请人依法强制执行

B. 申请人民法院强制执行

C. 被申请人和申请人重新达成调解

D. 申请当地人民政府强制执行

29. 人民法院对受理的税务行政案件，经过调查、收集证据、开庭审理之后，可以作出的判决有（　　）。

A. 维持判决

B. 撤销判决

C. 履行判决

D. 判决变更

30. 下列各项中，属于行使税务行政处罚裁量权应当遵循的原则有（　　）。

A. 合法原则

B. 公平公正原则

C. 信赖保护原则

D. 处罚与教育相结合原则

31. 税务行政行为有下列（　　）情形的，人民法院判决撤销或者部分撤销，并可以判决被告重新作出行政行为。

A. 主要证据不足的

B. 滥用职权的

C. 明显不当的

D. 适用法律、法规错误的

答案及解析

一、单项选择题

1. 【答案】B

【解析】税务行政处罚必须由法定的税务机关在其职权范围内实施，税务行政处罚的实施主体是县以上的税务机关。

2. 【答案】B

【解析】从税务行政处罚的地域管辖来看，税务行政处罚实行行为发生地原则。只有当事人违法行为发生地的税务机关才有权对当事人实施处罚，其他地方的税务机关则无权实施。

3. 【答案】C

【解析】税务机关对当事人作出罚款处罚决定的，当事人应当在收到行政处罚决定书之日起15日内缴纳罚款，到期不缴纳的，税务机关可以对当事人每日按罚款数额的3%加处罚款。

4. 【答案】B

【解析】税务机关对当事人作出罚款行政处罚决定的，当事人应当在收到行政处罚决定书之日起15日内缴纳罚款，到期不缴纳的，税务机关可以对当事人每日按罚款数额的3%加处罚款。该企业在2021年5月8日缴纳罚款时的总金额 =（15 + 8）× 80 000 × 3% + 80 000 = 135 200（元）。

5. 【答案】D

【解析】申请人认为税务机关的具体行政行为所依据的下列规定不合法，对具体行政行为申请行政复议时，可以一并向行政复议机关提出对有关规定的审查申请；申请人对具体行政行为提出行政复议申请时不知道该具体行政行为所依据的规定的，可以在行政复议机关作出行政复议决定以前提出对该规定的审查申请：（1）国家税务总局和国务院其他部门的规定；（2）其他各级税务机关的规定；（3）地方各级人民政府的规定；（4）地方人民政府工作部门的规定。上述中的规定不包括国家税务总局制定的税收部门规章。

6. 【答案】D

【解析】纳税人、扣缴义务人等税务管理相对人在提起税务行政诉讼时，必须符合下列条件：（1）原告是认为具体税务行为侵犯其合法权益的公民、法人或者其他组织；（2）有明确的被告；（3）有具体的诉讼请求和事实、法律根据；（4）属于检察院的受案范围和受诉检察院管辖。

7. 【答案】D

【解析】国家税务总局可以通过规章

的形式设定警告和罚款。

8. 【答案】D

【解析】纳税人不服税务机关作出的行政处罚行为可以选择复议，也可以选择诉讼。其他上述事项必须先行复议，对复议结果不服的方能申请行政诉讼。

9. 【答案】D

【解析】对税务机关的征税行为提起诉讼，必须先经过复议；对复议决定不服的，可以在接到复议决定书之日起 15 日内向人民法院起诉。

10. 【答案】A

【解析】税务行政复议的申请人可以在得知税务机关作出具体行政行为之日起 60 日内提出行政复议申请。

11. 【答案】A

【解析】选项 A：股份制企业的股东大会、股东代表大会、董事会认为税务具体行政行为侵犯企业合法权益的，可以企业名义申请行政复议。

12. 【答案】B

【解析】选项 A：国家税务总局可以通过规章的形式设定警告和罚款。选项 C：省以下国家税务局的稽查局具有税务行政处罚主体资格，各级税务机关的内设机构、派出机构不具备处罚主体资格。选项 D：税务所可以实施罚款额在 2 000 元以下税务行政处罚。

13. 【答案】C

【解析】根据相关规定，对税务机关的征税行为提起诉讼，必须先经过复议；对复议决定不服的，可以在接到复议决定书之日起 15 日内向人民法院起诉。对其他具体行政行为不服的，当事人可以在接到通知或者知道之日起 15 日内直接向人民法院起诉。

14. 【答案】D

【解析】因税款征收问题引起的争议，必须先经过行政复议，才可提起行政诉讼。选项 A、B、C：当事人可以选择行政复议或诉讼程序。

15. 【答案】C

【解析】选项 C：税务行政诉讼中由税务机关负责举证。

16. 【答案】C

【解析】申请人申请行政复议的，必须先依照税务机关根据法律、行政法规确定的税额、期限，缴纳或者解缴税款及滞纳金或者提供相应的担保，方可在实际缴清税款和滞纳金后或者所提供的担保得到作出具体行政行为的税务机关确认之日起 60 日内提出行政复议申请。对行政复议决定不服，可以再向人民法院提起行政诉讼。

17. 【答案】D

【解析】根据《税收征收管理法》规定，税务行政处罚的实施主体应该是县以上税务机关。各级税务机关的内设机构、派出机构不具备处罚主体资格，不能以自己的名义实施税务行政处罚。基层税务所可对个体工商户及未取得营业执照的单位和个人实施罚款额在 2 000 元以下的税务行政处罚，但不属于法定实施主体。

18. 【答案】D

【解析】税务行政处罚听证的范围是对公民作出 2 000 元以上，或者对法人或其他组织作出 1 万元以上罚款的案件。

19. 【答案】A

【解析】税务机关作出具体行政行为时，未告知公民、法人或者其他组织起诉期限的，起诉期限从公民、法人或者其他组织知道或者应该知道起诉期限之日起计算，但从知道或者应当知道行政行为内容之日起最长不得超过 1 年。

20. 【答案】A

【解析】选项 B、C、D 属于选择复议的范围，可以申请行政复议，也可以向人民法院提起诉讼。

21. 【答案】C

【解析】税务行政处罚听证的范围是对公民作出2 000元以上，或者对法人或其他组织作出1万元以上罚款的案件。

22. 【答案】A

【解析】非经营活动违法行为设定罚款不得超过1 000元；经营活动有违法所得的，设定罚款不得超过违法所得的3倍，但最高不得超过30 000元；经营活动没有违法所得的，设定罚款不得超过10 000元。

23. 【答案】B

【解析】税务行政处罚听证的范围是对公民作出2 000元以上，或者对法人或其他组织作出10 000元以上罚款的案件。

24. 【答案】B

【解析】现行税法规定，简易程序的适用条件之一是给予的处罚较轻，仅适用于对公民处以50元以下和对法人或其他组织处以1 000元以下罚款的违法案件。

25. 【答案】D

【解析】（1）全国人民代表大会及其常务委员会可以通过法律的形式设定各种行政处罚；（2）国务院可以通过行政法规的形式设定除限制人身自由以外的税务行政处罚；（3）国家税务总局可以通过规章的形式设定警告和罚款。

26. 【答案】C

【解析】现行税务行政处罚的种类主要有：（1）罚款；（2）没收财物违法所得；（3）停止出口退税权；（4）法律、法规和规章规定的其他行政处罚。

27. 【答案】B

【解析】税务所可以实施罚款额在2 000元以下的税务行政处罚，这是《税收征收管理法》对税务所的特别授权。

28. 【答案】A

【解析】税务机关行政执法人员当场收缴罚款的，必须向当事人出具合法罚款收据，并应当自收缴罚款之日起2日内将罚款交至税务机关。税务机关应当在2日内将罚款交付指定的银行或者其他金融机构。

29. 【答案】B

【解析】选项A、C、D属于税务机关作出的征税行为，应该先申请行政复议，对复议结果不服的才能提请行政诉讼。

30. 【答案】B

【解析】对国家税务总局作出的具体行政行为不服的，向国家税务总局申请行政复议。

31. 【答案】D

【解析】选项D：对两个或者两个以上行政机关以共同的名义作出的具体行政行为不服的，向其共同上一级行政机关申请行政复议。

32. 【答案】A

【解析】选项A：股份制企业的股东大会、股东代表大会、董事会认为税务具体行政行为侵犯企业合法权益的，可以企业名义申请行政复议。

33. 【答案】B

【解析】行政复议机关收到行政复议申请以后，应当在5日内审查，决定是否受理。决定受理之后，如发现行政复议申请材料不齐全、表述不清楚的，行政复议机构可以自收到该行政复议申请之日起5日内书面通知申请人补正。

34. 【答案】C

【解析】税务行政诉讼遵循以下几个特有原则：（1）人民法院特定主管原则；（2）合法性审查原则；（3）不适用调解原则；（4）起诉不停止执行原则；（5）税务机关负举证责任原则；（6）由税务机关负责赔偿的原则

35. 【答案】B

【解析】税务机关作出具体行政行为时，未告知公民、法人或者其他组织起诉期限的，起诉期限从公民、法人或者其他组织知道或者应该知道起诉期限之日起计算，但从知道或者应当知道行政行为内容之日起最长不得超过1年。

二、多项选择题

1.【答案】ABD

【解析】选项C：税务行政处罚必须由法定的国家机关在其职权范围内设定，我国现行税收法制的原则是税权集中、税法统一，税收的立法权主要集中在中央，如全国人民代表大会及其常务委员会可以通过法律的形式设定各种税务行政处罚，国务院可以通过行政法规的形式设定除限制人身自由以外的税务行政处罚，国家税务总局可以通过规章的形式设定警告和罚款。税务行政处罚设定后，必须由法定的税务机关在其职权范围内实施。

2.【答案】AC

【解析】选项B、D：公正就是要防止偏听偏信，要使当事人了解其违法行为的性质，并给其申辩的机会。公开，一是指税务行政处罚的规定要公开，凡是需要公开的法律规范都要事先公布；二是指处罚程序要公开，如依法举行听证会等。

3.【答案】ABCD

【解析】税务行政处罚简易程序的适用条件：一是案情简单、事实清楚、违法后果比较轻微且有法定依据应当给予处罚的违法行为；二是给予的处罚较轻，仅适用于对公民处以50元以下和对法人或者其他组织处以1 000元以下罚款的违法案件。

4.【答案】AB

【解析】选项C：税务行政复议案件的审理一般由原处理税务机关的上一级税务机关进行。选项D：对于大多数行政案件来说，当事人都可以选择行政复议或者行政诉讼程序解决，当事人对行政复议决定不服的，还可以向法院提起行政诉讼。但对于因征税问题引起的争议，税务行政复议是税务行政诉讼的必经前置程序，未经复议不能向法院起诉，经复议仍不服的，才能起诉；对于因处罚、保全措施及强制执行引起的争议，当事人可以选择适用复议或诉讼程序，如选择复议程序，对复议决定仍不服的，可以向法院起诉。

5.【答案】ABCD

【解析】按照《税务行政复议规则》规定，对下列税务机关的具体行政行为不服的，按照下列规定申请行政复议：（1）对计划单列市税务局的具体行政行为不服的，向国家税务总局申请行政复议。（2）对税务所（分局）、各级税务局的稽查局的具体行政行为不服的，向其所属税务局申请行政复议。（3）对两个以上税务机关共同作出的具体行政行为不服的，向共同上一级税务机关申请行政复议；对税务机关与其他行政机关共同作出的具体行政行为不服的，向其共同上一级行政机关申请行政复议。（4）对被撤销的税务机关在撤销以前所作出的具体行政行为不服的，向继续行使其职权的税务机关的上一级税务机关申请行政复议。（5）对税务机关作出逾期不缴纳罚款加处罚款的决定不服的，向作出行政处罚决定的税务机关申请行政复议。但是对已处罚款和加处罚款都不服的，一并向作出行政处罚决定的税务机关的上一级税务机关申请行政复议。有前款（2）、（3）、（4）、（5）项所列情形之一的，申请人也可以向具体行政行为发生地的县级地方人民政府提交行政复议申请，由接受申请的县级地方人民政府依法转送。

6.【答案】BCD

【解析】选项A：国务院的裁决为终局

裁决，对国务院的行政复议裁决不服的，不能再向人民法院提出行政诉讼。

7.【答案】ABCD

【解析】不得作为税务行政复议定案依据的证据材料有：（1）违反法定程序收集的证据材料；（2）以偷拍、偷录和窃听等手段获取侵害他人合法权益的证据材料；（3）以利诱、欺诈、胁迫和暴力等不正当手段获取的证据材料；（4）无正当事由超出举证期限提供的证据材料；（5）无正当理由拒不提供原件、原物，又无其他证据印证，且对方不予认可的证据的复制件、复制品；（6）无法辨明真伪的证据材料；（7）不能正确表达意志的证人提供的证言；（8）不具备合法性、真实性的其他证据材料。

8.【答案】AB

【解析】选项C（作为申请人的公民死亡，没有近亲属，或者其近亲属放弃行政复议权利的）和选项D（申请人要求撤回行政复议申请，行政复议机构准予撤回的）均属于需要终止税务行政复议的情形。

9.【答案】ABD

【解析】选项C：作为申请人的公民下落不明或者被宣告失踪的，属于税务行政复议中止的情形，而不是税务行政复议需要终止的情形。

10.【答案】ABCD

【解析】对下列行政复议事项，按照自愿、合法的原则，申请人和被申请人在行政复议机关作出行政复议决定以前可以达成和解，行政复议机关也可以调解：（1）行使自由裁量权作出的具体行政行为，如行政处罚、核定税额、确定应税所得率等；（2）行政赔偿；（3）行政奖励；（4）存在其他合理性问题的具体行政行为。

11.【答案】ABCD

【解析】对下列行政复议事项，按照自愿、合法的原则，申请人和被申请人在行政复议机关作出行政复议决定以前可以达成和解，行政复议机关也可以调解：（1）行使自由裁量权作出的具体行政行为，如行政处罚、核定税额、确定应税所得率等；（2）行政赔偿；（3）行政奖励；（4）存在其他合理性问题的具体行政行为。

12.【答案】BCD

【解析】选项A：地域管辖不属于税务行政诉讼管辖中的裁定管辖。裁定管辖是指人民法院依法自行裁定的管辖，包括移送管辖、指定管辖及管辖权的转移等三种情况。

13.【答案】ABCD

【解析】税务行政诉讼以解决税务行政争议为前提，这是税务行政诉讼与其他行政诉讼活动的根本区别，具体体现在：（1）被告必须是税务机关，或经法律、法规授权的行使税务行政管理权的组织，而不是其他行政机关或组织；（2）税务行政诉讼解决的争议发生在税务行政管理过程中；（3）因税款征纳问题发生的争议，当事人在向人民法院提起行政诉讼前，必须先经税务行政复议程序，即复议前置。

14.【答案】AC

【解析】税务行政处罚的简易程序适用的条件：一是案情简单、事实清楚、违法后果比较轻微且有法定依据应当给予处罚的违法行为；二是给予的处罚较轻，仅适用于对公民处以50元以下和对法人或者其他组织处以1 000元以下罚款的违法案件。

15.【答案】ABC

【解析】税务行政处罚的种类中不包括没收税务登记证照，但包括没收非法所得。

16.【答案】AC

【解析】纳税人搜集的现场录音资料和超出举证期限提供的证据材料不得作为

定案依据。

17.【答案】AB

【解析】税务行政诉讼受案范围有：(1) 税务机关作出的征税行为：一是征收税款、加收滞纳金；二是扣缴义务人、受税务机关委托的单位作出代扣代缴、代收代缴行为及代征行为。(2) 税务机关作出的责令纳税人提交纳税保证金或者纳税担保行为。(3) 税务机关作出的行政处罚行为：一是罚款；二是没收违法所得；三是停止出口退税权；四是收缴发票和暂停供应发票。(4) 税务机关作出的通知出境管理机关阻止出境行为。(5) 税务机关作出的税收保全措施：一是书面通知银行或者其他金融机构冻结存款；二是扣押、查封商品、货物或者其他财产。(6) 税务机关作出的税收强制执行措施：一是书面通知银行或者其他金融机构扣缴税款；二是拍卖所扣押、查封的商品、货物或者其他财产抵缴税款。(7) 认为符合法定条件申请税务机关颁发税务登记证和发售发票，税务机关拒绝颁发、发售或者不予答复的行为。(8) 税务机关的复议行为：一是复议机关改变了原具体行政行为；二是期限届满，税务机关不予答复。

18.【答案】ABCD

【解析】税务行政诉讼的原则包括：(1) 人民法院特定主管原则；(2) 合法性审查原则；(3) 不适用调解原则；(4) 起诉不停止执行原则；(5) 税务机关负举证责任原则；(6) 由税务机关负责赔偿的原则。

19.【答案】ABCD

【解析】选项表述均正确。

20.【答案】BC

【解析】选项B：各级税务机关的内设机构、派出机构不具备行政处罚主体资格，不能以自己的名义实施税务行政处罚。选项C：税务所可以实施罚款额在2 000元以下的税务行政处罚。

21.【答案】AC

【解析】选项A、C属于税务机关作出的征税行为，申请人对其不服的，行政复议是行政诉讼必经前置程序。选项B、D：行政复议不是行政诉讼必经前置程序。

22.【答案】BD

【解析】选项B：对各级税务局的具体行政行为不服的，向其上一级税务局申请行政复议。选项D：对被撤销的税务机关在撤销以前所作出的具体行政行为不服的，向继续行使其职权的税务机关的上一级税务机关申请行政复议。

23.【答案】CD

【解析】选项A不是对于纳税人的具体行政行为，不在税务行政诉讼的范围内；选项B不属于税务行政诉讼的受案范围。

24.【答案】AB

【解析】税务行政诉讼的特有原则包括：(1) 人民法院特定主管原则；(2) 合法性审查原则；(3) 不适用调解原则；(4) 起诉不停止执行原则；(5) 税务机关负举证责任原则；(6) 由税务机关负责赔偿的原则。

25.【答案】ACD

【解析】选项B：最高人民法院管辖全国范围内重大、复杂的第一审税务行政案件。

26.【答案】ABCD

【解析】选项表述均正确。

27.【答案】ABC

【解析】选项D属于行政复议中止的情形。

28.【答案】AB

【解析】申请人不履行行政复议调解书的，由被申请人依法强制执行，或者申请人民法院强制执行。

29.【答案】ABCD

【解析】人民法院对受理的税务行政案件，经过调查、收集证据、开庭审理之后，分别作出如下判决：（1）维持判决；（2）撤销判决；（3）履行判决；（4）判决变更，税务行政处罚明显不当或显失公正的，可以判决变更。

30.【答案】ABCD

【解析】行使税务行政处罚裁量权应当遵循的原则：（1）合法原则；（2）合理原则；（3）公平公正原则；（4）公开原则；（5）程序正当原则；（6）信赖保护原则；（7）处罚与教育相结合原则。

31.【答案】ABCD

【解析】行政行为有下列情形之一的，人民法院判决撤销或者部分撤销，并可以判决被告重新作出行政行为：（1）主要证据不足的；（2）适用法律、法规错误的；（3）违反法定程序的；（4）超越职权的；（5）滥用职权的；（6）明显不当的。

第二部分

跨章节主观题演练

跨章节主观题

1.【计算问答题】（2021 年）小汽车生产企业甲为增值税一般纳税人，2021 年 6 月相关业务如下：

（1）以预收账款方式将 100 辆 A 型小汽车销售给网约车平台公司，不含税销售价格 18 万元/辆，已收到全款，约定月底交付全部车辆，实际交付 80 辆。

（2）将 10 辆 A 型燃油小汽车奖励给“生产先进个人”，该小汽车当月平均不含税销售价格 19 万元/辆，最高不含税销售价格 23 万元/辆。

（3）委托具有出口经营权的外贸企业出口 A 型小汽车 150 辆，海关审定的实际离岸价格 18.5 万元/辆。

（4）1 月份销售的 50 辆 B 型小汽车因故障被经销商退回，不含税销售价格 25 万元/辆。

（其他相关资料：A 型小汽车消费税税率为 3%，B 型小汽车消费税税率为 5%。）

要求：根据上述资料，按照下列序号回答问题，如有计算需计算出合计数。

（1）计算业务（1）甲企业应缴纳的消费税。

（2）计算业务（2）甲企业应缴纳的消费税。

（3）判断业务（3）甲企业是否适用出口退还增值税、消费税政策。

（4）判断业务（4）甲企业能否申请退还消费税，如能申请，请计算应退税款并说明退税手续。

2.【计算问答题】（2021 年）某高档化妆品生产公司为增值税一般纳税人。2021 年 6 月开具增值税专用发票共取得高档化妆品销售收入 300 万元、销项税额 39 万元，另开具普通发票取得高档化妆品价税合计收入 22.6 万元；当月生产领用外购的已税高档化妆品 50 万元（不含增值税）作为原料生产高档化妆品。由于各种原因未按期申报缴纳 6 月份的消费税税款，到 7 月 27 日经主管税务机关发现并发出催缴通知书，限该公司在 3 日内申报缴纳。但该公司以资金困难为由，逾期仍未申报缴纳 6 月份的消费税税款。

（其他相关资料：该公司以一个月为消费税纳税期，高档化妆品消费税税率为 15%。）

要求：根据上述资料，按照下列序号回答问题，如有计算需计算出合计数。

（1）计算该公司 6 月份应缴纳的消费税。

（2）回答该公司未按期缴纳 6 月份消费税税款，依据《税收征收管理法》应如何处理？

（3）回答该公司逾期仍未申报缴纳消费税税款，依据《税收征收管理法》税务机关可采取什么措施？

3.【计算问答题】（2021 年）居民个人张某在某省会城市工作，其 2020 年的收入与部分支出情况如下：

（1）每月工资 10 000 元，含按国家标准缴纳的“三险一金”2 500 元。

（2）因在工作城市无住房，每月以 2 000 元的租金在单位附近租房居住；每月为位于外地的首套住房偿还贷款 4 000 元。

(3) 12 月从单位领取年终奖 30 000 元，选择单独计税。

(其他相关资料：相关专项附加扣除均由张某 100% 扣除，张某已向单位报送其专项附加扣除信息。)

附：综合所得个人所得税税率表（同居民个人工资、薪金所得预扣预缴率表）。

综合所得个人所得税税率表
(同居民个人工资、薪金所得预扣预缴率表)

级数	全年应纳税所得额	税率 (%)	速算扣除数
1	不超过 36 000 元的	3	0
2	超过 36 000 元至 144 000 元的部分	10	2 520
3	超过 144 000 元至 300 000 元的部分	20	16 920
4	超过 300 000 元至 420 000 元的部分	25	31 920
5	超过 420 000 元至 660 000 元的部分	30	52 920
6	超过 660 000 元至 960 000 元的部分	35	85 920
7	超过 960 000 元的部分	45	181 920

按月换算后的综合所得税率表

级数	应纳税所得额	税率 (%)	速算扣除数
1	不超过 3 000 元的	3	0
2	超过 3 000 元至 12 000 元的部分	10	210
3	超过 12 000 元至 25 000 元的部分	20	1 410
4	超过 25 000 元至 35 000 元的部分	25	2 660
5	超过 35 000 元至 55 000 元的部分	30	4 410
6	超过 55 000 元至 80 000 元的部分	35	7 160
7	超过 80 000 元的部分	45	15 160

要求：根据上述资料，按照下列序号回答问题，如有计算需计算出合计数。

(1) 回答在住房贷款利息专项附加扣除与住房租金专项附加扣除两项扣除中，张某选择哪项扣除对自己更有利，并简要说明理由。

(2) 计算 2020 年张某应就其综合所得缴纳的个人所得税。

(3) 计算 2020 年张某获得的年终奖应缴纳的个人所得税。

(4) 从税收策划角度出发，回答张某对其年终奖选择单独纳税与并于综合所得合并纳税，哪种方式对自己更有利，并简要说明理由。

4.【计算问答题】(2021 年) 在境外注册并实质性经营的 X 公司在其所在国设立了持股平台 M 公司，其股权架构图如下所示，并通过 M 公司在我国设立了 N 公司，持股比例均为 100%。M 公司没有配置相关的资产以及人员，除了对 N 公司的长期股权投资之外没有任何其他境内外资产。2021 年该集团发生了以下业务：

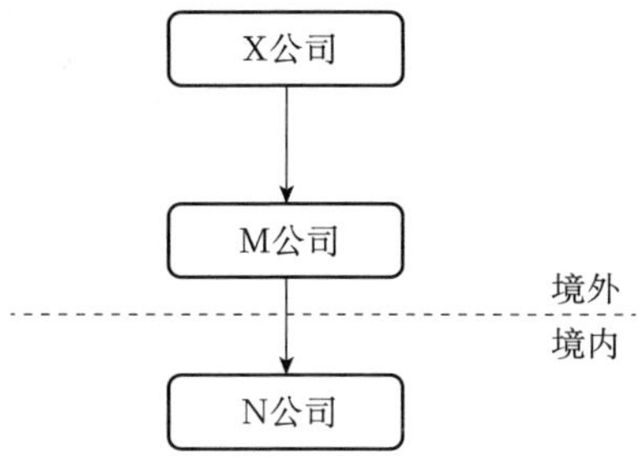

（1）2021年4月，N公司向X公司付了商标使用费价税合计636万元，涉及的预提所得税由X公司负担。

（2）2021年6月，X公司将M公司的股权转让给了第三方境外企业Y。

（其他相关资料：根据X公司所在国与我国的税收协定，特许权使用费的协定税率为7%。N公司为增值税一般纳税人。）

要求：根据上述资料，按照下列序号回答问题，如有计算需计算出合计数。

（1）在享受协定待遇的前提下，计算业务（1）N公司支付商标使用费应代扣代缴的增值税及企业所得税。

（2）说明业务（2）X公司转让M公司的股权需要在我国缴纳企业所得税的理由，并简要说明交易双方主动向税务机关报告间接转让事项时所需要提交的相关资料。

5.【综合题】（2021年）甲软件企业为增值税一般纳税人。2020年取得营业收入85 000万元、投资收益600万元、其他收益2 800万元；发生营业成本30 000万元、税金及附加2 300万元、管理费用12 000万元、销售费用10 000万元、财务费用1 000万元、营业外支出800万元。2020年度甲企业自行计算的会计利润为32 300万元。

2021年2月甲企业进行2020年企业所得税汇算清缴时，聘请了某会计师事务所进行审核，发现如下事项：

（1）1月将一栋原值4 000万元的办公楼进行改建，支出500万元用于安装中央空调，该办公楼于5月31日改建完毕并投入使用，该办公楼改建当年未缴纳房产税。

（2）研发费用中含研发人员工资及“五险一金”5 000万元、外聘研发人员劳务费用300万元、直接投入材料费用400万元。

（3）4月接受乙公司委托进行技术开发，合同注明研究开发经费和报酬共计1 000万元，其中研究开发经费800万元、报酬200万元。甲企业未就该合同缴纳印花税。

（4）其他收益中含软件企业实际税负超3%的部分即征即退增值税800万元，企业将其作为不征税收入处理。

（5）5月25日支付100万元从A股市场购入股票10万股，另支付交易费用0.1万元，企业将其划入交易性金融资产，企业的会计处理为：

借：交易性金融资产　　1 000 000

　　投资收益　　1 000

　贷：银行存款　　1 001 000

（6）财务费用中含向关联企业丙公司支付的1月1日至12月31日的借款利息200万元，借款本金为3 000万元，金融机构同期同类贷款利率为6%，该交易不符合独立交易原则。丙公司对甲企业的权益性投资额为1 000万元，且实际税负低于甲企业。

（7）成本费用中含实际发生的工资总额21 000万元、职工福利费4 000万元、职工教育经费3 000万元（含职工培训费用2 000万元）、拨缴工会经费400万元，工会经费取得合法票据。

（8）管理费用中含业务招待费1 000万元。

（9）营业外支出中含未决诉讼确认的

预计负债600万元。

（其他相关资料：该企业享受的“两免三减半”优惠已过期，当地规定计算房产余值的扣除比例为30%，技术合同印花税税率为0.3‰，各扣除项目均在汇算清缴期取得有效凭证。）

要求：根据上述资料，按照下列顺序计算回答问题，如有计算需计算出合计数。

（1）判断业务（1）中甲企业未缴纳房产税是否正确并说明理由；若应缴纳房产税，请计算应缴纳的房产税及应调整的企业所得税应纳税所得额。

（2）回答研发费用税前加计扣除范围，并计算业务（2）研发费用应调整的企业所得税应纳税所得额。

（3）计算业务（3）应缴纳的印花税及应调整的企业所得税应纳税所得额。

（4）判断业务（4）甲企业将其作为不征税收入是否正确，说明理由并计算业务（4）应调整的企业所得税应纳税所得额。

（5）计算业务（5）应调整的企业所得税应纳税所得额。

（6）计算业务（6）应调整的企业所得税应纳税所得额并说明理由。

（7）计算事项（7）职工福利费、职工教育经费、工会经费应调整的企业所得税应纳税所得额。

（8）计算事项（8）业务招待费应调整的企业所得税应纳税所得额。

（9）计算事项（9）营业外支出应调整的企业所得税应纳税所得额。

（10）计算甲企业2020年度应缴纳的企业所得税额。

6.【综合题】（2021年改编）位于市区的某文创企业为增值税一般纳税人。2021年5月经营业务如下：

（1）完成文创产品设计服务，收取服务费价税合计954万元，尚未开具发票。

（2）转让2015年购买的本市区商品房一套，取得含税销售额515万元，购房发票记载的该商品房的购入价为200万元。企业选择简易计税方法计征增值税。

（3）取得流动资金存款利息收入2万元。

（4）购买燃油小汽车1辆自用，取得机动车销售统一发票，支付含税款项39.55万元。

（5）向境外客户提供广告投放地在境外的广告服务，取得收入200万元。

（6）员工因公境内出差，取得注明旅客身份信息的航空电子客票行程单，票价总计4.8万元，燃油附加费总计0.65万元，民航发展基金总计0.54万元。

（7）支付信息技术服务费，取得增值税专用发票注明金额400万元、税额24万元。

（其他相关资料：小汽车车船税年税额480元/辆；该企业符合增值税进项税额加计抵减条件，上期末加计抵减余额为0；员工与该企业签订了劳动合同。）

要求：根据上述资料，按照下列顺序计算回答问题，如有计算需计算出合计数。

（1）计算业务（1）的销项税额。

（2）计算业务（2）应缴纳的增值税。

（3）判断业务（3）是否需要缴纳增值税，并说明理由。

（4）计算业务（4）应缴纳的车辆购置税；2021年应缴纳的车船税。

（5）判断业务（5）是否需要缴纳增值税，并说明理由。

（6）判断业务（6）能否抵扣进项税额，并说明理由。

（7）计算5月可抵扣的进项税额。

（8）计算5月应缴纳的增值税。

（9）计算5月应缴纳的城市维护建设

税、教育费附加和地方教育附加。

7.【计算问答题】（2020年）某县城一鞭炮生产企业为增值税一般纳税人，2020年5月生产经营情况如下：

（1）3日购买包装盒一批，取得增值税专用发票注明价款20万元，税款2.6万元。

（2）14日购买一批已纳消费税的鞭炮半成品，取得增值税专用发票注明价款300万元，税款39万元。

（3）20日领用业务（2）中所购半成品的40%用于继续加工鞭炮；剩余60%因管理不善受潮报废。

（4）当月销售鞭炮取得含税收入452万元。

（其他相关资料：鞭炮的消费税税率为15%。）

要求：根据上述资料，按照下列序号回答问题，如有计算需计算出合计数。

（1）该企业领用外购半成品可扣除的消费税税额。

（2）回答该企业报废存货的增值税进项税额是否可以抵扣及依据，并计算相关金额。

（3）该企业当月应缴纳的增值税。

（4）该企业当月应缴纳的消费税。

（5）该企业当月应缴纳的城市维护建设税。

8.【计算问答题】（2020年）甲涂料生产公司（以下简称“甲公司”）为增值税一般纳税人，2020年7月发生如下业务：

（1）5日以直接收款方式销售涂料取得不含税销售额350万元；以预收货款方式销售涂料取得不含税销售额200万元，本月已发出销售涂料的80%。

（2）12日赠送给某医院20桶涂料用于装修，将100桶涂料用于换取其他厂家的原材料。当月不含税平均销售价500元/桶，不含税最高销售价540元/桶。

（3）15日委托乙涂料厂（以下简称“乙厂”）加工涂料，双方约定由甲公司提供原材料，材料成本80万元，乙厂开具的增值税专用发票上注明加工费10万元（含代垫辅助材料费用1万元）、增值税1.3万元。乙厂无同类产品对外销售价格。

（4）28日收回委托乙厂加工的涂料并于本月售出80%，取得不含税销售额85万元。

（其他相关资料：涂料消费税税率为4%。）

要求：根据上述资料，按照下列序号回答问题，如有计算需计算出合计数。

（1）计算业务（1）甲公司应缴纳的消费税。

（2）计算业务（2）甲公司应缴纳的消费税。

（3）计算业务（3）由乙厂代收代缴的消费税。

（4）说明业务（4）甲公司是否应缴纳消费税。如应缴纳，计算消费税应纳税额。

9.【计算问答题】（2020年）某房地产开发公司是增值税一般纳税人，2020年5月，拟对其开发的位于市区的写字楼项目进行土地增值税清算。该项目资料如下：

（1）2016年1月以8 000万元竞得国有土地一宗，并按规定缴纳契税。

（2）2016年3月开始动工建设，发生房地产开发成本15 000万元，其中包括装修费用4 000万元。

（3）发生利息支出3 000万元，但不能提供金融机构贷款证明。

（4）2020年3月，该项目全部销售完毕，共计取得含税销售收入42 000万元。

（5）该项目已预缴土地增值税450万元。

（其他相关资料：契税税率为5%，利息支出不能提供金融机构贷款证明，当地省政府规定的房地产开发费用的扣除比例为10%，计算土地增值税允许扣除的有关税金及附加共计240万元，该公司对项目选择简易计税方法计缴增值税。）

要求：根据上述资料，按照下列序号回答问题，如有计算需计算出合计数。

（1）说明该项目应进行土地增值税清算的原因。

（2）计算土地增值税时允许扣除的取得土地使用权支付的金额。

（3）计算该项目应缴纳的增值税额。

（4）计算土地增值税时允许扣除的开发费用。

（5）计算土地增值税时允许扣除项目金额的合计数。

（6）计算该房地产开发项目应补缴的土地增值税额。

10.【计算问答题】（2020年）居民个人张某与其妻子在某城市工作并居住。2019年与个人所得税汇算清缴相关的收入及支出如下：

（1）全年从单位领取扣除按规定比例缴纳的社保费用和住房公积金后的工资共计120 000元，单位已为其预扣预缴个人所得税款1 404元。

（2）出版一部作品，取得出版方分两次向其支付的稿酬20 000元。

（3）每月按首套住房贷款利率为其购于某县城的自有房产偿还房贷2 000元。

（4）在居住城市无自有住房，与其妻子一起租房居住，每月支付房租3 000元。

（其他相关资料：张某工作地城市为除直辖市、省会城市、计划单列市及国务院确定其他城市之外的市辖区户籍人口超过100万的城市；以上专项附加扣除均由张某100%扣除。）

附：综合所得个人所得税税率表

（同居民个人工资、薪金所得预扣预缴率表）

级数	全年应纳税所得额	税率（%）	速算扣除数
1	不超过36 000元的	3	0
2	超过36 000元至144 000元的部分	10	2 520
3	超过144 000元至300 000元的部分	20	16 920
4	超过300 000元至420 000元的部分	25	31 920
5	超过420 000元至660 000元的部分	30	52 920
6	超过660 000元至960 000元的部分	35	85 920
7	超过960 000元的部分	45	181 920

要求：根据上述资料，按照下列序号回答问题，如有计算需计算出合计数。

（1）从税后所得最大化出发，回答张某应选择享受的专项附加扣除并说明理由。

（2）计算出版方支付稿酬所得应预扣预缴的个人所得税款。

（3）计算张某可申请的个人所得税退税款。

（4）张某如需办理2019年度个人所得税汇算清缴，回答其可选择哪些办理的渠道及受理的税务机关。

11.【综合题】（2020年）位于市区的某餐饮企业为增值税一般纳税人。2019年12月经营业务如下：

（1）当月取得餐饮服务收入价税合计848万元，通过税控系统实际开票价款为390万元。

（2）将一家经营不善的餐厅连同所有资产、负债和员工一并打包转让给某个体工商户，取得转让对价100万元。

（3）向居民张某租入一家门面房用于餐厅经营，合同约定每月租金为3万元，租期为12个月，签约后已在本月一次性支付全额租金。

（4）当月向消费者发行餐饮储值卡3 000张，取得货币资金300万元；当月消费者使用储值卡购买了该餐饮企业委托外部工厂生产的点心礼盒，确认不含税收入100万元。

（5）将其拥有的某上市公司限售股在解禁流通后对外转让，相关收入和成本情况如下：

股数	初始投资成本（元/股）	IPO发行价（元/股）	售价（元/股）
500 000	1.20	6.82	10.00

（6）转让其拥有的一个餐饮品牌的连锁经营权，取得不含税收入300万元。

（7）当月申报抵扣的进项税额合计40万元，其中包含：由于仓库管理员失职丢失的一批食品，进项税额为3万元；外购用于公司周年庆典的装饰用品，进项税额为4万元；外购用于发放给优秀奖员工的手机，进项税额为2万元。

（8）该企业符合增值税加计抵减的条件，上期末加计抵减余额为6万元。

（其他相关资料：财产租赁合同的印花税税率为0.1%。）

要求：根据上述资料，按照下列顺序计算回答问题，如有计算需计算出合计数。

（1）计算业务（1）的销项税额。

（2）判断业务（2）是否需要缴纳增值税，并说明理由。

（3）判断业务（3）张某个人出租房屋是否可以享受增值税免税待遇，并说明理由。

（4）计算业务（3）餐饮企业应缴纳的印花税。

（5）计算业务（4）的销项税额。

（6）计算业务（5）的销项税额。

（7）计算业务（6）的销项税额。

（8）计算当期可以加计抵减的进项税额。

（9）计算当期应缴纳的增值税。

（10）计算当期应缴纳的城市维护建设税、教育费附加及地方教育附加。

12.【综合题】（2020年）某连锁娱乐企业是增值税一般纳税人，主要经营室内游艺设施。2019年11月经营业务如下：

（1）当月游艺收入价税合计636万元，其中门票收入为300万元、游戏机收入为336万元。当月通过税控系统实际开票价款为280万元。

（2）当月以融资性售后回租形式融资，作为承租人向出租人出售一台设备，设备公允价值为80万元。

（3）当月举办了卡通人物展览，消费者使用本企业发行的储值卡购买周边产品优惠10%。当月使用储值卡售出的周边产品原价为10万元（含税，下同），优惠活动价为9万元。购物发票注明金额为10万元，优惠的10%以现金形式返还给消费者。

（4）进口一台应征消费税的小轿车，用于高管个人消费，关税完税价格为70万元。

（5）当月申报抵扣的增值税专用发票的进项税额合计40万元，其中包含：由于仓库管理员失职丢失的一批玩偶，进项税额为3万元；外购用于公司周年庆典的装饰用品，进项税额为4万元，外购用于发放给优秀员工的手机，进项税额为2万元。

（6）该企业符合增值税加计抵减的条件，上期末加计抵减额余额为6万元。

（其他相关资料：进口小轿车的关税税率为15%，消费税税率为5%，进口业务当月取得海关进口增值税专用缴款书，上述业务涉及的相关票据均已申报抵扣。）

要求：根据上述材料，按照下列顺序计算回答问题，如有计算需计算出合计数。

（1）计算业务（1）的销项税额。

（2）回答业务（2）出售设备的行为是否应缴纳增值税并说明理由。

（3）计算业务（3）的销项税额。

（4）判断业务（3）在不考虑其他商业因素的情况下，是否存在税务规划的空间。如存在税务规划空间。请说明规划方法以及依据。

（5）计算业务（4）应缴纳的进口关税、消费税、车辆购置税以及进口环节增值税。

（6）计算当期可以加计抵减的进项税额。

（7）计算当期应缴纳的增值税。

（8）计算可以结转下期抵减的增值税加计抵减额。

13.【综合题】（2020年）位于县城的某文化创意企业为增值税一般纳税人，2019年8月经营业务如下：

（1）向境内客户提供广告服务，不含增值税总价款为200万元，采取分期收款结算方式，按照书面合同约定，当月客户应支付60%的价款，款项未收到，未开具发票。

（2）为境内客户提供创意策划服务，采取直接收款结算方式，开具的增值税专用发票上注明价款为3 000万元，由于对方资金紧张，当月收到价款的50%。

（3）购买办公楼一栋，订立的产权转移书据所载金额1 000万元，取得增值税专用发票注明金额1 000万元，税额90万元，该办公楼的1/4用于集体福利，其余为企业管理部门使用。购买计算机一批，取得增值税专用发票注明金额100万元，税额13万元，其中的20%奖励给员工，剩余的用于企业经营使用。

（4）为客户支付境内机票款，取得注明旅客身份信息的航空电子客票行程单，票价2万元，燃油附加费0.18万元、机场建设费0.03万元。

（5）员工境内出差，取得注明旅客身份信息的铁路客票，票面金额5.995万元，另取得未注明旅客身份的出租车客票1.03万元。

（6）取得银行贷款200万元，支付与该笔贷款直接相关的手续费用2万元；支付与贷款业务无关的银行咨询费10.6万元（含增值税），并取得增值税专用发票；支付实际应酬费5万元和餐饮费万元。

（7）进口小汽车一辆用于接待客户，小汽车的关税完税价格为44万元，取得海关进口增值税专用缴款书。

（8）期初“加计抵减额”余额10万元。

（其他相关资料：产权转移书据印花税税率为0.5‰，进口小汽车关税税率为15%，消费税税率为12%，上述业务所涉及的进项税相关票据均已申报抵扣。）

要求：根据上述资料，按下列顺序计算回答问题，如有计算需计算出合计数。

（1）计算业务（1）当期的销项税额。

（2）计算业务（2）当期的销项税额。

（3）计算业务（3）该企业购买办公楼应缴纳的印花税。

（4）计算业务（3）当期允许抵扣的进项税额。

（5）判断业务（4）该企业为客户支付境内机票款是否属于“国内旅客运输服务”允许抵扣进项税额的范围，并说明理由。

（6）计算业务（5）该企业当期允许抵扣的进项税额。

（7）计算业务（6）该企业当期允许抵扣的进项税额。

（8）计算业务（7）该企业进口小汽车应缴纳的车辆购置税。

（9）计算业务（7）该企业进口小汽车应缴纳的增值税。

（10）计算该企业可抵减的加计抵减额。

（11）计算该企业当期应向主管税务机关缴纳的增值税。

（12）计算该企业当期应缴纳的城市维护建设税、教育费附加和地方教育附加。

14.【综合题】（2020 年）某饮料生产企业甲为增值税一般纳税人，适用企业所得税税率为 25%。2019 年度实现营业收入 80 000 万元，自行核算的 2019 年度会计利润为 5 600 万元，2020 年 5 月经聘请的会计师事务所审核后，发现如下事项：

（1）2 月份收到市政府支持产业发展拨付的财政激励资金 500 万元，会计处理全额计入营业外收入，企业将其计入企业所得税不征税收入，经审核符合税法相关规定。

（2）3 月份转让持有的部分国债，取得收入 1 285 万元，其中包含持有期间尚未兑付的利息收入 20 万元。该部分国债按照先进先出法确定的取得成本为 1 240 万元。

（3）5 月份接受百分之百控股母公司乙无偿划转的一台设备。该设备原值 3 000 万元，已按税法规定计提折旧 500 万元，其市场公允价值为 2 200 万元。该业务符合特殊性重组条件，企业选择采用特殊性税务处理。

（4）6 月份购置一台生产线支付的不含税价格为 400 万元，会计核算按照使用期限 5 年、预计净残值率 5% 计提了累计折旧，企业选择一次性在企业所得税前进行扣除。

（5）发生广告费和业务宣传费用 7 300 万元，其中 300 万元用于冠名的真人秀于 2020 年 2 月制作完成并播放，企业所得税汇算清缴结束前尚未取得相关发票。

（6）成本费用中含发放的合理职工工资 6 000 万元，发生的职工福利费 900 万元、职工教育经费 500 万元，取得工会经费代收凭据注明的拨缴工会经费 100 万元。

（7）发生业务招待费 800 万元。

（8）12 月 1 日签订两项借款合同，向非关联供货商借款 1 000 万元，向银行借款 4 000 万元，未计提印花税。甲企业于 2020 年 3 月 1 日补缴印花税税款及滞纳金，借款合同印花税税率为 0.05‰。

（9）企业从 2013 年以来经税务机关审核后的应纳税所得额数据如下：

年份	2013 年	2014 年	2015 年	2016 年	2017 年	2018 年
应纳税所得额（万元）	-4 000	-2 000	-600	1 200	1 800	3 000

要求：根据上述资料，按照下列顺序计算回答问题，如有计算需计算出合计数。

（1）回答税法关于财政性资金计入企业所得税不征税收入的相关条件。

（2）计算业务（1）应调整的企业所得税应纳税所得额。

（3）回答企业转让不同时间购买的同一品种国债时，税法规定转让成本的确定方法。

（4）计算业务（2）应调整的企业所得税应纳税所得额。

（5）业务（3）符合特殊性税务重组，请确认甲公司接受无偿划转设备的计税基础。

（6）计算业务（4）应调整的企业所得税应纳税所得额。

（7）计算业务（5）应调整的企业所得税应纳税所得额。

（8）计算业务（6）应调整的企业所得税应纳税所得额。

（9）计算业务（7）业务招待费应调整的企业所得税应纳税所得额。

（10）计算业务（8）应调整的企业所得税应纳税所得额。

（11）计算2019年企业所得税前可弥补的亏损额。

（12）计算2019年甲企业应缴纳的企业所得税。

15.【计算问答题】（2019年）位于市区的某集团总部为增值税一般纳税人，拥有外贸进出口资格。2019年6月经营业务如下：

（1）内销一批服装，向客户开具的增值税专用发票的金额栏中分别注明了价款300万元、折扣额30万元。

（2）取得统借统还利息收入50万元（低于金融机构的借款利率水平）、保本理财产品利息收入10.6万元。

（3）转让其100%控股的一家非上市公司的股权，初始投资成本2 000万元，转让价5 000万元。

（4）在境内开展连锁经营，取得含税商标权使用费106万元。

（5）转让位于市区的一处仓库，取得含税金额1 040万元，该仓库2010年购入，购置价200万元，选择简易计税方法计征增值税。

（6）向小规模纳税人销售一台使用过的设备，当年采购该设备时按规定未抵扣进项税额，取得含税金额10.3万元，开具增值税普通发票。

（7）聘请境外公司来华提供商务咨询并支付费用20万元，合同约定增值税由支付方承担。

（8）进口3辆厢式货车，关税完税价格40万元/辆；其中一辆用于本企业生产经营，其余两辆待售。

（9）发生其他无法准确划分用途支出，取得增值税专用发票注明税额22.6万元。

（其他相关资料：销售货物的增值税税率为13%，进口厢式货车的关税税率为15%，当月未取得代扣代缴税款的完税凭证，进口业务当月取得海关进口增值税专用缴款书，上述业务涉及的相关票据均已申报抵扣。）

要求：根据上述资料，按照下列顺序计算回答问题，如有计算需计算出合计数。

（1）计算业务（1）的销项税额。

（2）判断业务（2）是否应缴纳增值税，如应缴纳增值税，计算业务（2）增值税销项税额。

（3）判断业务（3）是否应缴纳增值税并说明理由。

（4）计算业务（4）的销项税额。

（5）计算业务（5）应缴纳的增值税额。

（6）计算业务（6）应缴纳的增值

税额。

（7）计算业务（7）当期应代扣代缴的增值税额。

（8）计算业务（8）进口厢式货车应缴纳的关税、车辆购置税和增值税额。

（9）根据业务（9）计算当期不可抵扣的进项税额。

（10）回答主管税务机关是否有权对企业按月计算得出的不可抵扣进项税额调整；如果有权调整，应如何调整。

（11）计算当期应向主管税务机关缴纳的增值税额。

（12）不考虑扣缴因素，计算当期应缴纳的城市维护建设税额、教育费附加及地方教育附加。

16.【计算问答题】（2019年）甲卷烟厂为增值税一般纳税人，2019年3月发生下列业务：

（1）以直接收款方式销售A牌卷烟80箱，取得销售额256万元。

（2）以分期收款方式销售A牌卷烟350箱，销售额1 330万元，合同约定当月收取50%的货款，实际收到30%。

（3）甲厂提供烟叶委托乙卷烟厂加工一批烟丝，烟叶成本120万元；乙厂收取加工费20万元、代垫部分辅助材料的费用5万元；烟丝当月完工并交付甲厂，乙厂无同类烟丝销售。

（4）甲厂将委托加工收回烟丝的20%直接销售，取得销售额58万元。

（5）从丙卷烟厂购入一批烟丝，甲厂用90箱A牌卷烟抵顶货款；双方均开具了增值税专用发票。

（其他相关资料：A牌卷烟为甲类卷烟，甲类卷烟消费税税率为56%加每箱150元，烟丝消费税税率为30%，上述销售额和费用均不含增值税。）

要求：根据上述资料，按照下列序号回答问题，如有计算需计算出合计数。

（1）计算业务（1）应缴纳的消费税额。

（2）计算业务（2）应缴纳的消费税额。

（3）计算业务（3）乙厂应代收代缴的消费税额。

（4）回答业务（4）应缴纳消费税的理由并计算消费税额。

（5）计算业务（5）应缴纳的消费税额。

17.【计算问答题】（2019年）某房地产开发企业拟对其开发的位于县城的一房地产项目进行土地增值税清算，该项目相关信息如下：

（1）2015年12月以10 000万元竞得国有土地一宗，并按规定缴纳契税。

（2）该项目2016年开工建设，未取得《建筑工程施工许可证》，建筑工程承包合同注明的开工日期为3月25日，2019年1月竣工，发生房地产开发成本7 000万元；开发费用3 400万元。

（3）该项目所属物业用房建成后产权归全体业主所有，并已移交物业公司使用，物业用房开发成本500万元。

（4）2019年4月，该项目销售完毕，取得含税销售收入42 000万元。

（其他相关资料：契税税率4%，利息支出无法提供金融机构证明，当地省政府规定的房地产开发费用扣除比例为10%，企业对该项目选择简易计税方法计征增值税。）

要求：根据上述资料，按照下列序号回答问题，如有计算需计算出合计数。

（1）说明该项目选择简易计税方法计征增值税的理由。

（2）计算该项目应缴纳的增值税额。

（3）计算土地增值税时允许扣除的城

市维护建设税额、教育费附加和地方教育附加。

（4）计算土地增值税时允许扣除的开发费用。

（5）计算土地增值税时允许扣除项目金额的合计数。

（6）计算该房地产开发项目应缴纳的土地增值税额。

18.【计算问答题】（2019 年）某居民个人王某，父母均已 65 周岁，孩子正在小学就读，王某及其配偶名下均无住房，在省会工作并租房居住，2019 年 9 月开始攻读在职博士，2019 年王某收入及部分支出如下：

（1）王某每月从单位领取扣除社会保险及住房公积金后的收入为 11 000 元，截至 11 月底累计已经预扣预缴个人所得税税款 459 元。

（2）取得年终奖 48 000 元，选择单独计税。

（3）利用业余时间出版摄影作品，取得稿酬收入 20 000 元。

（其他相关资料：以上专项附加扣除均由王某 100% 扣除。）

附：综合所得个人所得税税率表（同居民个人工资、薪金所得预扣预缴率表）。

综合所得个人所得税税率表

（同居民个人工资、薪金所得预扣预缴率表）

级数	全年应纳税所得额	税率（%）	速算扣除数
1	不超过 36 000 元的	3	0
2	超过 36 000 元至 144 000 元的部分	10	2 520
3	超过 144 000 元至 300 000 元的部分	20	16 920
4	超过 300 000 元至 420 000 元的部分	25	31 920
5	超过 420 000 元至 660 000 元的部分	30	52 920
6	超过 660 000 元至 960 000 元的部分	35	85 920
7	超过 960 000 元的部分	45	181 920

按月换算后的综合所得税率表

级数	全年应纳税所得额	税率（%）	速算扣除数
1	不超过 3 000 元的	3	0
2	超过 3 000 元至 12 000 元的部分	10	210
3	超过 12 000 元至 25 000 元的部分	20	1 410
4	超过 25 000 元至 35 000 元的部分	25	2 660
5	超过 35 000 元至 55 000 元的部分	30	4 410
6	超过 55 000 元至 80 000 元的部分	35	7 160
7	超过 80 000 元的部分	45	15 160

要求：根据上述资料，按照下列序号回答问题，如有计算需计算出合计数。

（1）计算 2019 年 12 月王某应预扣预缴的个人所得税。

（2）计算王某取得年终奖应缴纳的个人所得税。

（3）计算王某取得稿酬应预扣预缴的个人所得税。

（4）计算王某取得2019年综合所得应缴纳的个人所得税税额。

（5）计算王某就2019年综合所得向主管税务机关办理汇算清缴时应补缴的税款或申请的应退税额。

19.【计算问答题】（2019年）居民个人张某为独生子女，父母均已年满65周岁，其独生子就读于某小学。2019年张某收入及部分支出如下：

（1）每月从单位领取扣除社保费用和住房公积金后的工资10 000元，截至11月底累计已预扣预缴个人所得税款330元。

（2）取得年终奖60 000元，选择单独计税。

（3）利用业余时间为某公司设计图纸取得劳务报酬20 000元。

（4）每月按首套住房贷款利率偿还房贷5 000元。

（其他相关资料：以上专项附加扣除均由张某100%扣除。）

附：综合所得个人所得税税率表（同居民个人工资、薪金所得预扣预缴率表）。

综合所得个人所得税税率表

（同居民个人工资、薪金所得预扣预缴率表）

级数	全年应纳税所得额	税率（%）	速算扣除数
1	不超过36 000元的	3	0
2	超过36 000元至144 000元的部分	10	2 520
3	超过144 000元至300 000元的部分	20	16 920
4	超过300 000元至420 000元的部分	25	31 920
5	超过420 000元至660 000元的部分	30	52 920
6	超过660 000元至960 000元的部分	35	85 920
7	超过960 000元的部分	45	181 920

按月换算后的综合所得税率表

级数	全年应纳税所得额	税率（%）	速算扣除数
1	不超过3 000元的	3	0
2	超过3 000元至12 000元的部分	10	210
3	超过12 000元至25 000元的部分	20	1 410
4	超过25 000元至35 000元的部分	25	2 660
5	超过35 000元至55 000元的部分	30	4 410
6	超过55 000元至80 000元的部分	35	7 160
7	超过80 000元的部分	45	15 160

要求：根据上述资料，按照下列序号回答问题，如有计算需计算出合计数。

（1）计算12月工资应预扣预缴的个人所得税额。

（2）计算年终奖应缴纳的个人所得税额。

（3）计算劳务报酬应预扣预缴的个人所得税额。

（4）计算2019年综合所得应缴纳的个人所得税额。

（5）计算张某就2019年综合所得向主管税务机关办理汇算清缴时，应补缴的税款或申请的应退税额。

20.【综合题】（2019年）位于市区的某集团总部为增值税一般纳税人，2019年7月经营业务如下：

（1）销售一批货物，价税合计2 260万元，因购货方在两天内付款，给予现金折扣，实际收取2 100万元。

（2）向境外客户提供完全在境外消费的咨询服务，取得30万元。

（3）向境内客户提供会展服务，取得价税合计金额424万元。

（4）将一栋位于市区的办公楼对外出租，预收半年的租金价税合计105万元，该楼于2015年购入，选择简易计税方法计征增值税。

（5）购买银行非保本理财产品取得收益300万元。

（6）处置使用过的一台设备，当年采购该设备时按规定未抵扣进项税额，取得含税金额1.03万元，按购买方要求开具增值税专用发票。

（7）转让位于市区的一处厂房，取得含税金额1 040万元，该厂房2010年购入，购置价200万元，能够提供购房发票，选择简易方法计征增值税。

（8）进口一台厢式货车用于运营，关税完税价格为100万元。

（9）当期的其他进项税额如下：购进一批原材料，取得增值税专用发票注明税额180万元。发生其他无法准确划分用途的支出，取得增值税专用发票注明税额19.2万元。

（其他相关资料；销售货物的增值税税率为13%，进口厢式货车的关税税率为15%，进口业务当月取得海关进口增值税专用缴款书，上述业务涉及的相关票据均已申报抵扣。）

要求：根据上述资料，按照下列顺序计算回答问题，如有计算需计算出合计数。

（1）计算业务（1）销项税额。

（2）判断业务（2）是否需要缴纳增值税，并说明理由。

（3）计算业务（3）销项税额。

（4）计算业务（4）应缴纳的增值税额。

（5）判断业务（5）是否需要缴纳增值税，并说明理由。

（6）计算业务（6）应缴纳的增值税额。

（7）计算业务（7）应缴纳的增值税额。

（8）计算业务（8）进口厢式货车应缴纳的关税、车辆购置税和增值税税额。

（9）根据业务（9）计算当期不可抵扣的进项税额。

（10）回答主管税务机关是否有权对企业按月计算得出的不可抵扣进项税额进行调整；如果有权调整，应如何调整。

（11）计算当期应向主管税务机关缴纳的增值税额。

（12）计算当期应缴纳的城市维护建设税额和教育费附加、地方教育附加。

21.【综合题】（2019年改编）位于市区的医药行业上市公司甲为增值税一般纳税人。2020年甲企业实现营业收入100 000万元、投资收益5 100万元；发生营业成本55 000万元、税金及附加4 200万元、管理费用5 600万元、销售费用26 000万元、财务费用 2 200 万元、营业外支出 800 万元。甲企业自行计算会计利润为 11 300 万元。

2021 年 2 月甲企业进行 2020 年所得税汇算清缴时聘请了某会计师事务所进行审核，发现如下事项：

（1）5 月接受母公司捐赠的原材料用于生产应税药品，取得增值税专用发票，注明价款 1 000 万元、税款 130 万元，进项税额已抵扣，企业将 1 130 万元计入资本公积，赠与双方无协议约定。

（2）6 月采用支付手续费方式委托乙公司销售药品，不含税价格为 3 000 万元，成本为 2 500 万元，药品已经发出；截至 2020 年 12 月 31 日未收到代销清单，甲企业未对该业务进行增值税和企业所得税相应处理。

（3）投资收益中包含直接投资居民企业分回的股息 4 000 万元、转让成本法核算的非上市公司股权的收益 1 100 万元。

（4）9 月份对甲企业 50 名高管授予限制性股票，约定服务期满 1 年后每人可按 6 元/股购买 1 000 股股票，授予日股票公允价格为 10 元/股。12 月 31 日甲企业根据企业会计准则进行如下会计处理：

借：管理费用　　　　500 000

　　贷：资本公积　　　　500 000

（5）成本费用中含实际发放员工工资 25 000 万元；另根据合同约定支付给劳务派遣公司 800 万元，由其发放派遣人员工资。

（6）成本费用中含发生职工福利费 1 000 万元、职工教育经费 2 200 万元、拨缴工会经费 400 万元，工会经费取得相关收据。

（7）境内自行研发产生的研发费用为 2 400 万元；委托关联企业进行研发，支付研发费用 1 600 万元，已经收到关联企业关于研发费用的支出明细报告。

（8）发生广告费和业务宣传费 22 000 万元，业务招待费 600 万元。

（其他相关资料：2020 年各月月末“应交税费——应交增值税”科目均无借方余额。）

要求：根据上述资料，按照下列顺序计算回答问题，如有计算需计算出合计数。

（1）回答业务（1）中计入资本公积的处理是否正确并说明理由。

（2）业务（2）中企业增值税和所得税处理是否正确并说明理由。

（3）计算业务（2）应调整的增值税应纳税额、城市维护建设税额、教育费附加及地方教育附加。

（4）计算业务（3）应调整的企业所得税应纳税所得额。

（5）计算业务（4）应调整的企业所得税应纳税所得额。

（6）回答支付给劳务派遣公司的费用能否计入企业的工资薪金总额基数并说明理由。

（7）计算职工福利费、职工教育经费、工会经费应调整的企业所得税应纳税所得额。

（8）回答委托研发产生的研发费用能否加计扣除，并计算研发费用应调整的企业所得税应纳税所得额。

（9）计算广告和业务宣传费应调整的企业所得税应纳税所得额。

（10）计算业务招待费应调整的企业所得税应纳税所得额。

（11）计算调整后的会计利润（不考虑税收滞纳金）。

（12）计算应缴纳的企业所得税额。

22.【综合题】（2019 年改编）位于县城的中药生产企业甲为上市公司（以下简称“甲企业”），是增值税一般纳税人。

2020年甲企业实现营业收入86 000万元，投资收益4 000万元，发生营业成本43 000万元，税金及附加2 200万元，管理费用4 600万元，销售费用28 000万元，财务费用1 200万元，营业外支出800万元。甲企业自行计算当年实现利润10 200万元。

2021年2月甲企业进行2020年所得税汇算清缴时聘请了某会计师事务所进行审核，发现如下事项：

（1）6月将一批自产药品分配给股东，该药品的成本为300万元，市场不含税销售价格为450万元，企业未作任何账务处理。

（2）11月份采用预收款方式销售药品，该药品成本1 000万元，市场不含税销售价格1 300万元；协议约定的发货时间为2021年1月，截至2020年底未发货。甲企业收到预收款即确认销售收入并结转成本，未开具增值税发票，增值税未缴纳。

（3）持有乙公司10%股权，11月底全部转让，转让收入2 000万元，该股权取得成本为1 200万元，截至11月底乙公司账面累计未分配利润300万元，甲企业以770万元计入投资收益。

（4）9月份对60名高管授予股票期权，约定2021年业绩增长达到20%后每人可以8.5元/股价格购买2 000股公司股票，授予日股票公允价格为9元/股，12月31日甲企业按照企业会计准则进行如下会计处理：

借：管理费用　　1 080 000

　贷：资本公积——其他资本公积

　　　　　　　1 080 000

（5）成本费用中含实际发放职工工资15 000万元，按照合同约定直接给接受派遣的生产车间员工工资800万元。

（6）成本费用中含发生职工福利费1 000万元、职工教育经费1 280万元；拨缴工会经费320万元，已经取得相关收据。

（7）自行研发产生费用2 400万元，受关联方委托进行研发，收取研发费用1 000万元。

（8）发生广告费和业务宣传费25 000万元，业务招待费500万元。

（其他相关资料：2020年各月月末“应交税费——应交增值税”科目均无借方余额。）

要求：根据上述资料，按照下列顺序计算回答问题，如有计算需计算出合计数。

（1）计算业务（1）应缴纳的增值税税额、城市维护建设税税额、教育费附加及地方教育附加。

（2）计算业务（1）应调整的会计利润。

（3）业务（2）处理是否正确，如错误，计算应调整的会计利润。

（4）业务（3）处理是否正确，如错误，计算应调整的会计利润。

（5）业务（4）应调整的企业所得税应纳税所得额。

（6）支付给劳务派遣人员的工资能否计入企业的工资薪金总额基数，请说明原因。

（7）计算职工福利费、职工教育经费、工会经费应调整的企业所得税应纳税所得额。

（8）回答收取受托研发的研发费用能否税前扣除，并计算研发费用应调整的企业所得税应纳税所得额。

（9）计算广告费和业务宣传费应调整的企业所得税应纳税所得额。

（10）计算业务招待费应调整的企业所得税应纳税所得额。

（11）计算调整后的会计利润。

（12）计算应缴纳的企业所得税。

23.【计算问答题】（2018年）某药厂

2018 年 7 月 1 日转让其位于市区的一栋办公楼，取得不含增值税销售收入 24 000 万元。2010 年建造该办公楼时，为取得土地使用权支付金额 6 000 万元，发生建造成本 8 000 万元。转让时经政府批准的房地产评估机构评估后，确定该办公楼的重置成本价为 16 000 万元，成新度折扣率为 60%，允许扣除的有关税金及附加 1 356 万元。

要求：根据上述资料，按照下列序号回答问题，如有计算需计算出合计数。

（1）回答药厂办理土地增值税纳税申报的期限。

（2）计算土地增值税时该企业办公楼的评估价格。

（3）计算土地增值税时允许扣除项目金额的合计数。

（4）计算转让办公楼应缴纳的土地增值税。

24.【计算问答题】（2018 年改编）王某为某企业员工，2019 年发生了如下经济行为：

（1）单位依照国家标准为王某办理了企业年金并缴费 800 元。

（2）年初取得该企业年金计划分配的上年投资收益 2 000 元，王某将该部分收益存入年金个人账户。

（3）购买福利彩票中奖 100 万元。

（4）取得持有期满两年的某 A 股股票分红 6 000 元，另取得持股期 6 个月的另一 A 股股票分红 8 000 元。

要求：根据上述资料，按照下列序号回答问题，如有计算需计算出合计数。

（1）回答单位为王某缴纳的企业年金是否应在当期缴纳个人所得税并说明理由。

（2）回答王某取得上年企业年金投资收益时是否应在当期缴纳个人所得税并说明理由。

（3）计算王某取得的彩票中奖收入应缴纳的个人所得税。

（4）计算王某取得的股票分红收入应缴纳的个人所得税。

25.【计算问答题】（2018 年改编）张某为我国居民个人，2019 年发生以下经济行为：

（1）取得境外某企业支付的利息 10 万元，该项收入境外纳税 1 万元并取得境外税务机关开具的完税凭证，已知该国与我国之间尚未签订税收协定，张某当年无其他境外收入。

（2）以市场价 200 万元转让 2009 年购入的家庭唯一普通商品住房，原值 60 万元，转让过程中缴纳税费 0.6 万元。

（3）拍卖自己的文字作品手稿原件，取得收入 8 000 元。

要求：根据上述资料，按照下列序号回答问题，如有计算需计算出合计数。

（1）判断张某取得的利息境外所纳税款是否能在本纳税年度足额抵扣并说明理由。

（2）计算张某从境外取得的利息在我国应补缴的个人所得税。

（3）判断张某转让住房是否应缴纳个人所得税并说明理由。

（4）说明张某取得的拍卖收入缴纳个人所得税时适用的所得项目和预扣率。

（5）计算张某取得的拍卖收入应预扣预缴的个人所得税。

26.【计算问答题】（2018 年改编）甲酒厂为增值税一般纳税人，主要经营粮食白酒的生产与销售，2019 年 6 月发生下列业务：

（1）以自产的 10 吨 A 类白酒换入乙企业的蒸汽酿酒设备，取得乙企业开具的增值税专用发票上注明价款 20 万元，增值税 2.6 万元。已知该批白酒的生产成本为 1

万元/吨，不含增值税平均销售价格为2万元/吨，不含增值税最高销售价格为2.5万元/吨。

（2）移送50吨B类白酒给自设非独立核算门市部，不含增值税售价为1.5万元/吨，门市部对外不含增值税售价为3万元/吨。

（3）受丙企业委托加工20吨粮食白酒，双方约定由丙企业提供原材料，成本为30万元，开具增值税专用发票上注明的加工费8万元、增值税1.04万元。甲酒厂同类产品售价为2.75万元/吨。

（其他相关资料：白酒消费税税率为20%加0.5元/500克，粮食白酒成本利润率为10%。）

要求：根据上述资料，按照下列序号回答问题，如有计算需计算出合计数。

（1）简要说明税务机关应核定白酒消费税最低计税价格的两种情况。

（2）计算业务（1）应缴纳的消费税税额。

（3）计算业务（2）应缴纳的消费税税额。

（4）说明业务（3）的消费税纳税义务人和计税依据。

（5）计算业务（3）应缴纳的消费税税额。

27.【计算问答题】（2018年改编）甲厂为增值税一般纳税人，主要经营实木地板的生产，2019年6月发生下列业务：

（1）委托乙厂加工一批白坯板，甲厂提供的原木成本为1 000万元，取得的增值税专用发票上注明的加工费400万元、增值税52万元。甲厂收回白坯板后全部对外销售，取得不含税销售额2 500万元。乙厂未代收代缴消费税。

（2）采取分期收款方式销售一批实木地板，合同约定不含税销售额共计1 500万元。本月按合同约定已收取40%货款，其余货款下月20日收取。

（3）外购一批实木素板，取得的增值税专用发票上注明的价款1 000万元、增值税130万元。当月期初库存外购素板金额为500万元，期末库存外购素板金额为200万元。当期领用素板用于加工漆饰地板。

（其他相关资料：实木地板消费税税率为5%。）

要求：根据上述资料，按照下列序号回答问题，如有计算需计算出合计数。

（1）简要说明税法意义上委托加工应税消费品的含义。

（2）回答业务（1）中乙厂未履行代收代缴消费税义务应承担的法律责任。

（3）计算业务（1）甲厂应补缴的消费税税额。

（4）计算业务（2）甲厂应缴纳的消费税税额。

（5）根据业务（3）计算甲厂当月可扣除的消费税税额。

28.【综合题】（2018年改编）某制造企业为增值税一般纳税人，被认定为高新技术企业。其2020年度的生产经营情况如下：

（1）当年销售货物实现销售收入8 000万元，对应的成本为5 100万元。

（2）12月购入专门用于研发的新设备，取得增值税普通发票上注明的金额为600万元，当月投入使用。会计上作为固定资产核算并按照5年计提折旧。

（3）通过其他业务收入核算转让5年以上非独占许可使用权收入700万元，与之相应的成本及税费为100万元。

（4）当年发生管理费用800万元，其中含新产品研究开发费用400万元（已独立核算管理）、业务招待费80万元。

（5）当年发生销售费用 1 800 万元，其中含广告费 1 500 万元。

（6）当年发生财务费用 200 万元。

（7）取得国债利息收入 150 万元，企业债券利息收入 280 万元。

（8）全年计入成本、费用的实发合理工资总额 400 万元（含残疾职工工资 50 万元），实际发生职工福利费 120 万元，职工教育经费 33 万元，拨缴工会经费 18 万元。

（9）当年发生营业外支出共计 130 万元，其中违约金 5 万元，税收滞纳金 7 万元，补缴高管个人所得税 15 万元。

（10）当年税金及附加科目共列支 200 万元。

（其他相关资料：各扣除项目均已取得有效凭证，相关优惠已办理必要手续。）

要求：根据上述资料，按照下列顺序计算回答问题，如有计算需计算出合计数。

（1）判断 12 月份购进新设备的成本能否一次性税前列支并说明理由。

（2）计算当年的会计利润。

（3）计算业务（3）中转让非独占许可使用权应纳税所得额调整金额。

（4）计算业务（4）中研究开发费及业务招待费应纳税所得额调整金额。

（5）计算业务（5）中广告费应纳税所得额调整金额。

（6）计算业务（7）涉及的应纳税所得额调整金额。

（7）计算业务（8）中工资、职工福利费、工会经费、职工教育经费应纳税所得额调整金额。

（8）计算业务（9）涉及的应纳税所得额调整金额。

（9）计算当年该企业的企业所得税应纳税所得额。

（10）计算当年该企业应缴纳的企业所得税。

29.【综合题】（2018 年改编）位于某县城的甲设备生产企业为增值税一般纳税人，2020 年 6 月经营业务如下：

（1）销售设备一批，合同约定不含税价款 690 万元，按合同约定本月底收取货款的 50%，下个月底收取余下的 50%，本月尚未收到货款；采取直接收款方式销售设备，取得价税合计金额 550 万元；以预收货款的方式销售设备，取得预收款 350 万元，设备尚未发出。

（2）购进生产用原材料，取得增值税专用发票上注明的价款 420 万元、税额 54.6 万元，支付桥、闸通行费，取得通行费发票上注明的收费金额 8 000 元。

（3）购进建筑材料一批，用于新建生产车间，取得增值税专用发票上注明的价款 85 万元、税额 11.05 万元。支付与贷款直接相关的手续费，取得增值税专用发票注明价款 8 000 元、税额 480 元。

（4）从境外乙公司进口一台检测仪器，关税完税价格 130 万元人民币，取得海关进口增值税专用缴款书，乙公司派技术人员为甲企业提供技术培训，收取相关费用服务费为 4.5 万元人民币，乙公司境内未设有经营机构，甲企业已代扣代缴相应税款并取得完税凭证。

（5）将生产出的新型设备投资于丙公司，该设备无同类产品市场价，生产成本为 450 万元。

（6）进口 1 辆小汽车用于管理部门使用，小汽车关税完税价格 3 万元人民币。

（7）购进两辆货车，取得机动车销售统一发票上注明的价款 24 万元、税额 3.12 万元，其中一辆用于生产经营，另一辆既用于生产经营，同时也为职工食堂提供运输服务。

（其他相关资料：购销货物增值税税率为 13%，成本利润率为 10%，进口小汽车关税税率为25%，消费税税率为40%，进口检测仪器关税税率为8%。涉及相关票据均已经过确认，上期无留抵税额。）

要求：根据上述资料，按照下列顺序计算回答问题，如有计算需计算出合计数。

（1）计算业务（1）当月的销项税额。

（2）计算业务（2）当月的进项税额。

（3）判断业务（3）的进项税额是否准予抵扣，如果准予扣除，计算当期准予抵扣的进项税额。

（4）计算业务（4）进口环节缴纳的增值税额和代扣代缴的增值税额。

（5）计算业务（5）当月的销项税额。

（6）计算业务（6）应缴纳的进口环节的增值税额和消费税额。

（7）计算业务（7）准予抵扣的进项税额。

（8）计算当月的销项税额。

（9）计算当月可以抵扣的进项税额。

（10）计算当月的应纳增值税税额。

（11）计算当月的城建税税额。

（12）计算当月教育费附加和地方教育附加的合计数。

（13）计算当月应该缴纳的车辆购置税。

30.【综合题】（2018年改编）某市一家进出口公司为增值税一般纳税人，2020年7月发生以下业务：

（1）从国外进口中档护肤品一批，该批货物在国外的买价为200万元人民币，由进出口公司支付的购货佣金为10万元人民币，运抵我国海关卸货前发生的运输费为30万元人民币，保险费无法确定。该批货物已报关，取得海关开具的增值税专用缴款书。

（2）从境内某服装公司采购服装一批，增值税专用发票上注明的价款和税金分别为80万元和10.4万元。当月将该批服装全部出口，离岸价格为150万元人民币。

（3）将2017年购置的一处位于外省的房产出租，取得收入（含增值税）109万元。

（4）在公司所在地购置房产一处，会计上按固定资产核算，取得的增值税专用发票上注明的价款和税金分别为1 500万元和135万元。

（5）从某境外公司承租仪器一台，支付租金（含增值税）169.5万元人民币。该境外公司所属国未与我国签订税收协定，且未在我国设有经营机构，也未派人前来我国。

（6）当月将业务（1）购进的护肤品98%销售，取得不含增值税的销售收入300万元，2%作为本公司职工的福利并发放。

（其他相关资料：销售货物、提供有形动产租赁的增值税税率为13%，出口的退税率为13%，不动产租赁的增值税税率为9%，进口护肤品的关税税率为10%，期初留抵税额为0，相关票据均已比对认证。）

要求：根据上述资料，按照下列顺序计算回答问题，如有计算需计算出合计数。

（1）计算业务（1）应缴纳的进口关税。

（2）计算业务（1）应缴纳的进口环节增值税。

（3）计算业务（2）的出口退税额。

（4）计算业务（3）在不动产所在地应预缴的增值税和应预缴的城市维护建设税。

（5）计算业务（4）当月允许抵扣的进项税额。

（6）计算业务（5）应扣缴的增值税。

（7）计算业务（5）应扣缴的企业所得税。

（8）计算业务（6）的增值税销项

税额。

（9）计算当月允许抵扣的进项税额。

（10）计算当月合计缴纳的增值税（不含预缴或扣缴的增值税）。

31.【计算问答题】（2017年）甲礼花厂2017年6月发生如下业务：

（1）委托乙厂加工一批焰火，甲厂提供原材料成本为37.5万元，当月乙厂将加工完毕的焰火交付甲厂，开具增值税专用发票注明收取加工费5万元。

（2）将委托加工收回的焰火60%用于销售，取得不含税销售额38万元，将其余的40%用于连续生产A型组合焰火。

（3）将生产的A型组合焰火的80%以分期收款方式对外销售，合同约定不含税销售额36万元，6月28日收取货款的70%，7月28日收取货款的30%。当月货款尚未收到。另将剩余的20%焰火赠送给客户。

（其他相关资料：焰火消费税税率为15%。）

要求：根据上述资料，按照下列序号回答问题，如有计算需计算出合计数。

（1）计算业务（1）中乙厂应代收代缴的消费税。

（2）判断业务（2）中用于销售的焰火是否应缴纳消费税并说明理由，如果需要缴纳，计算应缴纳的消费税。

（3）计算业务（3）中赠送客户焰火计征消费税计税依据的金额。

（4）计算业务（3）中准予扣除的已纳消费税税款。

（5）计算业务（3）应缴纳的消费税。

32.【计算问答题】（2017年）2017年4月，税务机关对某房地产开发公司开发的房产项目进行土地增值税清算。该房地产开发公司提供的资料如下：

（1）2016年6月以17 760万元拍得一宗土地使用权，并缴纳了契税。

（2）自2016年7月起，对受让土地50%的面积进行一期项目开发，发生开发成本6 000万元、管理费用200万元、销售费用400万元、银行贷款凭证显示利息支出600万元，允许扣除的有关税金及附加290万元。

（3）2017年3月该项目实现全部销售，共计取得不含税收入31 000万元。

（其他相关资料：当地适用的契税税率为5%，不考虑土地价款抵减增值税销售额的因素，该项目未预缴土地增值税。）

要求：根据上述资料，按照下列序号回答问题，如有计算需计算出合计数。

（1）简要说明房地产开发成本包含的项目。

（2）简要说明房地产开发费用的扣除标准。

（3）计算该公司清算土地增值税时允许扣除的土地使用权支付金额。

（4）计算该公司清算土地增值税时允许扣除的项目金额合计数。

（5）计算该公司清算土地增值税时应缴纳的土地增值税。

33.【综合题】（2017年改编）某市房地产集团于2020年4月发生了以下业务：

（1）集团总部取得了保本保收益型理财产品的投资收益106万元；转让了持有的某基金产品，卖出价为63.6万元，买入价为53万元。

（2）集团总部将自有资金2亿元无偿调拨给下属项目公司，向银行支付了汇款手续费530元，并取得了增值税专用发票。向银行支付了贷款利息5 300万元，取得了银行以“融资服务费”名目开具的增值税专用发票。

（3）项目公司开发写字楼项目，《建筑施工许可证》注明的开工日期为2016年

6月1日。向国外某公司支付了设计费，合同约定不含税金额为600万元。向总包单位（增值税一般纳税人）支付了施工服务费，取得增值税专用发票中注明的价款为1 000万元。

（4）据相关部门预测，截至2020年12月31日，写字楼项目价税合计销售收入为11.1亿元，建筑安装成本为5亿元、设计及测绘费成本为1亿元（均不含增值税、供应商采用一般计税方法），向政府支付土地价款为2.22亿元。项目总可售建筑面积为9万平方米，已售建筑面积为4.5万平方米。

（5）项目公司还开发了一住宅项目（与项目公司所在地不为同一县），住宅项目采用简易计税方法，当期取得预售收入价税合计8 400万元。营销团队为了促销随机送出2 000台便携式风扇，其市场平均售价和实际采购价格均为5.65元/台，购进时取得的增值税专用发票注明不含税价款为1万元。

（6）项目公司采购了一套会议系统设备，取得了增值税专用发票。财务人员认为设备共用于写字楼项目和住宅项目，需要作为“当期无法划分的全部税额”，按规定进行进项税额转出。

（其他相关资料：集团公司及项目公司均位于某市区，均为增值税一般纳税人，代扣代缴手续在当月完成。）

要求：根据上述资料，按照下列顺序计算回答问题，如有计算需计算出合计数。

（1）计算集团总部在业务（1）中的销项税额。

（2）判断集团总部在业务（2）中的行为是否属于“统借统还”，应如何缴纳增值税？

（3）计算集团总部在业务（2）中的进项税额，需列示计算过程并说明理由。

（4）计算项目公司在业务（3）中应代扣代缴的增值税。

（5）计算项目公司在业务（3）中可以抵扣的进项税额。

（6）完成业务（4）中截至2020年12月31日的写字楼项目的增值税税负测算。

（7）计算项目公司在业务（5）中的当期可以抵扣的进项税额。

（8）计算项目公司在业务（5）中需要在项目所在地预缴的增值税额以及在机构所在地需要缴纳的增值税额。

（9）指出业务（6）中对于会议系统设备的增值税处理方法是否正确，如错误，说明应如何处理。

34.【计算问答题】（2016年）我国居民企业甲在境外进行了投资，相关投资架构及持股比例如下图：

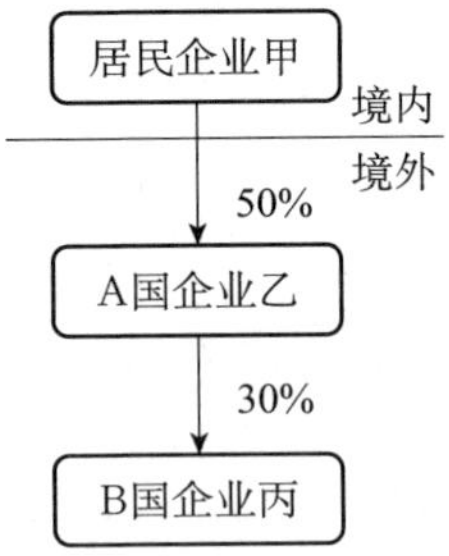

2015年经营及分配状况如下：

（1）B国企业所得税税率为30%，预提所得税税率为12%，丙企业应纳税所得总额800万元，丙企业将部分税后利润按持股比例进行了分配。

（2）A国企业所得税税率为20%，预提所得税税率为10%，乙企业应纳税所得总额（该应纳税所得总额已包含投资收益还原计算的间接税款）1 000万元，其中来自丙企业的投资收益100万元，按照12%的税率缴纳B国预提所得税12万元；乙企业在A国享受税收抵免后实际缴纳税款180万元，乙企业将全部税后利润按持股比例进行了分配。

（3）居民企业甲适用的企业所得税税率为25%，其来自境内的应纳税所得额为2 400万元。

要求：根据上述资料，按照下列序号回答问题，如有计算需计算出合计数。

（1）简述居民企业可适用境外所得税收抵免的税额范围。

（2）判断企业丙分回企业甲的投资收益能否适用间接抵免优惠政策并说明理由。

（3）判断企业乙分回企业甲的投资收益能否适用间接抵免优惠政策并说明理由。

（4）计算企业乙所纳税额属于由企业甲负担的税额。

（5）计算企业甲取得来源于企业乙投资收益的抵免限额。

（6）计算企业甲取得来源于企业乙投资收益的实际抵免额。

35.【综合题】（2016年改编）某市服装生产企业，为增值税一般纳税人。2020年度取得销售收入40 000万元、投资收益200万元，资产处置收益800万元，发生销售成本28 900万元、税金及附加1 800万元、管理费用3 500万元、销售费用4 200万元、财务费用1 300万元，营业外支出200万元。企业自行计算实现年度利润总额1 100万元。

2021年初聘请某会计师事务所进行审核，发现以下问题：

（1）收入、成本中包含转让旧办公楼（2014年自建）合同记载的收入1 300万元、成本700万元（其中土地价款200万元），但未缴纳转让环节的相关税费。经评估机构评估该办公楼的重置成本为1 600万元，成新度折扣率5成。

（2）8月中旬购买安全生产专用设备（属于企业所得税优惠目录规定范围）一台，取得增值税专用发票注明金额600万元、进项税额78万元，当月投入使用，企业将其费用一次性计入了成本扣除。

（3）接受非股东单位捐赠原材料一批，取得增值税专用发票注明金额30万元、进项税额3.9万元，直接记入了“资本公积”账户核算。

（4）管理费用中含业务招待费用130万元。

（5）成本、费用中含实发工资总额1 200万元、职工福利费180万元、职工工会经费28万元、职工教育经费40万元。

（6）投资收益中含转让国债收益85万元，该国债购入面值72万元，发行期限3年，年利率5%，转让时持有天数为700天。

（7）营业外支出中含通过当地环保部门向环保设施建设捐款180万元并取得合法票据。

（其他相关资料：假设税法规定安全专用设备折旧年限为10年，不考虑残值；城市维护建设税税率7%；产权转移书据印花税税率0.5‰。）

要求：根据上述资料，按照下列顺序计算回答问题，如有计算需计算出合计数。

（1）计算旧办公楼销售环节应缴纳的增值税、城市维护建设税、教育费附加、地方教育附加、印花税和土地增值税。

（2）计算专用设备投入使用当年应计提的折旧费用。

（3）计算该企业2020年度的会计利润总额。

（4）计算业务招待费应调整的应纳税所得额。

（5）计算职工福利费、职工工会经费、职工教育经费应调整的应纳税所得额。

（6）计算转让国债应调整的应纳税所得额。

（7）计算公益性捐赠应调整的应纳税所得额。

（8）计算该企业2020年度的应纳税所得额。

（9）计算该企业2020年度应缴纳的企业所得税。

36.【综合题】（2016年改编）位于市区的某动漫软件公司为增值税一般纳税人，2020年7月经营业务如下：

（1）进口一台机器设备，国外买价折合人民币640 000元，运抵我国入关地前支付的运费折合人民币42 000元、保险费折合人民币38 000元，入关后运抵企业所在地，取得运输公司开具的增值税专用发票，注明运费17 600元，税额1 584元。

（2）支付给境外某公司特许权使用费，扣缴相应税款并取得税收缴款凭证，合同约定的特许权使用费的金额为人民币1 000 000元（含按税法规定应由该动漫软件公司代扣代缴的税款）。

（3）购进一辆小汽车自用，取得的税控机动车销售统一发票上注明车辆金额为200 000元，税额26 000元。

（4）支付公司员工工资300 000元，支付办公用矿泉水水费，取得增值税专用发票，发票注明金额5 000元、税额650元。

（5）将某业务单元的实物资产以及相关联的债权、负债和劳动力一并转出，收取转让款5 000 000元。

（6）销售自行开发的动漫软件，取得不含税销售额4 000 000元，销售额中有800 000元尚未开具发票。

（其他相关资料：进口机器设备关税税率为12%，涉及的相关票据均已确认，期初留抵税额为0。）

要求：根据上述资料，按照下列顺序计算回答问题。

（1）计算业务（1）应缴纳的进口关税。

（2）计算业务（1）应缴纳的进口环节增值税。

（3）计算业务（2）应代扣代缴的增值税。

（4）计算业务（2）应代扣代缴的预提所得税。

（5）计算当月增值税进项税额。

（6）计算当月增值税销项税额。

（7）计算享受“即征即退”政策后实际缴纳的增值税税款。

（8）计算该公司应缴纳的车辆购置税。

跨章节主观题答案及解析

1.【答案】

（1）纳税人采取预收货款结算方式的，为发出应税消费品的当天。

业务（1）应纳税额 = 18 × 80 × 3% = 43.2（万元）

（2）纳税人用于换取生产资料和消费资料，投资入股和抵偿债务等方面的应税消费品，应当以纳税人同类应税消费品的最高销售价格作为计税依据计算消费税。本题是用于奖励，应按照平均售价作为计征消费税的计税依据，因此业务（2）应纳税额 = 19 × 10 × 3% = 5.7（万元）。

（3）生产企业委托外贸企业代理出口自产的应税消费品，免征消费税但不退还消费税。因此业务（3）不享受消费税退税，但可以享受增值税退税。

（4）业务（4）能申请退还消费税，应退税款 $=25\times50\times5\%=62.5$（万元）。

需要提供开具的红字增值税发票、退税证明等资料交主管税务机关备案，主管税务机关核对无误后办理退税。

2.【答案】

（1）该公司6月应缴纳消费税 $=[300+22.6\div(1+13\%)]\times15\%-50\times15\%=40.5$（万元）

【提示】纳税人用外购或委托加工收回的已税消费品连续生产应税消费品，在准予扣除的范围内允许按生产领用数量计算扣除外购或委托加工收回应税消费品的已纳消费税。

（2）税务机关可责令限期缴纳；税务机关除责令限期缴纳外，可加收滞纳金，滞纳金从滞纳税款之日起计算，滞纳金应按日加收滞纳税款的万分之五。

（3）逾期仍未缴纳的，经县以上税务局（分局）局长批准，税务机关可以采取强制执行措施，强制执行措施为扣押银行存款或拍卖财产抵缴税款和滞纳金。

3.【答案】

（1）选择享受住房租金专项附加扣除对自己更有利。

住房租金专项附加扣除标准每月1 500元 > 住房贷款利息专项附加扣除标准每月1 000元，因此选择享受住房租金专项附加扣除对自己更有利。

（2）综合所得应纳税所得额 $=10\ 000\times12-60\ 000-2\ 500\times12-1\ 500\times12=12\ 000$（元）

综合所得应缴纳个人所得税 $=12\ 000\times3\%-0=360$（元）

（3）年终奖按12个月分摊后，每月的奖金 $=30\ 000\div12=2\ 500$（元），适用3%的税率，速算扣除数为0，因此年终奖应纳所得税额 $=30\ 000\times3\%-0=900$（元）

（4）选择单独计税更有利。

单独计税，当年综合所得应纳所得税额 $=360+900=1\ 260$（元）

合并计税，当年度综合所得应纳税所得额 $=12\ 000+30\ 000=42\ 000$（元）

当年度综合所得应纳所得税额 $=42\ 000\times10\%-2\ 520=1\ 680$（元）

4.【答案】

（1）N公司应代扣代缴的增值税 $=636\div(1+6\%)\times6\%=36$（万元）

N公司应缴纳的预提所得税 $=636\div(1+6\%)\times7\%=42$（万元）

（2）非居民企业通过实施不具有合理商业目的的安排，间接转让中国居民企业股权，规避企业所得税纳税义务的，应该重新定性该间接转让交易，确定为直接转让中国居民企业股权。

相关资料包括：股权转让合同或协议，股权转让前后的企业股权架构图，境外企业及直接或间接持有中国应税财产的下属企业上两个年度财务、会计报表。间接转让中国应税财产交易不适用重新定性间接转让的理由。

5.【答案】

（1）业务（1）甲企业未缴纳房产税错误。理由：纳税人因房屋大修导致连续停用半年以上的，在房屋大修期间免征房产税。甲企业房屋改建时间为5个月，应照常缴纳房产税。

业务（1）应缴纳的房产税 $=4\ 000\times(1-30\%)\times1.2\%\div12\times5+(4\ 000+500)\times(1-30\%)\times1.2\%\div12\times7=14+22.05=36.05$（万元）

业务（1）应调减企业所得税应纳税所得额 $=36.05$ 万元

（2）研发费用税前加计扣除范围包

括：人员人工费用；直接投入费用；折旧费用；无形资产摊销费用；新产品设计费、新工艺规程制定、新药研制的临床试验、勘探开发技术的现场试验费及其他相关费用。

业务（2）研发费用应调减应纳税所得额 =（5 000 + 300 + 400）× 75% = 4 275（万元）

（3）业务（3）应缴纳的印花税 =（1 000 - 800）× 0.3‰ = 0.06（万元）

业务（3）应调减企业所得税应纳税所得额 = 0.06 万元

（4）业务（4）处理正确。

软件企业实际税负超 3% 的部分即征即退增值税属于企业所得税中国务院规定的其他不征税收入，其他不征税收入是指企业取得的，由国务院财政、税务主管部门规定专项用途并经国务院批准的财政性资金。

财政性资金，是指企业取得的来源于政府及其有关部门的财政补助、补贴、贷款贴息，以及其他各类财政专项资金，包括直接减免的增值税和即征即退、先征后退、先征后返的各种税收，但不包括企业按规定取得的出口退税款。

业务（4）应调减企业所得税应纳税所得额 = 800 万元

（5）业务（5）应调增企业所得税应纳税所得额 = 0.1 万元

【提示】企业购买的股票作为交易性金融资产发生的交易费用，在会计处理上作为投资收益处理正确。但税法上该费用应增加投资资产的成本。

（6）企业实际支付给关联方的利息支出，不超过规定比例和税法规定计算的部分，准予扣除。

业务（6）应调增企业所得税应纳税所得额 = 200 - 2 × 1 000 × 6% = 80（万元）

（7）职工福利费限额 = 21 000 × 14% = 2 940（万元），实际发生职工福利费 4 000 万元，超过限额，调增应纳税所得额 = 4 000 - 2 940 = 1 060（万元）。

职工教育经费限额 = 21 000 × 8% = 1 680（万元），实际发生职工教育经费 = 3 000 - 2 000 = 1 000（万元），未超过限额，不需要调整。软件生产企业发生的职工教育经费中的职工培训费用，可以全额在企业所得税税前扣除。

工会经费扣除限额 = 21 000 × 2% = 420（万元），实际拨缴工会经费 400 万元，未超过限额，不需要调整。

（8）业务招待费限额 1 = 85 000 × 5‰ = 425（万元）；业务招待费限额 2 = 1 000 × 60% = 600（万元），实际发生 1 000 万元，超过限额，调增应纳税所得额 = 1 000 - 425 = 575（万元）。

（9）营业外支出应调增应纳税所得额 600 万元。

（10）应纳税所得额 = 32 300 - 36.5 - 4 275 - 0.06 - 800 + 0.1 + 80 + 1 060 + 575 = 28 903.54（万元）

甲企业应缴纳企业所得税 = 28 903.54 × 25% = 7 225.89（万元）

6. **【答案】**

（1）业务（1）的销项税额 = 954 ÷（1 + 6%）× 6% = 54（万元）

（2）业务（2）应缴纳的增值税 =（515 - 200）÷（1 + 5%）× 5% = 15（万元）

（3）存款利息收入不征收增值税，业务（3）不需要缴纳增值税

（4）业务（4）应缴纳的车辆购置税 = 39.55 ÷（1 + 13%）× 10% = 3.5（万元）

业务（4）2021 年应缴纳的车船税 = 480 ÷ 12 × 8 = 320（元）

（5）向境外单位提供广告投放地在境外的广告服务免征增值税。业务（5）不

需要缴纳增值税。

（6）业务（6）可以抵扣进项税额。与单位签订了劳动合同的员工发生的国内旅客运输服务，取得注明旅客身份信息航空电子行程单的，可以扣除进项税额。

（7）5月可抵扣进项税额 = 39.55 ÷（1 + 13%）× 13% +（4.8 + 0.65）÷（1 + 9%）× 9% + 24 = 29（万元）

【提示】取得注明旅客身份信息的航空运输电子客票行程单的，为按照下列公式计算的进项税额：航空旅客运输进项税额 =（票价 + 燃油附加费）÷（1 + 9%）× 9%。

（8）5月应缴纳的增值税 = 54 + 15 − 29 − 2.9 = 40（万元）

（9）5月应缴纳的城市维护建设税 = 40 × 7% = 2.8（万元）

5月应缴纳的教育费附加 = 40 × 3% = 1.2（万元）

5月应缴纳的地方教育附加 = 40 × 2% = 0.8（万元）

5月应缴纳的城市维护建设税、教育费附加和地方教育费附加合计 = 2.8 + 1.2 + 0.8 = 4.8（万元）

7. **【答案】**

（1）该企业领用外购半成品可扣除的消费税税额 = 300 × 15% × 40% = 18（万元）

（2）不得抵扣进项税额。根据税法规定，因管理不善造成货物被盗、丢失、霉烂变质，以及因违反法律法规造成货物或者不动产被依法没收、销毁、拆除的情形，属于非正常损失，对应的进项税额不得抵扣。不得抵扣的进项税额 = 39 × 60% = 23.4（万元）。

（4）该企业当月应缴纳的消费税 = 452 ÷（1 + 13%）× 15% − 18 = 42（万元）

（5）该企业当月应缴纳的城市维护建设税 =（33.8 + 4）× 5% = 3.79（万元）

8. **【答案】**

（1）业务（1）甲公司应缴纳的消费税 = 350 × 4% + 200 × 80% × 4% = 20.4（万元）

【提示】①纳税人采取直接收款方式销售应税消费品的，其纳税义务的发生时间为收讫销售款或者取得索取销售款凭据的当天。②纳税人采取预收货款结算方式销售应税消费品的，其纳税义务的发生时间为发出应税消费品的当天。

（2）业务（2）甲公司应缴纳的消费税 = 20 × 500 × 4% + 100 × 540 × 4% = 2 560（元）

【提示】①应税消费品用于换取生产资料、消费资料、投资入股、抵偿债务的，按照同类应税消费品的最高销售价格计算消费税。②将自产应税消费品用于馈赠、赞助、集资、职工福利、奖励的，按照同类应税消费品的平均销售价格计算消费税。

（3）业务（3）乙厂代收代缴的消费税 =（80 + 10）÷（1 − 4%）× 4% = 3.75（万元）

（4）需要缴纳消费税，委托方将委托加工的应税消费品收回后，以高于受托方的计税价格出售的，需按照规定申报缴纳消费税，在计税时准予扣除受托方已代收代缴的消费税。销售额85万元 > 计税价格（80 + 10 + 3.75）× 80% = 75（万元），应缴纳的消费税 = 85 × 4% − 75 × 4% = 0.4（万元）。

9. **【答案】**

（1）房地产开发项目全部竣工、完成销售的，纳税人应进行土地增值税的清算。

（2）允许扣除的取得土地使用权所支付的金额 = 8 000 ×（1 + 5%）= 8 400（万元）

（3）应缴纳的增值税 = 42 000 ÷（1 + 5%）× 5% = 2 000（万元）

（4）允许扣除的房地产开发费用 =

(8 400 + 15 000) × 10% = 2 340(万元)

(5) ①允许扣除的取得土地使用权所支付的金额 = 8 400 万元

②允许扣除的房地产开发成本 = 15 000(万元)

③允许扣除的房地产开发费用 = 2 340 万元

④允许扣除的税金及附加 = 240 万元

⑤加计扣除 = (8 400 + 15 000) × 20% = 4 680(万元)

允许扣除的项目合计金额 = 8 400 + 15 000 + 2 340 + 240 + 4 680 = 30 660(万元)

(6) 不含税收入 = 42 000 − 2 000 = 40 000(万元)

增值额 = 40 000 − 30 660 = 9 340(万元)

增值率 = 9 340 ÷ 30 660 × 100% = 30.46% < 50%,适用税率 30%,速算扣除系数为 0%。

应缴纳的土地增值税 = 9 340 × 30% = 2 802(万元)

应补缴的土地增值税 = 2 802 − 450 = 2 352(万元)

10. **【答案】**

(1) 从税后所得最大化出发,张某应选择享受的专项附加扣除为住房租金。

理由:张某工作地城市的住房租金扣除标准为每月 1 100 元,而住房贷款利息的扣除标准为每月 1 000 元,前者比后者节税效果更好。

(2) 出版方支付稿酬所得应预扣预缴的个人所得税款 = 20 000 × (1 − 20%) × 70% × 20% = 2 240(元)

(3) 汇算清缴时张某应纳个人所得税 = [120 000 + 20 000 × (1 − 20%) × 70% − 60 000 − 1 100 × 12] × 10% − 2 520 = 3 280(元)

张某可申请的个人所得税退税款 = 2 240 + 1 404 − 3 280 = 364(元)

(4) 办理渠道有:网上税务局(个人所得税 APP)、邮寄和办税服务厅。

11. **【答案】**

(1) 业务(1)的销项税额 = 848 ÷ (1 + 6%) × 6% = 48(万元)

(2) 业务(2)不需要缴纳增值税。

纳税人在资产重组过程中,通过合并、分立、出售、置换等方式,将全部或部分实物资产以及与其相关联的债权、负债和劳动力一并转让给其他单位和个人,不属于增值税的征税范围,不征收增值税。

(3) 可以享受增值税免税待遇。

其他个人采取一次性收取租金形式出租不动产,取得的租金收入,可在对应的租赁期内平均分摊,分摊后的月租金收入不超过 10 万元的,免征增值税。

(4) 业务(3)餐饮企业应缴纳的印花税 = 3 × 10 000 × 12 × 1‰ = 360(元)

(5) 业务(4)销项税额 = 100 × 13% = 13(万元)

【提示】接受单用途卡持卡人充值取得的预收资金,不缴纳增值税。

(6) 业务(5)的不含税销售额 = 500 000 × (10 − 6.82) ÷ 10 000 ÷ (1 + 6%) = 150(万元)

销项税额 = 150 × 6% = 9(万元)

【提示】公司首次公开发行股票并上市形成的限售股,以及上市首日至解禁日期间由上述股份孳生的送、转股,以该上市公司股票首次公开发行(IPO)的发行价为买入价。

(7) 业务(6)销项税额 = 300 × 6% = 18(万元)

【提示】连锁经营权属于无形资产——其他权益性无形资产,适用 6% 的税率。

（8）可以加计抵减的进项税额 = 40 - 3 - 2 = 35（万元）

（9）当期的销项税额 =（48 + 13 + 9 + 18）= 88（万元）

当期可抵扣的进项税额 = 40 - 3 - 2 = 35（万元）

本期计提的加计抵减额 = 35 × 15% = 5.25（万元）

当期可抵减加计抵减额 = 5.25 + 6 = 11.25（万元）

应缴纳增值税 = 88 - 35 - 5.25 - 6 = 41.75（万元）

（10）应缴纳的城建税、教育费附加和地方教育附加 = 41.75 ×（7% + 3% + 2%）= 5.01（万元）

12.【答案】

（1）业务（1）销项税额 = 636 ÷（1 + 6%）× 6% = 36（万元）

【提示】游艺属于生活服务中的旅游娱乐服务，适用增值税的税率为6%。纳税人发生应税销售行为，其纳税义务发生时间为收讫销售款项或者取得索取销售款项凭据的当天，所以收到收入即发生增值税纳税义务，需要计算销项税额。

（2）不缴纳增值税。

融资性售后回租业务中，承租方出售资产的行为不属于增值税的征税范围，不征收增值税。

（3）业务（3）销项税额 = 10 ÷（1 + 13%）× 13% = 1.15（万元）

【提示】商业折扣销售方式，销售额必须和折扣额在同一张发票的金额栏中分别标明，才可以按折后价格计算缴纳增值税。

（4）存在税务规划空间。

如果该娱乐企业以商业折扣的形式销售周边产品，将折扣额和销售额在同一张发票的金额栏中分别标明，则可以按照9万元计算缴纳增值税，此时增值税销项税额 = 9 ÷（1 + 13%）× 13% = 1.04（万元），可以节税 = 1.15 - 1.04 = 0.11（万元）。

（5）①应纳进口环节关税税额 = 70 × 15% = 10.5（万元）

②应纳进口环节消费税 =（70 + 10.5）÷（1 - 5%）× 5% = 4.24（万元）

③应纳进口环节增值税 =（70 + 10.5）÷（1 - 5%）× 13% = 11.02（万元）

④应纳进口环节车辆购置税 =（70 + 10.5）÷（1 - 5%）× 10% = 8.47（万元）

合计应纳税额 = 10.5 + 4.24 + 11.02 + 8.47 = 34.23（万元）

（6）当期可以加计抵减的进项税额 = 40 - 3 - 2 = 35（万元）

【提示】①按照现行规定不得从销项税额中抵扣的进项税额不得计提加计抵减额；②周年庆典一般为店庆促销，属于企业的经营活动，对应的进项税额准予抵扣。

（7）当期计提的加计抵减额 = 35 × 15% = 5.25（万元），当期可抵减加计抵减额 = 5.25 + 6 = 11.25（万元）。

当期应缴纳的增值税 = [36 + 1.15 -（40 - 3 - 2）] - 11.25 = -9.1（万元），当期无须缴纳增值税。

（8）可以结转下期抵减的加计抵减额为9.1万元。

抵减前的应纳税额大于零，且小于或等于当期可抵减加计抵减额的，以当期可抵减加计抵减额抵减应纳税额至零。未抵减完的当期可抵减加计抵减额，结转下期继续抵减。

13.【答案】

（1）业务（1）的销项税额 = 200 × 60% × 6% = 7.2（万元）

【提示】采取赊销和分期收款方式销售货物，增值税的纳税义务发生时间为书面合同约定的收款日期的当天，无书面合同的或者书面合同没有约定收款日期的，为货物发出的当天。

（2）业务（2）的销项税额 = 3 000 × 6% = 180（万元）

【提示】采取直接收款方式销售货物，不论货物是否发出，增值税的纳税义务发生时间均为收到销售款或者取得索取销售款凭据的当天。

（3）业务（3）该企业购买办公楼应缴纳的印花税 = 1 000 × 0.5‰ = 0.5（万元）

（4）业务（3）当期允许抵扣的进项税额 = 90 + 13 ×（1 − 20%）= 100.4（万元）

【提示】纳税人购进的货物、劳务、服务、无形资产（不包括其他权益性无形资产）和不动产专用于简易计税方法计税项目、免征增值税项目、集体福利或者个人消费的，发生兼用于这些项目的进项税额准予从销项税额中全额抵扣。纳税人租入固定资产、不动产，既用于一般计税方法计税项目，又用于简易计税方法计税项目、免征增值税项目、集体福利或者个人消费的，其进项税额准予从销项税额中全额抵扣。

（5）不属于。理由：自 2019 年 4 月 1 日起，纳税人购进国内旅客运输服务，其进项税额允许从销项税额中抵扣。所称"国内旅客运输服务"，限于与本单位签订了劳动合同的员工，以及本单位作为用工单位接受的劳务派遣员工发生的国内旅客运输服务。

【提示】如果是本单位的员工，取得注明旅客身份信息的航空运输电子客票行程单的，按照下列公式计算进项税额：航空旅客运输进项税额 =（票价 + 燃油附加费）÷（1 + 9%）× 9%

（6）取得注明旅客身份信息的铁路车票，铁路旅客运输进项税额 = 票面金额 ÷（1 + 9%）× 9%

业务（5）该企业当期允许抵扣的进项税额 = 5.995 ÷（1 + 9%）× 9% = 0.495（万元）

（7）业务（6）该企业当期允许抵扣的进项税额 = 10.6 ÷（1 + 6%）× 6% = 0.6（万元）

【提示】购进的贷款服务、餐饮服务、居民日常服务和娱乐服务，进项税额不得从销项税额中抵扣；纳税人接受贷款服务向贷款方支付的与该笔贷款直接相关的投融资顾问费、手续费、咨询费等费用，其进项税额不得从销项税额中抵扣。

（8）业务（7）该企业进口小汽车应缴纳的车辆购置税 = 44 ×（1 + 15%）÷（1 − 12%）× 10% = 5.75（万元）

（9）业务（7）该企业进口小汽车应缴纳的增值税 = 44 ×（1 + 15%）÷（1 − 12%）× 13% = 7.475（万元）

（10）该企业可抵减的加计抵减额 = 10 +（100.4 + 0.495 + 0.6 + 7.475）× 10% = 20.897（万元）

（11）该企业当期应向主管税务机关缴纳的增值税 = 7.2 + 180 −（100.4 + 0.495 + 0.6 + 7.475）− 20.897 = 57.333（万元）

（12）该企业当期应缴纳的城市维护建设税、教育费附加和地方教育附加 = 57.333 ×（5% + 3% + 2%）= 5.7333（万元）

14.**【答案】**

（1）财政性资金计入不征税收入应同时满足下列条件：

企业能够提供规定资金专项用途的资金拨付文件；财政部门或其他拨付资金的政府部门对该资金有专门的资金管理办法或具体管理要求；企业对该资金以及以该资金发生的支出单独进行核算。

（2）应调减应纳税所得额 500 万元。

（3）国债转让成本的确定方法包括先进先出法、加权平均法、个别计价法，计价方法一经选用，不得随意改变。

（4）转让未到期国债，持有期间尚未兑付的国债利息收入，免征企业所得税；应调减应纳税所得额 20 万元。

（5）接受无偿划转设备的计税基础为划出方资产净值即 2 500 万元。

【提示】 对 100% 直接控制的居民企业之间按账面净值划转股权或资产，且选择采用特殊性税务处理的，划入方企业取得被划转股权或资产的计税基础，以被划转股权或资产的原账面净值确定。

（6）会计上计提的折旧 $400\times(1-5\%)\div(5\times12)\times6=38$（万元）

业务（4）应调减应纳税所得额 $=400-38=362$（万元）

（7）企业发生支出，应取得税前扣除凭证，作为计算企业所得税应纳税所得额时扣除相关支出的依据。企业应在当年度企业所得税法规定的汇算清缴期结束前取得税前扣除凭证，未取得相关发票，不得在税前扣除，因此未取得发票的 300 万元需要纳税调增。

广告和业务宣传费限额 $=80\ 000\times30\%=24\ 000$（万元）$>7\ 000$（$7\ 300-300$）（万元）

未超过限额，7 000 万元的广告和业务宣传费可以据实扣除。

（8）职工福利费限额 $=6\ 000\times14\%=840$（万元），实际发生额 900 万元，应纳税调增 60 万元。

职工教育经费限额 $=6\ 000\times8\%=480$（万元），实际发生额 500 万元，应纳税调增 20 万元。

职工工会经费 $=6\ 000\times2\%=120$（万元），实际发生额 100 万元，可以据实扣除，无须纳税调整。

合计应纳税调增 $=60+20=80$（万元）

（9）业务招待费调整：业务招待费的限额 1：销售营业收入 $\times0.5\%=80\ 000\times0.5\%=400$（万元）；业务招待费的限额 2：实际发生额 $\times60\%=800\times60\%=480$（万元），可以税前扣除的业务招待费限额为 400 万元。

业务招待费调增应纳税所得额 $=800-400=400$（万元）

（10）金融机构借款合同缴纳印花税，非金融机构借款不用缴纳印花税。

$4\ 000\times0.05‰=0.2$（万元），应调减 0.2 万元。滞纳金不得税前扣除。

（11）$(1\ 200+1\ 800+3\ 000)-(4\ 000+2\ 000)-600=-600$（万元），2019 年企业所得税前可弥补的亏损额为 600 万元。

（12）应纳税所得额 $=600-500-20-362+300+80+400-0.2-600=4\ 897.8$（万元）

应纳税额 $=4\ 897.8\times25\%=1\ 224.45$（万元）

15. **【答案】**

（1）业务（1）的销项税额 $=(300-30)\times13\%=35.1$（万元）

【提示】 纳税人采取折扣方式销售货物，如果销售额和折扣额在同一张发票上分别注明的，可按折扣后的销售额征收增值税；如果将折扣额另开发票，不论其在财务上如何处理，均不得从销售额中减除折扣额。

（2）统借统还利息收入免征增值税。保本理财产品利息收入按照贷款服务缴纳增值税。

业务（2）的销项税额 $=10.6\div(1+6\%)\times6\%=0.6$（万元）

【提示】 统借统还业务中，企业集团或企业集团中的核心企业以及集团所属财务公司按不高于支付给金融机构的借款利率水平或者支付的债券票面利率水平，向企业集团或者集团内下属单位收取的利息，属于免税利息收入。统借方向资金使用单位收取的利息，高于支付给金融机构借款利率水平或者支付的债券票面利率水平的，应全额缴纳增值税。

（3）业务（3）不需要缴纳增值税。

【提示】转让非上市公司股权不属于增值税的征税范围，不征收增值税。

（4）业务（4）的销项税额 = 106 ÷（1 + 6%）× 6% = 6（万元）

（5）业务（5）应缴纳的增值税额 =（1 040 − 200）÷（1 + 5%）× 5% = 40（万元）

（6）业务（6）应缴纳的增值税额 = 10.3 ÷（1 + 3%）× 2% = 0.2（万元）

（7）业务（7）当期应代扣代缴的增值税额 = 20 × 6% = 1.2（万元）

【提示】由于合同约定增值税由支付方承担，因此本题中 20 万元为不含税的价格。

（8）进口厢式货车应缴纳的关税 = 40 × 3 × 15% = 18（万元）

进口厢式货车应缴纳的车辆购置税 = 40 ×（1 + 15%）× 10% = 4.6（万元）

进口厢式货车应缴纳的增值税 = 40 × 3 ×（1 + 15%）× 13% = 17.94（万元）

【提示】进口厢式货车仅有 1 辆自用，所以应按 1 辆计算缴纳车辆购置税。

进口厢式货车应缴纳的关税、车辆购置税和增值税额合计 = 18 + 4.6 + 17.94 = 40.54（万元）

（9）业务（9）当期不可抵扣的进项税额 = 22.6 × [50 +（1 040 − 40 − 200）+ 10.3 ÷（1 + 3%）] ÷ [（300 − 30）+ 50 + 10.6 ÷（1 + 6%）+ 106 ÷（1 + 6%）+（1 040 − 40 − 200）+ 10.3 ÷（1 + 3%）] = 15.67（万元）

【提示】适用一般计税方法的纳税人，兼营简易计税方法计税项目、免征增值税项目而无法划分不得抵扣的进项税额，按照下列公式计算不得抵扣的进项税额：

不得抵扣的进项税额 = 当期无法划分的全部进项税额 ×（当期简易计税方法计税项目销售额 + 免征增值税项目销售额）÷ 当期全部销售额

（10）主管税务机关有权对企业按月计算得出的不可抵扣进项税额进行调整。主管税务机关可以依据年度数据对不得抵扣的进项税额进行清算。

（11）当期应向主管税务机关缴纳的增值税额 = 35.1 + 0.6 + 6 −（22.6 − 15.67）− 17.94 + 40 + 0.2 = 57.03（万元）

（12）当期应缴纳的城市维护建设税额、教育费附加及地方教育附加合计 = 57.03 ×（7% + 3% + 2%）= 6.84（万元）

16. **【答案】**

（1）业务（1）应缴纳的消费税额 = 256 × 56% + 80 × 150 ÷ 10 000 = 144.56（万元）

（2）业务（2）当月应缴纳的消费税额 =（1 330 × 56% + 350 × 150 ÷ 10 000）× 50% = 375.03（万元）

【提示】纳税人采取赊销和分期收款结算方式的，消费税纳税义务的发生时间为书面合同约定的收款日期的当天。

（3）委托加工的应税消费品，按照受托方的同类消费品的销售价格计算纳税；没有同类消费品销售价格的，应按照组成计税价格计算纳税。

组成计税价格 =（材料成本 + 加工费）÷（1 − 比例税率）=（120 + 20 + 5）÷（1 − 30%）= 207.14（万元），业务（3）乙厂应代收代缴的消费税额 = 207.14 × 30% = 62.14（万元）。

（4）理由：委托加工的应税消费品在提取货物时已由受托方（除受托方为个人外）代收代缴了消费税，委托方将收回的应税消费品，以不高于受托方的计税价格出售的，不再缴纳消费税；委托方以高于受托方的计税价格出售的，需按照规定申报缴纳消费税，在计税时准予扣除受托方已代收代缴的消费税。

委托加工收回烟丝受托方计税价格的20% = 207.14 × 20% = 41.43（万元），对外销售20%的销售额58万元高于受托方计税价格，因此要按规定申报缴纳消费税。业务（4）应缴纳消费税 = 58 × 30% − 62.14 × 20% = 4.97（万元）。

（5）纳税人用于换取生产资料、消费资料、投资入股、抵偿债务的应税消费品，按照同类应税消费品的最高销售价格计算消费税。

业务（1）中以直接收款方式销售A牌卷烟80箱，取得销售额256万元，计算可得A牌卷烟每箱销售价格 = 256 ÷ 80 = 3.2（万元）。

业务（2）中以分期收款方式销售A牌卷烟350箱，销售额1 330万元计算，可得A牌卷烟每箱销售价格 = 256 ÷ 80 = 3.8（万元）。

因此本题中A牌卷烟每箱最高销售价格 = 1 330 ÷ 350 = 3.8（万元）。

业务（5）应缴纳的消费税额 = 90 × 3.8 × 56% + 90 × 150 ÷ 10 000 = 192.87（万元）

17.【答案】

（1）一般纳税人销售自行开发的房地产老项目，可以选择适用增值税简易计税方法。房地产老项目，是指：①《建筑工程施工许可证》注明的合同开工日期在2016年4月30日前的房地产项目；②《建筑工程施工许可证》未注明合同开工日期或者未取得《建筑工程施工许可证》但建筑工程承包合同注明的开工日期在2016年4月30日前的建筑工程项目。本项目符合第二项规定，可以选择简易计税。

（2）应纳增值税 = 42 000 ÷（1 + 5%）× 5% = 2 000（万元）

（3）允许扣除的城市维护建设税、教育费附加和地方教育附加 = 2 000 ×（5% + 3% + 2%）= 200（万元）

（4）允许扣除的取得土地使用权所支付的金额 = 10 000 ×（1 + 4%）= 10 400（万元）

允许扣除的开发成本 = 7 000万元

允许扣除的开发费用 =（10 400 + 7 000）× 10% = 1 740（万元）

（5）加计扣除 =（10 400 + 7 000）× 20% = 3 480（万元）

允许扣除项目金额的合计数 = 10 400 + 7 000 + 1 740 + 200 + 3 480 = 22 820（万元）

（6）不含税收入 = 42 000 − 2 000 = 40 000（万元）

增值额 = 40 000 − 22 820 = 17 180（万元）

增值率 = 17 180 ÷ 22 820 × 100% = 75.28%，适用税率40%，速算扣除系数为5%。

应缴纳的土地增值税额 = 17 180 × 40% − 22 820 × 5% = 5 731（万元）

18.【答案】

（1）2019年12月王某应预扣预缴的个人所得税 =（11 000 × 12 − 5 000 × 12 − 2 000 × 12 − 1 000 × 12 − 1 500 × 12 − 400 × 4）× 3% − 459 = 33（元）

【提示】学历（学位）继续教育，专项附加扣除的计算时间为在中国境内接受学历（学位）继续教育入学的当月至学历（学位）继续教育结束的当月，最长不得超过48个月。2019年9月开始攻读在职博士，当年只能扣除4个月的学历（学位）继续教育支出。

（2）48 000÷12=4 000（元），适用按月换算后的综合所得税率表，税率为10%，速算扣除数为210元，王某取得的年终奖应缴纳的个人所得税额=48 000×10%-210=4 590（元）。

【提示】居民个人取得全年一次性奖金，在2021年12月31日前，可以选择不并入当年综合所得，也可以选择并入当年综合所得，选择不并入当年综合所得，则按以下计税办法，由扣缴义务人发放时代扣代缴税款：将居民个人取得的全年一次性奖金，除以12个月，按其商数依照按月换算后的综合所得税率表确定适用税率和速算扣除数，单独计算纳税计算公式为：应纳税额=全年一次性奖金收入×适用税率-速算扣除数。在一个纳税年度内，对每一个纳税人，该计税办法只允许采用一次。自2022年1月1日起，居民个人取得全年一次性奖金，应并入当年综合所得计算缴纳个人所得税。

（3）王某取得的稿酬所得应预扣预缴的个人所得税额=20 000×（1-20%）×70%×20%=2 240（元）

（4）王某取得的2019年综合所得应缴纳的个人所得税税额=[11 000×12+20 000×（1-20%）×70%-5 000×12-2 000×12-1 000×12-1 500×12-400×4]×3%=828（元）

（5）828-459-33-2 240=-1 904（元），王某就2019年综合所得向主管税务机关办理汇算清缴时申请的应退税额为1 904元

19.【答案】

（1）12月累计预扣预缴应纳税所得额=120 000-60 000-2 000×12-1 000×12-1 000×12=12 000（元）

12月应预扣预缴税额=12 000×3%-330=360-330=30（元）

（2）年终奖应纳税额=60 000×10%-210=5 790（元）

【提示】居民个人取得全年一次性奖金，在2021年12月31日前，可以选择不并入当年综合所得，也可以选择并入当年综合所得，选择不并入当年综合所得，则按以下计税办法，由扣缴义务人发放时代扣代缴税款：将居民个人取得的全年一次性奖金，除以12个月，按其商数依照按月换算后的综合所得税率表确定适用税率和速算扣除数，单独计算纳税计算公式为：应纳税额=全年一次性奖金收入×适用税率-速算扣除数。在一个纳税年度内，对每一个纳税人，该计税办法只允许采用一次。自2022年1月1日起，居民个人取得全年一次性奖金，应并入当年综合所得计算缴纳个人所得税。

（3）劳务报酬应预扣预缴税额=20 000×（1-20%）×20%=3 200（元）

（4）2019年综合所得应纳税所得额=120 000+20 000×（1-20%）-60 000-24 000-12 000-12 000=28 000（元）

2019年综合所得应纳税额=28 000×3%=840（元）

（5）应退税额=330+30+3 200-840=2 720（元）

20.【答案】

（1）计算增值税销项税额时，现金折扣不得从销售额中减除。

业务（1）销项税额=2 260÷（1+13%）×13%=260（万元）

（2）不需要缴纳增值税。

【提示】向境外单位销售的完全在境外消费的鉴证咨询服务免征增值税。

（3）业务（3）销项税额=424÷（1+

6%）×6% =24（万元）

（4）业务（4）应缴纳的增值税额 = 105 ÷（1 +5%）×5% =5（万元）

【提示】 纳税人提供租赁服务采取预收款方式的，其纳税义务发生时间为收到预收款的当天。

（5）不需要缴纳增值税。

理由：金融商品持有期间（含到期）取得的非保本收益，不属于利息或利息性质的收入，不征收增值税。

（6）业务（6）应缴纳的增值税额 = 1.03 ÷（1 +3%）×3% =0.03（万元）

【提示】 一般纳税人销售自己使用过的不得抵扣且未抵扣进项税的固定资产，适用简易办法依照3%征收率减按2%征收增值税政策的，可以放弃减税，按照简易办法依照3%征收率缴纳增值税，并可以开具增值税专用发票。

（7）业务（7）应缴纳的增值税额 =（1 040 －200）÷（1 +5%）×5% =40（万元）

【提示】 一般纳税人转让其2016年4月30日前取得的不动产，可以选择适用简易计税方法以取得的全部价款和价外费用扣除不动产购置原价或者取得不动产时的作价后的余额为销售额。

（8）进口厢式货车应缴纳的关税 =100 ×15% =15（万元）

进口厢式货车应缴纳的车辆购置税 =（100 +15）×10% =11.5（万元）

进口厢式货车应缴纳的增值税 =（100 +15）×13% =14.95（万元）

进口厢式货车应缴纳的关税、车辆购置税和增值税合计 =15 +11.5 +14.95 = 41.45（万元）

（9）业务（9）当期不可抵扣的进项税额 =19.2 ×[30 +105 ÷（1 +5%）+1.03 ÷（1 +3%）+（1 040 －40 －200）] ÷[2 260 ÷（1 +13%）+30 +424 ÷（1 +6%）+105 ÷（1 +5%）+1.03 ÷（1 +3%）+（1 040 －40 －200）] =5.37（万元）。

（10）主管税务机关有权对企业按月计算得出的不可抵扣进项税额进行调整。主管税务机关可以依据年度数据对不得抵扣的进项税额进行清算。这是因为对于纳税人而言，进项税额转出是按月进行的，但由于年度内取得进项税额的不均衡性，有可能会造成按月计算的进项税额转出与按年度计算的进项税额转出产生差异，主管税务机关可在年度终了对纳税人进项税额转出计算公式进行清算，可对相关差异进行调整。

（11）当期应向主管税务机关缴纳的增值税额 =260 +24 －14.95 －180 －（19.2 －5.37）+5 +0.03 +40 =120.25（万元）

（12）当月应缴纳的城市维护建设税额 =120.25 ×7% =8.42（万元）

当月应缴纳的教育费附加 =120.25 ×3% =3.61（万元）

当月应缴纳的地方教育附加 =120.25 ×2% =2.41（万元）

当期应缴纳的城市维护建设税额、教育费附加及地方教育附加合计 =8.42 +3.61 +2.41 =14.44（万元）

21. **【答案】**

（1）业务（1）中计入资本公积的处理错误，因双方无协议约定为投资，不应计入资本公积，应计入营业外收入。

（2）企业增值税处理错误，所得税处理正确，委托他人代销货物，增值税的纳税义务发生时间为收到代销单位的代销清单或者收到全部或者部分货款的当天。未收到代销清单及货款的，为发出代销货物满180天的当天；销售商品采用支付手续费方式委托代销的，企业所得税的纳税义务在收到代销清单时确认收入。

(3) 调整增值税应纳税额 = 3 000 × 13% = 390（万元），调整城市维护建设税额、教育费附加及地方教育附加 = 390 ×（7% + 3% + 2%）= 46.8（万元）。

(4) 居民企业分回的投资收益属于免税收入，调减应纳税所得额 4 000 万元。

【提示】 符合条件的居民企业之间的股息、红利等权益性投资收益指居民企业直接投资于其他居民企业取得的投资收益。企业所得税法中所称股息、红利等权益性投资收益，不包括连续持有居民企业公开发行并上市流通的股票不足 12 个月取得的投资收益。

(5) 未到行权日计入管理费用的股权激励不允许在企业所得税前扣除，应调增应纳税所得额为 50 万元。

(6) 企业按照合同约定直接支付给劳务派遣公司的费用，应作为劳务费支出，不能计入企业工资薪金总额的基数。

(7) 职工福利费限额 = 25 000 × 14% = 3 500（万元），实际发生额为 1 000 万元，未超过限额，可以据实扣除，不需要纳税调整。

职工教育经费 = 25 000 × 8% = 2 000（万元），实际发生额为 2 200 万元，超过限额，应纳税调增应纳税所得额 200 万元。

工会经费 = 25 000 × 2% = 500（万元），实际发生额为 400 万元，未超过限额，可以据实扣除，不需要调整。

合计需要调增应纳税所得额 = 200 万元

(8) 委托研发产生的研发费用可以加计扣除。

应纳税调减应纳税所得额 =（2 400 + 1 600）× 75% = 3 000（万元）

(9) 广告费限额 = 100 000 × 30% = 30 000（万元），实际发生额为 22 000 万元，未超过限额，可以据实扣除，不需要调整。

(10) 业务招待费限额 1 = 100 000 × 5‰ = 500（万元）

业务招待费限额 2 = 600 × 60% = 360（万元）

可以税前扣除的业务招待费限额为 360 万元。

业务招待费应纳税调增 = 600 − 360 = 240（万元）

(11) 会计利润 = 11 300 + 1 130 − 46.8 = 12 383.2（万元）

(12) 应纳税所得额 = 12 383.2 − 4 000 + 50 + 200 − 3 000 + 240 = 5 873.2（万元）

应纳税额 = 5 873.2 × 25% = 1 468.3（万元）

22. **【答案】**

(1) 应缴纳的增值税 = 450 × 13% = 58.5（万元）

应缴纳的城建税、教育费附加和地方教育附加 = 58.5 ×（5% + 3% + 2%）= 5.85（万元）

应缴纳的增值税、城建税、教育费附加和地方教育附加合计 = 58.5 + 5.85 = 64.35（万元）

(2) 业务（1）应确认收入 450 万元，结转成本 300 万元。缴纳的城建税、教育费附加和地方教育附加 5.85 万元，准予在计算会计利润时扣除。

业务（1）应调增的会计利润 = 450 − 300 − 5.85 = 144.15（万元）

(3) 业务（2）处理不正确，2020 年药品未发出，不应确认收入，不应结转成本。

业务（2）应调减的会计利润 = 1 300 − 1 000 = 300（万元）

(3) 业务（3）处理不正确，股权转让不得扣除被投资企业未分配利润等股东留存收益中按该项股权所可能分配的金额。

业务（3）应调增会计利润 = 2 000 − 1 200 − 770 = 30（万元）

（5）业务（4）应调增企业所得税应纳税所得额 1 080 000 元，即 108 万元。

【提示】对股权激励计划实行后，需待一定服务年限或者达到规定业绩条件（以下简称等待期）方可行权的。上市公司等待期内会计上计算确认的相关成本费用，不得在对应年度计算缴纳企业所得税时扣除。在股权激励计划可行权后，上市公司方可根据该股票实际行权时的公允价格与当年激励对象实际行权支付价格的差额及数量，计算确定作为当年上市公司工资薪金支出，依照税法规定进行税前扣除。

（6）支付给生产车间劳务派遣人员的工资可以计入企业的工资薪金总额基数。

【提示】企业接受外部劳务派遣用工所实际发生的费用，应分两种情况按规定在税前扣除：①按照协议（合同）约定直接支付给劳务派遣公司的费用，应作为劳务费支出；②直接支付给员工个人的费用，应作为工资薪金支出和职工福利费支出。其中属于工资薪金支出的费用，准予计入企业工资薪金总额的基数，作为计算其他各项相关费用扣除的依据。

（7）职工福利费扣除限额 = (15 000 + 800) × 14% = 2 212（万元），扣除限额大于实际发生额 1 000 万元，无须纳税调整。

职工教育经费扣除限额 = (15 000 + 800) × 8% = 1 264（万元），扣除限额小于实际发生额 1 280 万元，应纳税调增 = 1 280 − 1 264 = 16（万元）。

工会经费扣除限额 = (15 000 + 800) × 2% = 316（万元），扣除限额小于实际发生额 316 万元，应纳税调增 = 320 − 316 = 4（万元）。

职工福利费、职工教育经费、工会经费合计应调增企业所得税应纳税所得额 = 16 + 4 = 20（万元）

（8）收取受托研发费用，对于受托方而言是“收入”不是“支出”，不涉及在税前扣除的问题。对于委托方，支付委托研发费用，在税前据实扣除的基础上还可以享受加计扣除。

企业自行研发发生的研发费用应加计扣除 = 2 400 × 75% = 1 800（万元），所以调减应纳税所得额 1 800 万元。

【提示】企业委托外部机构或个人进行研发活动所发生的费用，按照费用实际发生额的 80% 计入委托方研发费用并计算加计扣除，受托方不得再进行加计扣除，委托个人研发的应凭个人出具的发票等合法有效凭证在税前加计扣除；委托境外机构进行研发活动所发生的费用，按照费用实际发生额的 80% 计入委托方的委托境外研发费用，委托境外研发费用不超过境内符合条件的研发费用三分之二的部分，可以按规定在企业所得税前加计扣除；上述费用实际发生额应按照独立交易原则确定；委托方与受托方存在关联关系的，受托方应向委托方提供研发项目费用支出明细情况。

（9）广告费和业务宣传费税前扣除限额。扣除限额 = (86 000 + 450 − 1 300) × 30% = 25 545（万元）> 实际发生额 25 000 万元，无须调整应纳税所得额。

（10）业务招待费扣除限额 1 = 500 × 60% = 300（万元）

业务招待费扣除限额 2 = (86 000 + 450 − 1 300) × 0.5% = 425.75（万元）

可以税前扣除的业务招待费限额为 300 万元。

业务招待费应调增应纳税所得额 = 500 − 300 = 200（万元）

（11）调整后的会计利润 = 10 200 + (450 − 300 − 5.85) − (1 300 − 1 000) + 30

= 10 074.15（万元）

（12）应纳税所得额 = 10 074.15 + 108 + 20 - 1 800 + 200 = 8 602.15（万元）

应纳税额 = 8 602.15 × 25% = 2 150.54（万元）

23. 【答案】

（1）该药厂应当在转让房地产合同签订后的7日内到房地产所在地（即该市区）主管税务机关办理纳税申报。

（2）计算土地增值税时该企业办公楼的评估价格 = 16 000 × 60% = 9 600（万元）

（3）计算土地增值税时允许扣除项目金额的合计数 = 6 000 + 9 600 + 1 356 = 16 956（万元）

（4）应纳土地增值税的计算：

转让办公楼的增值额 = 24 000 - 16 956 = 7 044（万元）

增值率 = 7 044 ÷ 16 956 × 100% = 41.54% < 50%，适用税率为30%，速算扣除系数为0%。

应纳土地增值税 = 7 044 × 30% = 2 113.2（万元）

24. 【答案】

（1）暂不需要缴纳个人所得税。按规定，企业依照国家政策规定的标准为其员工缴纳的企业年金单位缴费部分，在计入个人账户时，个人暂不缴纳个人所得税。

（2）暂不需要缴纳个人所得税，按规定，年金基金投资运营收益分配计入个人账户时，个人暂不缴纳个人所得税。

（3）应缴纳的个人所得税 = 100 × 20% = 20（万元）

（4）应缴纳的个人所得税 = 8 000 × 20% × 50% = 800（元）

【提示】自2015年9月8日起，个人从公开发行和转让市场取得的上市公司股票，持股期限在1个月以内（含1个月）的，其股息红利所得全额计入应纳税所得额；持股期限在1个月以上至1年（含1年）的，暂减按50%计入应纳税所得额；持股期限超过1年的，暂免征收个人所得税。

25. 【答案】

（1）可以足额抵扣。

理由：抵免限额 = 10 × 20% = 2（万元）> 在境外实际缴纳的个人所得税1万元，所以张某取得的利息境外所纳税款可以在本纳税年度足额抵扣。

【提示】居民个人来源于中国境外的利息、股息、红利所得，财产租赁所得，财产转让所得和偶然所得来源于一国（地区）其他分类所得的抵免限额 = 该国（地区）的其他分类所得依照中国个人所得税法的规定计算的应纳税额。

（2）在我国应补缴的个人所得税 = 2 - 1 = 1（万元）

（3）不需要缴纳个人所得税。

理由：个人转让自用达5年以上并且是唯一的家庭生活用房取得的所得，免征个人所得税。

（4）张某取得的拍卖收入缴纳个人所得税时适用的所得项目是“特许权使用费所得”，预扣率为20%。

【提示】作者将自己的文字作品手稿原件或复印件公开拍卖（竞价）取得的所得，按“特许权使用费所得”计税。

（5）应预扣预缴的个人所得税 = 8 000 × (1 - 20%) × 20% = 1 280（元）

26. 【答案】

（1）①白酒生产企业销售给销售单位的白酒，生产企业消费税计税价格低于销售单位对外销售价格（不含增值税）70%以下的，税务机关应核定消费税最低计税价格。

②自2015年6月1日起，纳税人将委

托加工收回的白酒销售给销售单位，消费税计税价格低于销售单位对外销售价格（不含增值税）70%以下的，也应核定消费税最低计税价格。

（2）业务（1）应缴纳的消费税 $=2.5\times10\times20\%+10\times0.5\div10\ 000\times2\ 000=6$（万元）

【提示】纳税人用于换取生产资料、消费资料、投资入股、抵偿债务的应税消费品，按照同类应税消费品的最高销售价格计算消费税。

（3）业务（2）应缴纳的消费税 $=3\times50\times20\%+50\times0.5\div10\ 000\times2\ 000=35$（万元）

【提示】纳税人通过自设非独立核算门市部销售的自产应税消费品，应按门市部对外销售额或者销售数量征收消费税。

（4）业务（3）的消费税纳税义务人是丙企业。该业务的实质是甲酒厂受托加工应税消费品，纳税人为委托方丙企业，计税依据为受托方的同类消费品的销售价格。

（5）从价部分的计税依据 $=2.75\times20=55$（万元）

从量部分的计税依据为20吨。

业务（3）应缴纳的消费税 $=55\times20\%+20\times2\ 000\times0.5\div10\ 000=13$（万元）

【提示】委托加工的应税消费品，按照受托方的同类消费品的销售价格计算纳税；没有同类消费品销售价格的，应按照组成计税价格计算纳税。

27. **【答案】**

（1）委托加工应税消费品是指委托方提供原料和主要材料，受托方只收取加工费和代垫部分辅助材料加工的应税消费品。

（2）根据《税收征收管理法》规定，受托方（除个人外）未按照规定代收代缴消费税的，对受托方处以应代收代缴税款50%以上3倍以下的罚款。

（3）委托方补缴税款的计税依据：如果在检查时，收回的应税消费品已经直接销售的，按销售额计税；收回的应税消费品尚未销售或不能直接销售的（如收回后用于连续生产等），按组成计税价格计税。

本题中甲厂已将收回白坯板全部出售，所以应补缴的消费税税额 $=2\ 500\times5\%=125$（万元）。

（4）6月应缴纳的消费税 $=1\ 500\times40\%\times5\%=30$（万元）

7月应缴纳的消费税 $=1\ 500\times60\%\times5\%=45$（万元）

业务（2）合计应缴纳消费税 $=30+45=75$（万元）

（5）当期准予扣除的外购应税消费品已纳税款＝当期准予扣除的外购应税消费品买价×外购应税消费品适用税率

当期准予扣除的外购应税消费品买价＝期初库存的外购应税消费品的买价＋当期购进的应税消费品的买价－期末库存的外购应税消费品的买价

所以，业务（3）中准予扣除的已纳消费税税额 $=(500+1\ 000-200)\times5\%=65$（万元）。

28. **【答案】**

（1）12月份购进新设备的成本不可以一次性列支。根据税法相关规定，企业在2018年1月1日至2023年12月31日期间新购进的设备、器具（除房屋、建筑物以外的固定资产），单位价值不超过500万元的，允许一次性计入当期成本费用在计算应纳税所得额时扣除，不再分年度计算折旧。固定资产在投入使用月份的次月所属年度一次性税前扣除。

（2）当年的会计利润 $=8\ 000-5\ 100+700-100-800-1\ 800-200+150+280-130-200=800$（万元）

（3）转让非独占许可使用权应调减应纳税所得额 $=500+(700-100-500)\times50\%=550$（万元）

（4）研究开发费应调减应纳税所得额 $=400\times75\%=300$（万元）

业务招待费扣除限额 $1=80\times60\%=48$（万元）> 业务招待费限额 $2=8\ 700\times5‰=43.5$（万元），因此，业务招待费应调增应纳税所得额 $=80-43.5=36.5$（万元）。

（5）广告费扣除限额 $=8\ 700\times15\%=1\ 305$（万元），应调增应纳税所得额 $=1\ 500-1\ 305=195$（万元）。

（6）取得的国债利息收入免征企业所得税，应调减应纳税所得额150万元。

（7）支付给残疾人的工资可以加计扣除100%，工资调减应纳税所得额50万元。

职工福利费扣除限额 $=400\times14\%=56$（万元），实际发生额为120万元，应调增应纳税所得额 $=120-56=64$（万元）。

职工教育经费扣除限额 $=400\times8\%=32$（万元），实际发生额为33万元，应调增应纳税所得额 $=33-32=1$（万元）。

工会经费扣除限额 $=400\times2\%=8$（万元），实际发生额为18万元，应调增应纳税所得额 $=18-8=10$（万元）。

合计应调增应纳税所得额 $=-50+10+64+1=25$（万元）

（8）企业缴纳的税收滞纳金7万元和补缴高管的个人所得税15万元不得在企业所得税前列支，因此调增应纳税所得额22万元。

（9）企业所得税应纳税所得额 $=800-550-300+36.5+195-50+64+1+10-150+22=78.5$（万元）

（10）应缴纳的企业所得税 $=78.5\times15\%=11.78$（万元）

29.【答案】

（1）业务（1）当月的销项税额 $=690\times50\%\times13\%+550\div(1+13\%)\times13\%=108.12$（万元）

【提示】增值税的纳税义务发生时间如下：①采取直接收款方式销售货物，不论货物是否发出，均为收到销售款或者取得索取销售款凭据的当天。②采取赊销和分期收款方式销售货物，为书面合同约定的收款日期的当天，无书面合同的或者书面合同没有约定收款日期的，为货物发出的当天。③采取预收货款方式销售货物，为货物发出的当天，但生产销售生产工期超过12个月的大型机械设备、船舶、飞机等货物，为收到预收款或者书面合同约定的收款日期的当天。

（2）业务（2）当月的进项税额 $=54.6+8\ 000\div(1+5\%)\times5\%\div10\ 000=54.64$（万元）

【提示】增值税一般纳税人支付的道路、桥、闸通行费，暂凭取得的通行费发票（不含财政票据，下同）上注明的收费金额按照下列公式计算可抵扣的进项税额：高速公路通行费可抵扣进项税额 = 高速公路通行费发票上注明的金额 $\div(1+3\%)\times3\%$。一级公路、二级公路、桥、闸通行费可抵扣进项税额 = 一级公路、二级公路、桥、闸通行费发票上注明的金额 $\div(1+5\%)\times5\%$。

（3）购进建筑材料一批，用于新建生产车间的进项税额可以抵扣。支付与贷款直接相关的手续费的进项税额不得抵扣。当期准予抵扣的进项税额 $=11.05$（万元）。

（4）业务（4）进口环节缴纳的增值税额 $=130\times(1+8\%)\times13\%=18.25$（万元）

业务（4）代扣代缴的增值税额 $=4.5\div(1+6\%)\times6\%=0.25$（万元）

进口环节缴纳的增值税和代扣代缴的增值税合计金额 $=18.25+0.25=18.50$

（万元）

（5）业务（5）的销项税额 $=450\times(1+10\%)\times13\%=64.35$（万元）

【提示】视同发生应税销售行为的销售额的确定：纳税人发生应税销售行为的情形，价格明显偏低并无正当理由的，或者视同发生应税销售行为而无销售额的，由主管税务机关按照下列顺序核定销售额：①按照纳税人最近时期发生同类应税销售行为的平均价格确定。②按照其他纳税人最近时期发生同类应税销售行为的平均价格确定。③按照组成计税价格确定。组成计税价格 = 成本 ×（1 + 成本利润率），在不涉及应税消费品的情形下，成本利润率为10%。

（6）业务（6）应缴纳的进口环节的增值税额 $=30\times(1+25\%)\div(1-40\%)\times13\%=8.13$（万元）

业务（6）应缴纳的进口环节的消费税额 $=30\times(1+25\%)\div(1-40\%)\times40\%=25$（万元）

进口环节的增值税和消费税合计金额 $=8.13+25=33.13$（万元）

（7）业务（7）准予抵扣的进项税额 $=3.12$（万元）

（8）当月的销项税额 $=108.12+64.35=172.47$（万元）

（9）当月可以抵扣的进项税额 $=54.64+11.05+18.25+0.25+8.13+3.12=95.44$（万元）

（10）当月的应纳增值税税额 $=172.47-95.44=77.03$（万元）

（11）当月的城建税税额 $=77.03\times5\%=3.85$（万元）

（12）当月的教育费附加和地方教育附加的合计数 $=77.03\times(3\%+2\%)=3.85$（万元）

（13）当月应该缴纳的车辆购置税 $=30\times(1+25\%)\div(1-40\%)\times10\%+24\times10\%=8.65$（万元）

30. **【答案】**

（1）应当缴纳的进口关税 $=(200+30)\times(1+3‰)\times10\%=23.07$（万元）

【提示】购货佣金不计入关税的完税价格；保险费无法确定或未实际发生的，按照“货价加运费”两者总额的3‰计算保险费。

（2）应缴纳的进口环节增值税 $=(200+30)\times(1+3‰)\times(1+10\%)\times13\%=32.99$（万元）

（3）出口退税额 $=80\times13\%=10.40$（万元）

（4）在不动产所在地应预缴增值税 $=109\div(1+9\%)\times3\%=3$（万元）

在不动产所在地应预缴的城市维护建设税 $=3\times7\%=0.21$（万元）

预缴增值税和预缴城建税合计 $=3+0.21=3.21$（万元）

【提示】一般纳税人出租2016年5月1日后取得的不动产适用一般计税方法计税。不动产所在地与机构所在地不在同一县（市、区）的，纳税人应按照3%的预征率向不动产所在地主管税务机关预缴税款，应预缴税款 = 含税销售额 ÷（1 + 9%）× 3%，向机构所在地主管税务机关申报纳税。应纳的增值税 = 含税销售额全额 ÷（1 + 9%）× 9% − 进项税额 − 预缴税款

（6）业务（4）当月允许抵扣的进项税额 $=135$（万元）。

【提示】购进的专用于简易计税方法计税项目、免征增值税项目、集体福利或者个人消费的固定资产、无形资产、不动产的进项税额不得从销项税额中抵扣，但发生兼用于这些项目的进项税额准予从销项税额中全额抵扣。本题中对于购进的房产未说明具体用途，认为其进项税额可以

抵扣。

（6）应扣缴的增值税 = 169.5 ÷（1 + 13%）×13% = 19.50（万元）

（7）应扣缴的企业所得税 = 169.5 ÷（1 + 13%）×10% = 15（万元）

【提示】 对非居民企业在中国境内未设立机构、场所的，或者虽设立机构、场所但取得的所得与其所设机构、场所没有实际联系的，其应缴纳的所得税，实行源泉扣缴，以支付人为扣缴义务人。对于在中国境内未设立机构、场所的，或者虽设立机构、场所但取得的所得与其所设机构、场所没有实际联系的非居民企业的股息、红利等权益性投资收益和利息、租金、特许权使用费所得为应纳税所得额收入全额。"营改增"后的非居民企业，应以不含增值税的收入全额作为应纳税所得额。扣缴企业所得税应纳税额 = 应纳税所得额 × 实际征收率。

（8）业务（6）的增值税销项税额 = 300 ×13% = 39（万元）

（9）当月允许抵扣的进项税 = 32.99 + 135 + 19.50 - 32.99 ×2% = 186.83（万元）

（10）当月的销项税额 = 109 ÷（1 + 9%）×9% + 39 = 48（万元）

当月合计缴纳的增值税 = 48 - 186.83 - 3 = -141.83（万元）

31. **【答案】**

（1）业务（1）乙厂应代收代缴的消费税 =（37.5 + 5）÷（1 - 15%）×15% = 50 ×15% = 7.5（万元）

（2）业务（2）中用于销售的焰火应该缴纳消费税。委托加工的应税消费品在提取货物时已由受托方代收代缴了消费税，委托方以高于受托方的计税价格出售的，需按照规定申报缴纳消费税，在计税时准予扣除受托方已代收代缴的消费税。本题中委托方对外的销售价格为 38 万元高于对应的受托方的计税价格 = 50 × 60% = 30（万元）。

因此应纳消费税 = 38 × 15% - 50 × 60% ×15% = 1.2（万元）

或者应缴纳的消费税 = 38 ×15% - 7.5 ×60% = 1.2（万元）

（3）赠送客户焰火计征消费税计税依据的金额 = 36 ÷ 80% ×20% = 9（万元）

【提示】 将自产焰火赠送给客户，属于视同销售，应该缴纳消费税，有同类消费品销售价格的，按照纳税人生产的同类消费品的不含增值税的销售价格计算纳税。

（4）准予扣除的已纳消费税税款 = 7.5 ×40% = 3（万元）

【提示】 委托加工的应税消费品因为已由受托方代收代缴消费税，因此，委托加工收回后用于连续生产应税消费品，符合扣除范畴的，可以按照当期生产领用数量扣除已纳消费税。

（5）业务（3）6 月应纳消费税 = 36 × 70% ×15% + 9 ×15% - 3 = 2.13（万元）

7 月应纳消费税 = 36 ×30% ×15% = 1.62（万元）

业务（3）合计应缴纳消费税 = 2.13 + 1.62 = 3.75（万元）

【提示】 纳税人采取分期收款结算方式的，消费税纳税义务发生时间为书面合同约定的收款日期的当天。

32. **【答案】**

（1）房地产开发成本是指纳税人房地产开发项目实际发生的成本，包括土地的征用及拆迁补偿费用、前期工程费、建筑安装工程费、基础设施费、公共配套设施费、开发间接费用等。

（2）房地产开发费用是指与房地产开发项目有关的销售费用、管理费用和财务费用。

财务费用中的利息支出，凡能够按转

让房地产项目计算分摊并提供金融机构证明的，允许据实扣除，但最高不能超过按商业银行同类同期贷款利率计算的金额。其他房地产开发费用，按取得土地使用权所支付的金额和房地产开发成本计算的金额之和的5%以内计算扣除。

凡不能按转让房地产项目计算分摊或不能提供金融机构证明的，房地产开发费用按取得土地使用权所支付的金额和房地产开发成本计算的金额之和的10%以内计算扣除。

（3）允许扣除的土地使用权支付金额 $=17\ 760\times(1+5\%)\times50\%=9\ 324$（万元）

（4）允许扣除项目金额合计 $=9\ 324+6\ 000+600+(9\ 324+6\ 000)\times5\%+290+(9\ 324+6\ 000)\times20\%=20\ 045$（万元）

（5）增值率 $=(31\ 000-20\ 045)\div20\ 045\times100\%=10\ 955\div20\ 045\times100\%=54.65\%$，适用税率为40%，速算扣除系数为5%。

应缴纳的土地增值税 $=10\ 955\times40\%-20\ 045\times5\%=3\ 379.75$（万元）

33. **【答案】**

（1）集团总部在业务（1）中的销项税额 $=106\div(1+6\%)\times6\%+(63.6-53)\div(1+6\%)\times6\%=6.6$（万元）

（2）集团总部在业务（2）中的资金调拨行为不符合“统借统还”的规定，“统借统还”业务是指企业集团向金融机构或对外发行债券取得资金后，将所借资金分拨给下属单位，并向下属单位收取用于归还金融机构或债券购买方本息的业务。业务（2）中集团总部向项目公司调拨的资金为自有资金，该行为需要视为关联企业之间的资金拆解，按照银行同期同类贷款利率确认贷款利息收入缴纳增值税。

（3）向银行支付的“汇款手续费”不可以进行进项税额抵扣。“融资服务费”按照“与贷款直接相关的投融资顾问费、手续费、咨询费的费用其进项税额不得从销项税额中抵扣”的规定不得抵扣进项税额。

【提示】纳税人购进的贷款服务以及接受贷款服务向贷款方支付的与该笔贷款直接相关的投融资顾问费、手续费、咨询费等费用的进项税额不得从销项税额中抵扣。

（4）应代扣代缴的增值税额 $=600\times6\%=36$（万元）

（5）业务（3）中项目公司可以抵扣的进项税额 $=36+1\ 000\times9\%=126$（万元）

（6）业务（4）中截至2020年12月31日的写字楼项目的增值税税负测算过程为：

销售额 $=(11-2.22\times4.5\div9)\div(1+9\%)=9.07$（亿元）

销项税额 $=9.07\times9\%=0.82$（亿元）

进项税额 $=5\times9\%+1\times6\%=0.51$（亿元）

增值税应纳税额 $=0.82-0.51=0.31$（亿元）

税负率 $=0.31\div9.07\times100\%=3.42\%$

（7）业务（5）中项目公司当期可以抵扣的进项税额为0，因为用于简易计税项目购进货物的进项税额不得抵扣。

（8）业务（5）中项目公司需要在住宅项目所在地预缴的增值税额 $=8\ 400\div(1+5\%)\times3\%=240$（万元）

项目公司机构所在地需要缴纳的增值税额 $=[8\ 400\div(1+5\%)\times5\%]-240=160$（万元）

【提示】一般纳税人采取预收款方式销售自行开发的房地产项目选择适用简易计税方法，应在收到预收款时按照3%的预征率预缴增值税。申报纳税时，一般纳税人销售自行开发的房地产老项目销售额为取得的全部价款和价外费用，适用5%的征收率。

(9) 业务（6）中项目公司对于会议系统的增值税处理方法错误。专用于简易计税项目的购进固定资产的进项税额不允许抵扣，但既用于简易计税项目又用于一般项目的购进固定资产的进项税额可以全额抵扣。

34. **【答案】**

(1) 居民企业可以就其取得的境外所得直接缴纳和间接负担的境外企业所得税性质的税额进行抵免。

(2) 这里不适用间接抵免的优惠政策。

理由：第二层是指单一第一层外国企业直接持有20%以上股份，且由单一居民企业直接持有或通过一个或多个符合规定持股条件的外国企业间接持有总和达到20%以上股份的外国企业；本题企业甲直接持有企业乙20%以上的股份，企业乙直接持有企业丙20%以上的股份，但企业甲间接持有企业丙股份为15%（50% × 30%），不足20%，不能适用间接抵免的优惠政策。

(3) 这里适用间接抵免的优惠政策。

理由：第一层是指单一居民企业直接持有20%以上股份的外国企业；本题境内企业甲直接持有企业乙的股份为50%超过20%，可以适用间接抵免的优惠政策。

(4) 企业乙的税后利润 = 1 000 − 180 − 12 = 808（万元）

应由企业甲负担的税款 =（180 + 12 + 0）×（808 × 50%）÷ 808 = 96（万元）

(5) 企业甲取得的境外所得总额 = 808 × 50% + 96 = 500（万元）

抵免限额 = 500 × 25% = 125（万元）

35. **【答案】**

(1) 计算旧办公楼销售环节应缴纳的税费：

应缴纳的增值税 = 1 300 ÷（1 + 5%）× 5% = 61.90（万元）

应缴纳的城建税、教育费附加、地方教育附加 = 61.90 ×（7% + 3% + 2%）= 7.43（万元）

应缴纳的印花税 = 1 300 × 0.5‰ = 0.65（万元）

应缴纳的土地增值税：

扣除金额 = 200 + 1 600 × 50% + 7.43 + 0.65 = 1 008.08（万元）

增值额 = 1 300 − 61.9 − 1 008.08 = 230.02（万元）

增值率 = 230.02 ÷ 1 008.08 × 100% = 22.82%

应缴纳土地增值税 = 230.02 × 30% = 69.01（万元）

除增值税以外的税金合计 = 7.43 + 0.65 + 69.01 = 77.09（万元）

应缴纳的增值税、城市维护建设税、教育费附加、地方教育附加、印花税和土地增值税合计 = 61.90 + 77.09 = 138.99（万元）

(2) 专用设备投入使用当年应计提的折旧费用 = 600 ÷ 10 ÷ 12 × 4 = 20（万元）

(3) 该企业2020年度会计利润总额 = 1 100 − 7.43 − 0.65 − 69.01 + 600 − 20 + 30 + 3.9 = 1 636.81（万元）

【提示】根据税法相关规定，企业在2018年1月1日至2023年12月31日期间新购进的设备、器具（除房屋、建筑物以外的固定资产），单位价值不超过500万元的，允许一次性计入当期成本费用在计算应纳税所得额时扣除，不再分年度计算折旧。固定资产在投入使用月份的次月所属年度一次性税前扣除。本题中由于设备超过600万元，不允许一次性全部扣除，但可以按照规定计算的折旧扣除。

（4）标准1：业务招待费扣除标准 = 130 × 60% = 78（万元）

标准2：业务招待费扣除标准 = 40 000 × 5‰ = 200（万元）

可以税前扣除的业务招待费限额为78万元，业务招待费应调增应纳税所得额 = 130 − 78 = 52（万元）。

（5）职工福利费扣除限额 = 1 200 × 14% = 168（万元），实际发生额180万元，职工福利费应调增应纳税所得额 = 180 − 168 = 12（万元）。

工会经费扣除限额 = 1 200 × 2% = 24（万元），实际发生额28万元，工会经费应调增应纳税所得额 = 28 − 24 = 4（万元）。

职工教育经费扣除限额 = 1 200 × 8% = 96（万元），实际发生额40万元，无须调整应纳税所得额。

职工福利费、工会经费和职工教育经费合计应调增的应纳税所得额合计数 = 12 + 4 = 16（万元）

（6）转让国债应调减应纳税所得额 = 72 ×（5% ÷ 365）× 700 = 6.90（万元）

（7）公益性捐赠扣除限额 = 1 636.81 × 12% = 196.42（万元），实际发生额180万元，无须纳税调整。

（8）该企业2020年度应纳税所得额 = 1 636.81 + 52 + 16 − 6.90 = 1 697.91（万元）

（9）该企业2020年度应缴纳企业所得税 = 1 697.91 × 25% − 600 × 10% = 364.48（万元）

【提示】 企业购置并实际使用《环境保护专用设备企业所得税优惠目录》《节能节水专用设备企业所得税优惠目录》和《安全生产专用设备企业所得税优惠目录》规定的环境保护、节能节水、安全生产等专用设备的，该专用设备的投资额的10%可以从企业当年的应纳税额中抵免；当年不足抵免的，可以在以后5个纳税年度结转抵免。

36. **【答案】**

（1）业务（1）应缴纳的进口关税 =（640 000 + 42 000 + 38 000）× 12% = 86 400（元）

（2）业务（1）应缴纳的进口环节增值税 =（640 000 + 42 000 + 38 000）×（1 + 12%）× 13% = 104 832（元）

（3）业务（2）应代扣代缴的增值税 = 1 000 000 ÷（1 + 6%）× 6% = 56 603.77（元）

（4）业务（2）应代扣代缴的预提所得税 = 100 000 ÷（1 + 6%）× 10% = 94 339.62（元）

（5）增值税进项税额 = 104 832 + 1 584 + 56 603.77 + 26 000 + 650 = 189 669.77（元）

【提示】 进口环节缴纳的增值税和代扣代缴的增值税取得相应缴款凭证可以作为当期进项税额抵扣。

（6）增值税销项税额 = 4 000 000 × 13% = 52 000（元）

（7）增值税一般纳税人销售其自行开发生产的软件产品，按13%税率征收增值税后，对其增值税实际税负超过3%的部分实行即征即退政策。

增值税应纳税额 = 520 000 − 189 669.77 = 330 330.23（元）

即征即退税款 = 330 330.23 − 4 000 000 × 3% = 210 330.23（元）

实际缴纳的增值税 = 330 330.23 − 210 330.23 = 120 000（元）

（8）应缴纳的车辆购置税 = 200 000 × 10% = 20 000（元）

第三部分

模拟试题

模拟试题（一）

一、单项选择题（本题型共26小题，每小题1分，共26分。每小题只有一个正确答案，请从每小题的备选答案中选出一个你认为正确的答案。）

1.《企业所得税法》第九条规定：“企业发生的公益性捐赠支出，在年度利润总额12%以内的部分，准予在计算应纳税所得额时扣除。”但在《财政部 税务总局 海关总署关于北京2022年冬奥会和冬残奥会税收政策的通知》（财税〔2017〕60号）规定：“对北京2022年冬奥会、冬残奥会、测试赛参与者实行以下税收政策：对企业、社会组织和团体赞助、捐赠北京2022年冬奥会、冬残奥会、测试赛的资金、物资、服务支出，在计算企业应纳税所得额时予以全额扣除。”这体现了税法适用原则中的（　　）原则。

A. 法律不溯及既往

B. 特别法优于普通法

C. 新法优于旧法

D. 实体从旧，程序从新

2. 下列收入中，应当征收增值税的是（　　）。

A. 纳税人取得的财政补贴收入，与其销售货物、劳务、服务、无形资产、不动产的收入或者数量直接挂钩的

B. 存款利息

C. 被保险人获得的保险赔付

D. 融资性售后回租业务中，承租方出售资产的行为

3. 纳税人受托对垃圾、污泥、污水、废气等废弃物进行专业化处理，以下表述正确的是（　　）。

A. 受托采取填埋、焚烧等方式进行专业化处理后未产生货物的，收取的处理费用适用6%的增值税税率

B. 受托采取填埋、焚烧等方式进行专业化处理后未产生货物的，收取的处理费用免征增值税

C. 受托采取填埋、焚烧等方式进行专业化处理后产生货物，且货物归属受托方的，受托方收取的处理费用适用货物的增值税税率

D. 受托采取填埋、焚烧等方式进行专业化处理后产生货物，且货物归属委托方的，受托方收取的费用免征增值税

4. 甲公司符合先进制造业企业相关条件，2019年3月末留抵税额为10万元，2021年6月末的留抵税额为55万元。假设该纳税人满足其他增量留抵税额申请退税的条件，2019年4月至2021年6月所有的进项税额均取得增值税专用发票，甲公司2021年7月可以申请的增量留抵退税金额是（　　）万元。

A. 10　　B. 21

C. 45　　D. 55

5. 下列关于消费税的纳税地点，说法不正确的是（　　）。

A. 进口的应税消费品，由进口人或由其代理人向报关地海关申报纳税

B. 自产自用的应税消费品，除另有规定外，应向纳税人核算地主管税务机关申报纳税

C. 纳税人委托加工的应税消费品，除

受托方为个人外，由受托方向其机构所在地或者居住地主管税务机关申报纳税

D. 纳税人委托个人加工的应税消费品，由委托方向其机构所在地或者居住地主管税务机关申报纳税

6. 某啤酒厂（增值税一般纳税人）2021 年 6 月销售 A 型啤酒 20 吨给副食品公司，开具增值税专用发票收取不含税价款 58 000 元，另收取包装物押金 3 000 元；销售 B 型啤酒 10 吨给宾馆，开具发票取得价税合计收入 32 000 元，另收取包装物押金 1 500 元。该啤酒厂应缴纳的消费税是（　　）元。

A. 6 000　　B. 6 600

C. 7 200　　D. 7 500

7. 根据规定，企业取得的下列各项所得中，按照负担、支付所得的企业或者机构、场所所在地确定所得来源地的是（　　）。

A. 销售货物所得

B. 动产转让所得

C. 权益性投资资产转让所得

D. 租金所得

8. 根据企业所得税的规定，下列各项中说法错误的是（　　）。

A. 香料作物的种植所得免征企业所得税

B. 对在海南自由贸易港设立的旅游业企业新增境外直接投资取得的所得，免征企业所得税

C. 对经认定的技术先进型服务企业，减按 15% 的税率征收企业所得税

D. 国家鼓励的集成电路线宽小于 28 纳米（含），且经营期在 15 年以上的集成电路生产企业或项目，第 1 年至第 10 年免征企业所得税

9. 依据企业所得税的相关规定，下列关于销售货物收入确认时间的说法，错误的是（　　）。

A. 销售商品需要简单安装的，可在发出商品时确认收入

B. 销售商品采取预收货款方式的，在收到预收货款时确认收入

C. 销售商品采取支付手续费方式委托代销的，在收到代销清单时确认收入

D. 销售商品采取托收承付方式的，在办妥托收手续时确认收入

10. 下列各项关于专项附加扣除规定，表述正确的是（　　）。

A. 个人所得税专项附加扣除额一个纳税年度扣除不完的，可以结转以后年度扣除

B. 纳税人可以同时分别享受住房贷款利息和住房租金专项附加扣除

C. 纳税人只能享受一次首套住房贷款的利息扣除

D. 子女教育专项附加扣除扣除方式在一个纳税年度内可以随意变更

11. 李某 2021 年 7 月毕业后进入某公司工作，公司发放 7 月份工资并计算当期应预扣预缴的个人所得税时，累计减除费用为（　　）元。

A. 5 000　　B. 30 000

C. 35 000　　D. 60 000

12. 下列各项中，符合城市维护建设税相关规定的是（　　）。

A. 城市维护建设税的计税依据中包括期末留抵退税退还的增值税税额

B. 流动经营的单位应随同缴纳“两税”的经营地的适用税率缴纳城市维护建设税

C. 增值税纳税人跨地区提供建筑服务预缴增值税时，应在机构所在地缴纳城市维护建设税

D. 代扣代缴的城市维护建设税应按照被扣缴纳税人所在地适用税率缴纳城市维

护建设税

13. 某企业2021年4月将一批半成品运往境外加工成产成品，出境时已向海关报明，2021年7月在海关规定的期限内复运进境。经海关审定支付给境外公司的加工费和料件费折合人民币（下同）共40万元，产成品复运进境时，运抵我国境内输入地点起卸前发生运费3万元、保险费4万元，支付从海关运往企业所在地的运费2万元，取得增值税专用发票。已知关税税率为20%，则该企业应缴纳关税（　　）万元。

A. 7　　B. 8

C. 9.4　　D. 9.8

14. 下列从境外进入我国港口的船舶中，免征船舶吨税的是（　　）。

A. 吨税执照期满后24小时内上下客货的船舶

B. 非机动驳船

C. 拖船

D. 警用船舶

15. 根据资源税法的规定，以下减征40%资源税的是（　　）。

A. 从低丰度油气田开采的原油、天然气

B. 高含硫天然气、三次采油和从深水油气田开采的原油、天然气

C. 稠油、高凝油

D. 充填开采置换出来的煤炭

16. 下列耕地占用的情形中，属于免征耕地占用税的是（　　）。

A. 建厂房占用菜地

B. 学校占用耕地

C. 水利工程占用耕地

D. 商品房建设占用林地

17. 某批发市场分地上、地下2层，占地面积4 000平方米，建筑面积8 000平方米，该市场地上面积批发农产品，地下面积批发小商品，该地段城镇土地使用税年单位税额5元/平方米。2021年该市场应缴纳城镇土地使用税（　　）元。

A. 5 000　　B. 7 500

C. 10 000　　D. 20 000

18. 下列有关契税的说法中，不正确的是（　　）。

A. 契税是以在境内转移土地、房屋权属为征税对象，向销售方征收的一种财产税

B. 以划拨方式取得土地使用权，经批准转让房地产时，由房地产转让者补交契税，计税依据为补交的土地使用权出让费用或者土地收益

C. 承受荒山、荒沟、荒丘、荒滩土地使用权，并用于农、林、牧、渔业生产的，免征契税

D. 医疗机构承受土地、房屋用于提供医疗服务的，免征契税

19. 下列各项中，属于土地增值税征收范围的是（　　）。

A. 房地产的出租行为

B. 房地产的抵债行为

C. 房地产的重新评估行为

D. 房地产的继承

20. 甲企业系增值税一般纳税人，有一独立地下建筑物一直用于存放物资，2021年6月15日将其出租给乙企业用于仓储用途并于当月交付使用，该地下建筑物原价6 000万元，月租金60万元（不含增值税），该企业所在省财政和税务部门确定地下建筑物房产原价的折算比例为60%，该企业所在省政府确定房产原值减除比例为30%。甲企业的该地下建筑物在2020年应缴纳房产税（　　）万元。

A. 58.32　　B. 63

C. 64.2　　D. 68.4

21. 下列各项中，不属于印花税应税凭证的是（　　）。

A. 无息、贴息贷款合同

B. 农牧业保险合同

C. 发电厂与电网之间签订的电力购售合同

D. 银行因内部管理需要设置的现金收付登记簿

22. 下列车辆中，不属于车辆购置税征税范围的是（　　）。

A. 汽车

B. 汽车挂车

C. 有轨电车

D. 排气量为 120 毫升的摩托车

23. 某船运公司 2021 年度拥有机动船 10 艘，每艘净吨位 1 500 吨；拥有拖船 2 艘，每艘发动机功率 1 000 千瓦。当年 10 月新购置机动船 4 艘，并于当月取得所有权，每艘净吨位 2 000 吨。该公司船舶适用的车船税年基准税额为：净吨位超过 200 吨但不超过 2 000 吨的，每吨 4 元。该船运公司 2021 年度应缴纳的车船税为（　　）元。

A. 64 013. 33　　B. 64 680

C. 65 333. 33　　D. 67 360

24. 下列污染物中，不属于环境保护税征税对象的有（　　）。

A. 大气污染物

B. 水污染

C. 固体废物

D. 建筑噪声

25. 适合所有类型的关联方转让定价调整方法是（　　）。

A. 可比非受控价格法

B. 再销售价格法

C. 利润分割法

D. 成本加成法

26. 根据行政复议法的有关规定，对税务机关作出逾期不缴纳罚款加处罚款的决定不服的，向作出行政处罚决定的税务机关申请行政复议。但是对已处罚款和加处罚款都不服的，应一并向（　　）申请行政复议。

A. 作出行政处罚决定的税务机关

B. 作出行政处罚决定的税务机关的上一级税务机关

C. 作出行政处罚决定的税务机关所在地的人民政府

D. 国家税务总局

二、多项选择题（本题型共 16 小题，每小题 1. 5 分，共 24 分。每小题均有多个正确答案，请从每小题的备选答案中选出你认为正确的答案。每小题所有答案选择正确的得分，不答、错答、漏答均不得分。）

1. 下列各项中，符合我国税收立法规定的有（　　）。

A. 税务规章以国家税务总局令公布

B. 国务院及所属税务主管部门有权根据宪法和法律制定税收行政法规和规章

C. 税收法律由国务院审议通过后以国务院总理名义发布实施

D. 税收行政法规由国务院负责审议通过后以提案形式提交全国人大或人大常委会审议通过

2. 增值税一般纳税人发生的下列业务中，可选择按照简易办法依照 3% 征收率计算缴纳增值税的有（　　）。

A. 寄售商店代销寄售物品

B. 县级小型火力发电单位生产的电力

C. 药品经营企业销售生物制品

D. 提供的公共交通运输服务

3. 下列各项中，属于在境内销售服务、无形资产或者不动产的有（　　）。

A. 销售位于境内的房产

B. 境外单位向境内单位或个人提供的在境外的工程勘察服务

C. 转让位于境内的探矿权

D. 境外单位为出境的包裹在境外提供

的邮政服务

4. 下列行为中，既缴纳增值税又缴纳消费税的有（　　）。

A. 酒厂将自产的白酒赠送给协作单位

B. 日化厂将自产的香水精移送用于生产高档化妆品

C. 卷烟厂将自产的烟丝移送用于生产卷烟

D. 汽车厂将自产的应税小汽车赞助给某艺术节组委会

5. 甲股份公司共有股权 1 000 万股，为了将来有更好的发展，将 80% 的股权让乙公司收购，然后成为乙公司的子公司。收购日甲公司每股资产的计税基础为 8 元，每股资产的公允价值为 12 元，在收购对价中乙公司以股权形式支付 8 640 万元，以银行存款支付 960 万元。该股权收购业务符合企业重组特殊性税务处理的条件且选择此方法执行。下列对于此项业务企业所得税税务处理的表述中，正确的有（　　）。

A. 非股权支付额对应的资产转让所得为 320 万元

B. 非股权支付额对应的资产转让所得为 160 万元

C. 甲公司股东取得乙公司股权的计税基础为 5 760 万元

D. 乙公司取得甲公司股权的计税基础为 6 720 万元

6. 下列关于个人所得来源地的表述中，正确的有（　　）。

A. 将财产出租给承租人在中国境内使用而取得的所得，为来源于中国境内的所得

B. 向境外某公司转让位于我国境内的不动产取得的所得，为来源于中国境内的所得

C. 许可各种特许权在中国境内使用而取得的所得，为来源于中国境内的所得

D. 向境外公司转让我国上市公司股权取得的所得，为来源于境外的所得

7. 下列关于我国关税税率运用的表述中，正确的是（　　）。

A. 进口货物，适用海关接受该货物申报进口之日实施的税率

B. 出口转关运输货物，应当适用指运地海关接受该货物申报出口之日实施的税率

C. 进口转关运输货物，应当适用启运地海关接受该货物申报进口之日实施的税率

D. 进口转关运输货物，货物运抵指运地前，经海关核准先行申报的，应当适用装载该货物的运输工具抵达指运地之日实施的税率征税

8. 根据现行烟叶税法规定，下列说法正确的是（　　）。

A. 烟叶税的纳税人是收购烟叶的单位

B. 烟叶税应当向烟叶收购地的主管税务机关申报缴纳

C. 烟叶税的计税依据为纳税人收购烟叶实际支付的价款总额

D. 纳税人应当自纳税义务发生之日起 30 日内申报纳税

9. 房地产公司将开发产品用于下列用途，属于土地增值税视同销售的有（　　）。

A. 安置回迁

B. 对外出租

C. 职工福利

D. 利润分配

10. 下列关于契税税收优惠的表述中，正确的有（　　）。

A. 企业由有限责任公司变更为股份有限公司，原企业投资主体存续并在改制（变更）后的公司中所持股权（股份）比例超过 50% 的，且变更公司承继原企业权利、义务的，对改制（变更）后公司承受

原企业土地、房屋权属，免征契税

B. 事业单位按照国家有关规定改制为企业，原投资主体存续并在改制后企业中出资（股权、股份）比例超过50%的，对改制后企业承受原事业单位土地、房屋权属，免征契税

C. 企业依照有关法律法规规定实施破产，债权人（包括破产企业职工）承受破产企业抵偿债务的土地、房屋权属，免征契税

D. 对非债权人承受破产企业土地、房屋权属，凡按照劳动法等国家有关法律法规政策妥善安置原企业全部职工规定，与原企业全部职工签订服务年限不少于三年的劳动用工合同的，对其承受所购企业土地、房屋权属，免征契税

11. 下列各项中，符合房产税优惠政策规定的有（　　）。

A. 经有关部门鉴定属于危险房屋，但仍在使用

B. 经有关部门鉴定，对毁损不堪居住的房屋，停止使用后

C. 纳税人因房屋大修导致连续停用半年以上的，在房屋大修期间

D. 纳税人因房屋大修导致连续停用一年以上的，在房屋大修期间

12. 下列各项中，应按“产权转移书据”税目征收印花税的有（　　）。

A. 商品房销售合同

B. 个人无偿赠与不动产登记表

C. 专利实施许可合同

D. 专利申请权转让合同

13. 下列关于税务机关行使税务检查权的表述中，符合税法规定的有（　　）。

A. 检查扣缴义务人代扣代缴、代收代缴税款账簿、记账凭证

B. 到纳税人的生产、经营场所和生活区检查纳税人应税的商品、货物或者其他财产

C. 到码头检查纳税人托运货物或者其他财产的有关单据，凭证和资料

D. 查核从事生产、经营的纳税人、扣缴义务人在银行或者其他金融机构的存款账户，但不得查询纳税人储蓄存款账户

14. 下列情形中，纳税人、扣缴义务人或者其他涉税当事人会被列入“重大税收违法失信主体”的有（　　）。

A. 欠缴应纳税款，采取转移或者隐匿财产的手段，妨碍税务机关追缴欠缴的税款，欠缴税款金额100万元以上的

B. 虚开增值税普通发票100份以上或者金额500万元以上的

C. 骗取国家出口退税款的

D. 税务代理人违反税收法律、行政法规造成纳税人未缴或者少缴税款100万元以上的

15. 下列税务行政诉讼范围中，无须先经过税务行政复议程序的有（　　）。

A. 税务机关未依法确认纳税担保行为

B. 税务机关处以税款50%的罚款

C. 扣缴义务人作出的扣缴税款行为

D. 税务机关作出的停止出口退税权的决定

16. 税务机关采取以下措施，正确的有（　　）。

A. 对于因评价指标得分评为C级的纳税人，次年评价时加扣11分

B. 对于因评价指标得分评为D级的纳税人，次年评价时加扣11分

C. 对于因直接判级评为D级的纳税人，D级评价保留两年、第三年纳税信用不得评价为A级

D. 对于因直接判级评为D级的纳税人，D级评价保留两年、第三年纳税信用不得评价为B级

三、计算问答题（本题型共 4 小题 20 分。涉及计算的，要求列出计算步骤。）

1.（本小题 5 分）甲实木地板厂（简称“甲厂”）为增值税一般纳税人，2021 年 6 月有关生产经营情况如下：

（1）向农业生产者收购原木 60 吨，收购凭证上注明收购货款 84 万元，另支付运输费用，取得运输公司（增值税一般纳税人）开具的增值税专用发票，注明运费金额 5 万元。原木验收入库后，将其运往乙地板厂（简称“乙厂”，增值税一般纳税人）加工成未上漆的实木地板，取得乙厂开具的增值税专用发票，注明支付加工费 10 万元、增值税 1.3 万元，甲厂收回实木地板时乙厂代收代缴了消费税（乙厂无同类实木地板销售价格）。

（2）甲厂将委托加工收回的实木地板的 60% 用于连续生产高级实木地板，当月生产高级实木地板 4 000 箱，销售高级实木地板 3 000 箱，取得不含税销售额 900 万元。

（3）当月将自产同类高级实木地板 300 箱用于装修职工食堂。

（其他相关资料：实木地板消费税税率为 5%，所有发票均符合规定并在当月抵扣进项税额。）

要求：根据上述资料，按照下列序号回答问题，如有计算需计算出合计数。

（1）计算业务（1）甲厂可抵扣的增值税进项税。

（2）计算甲厂被代收代缴的消费税。

（3）甲厂当月应自行向主管税务机关申报缴纳的消费税。

（4）如果乙厂代收甲厂消费税后，采用伪造记账凭证等手段没有将代收税款缴入国库，请说明税务机关的处理方法。

2.（本小题 5 分）中国居民张某为某公司高层管理人员，2021 年有关涉税信息和收支情况如下：

（1）每月应发工资薪金 30 000 元，公司每月按规定标准为其扣缴“三险一金”合计 5 000 元。

（2）3 月签订不动产租赁合同，将原值 500 万元的一套住房按市场价格出租，租期 3 年，约定 3 月 31 日交付使用，4 月 1 日起租，每月租金 7 000 元。

（3）4 月取得劳务报酬收入 20 000 元，将其中 15 000 元通过市民政局捐给农村义务教育。

（4）5 月取得稿酬收入 8 000 元。

（5）6 月取得特许权使用费收入 3 000 元。

（其他相关资料：张某无免税收入。张某为独生子女，父母均已年满 65 周岁，其独生子就读于某中学，子女教育专项附加扣除选择由张某 100% 扣除。假设除所列专项附加扣除项目外，无其他专项附加扣除项目。取得各项综合所得时支付方已预扣预缴个人所得税，出租房产分月缴纳房产税，不考虑增值税和附加税费，发生的公益捐赠支出张某选择在综合所得汇算清缴时扣除。）

要求：根据上述资料，按照下列序号回答问题，如有计算需计算出合计数。

（1）计算张某 2021 年出租住房应缴纳的房产税。

（2）计算张某 2021 年出租住房应缴纳的个人所得税。

（3）计算张某 2021 年综合所得的计税收入额。

（4）计算张某 2021 年综合所得应预扣预缴的个人所得税。

（5）计算张某 2021 年综合所得应缴纳的个人所得税。

（6）计算张某 2021 年综合所得应补（退）缴纳的个人所得税。

附：综合所得个人所得税税率表（同居民个人工资、薪金所得预扣预缴率表）。

综合所得个人所得税税率表
（同居民个人工资、薪金所得预扣预缴率表）

级数	全年应纳税所得额	税率（%）	速算扣除数
1	不超过 36 000 元的	3	0
2	超过 36 000 元至 144 000 元的部分	10	2 520
3	超过 144 000 元至 300 000 元的部分	20	16 920
4	超过 300 000 元至 420 000 元的部分	25	31 920
5	超过 420 000 元至 660 000 元的部分	30	52 920
6	超过 660 000 元至 960 000 元的部分	35	85 920
7	超过 960 000 元的部分	45	181 920

3.（本小题 5 分）某房地产开发企业，2021 年 5 月对一处已竣工的房地产开发项目进行验收，可售面积共 30 000 平方米。该项目的开发和销售情况如下：

（1）该公司 2020 年 6 月取得土地使用权应向政府支付的土地出让金为 8 000 万元，政府免收了 10% 的土地出让金，当月按照规定缴纳了契税。

（2）该公司为开发项目发生的开发成本为 15 000 万元。

（3）该项目发生的开发费用为 600 万元，其中利息支出 150 万元，无法取得金融机构贷款证明。

（4）2021 年 6 月销售 24 000 平方米的开发项目，取得不含税收入 40 000 万元。

（5）将 6 000 平方米的开发项目作为售楼中心，产权未发生转移。

（6）2021 年 6 月税务机关要求房地产开发企业对该开发项目进行土地增值税的清算。

（其他相关资料：转让开发项目允许扣除的税金为 2 160 万元，当地适用契税税率为 4%，计算土地增值税时开发费用扣除比例按最高比例执行。）

要求：根据上述资料，按照下列序号回答问题，如有计算需计算出合计数。

（1）简要说明税务机关要求该公司进行土地增值税清算的理由。

（2）计算该企业在取得土地使用权时应缴纳的契税。

（3）计算该企业清算土地增值税时允许扣除的土地使用权支付金额。

（4）计算该企业清算土地增值税时允许扣除的开发成本。

（5）计算该企业清算土地增值税时允许扣除的开发费用。

（6）计算该企业应缴纳的土地增值税。

4.（本小题 5 分）某矿场属于增值税一般纳税人，2021 年 5 月发生下列业务：

（1）开采原煤 2 000 吨，将其中的 1 500 吨直接对外销售，取得不含税销售收入 3 000 万元。

（2）开采煤矿的同时开采天然气 200 万立方米，全部对外销售，开具增值税普通发票上注明金额 436 万元。

（3）将开采的原煤与开采的锰矿石捆绑销售，合计销售 150 万吨，共取得含税销售收入 452 万元，未分别核算原煤和锰矿石的销售收入。

（4）外购 100 万元原煤与自采 200 万

元原煤混合洗选加工为选煤销售，取得选煤不含税销售额为500万元。外购的原煤已取得增值税专用发票。

（其他相关资料：原煤的资源税税率为4%，锰矿石的资源税税率为2%，天然气资源税税率为6%，洗选煤税率为2%。）

要求：根据上述资料，按照下列序号回答问题，如有计算需计算出合计数。

（1）计算业务（1）应缴纳的资源税。

（2）计算业务（2）应缴纳的资源税。

（3）计算业务（3）应缴纳的资源税。

（4）说明业务（4）是否可以扣减外购原煤的购进金额，如可以，计算准予扣减的外购原煤购进金额；如不可以，请说明理由。

（5）计算业务（4）应缴纳的资源税。

四、综合题（本题型共2小题30分。涉及计算的，要求列出计算步骤。）

1.（本小题14分）甲百货商场为增值税一般纳税人，2021年6月发生以下业务：

（1）采取折扣方式销售一批货物，不含税总价格为104 000元，由于对方购买量大，甲商场按原价打九折销售，开具的发票金额栏分别注明了销售额和折扣额。

（2）采取“以旧换新”方式销售金项链一条，新项链含税销售价格11 526元，旧项链含税作价2 712元，从消费者处收取新旧含税差价款8 814元；采取“以旧换新”方式销售冰箱一台，新冰箱含税销售价格7 232元，旧冰箱含税作价2 486元，从消费者处收取新旧含税差价款4 746元。

（3）销售自己使用过的2009年5月购入的设备，开具普通发票，取得含税收入94 920元，支付不含税运输费4 000元，取得运输企业开具的增值税专用发票。

（4）销售自己使用过的2012年10月购入的小汽车，开具普通发票，取得含税收入173 040元（该商场未放弃减税），支付不含税运输费4 400元，取得运输企业开具的增值税专用发票。

（5）销售自己使用过的包装箱，取得含税收入18 080元，支付不含税运输费1 000元，取得运输企业开具的增值税专用发票。

（6）销售代销货物，取得不含税销售额468 000元，尚未取得供货方开具的增值税专用发票。

（7）销售蔬菜取得销售收入120 000元，支付不含税运输费2 400元，取得运输企业开具的增值税专用发票。销售蔬菜罐头取得不含税销售收入100 000元，支付不含税运输费1 600元，取得运输企业开具的增值税专用发票。

（8）销售鸡蛋取得销售收入80 000元，支付不含税运输费2 600元，取得运输企业开具的增值税专用发票。

（9）以买一赠一方式销售睡衣，顾客购买一套睡衣可获赠一双袜子，睡衣的平均不含税销售价格为170元/套，袜子的平均不含税销售价格为4元/双，本月共计销售睡衣10套。

（10）外购一批油漆用于涂饰本商场职工宿舍墙壁，取得增值税专用发票上注明的价款40 000元，增值税5 200元，支付不含税运输费2 600元，取得运输企业开具的增值税专用发票。

（11）外购一批木制一次性筷子，用于本商场职工食堂，取得增值税专用发票上注明的价款60 000元，增值税7 800元，支付不含税运输费2 800元，取得运输企业开具的增值税专用发票。

（12）外购一批化妆品对外赠送，取得增值税专用发票上注明的价款80 000元，增值税10 400元，支付不含税运输费3 000元，取得运输企业开具的增值税专用发票。

（13）因管理不善导致上月购进的一箱淀粉霉烂变质，该箱淀粉的账面成本为10 000元；因管理不善导致上月购进的一箱食用植物油丢失，该箱食用植物油的账面成本为16 000元。

（14）出租位于本市的一幢6年前取得的办公用房，价税合计收取租金80 000元，选择简易计税方法。

（其他相关资料：上月购进的淀粉和食用植物油均已经抵扣过进项税额；上期留抵税额40 000元，本月取得的合法票据均在本月抵扣。）

要求：根据上述资料，按照下列顺序计算回答问题，如有计算需计算出合计数。

（1）计算业务（1）甲商场折扣销售增值税的销项税额。

（2）计算业务（2）甲商场以旧换新业务增值税的销项税额。

（3）计算业务（4）销售小汽车应缴纳的增值税。

（4）计算甲商场当月相关业务涉及的运费，准予凭票抵扣的进项税额。

（5）计算业务（9）增值税的销项税额。

（6）计算甲商场业务（13）应转出的进项税额。

（7）计算甲商场当月准予抵扣的进项税额。

（8）计算甲商场当月增值税的销项税额。

（9）计算业务（14）应缴纳的增值税额。

（10）计算甲商场当月应缴纳的增值税。

2.（本小题16分）位于市区的甲居民企业为增值税一般纳税人，主要生产销售单一型号的热水器。热水器单台销售成本0.1万元、单台市场不含税销售价格0.18万元。2021年度企业财务核算反映部分信息为：

（1）销售热水器共计30万台，取得不含税销售收入54 000万元，准予扣除的成本30 000万元。

（2）取得直接投资非上市居民企业的股息收入500万元。

（3）账面记录来自A国乙公司的应收红利480万元，该笔红利在汇出时被实际扣缴过10%的预提税48万元，实际收到432万元；汇出前甲国B公司就该笔经营所得缴纳过企业所得税，A国企业所得税税率20%，甲企业对A国乙公司持股比例18%。

（4）缴纳增值税4 500万元，缴纳城市维护建设税、教育费附加和地方教育附加540万元。

（5）发生销售费用13 000万元、管理费用4 500万元（其中业务招待费800万元）。

（6）发生营业外支出3 000万元，其中通过市民政局向泥石流灾害地区捐款600万元，通过省政府向目标脱贫地区捐款200万元，均取得合法票据。

A企业自行计算全年实现会计利润为3 700万元。2022年2月，经委托的会计师事务所审核，发现以下两个问题：

（1）12月20日有1 000台热水器发货，该批热水器已于11月25日收到不含税预收款180万元，A企业收入和成本均未作账务处理。

（2）12月25日接受某公司捐赠机器设备一台，取得增值税专用发票，注明金额100万元、增值税13万元，未作账务处理。

假定甲企业在汇算清缴前预缴过企业所得税880万元。

要求：根据上述资料，按照下列顺序计算回答问题，如有计算需计算出合计数。

（1）甲企业12月应补缴的增值税、城市维护建设税、教育费附加和地方教育附加合计金额。

（2）甲企业经审核后全年会计利润总额。

（3）甲企业捐赠支出应调增的应纳税所得额。

（4）甲企业发生的业务招待费应调增的应纳税所得额。

（5）甲企业境内所得应纳的企业所得税。

（6）甲企业境外所得应补税额。

（7）甲企业汇算清缴在我国应补缴的企业所得税。

模拟试题答案及解析（一）

一、单项选择题

1.**【答案】**B

【解析】特别法优于普通法原则，其含义为对同一事项两部法律分别订有一般规定和特别规定时，特别规定的效力高于一般规定的效力。这一原则打破了法律效力等级的限制，即居于特别法地位级别较低的税法，其效力可以高于作为普通法的级别较高的税法。

2.**【答案】**A

【解析】选项A：纳税人取得的财政补贴收入，与其销售货物、劳务、服务、无形资产、不动产的收入或者数量直接挂钩的，应按规定计算缴纳增值税。纳税人取得的其他情形的财政补贴收入，不属于增值税应收收入，不征收增值税。选项B：存款利息不征收增值税。选项C：被保险人获得的保险赔付不征收增值税。选项D：融资性售后回租业务中，承租方出售资产的行为不属于增值税的征税范围，不征收增值税。

3.**【答案】**A

【解析】选项A、B：受托采取填埋、焚烧等方式进行专业化处理后未产生货物的，收取的处理费用属于“现代服务”中的“专业技术服务”，适用6%的增值税税率。选项C：受托采取填埋、焚烧等方式进行专业化处理后产生货物，且货物归属委托方的，受托方属于提供“加工劳务”，其收取的处理费用适用13%的增值税税率。选项D：受托采取填埋、焚烧等方式进行专业化处理后产生货物，且货物归属受托方的，受托方属于提供“专业技术服务”，其收取的处理费用适用6%的增值税税率；受托方将产生的货物用于销售时，适用货物的增值税税率。

4.**【答案】**C

【解析】甲公司符合条件的增量留抵税额 $=55-10=45$（万元）。允许退还的增量留抵税额＝增量留抵税额×进项构成比例（适用于先进制造业纳税人），允许退还的增量留抵税额 $=45\times100\%=45$（万元）。

5.**【答案】**B

【解析】纳税人自产自用的应税消费品，除另有规定外，应向纳税人机构所在地或者居住地主管税务机关申报纳税。

6.**【答案】**C

【解析】A型啤酒每吨出厂单价（含包装物和包装物押金）$=58\ 000\div20+3\ 000$

÷(1+13%)÷20=3 032.74(元)>3 000元，A型啤酒为甲类啤酒，适用的消费税税率为250元/吨；B型啤酒每吨出厂单价(含包装物和包装物押金)=(32 000+1 500)÷(1+13%)÷10=2 964.60(元)<3 000元，B型啤酒属于乙类啤酒，消费税适用220元/吨的定额税率；该啤酒厂应纳消费税=20×250+10×220=7 200(元)。

7.【答案】D

【解析】选项A：销售货物所得，按照交易活动发生地确定所得来源地。选项B：动产转让所得，按照转让动产的企业或者机构、场所所在地确定所得来源地。选项C：权益性投资资产转让所得，按照被投资企业所在地确定所得来源地。

8.【答案】A

【解析】选项A：香料作物的种植所得减半征收企业所得税。

9.【答案】B

【解析】选项B：销售商品采取预收款方式的，在发出商品时确认收入。

10.【答案】C

【解析】选项A：个人所得税专项附加扣除额一个纳税年度扣除不完的，不可以结转以后年度扣除。选项B：纳税人在一个纳税年度内不能同时分别享受住房贷款利息和住房租金专项附加扣除。选项D：子女教育专项附加扣除扣除方式在一个纳税年度内不能变更。

11.【答案】C

【解析】自2020年7月1日起，对一个纳税年度内首次取得工资、薪金所得的居民个人，扣缴义务人在预扣预缴个人所得税时，可按照5 000元/月乘以纳税人当年截至本月月份数计算累计减除费用。

12.【答案】B

【解析】选项A：城市维护建设税的计税依据应当按照规定扣除期末留抵退税退还的增值税税额。选项C：纳税人跨地区提供建筑服务，按预缴增值税所在地的城市维护建设税适用税率就地计算缴纳城市维护建设税。选项D：代扣代缴、代收代缴的城建税应按受托方(扣缴方)所在地适用税率执行。

13.【答案】C

【解析】运往境外加工的货物，出境时已向海关报明，并在海关规定期限内复运进境的，应当以海关审定的境外加工费和料件费，以及该货物复运进境的运输及其相关费用、保险费为基础审查确定完税价格。该企业应缴纳的关税=(40+3+4)×20%=9.4(万元)。

14.【答案】D

【解析】选项A：吨税执照期满后24小时内不上下客货的船舶，免征吨税。选项B、C：非机动驳船和拖船分别按相同净吨位船舶税率的50%计征税款。

15.【答案】C

【解析】选项A：从低丰度油气田开采的原油、天然气，减征20%资源税。选项B：高含硫天然气、三次采油和从深水油气田开采的原油、天然气，减征30%资源税。选项C：稠油、高凝油减征40%资源税。选项D：自2014年12月1日至2023年8月31日，对充填开采置换出来的煤炭，减征50%资源税。

16.【答案】B

【解析】下列事项免征耕地占用税：(1)军事设施占用耕地；(2)学校、幼儿园、社会福利机构、医疗机构占用耕地；(3)农村烈士遗属、因公牺牲军人遗属、残疾军人以及符合农村最低生活保障条件的农村居民，在规定用地标准以内新建自用住宅。选项A、D：应照章征收耕地占用税。选项C：铁路线路、公路线路、飞机场跑道、停机坪、港口、航道、水利工程占用耕地，减按每平方米 2 元的税额征收耕地占用税。

17. 【答案】C

【解析】专营农产品的批发市场暂免征收房产税和城镇土地使用税，同时经营其他产品的批发市场，按照其他产品与农产品交易场地面积的比例确定征免房产税和城镇土地使用税。2021 年该市场应缴纳城镇土地使用税 =4 000 ×1/2 ×5 =10 000（元）。

18. 【答案】A

【解析】选项 A：契税是以在境内转移土地、房屋权属为征税对象，向产权承受方征收的一种财产税。

19. 【答案】B

【解析】选项 B：对房地产的抵押，在抵押期间不征收土地增值税。待抵押期满后，视该房地产是否转移占有而确定是否征收土地增值税。对于以房地产抵债而发生房地产权属转让的，应列入土地增值税的征税范围。

20. 【答案】A

【解析】该独立的地下建筑物 2021 年 1 月到 6 月需要按照折算比例对房产原价打折扣减，再减除损耗计税，要特别注意折算的规则。7 月至 12 月应从租计税。甲企业独立地下建筑物应缴纳房产税 =6 000 ×60% ×（1 –30%）×1.2% ×6/12 +60 ×6 ×12% =15.12 +43.2 =58.32（万元）。

21. 【答案】D

【解析】选项 A：无息、贴息贷款合同属于印花税应税凭证但是免征印花税。选项 B：农牧业保险合同属于印花税的征税范围，但免征印花税。选项 C：发电厂与电网之间签订的电力购售合同属于印花税应税凭证。选项 D：银行因内部管理需要设置的登记簿不属于印花税征税范围。

22. 【答案】D

【解析】车辆购置税的征税范围包括：汽车、有轨电车、汽车挂车、排气量超过 150 毫升的摩托车。

23. 【答案】B

【解析】拖船按照发动机功率每 1 千瓦折合净吨位 0.67 吨计算并减按 50% 征收车船税。该船运公司当年应缴纳的车船税 =10 ×1 500 ×4 +2 ×1 000 ×0.67 ×4 ×50% +4 ×2 000 ×4 ×3/12 =60 000 +2 680 +2 000 =64 680（元）。

24. 【答案】D

【解析】环境保护税所称应税污染物，是指《环境保护税税目税额表》《应税污染物和当量值表》规定的大气污染物、水污染物、固体废物和工业噪声。

25. 【答案】A

【解析】可比非受控价格法可以适用于所有类型的关联交易。

26. 【答案】B

【解析】对税务机关作出逾期不缴纳罚款加处罚款的决定不服的，向作出行政处罚决定的税务机关申请行政复议。但是对已处罚款和加处罚款都不服的，应一并向作出行政处罚决定的税务机关的上一级税务机关申请行政复议。

二、多项选择题

1. 【答案】AB

【解析】选项 C：税收法律应由全国人大或其常委会审议通过，以国家主席签署主席令予以公布。选项 D：税收行政法规由国务院审议通过后，由国务院总理签署国务院令公布实施。

2. 【答案】ACD

【解析】选项 B：县级及县级以下小型水力发电单位生产的电力可选择按照简易办法依照 3% 征收率计算缴纳增值税。

3. 【答案】AC

【解析】在境内销售服务、无形资产

或者不动产，是指：（1）服务（租赁不动产除外）或者无形资产（自然资源使用权除外）的销售方或者购买方在境内；（2）所销售或者租赁的不动产在境内；（3）所销售自然资源使用权的自然资源在境内；（4）财政部和国家税务总局规定的其他情形。境外单位为出境的函件、包裹在境外提供的邮政服务、收派服务以及向境内单位或个人提供的在境外的工程勘察勘探服务，不属于在境内销售服务。

4. **【答案】** AD

【解析】 选项B：卷烟厂将自产的烟丝移送用于生产卷烟，不缴纳增值税也不缴纳消费税。选项C：日化厂将自产的香水精移送用于生产高档化妆品，不缴纳增值税也不缴纳消费税。

5. **【答案】** ABCD

【解析】 该股权收购中乙公司股权支付金额占交易支付总额的比例 = 960 ÷（8 640 + 960）× 100% = 90%，非股权支付比例 = 100% − 90% = 10%。（1）非股权支付对应的资产转让所得或损失 =（被转让资产的公允价值 − 被转让资产的计税基础）×（非股权支付金额 ÷ 被转让资产的公允价值）= 1 000 × 80% ×（12 − 8）× 10% = 320（万元）；（2）甲公司股东取得乙公司股权的计税基础 = 1 000 × 80% × 90% × 8 = 5 760（万元）；（3）乙公司取得甲公司股权的计税基础 = 960 + 1 000 × 80% × 90% × 8 = 6 720（万元）。

6. **【答案】** ABC

【解析】 除国务院财政、税务主管部门另有规定外，下列所得，不论支付地点是否在中国境内，均为来源于中国境内的所得：（1）因任职、受雇、履约等在中国境内提供劳务取得的所得；（2）将财产出租给承租人在中国境内使用而取得的所得（选项A）；（3）转让中国境内的不动产等财产或者在中国境内转让其他财产取得的所得（选项B）；（4）许可各种特许权在境内使用而取得的所得（选项C）；（6）从中国境内企业、事业单位、其他组织以及居民个人取得的利息、股息、红利所得。选项D：转让中国境内的不动产等财产或者在中国境内转让其他财产取得的所得，不论支付地点是否在中国境内，均为来源于中国境内的所得。

7. **【答案】** AD

【解析】 选项B：出口转关运输货物，应当适用启运地海关接受该货物申报出口之日实施的税率。选项C：进口转关运输货物，应当适用指运地海关接受该货物申报进口之日实施的税率。

8. **【答案】** ABC

【解析】 选项D：纳税人应当于纳税义务发生月终了之日起15日内申报并缴纳税款。

9. **【答案】** ACD

【解析】 选项A：房地产企业用建造的本项目房地产安置回迁户，安置用房视同销售处理。选项B：房地产开发公司将开发产品对外出租，开发的产品没有发生权属转移，不属于土地增值税的征税范围，不需要视同销售。选项C、D：房地产开发企业将开发产品用于职工福利、奖励、对外投资、分配给股东或投资人、抵偿债务、换取其他单位和个人的非货币性资产等，发生所有权转移时应视同销售房地产。

10. **【答案】** BCD

【解析】 选项A：企业由有限责任公司变更为股份有限公司，原企业投资主体存续并在改制（变更）后的公司中所持股权（股份）比例超过75%，且变更公司承继原企业权利、义务的，对改制（变更）后公司承受原企业土地、房屋权属，免征契税。

11. 【答案】BC

【解析】经有关部门鉴定，对毁损不堪居住的房屋和危险房屋，在停止使用后，可免征房产税。自 2004 年 7 月 1 日起，纳税人因房屋大修导致连续停用半年以上的，在房屋大修期间免征房产税。

12. 【答案】ABC

【解析】选项 D：按照技术合同税目征收印花税。

13. 【答案】AC

【解析】选项 B：税务机关有权到纳税人的生产、经营场所和货物存放地检查，但不得进入纳税人生活区进行检查。选项 D：税务机关在调查税收违法案件时，经设区的市、自治州以上税务局（分局）局长批准，可以查询案件涉案人员的储蓄存款。

14. 【答案】ACD

【解析】选项 B：虚开增值税普通发票 100 份以上或者金额 400 万元以上的。

15. 【答案】ABD

【解析】选项 C：纳税人对税务机关作出的征税行为不服，必须先经过税务行政复议程序，对复议决定不服的，才可以提起税务行政诉讼。

16. 【答案】BC

【解析】对于因评价指标得分评为 D 级的纳税人，次年评价时加扣 11 分。对于因直接判级评为 D 级的纳税人，D 级评价保留两年、第三年纳税信用不得评价为 A 级。

三、计算问答题

1. 【答案】

（1）加工费的进项税额为 1.3 万元。

外购原木进项税额 = 84 × 10% + 5 × 9% = 8.85（万元）

【提示】2019 年 4 月 1 日之后收购免税农产品生产基本税率的货物，适用 10% 扣除率计算抵扣进项税的规定和运输费凭票抵扣进项税的规定。

业务（1）甲厂可抵扣的增值税进项税 = 1.3 + 8.85 = 10.15（万元）

（2）组成计税价格 = [84 × (1 − 10%) + 5 + 10] ÷ (1 − 5%) = 95.37（万元）

甲厂被代收代缴的消费税 = 95.37 × 5% = 4.77（万元）

【提示】乙厂由于没有同类消费品的销售价格，只能用组成计税价格。在计算组价时注意收购原木的 84 万元收购款中由于扣除了 10% 的进项税，计入了采购成本的是剩余 90% 的部分；支付 5 万元运费属于采购成本的组成部分。

（3）①销售和视同销售实木地板应纳消费税 = 900 ÷ 3 000 × (3 000 + 300) × 5% = 990 × 5% = 49.5（万元）

②生产领用已税实木地板应抵扣消费税 = 4.77 × 60% = 2.86（万元）

③应缴纳消费税 = 49.5 − 2.86 = 46.64（万元）

（4）扣缴义务人采取伪造、变造、隐匿、擅自销毁账簿、记账凭证等手段，不缴或者少缴已扣、已收税款的，税务机关将追缴其不缴或少缴的税款、滞纳金，并处不缴或少缴税款 50% 以上 5 倍以下的罚款；构成犯罪的，依法追究刑事责任。

2. 【答案】

（1）对个人出租住房，不区分实际用途，均按 4% 的税率征收房产税。张某 2021 年出租住房应缴纳房产税 = 7 000 × 4% × 9 = 2 520（元）。

（2）对个人按市场价格出租住房取得的所得，减按 10% 的税率征收个人所得税。张某 2020 年出租住房应缴纳个人所得税 = (7 000 − 7 000 × 4%) × (1 − 20%) × 10% × 9 = 4 838.4（元）。

（3）张某 2021 年综合所得的计税收入

额 = 30 000 × 12 + 20 000 × (1 − 20%) + 8 000 × (1 − 20%) × 70% + 3 000 × (1 − 20%) = 382 880（元）

（4）工资、薪金所得预扣预缴应纳税所得额 = 30 000 × 12 − 60 000 − 5 000 × 12 − 3 000 × 12 = 204 000（元），工资、薪金所得应预扣预缴税款 = 204 000 × 20% − 16 920 = 23 880（元）

劳务报酬所得应预扣预缴税款 = 20 000 × (1 − 20%) × 20% = 3 200（元）

稿酬所得应预扣预缴税款 = 8 000 × (1 − 20%) × 70% × 20% = 896（元）

特许权使用费所得应预扣预缴税款 = (3 000 − 800) × 20% = 440（元）

张某 2021 年综合所得应预扣预缴税款 = 23 880 + 3 200 + 896 + 440 = 28 416（元）

张某 2021 年综合所得应缴纳个人所得税 = (382 880 − 60 000 − 5000 × 12 − 3 000 × 12 − 15 000) × 20% − 16 920 = 211 880 × 20% − 16 920 = 25 456（元）

张某 2021 年综合所得应退的个人所得税 = 28 416 − 25 456 = 2 960（元）

3.【答案】

（1）根据税法规定：已竣工验收的房地产开发项目，已转让的房地产建筑面积占整个项目可售建筑面积的比例在 85% 以上，或该比例虽未超 85%，但剩余的可售建筑面积已经出租或自用的，主管税务机关可要求纳税人进行土地增值税清算。本题中该房地产开发企业已转让的房地产建筑面积占整个项目可售面积比例为 80%（24 000 ÷ 30 000），虽未超过税务机关可以要求纳税人进行土地增值税清算的规定比例 85%，但剩余可售面积全部自用，因此税务机关可要求该公司进行土地增值税清算。

（2）取得土地使用权应缴纳的契税 = 8 000 × 4% = 320（万元）

【提示】对承受国有土地使用权所应支付的土地出让金，要计征契税。不得因减免土地出让金而减免契税。

（3）允许扣除的土地使用权支付的金额 = [8 000 × (1 − 10%) + 320] × 80% = 6 016（万元）

（4）允许扣除的开发成本 = 15 000 × 80% = 12 000（万元）

（5）允许扣除的开发费用 = (6 016 + 12 000) × 10% = 1 801.6（万元）

（6）允许扣除的项目合计数 = 6 016 + 12 000 + 1 801.6 + 2 160 + (6 016 + 12 000) × 20% = 25 580.8（万元）

增值额 = 40 000 − 25 580.8 = 14 419.2（万元）

增值率 = 14 419.2 ÷ 25 580.8 = 56.37%，适用税率 40%、速算扣除系数 5%

应缴纳的土地增值税 = 14 419.2 × 40% − 25 580.8 × 5% = 4 488.64（万元）

4.【答案】

（1）业务（1）应缴纳的资源税 = 3 000 × 4% = 120（万元）

（2）业务（2）应缴纳的资源税 = 436 ÷ (1 + 9%) × 6% = 24（万元）

【提示】天然气适用的增值税税率为 9%。

（3）纳税人开采或者生产不同税目应税产品的，应当分别核算不同税目应税产品的销售额或者销售数量；未分别核算或者不能准确提供不同税目应税产品的销售额或者销售数量的，从高适用税率。业务（3）应缴纳的资源税 = 452 ÷ (1 + 13%) × 4% = 16（万元）。

（4）纳税人外购应税产品与自采应税产品混合销售或者混合加工为应税产品销售的，在计算应税产品销售额或者销售数量时，准予扣减外购应税产品的购进金额或者购进数量；当期不足扣减的，可结转下期扣减。纳税人应当准确核算外购应税产品的购进金额或者购进数量，未准确核算的，一并计算缴纳资源税。

准予扣减的外购应税产品购进金额（数量）=外购原矿购进金额（数量）×（本地区原矿适用税率÷本地区选矿产品适用税率）

业务（4）可以准确核算外购应税产品的购进金额，所以可以扣减外购原煤的购进金额。准予扣减的外购原煤购进金额 $=100\times(4\%\div2\%)=200$（万元）。

（5）业务（4）应缴纳的资源税 $=(500-200)\times2\%=6$（万元）

四、综合题

1.【答案】

（1）业务（1）甲商场折扣销售增值税的销项税额 $=104\ 000\times90\%\times13\%=12\ 168$（元）

（2）采取“以旧换新”方式销售金项链的增值税销项税额 $=8\ 814\div(1+13\%)\times13\%=1\ 014$（元）；采取“以旧换新”方式销售冰箱的增值税销项税额 $=7\ 232\div(1+13\%)\times13\%=832$（元）。甲商场以旧换新业务增值税额销项税额 $=1\ 014+832=1\ 846$（元）。

（3）业务（4）应缴纳的增值税额 $=173\ 040\div(1+3\%)\times2\%=3\ 360$（元）

（4）业务（3）：用于简易计税方法的购进项目，不得抵扣与其相关的进项税额。

【提示】纳税人销售自己使用过的2009年1月1日之后购进的固定资产（小汽车、摩托车、游艇除外）以及2013年8月1日之后购进的小汽车、摩托车、游艇采用适用税率计税。

业务（7）和（8）：用于免征增值税项目的运输服务，不得抵扣进项税额。

【提示】自2012年1月1日起，免征蔬菜流通环节增值税。对从事蔬菜批发、零售的纳税人销售的蔬菜免征增值税。各种蔬菜罐头不属于所述蔬菜的范围。自2012年10月1日起，对从事农产品批发、零售的纳税人销售的部分鲜活肉蛋产品免征增值税。

业务（10）和（11）：用于集体福利的运输服务，不得抵扣进项税额。

支付的运费，准予凭票抵扣的进项税额 $=(4\ 000+1\ 000+1\ 600+3\ 000)\times9\%=864$（元）。

（5）业务（9）增值税的销项税额 $=(170+4)\times10\times13\%=226.2$（元）

（6）应转出的进项税额 $=10\ 000\times13\%+16\ 000\times9\%=2\ 740$（元）

（7）甲商场当月准予抵扣的进项税额 $=10\ 400+864-2\ 740+40\ 000=48\ 524$（元）

（8）甲商场当月增值税的销项税额 $=12\ 168+1\ 846+(94\ 920+18\ 080)\div(1+13\%)\times13\%+(468\ 000+100\ 000)\times13\%+(170+4)\times10\times13\%+10\ 400=111\ 480.2$（元）

（9）业务（14）出租办公用房应缴纳的增值税额 $=80\ 000\div(1+5\%)\times5\%=3\ 809.52$（元）

（10）甲商场当月应纳的增值税 $=111\ 480.2-48\ 524+3\ 360+3\ 809.52=70\ 125.72$（元）

2.【答案】

（1）应补缴增值税、城市维护建设税、教育费附加和地方教育附加 $=(180\times13\%-13)\times(1+7\%+3\%+2\%)=11.648$（万元）。

（2）1 000台热水器补记收入180万元；补记成本 $=1\ 000\times0.1=100$（万元）。

补记税金及附加 $=(180\times13\%-13)\times(7\%+3\%+2\%)=1.248$（万元）

增值税是价外税，不影响利润总额，

在计算应纳税所得额时也不得扣除。

受赠机器设备补记营业外收入 113 万元。

漏记金额需调整账面利润，经审核后的会计利润 =3 700 +（180 -100 -1.248）+113 =3 891.752（万元）。

（3）公益性捐赠的扣除限额 =3 891.752 ×12% =467.01（万元），目标脱贫地区捐赠不受捐赠限额限制，向泥石流灾害地区捐赠应调增应纳税所得额 =600 -467.01 =132.99（万元）。

（4）业务招待费的扣除限额 1 =800 ×60% =480（万元）

业务招待费的扣除限额 2 =（54 000 +180）×5‰ =270.9（万元）

业务招待费的扣除限额为 270.9 万元，应调增应纳税所得额 =800 -270.9 =529.1（万元）。

（5）符合条件的居民企业之间的股息红利收入，属于免税收入，应调减应纳税所得额 500 万元。

境内应纳税所得额 =3 891.752 +132.99 +529.1 -500 -480（境外投资收益）=3 573.842（万元）

境内所得应纳的所得税 =3 573.842 ×25% =893.46（万元）

（6）境外税前所得 =境外税后所得 +境外直接缴纳的所得税 +间接负担的所得税

由于甲居民企业对境外乙公司持股比例仅为 18%，在我国只能抵扣其直接缴纳的预提税，不能抵扣其间接负担的乙公司所得税。

该笔分红还原成境外乙公司预提所得税前所对应的境外所得 =432 +48 =480（万元）

按我国税法计算的抵免限额 =480 ×25% =120（万元），实际负担的境外所得税额 =48（万元），因此实际可抵免税额 =48（万元），境外所得应在我国补缴企业所得税 =120 -48 =72（万元）。

【提示】 自 2017 年 1 月 1 日起，企业在境外取得的股息所得，在按规定计算该企业境外股息所得的可抵免所得税额和抵免限额时，由该企业直接或者间接持有 20% 以上股份的外国企业，限于按照规定持股方式确定的五层外国企业，即：第一层：企业直接持有 20% 以上股份的外国企业；第二层至第五层：单一上一层外国企业直接持有 20% 以上股份，且由该企业直接持有或通过一个或多个符合规定持股方式的外国企业间接持有总和达到 20% 以上股份的外国企业。

（7）甲企业汇算清缴时应补缴税款 =893.46 +72 -888（预缴）=85.46（万元）

模拟试题（二）

一、单项选择题（本题型共26小题，每小题1分，共26分。每小题只有一个正确答案，请从每小题的备选答案中选出一个你认为正确的答案。）

1. 税法原则中，关于税收争讼法的原则是（　　）。

A. 法律不溯及既往原则

B. 法律优位原则

C. 税收效率原则

D. 程序优于实体原则

2. 根据营业税改征增值税的相关规定，下列各项中，说法不正确的是（　　）。

A. 纳税人提供植物养护服务，按照“其他生活服务”缴纳增值税

B. 纳税人为客户办理退票而向客户收取的退票费收入，按照“其他现代服务”缴纳增值税

C. 纳税人提供的无运输工具承运业务，按照“物流辅助服务”缴纳增值税

D. 航道疏浚服务，按照“物流辅助服务”缴纳增值税

3. 境内单位和个人发生的下列跨境应税行为中，适用增值税零税率的是（　　）。

A. 向境外单位转让完全在境外使用的技术

B. 向境外单位提供的完全在境外消费的电信服务

C. 无运输工具承运业务的经营者提供的国际运输服务

D. 在境外提供的广播影视节目播映服务

4. 某纳税信用等级为B级的服装制造企业（增值税一般纳税人）无违章违规行为，也未享受即征即退、先征后返（退）政策，该企业2019年3月末增值税留抵税额10万元。根据下列其连续6个月的留抵税额状况，在9月结束后可申请增值税留抵税额退税的是（　　）。

A. 4月至8月每月留抵税额均大于10万元，9月留抵税额为43万元

B. 4月留抵税额为16万元，5月至8月每月留抵税额均大于10万元，9月留抵税额为36万元

C. 4月至8月每月留抵税额均大于10万元，9月留抵税额为17万元

D. 4月至8月每月留抵税额均大于10万元，9月留抵税额为69万元

5. 根据消费税的有关规定，下列关于金银首饰的消费税税务处理，说法正确的是（　　）。

A. 纳税人采用以旧换新方式销售的金银首饰，应按新首饰的全部价款确定计税依据征收消费税

B. 带料加工的金银首饰，应按受托方销售同类金银首饰的销售价格确定计税依据征收消费税，没有同类金银首饰销售价格的，按照自产组成计税价格计算纳税

C. 外购的已税珠宝玉石生产的改在零售环节征收消费税的金银首饰，在计税时，准予按照生产领用量扣除外购珠宝玉石的已纳税款

D. 金银首饰连同包装物销售的，无论包装物是否单独计价，也无论会计上如何核算，均应并入金银首饰的销售额，计征

消费税

6. 根据消费税的有关规定，下列关于消费税纳税义务发生时间的规定，说法不正确的是（　　）。

A. 采取赊销结算方式的，为实际收到货款的当天

B. 纳税人委托加工应税消费品的，为纳税人提货的当天

C. 采取委托银行收款方式的，为发出应税消费品并办妥托收手续的当天

D. 纳税人自产自用应税消费品的，为移送使用的当天

7. 根据《企业所得税法》的规定，下列关于收入确认的表述中，正确的是（　　）。

A. 以分期收款方式销售货物的，在货物发出的日期确认收入的实现

B. 采用支付手续费方式委托代销的，在货物发出的日期确认收入的实现

C. 采取预收款方式的，在发出商品时确认收入的实现

D. 长期为客户提供重复的劳务收取的劳务费，应在收款时确认收入

8. 2021 年 12 月，A 企业吸收合并 B 企业，B 企业全部资产公允价值为 5 700 万元、全部负债公允价值为 2 200 万元、未超过弥补年限的亏损额为 600 万元。合并时，A 企业支付给 B 企业的股权支付额为 3 300 万元、银行存款 200 万元。该合并业务符合企业重组特殊性税务处理的条件，且 A 企业选择按照特殊性税务处理的规定处理。假定当年国家发行的最长期限的国债年利率为 6%。则可由 A 企业弥补的 B 企业的亏损额为（　　）万元。

A. 0　　B. 150

C. 210　　D. 600

9. 跨境电子商务综合试验区内核定征收的跨境电商企业应准确核算收入总额，并采用应税所得率方式核定征收企业所得税。应税所得率统一按照一定比例确定，该比例是（　　）。

A. 4%　　B. 6%

C. 8%　　D. 10%

10. 外籍个人约翰为在华外国企业的总经理，同时兼任英国某公司财务总监，其工资、薪金由中国境内、境外企业分别支付，境内外国企业每月支付其工资折合人民币 25 000 元，英国公司每月支付其工资折合人民币 30 000 元。约翰在中国境内无住所，其所在国未与中国签订税收协定，2021 年约翰在境内累计居住 80 天。2021 年 6 月约翰在中国境内工作 18 天，在英国工作 12 天。约翰 2021 年 6 月应在我国缴纳的个人所得税为（　　）元。

A. 1 908　　B. 2 590

C. 3 090　　D. 4 210

11. 王某为中国居民个人，2021 年 5 月转让美国一套私有住房取得 420 万元（折合人民币，下同），该住房的买价和转让时发生的费用共计 350 万元，已在美国被扣缴个人所得税 12 万元，依照现行税法规定计算该居民个人境外所得在我国境内应补缴的个人所得税（　　）万元。

A. 0　　B. 2

C. 4　　D. 14

12. 位于县城的甲企业是实行增值税期末留抵退税的一般纳税人。2021 年 3 月向税务机关实际缴纳增值税和向海关缴纳进口环节的税金合计 1 000 万元，其中进口环节关税 200 万元、增值税 90 万元、消费税 50 万元。该企业当月取得税务机关退还的增值税留抵退税额 270 万元，则该企业 2021 年 3 月应缴纳的城市维护建设税为（　　）万元。

A. 8　　B. 10

C. 19. 5　　D. 35. 8

13. 下列各项中，应计入出口货物完税价格的是（　　）。

A. 货物在我国境内输出地点装载后的保险费

B. 货物在我国境内输出地点装载后的运输费用

C. 货物运至我国境内输出地点装载前的保险费

D. 出口关税税额

14. 根据船舶吨税的有关规定，下列各项中，说法不正确的是（　　）。

A. 船舶吨税纳税义务发生时间为应税船舶进入港口的当日

B. 应税船舶在吨税执照期满后尚未离开港口的，应当申领新的吨税执照，自上一次执照期满的次日起续缴吨税

C. 无法提供净吨位证明文件的游艇按照发动机功率每千瓦折合净吨位 0.67 吨

D. 应税船舶负责人应当自海关填发吨税缴款凭证之日起 15 日内缴清税款

15. 某油气开采企业为增值税一般纳税人，2021 年 9 月开采原油 7 万吨，当期对外销售 6 万吨，取得不含税销售额 6 000 万元；另将剩余 1 万吨用于开采原油的时候加热油井。在开采原油的同时开采天然气 150 万立方米，当期对外销售 120 万立方米，共取得不含税销售额 150 万元，另将剩余 30 万立方米用于换取一批机器设备，则该油气开采企业 2021 年 9 月应缴纳资源税（　　）万元（已知原油、天然气适用的资源税税率为 6%）。

A. 311.25　　B. 369

C. 371.25　　D. 431.25

16. 甲企业是环保税的纳税人，该企业有一个污水排放口，2021 年 6 月排放总铅 1 200 千克，污染当量值 0.025 千克，假定其所在省公布的环保税税率为每污染当量 4.2 元，则该纳税人应纳的环保税为（　　）元。

A. 5 040　　B. 70 000

C. 126 000　　D. 201 600

17. 某企业 2021 年年初实际占用土地面积为 16 000 平方米，当年 1 月 31 日将其中占地 6 000 平方米的厂房出售、将其中占地 1 000 平方米的仓库出租，4 月经批准占用耕地 2 000 平方米用于建造办公楼，7 月经批准占用非耕地 3 000 平方米用于建造新厂房。已知当地城镇土地使用税年税额为 5 元/平方米，则该企业 2020 年应缴纳城镇土地使用税（　　）元。

A. 58 750　　B. 60 000

C. 65 416.67　　D. 69 583.34

18. 王某因无力偿还所欠李某的 120 万元欠款，同意将自己价值 120 万元的房产与李某价值 80 万元的房产互换以抵消此项欠款行为。下列关于双方应纳契税的说法正确的是（　　）。

A. 由王某以 120 万元作为计税依据缴纳契税

B. 由王某以 40 万元作为计税依据缴纳契税

C. 由李某以 80 万元作为计税依据缴纳契税

D. 由李某以 40 万元作为计税依据缴纳契税

19. 下列情形中，纳税人应当进行土地增值税清算的是（　　）。

A. 纳税人申请注销税务登记但未办理土地增值税清算手续的

B. 房地产开发项目全部竣工，销售 75%，剩下的 25% 全部转为自用的

C. 房地产开发项目全部竣工，销售 80%，剩下的 20% 全部出租的

D. 直接转让土地使用权的

20. 某企业拥有 A、B 两栋房产，A 栋自用，B 栋出租。A、B 两栋房产原值分别

为1 600万元和1 200万元，2021年4月底B栋房产租赁到期。自2021年5月1日起，该企业由A栋搬至B栋办公，同时对A栋房产开始进行大修至年底完工。企业出租B栋房产的不含税月租金为20万元，当地政府规定房产税扣除比例为25%。该企业2021年应缴纳房产税为（　　）万元。

A. 16　　B. 19

C. 21.6　　D. 24.72

21. 下列属于印花税纳税人的是（　　）。

A. 取得国家颁发专利证书的张某

B. 记录企业会计账簿的会计杨某

C. 借款合同的担保人王某

D. 不动产买卖合同的公证人赵某

22. 下列关于车辆购置税的说法，不正确的是（　　）。

A. 车辆购置税的纳税义务发生时间为纳税人购置应税车辆的当日

B. 设有固定装置的非运输专用作业车辆免征车辆购置税

C. 购买自用的应税车辆，自购买之日起30日内申报纳税

D. 需要办理车辆登记手续的纳税人，向车辆登记地的主管税务机关申报纳税

23. 下列关于同期资料管理的相关时限要求，不符合规定的是（　　）。

A. 主体文档应当在企业集团最终控股企业会计年度终了之日起12个月内准备完毕

B. 本地文档和特殊事项文档应当在关联交易发生年度次年6月30日之前准备完毕

C. 企业因不可抗力无法按期提供同期资料的，应当在不可抗力消除后60日内提供同期资料

D. 同期资料应当自税务机关要求之日起30日内提供

24. 下列关于预约定价安排的适用范围的表述中，不正确的是（　　）。

A. 预约定价安排适用于主管税务机关向企业送达接收其谈签意向的《税务事项通知书》之日所属纳税年度起3～5个年度的关联交易

B. 企业以前年度的关联交易与预约定价安排适用年度相同或者类似的，经企业申请，税务机关可以将预约定价安排确定的定价原则和计算方法追溯适用于以前年度该关联交易的评估和调整，追溯期最长为8年

C. 预约定价安排的谈签不影响税务机关对企业不适用预约定价安排的年度及关联交易的特别纳税调查调整和监控管理

D. 预约定价安排一般适用于主管税务机关向企业送达接收其谈签意向的《税务事项通知书》之日所属纳税年度前3个年度每年度发生的关联交易金额4 000万元人民币以上的企业

25. 下列关于纳税信用修复的表述中，错误的是（　　）。

A. 非正常户失信行为纳税信用修复一个纳税年度内只能申请一次，纳税年度自公历1月1日起至12月31日止

B. 主管税务机关自受理纳税信用修复申请之日起7个工作日内完成审核

C. 纳税信用修复完成后，纳税人按照修复后的纳税信用级别适用相应的税收政策和管理服务措施，之前已适用的税收政策和管理服务措施不作追溯调整

D. 纳税信用修复后纳税信用级别不再是D级的纳税人，其直接责任人注册登记或者负责经营的其他纳税人之前被关联为D级的，可向主管税务机关申请解除纳税信用D级关联

26. 根据规定，下列税务行政处罚，需要采取听证程序的是（　　）。

A. 对 A 公民采取的 1 000 元的税务行政处罚

B. 对 B 公民采取的 3 000 元的税务行政处罚

C. 对 C 企业采取的 4 000 元的税务行政处罚

D. 对 D 企业采取的 9 000 元的税务行政处罚

二、多项选择题（本题型共 16 小题，每小题 1.5 分，共 24 分。每小题均有多个正确答案，请从每小题的备选答案中选出你认为正确的答案。每小题所有答案选择正确的得分，不答、错答、漏答均不得分。）

1. 下列税收收入中，属于地方政府固定收入的有（　　）。

A. 土地增值税

B. 车辆购置税

C. 增值税

D. 房产税

2. 下列有关跨境电子商务零售进口增值税的说法中，正确的有（　　）。

A. 跨境电子商务零售进口商品应征增值税的代收代缴义务人是进口地海关

B. 跨境电子商务零售进口商品的单次交易限值为人民币 3 000 元，增值税按应纳税额 70% 征收

C. 跨境电子商务零售进口应税商品的纳税人是购买人

D. 购买超过个人年度交易限值的进口应税商品，按照一般贸易全额征收增值税

3. 一般纳税人销售的下列货物或者服务中，可以选择简易计税办法计税的有（　　）。

A. 提供人力资源外包服务

B. 生产销售的罕见病药

C. 提供的快递收派服务

D. 提供的货物运输服务

4. 根据消费税的有关规定，下列各项中，准予按照生产领用量抵扣外购应税消费品的已纳消费税的有（　　）。

A. 外购已税烟丝生产雪茄烟

B. 外购已税杆头、杆身和握把为原料生产的高尔夫球杆

C. 外购鞭炮、焰火生产的鞭炮、焰火

D. 外购已税实木地板为原料生产的实木地板

5. 根据《企业所得税法》的相关规定，下列各项中，说法正确的有（　　）。

A. 企业在计算股权转让所得时，不得扣除被投资企业未分配利润等股东留存收益中按该项股权所可能分配的金额

B. 企业已作坏账损失处理后又收回的应收款项要计入到企业收入总额中，计算缴纳企业所得税

C. 被投资企业将股权溢价所形成的资本公积转为股本的，不作为投资方企业的股息、红利收入，但投资方企业可以增加该项长期投资的计税基础

D. 纳税人签订的租赁合同或协议中规定租赁期限跨年度，且租金提前一次性支付的，出租人可以在租赁期内，分期均匀计入相关年度收入

6. 下列关于职工取得量化资产的个人所得税税务处理的表述中，说法正确的有（　　）。

A. 职工个人以股份形式取得的仅作为分红依据，不拥有所有权的企业量化资产，不征收个人所得税

B. 职工个人以股份形式取得的拥有所有权的企业量化资产，按照“工资、薪金所得”项目征收个人所得税

C. 职工个人以股份形式取得的拥有所有权的企业量化资产，转让时取得的所得，按照“财产转让所得”项目征收个人所得税

D. 职工个人以股份形式取得的企业量化资产参与企业分配而获得的股息、红利所得，按照“利息、股息、红利所得”项目征收个人所得税

7. 根据资源税法律制度的规定，下列关于资源税税率（额）的说法中，正确的有（　　）。

A. 资源税法按原矿、选矿分别设定税率

B. 地热、砂石、矿泉水和天然卤水可采用从价计征或从量计征的方式，其他应税产品统一适用从价定率征收的方式

C. 纳税人开采不同应税产品，未分别核算的，从高适用税率

D. 实行幅度比例税率的应税产品，具体适用税率由省级税务机关在幅度范围内自行决定

8. 下列关于水资源税的表述中，正确的有（　　）。

A. 水资源税实行从量计征

B. 水资源税的纳税义务发生时间为纳税人取用水资源的当日

C. 水资源税由生产经营所在地的主管税务机关征收管理

D. 跨省（区、市）调度的水资源，由调出区域所在地的税务机关征收水资源税

9. 下列经济活动中，不需要计算缴纳土地增值税的有（　　）。

A. 甲、乙公司相互交换房产产权用于办公

B. 丙某转让其个人拥有的非唯一且不满五年的住房

C. 房地产评估增值

D. 丁房地产公司建造普通标准住宅出售，增值额未超过扣除项目金额的20%

10. 下列各项中，符合城镇土地使用税有关纳税义务发生时间规定的有（　　）。

A. 纳税人新征用的耕地，自批准征用之月起缴纳城镇土地使用税

B. 纳税人出租房产，自交付出租房产之次月起缴纳城镇土地使用税

C. 纳税人购置存量房，自办理房屋权属转移、变更登记手续，房地产权属登记机关签发房屋权属证书之次月起，缴纳城镇土地使用税

D. 纳税人购置新建商品房，自房屋交付使用之次月起缴纳城镇土地使用税

11. 下列凭证中，属于印花税征税范围的有（　　）。

A. 个人出租门店签订的租赁合同

B. 银行设置空白重要凭证登记簿

C. 电网与用户之间签订的供用电合同

D. 出版单位与发行单位之间订立的图书订购单

12. 根据契税的相关规定，下列各项中，免征契税的有（　　）。

A. 土地使用权等价交换

B. 个人购买家庭唯一住房

C. 国家机关承受房屋用于办公

D. 承受荒滩土地使用权用于牧业生产

13. 下列关于车船税应纳税额计算的表述中，不正确的有（　　）。

A. 购置的新车船，购置当年的应纳税额自纳税义务发生的当月起按月计算

B. 已办理退税的被盗抢车船，失而复得的，纳税人应当从公安机关出具相关证明的次月起计算缴纳车船税

C. 在一个纳税年度内，已完税的车船被盗抢、报废、灭失的，纳税人可以凭有关管理机关出具的证明和完税证明，向纳税所在地的主管税务机关申请退还自被盗抢、报废、灭失月份起至该纳税年度终了期间的税款

D. 已缴纳车船税的车船在同一纳税年度内办理转让过户的，对新承受方征税，但对原纳税人不予退税

14. 以下符合《耕地占用税法》规定的有（　　）。

A. 符合农村最低生活保障条件的农村居民在规定用地标准以内新建自用住宅，免征耕地占用税

B. 占用基本农田的，应当按照适用税额加征50%

C. 耕地占用税的纳税义务发生时间为纳税人占用耕地的当日

D. 因挖损、压占、污染等损毁耕地的，也应缴纳耕地占用税

15. 关于企业破产清算程序中的税收征管的表述，正确的有（　　）。

A. 企业所欠税款、滞纳金、罚款，以及因特别纳税调整产生的利息，以人民法院裁定受理破产申请之日为截止日计算确定

B. 在人民法院裁定受理破产申请之日至企业注销之日期间，企业仍应当接受税务机关的税务管理，履行税法规定的相关义务

C. 破产程序中如发生应税情形，企业应按规定申报纳税

D. 企业所欠的滞纳金、因特别纳税调整产生的利息按照普通破产债权申报

16. 税务机关实施的下列具体行政行为中，属于税务行政处罚的有（　　）。

A. 罚款

B. 没收违法所得

C. 收缴发票

D. 停止出口退税权

三、计算问答题（本题型共4小题20分。涉及计算的，要求列出计算步骤。）

1.（本小题5分）某白酒生产企业（以下简称甲企业）为增值税一般纳税人，2021年6月发生以下业务：

（1）向某烟酒专卖店销售粮食白酒40吨，开具普通发票，取得含税收入260万元，另收取品牌使用费50万元、优质费19万元、其他价外费用10万元。

（2）发出20万元的原材料委托乙企业加工散装药酒2 000公斤，收回时向乙企业支付不含增值税的加工费2万元，乙企业已代收代缴消费税。

（3）委托加工收回后将其中1 800公斤散装药酒继续加工成瓶装药酒3 000瓶，以每瓶不含税售价200元通过非独立核算门市部销售完毕；将剩余的200公斤散装药酒对外销售，取得不含税销售收入6.49万元。

（其他相关资料：药酒的消费税税率为10%，白酒的消费税税率为20%加0.5元/500克。）

要求：根据上述资料，按照下列序号回答问题，如有计算需计算出合计数。

（1）计算本月甲企业向专卖店销售白酒应缴纳消费税。

（2）计算乙企业已代收代缴消费税。

（3）计算本月甲企业销售瓶装药酒应缴纳消费税。

（4）说明甲企业将剩余200公斤散装药酒对外销售是否应缴纳消费税。如应缴纳，计算应纳消费税税额。

2.（本小题5分）李某2021年取得部分收入如下：

（1）1月从任职单位取得的收入包括基本工资9 200元、津贴8 000元，因公出差取得差旅费津贴1 600元，按照所在省人民政府规定的比例提取并缴付的“三险一金”4 000元。

（2）自1月1日起将自有的面积为90平方米的住房按市场价格出租给赵某居住，每月不含税租金5 000元，每月缴纳相关税费300元，租期为一年。其中，7月份因墙面开裂发生维修费用3 000元，取得装修公司出具的正式发票。

（3）8月接受好朋友赠与的房产（实际购置成本为80万元），房地产赠与合同上注明的赠与房屋价值为120万元，李某支付受赠过程中的相关税费为10万元。

（4）9月初李某办理了提前退休手续（距离法定退休年龄还有2年），李某从任职单位取得一次性补贴收入36万元。

（5）6月李某接受技能人员职业资格继续教育，支付相关费用3 000元，李某于当年12月取得相关职业资格证书。

［其他相关资料：李某的妻子因为生病扣除医保报销后个人负担（医保目录范围内自付部分）医药费用支出40 000万元，该笔费用支出选择由李某扣除。］

要求：根据上述资料，按照下列序号回答问题，如有计算需计算出合计数。

（1）计算李某1月取得工资、薪金被预扣预缴的个人所得税。

（2）计算李某全年取得的租金收入应缴纳的个人所得税。

（3）计算李某7月受赠房产应缴纳的个人所得税。

（4）计算李某提前退休取得的一次性补偿收入应缴纳的个人所得税。

（5）计算李某当年综合所得应缴纳的个人所得税。

附：综合所得个人所得税税率表（同居民个人工资、薪金所得预扣预缴率表）。

综合所得个人所得税税率表
（同居民个人工资、薪金所得预扣预缴率表）

级数	全年应纳税所得额	税率（%）	速算扣除数
1	不超过36 000元的	3	0
2	超过36 000元至144 000元的部分	10	2 520
3	超过144 000元至300 000元的部分	20	16 920
4	超过300 000元至420 000元的部分	25	31 920
5	超过420 000元至660 000元的部分	30	52 920
6	超过660 000元至960 000元的部分	35	85 920
7	超过960 000元的部分	45	181 920

3.（本小题5分）某市甲房地产开发企业于2020年1月～2021年12月发生相关业务如下：

（1）甲企业于2020年1月受让一宗土地使用权，支付地价款4 000万元，相关税200万元；于2021年1月将受让土地的90%用于开发建造办公楼，因逾期开发缴纳土地闲置费20万元。

（2）开发过程中支付土地征用费及拆迁补偿费2 000万元、建筑安装工程费1 200万元（含甲企业扣留的200万元的质量保证金，建筑企业未就质量保证金开具发票）、开发间接费用800万元，办公楼的装修费200万元；发生销售费用190万元、管理费用120万元、利息费用200万元（能够按转让房地产项目计算分摊并能提供金融机构贷款证明）。

（3）2021年12月办公楼开发完毕已竣工验收，对外销售建筑面积的90%，签订产权转移书据，共取得不含税销售收入15 000万元。税务机关要求甲企业进行土地增值税的清算。

（其他相关资料：当地政府规定，房地产开发费用扣除比例为4%，准予扣除的与转让房地产有关的税金为74万元。)

要求：根据上述资料，按照下列序号回答问题，如有计算需计算出合计数。

(1) 简述土地增值税中准予扣除的房地产开发成本包括哪些项目。

(2) 计算土地增值税清算时，准予扣除的取得土地使用权所支付的金额。

(3) 计算土地增值税清算时，准予扣除的房地产开发成本。

(4) 计算土地增值税清算时，准予扣除的房地产开发费用。

(5) 计算土地增值税清算时，应缴纳的土地增值税。

4. (本小题5分) 中国一居民企业甲控股了A国乙公司，持股比例60%，乙持有B国丙公司30%股份。2021年经营及分配状况如下：

(1) B国企业所得税税率为30%，预提所得税税率为12%，丙企业应纳税所得总额1 600万元，丙企业将部分税后利润按持股比例进行了分配。

(2) A国的企业所得税税率为20%，预提所得税税率为10%，乙公司应纳税所得总额（该应纳税所得总额已包含投资收益还原计算的间接税款）2 000万元，其中来自丙公司的投资收益200万元，按照12%的税率缴纳B国预提所得税24万元；乙公司在A国享受税收抵免后实际缴纳税款360万元，乙公司将全部税后利润按持股比例进行了分配。

(3) 居民企业甲适用的企业所得税税率25%，其来自境内的应纳税所得额为4 800万元。

要求：根据上述资料，按照下列序号回答问题，如有计算需计算出合计数。

(1) 判断企业乙分回企业甲的投资收益能否适用间接抵免优惠政策并说明理由。

(2) 判断企业丙分回企业甲的投资收益能否适用间接抵免优惠政策并说明理由。

(3) 计算企业乙所纳税额属于由企业甲负担的税额。

(4) 计算企业甲取得来源于企业乙投资收益的抵免限额。

(5) 计算企业甲取得来源于企业乙投资收益的实际抵免额。

四、综合题（本题型共2小题30分。涉及计算的，要求列出计算步骤。）

1. (本小题14分) 某市卷烟生产企业为增值税一般纳税人，2021年6月有关经营业务如下：

(1) 2日向农业生产者收购烟叶一批，收购凭证上注明的价款1 000万元，并向烟叶生产者支付了国家规定的价外补贴；支付运输费用，取得运输公司（一般纳税人）开具的增值税专用发票，上面注明运费20万元，当月全部领用用于生产卷烟。

(2) 3日领用自产烟丝一批，生产A牌卷烟600标准箱。

(3) 5日从国外进口B牌卷烟4 000标准箱，支付境外成交价折合人民币2 680万元、运抵我国海关前的运输费用50万元、保险费用20万元。

(4) 16日销售A牌卷烟3 000标准箱，每箱不含税售价1.4万元，款项收讫；将100标准箱A牌卷烟作为福利发给本企业职工；25日销售进口B牌卷烟3 800标准箱，取得不含税销售收入7 000万元。

(5) 27日购进包装材料一批，取得增值税专用发票注明价款20万元、增值税2.6万元。

(6) 30日盘点，发现由于管理不善库存的外购已税烟丝30万元（含运输费用2万元）霉烂变质。

[其他相关资料：(1) 卷烟比例税率：每标准条对外调拨价格在70元以上的（含70元，不含增值税）为56%，每标准条对

外调拨价格在70元以下的为36%；(2)卷烟消费税定额税率：每标准箱（250标准条）150元；（3）卷烟的进口关税税率为20%；(4)相关票据已通过主管税务机关认证。]

要求：根据上述资料，按照下列序号计算回答问题，如有计算需计算出合计数。

（1）外购烟叶可以抵扣的进项税额。

（2）进口卷烟应缴纳的关税。

（3）进口卷烟应缴纳的消费税。

（4）进口卷烟应缴纳的增值税。

（5）直接销售和视同销售卷烟的增值税销项税额。

（6）购进包装材料可抵扣的进项税额。

（7）损失烟丝应转出的进项税额。

（8）企业6月份国内销售业务应缴纳的增值税。

（9）企业6月份国内销售业务应缴纳的消费税。

（10）企业6月份应缴纳的城市维护建设税、教育费附加和地方教育附加。

2.（本小题16分）某生产化工产品的公司，2021年全年主营业务收入2 500万元，其他业务收入1 300万元，营业外收入240万元，主营业务成本600万元，其他业务成本460万元，营业外支出210万元，税金及附加240万元，销售费用600万元，管理费用130万元，财务费用105万元，取得投资收益282万元，其中来自境内非上市居民企业分得的股息收入100万元。

当年发生的部分业务如下：

（1）签订一份委托贷款合同，合同约定两年后合同到期时一次收取利息。2021年已将其中40万元利息收入计入其他业务收入中。年初签订一项商标使用权合同，合同约定商标使用期限为4年，使用费总额为240万元，每两年收费一次，2021年第一次收取使用费，实际收取120万元，已将60万元计入其他业务收入。

（2）将从发行者购进的一笔三年期国债售出，取得收入117万元。售出时持有该国债恰满两年，该笔国债的买入价为100万元，年利率5%，利息到期一次支付。该公司已将17万元计入投资收益。

（3）将100%持股的某子公司股权全部转让，取得股权对价238.5万元，取得现金对价26.5万元。该笔股权的计税基础为180万元，转让时的公允价值为265万元。该子公司的留存收益为50万元。此项重组业务已办理了特殊重组备案手续。

（4）撤回对境内某非上市公司的股权投资取得85万元，其中含原投资成本50万元，另含相当于被投资公司累计未分配利润和累计盈余公积按减少实收资本比例计算的部分15万元。

（5）当年发生广告费支出480万元，以前年度累计结转广告费扣除额65万元。当年发生业务招待费30万元，其中20万元未取得合法票据。当年实际发放职工工资300万元，其中含福利部门人员工资20万元；除福利部门人员工资外的职工福利费总额为44.7万元，拨缴工会经费59万元，职工教育经费支出24.4万元。

（6）当年自境内关联企业借款1 500万元，年利率7%（金融企业同期同类贷款利率为5%），支付全年利息105万元。关联企业在该公司的权益性投资金额为500万元。该公司不能证明此笔交易符合独立交易原则，也不能证明实际税负不高于关联企业。

（7）当年转让一项账面净值为300万元的专利技术，转让收入为1 200万元，该项转让已经省科技部门认定登记（计算所得时，不考虑相关税费）。

（8）该公司是当地污水排放大户，为治理排放，当年购置520万元的污水处理设备（取得增值税普通发票）投入使用，同时为其他排污企业处理污水，当年取得收入30万元，相应的成本为13万元。该设备属于《环境保护专用设备企业所得税优惠目录》所列设备，为其他企业处理污水属于公共污水处理。

（其他相关资料：除非特别说明，各扣除项目均已取得有效凭证，相关优惠已办理必要手续。）

要求：根据上述资料，按照下列序号计算回答问题，如有计算需计算出合计数。

（1）计算业务（1）应调整的应纳税所得额并简要说明理由。

（2）计算业务（2）应调整的应纳税所得额。

（3）计算业务（3）应调整的应纳税所得额。

（4）计算业务（4）应调整的应纳税所得额。

（5）计算业务（5）应调整的应纳税所得额。

（6）计算业务（6）应调整的应纳税所得额。

（7）计算业务（7）应调整的应纳税所得额。

（8）计算业务（8）应调整的应纳税所得额和应纳税额。

（9）计算该公司2021年应纳企业所得税额。

模拟试题答案及解析（二）

一、单项选择题

1.【答案】D

【解析】程序优于实体原则是关于税收争讼法的原则。其基本含义是，在诉讼发生时税收程序法优于税收实体法。

2.【答案】C

【解析】选项C：纳税人提供的无运输工具承运业务，按照“交通运输服务”缴纳增值税。

3.【答案】A

【解析】选项B、D：适用增值税免税政策。选项C：以无运输工具承运方式提供的国际运输服务，由境内实际承运人适用增值税零税率，无运输工具承运业务的经营者适用增值税免税政策。

4.【答案】D

【解析】该企业不属于先进制造企业，因自2019年4月税款所属期起，连续六个月（按季纳税的，连续两个季度）增量留抵税额均大于零，且第六个月增量留抵税额不低于50万元，又同时满足其他四项条件，可享受增值税期末留抵税额退税制度。

5.【答案】D

【解析】选项A：纳税人采用以旧换新方式销售的金银首饰，应按实际收取的不含增值税的全部价款（差额）确定计税依据征收消费税。选项B：带料加工的金银首饰，应按受托方销售同类金银首饰的销售价格确定计税依据征收消费税，没有同类金银首饰销售价格的，按照委托加工组成计税价格计算纳税。选项C：外购的已税珠宝玉石生产的改在零售环节征收消费税的金银首饰，在计税时，一律不得扣除外购珠宝玉石的已纳税款。

6.【答案】A

【解析】采取赊销结算方式的，为书

面合同约定的收款日期的当天，书面合同没有约定收款日期或者无书面合同的，为发出应税消费品的当天。

7. 【答案】C

【解析】选项 A：以分期收款方式销售货物的，按照合同约定的收款日期确认收入的实现。选项 B：采用支付手续费方式委托代销的，在收到代销清单时确认收入的实现。选项 D：长期为客户提供重复的劳务收取的劳务费，在相关劳务活动发生时确认收入。

8. 【答案】C

【解析】可由合并企业弥补的被合并企业亏损的限额 = 被合并企业净资产公允价值 × 截至合并业务发生当年年末国家发行的最长期限的国债利率 = (5 700 − 2 200) × 6% = 210（万元）< 600 万元，因此可由 A 企业弥补的 B 企业的亏损额为 150 万元。

9. 【答案】A

【解析】跨境电子商务综合试验区内核定征收的跨境电商企业应准确核算收入总额，并采用应税所得率方式核定征收企业所得税。应税所得率统一按照 4% 确定。

10. 【答案】B

【解析】在一个纳税年度内，在境内累计居住不超过 90 天的无住所非居民个人为高管人员的，当月工资薪金收入额为当月境内支付或者负担的工资薪金收入额。约翰 2021 年 6 月应在我国缴纳的个人所得税 = (25 000 − 5 000) × 20% − 1 410 = 2 590（元）。

11. 【答案】C

【解析】来自美国所得的抵免限额 = (420 − 350) × 20% = 14（万元），应补缴个人所得税 = 14 − 12 = 2（万元）

12. 【答案】D

【解析】城市维护建设税进口不征，出口不退。城建税的计税依据是纳税人实际缴纳的增值税、消费税税额。城市维护建设税的计税依据应当按照规定扣除期末留抵退税退还的增值税税额。因此该企业应缴纳的城市维护建设税 = (1 000 − 200 − 90 − 50 − 270) × 5% = 19.5（万元）。

13. 【答案】C

【解析】出口货物的完税价格，由海关以该货物向境外销售的成交价格为基础审查确定，并应包括货物运至我国境内输出地点装载前的运输及其相关费用、保险费，但其中包含的出口关税税额应当扣除。

14. 【答案】C

【解析】选项 C：无法提供净吨位证明文件的游艇按照发动机功率每千瓦折合净吨位 0.05 吨。

15. 【答案】C

【解析】开采原油过程中用于加热的原油，免征资源税；将开采的天然气用于换取机器设备，应按规定计算缴纳资源税。则该油气开采企业 2021 年 9 月应缴纳资源税 = 6 000 × 6% + 150/120 × (120 + 30) × 6% = 371.25（万元）。

16. 【答案】D

【解析】污染当量数 = 排放量 ÷ 污染当量值 = 1 200 ÷ 0.025 = 48 000，应纳环保税 = 污染当量数 × 具体适用税额 = 48 000 × 4.2 = 201 600（元）。

17. 【答案】A

【解析】纳税人新征用的耕地，自批准征用之日起满 1 年时开始缴纳城镇土地使用税；纳税人新征用的非耕地，自批准征用之次月起缴纳城镇土地使用税。该企业 2021 年应缴纳城镇土地使用税 = (16 000 − 6 000) × 5 + 6 000 × 5 × 1/12 + 3 000 × 5 × 5/12 = 58 750（元）。

18. 【答案】D

【解析】土地使用权交换、房屋交换，

契税的计税依据为所交换的土地使用权、房屋的价格差额。也就是说，交换价格相等时，免征契税；交换价格不等时，由多交付货币、实物、无形资产或者其他经济利益的一方缴纳契税。

19. **【答案】** D

【解析】 选项 A、B、C：是税务机关可要求纳税人进行土地增值税清算的情形。选项 D：是纳税人应当进行土地增值税清算的情形。

20. **【答案】** C

【解析】 纳税人因房屋大修导致连续停用半年以上的，在房屋大修期间免征房产税；所以该企业 A 栋房产大修的 8 个月不需要计算缴纳房产税。A 栋房产前 4 个月需要从价计征房产税 = 1 600 ×（1 − 25%）×1.2% ×4/12 = 4.8（万元）。B 栋房产前 4 个月按租金计征房产税 = 20 ×4 × 12% = 9.6（万元），后 8 个月按房产余值计税 = 1 200 ×（1 − 25%）×1.2% ×8/12 = 7.2（万元）；该企业 2020 年应缴纳房产税 = 4.8 + 9.6 + 7.2 = 21.6（万元）。

21. **【答案】** A

【解析】 选项 A：权利、许可证照的纳税人是领受人。领受人是指领取或接受并持有该项凭证的单位和个人。选项 B：营业账簿的纳税人是立账簿人。选项 C、D：不属于应税合同的当事人，不属于对合同有直接权利义务关系的个人，合同的担保人、证人、鉴定人不是印花税的纳税人。

22. **【答案】** C

【解析】 选项 C：进口自用的应税车辆，应当自进口之日起 60 日内申报缴纳车辆购置税。

23. **【答案】** C

【解析】 选项 C：企业因不可抗力无法按期提供同期资料的，应当在不可抗力消除后 30 日内提供同期资料。

24. **【答案】** B

【解析】 企业以前年度的关联交易与预约定价安排适用年度相同或者类似的，经企业申请，税务机关可以将预约定价安排确定的定价原则和计算方法追溯适用于以前年度该关联交易的评估和调整，追溯期最长为 10 年。

25. **【答案】** B

【解析】 选项 B：主管税务机关自受理纳税信用修复申请之日起 15 个工作日内完成审核，并向纳税人反馈信用修复结果。

26. **【答案】** B

【解析】 税务行政处罚听证的范围是对公民作出 2 000 元以上，或者对法人或其他组织作出 1 万元以上罚款的案件。

二、多项选择题

1. **【答案】** AD

【解析】 选项 B：车辆购置税属于中央政府固定收入。选项 C：增值税（不含进口环节由海关代征的增值税和铁路建设基金营业税改征增值税的部分）中央政府分享 50%，地方政府分享 50%。

2. **【答案】** CD

【解析】 选项 A：电子商务企业、电子商务交易平台企业或物流企业可作为跨境电子商务零售进口商品应征增值税的代收代缴义务人。选项 B：跨境电子商务零售进口商品的单次交易限值为人民币 5 000 元，个人交易限值为人民币 26 000 元。在限值以内的跨境电子商务零售进口商品，关税税率暂设为 0；进口环节增值税、消费税取消免征税额，暂按法定应纳税额的 70% 征收。

3. **【答案】** ABC

【解析】 选项 D：没有选择简易计税方法计税的规定。

4. **【答案】** BCD

【解析】 选项 A：外购已税烟丝生产

"卷烟"，准予按照生产领用量抵扣外购应税消费品的已纳消费税。

5. 【答案】ABD

【解析】选项C：被投资企业将股权（票）溢价所形成的资本公积转为股本的，不作为投资方企业的股息、红利收入，投资方企业也不得增加该项长期投资的计税基础。

6. 【答案】ACD

【解析】选项B：职工个人以股份形式取得的拥有所有权的企业量化资产，暂缓征收个人所得税。

7. 【答案】ABC

【解析】选项D：资源税《税目税率表》中规定实行幅度税率的，其具体适用税率由省、自治区、直辖市人民政府统筹考虑该应税资源的品位、开采条件以及对生态环境的影响等情况，在资源税《税目税率表》规定的税率幅度内提出，报同级人民代表大会常务委员会决定，并报全国人民代表大会常务委员会和国务院备案。

8. 【答案】ABC

【解析】选项D：跨省（区、市）调度的水资源，由调入区域所在地的税务机关征收水资源税。

9. 【答案】BCD

【解析】选项B：对个人销售住房暂免征收土地增值税。选项C：房地产评估增值，未发生房地产权属的转让，不属于土地增值税的征收范围。选项D：纳税人建造普通标准住宅出售，增值额未超过扣除项目金额20%，免征土地增值税。

10. 【答案】BCD

【解析】选项A：纳税人新征用的耕地，自批准征用之日起满1年时开始缴纳城镇土地使用税。

11. 【答案】AD

【解析】选项A：财产租赁合同，包括企业、个人出租门店、柜台等签订的合同，属于印花税的征税范围。选项B：银行根据业务管理需要设置的各种登记簿，如空白重要凭证登记簿、有价单证登记簿、现金收付登记簿等，其记载的内容与资金活动无关，仅用于内部备查，属于非营业账簿，均不征收印花税。选项C：电网与用户之间签订的供用电合同不属于印花税列举征税的凭证，不征收印花税。选项D：出版单位与发行单位之间订立的图书、报纸、期刊和音像制品的应税凭证，属于购销合同，需要征收印花税。

12. 【答案】ACD

【解析】选项B：对个人购买家庭唯一住房的普通住房（家庭成员范围包括购房人、配偶以及未成年子女，下同），面积为90平方米及以下的，减按1%的税率征收契税。

13. 【答案】BD

【解析】选项B：已办理退税的被盗抢车船，失而复得的，纳税人应当从公安机关出具相关证明的当月起计算缴纳车船税；选项D：已缴纳车船税的车船在同一纳税年度内办理转让过户的，不另纳税，也不退税。

14. 【答案】ABD

【解析】选项C：耕地占用税的纳税义务发生时间为纳税人收到自然资源主管部门办理占用耕地手续的书面通知的当日。

15. 【答案】ABCD

【解析】选项A、B、C、D表述均正确。

16. 【答案】ABD

【解析】根据税法的规定，现行税务行政处罚主要有：（1）罚款；（2）没收财物和违法所得；（3）停止出口退税权；（4）法律、法规和规章规定的其他行政处罚。

三、计算问答题

1. 【答案】

（1）本月甲企业向专卖店销售白酒应缴纳消费税 = (260 + 50 + 19 + 10) ÷ 1.13 ×

20% +40×2 000×0.5÷10 000 =64（万元）

【提示】白酒是复合计征消费税，一吨等于2 000斤，因此白酒的从量计征消费税的部分为40×2 000×0.5元。

（2）计算乙企业已代收代缴消费税 =（20+2）÷（1-10%）×10% =2.44（万元）

（3）计算本月甲企业销售瓶装药酒应缴纳消费税 =3 000×200÷10 000×10% =6（万元）

【提示】瓶装药酒在税法上已属于新的应税消费品，所以销售时需要缴纳消费税，另外消费税抵扣范围不包括酒类产品。

（4）需要缴纳消费税，委托方将委托加工的应税消费品收回后，以高于受托方的计税价格出售的，需按照规定申报缴纳消费税，在计税时准予扣除受托方已代收代缴的消费税。

销售额6.44万元大于计税价格（20+2）÷（1-10%）÷1 000×200 =4.89（万元）

甲企业应缴纳的消费税 =6.49×10% -4.89×10% =0.16（万元）

2.【答案】

（1）1月工资、薪金预扣预缴应纳税所得额 =9 200+8 000-4 000-5 000 =8 200（元）

李某1月取得工资、薪金被预扣预缴的个人所得税 =8 200×3% =246（元）

（2）1月至6月租金收入应纳个人所得税 =（5 000-300）×（1-20%）×10%×6 =2 256（元）

7月至9月租金收入应纳个人所得税 =（5 000-300-800-800）×10%×3 =930（元）

10月租金收入应纳个人所得税 =（5 000-300-600）×（1-20%）×10% =328（元）

11月至12月租金收入应纳个人所得税 =（5 000-300）×（1-20%）×20%×2 =752（元）

李某全年取得的租金收入应缴纳的个人所得税 =2 256+930+328+752 =4 266（元）

【提示1】对个人按市场价格出租的居民住房取得的所得，自2001年1月1日起暂减按10%的税率征收个人所得税。

【提示2】允许扣除的修缮费用，以每次800元为限。一次扣除不完的，准予在下一次继续扣除，直到扣完为止。

（3）受赠房产应缴纳的个人所得税 =（120-10）×20% =22（万元）=220 000（元）

【提示1】个人无偿受赠房产，应纳税所得额 =房地产赠与合同上注明的房屋价值-受赠过程中受赠人支付的相关税费。相当于个人获得的纯收入，受赠人付出的代价只有相关税费，所以只能减去相关税费；注意，如果赠与合同上注明的房屋的价值明显低于市场价格或赠与合同未标明赠与房屋价值的，税务机关可以依据该房屋评估价格或其他合理方式确定受赠人的应纳税所得额。

【提示2】房屋产权所有人将房屋产权无偿赠与他人的，受赠人因无偿受赠房屋取得的受赠所得，按照“偶然所得”项目计算缴纳个人所得税。

（4）李某提前退休取得的一次性补偿收入应缴纳的个人所得税 =[（360 000÷2-60 000）×10% -2 520]×2 =18 960（元）。

【提示】个人办理提前退休手续而取得的一次性补贴收入，应按照办理提前退休手续至法定离退休年龄之间实际年度数平均分摊，确定适用税率和速算扣除数，单独适用综合所得税率表，计算纳税。计算公式：

应纳税额 =｛[（一次性补贴收入÷办理提前退休手续至法定退休年龄的实际年度数）-费用扣除标准]×适用税率-速算扣除数｝×办理提前退休手续至法定退休年

龄的实际年度数

（5）纳税人接受技能人员职业资格继续教育、专业技术人员职业资格继续教育支出，在取得相关证书的当年，按照3 600元定额扣除；大病医疗支出个人负担累计超过15 000元的部分，在80 000元限额内据实扣除。

李某综合所得应缴纳个人所得税 =（9 200×8+8 000×8-60 000-4 000×8-3 600-25 000）×3% =510（元）

3.【答案】

（1）房地产开发成本是指纳税人房地产开发项目实际发生的成本，包括土地的征用及拆迁补偿费、前期工程费、建筑安装工程费、基础设施费、公共配套设施费、开发间接费用等。

（2）准予扣除的取得土地使用权所支付的金额 =（4 000+200）×90% ×90% = 3 402（万元）

（3）准予扣除的房地产开发成本 =（2 000+1 200-200+800+200）×90% = 3 600（万元）

【提示】房地产开发企业在工程竣工验收后，根据合同约定，扣留建筑安装施工企业的质保金，在计算土地增值税时：①建筑安装施工企业就质保金对房地产开发企业开具发票的，按发票所载金额予以扣除；②未开具发票的，扣留的质保金不得计算扣除。

（4）准予扣除的房地产开发费用 =200×90% +（3 402+3 600）×4% =460.08（万元）

（5）扣除项目金额合计 =3 402+3 600+460.08+74+（3 402+3 600）×20% = 8 936.48（万元）

增值额 =15 000-8 936.48 =6 063.52（万元）

增值率 =6 063.52÷8 936.48×100% =67.85%，适用税率为40%，速算扣除系数为5%。

应缴纳的土地增值税 = 6 063.52×40% -8 936.48×5% =1 978.58（万元）

4.【答案】

（1）企业乙分回企业甲的投资收益能适用间接抵免优惠政策。

理由：自2017年1月1日起，企业在境外取得的股息所得，在按规定计算该企业境外股息所得的可抵免所得税额和抵免限额时，由该企业直接或者间接持有20%上股份的外国企业，限于按照规定持股方式确定的5层外国企业，即：第一层：企业直接持有20%以上股份的外国企业；第二层至第五层：单一上一层外国企业直接持有20%以上股份，且由该企业直接持有或通过一个或多个符合规定持股方式的外国企业间接持有总和达到20%以上股份的外国企业。本题境内企业甲直接持有企业乙的股份为60%超过20%，符合间接抵免持股条件，可以适用间接抵免的优惠政策。

（2）企业丙分回企业甲的投资收益不能适用间接抵免优惠政策。

理由：第二层是指单一第一层外国企业直接持有20%以上股份，且由单一居民企业直接持有或通过一个或多个符合规定持股条件的外国企业间接持有总和达到20%以上股份的外国企业。本题企业甲直接持有企业乙20%以上的股份，企业乙直接持有企业丙20%以上的股份，但企业甲间接持有企业丙股份为18%（60% ×30%），不足20%，不能适用间接抵免的优惠政策。

（3）企业乙的税后利润 =2 000-360-24 =1 616（万元）

企业乙所纳税额属于由企业甲负担的税额 =（360+24+0）×（1 616×60%）÷1 616 =230.4（万元）

【提示】境外投资收益实际间接负担

的税额是指符合规定持股条件的外国企业应分得的股息、红利等权益性投资收益中，从最低一层外国企业起逐层计算的属于由上一层企业负担的税额，计算公式如下：本层企业所纳税额属于由一家上一层企业负担的税额 =（本层企业就利润和投资收益所实际缴纳的税额 + 符合规定的由本层企业间接负担的税额）× 本层企业向一家上一层企业分配的股息（红利）÷ 本层企业所得税后利润额，即本层企业所纳税额属于由一家上一层企业负担的税额 =（利润税 + 投资税 + 间接税）× 分配比例 × 持股比例

（4）企业甲取得的境外所得总额 = 1 616 ×60% +230.4 =1 200（万元）

企业甲取得来源于企业乙投资收益的抵免限额 =1 200 ×25% =300（万元）

（5）计算企业甲取得来源于企业乙投资收益的实际抵免额。

企业甲直接和间接负担的境外所得税额 =96.96 +230.4 =327.36（万元）

【提示】企业甲按照 1 616 万元的 60% 取得了 969.6 万元的投资收益，按照 10% 预提了企业所得税 96.96 万元。

企业甲取得的境外所得总额 =1 200 万元，抵免限额 300 万元小于境外所得税额 327.36 万元，因此企业甲取得来源于企业乙投资收益的实际抵免额为 300 万元。

四、综合题

1.**【答案】**

（1）外购烟叶可以抵扣的进项税额 = 1 000 ×（1 +10%）×（1 +20%）×10% +20 ×9% =133.8（万元）

（2）进口卷烟应缴纳的关税 =（2 680 +50 +20）×20% =2 750 ×20% =550（万元）

（3）每标准条价格 =（2 750 +550 +150 ×4 000 ÷10 000）÷（1 −36%）÷（250 ×4 000）=0.00525（万元） =52.5（元）<70（元/标准条），适用卷烟比例税率为 36%。

【提示】计算消费税的时候不知道是甲类还是乙类应该先进行试算，试算的时候是按照乙类卷烟 36% 的税率进行计算的，看计算出来的单条金额是否大于 70 元；如果大于等于 70 元需要重新按照甲类卷烟进行计算，如果小于 70 元，则按照乙类卷烟进行计算。

组成计税价格 =（2 750 +550 +150 ×4 000 ÷10 000）÷（1 −36%）=5 250（万元）

进口卷烟应缴纳的消费税 =5 250 ×36% +150 ×4 000 ÷10 000 =1 950（万元）

（4）进口卷烟应缴纳的增值税 =5 250 ×13% =682.5（万元）

（5）直接销售和视同销售卷烟的增值税销项税额 =（3 000 +100）×1.4 ×13% +7 000 ×13% =1 474.2（万元）

（6）购进包装材料可抵扣的进项税额 =2.6（万元）

（7）损失烟丝应转出的进项税额 =（30 −2）×13% +2 ×9% =3.82（万元）

（8）企业 6 月份国内销售业务应缴纳的增值税 =1 474.2 −（133.8 +682.5 +2.6 −3.82）=659.12（万元）

（9）A 卷烟单价 =14 000 ÷250 =56（元），适用卷烟比例税率为 36%。

企业 6 月份国内销售业务应缴纳的消费税 =（3 000 +100）×1.4 ×36% +（3 000 +100）×150 ÷10 000 =1 608.9（万元）

（10）企业 6 月份应缴纳的城市维护建设税 =（659.12 +1 608.9）×7% =158.76（万元）

教育费附加（659.12 +1 608.9）×3% =68.04（万元）

地方教育附加 =（659.12 +1 608.9）×2% =45.36（万元）

城市维护建设税、教育费附加和地方

教育附加合计 = 158.76 + 68.04 + 45.36 = 272.16（万元）

2.【答案】

（1）利息收入应调减应纳税所得额 40 万元。

【提示】利息收入，应按照合同约定的债务人应付利息的日期确认收入的实现。

商标使用权收入应调增应纳税所得额 60 万元。

【提示】特许权使用费收入，应按照合同约定的特许权使用人应付特许权使用费的日期确认收入的实现。

（2）国债利息收入免税，应予调减。

企业转让国债，应在国债转让收入确认时确认利息收入的实现。

调减的应纳税所得额 = 100 ×（5% ÷ 365）×365 ×2 = 10（万元）

（3）非股权支付对应的资产转让所得 =（265 - 180）×（26.5 ÷ 265）= 8.5（万元），应调减应纳税所得额 =（265 - 180）- 8.5 = 76.5（万元）

（4）应调减应纳税所得额 = 15（万元）

（5）计算广告费和业务宣传费扣除的基数 = 2 500 + 1 300 = 3 800（万元）

可以扣除的广告费限额 = 3 800 × 15% = 570（万元）

当年发生的 480 万元广告费可全额扣除，并可扣除上年结转的广告费 65 万元，应调减应纳税所得额 65 万元。

业务招待费扣除限额 1 = 3 800 × 5‰ = 19（万元）

业务招待费扣除限额 2 =（30 - 20）× 60% = 6（万元）

允许税前扣除的业务招待费 = 6 万元

业务招待费应调增应纳税所得额 = 30 - 6 = 24（万元）

可以扣除的职工福利费限额 =（300 - 20）× 14% = 280 × 14% = 39.2（万元）

职工福利费应调增应纳税所得额 =（20 + 44.7）- 39.2 = 25.5（万元）

可以扣除的工会经费限额 =（300 - 20）× 2% = 280 × 2% = 5.6（万元）

工会经费可全额扣除。

可以扣除的职工教育经费限额 =（300 - 20）× 8% = 280 × 8% = 22.4（万元）

职工教育经费应调增应纳税所得额 = 24.4 - 22.4 = 2（万元）

（6）可扣除的借款利息 = 500 × 2 × 5% = 50（万元）

应调增应纳税所得额 = 105 - 50 = 55（万元）

（7）技术转让所得 = 1 200 - 300 = 900（万元）

应调减应纳税所得额 = 500 +（900 - 500）÷ 2 = 500 + 200 = 700（万元）

（8）可以抵减的应纳所得税额 = 500 × 10% = 50（万元）

可以免税的所得额 = 30 - 13 = 17（万元）

应调减应纳税所得额 17 万元。

（9）会计利润 = 2 500 + 1 300 + 240 - 600 - 460 - 210 - 240 - 600 - 130 - 105 + 282 = 1 977（万元）

应纳税所得额 = 1 977 - 40 + 60 - 10 - 76.5 - 15 - 65 + 24 + 25.5 + 2 + 55 - 700 - 17 - 100 = 1 120（万元）

应纳企业所得税税额 = 1 120 × 25% - 50 = 230（万元）